新编刑事诉讼法学

XINBIANXINGSHISUSONGFAXUE

主　编·孙彩虹 张进德

副主编·潘牧天 徐　杨

知识产权出版社

全国百佳图书出版单位

图书在版编目(CIP)数据

新编刑事诉讼法学/孙彩虹,张进德主编. --北京:知识产权出版社,2018.7

ISBN 978-7-5130-5662-5

Ⅰ.①新… Ⅱ.①孙…②张… Ⅲ.①刑事诉讼法—法的理论—中国 Ⅳ.①D925.201

中国版本图书馆CIP数据核字(2018)第146639号

责任编辑: 庞从容 唐仲江　　**责任校对:** 谷 洋

装帧设计: 方善用　　**责任印制:** 刘译文

新编刑事诉讼法学

XINBIANXINGSHISUSONGFAXUE

孙彩虹 张进德 主编

出版发行:	知识产权出版社有限责任公司	网　　址:	http://www.ipph.cn
社　　址:	北京市海淀区气象路50号院	邮　　编:	100081
责编电话:	010-82000860转8726	责编邮箱:	pangcongrong@163.com
发行电话:	010-82000860转8101/8102	发行传真:	010-82000893/82005070/82000270
印　　刷:	三河市国英印务有限公司	经　　销:	各大网上书店、新华书店及相关专业书店
开　　本:	710mm×1000mm 1/16	印　　张:	31.25
版　　次:	2018年7月第1版	印　　次:	2018年7月第1次印刷
字　　数:	600千字	定　　价:	58.00元

ISBN 978-7-5130-5662-5

作者简介

（按撰写章节先后排序）

孙彩虹　上海政法学院教授，法学博士。出版个人专著1部，在核心期刊等刊物公开发表论文近40篇，主编《刑事诉讼法学》（“十一五”国家重点图书出版规划项目）、《证据法学》等教材3部，参编论著1部。主持完成厅局级以上课题4项，参与完成国家级课题1项，现参与在研国家级重大招标课题1项。相关成果获省级奖励1项，相关论著曾被《新华文摘》《人大复印资料》《高等学校文科学术文摘》等权威刊物转载或摘编。（承担本书第1、3、12、19章的撰写，并承担全书统稿工作）

徐　杨　上海政法学院讲师，法学硕士。在《犯罪研究》《华东刑事司法评论》《上海公安高等专科学校学报》等刊物发表论文多篇。出版《诉讼法实务》（编著）、《刑事诉讼法学》（副主编）、《刑事诉讼法学案例教程》（副主编）、《证据法学》（参编）等教材多部。参加上海市司法局《上海市法律服务业发展战略研究》、上海市教委《刑事诉讼中权力配置与制约》、上海市人民检察院《检察机关执法公信力研究》等多项课题。（承担本书第2、10、13、17章与第16章第1—2节的撰写）

潘牧天　上海政法学院教授、党委副书记、纪委书记，诉讼法与司法改革研究中心主任，硕士生导师，法学博士，中国法学会宪法学研究会第五届理事、上海法学会诉讼法学研究会干事。在法学核心期刊发表学术论文近40篇，相关研究成果获省级奖励，并为《新华文摘》《高等学校文科学术文摘》《人大复印资料》等权威刊物转载或摘编。出版学术专著《美国商务法研究》《滥用民事诉权的侵权责任研究》2部。主编《民事诉讼法学》《刑事诉讼法学》等教材4部，副主编《宪法学导论》《国际法学》等教材6部。承担省、部级课题多项。（承担本书第4、6章的撰写）

张进德 上海政法学院副教授、诉讼法教研室主任，主要研究领域为诉讼法学、司法制度。华东政法大学法学学士（1997—2001 年）、硕士（2001—2004 年）、博士（2007—2010 年），2004 年起在上海政法学院任教。在《法学》《诉讼法论丛》等刊物发表论文 30 余篇，在《法制日报》《南方周末》等刊物发表学术短论 70 余篇。出版个人专著 3 部、参著或点校著作 6 部以及各类教材数种。代表性个人作品有：《司法文明与程序正义》《诉讼法通义》《通往文明的对抗——司法的理念与技艺》《民事诉讼法实训》等。（承担本书第 5、7、11、18 章与第 16 章第 3 节、第 21 章第 1 节的撰写，并承担全书统稿工作）

刘英明 上海政法学院副教授，法学博士，主要研究领域为民事诉讼法学、证据法学、谈判学。代表性专著为：《中国民事推定研究》，法律出版社 2014 年版；代表性论文主要为：《中美书证证据能力规则之比较与启示》，《学术交流》2012 年第 1 期；《环境侵权因果关系证明责任倒置合理性论证》，《北方法学》2010 年第 2 期；《也论推定规则适用中的证明责任与证明标准》，《证据科学》2009 年第 5 期。（承担本书第 8、9 章的撰写）

孙青平 上海政法学院副教授，法学硕士。曾发表学术论文近 30 篇，出版学术专著 2 部，副主编《民事诉讼法学》《刑事诉讼法学》《刑事诉讼法案例教程》等教材 5 部，参与校级、市级以及国外课题 10 余项。（承担本书第 14、15 章的撰写）

任学强 上海政法学院教授，法学博士。在《中国刑事法杂志》《河北法学》等刊物上发表文章 20 余篇。（承担本书第 20 章与第 21 章第 2—4 节的撰写）

胡绩成 上海政法学院讲师，资深兼职律师。华东师范大学理学士，曾就读于郑州大学法学院民商法学研究生班。参编教材 5 部，发表论文 7 篇，承担河南省科委课题 1 项、教委课题 1 项，参加国家教委世行贷款教改课题 2 项。（承担本书第 22 章的撰写）

主要法律法规全称与简称对照表

1.《中华人民共和国刑事诉讼法》，简称《刑事诉讼法》。

2.《最高人民法院、最高人民检察院、公安部、国家安全部、司法部、全国人大常委会法制工作委员会关于实施刑事诉讼法若干问题的规定》，简称《刑事诉讼法规定》。

3.《最高人民法院关于适用〈中华人民共和国刑事诉讼法〉的解释》，简称《刑事诉讼法解释》。

4. 最高人民检察院《人民检察院刑事诉讼规则（试行）》，简称《刑事诉讼规则（试行）》。

5.《全国人民代表大会常务委员会关于完善人民陪审员制度的决定》，简称《人民陪审员决定》。

6.《全国人民代表大会常务委员会关于司法鉴定管理问题的决定》，简称《司法鉴定管理决定》。

7.《最高人民法院、最高人民检察院、公安部、国家安全部、司法部关于办理死刑案件审查判断证据若干问题的规定》，简称《死刑案件证据规定》。

8.《最高人民法院、最高人民检察院、公安部、国家安全部、司法部关于办理刑事案件排除非法证据若干问题的规定》，简称《排除非法证据规定》。

9.《最高人民法院、最高人民检察院、公安部、国家安全部关于取保候审若干问题的规定》，简称《取保候审规定》。

10.《最高人民法院、最高人民检察院、公安部、国家安全部、司法部关于规范量刑程序若干问题的意见（试行）》，简称《规范量刑程序若干意见（试行）》。

11.《最高人民检察院关于人民检察院直接受理立案侦查案件范围的规定》，简称《检察院立案侦查案件范围规定》。

12.《最高人民检察院、公安部关于审查逮捕阶段讯问犯罪嫌疑人的规定》，简称《审查逮捕讯问规定》。

13.《最高人民检察院、公安部关于刑事立案监督有关问题的规定（试行）》，简称《刑事立案监督规定（试行）》。

14.《最高人民法院关于规范上下级人民法院审判业务关系的若干意见》，简称《上下级人民法院审判业务关系意见》。

15.《最高人民法院关于进一步加强合议庭职责的若干规定》，简称《合议庭职责若干规定》。

16.《最高人民法院关于人民陪审员参加审判活动若干问题的规定》，简称《人民陪审员参加审判规定》。

17.《最高人民法院关于刑事再审案件开庭审理程序的具体规定（试行）》，简称《刑事再审开庭规定（试行）》。

18.《最高人民法院关于审理人民检察院按照审判监督程序提出的刑事抗诉案件若干问题的规定》，简称《审理抗诉案件规定》。

19.《最高人民法院关于复核死刑案件若干问题的规定》，简称《复核死刑案件规定》。

20.《中华人民共和国监狱法》，简称《监狱法》。

目　录

总　　论

制 度 篇

程　序　篇

总　论

第一章 刑事诉讼法概述

【内容提要】

刑事诉讼是诉讼的一种。我国的刑事诉讼是指国家专门机关在当事人和其他诉讼参与人的参加下,依照法律规定的程序,惩罚犯罪,解决被追诉人刑事责任的活动。刑事诉讼法是规范刑事诉讼活动的法律规范的总称。刑事诉讼法学是专门研究刑事诉讼法律规范、刑事诉讼实践和刑事诉讼理论的一门法学分支学科。

第一节 刑事诉讼

一、诉讼

关于诉讼一词,从词义上讲,“诉,告也”“讼,争也”①,诉讼就是原告对被告提出告诉,由裁判者解决双方争议的活动。实际上,诉讼就是用司法权来解决社会纠纷的过程。无论纠纷的一方是普通公民,还是代表国家的公诉机关,或者是行政机关,或者双方都是普通公民,诉讼都是诉诸法院,由法院进行事实认定和适用法律的一种活动。因此,老百姓向政府、党委、人大反映情况和意见的活动不能被称为诉讼,而只能称作“人民群众来信来访”,属于信访。

在中国古代,刑事案件称“狱”,办理刑事案件称为“断狱”,《唐律》中就有《断狱》篇。从元代开始才以“诉讼”作为刑律《大元通制》的篇名。但《诉讼》篇只规定控告犯罪的有关问题,与现代以审判为中心的诉讼的内容不完全相同。

“诉讼”一词英语为 Procedure、德语为 Prozess、法语为 Proces,都是由拉丁语 Procedere 转变而来的,原意是向前推进、过程、程序。诉讼法(Procedural Law),按

---

① 〔东汉〕许慎:《说文解字》。

外语可直译为程序法。我国采用“诉讼法”的名称,不仅由于历史上曾用“诉讼”作为刑律的篇名,还由于日本明治维新时学习欧美资本主义国家法制,把 Procedural Law 定名为诉讼法,制定了刑事诉讼法、民事诉讼法。我国清末变法,受日本影响最大,因此也使用“诉讼法”的名称直至今日。

根据解决的争议、纠纷的性质不同,现代诉讼可以分为刑事诉讼、民事诉讼和行政诉讼三种。①

二、刑事诉讼的概念和特征

(一)刑事诉讼的概念

刑事诉讼是诉讼的一种。我国的刑事诉讼是指国家专门机关在当事人和其他诉讼参与人的参加下,依照法律规定的程序,惩罚犯罪,解决被追诉人刑事责任的活动。广义的刑事诉讼,是指国家实现刑罚权的全部诉讼行为,包括立案、侦查、起诉、审判、执行等阶段的诉讼行为。狭义的刑事诉讼是专指审判程序而言,即公诉人提起公诉或自诉人提起自诉后,人民法院在控辩双方及其他诉讼参与人的参加下进行的审判活动。近现代的刑事诉讼一般是指广义上的刑事诉讼。它体现了对犯罪嫌疑人、被告人诉讼主体地位的尊重和诉讼权利的保障,有助于实现国家权力之间的制约,防止权力滥用,反映着正当程序和诉讼民主的要求。

(二)刑事诉讼的特征

刑事诉讼具有如下几个主要特征。

(1)刑事诉讼由国家专门机关主持进行。在我国,专门机关主要指人民法院、人民检察院和公安机关(包括国家安全机关等其他侦查机关,下同),他们根据法律的规定,在刑事诉讼中分别行使一定的职权,其中人民法院行使审判权,人民检察院行使公诉权、审查批准逮捕权、部分案件侦查权以及法律监督权,公安机关行使侦查权。我国的刑事诉讼在不同阶段分别由公安机关、人民检察院、人民法院主持进行。

(2)刑事诉讼是实现国家刑罚权的活动。在国家具有的一系列权力中,惩罚犯罪的刑罚权是一项十分重要的权力。刑事诉讼的中心内容就是解决被追诉者即犯罪嫌疑人、被告人的刑事责任问题,具体内容包括犯罪事实是否发生,被追诉者是否实施了犯罪行为,应否处以刑罚以及如何处以刑罚。刑事诉讼的内容决定了刑事诉讼所采取的形式和程序的特点,并区别于民事诉讼与行政诉讼。

(3)刑事诉讼必须依照法定程序进行。刑事诉讼不仅结果直接关系到人的生命、人身自由和财产权利,而且诉讼过程也与被追诉人的人身自由和财产权利密切

① 并非所有国家都存在这三种诉讼,例如美国就只有刑事诉讼和民事诉讼,而不存在行政诉讼。

相关。因此,公安司法机关必须严格按照法律规定的程序和规则进行诉讼活动,以防止权力滥用,侵犯人权。当事人和其他诉讼参与人也要严格遵循程序进行诉讼活动,这样才能有效地维护自己的诉讼权利。刑事诉讼严格的程序化,是正当程序的要求,也是诉讼民主的基本要求。

(4)刑事诉讼是在当事人和其他诉讼参与人的参加下进行的活动。诉讼是由原告、被告、裁判机构三方作为基本的参加主体而组成。在我国刑事诉讼中,除公安司法机关外,必须有犯罪嫌疑人、被告人的参加,因为刑事诉讼的中心内容就是解决犯罪嫌疑人、被告人的刑事责任问题。为了惩罚犯罪,维护被害人的权利,我国刑事诉讼法也规定了被害人作为控方主体之一参加诉讼活动。为了在诉讼中证明案件事实,维护当事人合法权益,保证实现刑事诉讼法的任务,还必须有辩护人、诉讼代理人、附带民事诉讼原告与被告、证人、鉴定人等参加诉讼。诉讼参与人,特别是当事人参与诉讼的权利及参与的程度,是诉讼民主的重要标志。

(5)刑事诉讼是国家用以调整社会关系的一种带有强制约束性的特殊活动。在国家所拥有的各种社会调整手段中,刑事诉讼具有突出的地位。刑事诉讼所调整的是社会根本利益中受到刑法保护并为犯罪行为所侵害的那部分社会关系,这些社会关系无法用其他社会手段或其他法律手段加以调整,只能用刑罚这种极端形式强行实现其他手段实现不了的调整。

三、刑事诉讼的阶段

刑事诉讼从开始到结束,是一个相互衔接、逐步推进的过程。在这个过程中,又可以按照完成任务的不同、参加主体的不同以及行为方式的不同等一系列的标准,划分为若干个相互独立的单元,这些单元就被称为刑事诉讼的阶段。按照我国《刑事诉讼法》的规定,我国的刑事诉讼可以划分为立案、侦查、起诉、第一审程序、第二审程序和执行等一般的诉讼阶段。此外,在我国刑事诉讼过程中,还有死刑复核程序和审判监督程序两个特殊阶段。除此之外,我国《刑事诉讼法》第五编还规定了四个特别程序,即未成年人刑事案件诉讼程序,当事人和解的公诉案件诉讼程序,犯罪嫌疑人、被告人逃匿、死亡案件违法所得的没收程序以及依法不负刑事责任的精神病人的强制医疗程序。下面就我国刑事诉讼中的一般阶段进行简单介绍。

(1)立案阶段。立案是一个独立的刑事诉讼程序,是刑事诉讼程序的起点,是刑事诉讼程序的必经阶段。对任何犯罪行为的追究,都必须经过立案才能进入刑事诉讼的轨道,司法机关才能按照刑事诉讼程序进行侦查或者审判,否则司法机关所采取的相关行动、措施都属于违法行为。

(2)侦查阶段。侦查是我国公诉案件诉讼过程中一个独立的、必须的阶段,也是整个刑事诉讼活动的重要组成部分。侦查是国家对犯罪行使追诉权的重要体现，侦查活动不仅事关能否准确及时地揭露犯罪、证实犯罪，为提起诉讼做好充分的准备，而且还直接关系到对公民基本权利的保护。

(3)起诉阶段。起诉的任务在于通过享有控诉权的机关或个人，依照法律规定请求法院对指控的犯罪进行审判，支持其诉讼请求，追究被告人刑事责任并予以刑事制裁。起诉的作用在于发动审判程序，按照现代刑事诉讼程序“不告不理”基本原则的要求，起诉是审判的前提和基础，没有起诉就没有审判。所以，起诉是连接侦查和审判的唯一桥梁，是刑事诉讼的关键程序之一。

(4)第一审程序。第一审程序是刑事诉讼审判的基本程序，是刑事诉讼中一个极其重要的阶段。无论是公诉案件还是自诉案件，都首先要经过第一审的审判。此外，第一审程序还是人民法院进行审判活动的基础程序，第二审程序、死刑复核程序以及审判监督程序都是在它的基础之上构建起来的。它包括公诉案件的第一审程序和自诉案件的第一审程序。从审理方式上还包括普通程序和简易程序。

(5)第二审程序。根据两审终审制的要求，地方各级人民法院按照第一审程序对案件审理后所作的判决、裁定，尚不能立即发生法律效力。只有在法定期限内，有上诉权的人没有提起上诉，同级人民检察院也没有提出抗诉，第一审法院所作出的判决、裁定才发生法律效力。可见，第二审程序并非是每个案件的必经程序，只有提起上诉或抗诉的案件，才会引起第二审程序。

(6)执行程序。刑事诉讼由立案、侦查、起诉、审判和执行等阶段组成一个整体。执行是刑事诉讼的最后一个阶段，它与侦查、起诉、审判等程序相互联系、不可分割，立案、侦查、起诉、审判是执行的前提和基础，执行则是前者的付诸实施，只有前者而无后者，则法院判决将是一纸空文，因此，执行也是国家刑罚权得以实现的关键程序。

第二节　刑事诉讼法

一、刑事诉讼法的概念和性质

刑事诉讼法是国家的基本部门法之一，是国家制定的规范人民法院、人民检察院和公安机关及当事人和其他诉讼参与人进行刑事诉讼活动的法律规范的总称。刑事诉讼法有广义和狭义之分。狭义的刑事诉讼法仅指刑事诉讼法典。广义的刑事诉讼法指一切有关刑事诉讼的法律规范。刑事诉讼法的概念通常从广义上加以理解。

刑事诉讼法的具体内容主要包括：(1)刑事诉讼中的专门机关及其权力和义

务；(2)刑事诉讼中的当事人、其他诉讼参与人及其权利和义务；(3)刑事诉讼的原则、规则和制度；(4)刑事诉讼中收集和运用证据的规则和制度；(5)刑事诉讼的程序。

我们可以从不同角度考察刑事诉讼法的法律属性。

(1)程序法。法按其内容、作用可分为实体法与程序法。实体法是规定实质内容(如权利、义务、罪与刑等)的法律；程序法是规定司法机关司法与行政机关执法的程序的法律。刑事诉讼法规定了国家行使刑罚权的程序，是与刑事实体法(《刑法》)相对应的程序法。现代法治国家越来越重视程序法的价值，认为程序法与实体法应当并重。

(2)公法。法按其涉及国家和个人的关系，可分为公法和私法，这是罗马法的传统分类。公法是调整国家与个人之间关系的法律，私法是调整个人与个人之间关系的法律。刑事诉讼法调整的是刑事诉讼中的国家专门机关与当事人及其他诉讼参与人的关系，特别是与犯罪嫌疑人、被告人和被害人的关系，因而它属于公法。制定和实施刑事诉讼法，应当充分注意到它属于公法的特点，处理好刑事诉讼中国家权力与公民权利的冲突和平衡问题。

(3)基本法。我国的法律按其位阶分为根本法、基本法和一般法律。根本法是指国家的根本大法即宪法；基本法是必须由全国人民代表大会通过的重要法律；一般法律则是由全国人民代表大会常务委员会通过的法律。我国刑事诉讼法的制定和修改都必须经全国人民代表大会通过，是在我国法律体系中占重要地位的基本法。

二、刑事诉讼法的渊源

刑事诉讼法的渊源是指刑事诉讼法律规范的存在形式或载体。因为我国是成文法国家，我国刑事诉讼法亦以成文法的形式而存在。概括起来，我国刑事诉讼法的渊源有以下几种。

(1)宪法。宪法规定了我国的社会制度、经济制度、政治制度、国家机构及其活动原则、公民的基本权利和义务等重要内容，是国家的根本大法，具有最高法律效力，也是制定一切法律的根据。刑事诉讼法是根据宪法制定的，宪法还规定了一些与刑事诉讼直接相关的原则和制度，如依法独立行使审判权、检察权，适用法律一律平等，分工负责、互相配合、互相制约，使用本民族语言，审判公开，辩护权等。这些规定成为刑事诉讼法的重要渊源。

(2)刑事诉讼法典。它是基本法，是我国刑事诉讼法的主要法律渊源。我国现行的刑事诉讼法典是《中华人民共和国刑事诉讼法》，它于1979年7月1日第五届全国人民代表大会第二次会议通过，并经1996年3月17日第八届全国人民代表大会第四次会议第一次修正、2012年3月14日第十一届全国人民代表大会第五次会议第二次修正,2013 年 1 月 1 日起施行。

(3)有关法律规定。指全国人民代表大会及其常务委员会制定的有关刑事诉讼的法律规定。分两类:一类是全国人民代表大会及其常务委员会制定的法律中涉及刑事诉讼的规定。如《中华人民共和国刑法》《中华人民共和国人民法院组织法》《中华人民共和国人民检察院组织法》《中华人民共和国律师法》等。另一类是全国人民代表大会及其常务委员会就刑事诉讼有关问题所作的专门规定。如 1983 年 9 月 2 日通过的《全国人民代表大会常务委员会关于国家安全机关行使公安机关的侦查、拘留、预审和执行逮捕的职权的决定》等。

(4)有关法律解释。一是司法解释。指被授权作司法解释的最高人民法院、最高人民检察院就审判工作和检察工作中如何具体运用刑事诉讼法所作的解释、通知、批复等。这些解释中最重要的有:2012 年 12 月 26 日发布的《最高人民法院、最高人民检察院、公安部、国家安全部、司法部、全国人大常委会法制工作委员会关于实施刑事诉讼法若干问题的规定》,2012 年 12 月 20 日公布的《最高人民法院关于适用〈中华人民共和国刑事诉讼法〉的解释》,最高人民检察院于 2012 年 11 月 22 日公布的《人民检察院刑事诉讼规则(试行)》等。二是行政法规和部门规章中关于具体执行《刑事诉讼法》的规定。如公安部于 2012 年 12 月 13 日公布的《公安机关办理刑事案件程序规定》等。

(5)行政法规和规章。行政法规中刑事诉讼法的渊源是指国务院颁布的行政法规中有关刑事诉讼程序的规定,如国务院于 2003 年 7 月 16 日通过的《法律援助条例》等。规章中刑事诉讼法的渊源是指国务院下属各部门和其他部门就本部门业务工作中与刑事诉讼有关的问题所作的规定,如公安部制定的《刑事技术鉴定规则》等。

(6)地方性法规。指地方人民代表大会及其常务委员会颁布的地方性法规中关于刑事诉讼程序的规定。

(7)国际公约、条约。条约是国际法的最主要渊源,缔约国忠实履行条约所确定的义务,是国际社会法律秩序得以维护的基本条件。对于缔结的条约,当事国应当善意履行,我国加入国际公约后,当然也不例外。在我国,国际条约被承认是我国法律的渊源之一。我国加入的涉及刑事程序的国际公约主要有:2003 年 8 月 27 日全国人大常委会批准的《联合国打击跨国有组织犯罪公约》和 2005 年 10 月 27 日批准的《联合国反腐败公约》。

三、刑事诉讼法与相邻部门法的关系

(一)刑事诉讼法与刑法

刑事诉讼法与刑法同属于刑事法律体系,都是办理刑事案件时所要遵循的法

律规范。但刑事诉讼法规定进行刑事诉讼的原则、方式、方法和步骤,以及参与者的诉讼权利和诉讼义务等程序问题,属于刑事程序法;刑法则规定什么行为构成犯罪以及如何惩罚等实体问题,属于刑事实体法。刑事诉讼的过程既是运用刑事诉讼法的过程,也是运用刑法的过程。没有刑法,刑事诉讼的进行就失去了内容和实体上的依据;没有刑事诉讼法,刑法则不可能正确实施,等于一纸空文。因此两者互相依存,相辅相成,密不可分。

虽然刑事诉讼法具有保障刑法正确实施的作用,但是也有自己独立的价值。刑事诉讼法独立的价值表现为,关于审判公开、辩护制度的设置,是民主、法治精神的体现。刑事诉讼法的制定和实施,就是在实现其自身蕴含的民主、法治、人权保障等价值。

(二)刑事诉讼法与民事诉讼法、行政诉讼法

刑事诉讼法与民事诉讼法、行政诉讼法都是程序法,都是为正确实施实体法而制定的。因此,他们之间存在许多共同的原则、制度和程序,如司法机关依法独立行使职权,以事实为依据、以法律为准绳,审判公开,合议制,在程序上实行两审终审制,有一审程序、二审程序以及对已生效裁判的审判监督程序等。

但由于这三种诉讼法所要解决的实体问题不同,因而它们也存在很多不同。

(1)诉讼主体不同。刑事诉讼中国家专门机关为人民法院、人民检察院和公安机关,而民事诉讼、行政诉讼则仅指人民法院。当事人在刑事诉讼中为自诉人、被害人和犯罪嫌疑人、被告人以及附带民事诉讼的原告人、被告人,在民事诉讼和行政诉讼中为原告、被告以及第三人。

(2)诉讼原则不同。刑事诉讼法特有的原则有:未经人民法院依法判决对任何人都不得确定有罪原则,犯罪嫌疑人、被告人有权获得辩护原则等。民事诉讼法的特有原则为:当事人平等原则,辩论原则,调解原则,处分原则。行政诉讼法特有原则为:对具体行政行为进行合法性审查原则,不适用调解原则等。

(3)证据制度不同。在举证责任上刑事诉讼要求控诉方负举证责任,被告方对自己无罪或罪轻不负举证责任。民事诉讼法要求谁主张谁举证,原告、被告都负有举证责任。行政诉讼法要求被告对自己行政行为合法负举证责任。在证明标准上,刑事诉讼法为:犯罪事实清楚,证据确实充分。民事诉讼法为:优势证据。行政诉讼法为:事实清楚,证据确凿。

(4)强制措施不同。刑事诉讼法规定对犯罪嫌疑人、被告人采取的强制措施有拘传、取保候审、监视居住、拘留和逮捕。民事诉讼和行政诉讼,对诉讼参与人和其他人可采取训诫、罚款、拘留,行政诉讼还有责令具结悔过。

(5)诉讼程序不同。民事诉讼、行政诉讼的程序分为第一审、第二审、审判监

督程序和执行程序,而刑事诉讼程序则复杂得多,审判前有立案、侦查和起诉程序,审判程序中不仅有第一审、第二审、审判监督程序和执行程序,还有死刑复核程序以及特别程序等。

四、我国刑事诉讼法的历史发展

(一)中国古代刑事诉讼法的产生与发展

中国的古代法典诸法合体,没有区分实体法和程序法,也没有区分刑事法和民事法,都归结为刑事法。

在我国舜禹时代,《尚书》记载有"皋陶"作为刑官,可见当时已有刑事诉讼。关于诉讼规则,周代实行两造审理、五听制度等诉讼制度并采用人证、书证等证据种类,在先秦的典籍中,特别是儒家《周礼》等典籍中有许多记述,影响深远。汉承秦制,在保留囚法、捕法等6篇的同时增设3篇,共9篇,改"法"为"律",称《九章律》,但仍只有囚律、捕律为与诉讼法有关的内容。唐朝制定的《唐律》为中华法系的代表作。五代、宋、金都在唐律的基础上进行增减,与唐律大同小异。元代编纂新律,与唐宋有了一定的差异,称《至元新格》,共20篇,其第13篇为诉讼。诉讼篇着重规定如何控诉犯罪,其篇名"诉讼"后来演变为近现代的诉讼法典的名称。明律、清律集中国古代法律之大成,也设诉讼、捕亡、断狱诸篇,都是由唐律发展而来的。

总之,中国古代的刑事诉讼制度,从夏商至明清,内容丰富,精华与糟粕并存,反映了以儒家为主导的古代思想的影响,也体现了古代司法活动长期积累的经验,并反映了在司法活动中专制集权制度的本质和特征。中国古代刑事诉讼法有着鲜明的特点,这些特点是:

(1)以儒家思想为刑事诉讼法制的思想基础。中国古代的法制建立在伦理原则的基础上,礼教构成了国家的总的精神,儒家学说的主导地位促成了这一局面的形成。孔子重德治、礼教、人治而不重法治,主张德主刑辅,但孔子及后世儒家针对诉讼提出了一系列主张,对刑事诉讼产生了重大影响,诉讼法的一些内容和司法的一些实际事例直接反映了这种影响。

(2)君主掌握最高司法权。君主拥有无限权力,这些权力被宣扬为神授和至高无上,司法权也是由君主掌握成为其独裁专制权力的重要组成部分。君主言出法随,可以运用自己掌握的生杀大权,将罪不至死的人逮捕治罪甚至处死,体现了专制制度的专横性、残酷性,也可以任意宽免罪犯、平反冤狱。

(3)司法与行政不分,行政官兼理司法。中国古代没有形成司法权独立于行政权的局面。中央司法机关主要职责是办理狱讼案件,但需要绝对服从于君主的命令,并一般受制于冢宰、丞相、三省等中央行政中枢。地方司法机关与行政机关往往为同一机关,司法官同为行政官。司法只不过被看作是行政事务的一部分。这种君主专制制度下权力一体化的权力结构,有利于君主对司法权的控制,发挥着为封建统治服务的功能。

(4)维护封建特权和伦理纲常。在中国古代的刑事诉讼中,统治阶层拥有种种特权,法律面前实行公开的不平等,八议制度和诉讼代理制度等诉讼制度是这种不平等在诉讼中的典型表现。

(5)实体法与程序法不分,刑事诉讼法与民事诉讼法基本不分。中国古代法典,诸法合一,实体法与程序法没有分开,即使户婚纠纷也以刑罚为解决手段,因此严格地说,诸法合为刑法。刑事诉讼法是在刑律中加以规定的,体现为对违反诉讼断狱程序的刑罚处罚。

(6)实行纠问式诉讼,刑讯具有法定性。中国古代没有设立专门的控诉机关,也不实行不告不理原则,审判机关主动依职权追究犯罪,没有专门的侦查机关,承审官常常集侦查、控诉、审判于一身,原告、被告以及其他诉讼参与人没有诉讼主体地位,诉讼权利不足,被告人基本上没有诉讼权利,属于被追查、拷讯的对象。中国古代诉讼重视口供,以口供作为定案的主要依据。在通常情况下,没有认罪的口供,则不能定案。为获取口供,立法者、司法者都视刑讯为必要的诉讼手段,在法律中加以明确、详密的规定,在司法实践中也广泛适用,甚至成为诉讼活动的中心环节。

(7)具有慎刑狱的司法精神。据载,禹夏时,就已经制定了一条重要的刑事政策——“与其杀不辜,宁失不经”[①],意思是宁肯不依常规办案也不要错杀无罪的人。后世各个朝代,为了保证案件得到公平、正确处理,防止误判错杀,并平反冤案,通常都确立了一系列的制度,主要包括法官责任、会审制度、直诉制度、死刑复核复奏制度、录囚制度等,这些制度不仅在当时历史条件下发挥了有益的作用,至今仍然有着借鉴意义。

(二)中国近现代刑事诉讼法的产生与发展

1840年鸦片战争以后,中国古代法律近乎封闭式发展的局面才被彻底打破。在这种情势下,清朝在进入20世纪以后为顺应新的形势和收回治外法权,模仿西方资本主义国家的法制开始了中国法制的改革和发展。制定诉讼法是清末立法的项目之一。

1906年在沈家本的主持下编成了《大清刑事、民事诉讼法草案》及相辅而行的《法院编制法草案》。《大清刑事、民事诉讼法草案》分5章共260条,采行公开审

---

① 《尚书·大禹谟》。

判制度、陪审制度和律师制度，是中国第一部具有近代精神的诉讼法典草案。但由于当时各省保守力量占有优势，各省先后覆奏请求暂缓施行，这部法律草案遂被搁置而未予颁行。

1906年清政府颁布了《大理院审判编制法》，1907年颁行《各级审判厅试办章程》，该法参照《法院编制法草案》等拟订。1908年，清廷将刑部改为法部；大理寺改为大理院，专司审判。大理院旋即改组成立，并规定了大理院审判责任。1909年清政府将沈家本主持草拟的《法院编制法》交宪政编查馆逐条考核，后经修改与宪政编查馆拟订的《初级暨地方审判厅管辖案件暂行章程》《司法区域分划暂行章程》同时施行。《法院编制法》确立了司法独立原则，强调各审判衙门“独立执行”司法权，并于各级审判厅内设立了检察厅。

1911年10月10日，辛亥革命爆发，推翻了清朝政府，结束了长达两千多年的封建君主专制统治，成立了孙中山领导的南京临时政府。1911年12月，各省都督的代表制定了《临时政府组织大纲》，以美国国家制度为蓝本，确立了三权分立原则，规定临时中央审判所行使司法权。1912年2月7日，孙中山在南京公布《中华民国临时约法》确认了三权分立的制度，规定法院是行使司法权的机关，实行司法独立和审判公开的原则并规定了人民的诉讼权利。南京临时政府提倡人权，指出“天赋人权，胥属平等”，实行法律面前人人平等的原则，还颁布大总统令废除了刑讯制度。

南京临时政府虽然只存续了3个月，却在司法领域进行了多项重大改革。这些改革，借鉴了欧美资产阶级国家的法律制度，否定了封建的苛政酷刑，将近代的法律思想和人道主义精神融入刑事诉讼制度中。尽管存在着一定的局限性并且未能完全付诸实施，但其历史功绩是不能抹杀的。

国民党政府执政期间，立法院于1931年10月28日颁布了《法院组织法》，该法分15章共91条。1928年7月，立法院颁布了《中华民国刑事诉讼法》和《中华民国刑事诉讼法施行法》，1934年这两部法律得到修正并于次年颁布施行，分9编共计516条。

国民党政府的《刑事诉讼法》是在继承北洋政府《刑事诉讼条例》基础上并进一步取法德国、日本等大陆法系的刑事诉讼制度基础上制定的，该法采行职权主义的诉讼模式，确立了如下原则：(1)弹劾原则。即承认当事人为诉讼主体，实行“不告不理”，控诉与审判职能分立，先有控诉方才能启动审判程序，控诉方与被告方地位平等。(2)公诉与自诉相结合、以公诉为主的原则。国民党政府沿用将检察厅配置于法院的制度，检察官属于司法行政官，拥有搜查、提起公诉和实行公诉等独立职权。(3)职权进行原则。法院对于诉讼的进行或者终结，依据职权而进行必要的诉讼行为，不受当事人意思的约束，也不必等待当事人的声请，务求发现实质的真实。(4)不变更原则。对于刑罚权及其适用,当事人无权请求撤销或者变更,即当事人无处分权。(5)起诉便宜原则。检察官对于符合起诉条件的犯罪行为一般应当起诉,但在一定条件下可以不起诉。(6)直接审理原则。法官应当亲自接触当事人和收集证据,但有例外,也允许委托受命推事进行若干诉讼行为。(7)言词审理原则。举证、辩论等行为以言词为之,例外是第三审案件不经过言词辩论,等等。(8)实质真实原则。关于事实和证据,不受当事人意思所拘束。(9)自由心证原则。对于证据的证明力,法律不预先作出规定而由法官自由判断。(10)审判公开原则。在辩护制度中,确认被告人或其法定代理人、保佐人、配偶均有权为被告人选任辩护人,《刑事诉讼法》规定最轻本刑为 5 年以上有期徒刑的案件及高等法院管辖的第一审案件,如果被告人或其法定代理人、保佐人、配偶于起诉后没有选任辩护人的,审判长应当依职权为其指定,否则审判违反法定程序。刑事诉讼中实行四级三审制的审级制度,第三审为法律审,审理以违背法令为理由的上诉。被告人,被告人的法定代理人、保佐人或配偶为了被告人的利益,辩护人和代理人在不和被告人明示的意思相反的情况下为了被告人的利益,检察官为了被告人的利益与不利益,自诉人均可上诉,等等。

1949 年以后,国民党政府的《刑事诉讼法》只在台湾地区得以继续实施。该法 1967 年和 1968 年得到修正,1982 年以后修改十分频繁。2003 年台湾地区建立改良式当事人主义诉讼新制,法律修改的步幅加大,随后仍有所修正,一直沿用至今。

（三）中华人民共和国刑事诉讼法的产生与发展

新中国成立初期到 1979 年的 30 年间,我国没有制定刑事诉讼法典,只是在《宪法》和《人民法院组织法》《人民检察院组织法》《逮捕拘留条例》等若干法律、法规中规定了司法机关体系及若干刑事诉讼原则和程序。

1979 年 2 月成立的全国人大常委会法制委员会起草了《刑事诉讼法草案》(修正一稿、修正二稿),1979 年 6 月,《刑事诉讼法草案》(修正二稿)提请第五届全国人民代表大会第二次会议审议,于 1979 年 7 月 1 日正式通过,同年 7 月 7 日公布,1980 年 1 月 1 日起施行。《刑事诉讼法》分 4 编,共 164 条,是我国第一部社会主义类型的刑事诉讼法典。《刑事诉讼法》的制定,是健全社会主义法制的重要一步,结束了新中国成立以后长期没有刑事诉讼法典作为刑事诉讼活动依据的局面。该法实施以来,对于保障准确及时地查明犯罪事实,正确适用法律,惩治犯罪行为,保障无罪的人不受刑事追究,维护社会治安,保障改革开放和社会主义现代化建设的顺利进行,发挥了重要作用。《刑事诉讼法》制定后,全国人民代表大会常务委员会对《刑事诉讼法》进行了若干修改、补充,形成了一些重要的法律、法规。

改革开放以后,随着我国社会主义市场经济的建立、社会主义民主和法制建设的不断发展,以及社会情况特别是犯罪和与犯罪作斗争的形势发生的变化,需要对《刑事诉讼法》进行补充修改。1995 年 12 月全国人民代表大会常务委员会法制工作委员会拟订了《中华人民共和国刑事诉讼法修正案(草案)》,提交全国人民代表大会常务委员会第十七次会议进行了初步审议。1996 年 2 月,全国人民代表大会法律委员会召开会议对修正案草案进行了审议,并提交第八届全国人民代表大会常务委员会第八次会议进行了第二次审议。1996 年 3 月 5 日召开的第八届全国人民代表大会第四次会议审议了《中华人民共和国刑事诉讼法修正案(草案)》,1996 年 3 月 17 日修正案以《全国人民代表大会关于修改〈中华人民共和国刑事诉讼法〉的决定》的名称获得通过。修正后的条文共 225 条,比修正前增加了 61 条。这次修正涉及刑事诉讼的各个环节,主要内容包括:对职能管辖进行了修改,特别是调整了检察机关自侦案件的范围;完善强制措施,取消收容审查;强化对犯罪嫌疑人、被告人以及被害人权利的保障;确立了未经人民法院依法判决不得定罪的原则;将律师参加诉讼活动的时间提前到侦查阶段;扩大了不起诉的范围,决定不再使用免予起诉;对庭审方式作出重大改革,强化控辩双方的作用,发挥合议庭在审判中的决定性作用;增设简易程序;增设人民检察院依法对刑事诉讼实行法律监督的原则,加强对刑事诉讼各个环节的监督;等等。

自 1996 年《刑事诉讼法》修正以来,随着社会的发展,《刑事诉讼法》逐渐难以适应司法实践的需要,对其进行再次修改是适应我国民主法制发展的需要,是解决司法实践中突出问题的需要,也是适应犯罪活动新变化和加强惩罚犯罪能力的需要。

2003 年《刑事诉讼法》再修改被纳入第十届全国人大常委会立法规划,2011 年第十一届全国人大常委会再次将《刑事诉讼法》修订列入立法规划。与此同时,中央政法机关开始单独或者联合出台司法解释或者规范性文件以推进刑事司法改革。比较重要的有:《最高人民法院、最高人民检察院、公安部、国家安全部、司法部关于办理死刑案件审查判断证据若干问题的规定》《最高人民法院、最高人民检察院、公安部、国家安全部、司法部关于办理刑事案件排除非法证据若干问题的规定》《最高人民法院、最高人民检察院、公安部、国家安全部、司法部关于规范量刑程序若干问题的意见(试行)》《中央综治委预防青少年违法犯罪工作领导小组、最高人民法院、最高人民检察院、公安部、司法部、共青团中央关于进一步建立和完善办理未成年人刑事案件配套工作体系的若干意见》《最高人民法院关于充分发挥刑事审判职能作用深入推进社会矛盾化解的若干意见》《最高人民检察院关于办理当事人达成和解的轻微刑事案件的若干意见》等等。

2011 年 8 月 24 日,《中华人民共和国刑事诉讼法修正案(草案)》(以下简称《修正案(草案)》)正式提请第十一届全国人大常委会第二十二次会议进行初次审议。2011 年 8 月 30 日，全国人大的官方网站中国人大网全文公布了《修正案（草案）》，并向社会公开征集意见。2011 年 12 月 26 日，第十一届全国人大常委会第二十四次会议再次对《修正案（草案）》进行审议，并决定将草案提请第十一届全国人大第五次会议审议。2012 年 3 月 14 日上午，第十一届全国人民代表大会第五次会议以 91.88% 的赞成票通过了《全国人民代表大会关于修改〈中华人民共和国刑事诉讼法〉的决定》。该法自 2013 年 1 月 1 日起施行。

此次修正《刑事诉讼法》增、删、改共计 149 条，其中增加 66 条，修改 82 条，删除 1 条。主要内容如下：增加"尊重和保障人权"的规定；改革完善辩护制度，赋予侦查阶段聘请的律师以辩护人地位。强调实体辩护与程序辩护并重，扩大法律援助适用的阶段和案件范围；完善证据制度，增加规定"不得强迫任何人证实自己有罪"，确立非法证据排除规则；完善强制措施制度，限制不通知家属的情形；改革完善侦查阶段讯问犯罪嫌疑人程序，加强对公权力制约，要求对讯问过程进行录音或者录像；强化侦查措施，增加技术侦查等特殊侦查手段；完善第一审程序中证人、鉴定人出庭制度，扩大简易程序的适用范围，改进第二审程序，改革死刑复核程序；完善执行程序，对暂予监外执行进行了完善，创立社区矫正制度；增设特别程序，包括未成年人刑事案件诉讼程序，当事人和解的公诉案件诉讼程序，犯罪嫌疑人、被告人逃匿、死亡案件违法所得的没收程序，依法不负刑事责任的精神病人的强制医疗程序。

此次《刑事诉讼法》再修改体现了惩罚犯罪与保障人权并重、实体公正与程序公正并重的理念，进一步调整国家权力与公民权利的关系，调整公安司法机关的权力配置，着力解决司法实践中，尤其是冤错案件中暴露的诉讼程序方面的突出问题，使刑事诉讼制度进一步民主化、法治化和科学化，在刑事诉讼法制发展进程中取得了重大进步。

五、刑事诉讼法的目的与任务

（一）刑事诉讼法的目的

世界各国的刑事诉讼法，有的没有规定立法目的，有的则对目的作出了规定。如美国《联邦刑事诉讼规则》第 2 条规定："本规则旨在为正确处理每一起刑事诉讼提供规定，以保证简化诉讼，公正司法，避免不必要的费用和延缓。"日本《刑事诉讼法》第 1 条规定："本法以在刑事案件上，于维护公共福利与保障个人基本人权的同时，明确案件的事实真相，正当而迅速地适用刑罚法令为目的。"从美国、日本刑事诉讼法的规定可以看出：明确事实真相、正确适用法律、公正司法，最终达到保障基本人权，应是各国刑事诉讼法的共同目的。

我国《刑事诉讼法》第 1 条规定："为了保证刑法的正确实施，惩罚犯罪，保护人民，保障国家安全和社会公共安全，维护社会主义社会秩序，根据宪法，制定本法。”这便是我国刑事诉讼法的制定目的。确立这一目的是由我国刑事诉讼的实质内容以及刑事诉讼法与刑法的关系决定的。刑事诉讼以指控、证实和惩罚犯罪为其中心内容,确定案件性质与刑事责任必须以刑法为依据。因为刑法专门规定了什么行为是犯罪和对犯罪处以什么刑罚的问题,离开刑法,定罪量刑就失去了统一标准。刑事诉讼法规定了惩罚犯罪的具体程序,司法机关只有严格遵循这些程序,才能查明犯罪事实,从而才能准确适用刑法,惩罚犯罪,保护人民,进而有效地保障国家安全和社会公共安全,维护社会秩序。刑事诉讼法确立的这一目的,既体现了我国刑事诉讼法的社会主义性质,又明确了刑事诉讼法与刑法的关系。

(二)刑事诉讼法的任务

我国《刑事诉讼法》第2条规定:“中华人民共和国刑事诉讼法的任务,是保证准确、及时地查明犯罪事实,正确应用法律,惩罚犯罪分子,保障无罪的人不受刑事追究,教育公民自觉遵守法律,积极同犯罪行为作斗争,维护社会主义法制,尊重和保障人权,保护公民的人身权利、财产权利、民主权利和其他权利,保障社会主义建设事业的顺利进行。”可见,我国刑事诉讼法的任务,可从以下三个方面理解。

(1)保证准确、及时地查明犯罪事实,正确应用法律,惩罚犯罪分子,保障无罪的人不受刑事追究。这是刑事诉讼法的首要任务和直接任务。

任何案件的审判过程都可分为事实认定和法律适用两个组成部分,刑事案件自不例外。查明犯罪事实,是整个刑事诉讼的基础。在查明犯罪事实的基础上,还必须正确运用法律。此处的“法律”包括刑法、刑事诉讼法,以及办理案件中需要适用的其他法律。要想实现这一任务,必须正确处理好以下两个关系。

一是准确和及时的关系。准确查明犯罪事实,正确应用法律,是指对案件事实的认定和对犯罪人的行为定性准确,并根据犯罪的具体情况适用刑法。准确是要求司法机关对案件的查明要做到事实清楚,证据确凿。查明案件事实不仅要准确,还要及时。及时是追求诉讼效率的提高,防止诉讼拖延。准确是关键,是及时的目的;及时是准确的重要保障,过度的诉讼拖延会给当事人带来讼累,准确的意义也就大打折扣了。但司法工作人员必须在保证办案质量的前提下讲及时,绝不允许以牺牲质量为代价去追求速度和效率。

二是惩罚犯罪与保护无辜的关系。惩罚犯罪,保护无辜,是刑事诉讼法任务中对立统一的两个方面。一方面,只要真正做到准确惩罚犯罪,就不会伤害无辜;另一方面,在刑事诉讼中谨慎执法,注意保护无罪的人,就必然更能准确惩罚犯罪分子。为了惩罚犯罪而冤枉无辜,既严重侵犯了人权,又给社会造成恶劣的影响,其后果比放纵犯罪更加严重。古书云:“与其杀不辜,宁失不经。”说的就是这个道理,不能单纯为了惩罚犯罪而去肆意侵害无罪之人的权利。

(2)教育公民自觉遵守法律,积极同犯罪行为作斗争。这是刑事诉讼法的重要任务。

刑事诉讼活动离不开群众的支持和参与,通过刑事诉讼活动可以起到法制宣传的作用,使公民了解法律的规定,培养守法的意识,从而起到预防犯罪的功能。同时,通过刑事诉讼活动还要培养公民的社会责任感,提高防范和识别犯罪的能力,善于同社会邪恶势力作斗争,使社会上的潜在违法犯罪分子,迫于人们的正义感和责任感不敢铤而走险,从而为维护社会稳定,构建和谐社会打下坚实的群众基础。

(3)维护社会主义法制,尊重和保障人权,保护公民的人身权利、财产权利、民主权利和其他权利,保障社会主义建设事业的顺利进行。这是刑事诉讼法的根本任务或者说是刑事诉讼法的总任务。

维护社会主义法制就是维护社会主义法制的尊严,做到"有法必依、执法必严、违法必究"。刑事诉讼法通过保证刑罚权的行使,惩罚破坏社会主义法律秩序的犯罪行为,使社会主义法制得到维护。

本次修改《刑事诉讼法》在任务中增加"尊重和保障人权"的规定,这是2004年"国家尊重和保障人权"载入《宪法》以来,第一次出现在部门法律中,具有突破性的创新,意义深远、重大。刑事诉讼领域内的保障人权,可以从三个层面上理解:一是保障犯罪嫌疑人、被告人的权利,防止有罪推定;二是保障所有诉讼参与人尤其是被害人的权利,充分保障其享有的诉讼权利;三是通过对犯罪的惩罚保护公民的权利不受非法侵害。其中,由于刑事诉讼的特殊性以及犯罪嫌疑人、被告人诉讼地位的特殊性,保障被追诉人的合法权利不受侵害应当是保障人权的重心。但需要注意的是,惩罚犯罪和保障人权不应是对立的关系,在司法实践中切不可顾此失彼,应做到二者有机统一和相互协调。"尊重和保障人权"的法律规定也实现了我国《刑事诉讼法》与国际的接轨,但唯一不足的是,将它置于刑事诉讼法的任务中,成为《刑事诉讼法》诸多任务之一,降低了它本应享有的提纲挈领的重要地位,削弱了它的核心价值。①

第三节　刑事诉讼法学

一、刑事诉讼法学的研究对象

刑事诉讼法学作为一门法学的分支学科,有着自己的研究对象和理论体系,其

① 陈光中主编:《〈中华人民共和国刑事诉讼法〉修改条文释义与点评》,人民法院出版社2012年版,第4页。

研究对象包括刑事诉讼法律规范、刑事诉讼实践和刑事诉讼理论。需要说明的是,以上三个方面的内容不限于当代中国的刑事诉讼法律、实践和理论,而是包容古今中外,即中外历史和当今的刑事诉讼法律、实践和理论都是刑事诉讼法学的研究对象。当然本书以当今中国的刑事诉讼法律、实践和理论为主要内容。

(一)刑事诉讼法律规范

刑事诉讼法学将广义的刑事诉讼法作为其研究对象。在我国,《中华人民共和国刑事诉讼法》是刑事诉讼法学的重要研究对象。除了刑事诉讼法典以外的其他法律、法规中有关刑事诉讼的制度、程序的规定,以及最高人民法院、最高人民检察院就审判、检察业务具体应用法律所作的司法解释,都属于刑事诉讼法学的研究对象。

外国的刑事诉讼法比较完备,是我国刑事诉讼法学研究的重要内容。另外,联合国有关公约及其他国际公约、条约有关刑事司法准则的规定,也是我国刑事诉讼法学的研究对象。

研究刑事诉讼法,要准确解读刑事诉讼法条文的字义、词义及其内容含义,同时还要研究刑事诉讼法律规范的结构,把握刑事诉讼法典各个部分之间的关系,这是对刑事诉讼法本身进行研究的基础。此外,要准确了解刑事诉讼法律规范,不能仅仅局限于对法律规范的外在形式进行研究,还必须对其内在的精神进行研究,包括立法背景、立法的指导思想及其所反映的法律价值等内容。

(二)刑事诉讼实践

刑事诉讼法学是一门实践性很强的应用型法律学科,因此,有必要将刑事诉讼实践作为自己的研究对象。即研究刑事诉讼法律规范在司法实践中的适用和实施情况,从中总结经验,发现和解决具体贯彻实施刑事诉讼法过程中存在的问题。司法实践是检验法律是否合理、是否完善的标准,研究司法实践可以提出改进立法的意见。同时,司法实践会不断提出新的研究课题,促使刑事诉讼法学针对司法实践的需要,探索进一步健全刑事诉讼法律制度的措施和途径。实践是知识的源泉,刑事诉讼法学离开了实践,便成为无本之木,无源之水。刑事诉讼法学只有植根于司法实践之中,不断总结实践、服务实践、促进实践,才能使自己获得新的繁荣和发展。

(三)刑事诉讼理论

刑事诉讼理论是分析刑事诉讼法律规范和研究刑事诉讼司法实践的思维工具,只有切实掌握刑事诉讼理论,才能在具体问题的分析中具有深刻明晰的眼光和高屋建瓴的气魄。因此,刑事诉讼法学要成为一门独立的法律学科,就不能不研究刑事诉讼理论。刑事诉讼理论的研究是一个系统工程,不仅要对刑事诉讼的结构模式、原则、制度及其具体程序等课题和范畴内存在的众多学说和理论进行研究,而且要加强对刑事诉讼法学基本理论的研究和创新。历史经验表明,没有深厚的理论积累就没有高水平的刑事诉讼法学,没有科学的理论指导,也就没有文明、进步的立法和司法实践。因此,应当加强刑事诉讼理论研究。

二、刑事诉讼法学的研究方法

研究方法是否正确、科学,往往是研究活动成败和取得成效大小的关键因素。关于刑事诉讼法学的具体研究方法,需要着重指出以下几种。

(一)辩证思维的方法

刑事诉讼是一项充满矛盾的复杂的社会系统工程,存在着控制犯罪与保障人权、实体与程序、公正与效率、控诉与辩护等一系列对立统一的范畴。辩证地研究刑事诉讼,就是要全面地看到上述矛盾的两个方面,防止顾此失彼。同时,解决矛盾要做具体分析,一定问题在一定情况下要有所侧重。譬如,控诉与辩护这两种对立的诉讼职能在诉讼中应当同等重视。但是,由于控诉职能大多由国家专门机关行使,辩护职能由被追诉者及其委托的辩护人行使,后者明显处于弱势,因而立法上、司法上应当给辩护权以特殊的保障,这样才能保证控辩双方在诉讼中的平衡。

辩证思维的方法还意味着应当把归纳和演绎、分析和综合、抽象和具体、现象和本质等观察问题的思维方法辩证地统一起来,这样才能对一些复杂的问题作出适当的判断。

(二)理论联系实际的方法

这是研究社会科学必须运用的共同方法,刑事诉讼法学作为一门实践性很强的学科,更应当如此。联系实际必须认真调查研究实际,即应当深入调查刑事诉讼立法和司法的现状,研究有哪些成就和经验需要加以肯定和总结,有哪些错误和不足需要加以纠正和弥补,存在哪些问题需要加以解决。不断联系实际、服务实际,才能把理论学活,才能促进学科的发展。

应当指出,调查研究案例是本学科联系实际的重要方法。英美法系国家是以判例法为其法制特色的,对部门法的研究和教学,离不开判例。我国虽然是成文法国家,但案例生动直观地反映立法司法实践,通过案例分析可以有效地达到理论联系实际的目的。西方法学、社会学提倡的实证方法,与我们所讲的理论联系实际、调查研究案例,从方法论上说基本上是一致的。

(三)价值分析的方法

在刑事诉讼法学中,运用价值分析法是通过分析刑事诉讼的利益、价值和目的,来研究刑事诉讼程序及程序模式。刑事诉讼作为一项社会控制工程,其目的是保障特定的社会利益。由于利益价值需要产生目标体系并最终决定行为方式,社会的利益要求(即价值取向)不同,其保护手段——刑事司法制度的模式也就不同。因此,分析特定的利益关系,把握驱动刑事司法运行并决定运行方式的利益价值机制，就能由枯燥的程序规范与技术性措施中感触到丰富的社会政治文化底蕴，并从根本上把握刑事司法的设计与操作思想，从而高屋建瓴地考虑诉讼手段和模式的选择与诉讼制度的发展完善。运用价值分析的方法应当注意分析以下问题：刑事司法活动中的主要利益及其界定；互动过程中的利益关系；不同诉讼价值模式及其分析；刑事司法的当代价值取向；在合理的诉讼价值指导下，对制度层面的调整与改革；等等。在具体的分析研究中，还要注意运用利益、价值和权衡的方法。

（四）比较与借鉴的方法

比较是认识和把握事物发展的共性和差异性的思维方法，有比较才能有借鉴，有借鉴才能有进步。刑事诉讼法学的研究也同样如此。比较是纵和横的比较。纵的比较就是古今比较，以古为镜，通过对历史上的刑事诉讼理论和制度进行纵的比较，形成对传统的正确认识，从而去其糟粕，取其精华，做到古为今用。横的比较，最重要的是进行中外刑事诉讼法之间的比较研究，从而借鉴外国法中符合一般规律的、科学的，并对完善我国刑事诉讼法有益的理论和制度。此外，也可以对刑事诉讼法与民事诉讼法和行政诉讼法进行异同比较，从中得到启迪和受益。

三、刑事诉讼法学的体系

在一定意义上，体系即系统。刑事诉讼法学的体系，就是刑事诉讼法学的系统。根据系统具有相对性的原则，对刑事诉讼法学的体系可以按不同的原则和要求进行划分。如就知识范围而言，刑事诉讼法学由中国刑事诉讼法学、外国刑事诉讼法学和古代刑事诉讼法学构成。就刑事诉讼理论本体而言，刑事诉讼法学可分为基本理论和应用理论两个大部分。基本理论系刑事诉讼的一般原理，应用理论立足于刑事诉讼立法和司法的实际，包含解释刑事诉讼法的规定，分析刑事诉讼中的实际问题，等等。

【问题与思考】

1. 如何正确理解刑事诉讼法与刑法的关系？

2. 程序法可否溯及既往，可否类推解释，可否扩张解释？

3. 如何在现代刑事诉讼价值理念语境下，正确理解和认识我国刑事诉讼法的任务？

4. 中国古代刑事诉讼制度有哪些制度是值得我们借鉴的？

第二章

刑事诉讼基础理论

【内容提要】

本章重点阐述刑事诉讼基础理论，具体包括刑事诉讼法律关系、刑事诉讼行为、刑事诉讼目的、刑事诉讼构造、刑事诉讼价值、刑事诉讼职能和刑事诉讼主体与客体七个方面内容。这七个方面内容构建了刑事诉讼主要的理论体系，为刑事诉讼的学习提供基本的理论指导和知识体系，是刑事诉讼研究的理论基石。关于刑事诉讼基础理论的研究，我国尚处于初级阶段，但随着对"程序法"的重视和研究的深入，也取得了重大进步，初步形成了与我国具体实际相适应的理论体系，并纳入了立法轨道。本章主要论述刑事诉讼基础理论的主要内容以及理论发展趋势。

第一节 刑事诉讼法律关系

一、刑事诉讼法律关系的概念

法律关系是指通过法律调整形成的，以主体之间的权利义务关系为表现形式的一种特殊的社会关系。按照法理进行推论，刑事诉讼法律关系则是在刑事诉讼这一特定的环境中，受到刑事诉讼法律规范调整而形成的特定主体之间的权利义务关系。诉讼法律关系最早由德国学者提出，按照德国学者的一般观点，刑事诉讼是由一系列诉讼行为连接起来的动态的链条，这些诉讼行为依照一定的顺序进行，并以刑法的实施、被告人的刑事责任为目标。刑事诉讼法律关系，即从刑事诉讼的开始到终止时为止，在各诉讼主体之间发生的一系列权利义务关系。德国诉讼法学者标罗在 1868 年出版的《诉讼抗辩论和诉讼要件》一书中正式明确提出"诉讼法律关系”这一概念,并对诉讼法律关系与实体法律关系进行了区别。[①]

关于刑事诉讼法律关系的概念,主要存在两种解释学说:一种是以德国和日本学者为代表的动态观点,主要体现在以德国学者哥尔德斯密特(Goldschmidt)为代表的“诉讼法律状态说”,他认为诉讼法律关系是当事人通过诉讼的形式实现实体上的权利而形成的,各方所实施的诉讼行为共同指向的对象是实现实体法的规定。同时,诉讼法并非依附于实体法,而是有其独立的地位。因此,从动态的角度来看,诉讼活动不是以权利义务为内容的诉讼法律关系,而应是以既判力为终点的浮动的法律状态。法律(包括实体法和诉讼法)不是命令,而是应当由法官适用的判断标准。从当事人的角度来看,只是抱有“法院可能会作出有利或不利判断”的期待,并且承受为避免法院作出不利于自己的判决而进行各种诉讼行为的负担。另一种是以苏联学者为代表的静态观点,这一观点为我国大多数学者所借鉴。苏联刑事诉讼学者一般认为,所有参加刑事诉讼活动的机关和个人,包括法院、检察院、检察长、侦查人员、调查机关以及被告人、被害人、辩护人、民事原告人、民事被告人、代理人、证人、鉴定人、翻译人员等,都是刑事诉讼权利和义务的承担者,也都是刑事诉讼主体。刑事诉讼法律关系也就存在于这些机关和诉讼参与人相互之间的权利义务中。这一学说没有将控辩审三方以诉讼职能为依据而产生的主要权利义务关系与一般的法律关系区别开来,没有将控辩审三方的诉讼地位和相互关系予以特殊对待。这与前述德国、日本的相关理论产生了分歧。

我国在借鉴和吸收苏联的理论基础上认为,刑事诉讼法律关系是指由刑事诉讼法律规范所调整的,在诉讼中形成的刑事诉讼参加者,包括公安机关、检察院、法院和当事人以及其他诉讼参与人之间的权力(权利)、义务关系。这以对刑事诉讼进行“广义的理解”为逻辑前提。

刑事诉讼法律关系是相对于刑事实体法律关系的一个概念,二者既存在联系,又有区别。刑事诉讼法律关系的产生以刑事实体法律关系出现了不正常的状态为前提,换言之,刑事诉讼法律关系是对刑事实体法律关系的保障和救济,刑事实体法律关系则是刑事诉讼法律关系产生的前提。这是二者的联系。同时,它们又是两种不同性质的法律关系。刑事诉讼法律关系围绕案件事实和被告人的刑事责任问题展开,即在查清案件事实的基础上确定被告人是否有罪、有何罪、应否受刑罚、受何刑罚。而刑事实体法律关系则旨在解决什么是犯罪和什么是刑罚的问题。刑事诉讼法律关系与刑事实体法律关系,和程序法与实体法之关系雷同,正如国民政

---

① 参见刘荣军:《德国民事诉讼行为论学说之展开》,载陈光中、江伟主编:《诉讼法论丛》(第 1 卷),法律出版社 1998 年版,第 389 页。

府时期我国著名刑事诉讼法学者夏勤在其《刑事诉讼法要论》中论述的那样："法有实体程序之分，实体法犹车也，程序法犹轮也。轮无车则无依，车无轮则不行。"①

二、刑事诉讼法律关系的要素

按照法学原理，法律关系由主体、客体和内容三个要素组成，刑事诉讼法律关系也不例外。

刑事诉讼法律关系的主体，是指在诉讼中享有权力（权利），承担义务的所有诉讼参与者。具体包括公安机关、检察院、法院、被害人、被告人、自诉人、附带民事诉讼的原告和被告、诉讼代理人、辩护人、证人、鉴定人、翻译人员等。他们根据法律规定行使权力（权利）、履行义务而为一定的诉讼行为，以期实现一定的诉讼目的。

刑事诉讼法律关系的客体，是指刑事诉讼法律关系主体行使权力（权利）、履行义务，进行诉讼活动所指向的对象。案件事实和被告人的刑事责任为刑事诉讼法律关系的客体。主体的全部诉讼活动围绕客体进行，即查清案件事实、确定被告人的刑事责任。客体是刑事诉讼法律关系得以产生和发展的直接依据，但是不同主体的诉讼行为所具体指向的对象有所不同，如法官的裁判是在对案件事实综合认识基础上对被告人的刑事责任作出的判断，而证人的作证只是为帮助查清案件事实而进行的陈述。主体共同行为指向的对象即客体则是一致的。

刑事诉讼法律关系的内容，是指刑事诉讼法律关系主体之间的权力（权利）、义务关系。这种法律关系具有权力义务和权利义务的交叉性和双重性的特点，体现了国家机关的权力和公民权利之间的权力与权利的交融、重合。具体表现为三方面：一是单纯的权力义务关系，即公安机关、检察机关、审判机关之间的权力义务关系，三机关代表国家行使刑罚权、追诉权和审判权，在刑事诉讼中相互制衡，防止权力滥用，实现各自的职权目标。二是单纯的权利义务关系，即诉讼参与人之间的权利义务关系，被害人、被告人、自诉人、附带民事诉讼的原告和被告、诉讼代理人、辩护人、证人、鉴定人、翻译人员之间的权利义务关系，如当事人在法庭上有向证人、鉴定人发问的权利，而证人、鉴定人有回答的义务。这些权利的行使和义务的承担，推进诉讼进程，揭露案件事实，维护自身权利，达到人权的自我实现。三是权力义务与权利义务的交叉重合关系，即国家司法机关与诉讼参与人之间的权力（权利）、义务关系，如检察机关有代表国家对被告人提起公诉的权力，而被告人有接受审判的义务；被告人有辩护的权利，而国家司法机关有保障这一权利行使的义务。权力与权利相互制约，主要是以权利制约权力，防止权力滥用，以实现人权保障。

---

①　转引自陈瑞华：《刑事诉讼的前沿问题》，中国人民大学出版社2000年版，第12页。

第二节　刑事诉讼行为

一、刑事诉讼行为的概念和特征

行为是指受主体思想支配而表现外在的活动，也就是意识的外在表现形式。刑事诉讼是由刑事诉讼法律关系主体的一系列诉讼行为交替、连接而成的一个动态的发展过程，简言之，刑事诉讼就是由一个个刑事诉讼行为拼接而成的画卷。因此，刑事诉讼行为是构成刑事诉讼法学体系的重要基石之一，德国学者 Sauer 曾说“诉讼行为之概念乃为诉讼法之中心点”①，其重要性可见一斑。刑事诉讼行为是指在诉讼中诉讼主体或者其他诉讼参与人实施的、构成诉讼程序内容的、可产生诉讼上特定效果的行为。

刑事诉讼行为与一般意义上的行为一样，都具有主体的意识支配性，但是由于行为所处的环境、追求的目的和承载的价值不同，因此具有以下特征。

第一，行为时间的特定性。刑事诉讼行为仅存在于刑事诉讼程序中，贯穿于刑事诉讼发展的整个过程。刑事诉讼是按照一定方向不断发展的过程，这一过程从整体上说就是“程序”。如果说“程序”是一条“线”，那么“行为”就是构成这一条“线”的“点”，这些“点”按照一定的顺序相互交错、连接，始终围绕着“程序”这一条“线”。刑事诉讼行为必须是构成诉讼程序的行为，离开了程序这一条“线”，离开诉讼这一特定的环境，行为也不过是一般意义上的活动，而不是刑事诉讼行为了。如法官的任免、法院内部案件的分配等仅为司法行政行为，而非刑事诉讼行为。当然，这种行为与刑事诉讼行为存在密切的联系。

第二，行为主体的特定性。刑事诉讼行为是诉讼主体和其他诉讼参与人的行为，如法官审判、检察官提起公诉、被告人陈述、证人作证等等，这些特定的国家机关和人员只有在刑事诉讼中的活动才能成为刑事诉讼行为。非特定主体的活动，虽然对刑事诉讼的产生和发展产生重大影响，但仍不能称为刑事诉讼行为，如公民对正在实施犯罪的人的扭送行为，公开审判时案外人的旁听行为等。

第三，行为效果的特定性。刑事诉讼行为足以引起诉讼上特定效果的产生，如提起上诉使上级法院对于具体案件取得审判权，被告人委托辩护人的行为使被委托人取得辩护人的诉讼地位，申请回避使相关人员退出特定案件的诉讼过程，等等。而如书记员在开庭前对法庭进行布置的行为，法官就某些案件请教专家的行

---

① 转引自曹鸿澜：《刑事诉讼行为之基础理论（1）——刑事诉讼行为之效力》，台湾《法学评论》1974 年第 6 期。

为,虽然对于诉讼进行有重要影响,但不产生诉讼上的特定效果,因此不是刑事诉讼行为。

二、刑事诉讼行为的构成要素

一般说来,刑事诉讼行为的成立应当包含行为主体、行为的意思表示和行为的内容三个基本要素。

第一,行为主体要素。刑事诉讼行为是诉讼主体和其他诉讼参与人的行为,刑事诉讼行为的主体必须以自己的名义实施行为,才可以称为行为适格;那些不具有行为适格的人可以依照《刑事诉讼法》的规定,通过代理人的代理而取得行为适格性。同时,行为主体还必须具有诉讼行为能力,否则行为难以成立。诉讼法上的行为能力不同于实体法上的行为能力,如民事行为能力是以行为主体的年龄和精神状态来衡量其适格性,而诉讼法上的行为能力不受年龄限制,以行为主体是否具备意思表示能力为条件。如未满 18 周岁的未成年人不具有完全的民事行为能力,但只要能辨别是非或者能正确表达,就可以作为证人出庭作证,而不能由代理人进行代理。

第二,行为的意思表示要素。诉讼行为的成立必须以行为人的真实意思表示为前提,诉讼行为人的意思表示为行为的本质,任何诉讼行为都是受思想支配的外在活动,是有意识的。如果没有意思表示,或者该意思并非行为人的真实意愿,而是受到欺诈、胁迫或者强制力而作出的,则不能成为刑事诉讼行为。如犯罪嫌疑人在刑讯逼供的情况下作出的供述,不具有证据效力,作出该行为的意思表示并非行为人自行决定,因此,该供述行为不能成为诉讼行为,不能产生诉讼意义上的证据效力。

第三,行为的内容要素。诉讼行为的内容以意思表示为内涵,意思表示则通过行为的内容表现。意思表示应当由行为人在作出该诉讼行为时以明确的方式提出,换言之,意思表示的内容必须明确,否则诉讼行为不成立。同时,诉讼行为一经达成其目的时,在同一情况或者目的下,不得反复实施;诉讼行为还不得附加条件或者期限之内容。

以上为刑事诉讼行为的一般构成要素。根据法律规定,有些诉讼行为还必须具备一些特殊要素才能成立,这些要素包括时间、地点、行为方式、具体手续等不同方面。

三、刑事诉讼行为的分类

(1)根据行为主体的不同,可分为法院行为、当事人行为和第三人行为。

法院行为主要是指审理和裁判行为。为了实现审判的目的,法院还必须进行其他的准备或者附带行为,如法院依职权进行证据的审查行为,为保障诉讼活动顺利进行而对被告人采取的拘传、取保候审、监视居住、逮捕等强制措施。

当事人行为是指被告人、自诉人和被害人在刑事诉讼中实施的行为。检察机关代表国家以公诉人的身份参加诉讼,从本质上看,公诉人在公诉案件中相当于原告的诉讼地位,仍然是刑事诉讼当事人,因此其诉讼行为属于当事人行为。从严格意义上讲,刑事诉讼主要是指起诉后审判阶段的诉讼程序,侦查阶段与执行阶段并不具有"诉讼"性质,而仅为诉讼的准备和延续。但根据我国《刑事诉讼法》的规定,侦查阶段和执行阶段为两个独立的诉讼阶段,因此,从广义上理解,侦查行为和执行行为也是诉讼行为。公安机关、监狱等行使侦查权、执行权的机关,在诉讼中的主要职能是追诉犯罪,所以,侦查机关和执行机关属于刑事当事人的范畴,其行为亦属当事人行为。

第三人行为是指除法院与两造当事人之外的其他诉讼参与人的行为。这类诉讼行为旨在协助法院查清案件事实,具有义务性、口头陈述性,没有主张、举证或申请的性质。如证人出庭作证,鉴定人出庭对鉴定意见和鉴定过程陈述意见并回答当事人的提问,翻译人员对不通晓当地民族语言的当事人提供翻译,等等。

(2)根据行为产生的法律效果是否有行为人的意思表示来划分,可分为诉讼法律行为和诉讼事实行为。

所谓"诉讼法律行为"是指以一定意思表示为要素所实施的具有诉讼法上效果的行为,大多数由法院及当事人实施,如法院的审理和裁判行为,当事人的申请、主张、举证、上诉、申诉、撤诉等行为。而那些不以行为人的意思表示为要素,行为本身就在法律上被赋予一定效果的行为,则称为"诉讼事实行为",如询问证人、当事人双方在法庭上的辩论、收集证据等。这种行为又可分为表示行为和纯粹的事实行为两种。

(3)根据行为与诉讼的关系不同,可分为形成实体行为和形成程序行为。

形成实体行为是指对案件的实体问题使法官形成内心确认的行为。这种行为以具有法律效力的判决作出为重要标志,它包含着事实方面的实体形成行为和法律方面的实体形成行为两大部分,如举证、质证、认证、评议等。形成程序行为是指推动程序进程,引起诉讼法律关系发生、变更或者消灭的行为,如提起公诉、上诉、撤诉等,这种行为最终促使诉讼程序的完成。事实上,所谓程序的形成主要是通过这种行为实现的。"诉讼之实体与程序,本属诉讼之两面。前者,重在实体的真实之发见,经实体形成过程而形成,在形成中具有浮动性;后者,重在维持程序的公正,在程序形成过程,则具有合目的性。"实体"应依诉讼程序而形成、确定",但"为维持程序的公正,固难免受实体之影响;即实体,亦难免因程序之影响,无从为实体之形成”。①

第三节　刑事诉讼目的

一、刑事诉讼目的概述

目的，是哲学的一个基本范畴，是指人们根据需要进行有意识的行动时，基于对客观事物本质和规律的认识，对行动结果所作的预先设计。这种以观念形式存在于人的头脑中的理想目标，是人们自身需要与客观对象之间内在联系的一种反映。刑事诉讼目的，是指国家制定刑事诉讼法，进行刑事诉讼活动所事先设计的、希望达到的目标。刑事诉讼目的集中体现了立法者的诉讼价值观，是立法者基于对刑事诉讼本质属性的认识，并根据国家和社会的具体现实所作出的诉讼价值选择的结果，是预先设定的关于刑事诉讼结果的理想目标。

刑事诉讼的目的，在不同的国家有不同的内容；即使同一国家，在不同的历史时期也会有不同的诉讼目的。因为立法者在预先设定刑事诉讼结果时并非任意的，而是受到各国当时社会具体的经济、政治、文化等条件的制约和影响。如在专制主义国家，严惩犯罪、实现国家刑罚权无疑是刑事诉讼所追求的最为重要的甚至是唯一的目的。刑事诉讼目的理论的提出，从学术背景上看，最早源于美国和日本学者对相关理论的研究。20 世纪 60 年代美国学者帕克提出“控制犯罪”与“正当程序”的刑事诉讼目的理论，引起强烈了反响。他认为，“控制犯罪绝对为刑事诉讼程序最主要的机能”，但是刑事诉讼应以“效率”为目标和评价标准，“迟来的正义非正义”。高度的“效率”意味着高度的打击犯罪率，为了达到高度的打击犯罪率，刑事诉讼必须注重“速度”，而速度依赖于非正式程序，即警察和检察官的侦查和起诉程序，而非法官的审判程序。而“非正式的与非裁判性质的发现事实的程序”，即侦查和起诉程序具有不可信任和产生弊端的可能性，因此，对是否确信采用正式的审判程序、“正当程序”进行审查，具有不可或缺的作用。“正当程序”是对“犯罪控制”在程序上的限制，奉行“无罪推定”，强制国家在审判程序中必须证明被告人有罪，否则应予以释放；强调必须运用各种程序规则和法律规范来防止国家刑罚权的任意性，尤其是防止警察和检察官在非正式程序中的权力滥用。

日本学者关于刑事诉讼目的的理论大致分为三个阶段：第一阶段，是以团藤重光为代表的老一辈法学家坚持的、从德国法学中继受的“实体真实”理论，强

① 陈朴生：《刑事诉讼法实务》（增订版），自印本 1980 年，第 106 页。

调刑事诉讼的目的在于查明实体真实,正确适用刑法。第二阶段,在美国20世纪六七十年代出现的"正当程序"理论的影响下,形成了"实体真实"与"正当程序"并重的思想,日本大多数学者认为刑事诉讼的目的不再局限于实体真实的查明,而要考虑正当的法律程序,并提出了刑事诉讼目的的两个方面同一说,"在正当法律程序中实现实体真实"。第三阶段,以田宫裕和松尾浩也为代表的较为年轻的学者,提出以"正当法律程序"为核心的诉讼目的理论,与"实体真实"理论直接对立,认为刑事诉讼最终目的只有一个,即确保刑事诉讼法得到公正的实现,使犯罪嫌疑人、被告人的人权得到保障。这是人权主义思想形成和在刑事诉讼中发展的结果。

二、我国刑事诉讼目的的演变

随着国外相关理论的引入和诉讼理论研究的兴起,我国刑事诉讼法学界也展开了刑事诉讼目的的研究工作。我国刑事诉讼目的理论的发展大致经历了三个阶段,这与我国的刑事立法和司法实践息息相关。

第一阶段,从1979年到1996年,把惩罚犯罪作为刑事诉讼的首要目的。1979年颁布的《刑事诉讼法》明确提出准确、及时地查明案件事实真相、惩罚犯罪分子、保障无罪者不受刑事追究为刑事诉讼的任务。这一时期,实体真实、惩罚犯罪等与实体法实施有关的目标得到强调,而维护刑事诉讼过程中的公正性等程序法意义上的目标则被忽视,无论是被告人还是被害人,其诉讼权利和人格尊严在国家和社会利益面前,就显得无足轻重。所谓"保障无罪者不受刑事追究",实际上也不过是对准确惩罚犯罪的另一种说法,能准确地惩罚犯罪,当然就使得无罪的人得到了保障。刑事诉讼法不过是实施《刑法》的工具,诉讼活动也只是纯粹行政意义上的治罪活动。

第二阶段,从1996年到2012年,将惩罚犯罪和保障人权并列作为刑事诉讼的目的,强调二者的统一。在惩罚犯罪的同时,注重诉讼过程中的人权保障,尤其是被告人人权的保障。1996年修订后的《刑事诉讼法》在对刑事诉讼任务的表述上没有明显变化,并未将人权保障写入法条,但加强公民基本权利和自由保障的思想,却在刑事诉讼各环节中体现出来。如1996年《刑事诉讼法》第12条规定,"未经人民法院依法判决,对任何人都不得确定有罪",树立了"无罪推定"的思想,在提交审判之前,案犯被称为"犯罪嫌疑人"。又如第33条规定,"公诉案件自案件移送审查起诉之日起,犯罪嫌疑人有权委托辩护人。自诉案件的被告人有权随时委托辩护人。"加强了犯罪嫌疑人、被告人的辩护权。再如第28条、第40条、第170条的规定,都赋予被害人的诉讼地位,使其享有申请回避权、委托诉讼代理人的权利、直接向法院起诉的权利等等。

第三阶段,从2012年《刑事诉讼法》再次修订起,立法确立了惩罚犯罪和保障人权并重的刑事诉讼目的。经过第二阶段中对人权保障理念的宣扬和实践,刑事诉讼的目的是惩罚犯罪和保障人权亦为大多数学者和司法人员所接受。2012年新修订的《刑事诉讼法》第2条规定:"中华人民共和国刑事诉讼法的任务,是保证准确、及时地查明犯罪事实,正确应用法律,惩罚犯罪分子,保障无罪的人不受刑事追究,教育公民自觉遵守法律,积极同犯罪行为作斗争,维护社会主义法制,尊重和保障人权,保护公民的人身权利、财产权利、民主权利和其他权利,保障社会主义建设事业的顺利进行。""尊重和保障人权"终于从理念变成了现实,第一次在法律中旗帜鲜明地提出,标志着我国刑事诉讼活动从惩治工具向程序正义转变的起步,在通往法治的道路上迈出了重要而坚实的一步。

将刑事诉讼的目的单纯地定义为惩罚犯罪、追求实体真实这种工具主义的观点已经受到摒弃。所谓"惩罚犯罪"是指通过刑事诉讼活动,司法机关依法对被告人刑事责任的确定来达到实施刑法、实现国家刑罚权、打击犯罪的目的。"保障人权"是指在刑事诉讼中,对公民的权利和自由予以保护。惩罚犯罪和保障人权作为刑事诉讼的目的,关于二者的关系问题大致存在以下观点:一是保障人权与惩罚犯罪统一论,即保障人权的目的就是为了惩罚犯罪,换言之,惩罚犯罪就是对人权的最大保障。这种观点虽然提出了"保障人权"的诉讼目的,但实际上否定了"保障人权"目标的独立性,保障人权也仅仅是为惩罚犯罪服务的。二是认为二者之间的关系可以概括为实体真实和正当法律程序的辩证统一关系,二者既相互对立又相互依存。一方面正确的惩罚犯罪离不开对犯罪嫌疑人、被告人、被害人等人权的保障,保障人权有利于按照法定的程序查明案件事实,惩罚犯罪;另一方面惩罚犯罪就是最有效的人权保障的手段。当然他们之间也存在冲突之处,当二者发生冲突时,应"在最大限度上追求由于实现两方面的有机统一所获得的利益。换言之,在发生冲突时所进行的价值选择,应当符合实现更高层次的目的的要求"①。

我们认为,惩罚犯罪和保障人权是刑事诉讼的双重目的,二者存在对立统一的辩证关系,相互依存,但又彼此独立,有各自的内在价值。当二者产生利益冲突时,如何作出适合的目标选择,是一个不能回避、也不容回避的问题。二者必居其一、不可兼得的情况下,只有明确的价值选择,才能保障司法的一致性和权威性,维护公正的价值目标。不可只强调二者的统一,而忽略对立的一面。同时,人权保障有其独立的内在价值。保障人权是正当法律程序的体现,是诉讼民主、文明的体现,最终体现法治的思想。目前,在我国现行的诉讼模式下,虽经千辛万苦立法确认了

---

① 宋英辉:《刑事诉讼目的论》,中国人民公安大学出版社1995年版,第206—207页。

保障人权这一诉讼目的,但坚持惩罚犯罪为重心的做法和看法仍然为大多数人所顽固地坚持。我们从观念上全面认识和理解刑事诉讼法的目的,到人权保障的法律确认,只是起步;在践行人权保障的制度体系缺失的情况下,人权保障的诉讼目的的真正实现还需要很长一段时间的艰苦工作。

第四节　刑事诉讼构造

一、刑事诉讼构造的概念

刑事诉讼构造又称刑事诉讼形式、刑事诉讼模式、刑事诉讼结构,作为一个理论范畴,刑事诉讼构造由日本学者较早提出并确立在刑事诉讼法之中。它是指由一定的诉讼目的所决定的,并由主要诉讼程序和证据规则中的诉讼基本方式所体现的控诉、辩护、裁判三方的法律地位和相互关系。[①]

根据这一定义,可以看出刑事诉讼构造具有以下特征。

(1)刑事诉讼构造由刑事诉讼目的决定。刑事诉讼构造体现为主要诉讼参与人的法律地位和相互关系,这种法律地位和相互关系并非任意形成,立法者总是根据刑事诉讼目的的要求,设计出适应于诉讼目的实现的诉讼构造。一方面,刑事诉讼构造由一定的刑事诉讼目的所决定;另一方面,刑事诉讼构造是实现刑事诉讼目的的手段和方式。刑事诉讼目的在惩罚犯罪和保障人权上的价值取向的差异,决定了刑事诉讼构造的差异,不同的诉讼目的会产生不同的诉讼构造。同时,刑事诉讼构造对于提出和实现诉讼目的起到制约作用。如,当事人主义的诉讼构造将诉讼的主动权交于当事人,当事人在诉讼中居主导地位,体现了注重保障人权和自由的诉讼目的;而职权主义的诉讼构造由国家专门机关掌握诉讼主动权,在诉讼中起主导作用,体现了注重惩罚犯罪的诉讼目的。

(2)刑事诉讼构造的内容是控诉、辩护、裁判三方的法律地位和相互关系。控诉是指对被告人的追诉活动,包括侦查和提起公诉,不仅仅局限于向法院的起诉;辩护是指被告人及其辩护人为被告人的利益所进行的防御性活动,包括侦查、起诉阶段的各种辩护活动;裁判是指对刑事案件的实体问题和有关程序问题作出具有裁决性质的处理,主要是法官作出判决和裁定的活动。控诉、辩护、裁判三主体在刑事诉讼中承担不同的诉讼职能,处于不同的诉讼地位,控审分离,各司其职,各尽其能,相互作用,共同完成诉讼任务,实现诉讼目的。控、辩、裁三方是诉讼构造的主体,不可或缺,在审判阶段,三主体法律地位和关系明显,不必赘述,但在侦查和

---

① 李心鉴:《刑事诉讼构造论》,中国政法大学出版社 1998 年版,第 7 页。

起诉阶段中,是否存在控、辩、裁三方呢?答案是肯定的。在侦查程序中,我国法官不像国外法官那样通过掌握批捕权、搜查权和扣押权而直接介入侦查,不能作为裁判方,而由检察官作为带有准司法官性质的裁判方,因为检察官享有批捕权和对侦查活动的监督权;司法警察为控诉方,犯罪嫌疑人及其辩护律师为辩护方。在起诉阶段,检察官负责审查起诉,并作出起诉或者不起诉的决定,是裁判方;警察与犯罪嫌疑人仍然为诉讼意义上的控辩双方。

(3)刑事诉讼构造存在于主要诉讼程序和证据规则中。从严格意义上讲,刑事诉讼主要是指起诉后审判阶段的诉讼程序,侦查阶段与执行阶段并不具有"诉讼"性质,而仅为诉讼的准备和延续。但根据我国《刑事诉讼法》的规定,侦查阶段和执行阶段为两个独立的诉讼阶段,因此,从广义上理解,刑事诉讼包括立案、侦查、起诉、审判、执行五个阶段。狭义的审判程序指一审程序,广义的审判程序还包括上诉审程序、再审程序和监督程序,在我国则包括二审程序、死刑复核程序和审判监督程序。一般认为,刑事诉讼构造仅存在于侦查、起诉和狭义的审判程序中。因为,首先,立案阶段中不存在控、辩、裁三方主体,也就不存在诉讼构造;其次,在执行程序中,控、辩、裁三方围绕被告人刑事责任所开展的诉讼活动已经结束,不存在诉讼构造问题;最后,其他审判程序是对一审程序的书面或者开庭的复核或者复查,可参照一审程序中的诉讼构造。关于刑事诉讼构造还存在于证据规则中的问题,根据美国学者帕卡的观点,在自白排除法则和非法证据排除规则中,法官依此规则对警察所取得的证据进行裁判,以保护被告人的合法权利,存在控、辩、裁三方的法律地位和相互关系,因此是诉讼构造的范畴。

二、刑事诉讼构造的类型

在刑事诉讼构造理论上学者普遍认为,人类历史上存在四种主要的诉讼构造模式,即近现代以前的弹劾式诉讼构造和纠问式诉讼构造以及近现代的当事人主义诉讼构造和职权主义诉讼构造。

弹劾式诉讼构造主要实行于奴隶制时期的古巴比伦、古希腊、古罗马以及封建初期的一些国家中。这一诉讼构造以诉讼当事人作为诉讼主体,具有平等的诉讼地位,并在诉讼中起主导作用为特征。国家不行使起诉权,由被害人或其代理人,或者其他任何人向法院提起诉讼,法院实行"不告不理",明确区分控诉、辩护、裁判三种职能;原、被告享有同等的诉讼权利,在法庭上争讼,法官消极居中裁判。纠问式诉讼构造产生于罗马帝国时期,盛行于中世纪后期欧洲大陆各国君主专制时期。这一诉讼构造强化了刑事诉讼的惩罚功能,实行法院主动追究犯罪,不实行"不告不理",控审不分;被告人没有诉讼主体地位,只是被追诉的对象;采用法定证据制度,进行刑讯逼供。

当事人主义诉讼构造为英美法系国家所奉行，这种诉讼构造在侦查、起诉、审判等各个诉讼阶段都赋予当事人充分、广泛的诉讼权利，控辩双方仅在诉讼行为及诉讼职能上存在差异，在法律地位上完全平等，控辩双方的积极行为、激烈对抗是推动诉讼进展的主要力量，控辩双方在诉讼中起主导作用；法官居中裁断，活动消极、被动，他只是消极地听取控辩双方的陈述和意见，并不积极主动展开法庭调查，只要是不偏不倚地对待控辩双方即可。职权主义诉讼构造为以法国、德国为代表的大陆法系国家所普遍适用。这种诉讼构造强调国家专门机关的职权作用的发挥，诉讼由侦查机关、检察机关和审判机关的积极活动来推进，庭审阶段法官职权活动尤为积极、主动，控辩双方活动受限；控辩双方的诉讼权利较小，在诉讼中不占主导地位，双方的对抗性活动受到法官的限制和干预。

我国从法律体系上讲属于大陆法系国家，关于刑事诉讼构造的具体模式，主要表现为“线形构造”模式和“三角形构造”模式。“线形构造”是将诉讼视为一种“双方组合”，一方是作为整体的国家专门机关，另一方为犯罪嫌疑人、被告人，诉讼活动由国家专门机关积极推进。这种“线形构造”强调司法一体化，国家专门机关广泛而深入地介入刑事诉讼，形成一体化的司法体制以有效地惩罚犯罪，侦、诉、审三机关只是职能不同，但目标一致，彼此协作甚至合为一体，使整个诉讼呈工厂流水作业状态，而呈现“线形”。侦、诉、审对于犯罪嫌疑人、被告人而言是一个整体。这种构造体现了以惩罚犯罪为主要目标的诉讼目的，忽略了诉讼中的人权保障。“三角形构造”又分为“正三角形构造”和“倒三角形构造”。“正三角形构造”是指作为当事人双方的原、被告平等对立，法官作为第三方居中、居上，平等对待、公正裁判。“倒三角形构造”是指控诉、裁判两方居于倒三角形的两个顶端，被告人居于倒三角形的底端，处于被追诉、被审判的地位。“正三角形构造”体现了控审分离、控辩地位平等和积极对抗的特征，而“倒三角形构造”注重专门机关之间的地位平等，将被告人视为被追诉对象，其主体地位不明显，忽视对其诉讼权利和自由的保障。“线形构造”和“倒三角形构造”带有浓厚的职权主义诉讼构造的色彩，“正三角形构造”反映了当事人主义诉讼构造的思想。1996 年我国《刑事诉讼法》修订后，在一定程度上借鉴了当事人主义诉讼制度的特点，加强了诉讼中当事人双方的对抗性和强化了犯罪嫌疑人、被告人的诉讼权利，以缩小与控诉方的地位差距。可以说，我国刑事诉讼构造既有“线形构造”的特点，又有“正三角形构造”的痕迹。要完善我国刑事诉讼构造，应当充分考虑刑事诉讼目的，以及对诉讼目的所依托国情的现实选择，同时贯彻诉讼构造本身所必然要求的控审分离、平等对抗、居中裁断等原则。

第五节 刑事诉讼价值

一、刑事诉讼价值概念

根据哲学上的价值理论，价值概念包含两层含义：第一，价值是一个关系范畴，它存在于主、客体之间的相互关系中，反映了作为主体的人与作为客体的外界实践之间的相互关系，揭示了人的实践活动的动机和目的；第二，价值是一个属性范畴，是价值客体通过对主体的生存、发展和完善所发生的影响和作用而表现出来的一种属性。据此，刑事诉讼价值是指刑事诉讼的立法和实施活动对国家、社会以及一般成员的特定需要的满足，以及所产生的意义和效用。具体包括主体为刑事诉讼程序所预定的目标，刑事诉讼程序在运作过程中所达到这些目标的实际效果和主体依据这些目标对这些效果所作的评价。

刑事诉讼价值既有主观性，又有客观性。刑事诉讼价值是以主体的需要为基础，根据主体需要所设定的目标来进行，并且运作的结果是否满足主体的需要是按照主体对诉讼程序的期望而形成的。如，刑事诉讼活动是使国家、社会整体利益与犯罪嫌疑人、被告人个人利益得到大体上的平衡，并为此而确保诉讼过程的公正性、人道性和合理性，这是这些诉讼主体为刑事诉讼程序所设定的目标，刑事诉讼的结果是否达到这一目标，以及实现这一目标的过程是否符合主体的期望。但是，刑事诉讼价值又是客观的，因为诉讼程序所具有的特定功能，也就是满足主体需要的可能性是在长期的社会生活实践中形成的，而非任意的；而且程序作为一种制度一经形成，其对诉讼主体的作用和影响就不能以某些个人的意志为转移，它既能满足主体的需要，又将约束主体的行为；再者，评价刑事诉讼程序价值目标是否实现，其标准也是客观的。

刑事诉讼价值既有积极性，也有消极性，刑事诉讼程序对不同主体要求的满足是不同的。不同价值主体之间对诉讼程序的需要有些是相同或者近似的，如公正；有些是不同的，如自由。因此，刑事诉讼程序对某些主体而言具有积极的影响，能满足其要求，而对某些主体而言则没有满足其要求，甚至带来消极影响。如被法院定罪量刑的被告人经常对裁判结论甚至诉讼过程不满，而控诉方通过刑事诉讼程序实现了国家的刑罚权，达到了惩罚犯罪的目的，对法院的裁判表示满意。

刑事诉讼价值既有辅助性，又有独立性。刑事诉讼是国家、社会整体与被告人之间的冲突、纠纷解决的一种机制，为了保障刑事实体法的实施，以实现国家的刑罚权，这是刑事诉讼价值的辅助性。同时，刑事诉讼程序除了这种辅助性的诉讼价值外，还有其独立的内在价值，如程序公正、程序效率等。

二、刑事诉讼价值的构成

诉讼主体对刑事诉讼程序的需要是多元化的,而且刑事诉讼价值本身也具有双重性,因此,刑事诉讼程序在满足主体需要的过程中,需要与满足的价值关系也呈现多元化的特点。刑事诉讼价值具体体现在两个方面,即外在价值和内在价值。

(一)外在价值

刑事诉讼的外在价值,也称工具性价值,是指刑事诉讼程序对于刑事实体法律关系的工具性效应,包括实现实体公正的价值和维护秩序价值两方面内容。

刑事诉讼实体公正价值指公正地惩罚犯罪,包括两层含义:其一是一般的实体公正,指立法者对刑事实体权利义务的公正分配,这主要通过立法活动来实现;其二是个别的实体公正,指司法者以一般的实体公正的要求为依据,通过在刑事诉讼活动中行使自由裁量权达到公正的裁判结果。实体公正要求案件事实认定真实,适用法律正确。案件事实的真实认定是实现实体公正的前提和首要标准,只有在案件事实真实再现的基础上才能据此准确地定罪量刑、正确地适用法律。

刑事诉讼秩序价值是指维护秩序,包括外部秩序价值和内部秩序价值两个方面。外部秩序价值是指通过刑事诉讼程序惩罚犯罪,保护无辜的人不受刑事追究,维护社会秩序,即恢复被犯罪破坏的社会秩序并预防社会秩序被犯罪破坏,维持社会稳定,促进社会在有序的状态下发展进步。内部秩序价值是指刑事司法活动的进行必须是有序的,刑事诉讼活动必须按照一定的规则、顺序、制度进行,不能出现无序的任意状态,防止司法权的滥用。刑事诉讼内部秩序价值是实现外部秩序价值的基础,外部秩序价值是内部秩序价值的目的,只有刑事诉讼程序本身的有序运转,才能有效地维护社会秩序。

(二)内在价值

刑事诉讼的内在价值,也称目的性价值,是指刑事诉讼程序除了对实体法律关系地实现和维护的工具性价值外,自身在运作过程中所体现出来的独立的本质属性,主要体现为公正价值、效益价值和自由价值。公正在刑事诉讼价值中居于核心地位,刑事诉讼程序本身要符合公正的要求,一般认为,公正是正义的一种含义,是正义的基本要求。刑事诉讼公正的具体标准可以概括为以下七项原则:(1)法官中立原则;(2)程序参与原则;(3)程序对等原则;(4)程序公开原则;(5)程序及时和终结原则;(6)程序自治原则;(7)程序理性原则。[①]

刑事诉讼的效益从狭义上讲,是表征司法成本(司法资源投入)与司法效益

---

① 参见卞建林、李菁:《依法治国与刑事诉讼》,载陈光中、江伟主编:《诉讼法论丛》(第2卷),法律出版社1998年版,第24页。

(案件处理产出)之间关系的范畴。刑事诉讼活动必须消耗人力、物力、财力和时间,当司法资源的投入为恒定时,案件处理的数量越多,质量越高,则诉讼效益就高;反之,诉讼效益则低。从广义上讲,刑事诉讼效益还包括其在保障社会关系稳定方面所产生的效益,即对推动社会经济发展方面的效益,这是刑事诉讼所追求的最终目标。为实现诉讼效益价值,应坚持以下原则:(1)诉讼及时原则,如诉讼制度中诉讼期间的规定;(2)诉讼经济原则,如采用简易程序;(3)诉讼终局原则,如实行两审终审制度。

刑事诉讼的自由价值是指刑事诉讼要保障诉讼主体的人权和自由,表现为:一是保障法官的审判权不受外在的压力和干预,保障当事人的诉权和诉讼权利不受国家权力的贬损和压制;二是保障诉讼主体在法律范围内的自由选择,如自诉人自由决定是否撤诉,被告人自由选择是否上诉,等等。

刑事诉讼的外在价值和内在价值相互依存、相互作用、相互制约。刑事诉讼外在价值的实现依赖于内在价值的发挥,内在价值的充分彰显也使得外在价值更为突出。如刑事诉讼程序本身越公正、越体现正义的要求,制度的设计越科学合理,就能更好地查清案件事实、解决刑事纠纷、维护社会秩序。

第六节　刑事诉讼职能

一、刑事诉讼职能的概念

刑事诉讼职能,是指刑事诉讼中的国家专门机关和诉讼参与人进行诉讼活动所承担的功能和发挥的作用。刑事诉讼参与者功能的承担和作用的发挥是由其在诉讼中的法律地位和诉讼目的所决定的,并且通过其在诉讼中享有的诉讼权利和承担的诉讼义务来体现。

关于刑事诉讼职能的划分,存在诸多观点:一是“三职能说”,即分为控诉职能、辩护职能、审判职能三种。二是“四职能说”,即分为控诉职能、辩护职能、审判职能、执行职能或者侦查职能、控诉职能、辩护职能、审判职能四种。① 三是“五职能说”,即侦查职能、控诉职能、辩护职能、审判职能、监督职能。② 四是“六职能说”,即追诉职能、辩护职能、审判职能、法律监督职能、附带职能、辅助职能六种。③五是“七职能说”,即侦查职能、控诉职能、辩护职能、审判职能、执行职能、协助诉

① 参见徐静村、樊崇义主编:《刑事诉讼法学》,中国政法大学出版社 1994 年版,第 64 页。

② 参见陈卫东:《谈谈刑事诉讼职能》,《法学杂志》1990 年第 3 期。

③ 参见宫模义主编:《刑事诉讼法学教程》,江苏人民出版社 1989 年版,第 101 页。

讼职能、诉讼监督职能七种。[①] 六是“八职能说”，即侦查职能、控诉职能、辩护职能、审判职能、法律监督职能、附带职能、辅助职能、执行职能八种。[②]

二、刑事诉讼的主要职能

根据刑事诉讼构造理论，控诉、辩护、裁判三方的法律地位和相互关系构成了刑事诉讼的基本框架，简言之，没有控诉、辩护、裁判三方，就不可能形成刑事诉讼活动。因此，刑事诉讼具有控诉、辩护和裁判(审判)三大基本职能亦是当然。

1. 控诉职能

控诉职能是指控诉机关和被害人、自诉人所承担的引发刑事诉讼的功能，控诉主体通过向法院提起诉讼并出庭支持诉讼，来实现追究被告人刑事责任的目标。控诉职能的存在主要基于国家惩罚犯罪的需要。控诉职能表现为起诉行为和论证行为两种特定的行为方式。起诉行为引发审判，论证行为影响审判，使法官作出有利于己方的裁判。起诉方式大致可以分为两类：一是统一的公诉制，刑事案件由专门机关(检察机关)向法院起诉，不允许个人自诉，如日本。二是公诉兼自诉制，刑事案件的起诉权分由专门机关和个人享有，允许公民个人自诉，但以公诉制为主导，大部分案件由检察机关代表国家提起诉讼，少部分实行公民个人自诉，国家不主动干预，大多数国家采取这种方式。

大多数国家都要求控诉职能由国家专门机关行使，一般是由检察机关承担，并由侦查机关和被害人协助，自诉案件则由自诉人承担。对检察官履行控诉职能，多数国家都提出了客观公正的要求，除了通过对检察官设定“客观公正”的义务之外，还设置了专门针对公诉权的司法审查程序，如英美法系刑事诉讼中的预审及大陪审团审查起诉程序，德国刑事诉讼中的“中间程序”，法国重罪法院的起诉庭对重罪案件的审查程序，等等。

根据我国《刑事诉讼法》的规定，公诉案件的控诉职能由检察院承担。侦查是公诉的前提和必要准备，侦查与公诉在整体上被视为公诉案件控诉职能实行的有机构成，因此，行使侦查权的公安机关也是控诉职能的承担者。公诉案件的被害人作为当事人对检察机关行使控诉职能进行辅助。在自诉案件中，被害人为控诉职能的承担者，并由其法定代理人或者委托代理人协助执行。

2. 辩护职能

辩护职能与控诉职能相对立，犯罪嫌疑人、被告人及其法定代理人、辩护人针对控诉方有罪、罪重的指控进行反驳，提出无罪、罪轻或者从轻、减轻、免除刑罚处

---

① 参见樊崇义主编：《刑事诉讼法学》，中国政法大学出版社1996年版，第40页。

② 参见许江：《论我国刑事诉讼的结构和职能》，《南京大学学报》1998年第2期。

罚的事实和理由,维护犯罪嫌疑人、被告人的合法权益,以期抵消指控的职能。辩护职能是人权、民主思想深入人心、程序公正观念得以树立的结果,以无罪推定原则、被告人诉讼主体地位、律师制度、控辩双方地位平等的诉讼构造等为内容的辩护职能,既有利于维护被告人的合法权益,也监督、促进控诉职能的正当行使,保障控辩双方平等对抗,形成在对抗、冲突中揭示案件事实的局面,有利于法官作出正确的判断。辩护职能主要通过论证行为(包括收集证据、提供证据)来实现。

犯罪嫌疑人、被告人是辩护职能的主要承担者,这一职能的执行不是基于法定的义务,而是旨在保障自身的合法权益,其所享有的辩护权贯穿整个刑事诉讼过程,是辩护职能最充分和完全的行使者。辩护人依据犯罪嫌疑人、被告人的授权或者法院的指定,帮助犯罪嫌疑人、被告人进行辩护,也是辩护职能的承担者,处于辅助地位。关于辩护人的资格大致有两种情况:一是只能由律师担任,多数国家采用这种方式;二是除律师之外的其他人也可担任,如德国、芬兰等。我国也采用这一方式。

3. 审判职能

审判职能是指国家审判机关(法院)通过审理活动,确定被告人是否应负刑事责任,即有罪与否、罪轻罪重、应否受处罚、受何种处罚,以实现国家审判权、刑罚权的职能。审判职能的确立是公正处理案件的需要,控辩双方的刑事冲突和纠纷必须有一个独立的、中立的、公正的、权威的机关以第三者的身份来进行评判,作出处理。同时,审判职能的设置也基于国家权力科学运作的要求,权力应当受到有效控制并相互制约,审判权从行政权中分离出来,并与控诉职能进行区分,不仅有利于体现程序的工具性价值,对民主以及个人基本人权的保障、实现司法公正也大有裨益。

审判职能由法院承担,法院是审判职能的唯一主体已为世界各国所公认,法官通过审理行为和裁判行为来具体实现。通过审理行为,法官可以了解案件事实,查明事实真相,为裁判奠定基础;裁判行为对审判活动进行总结、分析、推理、判断,运用法律,实现案件的公正处理。我国法院内部体系由最高人民法院和地方各级人民法院(包括高级人民法院、中级人民法院和基层人民法院)组成,通过这一体系的有序运作来实现审判职能。

控、辩、审三大诉讼职能相互联系、相互制约、不可或缺,共同构成刑事诉讼活动,实现刑事诉讼目的。但审判仍然是刑事诉讼的重心。控诉职能是审判职能的前提和依据,审判以控诉的事实和被告人为范围;审判是控诉所追求的法律结果,没有审判,控诉也失去了存在的价值。辩护职能与控诉职能针锋相对,对控诉起到平衡和制约作用;审判职能对辩护职能予以保障,不保障辩护的控诉和审判只能是独断和专制的诉讼,辩护促进审判的民主和公正。

第七节　刑事诉讼主体与客体

一、刑事诉讼主体

一般认为，刑事诉讼主体理论的提出是与十八九世纪欧洲大陆法系国家的刑事司法改革相联系的，同时也是在刑事诉讼中保障人权观念得以树立的结果，是刑事诉讼民主化的一个标志。在以往的刑事诉讼中，控审职能不分，被告不享有基本的辩护权，而且承担着自证其罪的义务，不具有主体地位，仅仅被看作追诉的对象，将之视为诉讼客体。随着控审职能分离，被告基本辩护权的拥有和“不被强迫自证其罪”原则的确立，正如德国学者 Otto Triffterer 所言：“在历史上，被告人的诉讼角色经历了从仅仅是一种诉讼客体到一种能够积极参与和影响程序进程的刑事诉讼主体的变化。”[①]刑事诉讼主体的概念将纯粹受制于法律与制度之下的诉讼活动的参与人演变为拥有诉讼权利、具有独立诉讼地位的主体，使之成为诉讼活动发生、发展、终结的主导者，从而在一定程度上提升了人的价值。

关于刑事诉讼主体概念存在诸多争议，焦点主要集中于如何界定概念的外延，即主体的范围问题上。一种观点认为，刑事诉讼主体就是具有独立的诉讼地位，享有诉讼权利，承担诉讼义务的“参加诉讼的一切机关和个人”，这样，除审判机关外，控辩双方当事人、诉讼代理人、辩护人、诉讼参与人等均属于刑事诉讼主体的范围。[②]另一种观点则认为，刑事诉讼主体仅限于审判机关和控辩双方当事人。我们认为，刑事诉讼主体应当只包括审判机关和控辩双方当事人。这是因为：

首先，从诉讼本质而言，它是一种纠纷解决机制，是一种“通过言语的相互斥责而取得公平”的活动，其起因在于权利的受损或者权利义务关系需要国家机关重新确定。从这种意义上说，“利害关系”构成了诉讼的基本特征，因此，刑事诉讼主体应当是与诉讼结果存在利害关系的行为人。刑事诉讼围绕被告人的刑事责任展开，诉讼结果直接关系到国家刑罚权的实施和对被告人的定罪量刑，因此，只有审判机关和控辩双方当事人才能成为刑事诉讼主体。

其次，从刑事诉讼职能来看，审判职能、控诉职能和辩护职能是三种基本的诉讼职能，离开这三种职能就不存在诉讼。控诉职能引发刑事诉讼，辩护职能与控诉职能对应，形成对抗，推动诉讼发展，审判职能对双方的争讼进行裁断从而终结诉讼。刑事诉讼的发动、发展和终结由三大基本诉讼职能成就，因此，承担三大诉讼

---

① 陈瑞华：《刑事审判原理》，北京大学出版社 1997 年版，第 221 页。

② 参见〔苏联〕蒂里切夫主编：《苏维埃刑事诉讼》，法律出版社 1984 年版，第 10—11 页。

职能的主体才能成为刑事诉讼主体。

最后,从刑事诉讼构造来看,控、辩、审三方的法律地位和相互关系构建了刑事诉讼的基本框架。缺少这三方中的任何一方都不可能成为刑事诉讼,而即使没有证人、鉴定人、诉讼代理人的参与,“其诉讼形态的完整性也基本上不受影响”[①]。刑事诉讼这一程序,“应由一定主体进行之,从其基本的法律关系言,乃当事人与法院之间法律关系,亦即基于请求及接受审判及接受审判与法院为审判而生之权利义务关系,故诉讼,系由法院及两造当事人组织之,即以法院及当事人为其主体。至为辩护人、辅佐人、代理人之诉讼关系及告诉人、告发人、证人、鉴定人等之第三人,虽为各个诉讼行为之主体,但与诉讼本身并无基本的法律关系。”[②]

因此,刑事诉讼主体不同于刑事诉讼法律关系主体,刑事诉讼法律关系主体是指在刑事诉讼中享有诉讼权利、承担诉讼义务的全部诉讼参加者,是上位概念,它包括了刑事诉讼主体但又不局限于刑事诉讼主体的范围。刑事诉讼主体是指刑事诉讼中直接担当刑事诉讼基本职能,构成刑事诉讼构造的国家专门机关和当事人,其范围为法院和控辩双方当事人。根据我国法律的规定,刑事诉讼主体包括:一是国家专门机关,其在刑事诉讼中代表国家行使侦查权、起诉权、审判权和刑罚执行权,即公安机关、国家安全机关、军队保卫部门、监狱、人民检察院、人民法院;二是直接影响诉讼进程并与诉讼结果有利害关系的当事人,即犯罪嫌疑人、被告人、被害人、自诉人、附带民事诉讼的原告人和被告人。

二、刑事诉讼客体

刑事诉讼客体是指诉讼主体进行诉讼活动,实施诉讼行为所指向的对象。刑事诉讼主体的活动必须围绕一定的诉讼客体进行,离开诉讼客体,诉讼主体的活动就具有盲目性,不能实现刑事诉讼的目的。

普遍认为,刑事诉讼客体是指刑事案件。刑事诉讼是“对于特定人之特定事实为确定具体的刑罚权而进行之程序”,其中包括两种法律关系:一是“国家与个人间具体刑罚权之关系,即处罚者与被处罚者之关系”;二是“为确定具体的刑罚权而进行之诉讼的关系,即裁判者与被裁判者之关系”。如果将这两种关系作一比较,后者可称为“诉”,前者则称为“诉讼客体”,也就是“案件”。[③]因此,刑事诉讼客体基本上可被视为刑事实体关系,也就是国家与特定个人之间的刑罚法律关系。这是刑事案件的基本内容。

---

① 陈瑞华:《刑事诉讼的前沿问题》,中国人民大学出版社 2000 年版,第 157—158 页。

② 陈朴生:《刑事诉讼实务》(增订版),自印本 1980 年版,第 11 页。

③ 陈朴生:《刑事诉讼实务》(增订版),自印本 1980 年版,第 84 页。

刑事诉讼客体即指刑事案件，具体包括刑事诉讼中要查明的实体法事实和对该事实的法律评价，以及诉讼过程中应当解决的程序问题。刑事诉讼活动始终围绕犯罪嫌疑人、被告人的刑事责任展开，即确定犯罪嫌疑人、被告人是否有罪、有何罪、应否受处罚、受何种处罚这些实体法事实；同时，在确定犯罪嫌疑人、被告人刑事责任的过程中，还必须查明相关的程序法事实，如是否按照法定程序收集证据等。作为刑事诉讼客体的刑事案件分为侦查案件和起诉案件两种，因为在作出判决之前，并无法律事实之犯罪存在，从而刑事案件的内容为犯罪嫌疑，而不是真正的犯罪，因此刑事案件在起诉前被称为“被疑”案件（侦查案件），在起诉后被称为“被告”案件（起诉案件）。二者均由两部分构成：一是犯罪嫌疑人、被告人；二是犯罪事实。

刑事诉讼客体理论中包含两个极为重要的原理，即案件的单一性和案件的同一性。案件的单一性是指同一刑事案件的不可分性，也就是说一个案件一般只发生一个刑事实体法律关系，即一个刑罚权，只能进行一次审判。案件的单一性实际上与被告所实施的行为应受一罪或者数罪之处罚有密切联系。案件的单一性首先表现为被告的单一性，在共同犯罪中，数个被告人行为之间虽有牵连，仍应视为数个案件；其次表现为犯罪事实的单一，一般而言，一个被告被指控的一个犯罪事实单独构成一个案件。案件的单一性原则在侦查案件中产生一定的法律效果，如对犯罪嫌疑人的羁押期限会因为被疑犯罪事实个数的不同而不同；在起诉案件中则会产生两个法律效果：一是起诉的效力及于单一案件的全部，如果只对一部分起诉，则起诉对全部案件都有效；二是判决的效力及于单一案件的全部，法院不得对未起诉的案件进行审判，也不得只对案件中一部分进行裁判，否则裁判的效力及于案件全部。案件的同一性是指案件在诉讼中自始至终保持前后同一，在同一诉讼中，案件单一就等于案件同一；在不同诉讼中，不存在案件单一性的问题，只要保证被告同一和犯罪事实同一。同一性原则的适用产生三个法律效果：一是法院的判决仅限于检察院起诉的犯罪事实的范围，但可改变检察院所引用的法条；二是对同一案件提出双重起诉后，对后一起诉应不予受理；三是不得对已经作出生效判决的案件再次提起诉讼。案件的单一性在于确定案件的个数，解决起诉的效力与审判的范围是否一致的问题；而案件的同一性旨在保证在不同的诉讼中不会出现对同一案件的重复起诉和审判。

刑事诉讼客体为主体活动的对象，刑事诉讼主体通过承担相应的诉讼职能并相互作用来实现对刑事案件实体法事实和程序法事实的查明。我国目前对刑事诉讼客体的研究还显匮乏，加深刑事诉讼客体理论的研究对明确当事人的起诉效力和审判范围，维护判决的既定效力，保障合法权益都有十分重要的意义。

【问题与思考】

1. 我国应当确立什么样的刑事诉讼构造？
2. 惩罚犯罪和保障人权目的产生冲突时，应当作出怎样的价值选择？
3. 为达成刑事诉讼的内在价值，需要哪些制度保障？
4. 刑事诉讼的主要职能有哪些，这些职能之间有什么样的关系？
5. 程序的公正价值对法官有何要求？

第三章 刑事诉讼的基本原则

【内容提要】

刑事诉讼的基本原则是指反映一定刑事诉讼理念和目的之要求,对刑事诉讼过程具有普遍指导意义和规范作用,并为刑事诉讼中各方参与人在进行刑事诉讼时必须遵循的基本准则。在现代社会,刑事诉讼原则应当反映现代法治在刑事诉讼程序方面的基本要求,它是调和追诉犯罪与人权保障之间的冲突与矛盾的,它根源于特定时代人类对刑事诉讼目的和价值的理想和追求。

第一节 刑事诉讼基本原则概述

一、刑事诉讼基本原则的概念与特征

"原则"一词来自拉丁语 principium,其语义是"开始、起源、基础"。在法学中,法律原则一般是指作为法律规则的基础或者本源的综合性、稳定性原理和准则。[①]作为原则之一,刑事诉讼原则是指反映一定刑事诉讼理念和目的之要求,对刑事诉讼过程具有普遍指导意义和规范作用,并为刑事诉讼中各方参与人在进行刑事诉讼时必须遵循的基本准则。其中各方当事人包括公安机关、人民检察院、人民法院、当事人和其他诉讼参与人。

在现代社会,刑事诉讼原则应当反映现代法治在刑事诉讼程序方面的基本要求。具体而言,刑事诉讼原则应当调和追诉犯罪与人权保障之间的冲突与矛盾。"刑事诉讼法乃国家行使刑罚权,实现刑事实体法之程序规定。为使此等程序规则一方面能够与宪法所揭之精神,以及'法治国家原则'(Rechtsstaatsprinzip)相符合,

① 张文显:《二十世纪西方法哲学思潮研究》,法律出版社 1996 年版,第 391 页。

另一方面又能有效地追诉犯罪,使犯罪者无可逃避,无辜者免受冤屈,而能以刑罚威吓,达到抗制犯罪之目的,则在繁杂之刑事诉讼程序中,建立一些可资遵循之基本原则。"①

刑事诉讼原则直接根源于特定时代人类对刑事诉讼目的和价值的理想和追求。任何一个国家刑事诉讼法律体系的建立和运作都是在一定的思想指导下,通过确立原则,具体化为"规则",并凝固为"制度",连续化为"程序"。②

因此,一般而言,刑事诉讼原则具有以下特点。

(1)体现刑事诉讼活动的基本规律,且具有普遍意义。刑事诉讼基本原则往往包含丰富的诉讼理论,有着深厚的法律理论基础,也体现着刑事诉讼活动的基本规律。所以,这些原则不是只能适用于某一时期、某一国家刑事诉讼的特有原则,而是反映了人类文明制度在刑事诉讼程序方面的基本要求,因此具有"公理"意义。在日本以及我国台湾地区的刑事诉讼法学中,基本原则往往被称为"刑事诉讼之主义"。

(2)贯穿刑事诉讼全过程。这些原则不是刑事诉讼中的某个阶段性原则,而是作用于整个诉讼过程或主要的诉讼阶段,对司法机关和诉讼参与人的行为均具有指导和规范意义。也就是说,这些原则的精神在刑事诉讼中具有一以贯之的作用。

(3)体现诉讼价值。刑事司法的两大基本价值是公正和效率,即实现审判的公正和惩罚犯罪的效率,在诉讼中突出体现在原则的确立和贯彻上。刑事诉讼的原则集中地体现了公正与效率的要求,同时为实现这两大目的提供了最重要的制度保障。

(4)决定具体程序。刑事诉讼是一整套复杂操作程序的集合。《刑事诉讼法》对刑事诉讼每个阶段上每一个主体的诉讼行为都给予了规范。这些具体的规则都产生于刑事诉讼的基本原则并受基本原则的指导和作用。例如,及时性原则决定了对各种诉讼行为在时间上应有严格限定。从总体上看,刑事诉讼基本原则的确认和贯彻,决定了特定国家刑事诉讼的基本特征与类型。

(5)指导诉讼操作。由于刑事诉讼的复杂性,法律不可能对在特定条件下的每一个行为选择都作出具体规定,由此,刑事诉讼基本原则就起着普遍的指导作用,并保证诉讼手段的适当,保证刑事诉讼的正常进行。如程序法定原则,要求司法人员依法办事,在追究犯罪时不得实施法律所禁止的方法和手段,指导司法人员

① 林山田:《刑事诉讼程序之基本原则》,《台大法学论丛》第28卷第2期。

② 参见陈卫东主编:《刑事诉讼法学原理与案例教程》,中国人民大学出版社2008年版,第59页。

尤其是侦查人员合法实施侦查行为。

二、刑事诉讼基本原则的体系

在学术界,有学者提出了刑事诉讼原则体系的层次性概念,并将刑事诉讼原则划分为以下三个层次:最高层次的是与刑事诉讼法的指导思想、目的、任务具有直接联系,因而是对整个刑事诉讼具有全局性影响的原则;中间层次的是与第一层次的原则相联系,涉及诉讼职能之间关系及诉讼职能行使的基础性原则;再下位的原则是相对具体的、技术性较强的原则。

但也有学者不同意该划分法,认为我国刑事诉讼原则体系应包括以下三部分。

1. 理念性原则

即存在于人们的司法观念之中的、对整个刑事诉讼活动具有普遍指导意义和规范作用的刑事诉讼原则。包括:(1)程序法定原则;(2)程序正义原则;(3)无罪推定原则;(4)司法独立原则;(5)自由心证原则;(6)国际法优位原则等。

2. 制度性原则

即对特定的刑事诉讼制度运行具有指导意义和规范作用的刑事诉讼原则。包括:(1)控审分离原则;(2)控辩平等原则;(3)法官中立原则;(4)程序参与原则;(5)辩护权保障原则;(6)证据裁判原则;(7)比例原则;(8)检察监督原则等。

3. 程序性原则

即对具体的刑事诉讼程序的进展具有指导意义和规范作用的刑事诉讼原则。包括:(1)国家追诉原则;(2)司法审查原则;(3)诉讼及时原则;(4)起诉裁量原则;(5)审判公开原则;(6)直接言词原则;(7)上诉不加刑原则;(8)一事不再理原则等。

第二节　国际通行的刑事诉讼基本原则

基于共同的保障人权的刑事诉讼理念和目的,现代大多数国家都逐步建立起了以最大限度保障犯罪嫌疑人、被告人合法权益为基本宗旨的刑事诉讼原则。这些原则不仅体现在各国的立法和司法之中,而且也为联合国国际性文件所确认。这些刑事诉讼原则在国际范围内得到普遍确认和推广对各国的刑事司法制度的改革,促进刑事司法的民主化、法制化、文明化,以及制约国家权力,保障公民权利起到了积极的促进作用。

国际上普遍适用的刑事诉讼原则包括:程序法定原则,司法独立原则,无罪推定原则,不告不理原则,平等对抗原则,诉讼及时原则,适度原则,禁止重复追究原则,等等。尽管世界各国在其立法和司法中对于上述原则的表述有所差异,但其基本精神是基本一致的。

一、程序法定原则

法定原则是法治概念下引申出的一个原则，在实体法上表现为罪刑法定原则，在程序法上表现为程序法定原则。程序法定原则，又称“法治国家程序原则”或“程序法治原则”，是现代法治国家对刑事诉讼的基本要求，设置这一原则的宗旨是将刑事诉讼活动纳入法治的轨道，通过明确刑事诉讼的程序性要求，规范国家追诉活动的合法进行，以保证刑事诉讼的民主性、确定性、公正性，防止国家专门机关滥用职权，从而顺利实现刑事诉讼的目的和任务。

程序法定原则的基本含义：一是为了惩罚犯罪、伸张正义，国家应建立能发挥作用的刑事司法系统和刑事诉讼程序；二是指刑事司法机关的职权及其追究犯罪、惩罚犯罪的程序都只能由国家立法机关制定的法律加以确定。司法机关不得行使法律没有规定的职权；对于其享有的职权，在行使时必须遵守法律中的程序性规定，不得违背法定程序任意决定刑事诉讼的追诉进程。

从世界各国立法与实践来看，在刑事诉讼领域程序法定原则包括以下几方面的具体要求。

(1)国家应保证刑事诉讼程序法治化。国家应以法律的形式明确各诉讼主体在刑事诉讼中的法律地位；明确各主体所承担的诉讼职能、享有的诉讼权利和负有的诉讼义务，要科学地构建刑事诉讼的结构，正确处理控诉、辩护、审判三种诉讼基本职能间的相互关系，要适当界定国家各专门机关之间的职权分工，合理配置司法资源；要严密地设置诉讼程序，使各诉讼环节、各项诉讼活动都有法可依，有章可循。总之，要建立健全完整的刑事诉讼程序体系，使之既具科学性，又具可操作性。

(2)公安司法机关和诉讼参与人要严格按照法律的规定进行或参与刑事诉讼。在刑事诉讼中要实体与程序并重，切实保障诉讼参与人的诉讼权利，禁止刑讯逼供、非法搜查、非法羁押等违反诉讼程序的行为。

(3)要确立程序违法的制裁性措施，明确违反法定程序所要承担的法律后果。刑事诉讼中贯彻程序法定原则，必须以违法制裁为后盾。例如，一般情况下非法获得的证据不得作为定案的根据；如果作伪证或者不享有拒证权的证人拒绝作证，要受到相应的法律制裁；违反法律程序办案要承担撤销判决或败诉的后果。

(4)要建立必要的诉讼监督制约机制。为保障法律程序的遵守，需要建立切实有效的诉讼监督制约机制。例如，司法机关对执法机关权力行使的监督，法官审查签署逮捕令、搜查令制度，人身保护令制度，司法审查制度，纠正未生效和生效判决裁定错误的机制等。

由此可以看出程序法定原则包括了对立法和司法两个方面的要求。

二、司法独立原则

司法独立原则是现代西方法治国家刑事诉讼的一项基本原则，也是调整其政治体制的一项宪政原则。确立这一原则的宗旨是使立法、行政、司法相互制衡，防止独裁专制。一般认为，司法独立原则以洛克、孟德斯鸠等提出的“三权分立”学说为基础。资产阶级启蒙思想家孟德斯鸠认为：“如果司法权不同立法权和行政权分立，自由也就不存在了。如果司法权同立法权合而为一，法官便将握有压迫者的力量。”[①]根据这一学说，资产阶级国家普遍认为，国家权力应当实行三权分立和制衡，即通过立法权、司法权、行政权之间的互相制约从而达到制衡的效果。

司法独立原则的基本含义：一是指国家审判权只能由法院行使，其他任何机关都不能行使，即所谓的“司法权独立”；二是指法官独立行使审判权，只服从于宪法和法律，既不受立法、行政机关的干涉，也不受上级法院或本法院其他法官的影响，即所谓的“法官独立”。例如，1974 年日本《宪法》第 76 条规定：“一切司法权属于最高法院及由法律规定设置的下级法院；所有法官依良心独立行使职权，只受本宪法及法律的约束。”

可见，把司法独立原则仅理解为“司法权独立”是片面的。“司法权独立”并不当然意味着司法独立，司法权在行使过程中还会遭受来自于司法机关内部的不当干涉，因此“法官独立”亦应成为司法独立原则的重要组成部分。

在学理上，法官独立通常包含三个方面的要求：第一方面是法官职务上独立。这是指法官在裁判问题时不受他人指示或命令，无论这种指示或命令是来自于政府、国会，还是政党、媒体等，都为宪法所禁止。法官只依据法律独立审判，只受法律的约束。因此，马克思有句名言“法官除了法律就没有别的上司”。第二方面是法官身份独立。除法律规定之外，禁止在未经法官本人同意的情况下，变动其身份地位或调任他职。法官之间只有职务之别，而无上下地位之分。对法官的惩戒，要设立专门的、公正的听证程序，尽可能排除行政性权力的介入。第三方面是应强化并维持法官内心的独立，严防其出于恣意、武断或主观好恶影响裁判的客观性。在进行审判时，法官要自我抑制并且独立于其个人的主观思想、信念、世界观、道德观或好恶之念，唯宪法与法律是从。

司法独立原则是现代司法不可或缺的因素，它是实现刑事诉讼理念和价值的保障。为了保证法院独立行使审判权，许多国家都采取了一系列措施和制度。首先是法院的组织机构独立，即司法机关与立法、行政机关分开，自成体系，互不隶属；然后是实行法官终身任职制、法官高薪制等，为法官身份和生活提供保障，解除

---

① 〔法〕孟德斯鸠：《论法的精神》（上册），张雁深译，商务印书馆 1961 年版，第 153 页。

其后顾之忧,以利其独立行使审判权。

三、无罪推定原则

无罪推定(Presumption of innocence),或称为“无罪假定”“无辜假定”,是指在刑事诉讼中任何被怀疑犯罪或者受到刑事指控的人在未经司法程序最终确认有罪之前,在法律上应被推定或假定为无罪。

无罪推定是资产阶级针对封建专制刑事诉讼的有罪推定提出来的,发展至今已成为一项现代法治国家普遍承认和确立的刑事诉讼原则,也是在国际范围内得到确认和保护的一项基本人权。最早提出该思想的是18世纪中叶意大利著名法学家贝卡利亚。他在《论犯罪与刑罚》一书中指出:“在法官判决之前,一个人是不能被称为罪犯的,只要还不能断定他已经侵犯了给予他公共保护的契约,社会就不能取消对他的公共保护。”根据这一理论,法国在大革命成功之后于1789年8月制定的《人权宣言》第9条规定:“任何人在其未被宣告有罪之前应被推定为无罪。”此后,各国纷纷效仿,相继在宪法和法律中对无罪推定作出规定,使其成为刑事诉讼中的一项基本原则,即使有些国家在立法上没有明文规定,在理论和司法实践上都对无罪推定原则予以确认。

为切实贯彻无罪推定原则,许多国家的法律和国际条约提出了保障被告人诉讼权利的具体要求和措施,主要有:

(1)控诉一方承担证明被告人有罪的责任,被告人没有证明自己无罪的义务。如果控诉一方不能证明被告人有罪,则应判决被告人无罪。

(2)被告人有权拒绝陈述,即享有沉默权。既不能强迫被告人自己证明有罪,也不能因被告人沉默而认定其有罪。

(3)疑案应作为无罪处理。控方证据不能确切证明被告人有罪,或者对被告人有罪的证明存在合理怀疑时,应作有利于被告人的解释,对被告人按无罪处理。

既然在刑事诉讼中,犯罪嫌疑人被推定为无罪,那么其人身自由就不应被限制或剥夺,除非检控方有证据证明其有犯罪行为,如不对其采取强制措施将会导致案件无法进行或难以进行,并经司法审查和授权才可适用。

现代诉讼机制以及对被告人一系列的权利保障,均是建立在无罪推定的假设基础之上。关于无罪推定的法律性质,在理解上还存在一些争议。比如在作出有罪裁判之后,如何解释被告人在审判监督程序或者二审程序中的权利保障问题,无罪推定原则在这些程序中还能否适用?一般认为,无罪推定所设定的并不是任何事实,也不等于无罪认定,而仅仅是一种无罪状态的设定。这一状态仅存在于刑事诉讼程序中,一旦程序结束,则无罪推定或转化为有罪认定,或转化为无罪认定。可见,无罪推定中的“推定”既不是对事实的推定,也不是对法律的推定,而是在刑事诉讼程序中对被告人的一种保护性假定。

四、平等对抗原则

平等对抗原则，又称手段同等原则、平等武装原则，是指“对待被告人，在原则上应当如同对刑事追究机关一样予以平等地对待”①。这一原则源自古代弹劾式诉讼，确立于资产阶级的抗辩式诉讼，特别是在英美法系当事人主义诉讼中。

一般认为，平等对抗原则包含三方面的要求。

(1)控辩双方诉讼地位平等。他们都是诉讼的当事人，任何一方不能凌驾于对方之上。

(2)控辩双方资讯平等。为了保障控辩双方能够在平等基础上进行对抗，不但应当赋予被告方借助司法手段获取有利于自己证据的权利，而且还必须保证辩护方享有接近控诉证据的权利。如在英美法系的证据展示制度、大陆法系的阅卷制度。

(3)控辩双方实质能力平等。为了防止控辩平等沦为一种形式上的平等，现代各国都通过法律援助制度向无力聘请律师的被追诉人免费提供辩护人，以保证被告人能真正享有与控诉方平等辩论的可能。

在刑事诉讼中，平等对抗原则集中表现于审判阶段，在侦查阶段则很难做到，而且在大陆法系国家职权主义诉讼中，平等对抗的色彩不如英美法系当事人主义诉讼那样鲜明。

五、诉讼及时原则

诉讼及时原则是指为了有力惩罚犯罪，保障被告人利益，查明事实真相，刑事诉讼活动应当尽可能避免一切不必要的延误，从而保证刑事诉讼案件能够得到及时处理。

由于刑事案件的特殊性，如果诉讼延误，犯罪现场可能遭到破坏，证据可能毁损灭失，从而给侦查、审判工作造成困难，甚至使案件无法查清，成为悬案、死案；更重要的是，由于刑事诉讼活动往往伴随着强制性措施的适用，如果诉讼时间拖得太长，使被告人长期处于被追究的状态，甚至受到长期羁押，会严重侵犯公民的合法权益。因此，为了及时惩治犯罪，同时保障公民的合法权利，现代各国均要求刑事诉讼要迅速及时地进行，并在立法上对刑事诉讼的期间作出具体明确的要求。

从国际性法律文件和世界各国的立法内容来看，这一原则要求国家专门机关和诉讼当事人必须在法律特别规定的期限内完成一定的诉讼行为。这一原则体现在刑事诉讼的各个方面，特别是关于诉讼期间和羁押期限的规定。迅速审判在某些国家甚至作为公民一项宪法性权利加以确认。例如美国《宪法》第6条修正案规

① 〔德〕赫尔曼：《德国刑事诉讼法典》，李昌柯译，中国政法大学出版社1995年版。

定,在一切刑事诉讼中,被告人享有获得迅速、公开审判的权利。日本《宪法》第37条也有类似的规定。

六、适度原则

适度原则是对应现代各国在刑法上实行罪刑相适应原则而确立的刑事诉讼原则,因此,又称相适应原则。其含义是指在刑事诉讼中采取强制性措施,特别是限制或剥夺公民基本权利的强制性措施时,在种类、轻重、期限上必须与犯罪的严重性、掌握证据的充分性以及案情的紧迫性和必要性相适应。

适度原则是在刑事诉讼历史发展中基于控制犯罪和保障人权的平衡应运而生的,其精神体现在许多国家的立法中,体现在刑事诉讼的各个方面。其中最突出的是强制措施的适用。规定在刑事诉讼中采取强制措施,特别是限制或剥夺被告人人身自由的强制措施,无不以受追究行为的性质和严重程度,被告人的人身危险性程度以及被告人在诉讼中的表现,作为考虑是否适用强制措施以及适用何种强制措施的主要因素。必要性和适度性由司法官员进行审查和把握。

七、禁止重复追究原则

禁止重复追究原则源于古罗马法律精神。在大陆法系国家的诉讼制度中一般沿用罗马法上"一事不再理"的格言,而在法国诉讼理论中被称为"既判力原则",其侧重于对确定判决既判力的维护;在英美法系国家被称为"禁止双重危险",其侧重点在于强调任何人不得因同一行为而遭受两次不利。其基本含义是指对被追究者的同一行为,一旦作出具有法律效力的确定判决,不论是有罪还是无罪的判决,不得再次启动新的刑事诉讼程序,对同一行为再次进行审理和处罚。其主要目的是保持判决的终局性。

确立禁止重复追究原则的原因是,国家对于犯罪的刑罚权已经使用殆尽了。因此,该原则有助于保护被追究者的合法权益,防止国家权力的滥用。该原则为许多国家的宪法和法律所承认。从各国的立法内容来看,这一原则主要适用在两个方面:一是侦查控诉机关不得以同一理由重复侦查和起诉已作处理的行为;二是审判机关对上述行为不得重复审理,更不能予以处罚。

在欧洲大陆,一事不再理原则被视为法的安定性与法的正义性之间的冲突与权衡。大陆法系各国对已经生效的裁判的重审都设置了特殊程序。重审分为两种:一是因法律问题进行的重审;二是因事实问题进行的重审,这两种情况应分别处理。例如法国《刑事诉讼法》规定,刑事审查庭的裁定,重罪法庭、轻罪法庭和违警罪的终审判决和裁定,如果违反法律,可以因检察院或者败诉一方向最高法院提出的上诉而被撤销。在德国,根据《联邦宪法法院法》的规定,如生效的判决所依据的法律违宪,则可依照《刑事诉讼法》的规定进行再审。

在英美等国,由于禁止双重危险条款主要是为了保持判决的终局性,因而该条款仅适用于审判已经达成裁决的情况。在这种情况下,如果在裁决以前就终结诉讼,不仅可以取消被告人获得无罪判决的机会,还可以避免无罪判决的终局性,从而可以重新起诉。因此,作为禁止双重危险保障的组成部分,被告人享有"由同一审判组织将他的审判进行到底的'珍贵'的权利"。

第三节　我国刑事诉讼的基本原则

我国刑事诉讼的基本原则是由《刑事诉讼法》明确规定的。我国《刑事诉讼法》在第一编第一章"任务和基本原则"标题下,共规定了 17 个条文。其中除了第 1 条、第 2 条是关于刑事诉讼目的和任务的规定外,其余条款规定了刑事诉讼的基本原则,形成了一个完整的体系。具体来说,第 3 条至第 17 条规定了以下内容:侦查权、检察权、审判权由国家专门机关行使;审判权和检察权依法独立行使;依靠群众;以事实为依据,以法律为准绳;对一切公民在适用法律上一律平等;公检法分工负责、互相配合、互相制约;人民检察院依法对刑事诉讼实行法律监督;使用本民族语言文字进行诉讼;实行两审终审制;审判公开;犯罪嫌疑人、被告人有权获得辩护;未经人民法院依法判决对任何人不得确定有罪;实行人民陪审制度;保障诉讼参与人依法享有诉讼权利;具有法定情形的,不予追究刑事责任;追究外国人刑事责任的,适用我国刑事诉讼法;刑事司法协助。因此,以现行立法规定为标准,应该承认上述内容都属于我国刑事诉讼法的基本原则。

从实定法的角度而言,如此理解并无不可。其中有些原则为当今世界发达或较为发达之各国刑事诉讼中必然遵循之原则,但有些原则是否真为基本原则在理论上殊有探讨之必要,另有些原则与刑事诉讼基本理念实有相冲突之处。因此,本章将《刑事诉讼法》规定的 17 项原则分解为四个部分,具体包括:(1)共有原则——三大诉讼均设置之原则。包括:以事实为根据,以法律为准绳原则;对一切公民在适用法律上一律平等原则;使用本民族语言文字进行诉讼原则;人民检察院依法实行法律监督原则;保障诉讼参与人的诉讼权利原则。(2)特有原则——刑事诉讼法区别于其他诉讼法的原则。包括:侦查权、检察权、审判权由专门机关行使原则,审判权和检察权依法独立行使原则,依靠群众原则,公检法分工负责、互相配合、互相制约原则,犯罪嫌疑人、被告人有权获得辩护原则,未经人民法院依法判决对任何人不得确定有罪原则,具有法定情形不予追究刑事责任原则。(3)制度性原则——为实现一定的诉讼目的而设置的相关制度。包括:两审终审制原则,审判公开原则,人民陪审原则。(4)涉外原则——仅适用于涉外刑事案件之原则。

包括:追究外国人刑事责任适用我国刑事诉讼法原则,国际司法协助原则。

一、共有原则

(一)以事实为根据,以法律为准绳原则

我国《刑事诉讼法》第6条规定:“人民法院、人民检察院和公安机关进行刑事诉讼,必须依靠群众,必须以事实为根据,以法律为准绳。”以事实为根据,以法律为准绳是我国三大诉讼共有的原则之一。其中在刑事诉讼中,由于关系到客观公正地实现国家刑罚,关系到公民个人的人身和财产权利,坚持该原则显得尤为重要。

以事实为根据,就是将客观存在的情况作为处理案件的根据,处理案件不能违背已经查明的事实,也不能在没有查明事实的情况下武断处理案件。它要求公安司法机关进行刑事诉讼时,必须忠实于事实真相,查明案件的真实情况,而认定案件事实必须有确实充分的证据,不能凭主观想象、怀疑、推断或查无实据的设想、说法来处理问题。以事实为根据,最核心的问题就是重证据,重调查研究,以证据为判定案件事实的唯一手段。

以法律为准绳,就是对刑事案件的实体和程序问题的处理,必须以刑事实体法、刑事诉讼法和其他法律的有关规定为基准。它要求公安司法机关在查明案件事实的基础上,应该以法律为尺度来衡量案件的具体事实和情节,按照法律的规定对案件作出正确处理,而不能凭一己好恶或一时情绪来定案,也不能根据其他因素,如外界压力、自己的利益来定案。以法律为准绳还要求公安司法机关及其工作人员严格按照《刑事诉讼法》规定的原则、制度和程序办案。在办案过程中切实保障公民的人身权利。

以事实为根据,以法律为准绳,两者紧密联系,相互依存,不能忽视其中任何一方面。只有以事实为根据,才能查明案件真实情况,准确认定案件事实。在此基础上正确适用法律,才能对案件作出正确处理。如果事实不清,情况不明,适用法律就无从谈起,以法律为准绳便失去了意义。反之,如果忽视了以法律为准绳,即使查明案件事实,案件也得不到正确处理。无论何种情况,都会给刑事诉讼造成严重不良后果,导致冤假错案的发生,不是轻纵犯罪,就是伤害无辜。所以,以事实为根据,以法律为准绳是一个有机的整体,必须在刑事诉讼中全面地贯彻执行。

(二)对一切公民在适用法律上一律平等原则

我国《宪法》所确定的“中华人民共和国公民在法律面前一律平等”的原则,明确了全体公民在法律适用上一律平等的精神,《刑事诉讼法》第6条规定:“人民法院、人民检察院和公安机关进行刑事诉讼……对于一切公民,在适用法律上一律平等,在法律面前,不允许有任何特权。”这一规定就是《宪法》关于平等原则在刑事诉讼中的具体体现。

这一原则要求,公安司法机关在进行刑事诉讼时,对于一切公民,不分民族、种族、性别、年龄、职业、家庭出身、宗教信仰、受教育程度、财产状况等,在适用法律上一律平等,一视同仁,不允许有任何特权,同时也不允许有任何歧视,对所有公民都要采取同样的原则、程序,适用同样的实体法,对触犯《刑法》构成犯罪的,都同样追究刑事责任。

法律的平等适用与自然平等的观念密切相关。每个人都有着天然的或者道德上的平等,任何普遍的权利义务都应该为人们同等地享有或承担。当然,平等并不意味着绝对平等,也不可能存在绝对的平等。就法律本身的规定来说,也不可能不分情况和适用对象而作出整齐划一的规定。所以我们所说的平等是指法律适用上的平等,即法律设定的具有普遍适用性的规定应同等地适用于所有的适用对象。

(三)使用本民族语言文字进行诉讼原则

《刑事诉讼法》第9条规定:"各民族公民都有用本民族语言文字进行诉讼的权利。人民法院、人民检察院和公安机关对于不通晓当地通用的语言文字的诉讼参与人,应当为他们翻译。在少数民族聚居或者多民族杂居的地区,应当用当地通用的语言进行审讯,用当地通用的文字发布判决书、布告和其他文件。"这一原则体现了对各民族文化的尊重,对该原则可以从以下几个方面理解。

(1)各民族公民参加诉讼,无论是当事人还是其他诉讼参与人,都有用本民族语言文字进行诉讼的权利。有权用本民族的语言回答公安司法人员和其他诉讼参与人的问话,发表自己的意见;有权用本民族的文字书写有关的案件材料。

(2)在少数民族聚居或者多民族杂居的地区,公安司法机关应当用当地通用的语言进行审讯,用当地通用的文字发布判决书、布告和其他文件。

(3)诉讼参与人如果不通晓当地通用的语言文字,公安司法机关应当为他们指定或者聘请翻译。

使用本民族语言文字进行诉讼,是我国刑事诉讼的一项基本原则,同时也是诉讼参与人的一项重要诉讼权利,在刑事诉讼中贯彻各民族公民有权使用本民族语言文字进行诉讼原则,具有十分重要的意义。第一,能够保证各民族诉讼参与人平等和充分地行使各项诉讼权利。语言文字是诉讼参与人行使诉讼权利的工具,如果语言文字的障碍不排除,就谈不上各民族的诉讼参与人平等和充分地行使诉讼权利。第二,有利于公安司法机关查明案件事实和正确处理案件。公安司法机关以当地通用的语言文字进行诉讼,可以消除语言文字的障碍,便于深入群众进行调查,广泛收集和听取群众意见,也便于少数民族公民向公安司法机关人员提供案件线索和证据材料,进而查明案件事实,正确处理案件。第三,有利于当地群众了解案件事实和诉讼情况。一方面对群众进行法制教育,加强少数民族群众的法制观念，促使他们自觉遵守法律，积极同犯罪行为作斗争；另一方面也利于当地群众对公安司法机关的活动进行监督。

（四）人民检察院依法实行法律监督原则

根据《宪法》和《人民检察院组织法》的规定，人民检察院是国家的法律监督机关，对宪法和法律的实施实行监督。从现行立法来看，人民检察院除了对国家工作人员的职务犯罪依法进行查处外，其职能主要表现在对诉讼活动是否合法进行法律监督。其中，就刑事诉讼监督而言，我国《刑事诉讼法》第8条规定："人民检察院依法对刑事诉讼实行法律监督。"

人民检察院依法对刑事诉讼实行法律监督原则也称法律监督原则，是指在刑事诉讼中人民检察院除行使法律赋予的职权、履行自身的诉讼职能外，还要依法对整个刑事诉讼活动实行法律监督，包括对立案、侦查、起诉、审判、执行等诉讼环节实行全面的法律监督。这是由刑事诉讼的性质和人民检察院在我国国家机构中的地位所决定的，是加强刑事诉讼民主、健全刑事诉讼法制的重要举措。

人民检察院对刑事诉讼的法律监督贯穿在刑事诉讼的全过程，我国《刑事诉讼法》对人民检察院在每一个诉讼阶段进行监督的范围、对象、方式和程序均作了具体规定。概括起来，人民检察院的法律监督主要体现在以下几个方面。

（1）立案监督。人民检察院认为公安机关对应当立案侦查的案件而不立案侦查的，应当要求公安机关说明不立案的理由；人民检察院认为公安机关不立案的理由不能成立的，应当通知公安机关立案，公安机关接到通知后应当立案。

（2）侦查监督。人民检察院审查逮捕、起诉时，应当审查公安机关的侦查活动是否合法，发现违法情况，应当通知公安机关纠正，公安机关应当将纠正情况通知人民检察院。同时，人民检察院根据情况可以派员参加公安机关对重大案件的讨论和其他侦查活动，发现违法行为，应当及时纠正。

（3）审判监督。人民法院审判公诉案件，人民检察院应当派员出庭支持公诉，并对审判活动是否合法进行监督。人民检察院发现人民法院审理案件违反法定的诉讼程序，有权向法院提出纠正意见。对人民法院的判决、裁定认为确有错误的，有权提起二审抗诉或再审抗诉。

（4）执行监督。人民检察院对执行机关执行刑罚的活动是否合法实行监督，如果发现有违法的情况，应当通知执行机关纠正。如果认为司法行政机关对罪犯暂予监外执行的决定或人民法院减刑、假释的裁定不当，应当书面提出纠正意见，有关机关应当在法定期限内重新审查处理。

但是该原则也存在一些理论基础的错误。全国人大常委会法制工作委员会在向全国人民代表大会所作的关于修正《刑事诉讼法》的说明中指出："为了防止或者减少诉讼中的违法行为,正确适用法律,惩罚犯罪,保障无罪的人不受刑事追究,保护诉讼当事人的诉讼权利,在总则中规定,人民检察院依法对刑事诉讼实行法律监督。"因此,这一原则以诉讼中存在违法行为为基础,以人民检察院能够正确执行法律、公正无私地监督法律的执行为假设。这种制度设计始终无法避免这样的追问:谁来监督监督者?如果无人监督监督者,监督者就很可能滥用职权;如果监督者不会滥用职权,那么有什么理由假定被监督者一定会滥用职权呢?因此,在执法机关之上设置监督机关的制度设计,由于其理论基础的错误,实际上不可能真正发挥立法者期望的效用。如何实现对诉讼的监督?第一,要靠执法人员素质的提高;第二,要靠程序透明度的增加;第三,要靠程序公正要素的增加。只有通过法官内心道德约束机制的建立以及程序上各种要素的完善,才能从根本上实现对诉讼的监督。

(五)保障诉讼参与人的诉讼权利原则

我国《刑事诉讼法》第 14 条规定:"人民法院、人民检察院和公安机关应当保障犯罪嫌疑人、被告人和其他诉讼参与人依法享有的辩护权和其他诉讼权利。诉讼参与人对于审判人员、检察人员和侦查人员侵犯公民诉讼权利和人身侮辱的行为,有权提出控告。"此项原则主要包含两方面的内容。

(1)辩护权和其他诉讼权利是法律赋予犯罪嫌疑人、被告人和其他诉讼参与人所享有的法定权利,诉讼参与人充分行使辩护权和其他诉讼权利是刑事诉讼顺利进行的必要条件,公安司法机关有义务保障其行使这些权利。包括:承担告知义务,告知诉讼参与人其享有特定的诉讼权利;为诉讼参与人行使诉讼权利提供便利;采取措施制止妨碍诉讼参与人行使诉讼权利的行为;对诉讼参与人的权利,公安司法机关不得以任何理由和方式加以剥夺。

(2)诉讼参与人有权采取法律手段维护自己的合法权益,对公安司法人员侵犯自己诉讼权利和人身侮辱的行为,有权提出控告。有关机关对侵犯、剥夺诉讼参与人的诉讼权利和人身侮辱行为应当予以制止,并追究行为人的法律责任。

依法保障当事人及其他诉讼参与人的诉讼权利,是程序公正的必然要求,是司法文明的重要标志。贯彻本原则有两个方面的作用:(1)明确了专门机关不能滥用职权,不能随意对诉讼参与人诉讼权利的行使设置障碍;(2)对诉讼参与人诉讼权利的保障有利于诉讼的顺利进行,有利于《刑事诉讼法》的规定得到切实的实施。

二、特有原则

(一)侦查权、检察权、审判权由国家专门机关行使原则

我国《刑事诉讼法》第 3 条规定:"对刑事案件的侦查、拘留、执行逮捕、预审,由公安机关负责。检察、批准逮捕、检察机关直接受理的案件的侦查、提起公诉,由

人民检察院负责。审判由人民法院负责。除法律特别规定的以外,其他任何机关、团体和个人都无权行使这些权力。人民法院、人民检察院和公安机关进行刑事诉讼,必须严格遵守本法和其他法律的有关规定。"这一规定是侦查权、检察权、审判权由国家专门机关行使原则的基本法律依据。

该原则包含以下内容:

(1)根据法律规定,只有公、检、法三机关有权行使侦查权、检察权和审判权,其他机关、团体和个人都无权行使这些权力。侦查权、检察权和审判权是国家权力的重要组成部分,是国家实现刑罚权的重要保障,关系着政权的巩固和社会秩序的安定,关系着个人自由、财产权利甚至生命权,一旦行使不当,祸害甚大,因此必须严格加以限制。限制国家权力的基本方法之一就是将行使这些权力的机关和人员特定化,即实行权力专属。否则国家权力容易失去控制,个人自由也就岌岌可危了。特别注意,这里的"公安机关"是广义上使用的,还包括国家安全机关、军队保卫部门、监狱。

(2)公、检、法三机关只能分别行使各自的职权,不能混淆或互相取代。具体而言,审判权只能由人民法院行使,检察权只能由人民检察院行使,侦查权由各法定的专门机关依照其立案管辖范围行使。贯彻这一原则时,不仅要防止其他机关、社会团体和个人对刑事司法权的干涉,而且也要防止混淆刑事诉讼的职能分工。

(3)公、检、法三机关必须依照法律行使职权,必须遵循《刑事诉讼法》规定的各项制度和程序,不得违反《刑事诉讼法》以及相关法律的规定。所谓"依法"包括依刑事实体法和刑事程序法两个方面。就程序方面而言,所谓"依法"包括依法定权限、法定条件、法定程序。对于滥用职权的行为,行使该职权的机关及其直接负责人员应当承担法律责任。

确立和实行侦查权、检察权和审判权依法由专门机关行使的原则,首先,明确了专门机关与犯罪作斗争的职责和权力,一旦发现犯罪,各专门机关应当依法分别行使各自的职权。其次,贯彻该原则可以有效防止其他机关、团体和个人私设公堂、非法羁押,避免在惩罚犯罪上发生混乱,以维护国家法律的统一、正确实施。最后,在该原则的指导下,可以建立起公、检、法机关彼此的制约机制,有效防止权力滥用、维护司法的廉洁与公正。

(二)审判权和检察权依法独立行使原则

人民法院、人民检察院依法独立行使职权原则是我国《宪法》所确立的一项诉讼原则。我国《刑事诉讼法》第 5 条规定:"人民法院依照法律规定独立行使审判权,人民检察院依照法律规定独立行使检察权,不受行政机关、社会团体和个人的干涉。"这一原则包含两项内容:一是人民法院依法独立行使审判权,即审判独立;

二是人民检察院依法独立行使检察权,即检察独立。

我国的人民法院、人民检察院依法独立行使职权原则与司法独立原则既有相似之处,也有所不同。司法独立是一项为现代法治国家普遍承认和确立的基本法律准则。作为一项宪政原则,它与国家的政治体制和结构有着密切关系,调整着国家司法机关与立法机关、行政机关的关系,是现代法治的重要内容。司法独立作为一项司法审判原则,它确保法院审判权的公正行使,防止法官的审判和裁决受到来自其他政府权力或外界力量的干涉和影响,使法院真正成为抵制专制权力、维护公民人权的最重要、也是最后一道屏障。司法独立含有法院整体对外独立和法官独立两项内容。

(1)法院对外独立。广义上可以理解为独立于国家、社会各种势力、诉讼当事人和司法人员的上级领导者等。狭义上是指司法权在外部关系中保持独立性,其中最重要的是司法权不受国家权力体系内其他权力的干预,也就是说司法机关作为整体对外保持独立性。

(2)法官独立。即法官不受任何其他人(包括不属于审判同一案件的审判组织的其他法官,也包括上级司法机关的法官以及共同审判同一案件的审判组织内的其他法官)的干涉而保持独立性。

在我国"司法机关"包括审判机关和检察机关。按照相关法律的规定,人民法院独立行使审判权、人民检察院独立行使检察权与西方国家的司法独立既有相同之处,又有区别。其区别主要是:(1)由于我们这一原则是建立在人民代表大会制度基础之上的,审判机关、检察机关都是由人民代表大会产生,对它负责,受它监督。因此,人民法院独立行使审判权、人民检察院独立行使检察权只独立于行政机关、社会团体和公民个人,而不独立于中国共产党以及立法机关。(2)在我国实行的是法院整体独立,还无法做到法官独立。尽管根据《刑事诉讼法》的规定,对一般案件,合议庭有权独立作出裁判,但对于疑难、复杂、重大的案件,合议庭认为难以作出决定的,由合议庭提请院长,由其决定提交审判委员会讨论决定。审判委员会的决定,合议庭必须执行。此外,在我国上下级法院之间的关系,虽属监督关系,但下级法院向上级法院请示汇报的做法比较普遍,这使得法院上下级之间的级别独立也受到了一定影响。具体到人民检察院又有不同于法院的地方,由于检察院上下级之间是领导关系,实行检察一体原则,因此其独立行使职权就是整个检察系统,即全国检察机关作为一个整体依法独立行使职权。

实行人民法院、人民检察院独立行使职权原则,可以保障人民法院、人民检察院在刑事诉讼中正确行使法律赋予的职权,充分发挥其职能作用,排除干扰,维护司法行为的纯洁性,树立司法权威。但是不难看出,我国的法院体制还存在一些问题,需要通过体制改革和调整,为增进司法机关的独立性创造条件。我们认为要从以下方面予以改革和完善:(1)处理好依法独立行使审判权与中国共产党领导的关系。人民法院依法独立审判,并不意味着不接受中国共产党的领导。中国共产党是执政党,共产党的领导是人民法院独立行使审判权的根本保证。党的方针政策是国家制定法律的根据,依法独立审判同正确执行党的方针政策是一致的,各级法院必须在司法工作中积极贯彻党的路线、方针和政策,接受党的领导和监督。但是,党的领导主要应当是政治上和组织上的领导,而不能通过审批案件、参与办案等方式领导或代替司法机关办案。否则,势必妨碍司法工作的进行,反而会削弱党对司法工作的领导。(2)落实合议庭独立行使职权的法律规定。我国《刑事诉讼法》确认合议庭有权独立作出判决。这一法律规定有利于减少司法运作的内部环节,提高司法效率,并落实诉讼中的直接言词原则,保障法官审判的独立性。在近年讨论司法改革的过程中,法学界主张逐步废除审判委员会以及立即停止上下级法院请示汇报制度的呼声渐高。

(三)依靠群众原则

我国《刑事诉讼法》第6条规定:“人民法院、人民检察院和公安机关进行刑事诉讼,必须依靠群众……”依靠群众原则是指公安司法机关进行刑事诉讼,必须走群众路线,相信群众、依靠群众,发挥人民群众的智慧和力量,把专门机关的业务工作与人民群众的积极性结合起来。这是我党走群众路线的优良传统在《刑事诉讼法》中的体现。

依靠群众原则并非意味着公安司法机关与群众共同办案。侦查权、检察权、审判权只能由公安司法机关行使,人民群众不能行使这些权力。办案主体是公安司法机关,而不是人民群众;群众只是公安司法机关在办案过程中依靠的对象。公安司法机关在办案中,一方面要相信群众、尊重群众、组织群众,为群众参加诉讼提供方便,并接受群众监督;另一方面要加强自身的专门工作,加强自身的思想、组织和业务建设,提高自身的政治和业务素质,利用先进的技术和设备去发现线索、探究事实真相。公安司法机关忽视群众的作用或者自身的专门工作,都不能很好地完成刑事诉讼法的任务。

作为一项法律原则,依靠群众的精神和内容体现在一系列的刑事诉讼制度和程序中,公安司法机关在刑事诉讼中应当贯彻执行。依靠群众应当符合以下要求:首先,应当具有依靠群众、相信群众的观念。其次,学会做群众工作的方法,善于深入群众,善于分析研究群众提供的材料和意见。最后,要做好群众的法制宣传和教育工作。这样可以增强群众的法制观念,提高群众同犯罪作斗争的积极性、主动性。

(四)公检法分工负责、互相配合、互相制约原则

我国《刑事诉讼法》第7条规定:“人民法院、人民检察院和公安机关进行刑事诉讼,应当分工负责,互相配合,互相制约,以保证准确有效地执行法律。”

该原则的具体内容,可以从以下三个方面理解:(1)分工负责是指在刑事诉讼中公安机关、人民检察院和人民法院分别按照法律规定的职权分工,各负其责,各尽其职,不能超越自己的职权,不能互相包办和代替。任何超越职权的诉讼行为都违反了该原则。公检法三机关的职权按照《刑事诉讼法》第3条的规定进行分工。(2)互相配合是指公检法三机关进行刑事诉讼应当在分工负责的基础上,通力合作、协调一致,共同完成查明案件事实,惩罚犯罪的目的。例如:对人民检察院和人民法院决定的逮捕,公安机关应当予以执行;对于人民检察院提起的诉讼,人民法院应当审理并作出判决。各机关不应各自为政,互不联系,更不应推诿扯皮。(3)互相制约是指公检法三机关在分工负责、互相配合的基础上,不仅应认真履行自己的职责,而且应对其他机关发生的错误和偏差予以纠正,对重要的刑事诉讼活动或措施,由其他机关予以把关,以达到互相牵制、互相约束的目的,防止权力的滥用导致司法腐败。

分工负责、互相配合、互相制约,三者是密切相关、缺一不可的。其中分工负责是前提,配合和制约是三机关依法行使职权,顺利进行刑事诉讼的保证。分工负责、互相配合、互相制约原则贯穿于刑事诉讼的始终,其最终的目的是为了保证准确有效地执行法律。

但需要注意的是,理论界提出需要对该原则进行反思。无论是分工负责,还是互相配合、互相制约,都反映了我国《刑事诉讼法》将公安机关、人民法院和人民检察院一道视为刑事诉讼中的司法机关的观念。只有当他们被平等地视为司法机关的时候,他们才能谈得上分工负责,才有资格互相配合,才有能力互相制约。尤其其中的“互相配合”一词,充分体现了公安机关、人民检察院与人民法院一道,联合起来对付被指控犯罪的犯罪嫌疑人和被告人的观念,使得诉讼成为一种单向度的治罪活动。这与现代诉讼中的程序正义原则、无罪推定原则均相违背,因为如果人民法院与公安机关配合,必然导致有罪推定。

(五)犯罪嫌疑人、被告人有权获得辩护原则

犯罪嫌疑人、被告人有权获得辩护是我国《宪法》和《刑事诉讼法》规定的重要原则。我国《宪法》第125条规定:“被告人有权获得辩护。”我国《刑事诉讼法》第11条规定:“……被告人有权获得辩护,人民法院有义务保证被告人获得辩护。”由于犯罪嫌疑人和被告人是在刑事诉讼中不同诉讼阶段对刑事被追诉者的两种不同的称谓,为了全面理解这一原则,我们将其概括为犯罪嫌疑人、被告人有权获得辩护原则。

辩护是指在刑事诉讼中犯罪嫌疑人、被告人及其辩护人从事实和法律上反驳控诉，指出有利于犯罪嫌疑人、被告人的材料和意见的诉讼活动。犯罪嫌疑人、被告人有权获得辩护原则，是指在法律上确认犯罪嫌疑人、被告人享有辩护权，并在诉讼中保障犯罪嫌疑人、被告人行使辩护权。

为保障犯罪嫌疑人、被告人辩护权的充分实现，我国新《刑事诉讼法》从以下方面作了完善。

(1)委托辩护的时间提前到侦查阶段。《刑事诉讼法》将委托辩护的时间提前到侦查阶段，犯罪嫌疑人自被侦查机关第一次讯问或者采取强制措施之日起，有权委托辩护人。可见，为了确保犯罪嫌疑人、被告人的辩护权，在整个刑事诉讼过程中，犯罪嫌疑人、被告人既可以自行辩护，也可以委托辩护。

(2)扩大法律援助的范围。根据《刑事诉讼法》第 34 条的规定，犯罪嫌疑人、被告人是盲、聋、哑人，或者是尚未完全丧失辨认或者控制自己行为能力的精神病人，或者是可能被判处无期徒刑、死刑，没有委托辩护人的，人民法院、人民检察院和公安机关应当通知法律援助机构指派律师为其提供辩护。犯罪嫌疑人、被告人因经济困难或者其他原因没有委托辩护人的，本人及其近亲属可以向法律援助机构提出申请。对符合法律援助条件的，法律援助机构应当指派律师为其提供辩护。

(3)会见权的保障。根据《刑事诉讼法》第 37 条的规定，除危害国家安全犯罪、恐怖活动犯罪、特别重大贿赂犯罪案件外，辩护律师持律师执业证书、律师事务所证明和委托书或者法律援助公函要求会见在押的犯罪嫌疑人、被告人的，看守所应当及时安排会见，至迟不得超过 48 小时。

(4)阅卷权的保障。根据《刑事诉讼法》第 38 条的规定，辩护律师自人民检察院对案件审查起诉之日起，可以查阅、摘抄、复制本案的案卷材料。其他辩护人经人民法院、人民检察院许可，也可以查阅、摘抄、复制上述材料。与《刑事诉讼法》修改前相比，辩护人的阅卷时间得以提前，阅卷范围也得到了扩展。

辩护权是犯罪嫌疑人、被告人的一项重要宪法权利，任何机关和个人都不得加以剥夺。犯罪嫌疑人、被告人有权获得辩护原则，具有保障司法公正的重要意义。具体表现为：(1)有利于公安司法机关全面了解有关案件的情况，听取不同意见，对案件作出正确的判断和处理；(2)有利于制约国家专门机关，确保公安司法人员严格依法进行诉讼活动，维护犯罪嫌疑人、被告人的合法权利；(3)可以使刑事诉讼结构合理化，形成控诉与辩护之间有效的诉讼对抗，以控诉、辩护、审判的三角形结构保障司法公正的实现；(4)辩护权的充分行使体现了程序正义，程序正义的实现有利于社会公众甚至犯罪嫌疑人、被告人对国家专门机关及其诉讼活动保持信赖和尊重。

(六)未经人民法院依法判决,对任何人不得确定有罪原则

我国《刑事诉讼法》第12条规定:"未经人民法院依法判决,对任何人都不得确定有罪。"对此规定是否为无罪推定原则,理论界尚有争议。我们认为,该原则是对我国刑事诉讼制度的重大发展,它吸收了西方无罪推定原则的精神,明确了只有人民法院才享有定罪权的法治要求。

这一原则包含以下两层含义:(1)确定被告人有罪的权力由法院统一行使,其他任何机关、团体和个人均无权行使。这是世界各国的立法通例,也是刑事审判权的应有之义。刑事审判就是要通过法庭审理,在查清事实、核实证据的基础上适用法律,判定被告人是否有罪、应否处刑。定罪权是刑事审判权的核心,人民法院作为我国唯一的审判机关,代表国家统一独立行使刑事审判权。与增设这一原则相呼应,立法取消了免予起诉制度,以维护人民法院对刑事案件审判权的统一行使。(2)人民法院必须依法以判决的形式确定有罪。定罪判决必须依法作出,即需要根据经过法庭正式调查核实的证据所认定的事实,在正式的法庭审判中听取控辩双方的意见,认为达到法定的证明被告人有罪的标准,并符合《刑法》的有关规定,方能确定一个人有罪。

为了贯彻这一原则,《刑事诉讼法》从以下几方面作出了相应的回应:(1)严格区分了"犯罪嫌疑人"和"被告人"这两种称谓,被追诉者自侦查机关立案到检察院提起公诉前这段时期,称为"犯罪嫌疑人",在人民检察院向人民法院提起公诉后,称为"被告人",不再笼统地称为"被告人"甚至"人犯"。(2)明确由控诉方承担举证责任,公诉人在法庭调查中有义务提出证据,对被告人有罪承担证明责任,并达到确实充分的程度,而被追诉者则没有证明自己有罪或无罪的责任。(3)《刑事诉讼法》摒弃过去长期司法实践中形成的,与宁枉勿纵、有罪推定观念相联系的疑案从有、疑案从轻原则,确立了疑罪从无原则。凡是证据不足、事实不清的案件,在审查起诉阶段,人民检察院可以作出不起诉决定;在审判阶段,人民法院应当作出证据不足、指控罪名不成立的无罪判决。

但需要指出的是,未经人民法院依法判决,对任何人不得确定有罪原则与联合国有关人权公约所确立的无罪推定原则从表述上是有差异的。联合国《公民权利和政治权利国际公约》第14条第2款规定:"凡受刑事控告者,在未依法证实有罪之前,应有权被视为无罪。"这里"被视为无罪"和我国《刑事诉讼法》第12条规定的"不得确定有罪"在对被追诉人权利保障上是有区别的。

(七)具有法定情形不予追究刑事责任原则

具有法定情形不予追究刑事责任原则的法律依据是我国《刑事诉讼法》第15条的规定。根据该条规定,具有下列情形之一的,不追究刑事责任,已经追究的,应

当撤销案件，或者不起诉，或者终止审理，或者宣告无罪：

（1）情节显著轻微、危害不大，不认为是犯罪的；

（2）犯罪已过追诉时效期限的；

（3）经特赦令免除刑罚的；

（4）依照刑法告诉才处理的犯罪，没有告诉或者撤回告诉的；

（5）犯罪嫌疑人、被告人死亡的；

（6）其他法律规定免予追究刑事责任的。

根据该原则，对于具有不应追究刑事责任法定情形的案件，应根据案件的不同情况及所处的诉讼阶段作出不同处理。

（1）立案阶段的处理。在立案阶段，如果存在上述六种情形之一的，应当作出不立案的决定。

（2）侦查阶段的处理。在侦查阶段，如果存在上述六种情形之一的，侦查机关应当作出撤销案件的决定。

（3）审查起诉阶段的处理。在审查起诉阶段，如果存在上述六种情形之一的，检察机关应作出不起诉的决定。需要注意的是，根据最高人民检察院《刑事诉讼规则（试行）》第 401 条的规定，人民检察院对于公安机关移送审查起诉的案件：①发现犯罪嫌疑人没有犯罪事实，经检察长或者检察委员会决定，应当作出不起诉决定；②对于犯罪事实并非犯罪嫌疑人所为，需要重新侦查的，应当在作出不起诉决定后书面说明理由，将案卷材料退回公安机关并建议公安机关重新侦查。

（4）审判阶段的处理。对于符合第 15 条规定的第一种情形的，应当判决宣告无罪；对于符合其他五种情形的，应裁定终止审理或决定不予受理。需要注意被告人死亡的情形：①对于被告人死亡的，应当裁定终止审理；根据已查明的案件事实和认定的证据，能够确认无罪的，应当判决宣告被告人无罪；②在二审程序中，如果共同犯罪案件中提出上诉的被告人死亡，其他被告人没有提出上诉，第二审人民法院仍应当对全案进行审查。经审查，死亡的被告人不构成犯罪的，应当宣告无罪；构成犯罪的，应当终止审理。对其他同案被告人仍应当作出判决或裁定。

三、制度性原则

所谓制度性原则，是指对特定的刑事诉讼制度运行具有指导意义和规范作用的刑事诉讼原则。在我国《刑事诉讼法》中，制度性原则包括：两审终审制，审判公开制和人民陪审制。

作为基本制度的两审终审、审判公开和人民陪审能否成为刑事诉讼法的基本原则，理论上是存在争议的。毕竟基本制度与基本原则是有区别的。第一，基本原则具有高度的概括性和抽象性,因此,实践中可操作性不强;基本制度的规定具体而详细,可操作性强。第二,基本原则贯穿于刑事诉讼全过程,对整个刑事诉讼活动起着普遍的指导作用,对司法机关和诉讼参与人的行为均具有指导和规范意义;基本制度是在刑事诉讼的某一重要阶段或某几个阶段应遵循的基本操作规则,其主要规范人民法院的审判活动。

鉴于此,刑事诉讼法的制度性原则本章不予讨论,这些内容将在本书后续章节中加以论述。

四、涉外原则

(一)追究外国人刑事责任适用我国刑事诉讼法原则

我国《刑事诉讼法》第 16 条规定:“对于外国人犯罪应当追究刑事责任的,适用本法的规定。对于享有外交特权和豁免权的外国人犯罪应当追究刑事责任的,通过外交途径解决。”这一原则明确了我国《刑事诉讼法》对外国人的效力,是国家主权原则在刑事诉讼中的具体体现。该原则的具体含义包括以下两个方面。

(1)无论是在我国领域内犯罪的外国人(包括无国籍人),还是在我国领域外对我们国家和公民犯罪的外国人,只要根据我国《刑法》的规定应当追究其刑事责任的,其适用的刑事程序法就是我国《刑事诉讼法》,我国公安司法机关依法按照我国刑事诉讼的原则、制度和程序进行追究。

(2)对于享有外交特权和豁免权的外国人犯罪应当追究刑事责任的,通过外交途径解决。这是对国际惯例和国家互惠原则的尊重。根据 1986 年我国通过的《外交特权和豁免条例》,享有外交特权和豁免权的外国人包括:外国驻中国使馆的外交代表不受逮捕或拘留,享有刑事管辖豁免权。与外交代表共同生活的配偶及未成年子女,如果不是中国公民,享有与外交代表相同的特权和豁免权。来中国访问的外国国家元首、政府首脑、外交部长及其他同等身份的官员;途经中国的外国驻第三国的外交代表和与其共同生活的配偶及未成年子女;持有中国外交签证或者持有外交护照来中国的外交官员;经中国政府同意给予外交特权和豁免的其他来中国访问的外国人士。所谓“通过外交途径处理”,一般是指建议派遣国依法处理,宣布为不受欢迎的人,责令限期出境,宣布驱逐出境等。

我国是一个主权独立的社会主义国家,在我国司法权管辖范围内,一切外国人都必须遵守我国的法律,对于外国人犯罪应当追究刑事责任的适用我国法律,不允许他们享有任何非法特权。因此,确立和实施这一原则,有利于维护我国国家主权和民族尊严,符合我国人民的根本利益。同时,采用外交途径处理享有外交特权和豁免权的外国人的犯罪问题,符合国际惯例和互惠原则,有利于开展和保持国家间的正常交往和和睦。

（二）刑事司法协助原则

严格意义上，刑事司法协助也不能称之为原则，应该成为刑事诉讼基本制度的范畴。刑事司法协助是指一国的法院或者其他司法机关，根据另一国的法院或者其他司法机关的请求，代为或者协助实行与刑事诉讼有关的司法行为。刑事司法协助是国际司法协助的一种，除了刑事司法协助外，还有民事司法协助。

我国《刑事诉讼法》第 17 条规定："根据中华人民共和国缔结或者参加的国际条约，或者按照互惠原则，我国司法机关和外国司法机关可以相互请求刑事司法协助。"根据上述法律规定，进行国际刑事司法协助必须根据中华人民共和国缔结或者参加的国际条约，或者按照互惠原则，由司法机关进行。在我国，《宪法》规定的司法机关包括人民法院和人民检察院。虽然公安机关的侦查工作也存在国际协作的问题，但是这不属于国际司法协助，不过理论上可以称之为国际刑事侦查协助。

国际社会对刑事司法协助有狭义和广义两种理解。狭义的刑事司法协助是指与审判有关的刑事司法协助，包括送达刑事司法文书、询问证人和鉴定人、搜查、扣押、有关物品的移交以及提供有关法律资料等。广义的刑事司法协助除了狭义的刑事司法协助外，还包括引渡等内容。所谓引渡是指一国把在其境内而被他国指控为犯罪或已被定罪判刑的人，根据有管辖权的国家的请求，在条约或互惠的基础上移交给请求国，以便追究其刑事责任或执行刑罚的一项制度。

根据最高人民检察院《刑事诉讼规则（试行）》第 679 条的规定："人民检察院司法协助的范围主要包括刑事方面的调查取证，送达刑事诉讼文书，通报刑事诉讼结果，移交物证、书证和视听资料，扣押、移交赃款、赃物以及法律和国际条约规定的其他司法协助事宜。"

刑事司法协助的主体，是指请求提供刑事司法协助和接受请求提供刑事司法协助的司法机关。在主张刑事司法协助狭义说的国家，刑事司法协助的主体一般仅指法院；在主张刑事司法协助广义说的国家，刑事司法协助的主体，除了法院，还包括检察机关、警察机关。

【问题与思考】

1. 在我国刑事诉讼语境下，如何看待禁止重复追诉原则？

2. 阐述未经人民法院依法判决不得确定有罪原则与无罪推定原则的关系。

3. 谈谈我国司法独立之路。

4. 被告人甲以盗窃罪被提起公诉，在审理过程中，人民法院认为甲的行为实际上构成侵占罪，试析人民法院对该案应如何处理？

第四章

刑事诉讼中的专门机关与诉讼参与人

【内容提要】

刑事诉讼中的专门机关与诉讼参与人是展开刑事诉讼活动,实现刑事诉讼目的的重要主体。刑事诉讼中的专门机关,是指在刑事诉讼活动中承担一定诉讼职能的国家机关。根据我国《刑事诉讼法》的规定,刑事诉讼中的专门机关包括公安机关、人民检察院和人民法院。同时还包括行使与公安机关相同职权的国家安全机关、军队的保卫部门、监狱的侦查部门以及走私犯罪侦查机关。刑事诉讼参与人,是指除公安司法机关以外参加刑事诉讼活动,依法享有一定诉讼权利,承担一定诉讼义务的人。我国《刑事诉讼法》第106条第4项明确指出,诉讼参与人是指当事人、法定代理人、诉讼代理人、辩护人、证人、鉴定人和翻译人员。

第一节　刑事诉讼中的专门机关

一、公安机关

(一)公安机关的性质和任务

论及公安机关的性质问题,首先需要明确司法机关的实质内涵。对此,学者有各不相同的表述。有学者认为:“司法机关是行使审判和法律监督权力的国家机关。资本主义国家一般以法院为司法机关。我国的司法机关是人民法院和人民检察院。”[①]也有学者认为:“在西方国家,司法机关在理论上和法律上都是单一的,仅指审

① 徐进、尹振威主编:《诉讼法学辞典》,中国检察出版社1991年版,第130页。

判机关。在社会主义国家,无论从法律上、习惯上或功能上看,司法机关都是多样的。在我国,具体的司法部门有:审判机关、检察机关、侦查机关、执行机关(监狱、劳改机关等)、公证机关、仲裁组织等。”[①]上述表述的科学性与合理性暂且不论,但均涉及一个重要问题,即如何从国家司法机关的角度认识国家公安机关的性质。

依据我国《宪法》的规定,公安机关属国家行政机关系统。它是国家的治安保卫机关,是各级人民政府的组成部分,在各级政府中专门负责治安保卫工作。可见,公安机关是国家的行政机关。但在刑事诉讼中,公安机关依法行使国家的侦查权,负责大多数刑事案件的立案侦查工作,是最重要的侦查机关。它通过行使法定的刑事侦查权,准确、及时查明犯罪事实、查获犯罪嫌疑人,追究犯罪行为。从这个意义上讲,公安机关又具有司法机关的性质,是我国司法机关组织体系中的重要组成部分,成为刑事诉讼中控诉职能的主要承担者。当然,公安机关所承担的控诉职能同人民检察院提起公诉和出庭支持公诉存在差别。但这种差别与我国《刑事诉讼法》规定的人民法院、人民检察院和公安机关进行刑事诉讼应当分工负责、互相配合、互相制约的原则是一致的。因此,其差别只是形式上的。从实质上看,公安机关始终执行着广义上的刑事控诉职能。

公安机关所具有的双重性质,决定了公安机关必然担负着双重任务。一方面,公安机关要保卫社会主义建设的顺利进行,维护社会主义法制,维护社会治安;另一方面,公安机关应通过各种侦查手段,收集证据,查明犯罪事实、查获犯罪嫌疑人,为人民检察院的起诉工作和人民法院的审判工作提供事实基础,实现揭露犯罪、惩罚犯罪、制裁犯罪的目的。

(二)公安机关的地位、设置与领导体制

作为刑事案件的侦查机关之一,大部分刑事案件的侦查活动由公安机关进行。公安机关既是重要的刑事诉讼法律关系主体,又是重要的诉讼主体。在刑事诉讼中,公安机关承担相当重要的具体诉讼任务,同人民法院和人民检察院处于同等重要的地位。

公安机关设置在各级人民政府之中,是各级人民政府的组成部分,受同级人民政府的领导。中央人民政府即国务院设立公安部,是全国公安机关的领导机关;省、自治区、直辖市的人民政府设公安厅或公安局;地区行政公署和自治州、省辖市的人民政府设公安局或公安处;县、自治县、不设区的市的人民政府设公安局;市辖区的人民政府设公安分局。此外,国家还在铁路、航运、林业等系统设公安局或公安处,军队系统设保卫机构。

---

① 朱志华、叶俊南主编:《中国刑事司法辞书》,中国人民公安大学出版社1996年版,第190页。

公安机关在组织上采取一体化的方式,上下级公安机关是领导与被领导的关系。因此,上级公安机关可以直接指挥和参与下级公安机关的侦查活动,也可以调动下级侦查力量参与上级公安机关侦查的案件。另外,不同地区、不同类型的公安机关之间虽然互不隶属,但在侦查过程中也要遵循互相配合和协调作战的原则,通力合作。

(三)公安机关在刑事诉讼中的职权与义务

刑事诉讼中,公安机关通过侦查,及时有效地揭露犯罪是起诉和审判顺利进行的前提,也是全面实现刑事诉讼各项任务的基础。因此,公安机关在刑事诉讼中享有广泛的诉讼权力。具体表现为:

(1)立案权。对属于公安机关管辖的刑事案件,自己发现或由单位、个人举报,公安机关认为有犯罪事实,需要追究刑事责任的,有权决定立案。

(2)侦查权。公安机关是刑事诉讼中的主要侦查机关。在刑事诉讼中,公安机关的主要任务是负责刑事案件的侦查。《刑事诉讼法》第 18 条第 1 款规定:"刑事案件的侦查由公安机关进行,法律另有规定的除外。"

在侦查过程中,公安机关有权讯问犯罪嫌疑人,询问证人和被害人,有权进行勘验、检查、搜查,有权扣押物证、书证,冻结存款、汇款,组织鉴定和侦查实验,发布通缉令;有权对犯罪嫌疑人、被告人采取拘传、取保候审、监视居住等强制措施;对现行犯或者重大嫌疑分子有权先行拘留;有权对经人民检察院批准或人民检察院、人民法院决定逮捕的犯罪嫌疑人、被告人执行逮捕;对人民检察院不批准逮捕的决定和不起诉的决定有权要求复议和提请复核;对侦查终结的案件有权提出起诉意见等侦查职权。

(3)执行权。人民法院判处的刑事罪犯,绝大多数通过公安机关交付执行,由监狱部门负责监管。对被判处管制、拘役、剥夺政治权利的罪犯以及被判处有期徒刑缓刑、监外执行、假释的罪犯分别由公安机关执行或监督。

在刑事诉讼中,公安机关享有的权力与承担的义务具有一致性。有犯罪事实,需要追究刑事责任的,公安机关必须依法立案。在行使各项侦查与执行职权时,公安机关必须以事实为根据,以法律为准绳。对当事人和其他诉讼参与人享有的各项合法权利,公安机关有义务切实加以保障。

(四)国家安全机关、军队保卫部门和监狱

《刑事诉讼法》第 4 条规定:"国家安全机关依照法律规定,办理危害国家安全的刑事案件,行使与公安机关相同的职权。"因此,国家安全机关办理危害国家安全的刑事案件,在刑事诉讼中,与公安机关具有相同的性质、地位与职权。与公安机关一样,它也是各级人民政府的组成部分。其组织体系是:国务院设国家安全部;

省级人民政府、各省辖市人民政府设国家安全局。国家安全局受其隶属的人民政府和上级国家安全机关的领导。

《刑事诉讼法》第290条规定："军队保卫部门对军队内部发生的刑事案件行使侦查权。对罪犯在监狱内犯罪的案件由监狱进行侦查。军队保卫部门、监狱办理刑事案件，适用本法的有关规定。"可见，军队保卫部门和监狱所行使的侦查权与公安机关、人民检察院和国家安全机关有所差别，其侦查权的行使只限定在对上述两类案件的侦查。

二、人民检察院

（一）人民检察院的性质和任务

根据《宪法》和《人民检察院组织法》的规定，我国人民检察院代表国家行使检察权，履行国家的法律监督职能。因此，我国人民检察院具有国家法律监督机关的性质。

关于检察机关的性质问题，东西方国家存在很大差异。在西方国家，有从三权分立原则的角度出发，主张检察机关归属于政府系统，具有行政机关的性质；也有从检察权与司法权的相近性角度出发，将检察机关归于司法机关；还有的主张检察机关属于准司法机关或行政司法机关。对上述主张，许多学者从检察官的地位及司法权的发动等角度加以评述，指出其存在的缺陷。[①] 我国对检察机关性质的定位则深受苏联的影响，以列宁的法律监督思想作为理论基础，将检察机关与审判机关并列，同称为国家的司法机关。行使国家赋予的检察权，对法律的遵守和统一实施进行监督。

根据《人民检察院组织法》第4条规定，人民检察院的任务是：通过行使检察权，镇压一切叛国的、分裂国家的和其他反革命活动，打击反革命分子和其他犯罪分子，维护国家的统一，维护无产阶级专政制度，维护社会主义法制，维护社会秩序、生产秩序、工作秩序、教学科研秩序和人民群众生活秩序，保护社会主义全民所有的财产和劳动群众集体所有的财产，保护公民私人所有的合法财产，保护公民的人身权利、民主权利和其他权利，保卫社会主义现代化建设的顺利进行。人民检察院通过检察活动，教育公民忠于社会主义祖国，自觉遵守宪法和法律，积极同违法行为作斗争。

（二）人民检察院的地位、组织体系与领导体制

人民检察院作为侦查机关、公诉机关以及国家法律监督的专门机关，在刑事诉

---

① 林钰雄：《谈检察官之双重定位》，《刑事法杂志》第42卷第6期。刘立宪、谢鹏程：《海外司法改革的走向》，中国方正出版社2000年版，第9—152页。

讼中承担主要的控诉职能,始终处于重要地位,既是刑事诉讼法律关系的主要主体,也是主要的刑事诉讼主体。

根据我国《宪法》和《人民检察院组织法》的规定,人民检察院的组织体系包括:

1. 最高人民检察院

最高人民检察院是我国的最高检察机关,其主要职责是领导地方各级人民检察院和专门人民检察院的工作,并对检察工作中如何具体应用法律问题进行解释。

2. 地方各级人民检察院

地方各级人民检察院分三级:(1)省、自治区、直辖市人民检察院;(2)省、自治区、直辖市人民检察院分院,自治州和省辖市人民检察院;(3)县、市、自治县和市辖区人民检察院。其中省一级和县一级人民检察院根据工作需要,提请本级人民代表大会常务委员会批准,可以在工矿区、农垦区、林区等区域设置人民检察院作为派出机构。

3. 专门人民检察院

专门人民检察院是在最高人民检察院的领导下,在特定的行业部门内设置的检察机关。专门人民检察院主要有中国人民解放军军事检察院和铁路运输检察院。军事检察院是设立在中国人民解放军中的专门法律监督机关,铁路运输检察院包括铁路运输检察分院和基层铁路运输检察院。

各级人民检察院设检察长一人,副检察长和检察员若干人,助理检察员、书记员若干人。在人民检察院内部设立检察委员会。

世界上各国检察机关领导体制的建构可以概括为三种模式:垂直领导型,双重领导型和分散型。根据我国《人民检察院组织法》的规定,人民检察院实行双重领导体制:一方面,各级人民检察院接受同级人民代表大会及其常务委员会的领导,对其负责并报告工作;另一方面,最高人民检察院领导地方各级人民检察院和专门人民检察院的工作,上级人民检察院领导下级人民检察院的工作,并可以直接参与、指挥下级人民检察院的办案活动。

(三)人民检察院在刑事诉讼中的职权与义务

检察机关具有的法律监督的性质,决定了人民检察院的职权范围。近代法制的分权原则确立了检察机关与审判机关共同承担刑事司法任务的体制。在排除所有不当因素干扰的前提下,由检察机关专司侦查与起诉,法院专司案件的审判,以此明确检察机关与审判机关的职权范围。“现代各国,无论其社会制度如何,也无论是属于哪种法系国家,检察机关的职权都是由国家立法机关以宪法、检察机关组织法、各种诉讼法等法律法规来进行规范的。”[①]在我国，检察权与审判权和行政权平行存在，均由全国人民代表大会产生，受全国人民代表大会监督，向全国人民代表大会负责。我国现行《宪法》《刑事诉讼法》《人民检察院组织法》等对此均作出了明确规定。同时，也进一步指出，人民检察院依照上述法律规定行使检察权，不受行政机关、社会团体和个人的干涉。因此，总体上看，在刑事诉讼中，我国人民检察院将通过独立行使以下职权实现我国检察制度的基本功能。

(1)刑事公诉权。刑事公诉权是检察机关所行使的审查起诉权、提起公诉权以及出庭支持公诉权的总称。随着国家政权的组织形式日益专业化，必须由一定的部门作为公益的代表，打击犯罪活动，从而保护国家和人民的合法权益，维护社会秩序。

(2)司法监督权。我国《宪法》和相关法律均规定检察机关是国家法律监督机关。因此，检察机关在进行法律监督时，承担着保证法律统一实施的职能。具体表现为：

① 立案监督权。对公安机关不立案的决定，人民检察院认为有错误的，有权进行监督，要求公安机关立案。人民检察院在行使立案监督权的同时，对贪污贿赂犯罪，国家工作人员的渎职犯罪，国家机关工作人员利用职权实施的非法拘禁、刑讯逼供、报复陷害、非法搜查等侵犯公民人身权利的犯罪以及侵犯公民民主权利的犯罪，有自行立案权。

② 侦查监督权。对刑事侦查机关侦查行为实施监督，保证侦查权行使的合法性、准确性，从而防止侦查权滥用对公民的人身权和财产权造成侵害。侦查监督权能的发挥，在我国以检察机关与公安机关的相互制约关系为主要体现。人民检察院对公安机关的侦查活动是否合法进行监督。发现公安机关的侦查活动有违法行为的，有权要求纠正。对公安机关要求逮捕犯罪嫌疑人的，有权进行审查，作出是否逮捕的决定。同时，人民检察院对属于自己管辖的案件，有权自行侦查，有权实施法定的侦查行为和强制措施。

③ 审判监督权。对审判机关审判行为实施监督，保证当事人的合法诉讼权利得以行使的同时，达到保护其享有的合法实体权利的目的。当然，不同法系国家的检察机关的这种监督职能的权限也有所不同，一般说来，大陆法系国家比英美法系国家更为广泛。我国检察机关的审判监督则有自身的特点。在人民法院审理案件过程中，检察机关的公诉人出庭支持公诉，参加法庭审理。发现人民法院的审判活动有违法行为时，有权提出纠正意见，要求人民法院改正。对于人民法院的判决、裁定，人民检察院认为确有错误的，有权提出抗诉，通过二审程序或审判监督程序

① 陈业宏、唐鸣：《中外司法制度比较》，商务印书馆2000年版，第108页。

予以纠正,以保证法律适用的统一性、公正性。因此,依法抗诉成为我国检察机关依法履行审判监督权的重要表现形式。

④ 执行监督权。执行作为审判结果得以最终实现的一个重要保障手段,在诉讼机制中具有不可替代的功效。检察机关依法享有的执行监督权能否真正发挥作用,直接关系到法院生效判决能否得以正确执行以及执行活动是否合法。在执行阶段,我国检察机关不仅对刑事裁判的执行具有监督权,对监所等执行机关活动的合法性同样施以监督。同时,也有权对人民法院作出的监外执行、减刑、假释的决定是否合法进行监督。就这一点上看,"我国检察机关对刑事判决、裁定的执行的法律监督范围和内容是多方面的,比英美法系国家检察机关同类职权范围要广泛得多。"[①]

(3)法律解释权。我国检察机关在保证宪法、法律统一实施的同时,还具有对法律适用的解释权。这种解释权对刑事诉讼中的侦查行为、诉讼行为包括检察机关在民事、行政诉讼中的行为具有普遍约束力,从而使司法解释权成为我国检察权制度中特有的内容。

人民检察院在刑事诉讼中享有上述权力的同时,也应承担相应的义务。各项职权的行使,必须严格依照法律进行,忠于事实、忠于法律、忠于人民利益,切实保障当事人和其他诉讼参与人的各项诉讼权利。

三、人民法院

(一)人民法院的性质和任务

人民法院是国家的审判机关,代表国家行使审判权。审判权是国家权力的重要组成部分,是依法审理和解决刑事、民事(经济)和行政案件的专门权力。我国《宪法》《人民法院组织法》以及诉讼法律均明确规定审判权专属于人民法院。其他任何机关、团体或个人都不享有审判权,任何公民都有权拒绝非人民法院的审判。

人民法院对刑事、民事(经济)和行政案件的审理和裁决过程的展开与进行受我国《刑事诉讼法》《民事诉讼法》和《行政诉讼法》的严格制约。依据《人民法院组织法》的规定,人民法院的任务是审判刑事案件和民事案件,并且通过审判活动,惩办一切犯罪分子,解决民事纠纷,以保卫无产阶级专政制度,维护社会主义法制和社会秩序,保护社会主义的全民所有的财产、劳动群众集体所有的财产,保护公民私人所有的合法财产,保护公民的人身权利、民主权利和其他权利,保障国家的社会主义革命和社会主义建设事业的顺利进行。在刑事诉讼中,人民法院通过刑事审判活动,惩罚犯罪、实现国家刑罚权。

---

① 陈业宏、唐鸣:《中外司法制度比较》,商务印书馆2000年版,第108页。

(二)人民法院的地位、设置与领导体制

在刑事诉讼的审判阶段,人民法院是刑事诉讼法律关系的主要主体,也是主要的刑事诉讼主体,始终处于主导地位,负责主持和指挥刑事诉讼的全部活动,直至对刑事案件作出最终裁决。

从不同国家的立法与实践上看,法院组织体系的建构体现了各自不同的特点。如,英国以审理案件的性质和地区现状为依据设置法院,美国采取双轨制的司法体系,法国则设置司法法院和行政法院两个系统,而德国采取分权原则与专门原则设置法院体系。[①] 在我国,依据《宪法》和《人民法院组织法》的规定,设立最高人民法院、地方各级人民法院和专门人民法院。

最高人民法院是我国最高审判机关,设刑事审判庭、民事审判庭和其他需要设立的审判庭。审理在全国有重大影响的第一审案件,对高级人民法院、专门人民法院判决和裁定的上诉和抗诉案件,按照审判监督程序提起的再审案件、复核判处死刑的案件。同时,最高人民法院监督地方各级人民法院和专门人民法院的审判工作,并对在审判过程中如何具体应用法律问题进行解释。

地方各级人民法院分为高级人民法院、中级人民法院和基层人民法院三级。高级人民法院设在省、自治区、直辖市一级,在地方各级人民法院中处于最高级。审理本辖区内有重大影响的第一审案件,对中级人民法院的第一审裁判提出的上诉、抗诉案件,按照审判监督程序提起的再审案件,下级法院移送的案件或必要时由高级人民法院提审的案件。中级人民法院设在省、自治区、直辖市辖区内较大的市和自治州。审理法律规定由其管辖的第一审案件,对下级法院裁判提出上诉、抗诉的案件,按照审判监督程序提起的再审案件以及下级法院移送或中级人民法院提审的案件。基层人民法院设在县、自治县、不设区的市和市辖区。除法律规定由上级人民法院管辖的第一审案件外,均由基层人民法院管辖。

专门人民法院是根据需要设立的特殊法院。我国在专门人民法院的设置上经过多次调整与完善。1954 年《人民法院组织法》将我国专门人民法院分为军事法院、铁路运输法院和水上运输法院。1979 年《人民法院组织法》将专门人民法院分为军事法院、铁路运输法院、水上运输法院、森林法院和其他专门法院。1983 年《人民法院组织法》的规定对此再次加以修改,表述为“军事法院等专门人民法院”。就我国目前专门法院的存在现状看,不但有军事法院、铁路运输法院、水上运输法院和森林法院,还有设在沿海一些城市的、与中级人民法院同级的海事法院。但海事法院不受理刑事案件。

---

① 林荣耀:《中外法院制度的比较研究》,文物供应社 1983 年版,第 152 页。

就人民法院与国家权力机关的关系上看,最高人民法院对全国人民代表大会及其常务委员会负责,地方各级人民法院对产生它的国家权力机关负责。就人民法院系统内部来看,最高人民法院监督地方各级人民法院和专门人民法院的审判工作,上级人民法院监督下级人民法院的审判工作。

(三)人民法院在刑事诉讼中的权力与义务

在刑事诉讼中,人民法院是执行审判职能、行使审判权的唯一机关。未经人民法院依法审判,对任何人不得宣布有罪。因此,人民法院在刑事诉讼中的职权就是依法对刑事案件进行审判,完成对被告人是否有罪、应否处刑、处何种刑的具体工作。依据《宪法》《人民法院组织法》《刑事诉讼法》的规定,人民法院在刑事诉讼中享有的职权十分广泛,主要有:

(1)人民法院依照法律规定独立行使审判权,不受行政机关、社会团体和个人的干涉。

(2)有权受理、审判刑事公诉案件并直接受理、审判刑事自诉案件。

(3)有权依法对被告人采取强制措施。

(4)有权依法确定合议庭的组成人员,决定法庭开庭的时间、地点。

(5)有权主持法庭的审判活动:决定法庭辩论的开始和终结;决定是否允许被害人、附带民事诉讼的原告人和辩护人、诉讼代理人向被告人发问;决定是否允许公诉人、当事人和辩护人、诉讼代理人向证人、鉴定人发问;制止法庭上与案件无关的问题的进行;决定是否延期审理;决定是否调取新的证据或通知新的证人到庭;对违反法庭秩序的人有权予以处理等。

(6)有权为调查核实证据进行勘验、检查、扣押、鉴定、查询和冻结。

(7)有权决定维持已生效裁判,有权对确有错误的生效裁判按照审判监督程序对案件重新进行审理。

(8)对生效的裁定,有权交付执行机关执行;对判处罚金和没收财产的判决,有权直接执行;对执行中涉及的减刑、假释等问题有权审核。

当然,人民法院在刑事诉讼中行使上述职权必须严格依照法律规定进行;必须忠于事实、忠于法律、忠于人民利益;积极主动调查核实犯罪事实和证据,依法作出公正的裁判;保证无罪的人不受刑事追究,有罪的人不能逃避法律的制裁。

第二节　刑事诉讼中的诉讼参与人

一、刑事诉讼参与人概述

刑事诉讼参与人,是指除公安司法机关以外参加刑事诉讼活动,依法享有一定诉讼权利,承担一定诉讼义务的人。

我国《刑事诉讼法》第 106 条第 4 项在确定刑事诉讼参与人的范围时明确指出,诉讼参与人是指当事人、法定代理人、诉讼代理人、辩护人、证人、鉴定人和翻译人员。刑事诉讼参与人是刑事诉讼法律关系的主体,但并非都是刑事诉讼主体。各诉讼参与人在刑事诉讼中处于不同地位,发挥不同作用。而且,从各参与者与案件事实及案件处理结果是否存在直接的利害关系角度看,又有主要主体与非主要主体之分。因此,刑事诉讼参与人又有当事人和其他诉讼参与人之分。

在刑事诉讼中,当事人与其他诉讼参与人存在多方面的差别。

(1)就二者在刑事诉讼中的地位看,当事人既是刑事诉讼法律关系主体,又是刑事诉讼主体。其他诉讼参与人只是刑事诉讼法律关系主体,而不是刑事诉讼主体。

(2)就二者同案件的关系看,当事人同案件存在直接的利害关系,其他诉讼参与人同案件无利害关系。

(3)就二者参加刑事诉讼的过程看,当事人参加诉讼的全过程,其他诉讼参与人只参加诉讼的某些阶段。

(4)就二者行为的效果看,当事人的诉讼行为对刑事诉讼程序的产生、发展和终止具有重大影响,其他诉讼参与人的诉讼行为只对刑事诉讼的进行发挥促进和推动作用。

(5)就二者诉讼权利与诉讼义务范围看,在刑事诉讼中,二者有许多相同的权利与义务。如对司法工作人员侵犯合法诉讼权利行为、人身侮辱行为享有控告权,使用本民族语言文字进行诉讼权,遵守法庭纪律、服从司法人员指挥,等等。但当事人比其他诉讼参与人享有更多的诉讼权利,承担更多的诉讼义务,如申请回避权、拒绝辩护权、最后陈述权等等。

二、刑事诉讼中的当事人

所谓刑事诉讼当事人,是指在刑事诉讼中处于追诉或被追诉的地位,同案件事实及判决结果具有直接利害关系而参加刑事诉讼的参与人。可见,我国刑事诉讼当事人具有三个特点。

其一,该主体在刑事诉讼中处于追诉或被追诉的地位,是控诉职能与辩护职能的主要承担者。

其二,该主体同案件事实具有切身利害关系,案件处理结果对其有直接影响。

其三,该主体是公安司法机关工作人员以外的人,属于刑事诉讼参与人的范畴。依据我国《刑事诉讼法》第 106 条第 2 项的规定,当事人包括被害人、自诉人、犯罪嫌疑人、被告人、附带民事诉讼的原告人和被告人。

(一)被害人

1. 刑事诉讼中被害人的概念

刑事诉讼中的被害人,是指在公诉案件中,正当权利或合法利益直接遭受犯罪行为侵害而参加刑事诉讼,要求追究被告人刑事责任的人。

我国《刑事诉讼法》没有对被害人的定义加以表述。由于缺乏法律的明确规定,学者们从不同侧面对这一概念加以阐述。有的表述为"遭受犯罪行为直接侵害的人"①,也有的表述为"人身权利、民主权利和其他合法权利遭受损害、侵犯的人"②,还有的表述为"正当权利或合法利益遭受犯罪行为或不法行为侵犯的人"③。无论如何阐述,应当明确的是,被害人这一表述有必要从两方面加以认识,即刑事被害人与刑事诉讼中的被害人,二者的真正内涵有所差异。直接遭受犯罪行为侵害的人是刑事被害人,这是一般意义上的被害人。而刑事诉讼中的被害人则是刑事诉讼法上的概念。刑事被害人成为刑事诉讼中的被害人,至少要具备两个条件:一是参加刑事诉讼;二是在刑事诉讼中行使诉讼权利、承担诉讼义务。

2. 被害人在刑事诉讼中的地位、权利与义务

刑事诉讼中,被害人是当事人,属于控诉一方的诉讼参与人,具有独立的诉讼地位。享有当事人的诉讼权利、承担当事人的诉讼义务。

在我国,就公诉案件而言,由于其一般比较复杂,追诉犯罪实行以国家追诉为主的原则,由国家专门机关负责追究,执行对犯罪进行控诉的职能。被害人虽然同案件事实及案件审判结果具有直接的利害关系,但由于被害人个人无法独立承担揭露犯罪、证实犯罪的控诉职能,现行《刑事诉讼法》虽然赋予被害人刑事诉讼当事人的地位,但在公诉案件中被害人仍不能直接向人民法院提起诉讼。鉴于被害人在刑事诉讼中的特殊性,我国《刑事诉讼法》十分重视对被害人在刑事诉讼中的权利保护。根据我国《刑事诉讼法》和有关法律的规定,被害人的诉讼权利主要有:

(1)对确已发生的犯罪行为,有权向公、检、法机关报案或控告;

(2)对不立案的决定不服,有权申请复议;

(3)对有证据证明被告人侵犯了自己人身权利、财产权利的行为应当追究刑事责任,而公安机关或者人民检察院不予立案、不予追究的案件,有权向人民法院直接起诉;

(4)对不起诉决定不服,有权依法提出申诉;

---

① 《中国大百科全书·法学》,中国大百科全书出版社1984年版,第665页。

② 《简明法律辞典》,湖北人民出版社1982年版,第252页。

③ 《法学辞典》,上海辞书出版社1980年版,第591页。

(5)有权提起附带民事诉讼;

(6)有权委托诉讼代理人;

(7)有权依法申请侦查人员、检察人员、审判人员、书记员、鉴定人、翻译人员回避;

(8)有权参加法庭调查和法庭辩论;

(9)被害人及其法定代理人不服人民法院未生效判决、裁定,有权请求人民检察院提出抗诉。

被害人的诉讼义务主要有:

(1)如实向公安司法机关陈述案情、提供证据,不许伪造、隐匿、毁灭证据;

(2)服从侦查、检察、审判人员的指挥,对公安机关、人民检察院、人民法院依法进行的诉讼活动必须给予配合,不得拒绝;

(3)按时出席法庭参加诉讼,遵守法庭秩序。

3. 刑事诉讼中的单位或法人被害人问题

在广泛接受自然人作为刑事诉讼中的被害人的同时,探讨单位或法人在刑事诉讼中的身份与地位问题同样十分必要。单位或法人可以成为刑事诉讼中的被害人,这既有一定的立法与学理根据,也符合刑事诉讼司法实践发展的需要。

首先,法人可以成为刑事被害人。正当权利或合法利益遭受犯罪行为直接侵害是产生刑事被害人的前提。根据我国民事法律的规定,法人是民事法律关系的主体,既享有一定的财产权,也享有名称权、名誉权、荣誉权等人身权。当这些权利在侵犯财产犯罪中遭受犯罪行为的直接侵害时,单位或法人必然成为刑事被害人,因此,也便可以成为刑事诉讼中的被害人。

其次,法人具有刑事诉讼权利能力和行为能力。诉讼权利能力就是作为当事人的资格能力。民事诉讼权利能力对自然人来说始于出生,对法人来说始于依法成立。而诉讼行为能力就是当事人以自己的诉讼行为实现诉讼权利、承担诉讼义务的能力。自然人的民事诉讼行为能力始于成年,法人的民事诉讼行为能力始于依法成立。既然承认法人具有民事诉讼权利能力和民事诉讼行为能力,当然也应该承认法人所具有的刑事诉讼权利能力和刑事诉讼行为能力。因此,在刑事诉讼中,法人完全可以成为刑事诉讼中的被害人。当然,法人以被害人的身份参加刑事诉讼,应该由其法定代表人或法定代表人依法委托的诉讼代理人实际从事各种诉讼行为。

再次,法人既然可以提起附带民事诉讼,必然有资格作为刑事诉讼中的被害人。我国《刑事诉讼法》第 99 条规定:“被害人由于被告人的犯罪行为而遭受物质损失的,在刑事诉讼过程中,有权提起附带民事诉讼……如果是国家财产、集体财产遭受损失的，人民检察院在提起公诉的时候，可以提起附带民事诉讼。"可见，无论提起附带民事诉讼的主体如何，存在刑事被害人是提起附带民事诉讼的前提。虽然我国《刑事诉讼法》未明确规定法人可以充当附带民事诉讼的原告人，但如前所述，既然法人可以成为刑事被害人，其当然可以提起附带民事诉讼，也必然具备充当刑事诉讼中的被害人的资格。

最后，法人作为刑事诉讼中的被害人与我国《刑事诉讼法》的规定并不矛盾。我国《刑事诉讼法》虽然没有明确规定法人或单位可以作为刑事诉讼中的被害人，但也没有明令禁止。因此，从相关的立法、司法及学理等方面看，确认单位或法人被害人在刑事诉讼中的被害人的身份与地位，既有利于避免国家、集体的合法财产遭受损失，也与刑事诉讼司法实践的客观需要及发展规律相一致。当然，单位或法人毕竟不同于自然人，如何认识它在刑事诉讼中的地位、权利与义务、诉讼行为的具体运作等问题，仍有待作更深入的研究与探讨。

（二）自诉人

1. 自诉人的概念

自诉人，是指在刑事自诉案件中，以个人名义直接向人民法院提起刑事诉讼，要求追究被告人刑事责任的当事人。

刑事自诉是相对刑事公诉而言的，二者在诉讼的启动方式、诉讼的内容以及对案件的具体审理等很多方面存在本质的差异。我国《刑事诉讼法》明确规定了刑事自诉案件的范围，只有在法律规定的自诉案件中才存在自诉人。通常情况下，自诉人就是被害人。但被害人死亡或者丧失行为能力时，被害人的法定代理人、近亲属有权向人民法院起诉。在告诉才处理的案件中，被害人因受强制、威胁、恐吓等原因无法告诉时，被害人的近亲属也可以为维护被害人的合法权益以自己的名义告诉并参加诉讼。

2. 自诉人的诉讼权利与诉讼义务

自诉人作为刑事诉讼当事人，是刑事自诉案件的重要诉讼主体，享有广泛的诉讼权利，主要包括：

（1）有权提起刑事诉讼；

（2）有权提起刑事附带民事诉讼；

（3）有权委托诉讼代理人代为参加诉讼；

（4）有权使用本民族语言文字进行诉讼；

（5）有权参加法庭调查和辩论，申请人民法院调取新的证据和传唤新的证人，申请重新鉴定和勘验；

（6）有权申请审判人员、书记员、鉴定人和翻译人员回避；

(7)有权在法庭审判时,经审判长允许向被告人、证人、鉴定人发问;

(8)有权调解、和解和撤诉;

(9)有权阅读或听取审判笔录,也有权对审判笔录予以补充或更正;

(10)有权对第一审裁判提出上诉;

(11)有权对已生效判决提出申诉;

(12)有权对审判人员非法限制或剥夺其依法享有的诉讼权利、对其人身进行侮辱的行为向有关部门提出控告。

《刑事诉讼法》赋予自诉人各项诉讼权利的同时,也为其设定了一定的诉讼义务。总体上说,我国《刑事诉讼法》在刑事自诉人应享有的诉讼权利、应承担的诉讼义务问题上,一方面注重保障自诉人的诉讼权利,另一方面结合司法实践中存在的一些问题,为其设定必要的诉讼义务。具体来看,自诉人应承担以下主要义务。

(1)自诉人应当按时出庭,参加法庭审理。刑事自诉案件不同于刑事公诉案件。在刑事自诉案件中,自诉人是控诉职能的承担者。在法庭审理过程中,没有自诉人参加,自诉案件的审理将无法进行。因此,一般情况下,自诉人应当按照人民法院的通知按时出庭,执行控诉职能。如果自诉人经两次依法传唤,无正当理由拒不到庭,或者未经法庭许可中途退庭的,人民法院对该自诉案件依法按撤诉处理。

(2)自诉人应当如实向人民法院提供案件真实情况。自诉人陈述属于证据的法定种类之一,对人民法院客观、公正审理案件具有重要作用。自诉人必须如实陈述,否则将承担相应的法律后果。

(3)自诉人承担举证责任。针对自诉案件的特殊性,我国《刑事诉讼法》进一步明确自诉人应完全承担举证责任。对缺乏罪证的自诉案件,如果自诉人提不出补充证据,应当说服自诉人撤回自诉,或者裁定驳回自诉。

(4)自诉人应当执行人民法院的生效判决、裁定或调解协议。人民法院作出的生效判决、裁定或调解协议对诉讼当事人来说,具有法律约束力。即便当事人不服,只要该法律文书未经合法途径更改,自诉人必须执行。

(三)犯罪嫌疑人

1. 犯罪嫌疑人的概念

犯罪嫌疑人,是指在公诉案件立案后,人民检察院提起公诉前,因涉嫌犯有某种罪行而依法接受刑事追究的当事人。

我国《刑事诉讼法》强化有关犯罪嫌疑人方面的规定,表明我国刑事诉讼立法日趋成熟,体现了合理性与科学性,符合刑事诉讼立法与实践发展的规律,也表明我国对人权的重视及给予充分保护。

我国刑事诉讼中,在侦查和审查起诉阶段涉嫌犯罪的人被统称为犯罪嫌疑人。

它既与刑事诉讼中的被告人有极其紧密的联系，又有一定的差别。随着刑事诉讼程序的进一步发展，犯罪嫌疑人可能转化为被告人。我国《刑事诉讼法》第113条规定："公安机关对已经立案的刑事案件，应当进行侦查，收集、调取犯罪嫌疑人有罪或者无罪、罪轻或者罪重的证据材料。对现行犯或者重大嫌疑分子可以依法先行拘留，对符合逮捕条件的犯罪嫌疑人，应当依法逮捕。"因此，经过侦查机关依法侦查，一旦有足够的确凿证据证明犯罪嫌疑人实施了犯罪行为，依法应当追究刑事责任，案件将依法进入审查起诉阶段。经人民检察院依法审查，正式向审判机关提起公诉后，犯罪嫌疑人便转化为被告人。

2. 犯罪嫌疑人在刑事诉讼中的权利与义务

刑事诉讼的侦查工作将围绕犯罪嫌疑人是否实施了某种犯罪行为而展开。犯罪嫌疑人是刑事诉讼立案、侦查阶段的主要诉讼主体，处于受审查、受追究的地位。如何保护犯罪嫌疑人的合法权益不受侵害，保障无罪的人不受追究，成为刑事诉讼的一项重要内容。因此，法律赋予犯罪嫌疑人广泛的诉讼权利，主要有：

(1)有权进行无罪辩解；

(2)有权了解涉嫌的罪名；

(3)对与本案无关的问题有权拒绝回答；

(4)聋、哑的犯罪嫌疑人有权要求通晓聋、哑手势的人员担当翻译；

(5)有权查阅、核对讯问笔录，对记载有遗漏或者差错的，有权提出补充或者改正；

(6)被侦查机关第一次讯问后或者采取强制措施之日起，有权委托辩护人为其辩护；

(7)有权对侵犯其诉讼权利和人身侮辱的行为提出控告；

(8)有权申请变更、解除强制措施；

(9)对驳回回避申请的决定不服，有权申请复议；

(10)有权申请补充鉴定或者重新鉴定。

犯罪嫌疑人应承担的主要诉讼义务有：

(1)对于侦查人员的讯问，如实回答侦查人员的提问；

(2)接受侦查机关依法对其采取的强制措施；

(3)配合侦查机关依法进行的检查、搜查、扣押等侦查行为。

(四)被告人

1. 被告人的概念

刑事诉讼中的被告人，是指因被指控犯有某种罪行而被自诉人或人民检察院起诉到人民法院，接受审判的当事人。

依据我国《刑事诉讼法》的规定，对公诉案件而言，被追究刑事责任的人，在人民检察院向审判机关对其提起公诉以前，称为犯罪嫌疑人；提起公诉后，则称为被告人。一般情况下，对同一案件来说，犯罪嫌疑人与被告人是同一人，只是在不同的刑事诉讼阶段中有不同的称谓。对自诉案件而言，一旦人民法院接受自诉人的起诉，自诉人控诉的对象便成为被告人。

被告人是刑事诉讼中执行辩护职能的主要诉讼主体，刑事诉讼的全部活动都是围绕查明被告人是否实施了被指控的犯罪行为、是否应当承担刑事责任进行的。通常情况下，刑事诉讼中的被告人是达到法定刑事责任年龄并具有责任能力的自然人。某些类型的刑事案件，如贪污、贿赂、走私案件，单位或法人也可以成为被告人。

2. 被告人在刑事诉讼中的权利与义务

被告人在刑事诉讼中的地位较为复杂，他因为自诉人或人民检察院起诉而被迫参加到刑事诉讼中来，最终可能成为被定罪量刑的对象。但是，为保证无罪的人不受法律追究，法律又确认了被告人在刑事诉讼中的地位，赋予被告人广泛的诉讼权利。主要有如下几项：

（1）有权知悉自己被指控的罪名、事实和证据；

（2）有权使用本民族语言、文字进行诉讼；

（3）有权在开庭十日以前收到人民检察院的起诉书副本；

（4）有权知悉所享有的诉讼权利；

（5）无论是公诉案件还是自诉案件，有权随时委托辩护人；

（6）有权申请回避；

（7）有权拒绝辩护人继续辩护，并有权另行委托辩护人；

（8）有权参加法庭调查和法庭辩论；

（9）有权辨认或鉴别所有证据；

（10）有权申请新的证人到庭、调取新的物证、申请重新鉴定和勘验；

（11）有权在法庭辩论结束后作最后陈述；

（12）有权阅读或听取法庭审判笔录，认为记载有遗漏或者有差错的，有权请求补充或改正；

（13）有权对第一审未生效裁判提出上诉；

（14）对人民检察院依照《刑事诉讼法》第173条第2款规定作出的不起诉决定，有权向人民检察院申诉；有权对各级人民法院已生效的裁判提出申诉；

（15）自诉案件的被告人在诉讼过程中，有权对自诉人提起反诉。

被告人在享有以上诉讼权利的同时，必须履行以下诉讼义务：

(1)如实向司法机关陈述案情;

(2)如实回答司法机关工作人员的提问;

(3)依法行使诉讼权利;

(4)不得伪造、毁灭证据;

(5)遵守法庭纪律,服从审判人员的指挥;

(6)执行人民法院的生效裁判。

3. 刑事诉讼中的单位或法人犯罪嫌疑人、被告人问题

我国刑事法律明确确认了单位或法人可以成为犯罪主体。《刑法》第30条规定:公司、企业、事业单位、机关、团体实施的危害社会的行为,法律规定为单位犯罪的,应当负刑事责任。可见,作为犯罪主体的单位或法人可以成为刑事诉讼中的诉讼主体,当然就可以成为犯罪嫌疑人、被告人。

在确定单位或法人犯罪案件的诉讼主体时,必须结合刑事法律关于单位或法人犯罪应承担的刑事责任的规定。《刑法》第31条规定:"单位犯罪的,对单位判处罚金,并对其直接负责的主管人员和其他直接责任人员判处刑罚。"可见,单位或法人犯罪的案件,在刑事诉讼中将出现自然人犯罪嫌疑人、被告人和法人犯罪嫌疑人、被告人。但应当明确,这与共同犯罪中的共同犯罪人有本质的不同。对于自然人犯罪嫌疑人、被告人应当亲自参加诉讼,行使法律赋予的诉讼权利、承担法定的诉讼义务;对于法人犯罪嫌疑人、被告人的参诉问题,可以由单位的法定代表人或者主要负责人代为进行。法定代表人或者主要负责人被指控为单位犯罪直接负责的主管人员的,由单位的其他负责人作为涉嫌犯罪单位的诉讼代表人代为参诉。

(五)附带民事诉讼的原告人和被告人

1. 附带民事诉讼的原告人

附带民事诉讼的原告人,是指因被告人的犯罪行为遭受物质损失,在刑事诉讼中提出赔偿请求的诉讼参与人。

附带民事诉讼的原告人一般是被害人本人,某些情况下也可以是被害人的法定代理人、近亲属等人员。在审理对被告人如何定罪量刑的诉讼过程中,他行使控诉职能;在审理如何赔偿因被告人的犯罪行为造成的物质损失的诉讼过程中,他行使民事诉讼原告的职权。

2. 附带民事诉讼的被告人

附带民事诉讼的被告人,是指在刑事诉讼中对自己的犯罪行为造成的物质损失负有赔偿责任,被依法提起民事赔偿诉讼的诉讼参与人。

附带民事诉讼的被告人一般就是刑事诉讼中的被告人,有时也可能是被告人的监护人、对被告人的赔偿负有责任的单位或其他未被追究刑事责任的共同侵害

人等。在审理对被告人如何定罪量刑的诉讼过程中,他行使辩护职能;在审理如何赔偿因被告人的犯罪行为造成的物质损失的诉讼过程中,他行使民事诉讼被告的职权。

三、刑事诉讼中的其他诉讼参与人

所谓刑事诉讼的其他诉讼参与人,是指同案件没有直接的利害关系,基于刑事诉讼的某些需要而参加刑事诉讼的参与人。结合我国《刑事诉讼法》第 106 条第 2 项和第 4 项的有关规定,其他诉讼参与人包括法定代理人、诉讼代理人、辩护人、证人、鉴定人和翻译人员。

(一)法定代理人

1. 法定代理人的概念和范围

法定代理人,是指基于法律规定,对被代理人负有专门保护义务并代理其进行诉讼活动的人。

法定代理权是基于法律所规定的亲权、监护权,为无行为能力或限制行为能力人设置的。法定代理人的范围一般与监护人的范围相一致。我国《刑事诉讼法》第 106 条第 3 项规定:“法定代理人是指被代理人的父母、养父母、监护人和负有保护责任的机关、团体的代表。”

2. 法定代理人的职责、诉讼权利

法定代理人参加刑事诉讼是依据法律的规定,而不是基于委托关系。因此,在刑事诉讼中,法定代理人具有独立的法律地位,不受被代理人意志的约束,在行使代理权限时无须经过被代理人的同意。

法定代理人参加刑事诉讼的职责是依法维护无行为能力人或限制行为能力人的人身权利、财产权利、诉讼权利以及其他一切合法权利;同时,法定代理人还负有监督被代理人行为的责任。

在刑事诉讼中,法定代理人享有广泛的与被代理人相同的诉讼权利。当然,法定代理人行使诉讼权利必须严格依照法律进行,某些只能由被代理人履行的义务,法定代理人不能代为承担。如,法定代理人不能代替被代理人作陈述,也不能代替被代理人承担与人身自由相关联的义务。

(二)诉讼代理人

诉讼代理人,是指接受有关当事人及其法定代理人的委托,以被代理人的名义参加诉讼的人。

诉讼代理人参加刑事诉讼活动是基于双向行为产生的。一方面,被代理人从事了委托授权行为;另一方面,诉讼代理人接受了被代理人的委托。只有这样,诉讼代理人才具有代替被代理人从事相关诉讼行为的资格。因此,在刑事诉讼中,诉讼代理人只能以被代理人的名义,在被代理人的授权范围内进行诉讼活动。

在刑事诉讼中,诉讼代理人具有独立的诉讼地位,但他只是刑事诉讼法律关系的主体而不是刑事诉讼主体。他只享有被代理人的部分诉讼权利,且诉讼权利的行使不能超越代理权限,也不能违背被代理人的意志。当然,诉讼代理人在授权范围内进行代理行为,同样具有相对的独立性。对于委托人违背事实、违背法律的无理要求,诉讼代理人可以辞去与委托人之间的代理关系。

(三)辩护人

辩护人,是指接受犯罪嫌疑人、被告人及其法定代理人的委托,或者接受法律援助机构的指派,依法为犯罪嫌疑人、被告人进行辩护,以维护其合法权益而参加到刑事诉讼中来的诉讼参与人。

按照《刑事诉讼法》第33条的规定:“犯罪嫌疑人自被侦查机关第一次讯问或者采取强制措施之日起,有权委托辩护人;在侦查期间,只能委托律师作为辩护人。被告人有权随时委托辩护人。”辩护人是刑事诉讼法律关系的主体,在刑事诉讼中执行辩护职能,具有独立的诉讼地位。他参加诉讼是以接受犯罪嫌疑人、被告人的委托或者法律援助机构的指派为根据。辩护人不同于证人、鉴定人及翻译人员,他参加刑事诉讼的目的是为了维护犯罪嫌疑人、被告人的合法权益,根据事实和法律行使辩护权,作出犯罪嫌疑人、被告人无罪、罪轻或者减轻、免除其刑事责任的阐述。

(四)证人

刑事诉讼中的证人,是指向司法机关陈述自己所了解的案件情况的当事人以外的人。

证人是由案件事实本身决定的,具有特定性和不可替代性。证人作证既是权利,也是义务。一般情况下,证人应出庭作证,在法庭上接受公诉人、被害人和被告人、辩护人双方的询问、质证。有意作伪证要承担相应的法律责任。

我国《刑事诉讼法》第60条规定:“凡是知道案件情况的人,都有作证的义务。生理上、精神上有缺陷或者年幼,不能辨别是非、不能正确表达的人,不能作证人。”可见,我国《刑事诉讼法》对证人的资格加以严格限制。在刑事诉讼中,只有具备以下条件,才能成为证人。

(1)证人只能是自然人;

(2)证人必须是知道案件情况的当事人之外的人;

(3)证人必须是在诉讼之外了解案件情况的人;

(4)证人必须是有作证能力的人,即能够辨别是非、能够正确表达。

在刑事诉讼中,证人是独立的诉讼参与人,是刑事诉讼法律关系的主体,享有

一定的诉讼权利,承担一定的诉讼义务。依据我国《刑事诉讼法》的规定,证人的诉讼权利主要包括:

(1)有权要求公安司法机关保证其本人及其近亲属的安全;

(2)有权使用本民族语言文字进行陈述;

(3)有权阅读询问笔录,并可以要求补充或者修改;

(4)有权对公安司法机关工作人员侵犯其诉讼权利或者对其进行人身侮辱的行为提出控告;

(5)对于因作证而支出的交通、住宿、就餐等费用,有权要求补助,并且在单位的福利待遇不受克扣。

证人也应依法承担以下诉讼义务:如实提供证言;回答公安司法人员的询问;出庭并接受控辩双方的询问和质证;遵守法庭纪律,听从审判人员的指挥;对公安司法机关询问的内容予以保密。

(五)鉴定人

鉴定人,是指在刑事诉讼中,接受公安司法机关指派或者聘请,对案件涉及的某些专门性问题,运用其掌握的专门知识或技能进行科学的分析论证并作出书面鉴定意见的诉讼参与人。

鉴定人是刑事诉讼法律关系的主体,但并非所有的刑事诉讼案件均需要鉴定人介入。在刑事诉讼中,凡涉及鉴定人参与的刑事案件,鉴定人作出的鉴定意见对案件的最终裁判都将产生重要影响。因此,鉴定人应当符合以下条件:(1)鉴定人必须具有鉴定某项专门性问题所需要的专门知识或技能。特别需要强调的是,这里所指的“专门性问题”不是法律问题。(2)鉴定人应当受到公安司法机关指派或者聘请。这是刑事诉讼鉴定人与一般具有专门知识或技能的专业人员的区别。(3)鉴定人应当与案件当事人或者案件没有利害关系。鉴定人如果具有应当回避情形的,应当自行回避,不得参与该案件的诉讼活动。当事人及其法定代理人也有权要求他们回避。

我国《刑事诉讼法》赋予鉴定人较为广泛的诉讼权利以保证鉴定人作出客观、公正、科学的鉴定意见。在刑事诉讼中,鉴定人享有的诉讼权利主要有:有权使用本民族语言文字进行鉴定;有权查阅与鉴定事项有关的案卷材料;因鉴定需要,经公安司法人员许可,可以询问当事人和证人;必要时,可以参加勘验、检查和侦查实验;同一专门性问题有几个鉴定人共同鉴定时,有权共同写出一个鉴定意见,也有权单独写出一个鉴定意见;有权要求补充鉴定或重新鉴定;有权拒绝鉴定。鉴定人应承担的诉讼义务主要有:有义务出席法庭并回答有关人员依法提出的问题;必须全面客观地反映鉴定过程和结果;必须在鉴定意见书上签名或盖章。

（六）翻译人员

翻译人员，是指接受公安司法机关的指派或者聘请，在刑事诉讼中进行语言、文字或手语翻译的诉讼参与人。

翻译人员是刑事诉讼法律关系主体，也是刑事诉讼中的其他诉讼参与人之一。依据我国法律规定，各民族公民都有权使用本民族语言文字进行诉讼。此外，刑事诉讼中往往存在某些特殊类型的参与人。针对这一实际情况，本着充分保障所有诉讼参与人在诉讼中的合法权益、保障诉讼程序得以顺利进行的宗旨，法律明确规定：人民法院、人民检察院和公安机关对于不通晓当地通用的语言、文字的诉讼参与人，应当为他们翻译。因此，为有关诉讼参与人提供语言、文字或手语翻译是公安司法机关的一项义务。

在刑事诉讼中，翻译人员享有的诉讼权利主要有：有权了解与翻译内容有关的案件情况；有权查阅记载其翻译内容的笔录，并有权修改错误或补充遗漏内容；有权获取相应的报酬；有权拒绝翻译。承担的诉讼义务主要有：如实进行语言、文字或手语翻译，不得隐瞒、歪曲或伪造；对参加诉讼获悉的案件情况和他人隐私予以保密。

【问题与思考】

1. 在刑事诉讼中，公检法三机关的关系应当如何调整？
2. 试析我国《刑事诉讼法》对犯罪被害人权利保障的不足和完善？
3. 谈谈你对我国《刑事诉讼法》规定被害人享有当事人诉讼地位的看法。
4. 如何才能更加有效地保护被告人的诉讼权利？

制　度　篇

第五章 管辖

【内容提要】

刑事诉讼中的管辖，解决的是人民法院、人民检察院和公安机关在受理刑事案件，以及人民法院系统内部在审判一审刑事案件的权限范围的划分问题。它分为立案管辖和审判管辖两个方面。其中，立案管辖解决的是公、检、法各自直接受理刑事案件的权限范围的划分问题。审判管辖又包括级别管辖、地区管辖、指定管辖和专门管辖。级别管辖解决我国的四级人民法院在审判一审刑事案件上的纵向分工；地区管辖解决同级人民法院在审判一审刑事案件上的横向分工；指定管辖是针对管辖实践中一些特殊问题的灵活性处理；专门管辖解决专门人民法院同普通人民法院之间以及专门人民法院之间在审判一审刑事案件时的权限范围的分工。

第一节 管辖概述

一、管辖的概念

我国刑事诉讼中的管辖，是指人民法院、人民检察院和公安机关在受理刑事案件，以及人民法院系统内部在审判一审刑事案件的权限范围的划分。人民法院、人民检察院和公安机关等国家专门机关在法律规定的范围内受理刑事案件的职权，称为管辖权。

立案是刑事诉讼的开始阶段，审判是刑事诉讼的核心阶段，而确立管辖却是它们的前提。刑事诉讼中的管辖要解决两大问题：一是人民法院、人民检察院和公安机关各自直接受理刑事案件的权限范围，解决由哪个专门机关立案的问题；二是人民法院审判一审刑事案件的权限范围，解决由哪个法院审判的问题。其实，确立由哪个法院审判的直接结果,也正是相应确立了由哪个级别司法机关来立案。如果说立案是刑事诉讼之门的话,那么管辖就是开启这扇门的钥匙。

刑事诉讼的管辖分为立案管辖和审判管辖两大类。其中,审判管辖又包括级别管辖、地区管辖和专门管辖。

二、设置管辖的依据

设置刑事诉讼中的管辖,主要是基于以下几个方面的考量因素。

(1)各种国家专门机关在刑事诉讼中职责的不同。公安机关、检察机关和人民法院等专门机关的性质不同,具体职责也有本质上的区别,这就导致了它们直接管辖刑事案件种类的不同。

(2)刑事案件的性质、情节的轻重、复杂程度、影响大小等的不同。上述因素可能会影响到处理刑事案件的公安司法机关的级别和地区的不同,这是确定管辖的一种基本的依据。

(3)刑事案件发生地点的不同。考虑案发地的因素,可以使得刑事案件的处理方便易行,有利于公安司法人员对案件的调查和发现真实,同时也便于诉讼参与人参加诉讼活动。

(4)是否有利于维护合法权益与保障司法公正。例如,将公安机关和检察机关不予处理的、刑事被害人有证据证明他人侵害自己合法权益的犯罪行为,一并划入自诉案件的范围。

(5)原则性和灵活性相结合。我国地域辽阔,而刑事案件又纷繁复杂,因此,对刑事案件的管辖问题不宜规定得太死、太严。我国《刑事诉讼法》既作了原则性的规定,又允许在必要的情况下加以灵活的变通。

三、确立管辖的意义

管辖是刑事诉讼中首先遇到的非常重要而又十分复杂的问题,明确、合理地确立刑事案件的管辖,对于保证刑事诉讼活动的顺利进行以及刑事诉讼任务的实现,具有十分重要的意义。

第一,有利于公、检、法三机关在受理和审判刑事案件上分工清楚、责任明确,充分调动公安司法机关工作人员的积极性和责任感,从而做到各司其职、各尽其责。

第二,有利于公、检、法三机关在刑事诉讼中互相配合、互相制约,防止互争管辖或者互相推诿,保证准确及时地处理刑事案件。

第三,有利于单位和公民个人按照管辖范围控告或者检举犯罪事实或者犯罪嫌疑人,防止告状无门,从而调动人民群众同犯罪作斗争的积极性。

第二节 立案管辖

一、立案管辖的概念

立案管辖,也称职能管辖,是指人民法院、人民检察院和公安机关各自直接受理刑事案件的权限范围的划分。也就是说,哪些刑事案件应当由公安机关或者人民检察院立案侦查,哪些刑事案件应当由人民法院立案受理审判。

立案管辖是我国刑事诉讼管辖制度的一大特色,因为在大多数国家的刑事诉讼中只有审判管辖,而没有立案管辖。而在我国的刑事诉讼中,公安机关、人民检察院和人民法院分别行使侦查权、检察(包括侦查)权和审判权,而且它们是互相平行、互不隶属的三个国家机关,由此也就产生了我国的立案管辖制度。

《刑事诉讼法》第 18 条对公安机关、人民检察院和人民法院的立案管辖范围作了概括性的规定。为了便于在司法实践中更好地运用这一规定,六部委《刑事诉讼法规定》、最高人民法院《刑事诉讼法解释》以及最高人民检察院《刑事诉讼规则(试行)》等都对刑事案件的立案管辖作出了更为具体的规定。

二、确定立案管辖的根据

所谓确定立案管辖的根据,即立法者划分立案管辖的立法意图,是指立法者在法律中规定公安机关、人民检察院和人民法院各自直接受理刑事案件的范围时所考虑的诸种因素。从《刑事诉讼法》的规定来看,确定立案管辖的根据主要有下列两点。

(1)犯罪案件的性质、复杂程度和处刑的轻重。案件的性质、复杂程度和处刑的轻重在客观上是存在差别的。比如有危害国家安全案件同普通刑事案件的差别;在普通刑事案件中,又有杀人、放火等案件同贪污、收贿以及虐待、重婚、侮辱等案件的差别;在同类性质的案件中,如同属重婚性质的案件,也会有复杂程度、处刑轻重的差别。这些差别是确定立案管辖的主要根据。

(2)有利于准确及对地查明案情,有效地同犯罪作斗争。刑事案件由哪一部门直接立案受理,这同能否保证准确及时地查明案情,有效地保护国家、集体的利益和公民个人的合法权益,都有极为密切的关系。如杀人、抢劫、盗窃等案件,由公安机关立案侦查就最为适宜。再如告诉才处理的案件,都有明确的原告和被告,案件情况一般比较清楚。因此,这类案件也要经公安机关或人民检察院立案侦查,之后再由人民检察院向人民法院起诉是大可不必的。

三、公安机关直接受理的刑事案件

公安机关直接受理的案件,就是应当由公安机关立案侦查的案件。根据《刑事诉讼法》第18条第1款的规定，除法律另有规定外，刑事案件的侦查由公安机关进行。

所谓“法律另有规定”，主要是指：

(1)法律规定由人民法院直接受理的自诉案件(《刑事诉讼法》第18条第3款)和由人民检察院直接受理的自侦案件(《刑事诉讼法》第18条第2款)。

(2)《刑事诉讼法》第4条规定：“国家安全机关依照法律规定，办理危害国家安全的刑事案件，行使与公安机关相同的职权。”

(3)《刑事诉讼法》第290条规定：“军队保卫部门对军队内部发生的刑事案件行使侦查权。对罪犯在监狱内犯罪的案件由监狱进行侦查。军队保卫部门、监狱办理刑事案件，适用本法的有关规定。”

公安机关是国家的治安保卫机关，它在刑事诉讼中担负的主要职责就是侦查破案。在长期同犯罪作斗争的过程中，它积累了丰富经验，而且拥有重要的侦查手段，所以，法律规定由公安机关直接受理的刑事案件的数量最多，涉及的范围也最广。这是与公安机关的性质、职能和办案条件相适应的，同时也是完全符合同犯罪作斗争的需要的。

四、人民检察院直接受理的刑事案件

人民检察院直接受理的案件，主要是国家工作人员职务上的犯罪，或者是国家工作人员利用职务上的便利而实行的犯罪。确立人民检察院立案管辖范围的理由在于人民检察院是国家法律监督机关，对违法犯罪的国家工作人员追究刑事责任是它应尽的职责。

《刑事诉讼法》第18条第2款规定：“贪污贿赂犯罪，国家工作人员的渎职犯罪，国家机关工作人员利用职权实施的非法拘禁、刑讯逼供、报复陷害、非法搜查的侵犯公民人身权利的犯罪以及侵犯公民民主权利的犯罪，由人民检察院立案侦查。对于国家机关工作人员利用职权实施的其他重大的犯罪案件，需要由人民检察院直接受理的时候，经省级以上人民检察院决定，可以由人民检察院立案侦查。”另外，根据最高人民检察院《刑事诉讼规则(试行)》等相关司法解释之规定，人民检察院直接自行侦查的犯罪案件主要包括下列内容。

(一)贪污贿赂犯罪

这类案件是指《刑法》分则第八章规定的贪污贿赂犯罪以及其他章中明确规定依照第八章相关条文进行定罪量刑的案件。具体包括：

(1)贪污案(《刑法》第382条、第183条第2款、第271条第2款、第394条)；

(2)挪用公款案(《刑法》第384条、第185条第2款、第272条第2款)；

(3)受贿案(《刑法》第385条、第388条、第163条第3款、第184条第2款)；

(4)单位受贿案(《刑法》第 387 条);
(5)行贿案(《刑法》第 389 条);
(6)对单位行贿案(《刑法》第 391 条);
(7)介绍贿赂案(《刑法》第 392 条);
(8)单位行贿案(《刑法》第 393 条);
(9)巨额财产来源不明案(《刑法》第 395 条第 1 款);
(10)隐瞒境外存款案(《刑法》第 395 条第 2 款);
(11)私分国有资产案(《刑法》第 396 条第 1 款);
(12)私分罚没财物案(《刑法》第 396 条第 2 款)。

(二)国家工作人员的渎职犯罪

这类案件是指《刑法》分则第九章规定的渎职犯罪案件。具体包括:
(1)滥用职权案(《刑法》第 397 条第 1 款);
(2)玩忽职守案(《刑法》第 397 条第 1 款);
(3)国家机关工作人员徇私舞弊案(《刑法》第 397 条第 2 款);
(4)故意泄露国家秘密案(《刑法》第 398 条);
(5)过失泄露国家秘密案(《刑法》第 398 条);
(6)枉法追诉、裁判案(《刑法》第 399 条第 1 款);
(7)民事、行政枉法裁判案(《刑法》第 399 条第 2 款);
(8)私放在押人员案(《刑法》第 400 条第 1 款);
(9)失职致使在押人员脱逃案(《刑法》第 400 条第 2 款);
(10)徇私舞弊减刑、假释、暂予监外执行案(《刑法》第 401 条);
(11)徇私舞弊不移交刑事案件案(《刑法》第 402 条);
(12)滥用管理公司、证券职权案(《刑法》第 403 条);
(13)徇私舞弊不征、少征税款案(《刑法》第 404 条);
(14)徇私舞弊发售发票、抵扣税款、出口退税案(《刑法》第 405 条第 1 款);
(15)违法提供出口退税凭证案(《刑法》第 405 条第 2 款);
(16)国家机关工作人员签订、履行合同失职被骗案(《刑法》第 406 条);
(17)违法发放林木采伐许可证案(《刑法》第 407 条);
(18)环境监管失职案(《刑法》第 408 条);
(19)传染病防治失职案(《刑法》第 409 条);
(20)非法批准征用、占用土地案(《刑法》第 410 条);
(21)非法低价出让国有土地使用权案(《刑法》第 410 条);
(22)放纵走私案(《刑法》第 411 条);

(23)商检徇私舞弊案(《刑法》第412条第1款);

(24)商检失职案(《刑法》第412条第2款);

(25)动植物检疫徇私舞弊案(《刑法》第413条第1款);

(26)动植物检疫失职案(《刑法》第413条第2款);

(27)放纵制售伪劣商品犯罪行为案(《刑法》第414条);

(28)办理偷越国(边)境人员出入境证件案(《刑法》第415条);

(29)放行偷越国(边)境人员案(《刑法》第415条);

(30)不解救被拐卖、绑架妇女、儿童案(《刑法》第416条第1款);

(31)阻碍解救被拐卖、绑架妇女、儿童案(《刑法》第416条第2款);

(32)帮助犯罪分子逃避处罚案(《刑法》第417条);

(33)招收公务员、学生徇私舞弊案(《刑法》第418条);

(34)失职造成珍贵文物损毁、流失案(《刑法》第419条)。

(三)国家机关工作人员利用职权实施的侵犯公民人身权利和民主权利的犯罪

这类犯罪的主体必须是国家机关工作人员。国家机关工作人员是指在国家机关中从事公务的人员。国家工作人员的范围大于国家机关工作人员。国家工作人员既包括国家机关工作人员,还包括国有公司、企业、事业单位、人民团体中从事公务的人员和国家机关、国有公司、企业、事业单位委派到非国有公司、企业、事业单位、社会团体从事公务的人员,以及其他依照法律从事公务的人员。这类案件具体包括:

(1)非法拘禁案(《刑法》第238条);

(2)非法搜查案(《刑法》第245条);

(3)刑讯逼供案(《刑法》第247条);

(4)暴力取证案(《刑法》第247条);

(5)虐待被监管人案(《刑法》第248条);

(6)报复陷害案(《刑法》第254条);

(7)破坏选举案(《刑法》第256条)。

(四)国家机关工作人员利用职权实施的其他重大的犯罪案件,需要由人民检察院直接受理时,经省级以上人民检察院决定,可以由人民检察院立案侦查

“其他”是指上述三类案件以外的案件。这项规定应理解为:只有极少数的国家机关工作人员利用职权实施的其他重大犯罪案件,确实不宜由公安机关立案侦查而必须由人民检察院直接管辖的,经省级以上人民检察院决定,才可以由人民检察院立案侦查。这项规定属于人民检察院直接立案受理方面的弹性规定,但是必须在具体执行中严格掌握,不宜作任意扩大解释。一方面,这项规定在实体上的要

求包括:(1)主体必须是国家机关工作人员;(2)客观方面必须是利用职权实施的犯罪;(3)在社会影响或危害程度上必须是重大的犯罪案件。另一方面,这项规定在程序上的要求在于,必须经过省级以上人民检察院的决定,具体程序为:如果基层人民检察院需要直接立案侦查时,应当经本院检察委员会讨论决定,并逐级上报至所在地省级人民检察院,再由省级人民检察院的检察委员会讨论决定作出是否立案侦查的决定。立案侦查决定作出后,既可以决定由下级人民检察院直接立案侦查,也可以决定由本院直接立案侦查。

五、人民法院直接受理的刑事案件

我国《刑事诉讼法》第 18 条第 3 款规定:“自诉案件,由人民法院直接受理。”可见,属于人民法院立案管辖范围的刑事案件仅限于自诉案件。自诉案件是相对于公诉案件而言的,是指自诉人直接向人民法院起诉,要求追究被告人刑事责任的案件。具体包括:

(一)告诉才处理的案件

所谓告诉才处理,是指被害人或其法定代理人告诉才处理。法律之所以将此类案件的追诉权完全赋予被害人及其法定代理人,并且可直接向人民法院控诉,而国家不主动干预和追诉,是因为这类犯罪的社会危害性较小,且犯罪情节轻微,案情比较简单,不需侦查即可查明案件事实。当然,如果被害人或其法定代理人因受强制、威吓而无法告诉的,人民检察院和被害人的近亲属也可以告诉。告诉才处理的案件共有四种:

(1)公然侮辱、诽谤案(《刑法》第 246 条第 1 款,但严重危害社会秩序和国家利益的除外);

(2)暴力干涉婚姻自由案(《刑法》第 257 条第 1 款,但致使被害人死亡的除外);

(3)虐待案(《刑法》第 260 条第 1 款,但致使被害人重伤、死亡的除外);

(4)侵占案(《刑法》第 270 条)。

(二)被害人有证据证明的轻微刑事案件

这类自诉案件需要有两个条件:一是被害人或其法定代理人需有相应证据证明被控诉人有罪;二是它从案件性质上讲属于轻微的刑事案件。所谓“轻微”,是指犯罪的性质、情节和后果都不严重,社会影响也不大。此类案件具体包括:

(1)故意伤害(轻伤)案(《刑法》第 234 条第 1 款);

(2)非法侵入住宅案(《刑法》第 245 条);

(3)妨害通信自由案(《刑法》第 252 条);

(4)重婚案(《刑法》第 258 条);

(5)遗弃案(《刑法》第 261 条);

(6)生产、销售伪劣商品案(《刑法》分则第三章第一节,但严重危害社会秩序和国家利益的除外);

(7)侵犯知识产权案(《刑法》分则第三章第七节,但严重危害社会秩序和国家利益的除外);

(8)属于《刑法》分则第四章、第五章规定的,对被告人可以判处 3 年有期徒刑以下刑罚的其他轻微刑事案件。

在司法实践中,这类案件不仅案情比较轻微,而且事实清楚,被害人有能够证明案件真实情况的证据,不需要动用侦查机关的力量去侦查,只需采用一般的调查方法就可以查明案件事实,所以也适宜由人民法院直接受理。尤其需要注意的是,伪证罪、拒不执行判决、裁定罪是由公安机关立案侦查的,而非由法院直接受理。

应该指出,被害人有证据证明的轻微刑事案件属于可自诉、可公诉的案件。基本处理规则包括:(1)根据最高人民法院《刑事诉讼法解释》第 1 条第 2 项之规定,被害人直接向人民法院起诉的,人民法院应当依法受理;对其中证据不足、可以由公安机关受理的,或者认为对被告人可能判处三年有期徒刑以上刑罚的,应当告知被害人向公安机关报案,或者移送公安机关立案侦查。(2)根据公安部《公安机关办理刑事案件程序规定》第 173 条第 2 款之规定,对于此类案件,公安机关应当告知被害人可以向人民法院起诉;被害人要求公安机关处理的,公安机关应当依法受理。

(三)被害人有证据证明对被告人侵犯自己人身、财产权利的行为应当依法追究刑事责任,而公安机关或者人民检察院不予追究被告人刑事责任的案件

这类案件从性质上说原本属于公诉案件范围,之所以成为自诉案件,需要具备三个条件:一是被害人应当提供能够证明被告人犯罪的充分证据;二是被告人侵犯了自己的人身、财产权利,应当追究被告人刑事责任;三是公安机关或者人民检察院不予追究,并已经作出书面决定的。这样规定的目的在于加强对公安、检察机关立案管辖工作的制约,维护被害人的合法权益,意在解决司法实践中存在的告状无门的问题。这类案件在司法实践中通常也被称为“公诉转自诉”的案件。

六、立案管辖中的几个特殊问题

《刑事诉讼法》对各公安司法机关的立案管辖范围都作出了原则性的规定,但是在司法实践中难免会出现这样那样的特殊情况,《刑事诉讼法》及相关司法解释对如何解决这些特殊问题也作出了相应的规定。

(1)在执行法律规定的过程中,有可能因管辖不明或其他原因而发生争执。因此,公安司法机关在解决管辖问题时,必须从有利于同刑事犯罪作斗争的角度出发,不论是否属于自己管辖,都应当首先予以接受,然后再移送主管机关处理,并通

知报案人、控告人、举报人等相关人员。必须采取紧急措施的应当先采取紧急措施,之后再移送主管机关。

(2)公安机关和人民检察院在侦查过程中,如果发现被告人还犯有属于人民法院直接受理的罪行时,应视不同情况进行处理。对于属于告诉才处理的案件,可以告知被害人直接向人民法院提起诉讼。对于属于人民法院可以受理的其他类型自诉案件的,可以立案进行侦查,然后在人民检察院提起公诉时,随同公诉案件移送人民法院,由人民法院合并审理;侦查终结后不提起公诉的,则应直接移送人民法院处理。

(3)人民法院在审理自诉案件过程中,如果发现被告人还犯有必须由人民检察院提起公诉的罪行时,则应将新发现的罪行另案移送有管辖权的公安机关或者人民检察院处理。

(4)公安机关侦查刑事案件涉及人民检察院管辖的贪污贿赂案件时,应当将贪污贿赂案件移送人民检察院;人民检察院侦查贪污贿赂案件涉及公安机关管辖的刑事案件时,应当将属于公安机关管辖的刑事案件移送公安机关。在上述情况中,如果涉嫌主罪属于公安机关管辖,由公安机关为主侦查,人民检察院予以配合;如果涉嫌主罪属于人民检察院管辖,由人民检察院为主侦查,公安机关予以配合。

(5)特殊刑事案件的并案处理。六部委《刑事诉讼法规定》第 3 条规定:“具有下列情形之一的,人民法院、人民检察院、公安机关可以在其职责范围内并案处理:(一)一人犯数罪的;(二)共同犯罪的;(三)共同犯罪的犯罪嫌疑人、被告人还实施其他犯罪的;(四)多个犯罪嫌疑人、被告人实施的犯罪存在关联,并案处理有利于查明案件事实的。”

第三节　审判管辖

一、审判管辖的概念

刑事诉讼中的审判管辖,是指各人民法院审判第一审刑事案件的职权范围,包括普通人民法院之间、普通人民法院与专门人民法院之间以及专门人民法院之间在受理第一审刑事案件的权限范围上的划分。

刑事案件都要经过实体上的审理,但我国的法院组织系统内部存在着级别、地域和职权范围的不同,因此就必然存在着控诉主体应该向哪一级中哪一个法院提出起诉的问题。审判管辖就是解决这一问题的。审判管辖主要是根据各级人民法院的职权范围、刑事案件的性质以及犯罪发生地、罪犯居住地等因素来划分的。

审判管辖与立案管辖的关系,就自诉案件而言,人民法院的立案管辖和审判管辖是重合的，都是审判权的具体落实。就公诉案件而言，立案管辖与审判管辖的关系表现为：

第一，没有立案管辖，便不会产生审判管辖。没有立案管辖，便不会有公安、检察机关的立案侦查，当然也不会有人民法院的审判。立案管辖是司法机关在受理案件上的第一次分工，而审判管辖是案件进入审判阶段的第二次分工。

第二，立案管辖并不必然导致实际的审判管辖。因为有的刑事案件经过侦查或审查起诉阶段即告终结，并不进入其后的审判程序，当然也就不产生审判管辖的问题。

第三，确立审判管辖是确立立案管辖的前提。因为公安、检察机关各自系统内部在立案侦查上的权限划分，所以应当使用划分人民法院的级别管辖、地区管辖以及专门管辖的原则和标准，先确定了由谁审判，才会相应确定由谁进行立案侦查。

二、级别管辖

级别管辖，是指各级人民法院审判第一审刑事案件的权限范围的划分。其所要解决的是同地异级人民法院审判第一审案件的分工问题。《刑事诉讼法》确立级别管辖的根据有：(1)人民法院职权的不同；(2)案件的性质和社会影响不同；(3)罪行的轻重和可判刑期的长短；(4)案件的复杂程序不同；(5)是否方便诉讼参与人参加诉讼；(6)原则性和灵活性相结合。

《刑事诉讼法》对各级人民法院的管辖范围作出了明确规定，其中有原则性规定，也有灵活性规定。

(一)基层人民法院管辖的第一审刑事案件

《刑事诉讼法》第 19 条规定："基层人民法院管辖第一审普通刑事案件，但是依照本法由上级人民法院管辖的除外。"基层人民法院只对一般的普通案件享有管辖权，这类案件数量也是最多的。基层人民法院与人民群众关系最密切，法律把大多数案件划归它管辖，既便于法院就地审理案件及诉讼参与人参加诉讼活动，又便于人民群众旁听案件的审判，有利于实现《刑事诉讼法》的教育任务。

(二)中级人民法院管辖的第一审刑事案件

《刑事诉讼法》第 20 条规定："中级人民法院管辖下列第一审刑事案件：(一)危害国家安全、恐怖活动案件；(二)可能判处无期徒刑、死刑的案件。"上述两类刑事案件，性质严重，危害极大，案情复杂、重大，或者影响较大，有些甚至涉及国家的外交政策和国际关系，因此在处理上应更加慎重。同时，这些案件在事实认定和适用法律上难度往往也比较大，这就需要由经验丰富、业务熟练、水平较高的审判人员进行审判。由中级人民法院作为第一审是必要的，也是适宜的。

另外，中级人民法院是基层人民法院所审案件的第二审法院，并且它还负有审判监督的任务。所以,由中级人民法院管辖的第一审刑事案件不宜过多,仅限于上述两类刑事案件。

正确理解中级人民法院管辖的第一审刑事案件的范围,还应当注意以下三个方面的问题。

(1)法律规定由中级人民法院管辖的两类刑事案件,仅仅表明不能由基层人民法院管辖,至少应由中级人民法院进行第一审审判,而非只能由中级人民法院管辖。有一些重大的刑事案件,也可能由高级人民法院甚或最高人民法院管辖。

(2)人民检察院认为可能判处无期徒刑、死刑,向中级人民法院提起公诉的案件,中级人民法院受理后,认为不需要判处无期徒刑、死刑的,应当依法审判,不再交基层人民法院审判。这主要是基于及时处理案件的考虑。

(3)基层人民法院向中级人民法院的移送。

基层人民法院对可能判处无期徒刑、死刑的第一审刑事案件,应当移送中级人民法院审判。另外,基层人民法院对下列第一审刑事案件,也可以请求移送中级人民法院审判:①重大、复杂案件;②新类型的疑难案件;③在法律适用上具有普遍指导意义的案件。此三类案件,是否同意移送,由中级人民法院决定。

移送程序如下:需要将案件移送中级人民法院审判的,应当在报请院长决定后,至迟于案件审理期限届满15日前书面请求移送。中级人民法院应当在接到申请后10日内作出决定。不同意移送的,应当下达不同意移送决定书,由请求移送的人民法院依法审判;同意移送的,应当下达同意移送决定书,并书面通知同级人民检察院。

(三)高级人民法院管辖的第一审刑事案件

《刑事诉讼法》第21条规定:"高级人民法院管辖的第一审刑事案件,是全省(自治区、直辖市)性的重大刑事案件。"可见,由高级人民法院管辖的第一审刑事案件应具备两个条件:一是具有全省(自治区、直辖市)性的社会影响;二是案情重大。高级人民法院的主要任务是审判对中级人民法院裁判的上诉、抗诉案件,复核死刑案件,核准死刑缓期二年执行的案件,以及监督全省(自治区、直辖市)的下级人民法院的审判工作。为了保障高级人民法院能集中精力顺利完成主要任务,法律只将影响大、涉及面广但数量不多的全省(自治区、直辖市)性重大案件划归高级人民法院管辖,这是完全合理和必要的。

(四)最高人民法院管辖的第一审刑事案件

《刑事诉讼法》第22条规定:"最高人民法院管辖的第一审刑事案件,是全国性的重大刑事案件。”[①]最高人民法院是国家最高审判机关,主要任务是监督和指导全国所有人民法院的审判工作。最高人民法院对刑事案件作出的裁判是终审裁判。除非确有必要,否则最高人民法院不应对刑事案件进行第一审审判。由最高人民法院管辖的第一审刑事案件必须是具有全国性影响的重大刑事案件,并且这类案件也只有由最高人民法院作为第一审,才能切实保证案件质量和审判的公正、合法,树立司法的尊严和权威。至于哪些是全国性重大刑事案件,由最高人民法院自己认定。

(五)级别管辖中的特殊规定

1. 就高不就低的原则

在级别管辖中,如果遇有一人犯有数罪或者共同犯罪的案件,应当合并一案审理,但其罪行按各自的性质、影响和可能判处的刑罚,分别属于不同级别的人民法院管辖时,应当采取就高不就低的原则。即只要其中一罪或者一人属于上级人民法院管辖,全案就都由上级人民法院管辖。

2. 管辖权的转移

刑事案件多种多样,情况十分复杂,各地区人民法院的实际情况也不尽一致,所以为适应审判实践中可能出现的许多特殊情况的需要,保证案件正确、及时的处理,级别管辖还要有一定的灵活性。鉴于此,《刑事诉讼法》对级别管辖作了原则性规定以后,又作出了变通性的规定,即在特殊情况下管辖权可以从下级人民法院转移到上级人民法院。《刑事诉讼法》第 23 条规定:“上级人民法院在必要的时候,可以审判下级人民法院管辖的第一审刑事案件;下级人民法院认为案情重大、复杂需要由上级人民法院审判的第一审刑事案件,可以请求移送上一级人民法院审判。”正确理解与执行此项规定,应当注意以下几点。

(1)上级人民法院审判下级人民法院管辖的第一审刑事案件,可以由上级人民法院依职权自行决定,也可以根据下级人民法院的报请,但只能“在必要的时候”对特殊案件适用。

(2)上级人民法院认为有必要审理下级人民法院管辖的第一审刑事案件,应当向下级人民法院下达改变管辖决定书,并书面通知同级人民检察院,被告人被羁押的,通知应送达羁押场所和当事人。

---

① 针对最高人民法院具有第一审刑事案件管辖权的问题,有学者提出了质疑,认为这实际上是剥夺了被告人的上诉救济权。参见顾永忠:《刑事上诉程序研究》,中国人民公安大学出版社 2003 年版,第 119 页。而被告人的上诉救济权,是目前国外立法极为重视的一项基本权利,比如联合国《公民权利和政治权利国际公约》第 14 条第 5 项便规定:“凡被判定有罪者,应有权由一个较高级法庭对其定罪及刑罚依法进行复审。”

(3)下级人民法院对自己管辖的第一审刑事案件,请求移送上一级人民法院审判的,只能是案情重大、复杂的刑事案件,并且只有在其请求得到上一级人民法院同意时,才能移送。

(4)无论如何,上级人民法院都不能将属于自己管辖的第一审刑事案件移送下级人民法院审判。

三、地区管辖

地区管辖是指同级人民法院之间,按照各自的辖区在审判第一审刑事案件的权限范围上的划分。它所要解决的是同级异地的人民法院审判第一审案件的分工问题。

地区管辖的确立,主要是考虑有利于人民法院就地调查,节约人力、时间,及时查明案情,便于诉讼参与人出庭和扩大法制宣传教育等因素。我国《刑事诉讼法》对地区管辖主要有下述规定。

(一)以犯罪地人民法院管辖为主,以被告人居住地人民法院管辖为辅

《刑事诉讼法》第24条规定:"刑事案件由犯罪地的人民法院管辖。如果由被告人居住地的人民法院审判更为适宜的,可以由被告人居住地的人民法院管辖。"这一规定说明,在地区管辖中的地位,犯罪地和居住地并不是并列的,而是主与次的关系。

刑事案件原则上应由犯罪地的人民法院管辖。其中的"犯罪地",包括犯罪行为发生地和犯罪结果发生地。之所以要以犯罪地为主来划分地区管辖,主要基于以下几个方面的考虑:第一,犯罪地一般是罪证最集中的地方,由犯罪地人民法院管辖,便于保护和勘验现场,便于搜查和核实证据,迅速查明案情,正确处理案件;第二,犯罪地一般是当事人、证人所在的地方,便于当事人和证人等诉讼参与人参加诉讼活动;第三,犯罪地群众尤其关心案件的处理,可以便于他们参加旁听公开审判的情况,能有效发挥审判的法制教育作用,而且有利于人民群众对审判的监督;第四,案件由犯罪地人民法院审判,便于人民法院系统了解和分析研究犯罪地所属地区的犯罪情况,从而采取相应措施加强防范和更有效地同犯罪作斗争。

刑事案件如果由被告人居住地的人民法院审判更为适宜的,可以由被告人居住地人民法院管辖。这里的"被告人居住地",最高人民法院《刑事诉讼法解释》第3条专门从两个方面作出了解释:(1)被告人的户籍地为其居住地。经常居住地与户籍地不一致的,经常居住地为其居住地。经常居住地为被告人被追诉前已连续居住一年以上的地方,但住院就医的除外。(2)被告单位登记的住所地为其居住地。主要营业地或者主要办事机构所在地与登记的住所地不一致的,主要营业地或者主要办事机构所在地为其居住地。

至于什么是“更为适宜的”，这要根据案件和被告人的具体情况来决定。例如，被告人在居住地民愤更大或影响更大，或者可能判处缓刑，需要由居住地监督改造时，可以由被告人居住地人民法院审判，这样更有利于教育犯罪人，有利于进行法制宣传教育。

（二）以最初受理的人民法院审判为主，以主要犯罪地人民法院审判为辅

《刑事诉讼法》第 25 条规定：“几个同级人民法院都有权管辖的案件，由最初受理的人民法院审判。在必要的时候，可以移送主要犯罪地的人民法院审判。”在司法实践中，经常会遇到几个同级人民法院对同一案件都有管辖权的情况。例如，犯罪行为预备地与犯罪行为实施地不在同一法院辖区内，犯罪行为实施地与犯罪结果发生地不在同一法院辖区内，同一犯罪人在不同地区犯同一罪行，同一犯罪人在不同地区犯数个罪行，等等。对于这类案件，法律规定由最初受理的人民法院审判，主要是为了避免人民法院之间发生管辖争议而拖延案件的审判，同时也由于最初受理的人民法院往往对案件已进行了一些工作，由它审判有利于及时审结案件。但是，为了适应各种不同案件的复杂情况，法律又规定在必要的时候，最初受理的人民法院可以将案件移送主要犯罪地的人民法院审判。这里的“主要犯罪地”是指最主要最严重犯罪行为的实施地。在共同犯罪中，为主犯的犯罪行为实施地。

（三）特殊情况下的地区管辖

《刑事诉讼法》对地区管辖作出了原则性规定，为了适应一些新情况的出现，依据《刑事诉讼法》的立法精神，最高人民法院《刑事诉讼法解释》对地区管辖作出了一些特殊规定。

1. 罪犯在服刑期间发现漏罪及又犯新罪的地区管辖

（1）正在服刑的罪犯在判决宣告前还有其他罪没有判决的，由原审地人民法院管辖；由罪犯服刑地或者犯罪地的人民法院审判更为适宜的，可以由罪犯服刑地或者犯罪地的人民法院管辖。

（2）罪犯在服刑期间又犯罪的，由服刑地的人民法院管辖。

（3）罪犯在脱逃期间犯罪的，由服刑地的人民法院管辖。但是，在犯罪地抓获罪犯并发现其在脱逃期间的犯罪的，由犯罪地的人民法院管辖。

2. 涉外刑事案件的地区管辖

对于我国缔结或者参加的国际条约所规定的罪行，我国在所承担条约义务的范围内，行使刑事管辖权，涉及地区管辖的：

（1）对于我国缔结或者参加的国际条约所规定的犯罪，我国具有刑事管辖权的案件，由被告人被抓获地的人民法院管辖。

（2）在中国领域外的中国船舶内的犯罪，由犯罪发生后该船舶最初停泊的中

国口岸所在地的人民法院管辖。

(3)在中国领域外的中国航空器内的犯罪,由犯罪发生后该航空器在中国最初降落地的人民法院管辖。

(4)中国公民在驻外的中国使、领馆内的犯罪,由该公民主管单位所在地或者原户籍地人民法院管辖。

(5)在国际列车上发生的刑事案件的管辖,按照中国与相关国家签订的有关管辖协定执行。没有协定的,由犯罪发生后列车最初停靠的中国车站所在地或者目的地的铁路运输法院管辖。

(6)中国公民在中华人民共和国领域外的犯罪,由其入境地或者离境前居住地的人民法院管辖;被害人是中国公民的,也可由被害人离境前居住地的人民法院管辖。

(7)外国人在中华人民共和国领域外对中华人民共和国国家或者公民犯罪,根据《中华人民共和国刑法》应当受处罚的,由该外国人入境地、入境后居住地或者被害中国公民离境前居住地的人民法院管辖。

四、指定管辖

(一)指定管辖的适用范围

指定管辖,是相对于法定管辖而言的,是指上级人民法院依职权指定其辖区内的某一下级人民法院对某一具体案件行使管辖权。《刑事诉讼法》第26条规定:"上级人民法院可以指定下级人民法院审判管辖不明的案件,也可以指定下级人民法院将案件移送其他人民法院审判。"在本质上,指定管辖体现了法律赋予上级人民法院在一定情况下确定或者变更案件管辖法院的职权。

指定管辖一般适用于下列两类案件:

1. 管辖不明的刑事案件

管辖不明包括两种情况,即地区管辖不明和级别管辖不明。前者如案件发生在两个法院管辖范围的交界处,后者如中级人民法院和基层人民法院对某一刑事案件是否是危害国家安全案件的定性产生了分歧。

2. 由于其他因素而需要指定管辖的刑事案件

上级人民法院可以指定下级人民法院将案件移送其他人民法院审判的原因有以下几种:

(1)案件发生管辖权争议的情形。管辖权争议,包括有管辖权的几个同级人民法院因移送案件发生争议和无管辖权的人民法院将案件移送管辖时发生争议的情况。根据最高人民法院《刑事诉讼法解释》第17条第2款之规定,对管辖权发生争议的,应当在审限内协商解决;协商不成的,由争议的人民法院分别层报共同的上一级人民法院指定管辖。

(2)有管辖权的人民法院由于特殊原因而不能行使管辖权的情形。例如,对本院院长犯罪案件的审判。最高人民法院《刑事诉讼法解释》第 16 条规定:"有管辖权的人民法院因案件涉及本院院长需要回避等原因,不宜行使管辖权的,可以请求移送上一级人民法院管辖。上一级人民法院可以管辖,也可以指定与提出请求的人民法院同级的其他人民法院管辖。"

(3)上级人民法院认为由其他人民法院审判更有利于正确、及时处理案件的情形。如最高人民法院《刑事诉讼法解释》第 21 条规定:"第二审人民法院发回重新审判的案件,人民检察院撤回起诉后,又向原第一审人民法院的下级人民法院重新提起公诉的,下级人民法院应当将有关情况层报原第二审人民法院。原第二审人民法院根据具体情况,可以决定将案件移送原第一审人民法院或者其他人民法院审判。"

(二)指定管辖的适用程序

上级人民法院指定管辖的,应当将指定管辖决定书分别送达被指定管辖的人民法院和其他有关的人民法院。原受理案件的人民法院,在收到上级人民法院指定其他人民法院管辖决定书后,不再行使管辖权。对于公诉案件,应当书面通知提起公诉的人民检察院,并将全部案卷材料退回,同时书面通知当事人;对于自诉案件,应当将全部案卷材料移送被指定管辖的人民法院,并书面通知当事人。

五、专门管辖

专门管辖,是专门人民法院同普通人民法院之间以及专门人民法院之间在审判第一审刑事案件时的权限范围的划分。《刑事诉讼法》第 27 条规定:"专门人民法院案件的管辖另行规定。"专门管辖也应包括各专门法院系统内的级别管辖和地区管辖。但这里的专门管辖不涉及这方面的内容。目前在司法实践中已设立的专门法院有军事法院、铁路运输法院和海事法院。其中,海事法院不受理刑事案件。

(一)军事法院管辖的刑事案件

军事法院管辖的案件,主要是军人违反职责的犯罪,同时也管辖现役军人的犯罪、在军队编制内服务的无军职人员(军内在编职工)的犯罪、普通公民危害和破坏国防军事的犯罪等。这些案件由军事法院审判,便于调查核实证据,防止泄漏国家军事秘密;同时,通过审判活动教育现役军人和军事服务人员,自觉遵守国家法律,保障国家军事安全。

现役军人(含军内在编职工,下同)和非军人共同犯罪的,分别由军事法院和地方人民法院管辖;涉及国家军事秘密的,全案由军事法院管辖。

下列案件应由地方人民法院或者军事法院以外的其他专门法院管辖:(1)非

军人、随军家属在部队营区犯罪的;(2)军人在办理退役手续后犯罪的;(3)现役军人入伍前犯罪的(需与服役期内犯罪一并审判的除外);(4)退役军人在服役期内犯罪的(犯军人违反职责罪的除外)。

(二)铁路运输法院管辖的刑事案件

铁路运输法院管辖的刑事案件主要是铁路运输系统公安机关负责侦破的刑事案件,以及与铁路运输有关的经济犯罪案件。

铁路运输法院与地方法院对刑事案件管辖发生争议的,暂由地方法院受理。

【问题与思考】

1. 我国刑事诉讼上的立案管辖是如何规定的?

2. 我国的自诉案件法定范围有什么缺陷?

3. 如何确定公安机关与检察机关在立案时的级别管辖?

4. 不同法院之间争夺立案或者推诿拒不立案问题的解决方法是什么?

5. 在我国《刑事诉讼法》的审判管辖体系之中,能够体现法院职权的灵活性规定有哪些?

6. 试从宏观体系和微观制度的角度,总结一下我国《刑事诉讼法》与《民事诉讼法》管辖制度的共通之处及相关区别。

第六章

回避

【内容提要】

刑事诉讼中的回避是指与案件或案件的当事人有某种利害关系或其他特殊关系的侦查、检察、审判等人员不得参加处理该案活动的一项诉讼制度。刑事诉讼中的回避制度是刑事诉讼程序得以顺利运行,最大限度实现司法公正的一种重要保障手段。其主要功能是防止因利益牵扯可能影响案件的公正处理和当事人在诉讼中受到不公正的对待,以维护诉讼过程和诉讼结果的权威性和公信力。

第一节　回避制度概述

一、回避的概念

刑事诉讼中的回避是指与案件或案件的当事人有某种利害关系或其他特殊关系的侦查、检察、审判等人员不得参加处理该案活动的一项诉讼制度。

回避制度是一项较为古老的诉讼制度。我国早在唐朝就有了这方面的规定。《唐六典·刑部》中的"凡鞠狱官与被鞠之人有亲属、仇嫌者,皆听更之"就是其中之一。其意思是说,如果断狱(主持诉讼活动)的官吏同被告有亲属关系或者有仇隙,应当避开,更换他人办理此案。到了元朝,法律首次使用了"回避"这个词,并且规定了对于应回避而不回避的官吏要给予处罚的内容。及至明、清朝代,对回避制度规定得越发具体。如清朝《法律·刑律·诉讼》中规定:"凡官吏于诉讼人内有关服亲及婚姻之家,若受业师,及素有仇隙之人,并听移交回避,违者笞四十,若罪有增减者,以故出入人罪论。"这一规定,要求断狱官吏在法定情况下应当回避,如若不然,将受笞四十;因不回避,偏袒一方,导致断案不公,对被告故意作了轻判或重判的,则以罪论处。根据这一规定,当时断狱官吏应当回避的情形包括:

(1)是诉讼人的五服内亲;(2)与诉讼人有姻亲关系;(3)是曾向诉讼人传授过知识和技术的老师;(4)与诉讼人素有仇嫌。

当今世界各国对回避制度也颇为重视,不仅在各自的诉讼法律中对此作了明确规定,而且随着时代的发展又赋予它许多新的内容。我国《刑事诉讼法》第 28 条至第 31 条对回避制度作了较为明确的规定,要求侦查、检察、审判人员遇有法定应当回避的情形时应主动撤出对案件的审理活动,同时赋予当事人及其法定代理人根据法定理由申请有关人员回避的权利。

二、回避制度的意义

法律确立回避制度,目的在于保障诉讼程序的客观公正,这是诉讼民主化的体现,无论对完善我国刑事诉讼法律制度,还是对司法机关的诉讼实践,都有着十分重要的意义。

(1)实行回避制度,能够有效地防止侦查、检察、审判等人员因各种利害关系或个人感情、恩怨等因素而产生先入为主或徇私舞弊等现象的发生,做到秉公办案、客观地进行诉讼活动,使案件得到公正的处理。

(2)实行回避制度,使与案件有某种利害关系的侦查、检察、审判等人员,均不得参与本案的诉讼活动,这对于维护诉讼过程和诉讼结果的权威性和公信力有着重要意义。

(3)实行回避制度,使得当事人及其法定代理人得以依据法律规定申请侦查、检察、审判等人员回避,这体现了我国诉讼制度的民主性,也有利于提高公民参与诉讼,维护自己合法权益的意识,有利于提高办案工作的透明度。

第二节　回避的理由、种类和适用对象

一、回避的理由

回避的理由,也称回避的条件,或者回避的法定情形。根据我国《刑事诉讼法》第 28 条和第 29 条的规定,有下列情形之一的,相关主体应当回避。

(1)是本案的当事人或当事人的近亲属的。侦查、检察、审判等有关人员,若是本案当事人,这在诉讼职能上是矛盾的,必须回避。若是本案当事人的近亲属(系指夫、妻、父、母、子、女、同胞兄弟姊妹),其势必与案件处理结果有直接或间接的关系,容易考虑自身及亲属利益,因此也应当回避。同时根据《最高人民法院关于审判人员严格执行回避制度的若干规定》第 1 条的规定,与当事人有直系血亲、三代以内旁系血亲及姻亲关系的审判人员也应当回避。

(2)本人或者他的近亲属和本案有利害关系的。所谓利害关系,是指本案的

处理结果会影响到侦查、检察、审判等人员及其近亲属的利益。具有这种关系的,极有可能影响对案件客观、公正的处理,因此应当回避。

(3)担任过本案的证人、鉴定人、辩护人或者诉讼代理人的。在同一个案件中,曾经担任本案证人、鉴定人的,他们对案件的某些事实已经形成自己的看法,如果再以其他办案人员的身份参与该案的承办或参与案件的讨论,就会影响到对案件的公正处理。担任过本案辩护人或诉讼代理人的,在某种程度上已倾向于一方当事人,形成了自己的观点,再对该案承办或参与讨论处理,也可能会影响到对案件的公正处理。因此,为防止先入为主和角色冲突,在这种情况下也应当回避。

此外,根据最高人民法院《刑事诉讼法解释》第 25 条规定:“参加过本案侦查、起诉的侦查、检察人员,调至人民法院工作的,不得担任本案的审判人员。”因此,曾担任过本案的侦查和起诉的侦查、检察人员也应当回避,因为他们在侦查和起诉时对案件所作的结论,也可能妨碍他们公正地审判案件。另外,《刑事诉讼法》第 245 条规定:“人民法院按照审判监督程序重新审判的案件,由原审人民法院审理的,应当另行组成合议庭进行。”由此可见,曾参加案件第一审审判的审判人员,当对该案重新进行审判时,他们也必须全体回避。

(4)与本案的当事人有其他关系,可能影响公正处理案件的。这里所说的“其他关系”,是指与当事人在生活、学习、工作中有过密切联系或不和睦关系等。这是对上述三种情形以外的概括性规定。因为法条势必不能将诉讼实践中存在的所有可能影响案件公正处理的情形一一予以列举。此处所说的这种其他关系究竟是否存在,若存在是否确实可能影响本案的公正处理,这是需要靠司法机关在诉讼中具体分析的。但需要注意的是,“其他关系”只有达到影响案件公正处理的程度时,才应当回避。另外,《最高人民法院关于审判人员严格执行回避制度的若干规定》第 1 条规定,与本案的诉讼代理人、辩护人有夫妻、父母、子女或者同胞兄弟姐妹关系的审判人员,应当回避。

(5)审判人员、检察人员、侦查人员等接受当事人及其委托的人的请客送礼,违反规定会见当事人及其委托人的。《刑事诉讼法》第 29 条规定:“审判人员、检察人员、侦查人员不得接受当事人及其委托的人的请客送礼,不得违反规定会见当事人及其委托的人。审判人员、检察人员、侦查人员违反前款规定的,应当依法追究法律责任。当事人及其法定代理人有权要求他们回避。”在刑事案件的办理过程中,法律赋予侦查、检察、审判人员相应的权力。如何行使这些权力将直接关系到对犯罪嫌疑人、被告人能否依法追诉和裁判。而侦查、检察、审判人员如果接受当事人及其委托的人的请客送礼,或者违反规定会见当事人及其委托的人,势必造成人们对其能否依法行使职权、公正处理案件的一种不信任。司法实践中,这也是侦查、检察、审判人员不当或者违法行使职权、枉法处理案件的一个重要影响因素。因此,出现上述情形时,侦查、检察、审判人员必须依法回避。

根据《最高人民法院关于审判人员严格执行回避制度的若干规定》的要求,审判人员具有下列情形之一的,当事人及其法定代理人有权要求回避,但应当提供相关证据材料:①未经批准,私下会见本案一方当事人及其代理人、辩护人的;②为本案当事人推荐、介绍代理人、辩护人,或者为律师、其他人员介绍办理该案件的;③接受本案当事人及其委托的人的财物、其他利益,或者要求当事人及其委托的人报销费用的;④接受本案当事人及其委托的人的宴请,或者参加由其支付费用的各项活动的;⑤向本案当事人及其委托的人借款、借用交通工具、通讯工具或者其他物品,或者接受当事人及其委托的人在购买商品、装修住房以及其他方面给予的好处的。

二、回避的种类

根据我国《刑事诉讼法》第 28 条和最高人民法院《刑事诉讼法解释》第 23 条和第 29 条的规定,回避的方式有三种。

(1)自行回避。自行回避又称积极回避,是指具有法定回避情形之一的有关人员自行主动提出回避要求。

(2)申请回避。申请回避又称消极回避,是指案件当事人及其法定代理人,认为有关人员具有法定回避情形而向有关机关提出申请,要求他们回避。

(3)指令回避。指令回避是指侦查、检察和审判等人员依法应当回避,但其自己因某种原因,不主动提出回避要求,当事人或其法定代理人因不了解情况也无法行使申请回避权,而由其所在机关的有关组织或负责人依职权命令其回避的一种方式。

三、回避的适用对象

回避的适用对象,又称回避的人员范围。侦查、检察、审判人员是行使国家侦查权、检察权、审判权的执法人员,其在职权行使过程中能否实事求是、秉公执法,直接关系到刑事案件的处理是否客观公正。而书记员、翻译人员和鉴定人如果与案件或案件当事人有特殊关系,将可能影响其忠实履行自己的职责。因此,根据我国《刑事诉讼法》第 28 条和第 31 条的规定,适用回避的人员包括:

(1)审判人员。指直接负责审判本案的审判员和人民陪审员,同时也包括对该案的处理拥有讨论和决定权的法院正副院长、正副庭长和审判委员会的成员。

(2)检察人员。主要指直接负责本案的审查批准逮捕和审查决定起诉工作的检察人员,同时也包括对该案处理拥有讨论和决定权的正副检察长和检察委员会的成员。

(3)侦查人员。主要指直接负责侦查本案的公安人员和检察人员,同时也包括对该案的处理拥有讨论和决定权的正副检察长、检察委员会委员和公安机关负责人。

(4)书记员。凡在侦查、起诉和审判阶段担任记录工作的书记员,均在此列。

(5)翻译人员。既包括在法庭审判时担任翻译工作的人员,也包括在侦查、起诉阶段讯问被告人和询问证人、被害人时担任翻译工作的人员。

(6)鉴定人。凡担任对本案某个专门性问题进行鉴定并提出鉴定意见的人,都应包括在内。

关于回避制度的适用问题,由于诉讼理论和诉讼结构的差异,我国和西方国家的回避制度在适用对象和适用的诉讼阶段上有所不同。西方国家奉行审判中心论,侦查和提起公诉往往被视为审判的前期准备工作,因而回避制度主要适用于审判阶段的法官和陪审员。我国则不同,侦查、审查起诉和审判是同等重要的三个诉讼阶段,公、检、法三机关在刑事诉讼中地位平等,互不隶属。因此,回避制度不仅适用审判阶段,也适用于侦查、审查起诉阶段;在适用对象上不仅包括审判人员,也包括侦查人员、检察人员,甚至包括书记员、翻译人员和鉴定人员。[①] 需要指出的是,关于回避的适用对象问题,我国诉讼法学界有学者认为,回避制度也应适用于辩护人,还有学者主张回避制度还应适用于管教人员。但从我国现行法律的规定来看,该两种人员并未成为我国回避制度所适用的对象。

第三节　回避的程序

一、提出回避的时间

一般来说,回避在侦查、审查起诉和审判的各个阶段均可提出。侦查人员、检察人员和审判人员应当在相应的诉讼阶段及时告知当事人及其法定代理人有权申请回避。属于回避对象的有关人员,在接受案件并了解自己具有法定应予回避的情形后,应立即向本单位领导提出回避的要求,说明回避的理由。

根据我国《刑事诉讼法》第 185 条关于开庭时审判长应“告知当事人有权对合议庭组成人员、书记员、公诉人、鉴定人和翻译人员申请回避”的规定,当事人及其法定代理人提出回避申请,原则上应在人民法院开庭时提出。但如果当事人及其

① 徐静村主编:《刑事诉讼法》,法律出版社 1999 年版,第 89 页。

法定代理人在开庭以前便知悉有关人员具有法定的应当回避的情形,或者在开庭后才得知有关人员具有法定应当回避的情形,也可以分别在开庭前、法庭辩论终结前提出,以保证当事人充分行使申请回避的权利。

在诉讼过程中,司法机关的有关组织和负责人,一旦发现法律规定所列的有关人员应当回避,但其本人没要求自行回避,当事人及其法定代理人也未申请他们回避时,应立即作出决定,指令其回避。

二、回避的申请

公安司法机关人员自行回避的,可以口头或者书面提出,并说明理由。口头提出的,应当书面记录在案。当事人及其法定代理人、辩护人、诉讼代理人申请公安司法机关人员回避的,应当书面或口头向公安司法机关提出,并说明理由或者提供有关的证据材料。

三、对回避的审查及处理决定

不论是自行回避,还是申请回避,都应提出根据,讲明理由。侦查、检察、审判机关对自行回避的要求和申请回避的申请,应立即报送主管领导审批。在回避的要求或申请未经主管领导审查、批准或同意之前,任何人都无权自行决定回避或者驳回当事人及其法定代理人的回避申请。

对回避要求或申请依法上报后,作出是否同意回避的决定前,要经过一个过程。此过程中,一般情况下诉讼活动应当停止进行。例如,在法庭审理阶段,当事人提出了回避申请,法庭应一面上报,一面决定暂时休庭或延期审理。但是,回避的要求或申请如果是在侦查过程中提出的,侦查工作则不能因此而停止。这是因为侦查活动有其特殊性,往往情况比较紧急,为了有效地制止犯罪,迅速破案,保护国家、集体利益及公民的合法权益免遭侵害,法律明确规定:"对侦查人员的回避作出决定前,侦查人员不能停止对案件的侦查。"

根据《刑事诉讼法》第 30 条第 1 款的规定:"审判人员、检察人员、侦查人员的回避,应当分别由院长、检察长、公安机关负责人决定;院长的回避,由本院审判委员会决定;检察长和公安机关负责人的回避,由同级人民检察院检察委员会决定。"第 31 条第 1 款规定,书记员、翻译人员和鉴定人的回避,由其执行职务的所在机关的领导人决定。

有关的组织和人员对回避的要求或申请认真审查后,如认为理由充分,应作出同意回避的决定;如认为理由不充分,则应作出不批准自行回避要求或驳回回避申请的决定。对于侦查、检察、审判等人员自行回避的要求,作出决定后无须向当事人及其法定代理人宣告;对于当事人及其法定代理人提出的回避申请,作出决定后,应当向他们宣告。

四、对驳回回避申请的救济

最高人民法院《刑事诉讼法解释》第30条规定，对当事人及其法定代理人提出的回避申请，人民法院可以口头或者书面作出决定，并将决定告知申请人。根据《刑事诉讼法》第30条第3款规定，当事人及其法定代理人对驳回回避申请的决定如果不服，可以申请复议一次。公安机关、人民检察院接到复议的申请后，应立即进行复议，复议后作出的决定，仍应向当事人及其法定代理人宣告。在审查复议期间，不影响被申请回避的人员参与案件的处理活动。

但对于不属于《刑事诉讼法》第28条、第29条规定情形的回避申请，由法庭当庭驳回，并不得申请复议。

【问题与思考】

1. 为什么要建立回避制度？
2. 回避的程序如何实现诉讼化？
3. 关于回避理由还需不需要进一步完善？
4. 从比较法的角度看我国回避制度还有哪些需要完善的地方？

第七章

辩护与代理

【内容提要】

我国的辩护制度由《宪法》和《刑事诉讼法》规定。在我国,担任辩护人的人不限于律师,还包括人民团体和犯罪嫌疑人、被告人所在单位推荐的人,以及犯罪嫌疑人、被告人的监护人、亲友。辩护人可以在侦查、审查起诉和审判阶段为犯罪嫌疑人、被告人进行辩护。辩护人的责任就是根据事实和法律,提出证明犯罪嫌疑人、被告人无罪、罪轻或者减轻、免除其刑事责任的材料和意见,维护犯罪嫌疑人、被告人的合法权益。辩护人在刑事诉讼中享有独立的诉讼地位,法律赋予了辩护人查阅案卷,与在押的犯罪嫌疑人、被告人会见、通信以及调取证据等权利。司法机关必须保障犯罪嫌疑人、被告人辩护权的实现。刑事诉讼代理也是保障当事人合法权益的重要措施之一。刑事诉讼代理不同于刑事辩护,代理人的诉讼权利依赖于当事人的授权,受当事人授权范围的制约。刑事诉讼代理包括公诉案件的代理、自诉案件的代理和附带民事诉讼的代理三种。诉讼代理人的权限范围既受法律赋予被代理人的诉讼权利范围的限制,又受被代理人对代理人授权范围的限制。

第一节　刑事诉讼辩护制度

一、辩护制度概述

刑事诉讼中的辩护,是指犯罪嫌疑人、被告人以及其辩护人针对控诉,根据事实和法律,提出相关的证据材料或意见,以证明犯罪嫌疑人、被告人无罪、罪轻或者应被减轻、免除刑事责任的诉讼活动。辩护是与控诉相对应存在的,没有控诉便没有辩护。而辩护制度,是由法律确定的关于辩护权、辩护主体、辩护种类、辩护期间、辩护人的职责、辩护人的权利与义务等一系列规范的总称。

辩护制度起源于古罗马。在公元前4—6世纪的罗马奴隶制共和国时期，由于交通便利和民主共和等自然因素与政治因素的影响，简单的商品经济十分繁荣，贸易往来频繁，贸易程式繁杂，另外纷繁复杂的罗马法律为一般人所不熟悉，因此“代理人”“代言人”在罗马共和国出现并逐渐发展。随着法律的演进，职业法学家兴起，辩护制度逐渐为法律所承认。《十二铜表法》正式规定了法庭上辩护人进行辩护的条文。在罗马帝国末期，又开始允许刑事案件的原、被告双方当事人均可自己延请懂法律的人为辩护人在法庭上开展辩论。由于古罗马法学的发达，辩护人多为熟谙法律者甚至法学家，这就大大促进了古罗马刑事辩护制度的发展，使古罗马成为当时世界上刑事辩护最发达的国家。

而现代意义上的辩护制度，则缘起于西方国家的资产阶级革命。在资产阶级革命前夕，一批著名的启蒙思想家，如英国的李尔本、洛克和法国的狄德罗、伏尔泰、孟德斯鸠等人，便提出了“天赋人权”“主权在民”“法律面前人人平等”的革命口号，在诉讼中他们主张用辩论式诉讼模式取代纠问式诉讼模式，赋予被告人辩护权，在审判中实现辩护原则。在资产阶级革命胜利后，英法等主要资本主义国家均在立法中肯定了刑事诉讼的辩护原则，在宪法上赋予了刑事被告人自己辩护和延请他人辩护的权利。①

当今世界各文明国家都建立起了辩护制度，在法制较健全的国家辩护制度已相当完整。由此看来，辩护制度有十分重大的意义。在我国，实行辩护制度的意义主要在于：

第一，实行辩护制度，有利于司法机关正确处理案件，防止司法人员的主观片面、偏听偏信。控诉方与辩护方是对立存在的，如果没有辩护制度，只存在控诉方的控诉意见，这对正确认定案件事实显然是极其不利的。

第二，实行辩护制度，有利于犯罪嫌疑人、被告人充分行使诉讼权利，有利于保护他们的合法权益。犯罪嫌疑人、被告人在诉讼中处于被追究的弱势地位，他们中许多人不懂法律，不知道自己在诉讼中有哪些权利及如何行使这些权利，这就使得自行辩护不能进行。有辩护人特别是辩护律师参加诉讼，可以帮助犯罪嫌疑人、被告人充分行使诉讼权利，有效维护他们的合法权益。

第三，实行辩护制度，有利于更好地实现《刑事诉讼法》的教育任务。这体现在两个方面：首先，被告人一方充分行使辩护的权利，把有利于他的事实和理由全部讲出来，司法机关在予以充分考虑后实事求是地作出处理，就容易使犯罪人认罪服法；其次，控辩双方经过充分辩论，还能使旁听群众全面了解案情，分清是非，加

① 有关辩护制度的历史演进，可参见熊秋红：《刑事辩护论》，法律出版社1998年版，第26—37页。

强法制观念,提高守法和同犯罪作斗争的积极性。

二、辩护权

辩护权,是指《宪法》和法律赋予犯罪嫌疑人、被告人针对指控进行辩解,以维护自己合法权益的一种诉讼权利。它是犯罪嫌疑人、被告人各项诉讼权利中的一项核心权利。我国《宪法》和《刑事诉讼法》都规定,被告人有权获得辩护,人民法院有义务保证被告人获得辩护。在刑事诉讼实践中,自己辩护和请辩护人协助辩护二者相结合。

辩护权有广义和狭义之分。狭义的辩护权包括陈述权、提供证据权、提问权、辩证权、获得辩护人帮助权等一系列具体的权利。广义的辩护权又称防御权,除包括狭义辩护权之外,还包括其延伸部分,如证据调查请求权、上诉权、申诉权等等,甚至可以说辩护权是被指控人所有诉讼权利的总和,因为其诉讼权利的总体目的均在于针对控诉进行防御。[①] 本书中的辩护权,均指狭义的辩护权。

权利可以行使,也可以放弃,辩护权当然也可以放弃。《刑事诉讼法》第 43 条规定:“在审判过程中,被告人可以拒绝辩护人继续为他辩护,也可以另行委托辩护人辩护。”根据这项立法的基本精神可以认定:犯罪嫌疑人在侦查阶段和审查起诉阶段委托辩护人的权利也可以放弃,当然也可以拒绝后另行委托。

犯罪嫌疑人、被告人的辩护权,主要靠两个方面的结合来实现:一是犯罪嫌疑人、被告人及其辩护人进行认真充分的辩护;二是公安司法机关认真履行法律职责,对犯罪嫌疑人、被告人的辩护权予以保障。因此,公安司法机关对当事人辩护权的保障,也是辩护权的应有之义。

三、辩护人的范围

(一)辩护人之概念

所谓辩护人,是指在刑事诉讼活动中接受犯罪嫌疑人、被告人的委托或者经法律援助机构指派,依据事实和法律,帮助犯罪嫌疑人、被告人行使辩护权的人。辩护人在刑事诉讼中与犯罪嫌疑人、被告人共同承担辩护职能。辩护人应当依据事实和法律,与承担控诉职能的控诉一方积极对抗,并针对指控提出证明犯罪嫌疑人、被告人无罪、罪轻或减轻、免除其刑事责任的材料和意见,促使法官兼听则明,在中立的基础上公正裁判。根据我国《刑事诉讼法》的规定,犯罪嫌疑人、被告人可以委托一至两人作为辩护人,即犯罪嫌疑人、被告人最多可以委托两名辩护人。

在共同犯罪案件中,由于犯罪嫌疑人、被告人之间存在着利害关系,因此,一名辩护人不得同时接受两名以上同案犯罪嫌疑人、被告人的委托,作为他们的共同辩

---

① 参见熊秋红:《刑事辩护论》,法律出版社 1998 年版,第 6—7 页。

护人。另外,一名辩护人也不得为两名以上的未同案处理,但实施的犯罪存在关联的犯罪嫌疑人、被告人辩护。

(二)可担任辩护人的人员

下列三类人员可以充当辩护人。

1. 律师

律师是指依法取得律师执业证书,并且经过登记注册,为社会提供法律服务的执业人员。根据我国现行法律规定,只有通过国家司法考试且在律师事务所实习1年以上的,才能取得律师执业证书。

根据《律师法》第11条、第41条及相关司法解释等的规定,律师在执业过程中关于刑事辩护方面的限制主要有以下几点。

(1)公务员不得兼任执业律师。律师担任各级人民代表大会常务委员会组成人员的,任职期间不得从事诉讼代理或者辩护业务。

(2)审判人员和人民法院其他工作人员从人民法院离任后2年以内,检察人员从人民检察院离任后2年以内,不得以律师身份担任诉讼代理人或者辩护人。

(3)现役军人成为犯罪嫌疑人、被告人的,可以聘请军队中的或者地方的律师作为辩护人。外国人、无国籍的犯罪嫌疑人委托律师辩护的,只能委托中国律师作为辩护人。

2. 人民团体或者犯罪嫌疑人、被告人所在单位推荐的人

鉴于我国当前的律师队伍尚不能完全满足实际需要,为了有效地维护犯罪嫌疑人、被告人的合法权益,工会、妇联、共青团、学联等群众性团体以及犯罪嫌疑人、被告人所在单位,可以推荐公民担任刑事案件辩护人。需要注意的是,只有经过犯罪嫌疑人、被告人的委托,这类人员才可以充当辩护人,法律援助机构不可以指派他们作为辩护人。

3. 犯罪嫌疑人、被告人的监护人、亲友

这里的"亲友",指包括近亲属在内的所有的亲戚、朋友。法律对这一类人员充当辩护人的规定,主要也是立足于我国律师数量不够充分的现实情况。

上述三类人员被委托为辩护人的,人民法院应当核实其身份证明和辩护委托书。

(三)不可担任辩护人的人员

虽然法律规定辩护人的范围比较广泛,但也应当受到一定的限制。根据《刑事诉讼法》第32条和有关司法解释的规定,下列人员不得被委托担任辩护人。

(1)正在被执行刑罚或者处于缓刑、假释考验期间的人;

(2)依法被剥夺、限制人身自由的人;

(3)无行为能力或者限制行为能力的人;

(4)人民法院、人民检察院、公安机关、国家安全机关、监狱的现职人员;

(5)人民陪审员;

(6)与本案审理结果有利害关系的人;

(7)外国人或者无国籍人。

但是,上述七项规定的人员不能担任辩护人,又有绝对不能与相对不能之分。其中,第(4)至(7)项规定的人员,如果其本身属于被告人的近亲属或者监护人,由被告人委托担任辩护人的,人民法院可以准许。另外,第(1)至(3)项的人员属于绝对不能担任辩护人的情形。

四、辩护的种类

辩护的种类是从不同的角度对辩护所作的类别划分。根据不同的标准,对辩护可以有不同的分类。

(一)自行辩护和他人代为辩护

根据辩护主体的不同,可以分为自行辩护和他人代为辩护。

自行辩护是指犯罪嫌疑人、被告人自己行使辩护权,自己为自己辩护的一种方式。这种辩护是犯罪嫌疑人、被告人辩护权最直接、最本质的体现,它可以贯穿刑事诉讼的始终。

他人代为辩护是指在刑事诉讼中由他人代为行使辩护权的一种辩护方式。应当注意,他人代为辩护并不能排除犯罪嫌疑人、被告人的自行辩护,它与自行辩护是共同存在的。

(二)委托辩护和指派辩护

根据辩护人产生的方式不同,他人代为辩护又可以分为委托辩护和指派辩护。

1. 委托辩护

委托辩护,是指犯罪嫌疑人、被告人通过与法律允许的人签订委托合同,由他人为自己辩护。委托辩护权是辩护权的一个重要方面。委托辩护权的归属主体,可以从两个方面进行理解:一方面,犯罪嫌疑人、被告人有权自行委托辩护人;另一方面,如果犯罪嫌疑人、被告人在押的,其监护人、近亲属也有权代其委托辩护人。

根据委托时间的不同规定,委托辩护又可分为两种情形。

(1)犯罪嫌疑人自被侦查机关第一次讯问或者采取强制措施之日起,有权委托辩护人。其中,在侦查期间,犯罪嫌疑人只能委托律师作为辩护人;在审查起诉期间,犯罪嫌疑人可以委托律师或非律师作为辩护人。非律师辩护人,包括人民团体或者所在单位推荐的人以及犯罪嫌疑人的监护人、亲友。

(2)被告人有权随时委托辩护人。此处的被告人,包括公诉案件的被告人和自诉案件的被告人。公诉案件的被告人,即已被检察机关提起公诉而进入法院审判阶段的人。

为了充分保障犯罪嫌疑人、被告人的委托辩护权,且充分保障公安司法机关对委托辩护情况的知悉权,委托辩护需要遵循法定的告知程序。

(1)公安司法机关的告知义务。侦查机关在第一次讯问犯罪嫌疑人或者对犯罪嫌疑人采取强制措施的时候,应当告知犯罪嫌疑人有权委托辩护人。人民检察院自收到移送审查起诉的案件材料之日起3日以内,应当告知犯罪嫌疑人有权委托辩护人。人民法院自受理案件之日起3日以内,应当告知被告人有权委托辩护人。犯罪嫌疑人、被告人在押期间要求委托辩护人的,人民法院、人民检察院和公安机关应当及时转达其要求。

(2)辩护人接受犯罪嫌疑人、被告人的委托后,应当及时告知办理案件的机关。

2. 指派辩护

指派辩护,是指遇有法律规定的特殊情况时,由法律援助机构为没有委托辩护人的犯罪嫌疑人、被告人指派辩护律师为其进行辩护。指派辩护中的辩护人都是承担法律援助义务的律师,指派辩护属于法律援助制度在《刑事诉讼法》上的一种体现。指派辩护又有依申请指派辩护与依职权指派辩护之分。

依申请指派辩护,是指根据犯罪嫌疑人、被告人或其近亲属的申请,法律援助机构指派律师为其辩护的情形。根据《刑事诉讼法》第34条第1款之规定,犯罪嫌疑人、被告人因经济困难或者其他原因没有委托辩护人的,本人及其近亲属可以向法律援助机构提出申请。对符合法律援助条件的,法律援助机构应当指派律师为其提供辩护。另外,《关于刑事诉讼法律援助工作的规定》第2条规定了犯罪嫌疑人、被告人申请符合法律援助条件的基本情形,主要包括:(1)因经济困难没有委托辩护人的;(2)有证据证明犯罪嫌疑人、被告人属于一级或者二级智力残疾的;(3)共同犯罪案件中,其他犯罪嫌疑人、被告人已委托辩护人的;(4)人民检察院抗诉的;(5)案件具有重大社会影响的。还需指出,《刑事诉讼法》规定的法律援助机构,是指办理案件的公安机关、人民检察院、人民法院所在地同级司法行政机关所属的法律援助机构。

依职权指派辩护,也叫法定指派辩护,是指公安司法机关依照法律规定,应当通知法律援助机构指派律师为犯罪嫌疑人、被告人进行辩护的情形。根据《刑事诉讼法》第34条第2、3款和第267条的规定,法定指派辩护包括以下四种情形:(1)犯罪嫌疑人、被告人是盲、聋、哑人;(2)犯罪嫌疑人、被告人是尚未完全丧失辨认或者控制自己行为能力的精神病人;(3)犯罪嫌疑人、被告人可能被判处无期徒刑、死刑;(4)未成年犯罪嫌疑人、被告人。当犯罪嫌疑人、被告人满足上述任一情形,且没有自行委托辩护人的,人民法院、人民检察院、公安机关就应当通知法律援助机构指派律师为其提供辩护。没有委托辩护人的犯罪嫌疑人、被告人处于哪一诉讼阶段,就应当由相应的哪一机关进行通知指派辩护。

根据《刑事诉讼法规定》第5条之规定,对于人民法院、人民检察院、公安机关通知法律援助机构指派律师提供辩护或者法律帮助的,法律援助机构应当在接到通知后3日以内指派律师,并将律师的姓名、单位、联系方式书面通知人民法院、人民检察院、公安机关。

3. 被告人的拒绝辩护①

在我国的《刑事诉讼法》上,拒绝辩护包括两种情形:一种是辩护人拒绝继续为犯罪嫌疑人、被告人提供辩护,这是辩护人在法定事由发生时的一项诉讼权利(对此下文会有介绍);另一种是犯罪嫌疑人、被告人拒绝辩护人继续为其进行辩护。《刑事诉讼法》第43条规定:"在审判过程中,被告人可以拒绝辩护人继续为他辩护,也可以另行委托辩护人辩护。"从法理上讲,辩护权是被追诉人的一项根本权利,辩护权的主体是犯罪嫌疑人、被告人,辩护人的辩护则是派生于被追诉人的辩护权。因此,犯罪嫌疑人、被告人拒绝辩护人为其进行辩护也是行使辩护权的一种体现,属于辩护权内容的应有之义。

最高人民法院《刑事诉讼法解释》第45条规定:"被告人拒绝法律援助机构指派的律师为其辩护,坚持自己行使辩护权的,人民法院应当准许。属于应当提供法律援助的情形,被告人拒绝指派的律师为其辩护的,人民法院应当查明原因。理由正当的,应当准许,但被告人须另行委托辩护人;被告人未另行委托辩护人的,人民法院应当在三日内书面通知法律援助机构另行指派律师为其提供辩护。"同时,根据《刑事诉讼法解释》第254条之规定,被告人当庭拒绝辩护人辩护,要求另行委托辩护人或者指派律师的,合议庭应当准许。被告人拒绝辩护人辩护后,没有辩护人的,应当宣布休庭;仍有辩护人的,庭审可以继续进行。有多名被告人的案件,部分被告人拒绝辩护人辩护后,没有辩护人的,根据案件情况,可以对该被告人另案处理,对其他被告人的庭审继续进行。重新开庭后,被告人再次当庭拒绝辩护人辩护的,合议庭应当分别情形作出处理:(1)被告人属于应当提供法律援助的情形,则不予准许;(2)被告人属于非应当提供法律援助的情形,可以准许,但被告人不得

① 《刑事诉讼法》第43条规定了被告人在审判过程中的拒绝辩护权。最高人民检察院《刑事诉讼规则(试行)》第43条对其进行了扩张性解释,进一步规定了犯罪嫌疑人的拒绝辩护权:"犯罪嫌疑人拒绝法律援助机构指派的律师作为辩护人的,人民检察院应当查明拒绝的原因,有正当理由的,予以准许,但犯罪嫌疑人需另行委托辩护人;犯罪嫌疑人未另行委托辩护人的,应当书面通知法律援助机构另行指派律师为其提供辩护。"

再次另行委托辩护人或者要求另行指派律师，由其自行辩护。

根据上述规定，对于被告人的拒绝辩护，可以略作总结如下。

第一，若被告人属于非应当提供法律援助的一般情形，被告人可以拒绝辩护两次，且不需正当理由，但最后只能自行辩护。

第二，在应当提供法律援助的情形下，被告人只能拒绝辩护一次，但需要正当理由，且拒绝后必须另行委托或者由法院通知法律援助机构另行指派辩护人，不得自行辩护。

（三）任意辩护与强制辩护

根据刑事审判活动是否必须有辩护人的参加，可以分为任意辩护与强制辩护。

强制辩护，是指在进行刑事诉讼时必须有辩护人参加，否则刑事诉讼活动不能进行的一种辩护。在我国的《刑事诉讼法》中，强制辩护实际即是法定指派辩护的情形，前已述及。

任意辩护，是指是否有辩护人参加辩护完全取决于犯罪嫌疑人、被告人之意志的一种辩护。凡是法律规定的强制辩护以外的情形都是任意辩护。可以认为，我国的刑事辩护制度，系以任意辩护为原则，以强制辩护为例外。

五、辩护人的职责

辩护人的职责，即辩护人的任务，概括讲就是依法为犯罪嫌疑人、被告人进行辩护，维护其合法权益，具体可以分为下列几个方面。

(1)依法为犯罪嫌疑人、被告人进行辩护，这是辩护人的首要职责。辩护人应当根据事实和法律，提出能够证明犯罪嫌疑人、被告人无罪、罪轻或者能够减轻、免除其刑事责任的材料和意见，充分和认真行使辩护权。但是，辩护人只有辩护的职责，而没有控诉的义务，甚至可以认为辩护人根本不能进行控诉。这里有两层含义：其一，辩护人在诉讼中对不利于犯罪嫌疑人、被告人的事实和理由可以隐瞒，而不会因此受到司法机关的追究；其二，辩护人不能在诉讼中特别是法庭上，讲述不利于被告人的事实和理由。这些是由辩护制度的价值和宗旨决定的。①

(2)维护犯罪嫌疑人、被告人的诉讼权利和其他合法权益，对侵犯其合法权利的行为，依法要求纠正。不考虑犯罪嫌疑人、被告人罪行之严重，犯罪情节之恶劣，只要是其正当诉讼权利与其他合法权益，辩护人都应当尽力去维护。但是，犯罪嫌疑人、被告人的非法利益不能去维护。前面已提到辩护人没有控诉的义务，其实这

① 参见陈光中主编：《刑事诉讼法学（新编）》，中国政法大学出版社 1996 年版，第 121 页；王国枢主编：《刑事诉讼法学（新编本）》，北京大学出版社 1998 年版，第 121 页。

里是要求辩护人不得为犯罪嫌疑人、被告人的利益去捏造事实和理由，编造假的证据材料，唆使证人作伪证等。

(3)为犯罪嫌疑人、被告人提供其他的法律帮助。辩护人在接受委托或者指派以后，应当解答犯罪嫌疑人、被告人提出的法律问题，为犯罪嫌疑人、被告人代写法律文书，讲解其在刑事诉讼中的权利、义务等，给犯罪嫌疑人、被告人以法律上的帮助。在案件宣判之后，辩护人应当及时了解被告人的想法，征询其对判决结果的看法以及有否上诉的想法，并且应当回答被告人的相关疑问。

六、辩护人的诉讼地位

关于辩护人的诉讼地位，可以从两个方面去理解。

一方面，我国的刑事辩护人不是刑事诉讼主体。刑事诉讼主体是指在刑事诉讼中具有独立的诉讼目的，承担基本诉讼职能，并与案件处理结果有法律上利害关系的专门机关和主要诉讼参与人。辩护人对能否参加刑事诉讼并没有决定权。在通常的刑事诉讼中，必须有公安机关、检察机关、人民法院和犯罪嫌疑人、被告人来参加诉讼，而辩护人只有基于犯罪嫌疑人、被告人的委托或法律援助机构指派才能参加诉讼。同时，辩护人能否继续参加诉讼还要受到犯罪嫌疑人、被告人意思的约束，若犯罪嫌疑人、被告人拒绝辩护，辩护人则会失去辩护资格而退出刑事诉讼。另外，辩护人并不会承担刑事诉讼案件的处理结果。辩护人承担一定的辩护职能，能够在一定程度上影响刑事诉讼进程和结果，但与案件的最终处理结果并无法律上的利害关系，裁判结果对其不会产生实体法上的任何影响。我国《刑事诉讼法》没有将上诉权、反诉权、最后陈述权等被告人专有的诉讼权利赋予辩护人。

另一方面，我国的刑事辩护人具有独立的诉讼地位。辩护人承担着辩护职能，自然应当独立于法院的审判职能，也应独立且对立于检察机关的控诉职能。辩护人尤其不能与检察机关的控诉职能混淆起来，以与犯罪作斗争为己任，变成“另一种公诉人”。另外，辩护人也应当独立于犯罪嫌疑人、被告人而存在。这种独立，应当是在忠诚前提下的独立，必须最大化地保障委托人的合法利益。这种独立地位，主要是指在辩护意志方面的独立。犯罪嫌疑人、被告人与辩护人之间是基于委托合同产生的特殊委托关系，辩护人在刑事诉讼中根据自己对法律的理解，对犯罪嫌疑人、被告人被指控事实进行把握，并在此基础上斟酌辩护的方式、理由与意见。辩护人不轻信犯罪嫌疑人、被告人陈述的内容，不与其产生情感方面的联系，不将其意见当作最终诉由，这有助于保障辩护人具备客观分析和解决问题的能力。[①]所以，辩护人只能以事实为根据，以法律为准绳，维护犯罪嫌疑人、被告人的合法权

① 张进德：《中国律师的职业定位》，《北方法学》2011 年第 1 期。

益而非全部利益,不能完全附和犯罪嫌疑人、被告人的意见,受犯罪嫌疑人、被告人无理要求的影响,成为犯罪嫌疑人、被告人的“传声筒”。如果犯罪嫌疑人、被告人要求辩护人为其作背离事实或曲解法律的辩护时,辩护人有权拒绝,严重者甚至有权解除辩护委托。

七、辩护人的诉讼权利

为了保障辩护人作用的发挥,保障辩护人独立的诉讼地位,《刑事诉讼法》规定了辩护人相应的诉讼权利和诉讼义务。根据《刑事诉讼法》《律师法》及相关司法解释的规定,辩护人的诉讼权利主要有:

(一)职务保障权

辩护人有权依事实和法律独立进行各种辩护活动,国家司法机关、社会团体、个人不得进行非法干预和限制。根据《律师法》第 36 条与第 37 条之规定,律师的刑事辩护权依法受到保障,律师在执业活动中的人身权利不受侵犯;律师在法庭上的辩护意见不受法律追究,危害国家安全、恶意诽谤他人、严重扰乱法庭秩序的言论除外。

为切实保障律师的诉讼权利,《刑事诉讼法》第 14 条规定,辩护人等诉讼参与人对于审判人员、检察人员和侦查人员侵犯公民诉讼权利和人身侮辱的行为有权提出控告。另外,《刑事诉讼法》第 47 条赋予了辩护人直接的申诉控告权,该条规定:“辩护人、诉讼代理人认为公安机关、人民检察院、人民法院及其工作人员阻碍其依法行使诉讼权利的,有权向同级或者上一级人民检察院申诉或者控告。人民检察院对申诉或者控告应当及时进行审查,情况属实的,通知有关机关予以纠正。”根据《刑事诉讼法规定》第 10 条之规定,人民检察院受理辩护人、诉讼代理人的申诉或者控告后,应当在 10 日以内将处理情况书面答复提出申诉或者控告的辩护人、诉讼代理人。

(二)阅卷权

辩护人在审查起诉阶段和审判阶段享有阅卷权。

(1)针对公诉案件而言,辩护律师自人民检察院对案件审查起诉之日起,可以到检察院查阅、摘抄、复制本案的案卷材料;其他辩护人经人民检察院许可,也可以到检察院查阅、摘抄、复制上述材料。

(2)针对所有案件而言,辩护律师自人民法院受理案件之日起,可以到法院查阅、摘抄、复制本案的案卷材料;其他辩护人经人民法院许可,也可以到法院查阅、摘抄、复制上述材料。

(三)会见权

会见权贯穿于辩护人的整个辩护过程,包括侦查、审查起诉和审判阶段。

1. 辩护律师的会见权

在侦查、审查起诉和审判阶段,辩护律师可以同在押或者被监视居住的犯罪嫌疑人、被告人会见。辩护律师行使会见权,还需要遵循以下几个方面的规定。

(1)辩护律师持律师执业证书、律师事务所证明和委托书或者法律援助公函要求会见在押的犯罪嫌疑人、被告人的,看守所应当及时安排会见,至迟不得超过48小时。此处的"48小时",是指看守所应当保证辩护律师在48小时以内见到在押的犯罪嫌疑人、被告人,而非在48小时以内予以安排(《刑事诉讼法规定》第7条)。

(2)危害国家安全犯罪、恐怖活动犯罪、特别重大贿赂犯罪案件,在侦查期间辩护律师会见在押的犯罪嫌疑人,应当经侦查机关许可。上述案件,侦查机关应当事先通知看守所。

(3)辩护律师会见在押的犯罪嫌疑人、被告人,可以了解案件有关情况,提供法律咨询等;自案件移送审查起诉之日起,可以向犯罪嫌疑人、被告人核实有关证据。

(4)辩护律师会见犯罪嫌疑人、被告人时不被监听。不被监听,既排除相关人员的在场监听,也排除技术手段的监听。

2. 其他辩护人的会见权

在审查起诉和审判阶段,其他辩护人经人民法院、人民检察院许可,也可以同在押或者被监视居住的犯罪嫌疑人、被告人会见。

(四)通信权

通信权贯穿于辩护人的整个辩护过程,包括侦查、起诉和审判阶段。

1. 辩护律师的通信权

在侦查、审查起诉和审判阶段,辩护律师可以同在押或者被监视居住的犯罪嫌疑人、被告人通信。

2. 其他辩护人的通信权

在审查起诉和审判阶段,其他辩护人经人民法院、人民检察院许可,也可以同在押或者被监视居住的犯罪嫌疑人、被告人通信。

(五)调查取证权

调查取证权专属于辩护律师,其他非律师辩护人则不享有。此项权利贯穿于辩护律师的整个辩护过程。《刑事诉讼法》第41条规定:"辩护律师经证人或者其他有关单位和个人同意,可以向他们收集与本案有关的材料,也可以申请人民检察院、人民法院收集、调取证据,或者申请人民法院通知证人出庭作证。辩护律师经人民检察院或者人民法院许可,并且经被害人或者其近亲属、被害人提供的证人同意,可以向他们收集与本案有关的材料。”可见,辩护律师的调查取证权属于一种受限制的权利,即必须经过被调查取证主体的同意;而且,在向被害人或者被害人一方提供的证人调查取证时,另外需要经过人民检察院或者人民法院的许可。

此外,根据《刑事诉讼法》第39条之规定,辩护人认为在侦查、审查起诉期间公安机关、人民检察院收集的证明犯罪嫌疑人、被告人无罪或者罪轻的证据材料未提交的,有权申请人民检察院、人民法院调取。

(六)提出辩护意见权

辩护人的此项权利,主要包括以下三个方面的内容。

1. 辩护律师在侦查阶段的提出辩护意见权

(1)辩护律师在侦查期间,可以向侦查机关了解犯罪嫌疑人涉嫌的罪名和案件有关情况,提出意见。(《刑事诉讼法》第36条)

(2)人民检察院审查批准逮捕,可以听取辩护律师的意见;辩护律师提出要求的,应当听取辩护律师的意见。(《刑事诉讼法》第86条)

(3)在案件侦查终结前,辩护律师提出要求的,侦查机关应当听取辩护律师的意见,并记录在案。辩护律师提出书面意见的,应当附卷。(《刑事诉讼法》第159条)

2. 辩护人在审查起诉阶段的提出辩护意见权

人民检察院审查案件,应当讯问犯罪嫌疑人,听取辩护人、被害人及其诉讼代理人的意见,并记录在案。辩护人、被害人及其诉讼代理人提出书面意见的,应当附卷。(《刑事诉讼法》第170条)

3. 辩护人在审判阶段的提出辩护意见权

(1)根据《刑事诉讼法》第182条之规定,人民法院确定开庭日期后,应当至迟在开庭三日以前向辩护人送达开庭通知书。

(2)根据《刑事诉讼法》第186、189、190、192条之规定,在法庭调查阶段,辩护人经审判长许可,可以向被告人发问,可以对证人、鉴定人发问;辩护人有权对其他证据提出意见;有权申请通知新的证人到庭,调取新的物证,申请重新鉴定或者勘验;可以申请法庭通知有专门知识的人出庭,就鉴定人作出的鉴定意见提出意见。

(3)在法庭辩论阶段,经审判长许可,公诉人、当事人和辩护人、诉讼代理人可以对证据和案件情况发表意见并且可以互相辩论。(《刑事诉讼法》第193条)

(4)最高人民法院复核死刑案件,辩护律师提出要求的,应当听取辩护律师的意见。(《刑事诉讼法》第240条)

(七)变更、解除强制措施的申请权

(1)在侦查、审查起诉和审判阶段,辩护人有权申请变更犯罪嫌疑人、被告人的强制措施。(《刑事诉讼法》第36、95条)

(2)辩护人对于人民法院、人民检察院或者公安机关采取强制措施法定期限届满的,有权要求解除强制措施。(《刑事诉讼法》第97条)

(八)其他诉讼权利

1. 侦查阶段辩护律师诉讼权利的特别规定

《刑事诉讼法》第36条特别规定了辩护律师在侦查期间的四项基本权利:(1)可以为犯罪嫌疑人提供法律帮助;(2)代理申诉、控告;(3)申请变更强制措施;(4)向侦查机关了解犯罪嫌疑人涉嫌的罪名和案件有关情况,提出意见。

需要指出的是,辩护律师在侦查阶段的诉讼权利并不限于以上四种。如前所述,还有会见权、通信权、调查取证权等等。

2. 申请回避权

辩护人有权申请回避并对驳回回避的决定申请复议。(《刑事诉讼法》第31条第2款)

3. 司法文书获取权

辩护人有权获取检察院的起诉书和抗诉书副本,有权获取法院的判决书和裁定书副本等。(《刑事诉讼法》第182、196条)

4. 特殊情况下的拒绝辩护权

所谓"拒绝辩护",是指辩护人在法定事由发生时可以不再为犯罪嫌疑人、被告人辩护的行为。《律师法》第32条第2款规定:"律师接受委托后,无正当理由的,不得拒绝辩护或者代理;但是,委托事项违法、委托人利用律师提供的服务从事违法活动或者委托人故意隐瞒与案件有关的重要事实的,律师有权拒绝辩护或者代理。"需要注意,通常情况下,辩护律师不能拒绝辩护,这是由律师的职业伦理决定的。

5. 不独立的上诉权

辩护人在征得被告人同意后,可以对一审的判决、裁定提出上诉。(《刑事诉讼法》第216条)

八、辩护人的诉讼义务

在我国,根据《刑事诉讼法》《律师法》及相关司法解释的规定,辩护人的诉讼义务主要有:

(一)忠于职守的义务

辩护人为犯罪嫌疑人、被告人进行辩护,应当尽职尽责,维护他们的合法权益,不能无故拖延,无正当理由不得拒绝辩护。

(二)依法辩护的义务

辩护人必须依法履行辩护职责,不得有下列行为:(1)私自接受委托、收取费用,接受委托人的财物或者其他利益;(2)利用提供法律服务的便利牟取当事人争议的权益;(3)接受对方当事人的财物或者其他利益,与对方当事人或者第三人恶意串通,侵害委托人的权益;(4)违反规定会见法官、检察官以及其他有关工作人员;(5)向法官、检察官以及其他有关工作人员行贿,介绍贿赂或者指使、诱导当事人行贿,或者以其他不正当方式影响法官、检察官以及其他有关工作人员依法办理案件;(6)故意提供虚假证据或者威胁、利诱他人提供虚假证据,妨碍对方当事人合法取得证据;(7)煽动、教唆当事人采取扰乱公共秩序、危害公共安全等非法手段解决争议;(8)扰乱法庭秩序,干扰刑事诉讼的正常进行。(《律师法》第40条)

(三)保守职业秘密的义务

关于辩护律师的保密义务,《刑事诉讼法》第46条是从保密权利的角度予以规定的,《律师法》第38条则选取了保密义务的立法角度。辩护律师保守职业秘密的义务,是指辩护律师应当保守在执业活动中知悉的国家秘密、商业秘密,不得泄露当事人的隐私;辩护律师对在执业活动中知悉的委托人和其他人不愿泄露的有关情况和信息,应当予以保密;但是,委托人或者其他人准备或者正在实施危害国家安全、公共安全以及严重危害他人人身安全的犯罪的,应当及时告知司法机关。

(四)证据方面的义务

1. 部分法定证据开示的义务

辩护人在刑事诉讼中收集的有关犯罪嫌疑人不在犯罪现场、未达到刑事责任年龄、属于依法不负刑事责任的精神病人的证据,应当及时告知公安机关、人民检察院。(《刑事诉讼法》第40条)

2. 不得帮助、威胁、引诱提供伪证的义务

辩护人或者其他任何人,不得帮助犯罪嫌疑人、被告人隐匿、毁灭、伪造证据或者串供,不得威胁、引诱证人作伪证以及进行其他干扰司法机关诉讼活动的行为。否则,应当依法追究法律责任。辩护人由于上述伪证情况而涉嫌犯罪时,应当追究其刑事责任,但需遵循以下两点法定的限制:(1)应当由办理辩护人所承办案件的侦查机关以外的侦查机关办理;(2)辩护人是律师的,应当及时通知其所在的律师事务所或者所属的律师协会。(《刑事诉讼法》第42条)

第二节　刑事诉讼代理制度

一、刑事诉讼代理制度概述

(一)刑事诉讼代理的概念与意义

代理制度起源于民事法律,其理论的建构和完备,也是以民法领域为先导的。

诉讼代理的制度体系承继了民事代理的理论,刑事诉讼中的代理系诉讼代理的一个分支。广义的刑事诉讼代理,包括了法定代理和委托代理两种产生方式。法定代理,是指基于法律的规定,为刑事诉讼中无行为能力或者限制行为能力的诉讼主体设立代理人的制度,它不仅针对被害人、自诉人、附带民事诉讼当事人,而且还针对犯罪嫌疑人、被告人。例如《刑事诉讼法》第97条便规定:“犯罪嫌疑人、被告人及其法定代理人、近亲属或者辩护人对于人民法院、人民检察院或者公安机关采取强制措施法定期限届满的,有权要求解除强制措施。”可见,犯罪嫌疑人、被告人的法定代理人也可进行诉讼代理,享有一定的诉讼权利。法定代理人的范围,与民事监护人的范围完全一致。在此我们必须指出,我国刑事诉讼中的法定代理,实际上是直接因袭了民事代理制度,是针对无民事行为能力和限制民事行为能力的刑事诉讼主体在刑事诉讼程序中的规定。但是,本书中的刑事诉讼代理,应当采取狭义的范畴,仅仅是指委托代理。实际上,《刑事诉讼法》第四章“辩护与代理”也只是针对委托代理作出了规定。

刑事诉讼中的代理,是指代理人接受公诉案件被害人及其法定代理人或者近亲属、自诉案件自诉人及其法定代理人、附带民事诉讼当事人及其法定代理人的委托,以被代理人的名义在授权范围内参加诉讼,来维护被代理人的合法权益,并由被代理人承担诉讼代理行为法律后果的一种诉讼活动。而刑事诉讼代理制度,是法律确定的关于代理产生方式、代理的种类、代理人的范围、代理人的权利和义务等一系列规定的总称。

确立和完善刑事诉讼代理制度有十分重大的意义:

(1)刑事诉讼代理有利于及时、准确地惩罚犯罪。代理人通过调查取证,分析案情,发表代理意见,可以促使司法机关及时审结案件,准确地惩罚犯罪分子。

(2)刑事诉讼代理有利于保护当事人的合法权益。公诉机关对犯罪行为进行控诉,目的在于惩罚犯罪,着重于维护国家利益。而代理人参与诉讼,目的在于代理当事人行使诉讼权利,着重于维护当事人的合法权益。

(3)刑事诉讼代理有利于刑事诉讼活动的顺利进行。代理人往往都是一些专业人员,他们富于法律知识和办案经验,由他们代理参加诉讼,有助于诉讼的顺利完成。

(二)刑事诉讼代理的特征

刑事诉讼代理有下列几个特征:(1)被代理人的范围有限定性。依《刑事诉讼法》规定,被代理人只能是公诉案件的被害人、自诉案件的自诉人和附带民事诉讼的当事人。(2)诉讼代理人必须以被代理人的名义进行诉讼活动。(3)诉讼代理人只能在被代理人授权范围内从事活动。如果代理人超越代理权限,但这种越权行为事后又得到了被代理人的追认,那么它也会对被代理人产生效力。(4)诉讼代理人进行代理活动产生的法律后果由被代理人承担。

诉讼代理人应当从以下几个方面区别于辩护人:(1)对象不同。辩护人是针对公诉案件中的犯罪嫌疑人、被告人及自诉案件中的被告人而设立的,诉讼代理人则是针对自诉人、被害人、附带民事诉讼的当事人而设立的。(2)进入刑事诉讼的方式不同。诉讼代理人是受被代理人委托进入诉讼的,而辩护人除了基于委托进入刑事诉讼,还可以通过法院指定进入刑事诉讼。(3)诉讼地位不同。辩护人具有独立的地位,不受犯罪嫌疑人、被告人的意志左右,也不受法院、检察院及其他个人、团体的干涉;诉讼代理人必须在委托人依法授权的范围内活动,因为代理人的行为不仅同被代理人在行为上有共同的效力,产生的法律效果也是由委托人全部承担。(4)承担的诉讼职能不同。除附带民事诉讼中的被告人的诉讼代理人之外,代理人一般是协助被代理人行使控诉职能;而辩护人则是协助犯罪嫌疑人、被告人承担辩护职能。

二、刑事诉讼代理的种类

根据被代理主体的不同,刑事诉讼代理可以分为如下三种。

(一)公诉案件的代理

公诉案件中的代理,指律师接受公诉案件中被害人及其法定代理人或者近亲属的委托,担任诉讼代理人的活动。公诉案件的被害人及其法定代理人或者近亲属,自案件移送审查起诉之日起,有权委托诉讼代理人。人民检察院收到移送审查起诉的案件材料之日起3日以内,应当告知被害人及其法定代理人或者其近亲属有权委托诉讼代理人。

(二)自诉案件的代理

自诉案件中的代理,是指在刑事自诉案件中,律师接受自诉人及其法定代理人的委托,担任诉讼代理人的活动。自诉案件的自诉人及其法定代理人有权随时委托诉讼代理人。人民法院自受理自诉案件之日起3日以内,应当告知自诉人有权委托诉讼代理人。

(三)附带民事诉讼的代理

附带民事诉讼的代理,是指接受自诉案件或者公诉案件中附带民事诉讼当事人及其法定代理人的委托,担任诉讼代理人的活动。公诉案件附带民事诉讼的当事人及其法定代理人,自案件移送审查起诉之日起,有权委托诉讼代理人。自诉案件附带民事诉讼的当事人及其法定代理人,有权随时委托诉讼代理人。人民检察院自收到移送审查起诉的案件材料之日起3日内,应当告知附带民事诉讼当事人有权委托诉讼代理人。人民法院自受理自诉案件之日起3日内,应当告知附带民事诉讼的当事人及其法定代理人有权委托诉讼代理人。

自诉人、被害人及其法定代理人委托的诉讼代理人,在当事人同时提起附带民事诉讼时,可以兼任附带民事诉讼中原告人的诉讼代理人,一般无须另办法律手续。而刑事被告人或对被害人负有赔偿责任的机关、团体,或其法定代理人作为附带民事诉讼被告人的,可以委托原被告人的辩护律师作诉讼代理人,但要征得该律师的同意,并应另行办理有关法律手续。

三、刑事诉讼代理人的范围

根据《刑事诉讼法》第45条之规定,刑事诉讼代理人的范围和辩护人是相同的,即下列三种人可以作为刑事诉讼代理人:其一,律师;其二,人民团体或委托人所在单位推荐的人;其三,委托人的监护人、亲友。而且,法律对刑事诉讼代理人范围的限制与对辩护人的限制也是一样的,即不能充当辩护人的也不能充当刑事诉讼代理人。根据法律规定,下列人员不得被委托担任刑事诉讼代理人:

(1)正在被执行刑罚或者处于缓刑、假释考验期间的人;

(2)依法被剥夺、限制人身自由的人;

(3)无行为能力或者限制行为能力的人;

(4)人民法院、人民检察院、公安机关、国家安全机关、监狱的现职人员;

(5)人民陪审员;

(6)与本案审理结果有利害关系的人;

(7)外国人或者无国籍人。

但是,上述七项规定的人员不能担任诉讼代理人,又有绝对不能与相对不能之分。其中,第(4)至(7)项规定的人员,如果其本身属于被代理人的近亲属或者监护人,由被代理人委托为诉讼代理人的,人民法院可以准许。另外,第(1)至(3)项的人员属于绝对不能担任诉讼代理人的情形。

四、刑事诉讼代理的权限

刑事诉讼代理的权限,即刑事诉讼代理人的诉讼权利范围,它既受法律赋予被代理人的诉讼权利范围的限制,又受被代理人对代理人授权范围的限制,所以会因不同类案件和不同的委托权限而各异。

(一)公诉案件诉讼代理的权限

一般而言,公诉案件中的诉讼代理人可以行使以下诉讼权利:(1)申请回避;(2)代理被害人向公安司法机关控告犯罪;(3)收集、查阅与本案有关的材料;(4)参加法庭调查,向被告人、证人、鉴定人发问;(5)申请通知新证人到庭,申请重新鉴定或勘验,调取新的物证;(6)参加法庭辩论,向法庭指控犯罪;(7)人民检察院决定不起诉的案件,被害人如果不服,代理律师有权在被害人收到不起诉决定书后的7日内,代其向人民检察院提出申诉,也可以经被害人授权代其向人民法院提起自诉;(8)人民检察院审查起诉过程中,代被害人向人民检察院反映关于处理案件的意见和惩罚犯罪的要求;(9)对法院作出的一审判决、裁定不服,经被害人授权可以在法定期限内向人民检察院递交抗诉申请书,请求人民检察院提起抗诉;等等。与辩护人诉讼权利不同的是,诉讼代理人没有会见权。

(二)自诉案件诉讼代理的权限

在自诉案件中,自诉人的诉讼代理人享有如下的诉讼权利:(1)经自诉人的授权提起刑事诉讼;(2)在提起刑事诉讼的同时经授权可以提起附带民事诉讼;(3)申请回避;(4)出席法庭审判,参加法庭调查和辩论,申请人民法院调取新的证据、传唤新的证人,申请重新鉴定和勘验;(5)经自诉人的授权可以请求调解或与被告人自行和解;(6)经自诉人的授权在判决宣告以前撤诉;(7)阅读或听取审判笔录,并有权请求补正;(8)对司法人员非法剥夺自诉人诉讼权利和人身侮辱等侵权行为,有权提出控告;(9)如不服地方各级人民法院的一审判决或裁定,经自诉人的授权可以提起上诉;对已经发生法律效力的判决或裁定认为确有错误的,经自诉人的授权可以提起申诉;等等。

(三)附带民事诉讼代理的权限

附带民事诉讼代理人,指的是附带民事诉讼当事人的代理人,包括附带民事诉讼原告人和被告人的诉讼代理人。附带民事诉讼被告人同时又可能是刑事被告人,所以附带民事诉讼代理人不同于一般民事诉讼代理人,前者可能身兼数职,比如既担任附带民事诉讼被告人的诉讼代理人,又担任其辩护人。在这里只介绍其身份为附带民事诉讼代理人时的诉讼权利。附带民事诉讼代理人可以享有以下诉讼权利:(1)原告方代理人经原告人的授权可以在刑事诉讼过程中提起附带民事诉讼;(2)原告方代理人有权申请诉讼保全或先行给付;(3)申请回避;(4)要求民事诉讼同刑事案件一并审判,及时处理;(5)参加法庭调查;(6)参加法庭辩论;(7)可以要求人民法院进行调解,也可以自行和解;(8)原告方代理人有权撤诉,被告方代理人则有权提起反诉;(9)地方各级人民法院一审判决后,如果对判决不服,可以对一审判决中的附带民事诉讼部分提出上诉;(10)对已发生法律效力的裁判,向人民法院或人民检察院提出申诉;等等。

对刑事诉讼代理人的诉讼义务的理解,可以参见前述辩护人的诉讼义务。

【问题与思考】

1. 刑事辩护制度在现代刑事诉讼中的意义如何?

2. 如何看待辩护人在刑事诉讼中的地位与责任？
3. 如何理解辩护人介入刑事诉讼的时间？这一问题有何法律意义？
4. 我国的刑事诉讼律师辩护环境如何？并讨论它与刑事辩护制度的关系。
5. 刑事诉讼代理包括哪些种类？它与民事诉讼代理有何区别？
6. 刑事诉讼代理人的诉讼地位如何？它与刑事辩护人的地位有何区别？

第八章 刑事证据

【内容提要】

刑事证据法是《刑事诉讼法》中重要且相对独立的一部分。刑事证据法的基础概念主要有证据、证据能力和证明力。刑事证据法的基本原则主要包括证据裁判原则、自由心证原则、实质真实原则、无罪推定原则。在理论上,证据可以根据不同标准,区分为不同的理论分类。在立法上,新《刑事诉讼法》将证据分为物证,书证,证人证言,被害人陈述,犯罪嫌疑人、被告人供述与辩解,鉴定意见,勘验、检查、辨认、侦查实验等笔录,视听资料,电子数据八种法定形式。新《刑事诉讼法》及其司法解释已经根据证据法定种类初步确立了比较系统的证据审查认定规则。

第一节　刑事证据制度概说

一、证据法概述

审判程序核心的部分是依据证据准确无误地认定事实的过程,规定这个过程的法律规范的总称是证据法,它是程序法的重要组成部分。《刑事诉讼法》从确保正确认定事实和实现正当程序两个方面促进了证据法的发展,证据法的内容也不断得到丰富。

证据法的内容大体可以分为以下三个方面:(1)规定证据的调查方法;(2)有关证据能力和证明力的内容;(3)有关证明活动的范围和证明责任等。其中,证据的调查方法主要是审判程序的一部分,其基本内容将在审判程序中讲述;有关证据能力和证明力的内容将在本章讨论;有关证明活动的范围和证明责任的内容将在下一章讨论。证据法的内容十分庞大,美国威格摩尔教授出版了十卷本八千页的巨著。证据法的许多部分涉及刑事和民事共通的问题,不过,随着宪法型刑事诉讼的发展，刑事证据法特有的问题正在不断增多。

和《刑事诉讼法》的整体法源一样，中国刑事证据法的法源也是多种多样的，包括《宪法》、国际法、刑事诉讼法典、相关法律、法律解释、地方法规等。其中，地位重要的主要有以下三个：《刑事诉讼法》(2012)，主要是其中的第五章；《刑事诉讼法解释》(法释〔2012〕21 号)，特别是其中的第四章[①]；《刑事诉讼法规则(试行)》(2012)，特别是其中的第五章。

在比较法上，由于立法与司法制度的差异，英美法系和大陆法系证据立法模式迥异其趣。英美法系国家一般有独立的证据法典，大陆法系国家一般没有独立的证据法典，其证据规则散见于诉讼程序法典之中。立法上的这种分野，自然也导致了法学教材写作方面的差异。在大陆法系，一般在诉讼法教材中将证据专列一章加以论述；在英美法系，证据法常常单独成为教材，在法学教育中属于独立学科。

我国目前没有类似于美国《联邦证据规则》的统一证据法。三大诉讼法及其司法解释中与证据相关部分在宏观结构、微观规则上差异较大，可以预见在相当长时间内，我国三大诉讼证据法分立的状况将继续存在。

二、证据法基本概念

(一)证据的概念和基本分类

对于包括刑事诉讼证据在内的诉讼证据的概念，学理上有不同的理解，存在着事实说、根据说、材料说、统一说等不同的观点。[②] 我们认为，证据是指证明待证事实的信息及其载体。这里的“待证事实”是对确定案件具有重要意义的事实，其可能是最终性的、中间性的或者是证据性的。[③] 换言之，其既可能是直接事实，也可能是间接事实，还可能是证据性事实。这里的“信息”是物质存在的一种方式、形态或运动形态，也是事物的一种普遍属性，一般指数据、消息中所包含的意义，可以使消息中所描述事件中的不定性减少。[④] 这里的“载体”是指包括实物、笔录以及各类言词陈述在内的证据形式。

在立法层面，新《刑事诉讼法》采用了材料说，该法第 48 条第 1 款规定：“可以

---

① 2010 年 6 月 13 日，最高人民法院、最高人民检察院、公安部、国家安全部、司法部联合发布了《关于办理死刑案件审查判断证据若干问题的规定》和《关于办理刑事案件排除非法证据若干问题的规定》这两个专门规定刑事诉讼证据问题的司法解释。这两个司法解释对完善我国刑事证据制度起了重要作用。不过，鉴于这两个司法解释的内容已经部分纳入《刑事诉讼法》(2012)、全部纳入《刑事诉讼法解释》(2012)，故下文论述我国刑事证据制度主要基于《刑事诉讼法》和《刑事诉讼法解释》，一般不涉及“两高三部”于 2010 年发布的两个司法解释。

② 参见何家弘、刘品新：《证据法学》(第四版)，法律出版社 2011 年，第 109—110 页。

③ 王进喜：《美国〈联邦证据规则〉(2011 年重塑版)条解》，中国法制出版社 2012 年版，第 58 页。

④ 《情报与文献工作词汇基本术语》(GB/T4894-1985)。

用于证明案件事实的材料,都是证据。”根据该款规定,我国刑事诉讼立法中的“证据”,一般都是指证据材料。例如,《刑事诉讼法》第40条规定:“辩护人收集的有关犯罪嫌疑人不在犯罪现场、未达到刑事责任年龄、属于依法不负刑事责任的精神病人的证据,应当及时告知公安机关、人民检察院。”再如,《刑事诉讼法》第50条规定:“审判人员、检察人员、侦查人员必须依照法定程序,收集能够证实犯罪嫌疑人、被告人有罪或者无罪、犯罪情节轻重的各种证据。”也有条文直接运用了“证据材料”或“材料”,例如,《刑事诉讼法》第39条规定:“辩护人认为在侦查、审查起诉期间公安机关、人民检察院收集的证明犯罪嫌疑人、被告人无罪或者罪轻的证据材料未提交的,有权申请人民检察院、人民法院调取。”再如,《刑事诉讼法》第41条规定:“辩护律师经证人或者其他有关单位和个人同意,可以向他们收集与本案有关的材料,也可以申请人民检察院、人民法院收集、调取证据,或者申请人民法院通知证人出庭作证。辩护律师经人民检察院或者人民法院许可,并且经被害人或者其近亲属、被害人提供的证人同意,可以向他们收集与本案有关的材料。”

值得注意的是,在《刑事诉讼法解释》中除了出现“证据”“证据材料”等表述外,还出现了“定案的根据”这一表述。例如,《刑事诉讼法解释》第63条规定:“证据未经当庭出示、辨认、质证等法庭调查程序查证属实,不得作为定案的根据,但法律和本解释另有规定的除外。”第65条规定:“行政机关在行政执法和查办案件过程中收集的物证、书证、视听资料、电子数据等证据材料,在刑事诉讼中可以作为证据使用;经法庭查证属实,且收集程序符合有关法律、行政法规规定的,可以作为定案的根据。”第70条规定:“据以定案的物证应当是原物。原物不便搬运,不易保存,依法应当由有关部门保管、处理,或者依法应当返还的,可以拍摄、制作足以反映原物外形和特征的照片、录像、复制品。物证的照片、录像、复制品,不能反映原物的外形和特征的,不得作为定案的根据。物证的照片、录像、复制品,经与原物核对无误、经鉴定为真实或者以其他方式确认为真实的,可以作为定案的根据。”

根据上引法条,中国刑事证据立法已经明确区分“证据材料”和“定案根据”。“证据材料”泛指一切能证明案件待证事实的信息及其载体。“证据材料”在立法中通常直接以“证据”这一表述出现,在少数场合则以“证据材料”或“材料”这两种表述出现。“定案根据”特指能满足法定资格要求且能证明案件待证事实的信息及其载体。“定案根据”通常以“定案的根据”这一表述出现。证据材料可以进一步区分为合格的证据材料和不合格的证据材料。合格的证据材料是指那些满足证据能力规则要求的或者说具有可采性的证据材料。不合格的证据材料是指那些不能满足证据能力规则要求的或者说不具有可采性的证据材料。合格的证据材料才能转化为定案根据,不合格的证据材料不能转化为定案根据。

（二）证据能力

证据能力，亦称证据资格、证明能力或者证据的适格性，它是指证据材料能够被法院采信，作为定案根据的资格。刑事诉讼中，用以证明当事人主张的要件事实的证据材料，必须具有证据能力。

证据能力对于诉讼证明具有重要意义。从证明的过程看，证据能力的有无是法院认定案件事实依据所应具备的法律上的资格，是法院认定证据时首先要解决的问题。因为从逻辑上说，证据材料只有具备证据能力，才有资格进入诉讼发挥证明作用，才需要进一步判断其证明力的大小。无证据能力的证据材料进入诉讼不仅会浪费时间和精力，还可能造成法官对事实的错误认定。因此，在证明活动中，如果一方当事人提出某一证据材料而另一方当事人提出质疑，法庭应当先对证据能力进行审查，如缺乏证据能力，就应当将它排除出诉讼。

有关证据能力的规则，从规定方式来看，可以分为积极规定和消极规定两种。前者是指积极地规定证据的资格要件，即规定只有什么样的证据材料才能成为定案根据。后者是指消极地规定证据材料的排除，即规定不符合法定标准的证据材料不能作为定案的根据。从各国的立法和实践来看，无论是大陆法系还是英美法系，对于证据能力问题，法律上很少作积极的规定，而主要是就无证据能力或其能力受限制的情形加以规定。我国《刑事诉讼法》及其相关司法解释同样如此。

证据能力规则多种多样，一般可以分为三大类。

1. 关联性（Relevance）

关联性，是指证据必须与案件的待证事实有关，从而具有能够证明案件待证事实的属性。为了限制诉讼调查和辩论的范围，证据法理论认为，凡对自己的主张提出证据的，所提的证据材料必须与其主张及争议事实有关联性。

关联性并不涉及证据是否真实的问题，其重点是要解决证据与证明对象的形式关系问题，即证据对于证明对象是否具有实质性和证明性。检验证据是否有关联性，有下面几个标准：第一，所提的证据是用来证明什么的？第二，这是本案的实质性问题吗？第三，所提的证据对该问题有证明性吗？法官们在决定大多数关联性问题时的根据，是对所提证据的感觉和可能存在的已确立的司法判例或法典化规则。关联性有时依赖于人类的知识和在特殊领域内的专门知识。例如，在过去弹道学证据被认为不具有关联性，甚至是荒谬的。现在，弹道学证据已经被几乎所有的国家所接受；再如，人体 DNA 的鉴定意见也被认为是可靠的，它也具有关联性。

《刑事诉讼法解释》第 203 条规定：“控辩双方申请证人出庭作证，出示证据，应当说明证据的名称、来源和拟证明的事实。法庭认为有必要的,应当准许;对方提出异议,认为有关证据与案件无关或者明显重复、不必要,法庭经审查异议成立的,可以不予准许。”本条确立了证据调查的关联性规则和必要性规则。

2. 可信性(reliability)

可以作为定案根据的证据材料是证明待证事实的根据或方法,它必须是可靠、可信的,否则就无法得出符合案件真相的认识。尽管提出证据、调查证据可能会受人的主观因素的影响,但是定案根据必须是客观存在的材料,而不是任何人的猜测或主观臆造的产物。正是因为证据具有客观性,才能使不同的裁判者可以借助司法途径对同一案件事实的认识有大体相同的结论,公正地作出裁判。

《刑事诉讼法》第 48 条第 3 款规定:“证据必须经过查证属实,才能作为定案的根据。”本款对证据的可信性作了原则性规定。《刑事诉讼法解释》第 104 条第 1、3 款规定:“对证据的真实性,应当综合全案证据进行审查。……证据之间具有内在联系,共同指向同一待证事实,不存在无法排除的矛盾和无法解释的疑问的,才能作为定案的根据。”根据上引原则性规定,《刑事诉讼法解释》发展了针对各类证据形式可信性的具体规定。例如《刑事诉讼法解释》第 70 条规定:“据以定案的物证应当是原物。原物不便搬运,不易保存,依法应当由有关部门保管、处理,或者依法应当返还的,可以拍摄、制作足以反映原物外形和特征的照片、录像、复制品。物证的照片、录像、复制品,不能反映原物的外形和特征的,不得作为定案的根据。物证的照片、录像、复制品,经与原物核对无误、经鉴定为真实或者以其他方式确认为真实的,可以作为定案的根据。”本条旨在保证物证的可信性。再如《刑事诉讼法解释》第 75 条规定:“处于明显醉酒、中毒或者麻醉等状态,不能正常感知或者正确表达的证人所提供的证言,不得作为证据使用。证人的猜测性、评论性、推断性的证言,不得作为证据使用,但根据一般生活经验判断符合事实的除外。”本条旨在保证证人证言的可信性。类似条文还有很多,暂不一一列举。

3. 合法性(Rightness)

有些证据材料虽然既有关联性,又有可信性,但是因为其严重违法而被排除。这种合法性在我国现行《刑事诉讼法》及其相关司法解释中主要体现在非法证据排除规则和瑕疵证据排除规则上。例如《刑事诉讼法》第 54 条第 1 款规定:“采用刑讯逼供等非法方法收集的犯罪嫌疑人、被告人供述和采用暴力、威胁等非法方法收集的证人证言、被害人陈述,应当予以排除。收集物证、书证不符合法定程序,可能严重影响司法公正的,应当予以补正或者作出合理解释;不能补正或者作出合理解释的,对该证据应当予以排除。”

（三）证明力

证明力，也称证据价值，是指证据材料对于案件事实有无证明作用及证明作用的大小。尽管证明力问题对证据非常重要，但是目前还没有有效的手段来规范事实认定者处理该问题的方式。这导致了证据法中与证明力相关的证据规则非常有限，绝大多数证明力问题都委诸事实审理者的自由心证。

中国刑事诉讼中的证明力也主要委诸法官或陪审员的自由心证，但也规定了少量证明力评价规则。例如，《刑事诉讼法解释》第104条第2款规定："对证据的证明力，应当根据具体情况，从证据与待证事实的关联程度、证据之间的联系等方面进行审查判断。"本款规定了我国刑事证据证明力评价的一般指引规则。《刑事诉讼法解释》第69、74、80、84、88、92、93条依次规定了物证和书证、证人证言、被告人陈述和辩解、鉴定意见、各类笔录、视听资料、电子数据的重点审查内容，这些重点审查内容大致也可以看作是各类证据证明力评价的具体指引规则。需要注意的是，上引证明力规则基本都是指引性规则，而非强制性规则。

三、刑事证据的基本原则

我国《刑事诉讼法》及其相关司法解释确立了如下四项刑事证据基本原则。

（一）证据裁判原则

所谓证据裁判原则是指诉讼中对案件事实应依据证据认定，没有证据不能认定案件事实。据以认定案件事实之证据，不仅须具备证明能力，且必须经过正式的法庭调查程序。证据裁判原则已经成为各国普遍接受的原则。

《刑事诉讼法解释》第61、63条以及众多证据能力规则共同构建了我国刑事诉讼中的证据裁判原则。《刑事诉讼法解释》第61条规定："认定案件事实，必须以证据为根据。"第63条规定："证据未经当庭出示、辨认、质证等法庭调查程序查证属实，不得作为定案的根据，但法律和本解释另有规定的除外。"第69条以下，还规定了各类证据的证据能力审查规则。

一般认为，证据裁判原则具有以下三点内涵。

第一，认定案件事实必须依据证据，没有证据就不得认定案件事实。被主张但没有证据证明的事实应该被视为不存在或不曾发生的事实。这是证据裁判原则的基本含义。对此理解的关键是"没有证据"的外延。传统的理解是指没有任何证据，但是这种对证据裁判原则的理解过于狭窄。"没有证据"应该从三个方面来理解：（1）该案件事实没有任何的证据予以证明；（2）当事人提供的证据材料不具备证据能力而被排除，无法予以证明案件事实；（3）当事人提供的证据不具有证明力或者证据未达证明标准的要求，法官无法产生合理确信。

第二，裁判所依据的必须是具有证据能力的证据。所谓证据能力，亦称证据资格、证明能力或者证据的适格性，它是指证据材料能够被法院采纳，作为定案根据的资格。如前文，证据能力大致可以归纳为三项要求，即关联性、可信性、合法性。刑事诉讼中，用以证明当事人主张的要件事实的证据材料，必须具有证据能力。

第三，裁判所依据的证据必须经过法庭调查程序。具备证据能力只是为法官适用证据提供了一种可能性，但是证据能否最终得到法官的合理确信必须经过法庭调查程序。任何证据材料要想成为定案根据，必须经受当庭出示、辨认、质证等法庭调查程序。

证据裁判原则在证据法中处于核心的地位，在现代诉讼制度中发挥着重要的作用。第一，证据裁判原则有助于防止法官恣意裁判，有助于增强司法裁判的公信力和可接受性；第二，证据裁判原则是证据制度建构和发展的根基；第三，证据裁判原则反映了诉讼的理性化和文明化。

需要指出的是，刑事诉讼中的证据裁判原则主要是针对犯罪事实的认定所适用的基本原则。而在犯罪事实的认定之外，法院还有可能对量刑事实和程序事实作出认定。而在这两类事实认定过程中，证据裁判原则的适用就不像其在犯罪事实的认定中那样严格，比方说一般不适用非法证据排除规则。除了在认定对象上有例外之外，在认定方法上也有例外。除了依据证据认定案件事实，在刑事诉讼中还可以通过司法认知、法律上推定来认定案件事实。

（二）自由心证原则

“自由心证原则”作为一项实定法原理及法制度，主要源于并存在于大陆法系的传统。自由心证最基本的定义是：法官在根据证据资料从事事实认定时，能够不受法律上的拘束而进行自由的判断。[①] 自由心证的“自由”是指法律不预先设定机械的规则来指示或约束法官对证据价值和案件事实作出判断，但是并非允许法官恣意判断。

自由心证原则的上述定义完全是相对于证据评价的另一种方式或原理——法定证据原则而言的。法定证据原则一般意味着在法律上预先规定不同种类的证据具有的不同价值，法官必须按照这种规定来评价证据。同时，这一原则还要求法律在关于有罪无罪的判断（事实有无的认定）上也设定严格的要件，最终判决必须在符合这种法定要件的前提下才能作出。作为一种法制度的自由心证原则正是通过

① 转引自王亚新：《刑事诉讼中发现案件真相与抑制主观随意性的问题——关于自由心证原则历史和现状的比较法研究》，《比较法研究》1993 年第 2 期。

对法定证据原则的克服和取而代之这一历史过程而逐渐生成和展开的。[①]

自由心证原则被确立初期,其"内心确信"侧重于主观方面的证据评价标准,后来这些标准受到了理论上的批评和反省,制度上和实务中也开始确立客观标准的不断努力。到今天,关于自由心证原则内容的解释一般都不忽视其客观的方面,且在理论和实践上出现了更加注重自由心证原则客观基础的明显倾向。事实上,为求得合理的心证,采用自由心证原则的国家一方面保障法官心证形成的自由,另一方面制约法官恣意判断,从而在制度上对法官自由心证的形成设置了充足的保障措施和合理的制约措施。

有学者将自由心证的保障措施和制约措施概括为如下三个阶段十四项内容。[②] 心证形成前的保障和制约措施主要有:(1)司法独立,禁止外部的非法干预,确保法官能够自由地形成心证;(2)法官资格限制,保障法官能够以其法律素质、理性良知及其所熟知的经验法则、逻辑法则等形成合理心证。

心证形成过程中的保障和制约措施主要有:(1)无罪推定原则,推定被告人为无罪,并且被告人得对法官心证形成加以控制,以保障合理的心证形成;(2)审判公开,约束法官随意形成心证,保障法官判断的合理性;(3)回避制度,保障法官能够进行理性和中立判断;(4)证据裁判原则,要求法官认定事实必须依据经过法定的正式的证据调查程序后具有证据能力的证据,把没有证据能力的证据排除在判断对象之外,间接地保证自由心证的合理性;(5)直接言词原则,保障法官心证形成的原因或基础的真切性;(6)诚实信用原则,要求法官本着诚实信用形成心证;(7)补强证据规则,防止法官偏重被告人自白,并且要求法官认定事实的自白须有补强证据以保障合理的心证形成;(8)要求法官心证形成的原因或基础,应当是调查证据的全部结果及法庭辩论的全部内容;(9)对重大案件的判断采用复数主体制度(即合议制),以保证判断的合理性(主张非专职人员加入判断主体的陪审制和参审制,也是期待判断的合理性);(10)证明标准,要求法官内心对于案件事实真实性的认知达到确信程度。

心证形成后的保障和制约措施主要有:(1)判决理由制度。要求法官应将心证形成的过程及原因或基础记明于判决(书)之中。根据法治国家的一般原理,法院应当担负附裁判理由的义务。但是,法律并非要求所有案件的判决(书)均应载明法官心证形成的原因,比如,对于简易案件判决书,有的国家规定只需记载判决

① 参见王亚新:《刑事诉讼中发现案件真相与抑制主观随意性的问题——关于自由心证原则历史和现状的比较法研究》,《比较法研究》1993年第2期。

② 参见邵明:《析自由心证原则》,《人民法院报》2003年9月23日,第3版。

主文而无需载明法官心证形成的原因,当然例外情形须由法律明确规定。(2)事后审查制度。违背法律规定而判决未附理由的、判决理由相互矛盾的、误认事实的、判决理由与判决内容不一致的;违背经验法则和逻辑法则;背离审判公开、回避、证据裁判、直接言词、诚实信用等原则制度,则构成上诉或者再审的理由。

我国《最高人民法院关于民事诉讼证据的若干规定》(以下简称《民事诉讼证据规定》)第64条[①]和《最高人民法院关于行政诉讼证据若干问题的规定》(以下简称《行政诉讼证据规定》)第54条[②]分别确立了中国民事诉讼、行政诉讼中的"自由心证"制度。我国《刑事诉讼法》及其相关司法解释没有类似的规定,但是在法解释学上普遍认为中国刑事诉讼中也实行自由心证。参照最高人民法院对民事诉讼、行政诉讼中自由心证原则的规定,我们认为,在我国刑事诉讼中,审判人员同样应当依照法定程序,全面、客观地审核证据,依据法律的规定,遵循法官职业道德,运用逻辑推理和日常生活经验,对证据有无证明力和证明力大小独立进行判断,并准确认定案件事实。

最后,在我国刑事诉讼中,原则上证据的证明力由本案审判法官自由评断,但如果法律已经给出了证据评断的明文限制,对这些明文限制,法官审案时必须遵循。现行《刑事诉讼法》关于证据证明力评断的明文限制主要是《刑事诉讼法》第53条第1款,该款规定:"对一切案件的判处都要重证据,重调查研究,不轻信口供。只有被告人供述,没有其他证据的,不能认定被告人有罪和处以刑罚;没有被告人供述,证据确实、充分的,可以认定被告人有罪和处以刑罚。"

(三)实质真实原则

民事诉讼通常只涉及当事人双方的利益,因此民事诉讼实行当事人处分原则,法院须尊重当事人双方的自由选择权。与此相反,刑事诉讼是一种以解决被告人刑事责任为目的、涉及公共利益的诉讼活动,实行国家追诉原则,强调对犯罪的追诉和处罚应由国家专门机关依据法律统一进行,不受被告人、被害人意思表示的影响和左右。

与民事诉讼中的当事人处分原则相对应的是辩论原则。辩论原则的基本含义

---

① 《民事诉讼证据规定》第64条规定:"审判人员应当依照法定程序,全面、客观地审核证据,依据法律的规定,遵循法官职业道德,运用逻辑推理和日常生活经验,对证据有无证明力和证明力大小独立进行判断,并公开判断的理由和结果。"

② 《行政诉讼证据规定》第54条规定:"法庭应当对经过庭审质证的证据和无需质证的证据进行逐一审查和对全部证据综合审查,遵循法官职业道德,运用逻辑推理和生活经验,进行全面、客观和公正地分析判断,确定证据材料与案件事实之间的证明关系,排除不具有关联性的证据材料,准确认定案件事实。"

是[①]:(1)直接决定法律效果发生或消灭的必要事实必须在当事人的辩论中出现,没有在当事人辩论中出现的事实不能作为法院裁判的依据;(2)当事人一方提出的事实,对方当事人无争议的,也即自认的事实,法院应将其作为裁判的依据;(3)法院对案件证据的调查只限于当事人双方在辩论中所提出来的证据,原则上不允许法院依职权取证。有学者将辩论原则下的真实发现称为"形式真实发现原则",简称"形式真实原则",认为"形式真实发现主义者,法院于审理案件中应受当事人意思之拘束,即仅在当事人主张事实及其所提出证据之范围内,认定事实。对于当事人二造所不争执之事实,则不应再为调查,而径认为真实"[②]。

与民事诉讼采取形式真实原则不同,刑事诉讼采取"实质真实原则"。"实质真实原则"又称为"实体真实原则",有学者将其概括为:"实体真实发现主义者,法院于审理案件中,对于有关系之证据,不受当事人意思表示的拘束,应自行探求事实之真相,自行搜集或调查各项认为必要之证据。"[③]

实质真实原则在我国刑事诉讼中的基本法律依据是《刑事诉讼法》第51条。该条规定:"公安机关提请批准逮捕书、人民检察院起诉书、人民法院判决书,必须忠实于事实真象。故意隐瞒事实真象的,应当追究责任。"

根据我国《刑事诉讼法》相关条文,"实质真实原则"在我国刑事诉讼中的含义可以解析为如下四项[④]:(1)法官不受控辩双方提出的证据范围的限制,法官可以自行调查核实证据。《刑事诉讼法》第191条规定:"法庭审理过程中,合议庭对证据有疑问的,可以宣布休庭,对证据进行调查核实。人民法院调查核实证据,可以进行勘验、检查、查封、扣押、鉴定和查询、冻结。"(2)被告人即便作出了有罪供述,法官也不能仅凭该有罪供述认定被告人有罪。《刑事诉讼法》第53条第1款规定:"对一切案件的判处都要重证据,重调查研究,不轻信口供。只有被告人供述,没有其他证据的,不能认定被告人有罪和处以刑罚;没有被告人供述,证据确实、充分的,可以认定被告人有罪和处以刑罚。"(3)在被告人作出有罪供述的情况下,法官需要对口供的真实性进行补强,然后才能认定被告人有罪的事实。《刑事诉讼法解释》第106条规定:"根据被告人的供述、指认提取到了隐蔽性很强的物证、书证,且被告人的供述与其他证明犯罪事实发生的证据相互印证,并排除串供、逼供、诱供等可能性的,可以认定被告人有罪。"(4)无论被告人是否作出有罪供述,也无论控

① 参见张卫平:《民事诉讼法》(第2版),法律出版社2009年版,第23页。

② 周荣编著:《证据法要论》,商务印书馆1935年版,第5页。

③ 同上。

④ 参见陈瑞华:《刑事证据法学》,北京大学出版社2012年版,第35—36页。

辩双方是否达成协议,法院认定有罪必须要达到事实清楚、证据确实充分的标准。《刑事诉讼法》第195条规定:"在被告人最后陈述后,审判长宣布休庭,合议庭进行评议,根据已经查明的事实、证据和有关的法律规定,分别作出以下判决:(一)案件事实清楚,证据确实、充分,依据法律认定被告人有罪的,应当作出有罪判决;(二)依据法律认定被告人无罪的,应当作出无罪判决;(三)证据不足,不能认定被告人有罪的,应当作出证据不足、指控的犯罪不能成立的无罪判决。"

需要特别注意的是,实质真实原则在我国刑事诉讼中的适用并不是绝对的。在适用简易程序和当事人和解的公诉案件诉讼程序中,被告人自愿认罪在很大程度上具有自认效力,从而事实上成为实质真实原则的例外。

(四)无罪推定原则

无罪推定是指任何公民未经法定的、能够为其辩护所需之一切权利提供保障的、公开的审判程序证明其有罪之前,均应被假定为无罪。

根据通说,无罪推定原则主要包括以下三层含义:(1)证明被告人有罪的责任,应由控诉方承担;被告人不负担证明自己无罪的义务。(2)未经法院以正当程序定罪之前,对任何人不得认定有罪。此项要求具体包括两个方面:其一,未经法院定罪,任何人均得享受无罪之待遇;其二,法院对公民定罪,必须以正当程序为之,否则视为无效。(3)疑罪作有利于被告人之解释,这是控诉方承担证明责任的必然要求。[①]

无罪推定首先是现代刑事诉讼的一项基本原则,其次才属于刑事证据法的基本原则。作为刑事证据法的基本原则,无罪推定原则的影响主要体现在"控方承担证明责任"和"疑罪从无"上。

我国《刑事诉讼法》第12条基本确立了无罪推定一般原则。该条规定:"未经人民法院依法判决,对任何人都不得确定有罪。"第49条进一步明确了证明责任归属,该条规定:"公诉案件中被告人有罪的举证责任由人民检察院承担,自诉案件中被告人有罪的举证责任由自诉人承担。"第195条具体规定了证明标准和疑罪从无。

第二节　刑事证据的法定种类

证据的法定种类,是指由法律明确规定的证据的不同表现形式。根据我国《刑事诉讼法》第48条第2款规定,证据包括:(1)物证;(2)书证;(3)证人证言;(4)被害人陈述;(5)犯罪嫌疑人、被告人供述和辩解;(6)鉴定意见;(7)勘验、检查、辨

① 易延友:《刑事诉讼法》(第三版),法律出版社2008年版,第89页。

认、侦查实验等笔录;(8)视听资料、电子数据。

一、物证

(一)物证的概念和特征

物证是指以其外部特征、存在场所和物质属性证明案件事实的实物和痕迹。物证包括实物和痕迹两类。前者指与案件事实有联系的客观实在物,如作案工具、赃款赃物等;后者包括两个物体相互作用所产生的印痕和物体运动时所产生的轨迹,如脚印、指纹等。物证是刑事诉讼中广泛使用的一种证据,具有较强的客观性和稳定性。

同其他证据种类相比,物证有如下特征:

(1)物证以其外部特征、存在状态、物质属性等来证明有关案件事实。

(2)物证客观性强、真实性大。物证是以其自身的客观存在的形状、规格、痕迹等证明案件事实,不受人们主观因素的影响和制约,只要判明物证是真实的,就具有很大的可靠性和较强的证明力。

(3)物证具有间接性,一般只能作为间接证据使用,很少作为直接证据使用。一方面,物证所能直接证明的只是案件事实的某些片断或某个方面的情况,只有与其他证据相结合,才能证明案件的主要事实;另一方面,物证往往要辅之以鉴定意见、勘验笔录等才能发挥完整的证明作用。[①]

(二)物证的分类

物证种类多样。根据物证是否呈现一定形态,可以将物证分为有形物和无形物;根据物证是否有生命,可以将物证分为有生命物证和无生命物证;根据物证外观形态不同,可以将物证分为固态物证、液态物证和气态物证;根据物证和感官的关系,可以将物证分为嗅觉物证、视觉物证、触觉物证和气态物证;根据物证体积大小,可以将物证分为巨型物证、一般物证和微量物证;根据检验的科学方法不同,可以将物证分为物理物证、化学物证和生物物证;根据证明待证事实所依据的特征不同,可以将物证分为形象特征物证、成分特征物证、习惯性特征物证和气味特征物证。

本章重点介绍一下著名华裔侦探李昌钰博士关于物证的分类方法,我们认为这一分类方法全面且实用。[②] 他认为物证可以分为暂时性物证、情况性物证、形态性物证、转移性物证和关联性物证。所谓暂时性物证,是指那些基于自身性质而言

---

① 廖永安主编:《证据法学》,清华大学出版社 2008 年版,第 32 页。

② 参见李昌钰、蒂莫西·M. 帕姆巴齐、玛丽莲·T. 米勒:《李昌钰博士犯罪现场勘查手册》,郝宏奎等译,中国人民公安大学出版社 2006 年版,第 24—26 页。

具有暂时性特点并且很容易改变或消逝的证据。常见的暂时性物证包括气味、温度、暂时性存在的痕迹以及一些生物和物理现象。情况性物证是特定事件或行为的产物。与暂时性物证相类似,如果收集人员未能发现并且记录犯罪现场中的情况证据,那么相关的信息可能会永远消失。常见的情况性物证包括照明情况,烟雾或火焰,被害人尸体情况或者犯罪现场上特定证据的位置等。形态性物证通常体现为印痕、压痕、纹路、其他印记、破碎或沉淀形式。转移性物证,又称为微量物证,通常产生于人与人之间或人与物体之间的物理接触。关联性物证,是指在犯罪现场或侦查工作中可能会发现特定的物品,这些物品可以被用来建立被害人或犯罪嫌疑人与特定的犯罪现场之间或相互之间关联的证据。典型的关联性证据包括在犯罪现场发现的犯罪嫌疑人的钱包或者在犯罪嫌疑人身上发现的被害人的所有物。

(三)物证的地位和作用

物证在整个证据体系或证据制度中的地位和作用,可谓举足轻重。由于其具有客观性、直观性的特点,同各种言词证据相比,特别是同可变性较大的嫌疑人、被告人的口供、被害人陈述相比其证明力更强于各种言词证据。尤其是当今世界在证人、当事人多变的情况下,口供作为"证据之王"处于退出历史舞台的发展趋势中,我们要逐渐地确立物证是"证据之王"的观念。有了确实可靠的物证,不管双方当事人如何巧言善辩,也不管证人如何见风使舵,更不管被告人如何真真假假,甚至翻供,都可以认定案件事实。因此,物证是制服翻证、翻供的有力武器。但是,运用物证时,应当查明物证来源,注意有无伪造、变造、变化或损害等情况。物证必须按照法律规定的程序经过出示、辨认,查证属实后才能作为定案的根据。

二、书证

(一)书证的概念和特征

书证是指以文字、符号、图画等所表达的思想内容来证明案件事实的书面文件。它表现为文字或者其他能表达人的思想或者意思的有形物。使用中国或者外国文字,或者能为他人所了解的符号代码如电报号码、电脑字码做成的书面文件,都可以成为书证。书证有广义和狭义之分。广义的书证不仅包括原始形态的书证,还包括转化形态的书证。狭义书证仅包括原始形态的书证。所谓原始形态的书证,是指直接来源于案件事实或直接源于原始出处的书证。所谓转化形态的书证,是指书面的证人证言、书面的鉴定意见、勘验笔录,其原始形态分别是证人、鉴定人、现场物证。通常而言,证据法意义上的书证仅指狭义的书证。

书证必须同时具备两个条件:第一,书证必须是以文字、符号、图画等记载或者表达了人的一定思想的物品，而且其所记载或表达的思想内容能够为人们认知和理解，可借以发现信息；第二，该项材料所记载的内容或者所表达的思想，必须与待证明的刑事案件事实有关联，能够借以证明案件事实。

书证具有以下三个特征：(1)书证并不是一般的物品，而是用文字符号记载和表达一定思想内容的物品；(2)书证把一定的思想内容固定下来，以此表达人们的思想，并能为一般人所认知或了解，证明有关的案件事实；(3)书证是固定在一定的物体上的思想内容，所以有较强的客观性和真实性，不像言词证据那样，容易因为有关人员主观意识的改变而改变，也不存在因时间久远造成记忆模糊而影响其证明力的现象，但它易丢失和被伪造。

(二)书证的分类

书证有多种表现形式，根据不同的标准，可以对书证进行以下分类。

1. 公文书与私文书

按照书证的制作主体或制作者的身份不同，可以把书证分为公文书与私文书。公文书指公法人或公务员在职务范围内依法定的方式做成的文书。公法人或公务员所制作的文书，如果不依职权或者不依法定程序制作，也不具有公文书的效力。公文书所载内容无论是私法上的关系还是公法上的关系，也无论所载内容是否全面、完整，都不影响公文书的性质。公文书的范围很广，例如婚姻登记机关发给的结婚证书、法院制作的判决书、行政机关制作的行政裁决书等，都是公文书。凡不属于公文书的书证，都是私文书。私文书即使经公法人证明或者认证，仍然是私文书，如个人信件、商事合同等。

将书证分为公文书与私文书，是由于制作文书的主体是否行使法定的职权以及制作程序上存在明显差别。在一般情况下，公文书要比私文书的证明力强。但在诉讼中也必须对公文书进行审查核实，注意制作公文书的公法人及其工作人员是否依法定权限制定，是否遵守了有关的程式规定，所记载的内容是否可靠等。

2. 处分性书证与报道性书证

文书依其内容的不同，可以分为处分性书证与报道性书证。处分性书证，指文书所记载的事项系文书制作人发出的以发生某种法律效果为目的的意思表示，如为设定、变更或消灭一定的法律关系的目的而成立的书证。处分性书证中发生公法上效力者，为公文书，如记载判决原本、记载行政处分的文书；发生私法上效力的文书则是私文书，如买卖合同、遗嘱等。

凡是书证中所记载或表述的内容，不是以产生一定的法律后果为目的，而是制作人用以记下或者报道已发生的或者了解的某种事实，则称为报道性书证。如会议记录、会计或商业账簿等。报道性书证与处分性书证的区别在于,报道性书证表明文书制作人只观察待证事实并记载其结果,并不以产生一定的法律后果为直接目的。

3. 普通文书与特别文书

书证,以是否要具备一定的形式为标准,可以分为普通文书与特别文书。

普通文书,就是法律不要求必须具备一定形式就能够成立的文书。例如,一般买卖合同等民法上不要式的法律行为,只要双方当事人意见一致,合同就成立,就发生法律上的效力。

特别文书,就是法律规定某种法律行为必须具备一定的形式才能够成立的文书。如买卖房屋,就必须订立书面合同并经房管部门登记,才能发生法律效力。根据《民事诉讼法》第59条第3款的规定,侨居在外国的中国公民,委托代理人授权委托书,必须经我国驻该国的使、领馆证明,才发生效力。这种授权委托书,也是特别文书。

4. 原本、缮本、正本、副本与节本

以制作方法为标准,文书可分为原本、缮本、正本、副本与节本等。

原本,指文书制作人所作成的文书。例如,审判员制作的判决书,经本人签名以后,就称为原本。缮本,就是抄录原本全部内容的文本。缮本又可以分为正本与副本。正本,就是抄录原本、与原本有同一内容,对外具有与原本同一效力的缮本。副本,是送达当事人的抄本。节本(节录本),仅摘抄原本或正本内容一部分的抄本。

(三)物证与书证的区别

物证与书证的主要区别在于:

(1)书证以其表达的思想内容证明案件事实,而物证(包括作为物证的书面文件)则以它的存在、外形和特性等证明案件事实。

(2)法律对书证的规定,有的要求必须具备一定的形式才能够产生某种法律后果;对物证,一般没有这种要求。

(3)书证一般是行为人的意思表示的书面形式,而物证一般是有形的物体,不包含人的意思的内容。

(4)审查物证时,应当对物证进行鉴定或勘验,而书证一般是进行鉴定确定其真伪。

尽管物证和书证有显著的区别,但它们之间也有密切的联系。某些情况下,根据与案件的联系和所证明的案件事实,同一物品可以同时具备书证与物证的特征,既可以作为书证,又可以作为物证。

三、视听资料

（一）视听资料的概念

视听资料，就是利用录音、录像等设备所储存的音像信息来证明待证事实的证据。视听资料反映的是有关客体的声音特征和形象特征，所以又称为音像证据。

作为证据类型的视听资料包括录音资料和录像资料两大类。录音资料是应用声、光、电和机械学等方面的科学技术，把正在进行的有关人员的演说、对话以及自然声响等声音如实地记录下来，然后通过播放再现原来的声迹，以证明案件真实情况的证据资料。录像资料是应用广电效应和电磁转换的原理，将人或事物运动、发展、变化的客观真实情况原原本本地记录下来，再经过播放，重新显示原始的形象来证明案件真实情况的证据资料。

在此需要指出，在法庭审判中用多媒体方式出示证据时提供的计算机演示资料不等于视听资料，因为那只是出示证据的形式，本身并不是证据，而视听资料本身就是一种证据。多媒体出示的证据属于哪种法定证据形式，取决于证据本身。

（二）视听资料的特点

视听资料主要有以下几个特点：(1)较大的客观性和可靠性。它是通过科技手段，反映案件真实情况的原始证据，可以使案件真实面貌得到再现，它一般不受主观因素的影响，能客观地反映案件事实，具有较大的真实性和可靠性。(2)由于视听资料具有技术先进、体积小、重量轻等特点，易于收集、保管和使用。(3)视听资料具有物证所不具备的动态连续性。物证只能反映案件的片断情况，而视听资料可连续地反映案件的动态过程。(4)视听资料具有各种言词证据所不具有的直感性。它能再现案件当事人的意思表示、思想感情以及民事法律行为和法律事实的发生、发展变化的过程，含有丰富的信息量。除涉及个人隐私或者商业秘密外，在法庭上，应当庭播放视听资料，质证比较方便。(5)视听资料容易被裁剪或伪造。遇有疑点时，需要通过鉴定或者勘验等方式确定其是否被裁剪或者伪造。

（三）视听资料与书证、物证的区别

书证是以书面文件记载的内容来证明案件事实的；视听资料的音响、图像、贮存资料等，并不单纯以文字和符号表达思想内容，而是独立地反映了案件的一部或全部的真实情况和法律事实，不仅静态地反映了待证事实，而且动态地说明了待证事实的真实情景，这一点迥异于书证。

物证是以自己的客观存在来证明案件事实的，而视听资料是以音色、图像、贮存资料的内容来证明案件事实，两者显然不同。

四、电子数据

(一)电子数据的概念

电子数据是本次修改《刑事诉讼法》新增加的证据类型。电子数据即电子证据。[①] 电子证据的概念有广义和狭义之分。狭义的电子证据仅指数字式证据,即通过信号的离散状态的各种可能组合所赋予各种数值或其他信息的方法来承载信息内容的电子证据;广义的电子证据还包括模拟式电子证据,即通过信息中的某些特征的具体数值或量(如电压信号的幅度、降位、频率、脉冲信号的幅度或持续时间等)来记载信息内容的电子证据。虽然模拟式电子证据与数字式电子证据之间存在着明显差异,但是随着当今信息技术的发展,这两者日益融合乃至可以互相转化,因此,广义电子证据日益为更多的人所推崇。

(二)电子数据的种类

(1)根据所依存的信息技术不同,可以把电子数据分为电子通信证据、计算机证据、网络证据与其他电子数据。通信的本质是传递信息,人类社会的现代通信技术经历了电报时代、电话时代,目前正在向新的多媒体通信时代过渡。相应的,电子通信证据主要包括电传资料、传真资料、BP 机记录、手机录音证据、手机摄像证据、IP 电话记录等等。从 20 世纪 40 年代第一台电子管计算机诞生,到晶体管计算机、集成电路计算机、大规模集成电路计算机等,电子计算机的发展可谓一日千里,它们在人类生产、生活和社会交往诸多领域的运用,产生了电子计算机文件证据、计算机输出物与计算机打印物等计算机证据。网络技术是基于计算机技术与通信技术融合的产物,由此出现的网络证据纷繁复杂,例如当前使用较多的是电子邮件、电子数据交换、电子聊天记录、电子公告牌记录、电子博客记录、电子报关单、电子签名、域名、网页以及网络痕迹等;除此之外,广播技术、电视技术、电影技术、录音技术、录像技术、摄像技术、幻灯技术等信息技术业也不同程度地丰富了电子证据的品种。这种分类有利于深刻揭示电子证据的特点,将其与传统证据区分开来。

(2)根据形成机制的不同,可以把电子数据分为电子设备生成证据、电子设备存储证据与电子设备混成证据。电子设备生成证据是指完全由电子计算机等设备自动生成的证据。其最大特点是,它是完全基于计算机等设备的内部命令运行的,其中没有掺杂人的任何意志。如果把相关的电子计算机等设备比喻成一个证人的话,那么该证据就是基于该证人本身的知情而得出的,因此根本不会发生英美法系

---

① 奚晓明主编:《〈中华人民共和国民事诉讼法〉修改条文理解与适用》,人民法院出版社 2012 年版,第 131 页。

所说的传闻问题，其可靠性取决于电子设备的性能与运行状况。电子设备存储证据是指纯粹由电子计算机等设备录制人类的信息而得来的证据。在这一过程中，如果把相关的计算机等设备也比喻成一个证人的话，那么此证据就是由该证人“道听途说”而来，故它必须通过英美法系传闻证据规则的检验。对此类证据证明力大小的判断，除了要考虑电子设备的性能与运行状况外，还要考虑录入时是否发生了影响录入人准确性的因素。电子设备混成证据是指电子计算机等设备录制人类的信息后，再根据内部指令自动运行而得来的证据。由于这类证据兼有上述两种证据的性质，因此对其可采性和证明力的判断均要复杂得多。

(3)根据内容和功能的不同，可以把电子数据分为数据电文证据、附属信息证据与系统环境证据。这是受档案学的启发而提出的分类。依照档案学，对于电子文件不仅要保存数据本身，还要保存“元数据”，即该文件产生的时间、地点、形成者及形成机构的职能背景、业务活动的经过表述、数据形成及存储方式等。所谓数据电文证据，是指电子数据本身，即记载法律关系发生、变更与灭失的数据，如E-mail、EDI的正文。所谓附属信息证据，是指对数据电文生成、存储、传递、修改、增删而生成的记录，如电子系统的日志记录、电子文件的属性信息等，它的作用主要在于证明电子数据的真实性，即证明某一电子数据是由哪一计算机系统在何时生成的，由哪一计算机系统在何时存储在何种介质上、由哪一计算机系统或IP地址在何时发送的，以及后来又经过哪一计算机系统或IP地址发出的指令而经过修改或增删等。所谓系统环境证据，是指数据电文运行所处的硬件和软件环境，即某一电子数据在生成、存储、传递、修改、增删的过程中所依靠的计算机环境，尤其是硬件或软件名称和版本。这三者所起的作用是不一样的。数据电文证据主要用于证明法律关系，它是主体证据；附属信息证据主要用于证明数据电文证据的真实可靠，它像用于证明传统证据保管环节的证据一样，必须构成一个完整的证明锁链，表明每一数据电文证据自形成到获取，最后到被提交法庭，每一个环节都是有据可查的；系统环境证据则主要用于在庭审或鉴定时显示数据电文的证据，以确保该数据电文证据以其原始面目展现在人们的面前。

(三)电子数据的特点

(1)电子数据的存储需要借助一定的电子介质。由于电子数据是以电子形式存储在电子介质上的，与传统证据的形式相比，其在保存方式上依赖于芯片、磁带、软盘、硬盘、光盘等新型的信息介质。

(2)电子数据可以无限地快速传递。电子数据在本质上是一种电子信息，可以实现精确复制，可以在虚拟空间里无限快速传播，在传播方式上与传统证据只能在物理空间传递存在明显的差异。

(3)电子数据的解读是间接式的。电子数据是以电子计算机及其他电子设备为基础的证据,如果没有专门的电子设备主件,没有相应的播放、检索、显现设备,则电子证据只能停留在各种电子存储介质中,而不能被人们所感知,更不能为法庭所认可和采信。此外,电子数据的感知还离不开特定的系统软件环境。如果软件环境发生变化,则存储在电子介质上的信息可能显现不出来,或者难以正确地显现出来。

(4)绝大多数电子数据具有极强的稳定性与安全性。我国有学者认为,电子数据具有脆弱性,容易失真且不易被发觉。其实不然。国内外的大量案例表明,只有极少数电子数据容易被篡改或删除,更多的电子数据则难以被篡改或删除(或者对其的任何篡改、删除痕迹都能够轻松地通过技术手段捕捉到)。具体来说,如果某些电子数据(冲洗出来的数码照片)是孤立存在的,那么对其删改的可能性较大;但是绝大多数电子数据(如计算机系统、网络系统中的电子邮件、文本文件、图片文件等)都是以系统(操作系统、应用系统等)数据的形式存在着,对它们的造假几乎是不可能的,或者是很容易被发现的。①

五、证人证言和被害人陈述

(一)证人证言的概念

证人有广义和狭义之分。狭义的证人仅指以自己所感知的案件情况向人民法院提供有关案件事实的陈述,不包括当事人。广义的证人包括当事人和狭义的证人。证人陈述的内容,称为证人证言。证人的陈述,一般是陈述自己感知的事实,如果陈述从他人处听来的事实,必须说明出处或来源,否则不能作为证据使用。

证人在作证过程中对事实的陈述和对事实的判断往往混在一起,为求得证言的客观性,证人应当根据自己所了解的事实提供证言,并不要求对这些事实在主观上作出评价。但在必要时,允许证人根据其体验的事实作一些他人无法替代的分析、判断或者推测。

诉讼过程中,人民法院对案件事实并没有亲身经历和感知,要靠证据才能认定案件的真相。证人证言是证人对争议事实的重述,在刑事诉讼中起着重要作用。它既可以用于认定案件事实,还可以用来鉴别其他证据的真伪和确定其证明力的大小。

(二)证人的特点

证人有如下特点:(1)证人与客观存在的案件事实形成的联系是特定的,是他人不可替代的。(2)证人只是了解案件的某些情况,他与该案的审理结果无法律

---

① 何家弘、刘品新:《证据法学》(第四版),法律出版社2011年版,第188页。

上的利害关系。如果既了解案情，又与案件处理结果有利害关系，就不得成为证人，而是诉讼当事人（在刑事诉讼中或为被告人，或为被害人）。（3）出庭作证的证人应当客观陈述其亲身感知的事实，作证时不得使用猜测、推断或者评论性的语言。

（三）证人的资格

我国《刑事诉讼法》第60条规定："凡是知道案件情况的人，都有作证的义务。生理上、精神上有缺陷或者年幼，不能辨别是非、不能正确表达的人，不能作证人。"

根据上述规定，我国证人的资格包括以下两个方面：（1）证人必须了解案件情况。这种了解既可以是直接的了解，也可以是间接的了解。（2）证人必须能够辨别是非并能正确表达。生理上、精神上有缺陷或者年幼，从而不能辨别是非、不能正确表达的人，不能作为证人。要注意，生理上、精神上有缺陷或者年幼，但是能辨别是非、能正确表达的人，可以作为证人。证人为聋哑人的，可以用口述以外的其他表达方式作证。

（四）证人的诉讼权利

根据我国《刑事诉讼法》的有关规定，证人享有如下诉讼权利。

（1）有权用本民族语言文字提供证言。如果不通晓当地语言文字的，可以要求人民法院为其指定翻译；对于聋哑证人，他们可以用哑语、书面、手势进行陈述。

（2）对于自己的证言笔录，有权申请补充或者更正。

（3）因作证而受到侮辱、诽谤、殴打或者其他方法打击报复时，有权要求法律给予保护。《刑事诉讼法》第61条规定："人民法院、人民检察院和公安机关应当保障证人及其近亲属的安全。对证人及其近亲属进行威胁、侮辱、殴打或者打击报复，构成犯罪的，依法追究刑事责任；尚不够刑事处罚的，依法给予治安管理处罚。"

（4）有权要求人民法院给予因出庭作证所支付的费用和影响的收入。《刑事诉讼法》第63条规定："证人因履行作证义务而支出的交通、住宿、就餐等费用，应当给予补助。证人作证的补助列入司法机关业务经费，由同级政府财政予以保障。有工作单位的证人作证，所在单位不得克扣或者变相克扣其工资、奖金及其他福利待遇。"

（5）有权接受审判人员和当事人的询问。但询问证人时，其他证人不得在场。证人不得旁听法庭审理；人民法院认为有必要的，可以让证人进行对质。

（6）有权要求人民法院、人民检察院和公安机关保障证人及其近亲属的安全。《刑事诉讼法》第62条规定："对于危害国家安全犯罪、恐怖活动犯罪、黑社会性质的组织犯罪、毒品犯罪等案件，证人、鉴定人、被害人因在诉讼中作证，本人或者其近亲属的人身安全面临危险的，人民法院、人民检察院和公安机关应当采取以下一项或者多项保护措施:(一)不公开真实姓名、住址和工作单位等个人信息;(二)采取不暴露外貌、真实声音等出庭作证措施;(三)禁止特定的人员接触证人、鉴定人、被害人及其近亲属;(四)对人身和住宅采取专门性保护措施;(五)其他必要的保护措施。证人、鉴定人、被害人认为因在诉讼中作证,本人或者其近亲属的人身安全面临危险的,可以向人民法院、人民检察院、公安机关请求予以保护。人民法院、人民检察院、公安机关依法采取保护措施,有关单位和个人应当配合。"

(五)证人的诉讼义务

证人在享有诉讼权利的同时,还应承担相应的诉讼义务,主要有:

(1)证人在必要时应当出庭作证,接受当事人的质询。《刑事诉讼法》第187条规定:"公诉人、当事人或者辩护人、诉讼代理人对证人证言有异议,且该证人证言对案件定罪量刑有重大影响,人民法院认为证人有必要出庭作证的,证人应当出庭作证。人民警察就其执行职务时目击的犯罪情况作为证人出庭作证,适用前款规定。"第188条进一步规定:"经人民法院通知,证人没有正当理由不出庭作证的,人民法院可以强制其到庭,但是被告人的配偶、父母、子女除外。证人没有正当理由拒绝出庭或者出庭后拒绝作证的,予以训诫,情节严重的,经院长批准,处以十日以下的拘留。被处罚人对拘留决定不服的,可以向上一级人民法院申请复议。复议期间不停止执行。"

(2)证人作证时应如实作证,不得作虚假陈述、不得作伪证。即如实陈述所了解的案情或回答审判人员、检察人员、当事人、诉讼代理人提出的问题。《刑事诉讼法》第59条规定:"法庭查明证人有意作伪证或者隐匿罪证的时候,应当依法处理。"

(3)保守国家秘密、商业秘密和个人隐私。《刑事诉讼法》第52条第3款规定:"对涉及国家秘密、商业秘密、个人隐私的证据,应当保密。"

(4)遵守法庭秩序。

(六)被害人陈述

被害人陈述,是指受犯罪行为直接侵害的人就其所了解的有关案件的事实向公安司法机关所作的陈述。尽管在我国《刑事诉讼法》中证人证言和被害人陈述被列为两种独立的法定证据形式,但是在证据法上证人证言和被害人陈述的形成机制是相似的,审查认定也适用同样的证据规则。因此,本书对被害人陈述不单独论述。

六、犯罪嫌疑人、被告人的供述和辩解

(一)犯罪嫌疑人、被告人的供述和辩解的含义和种类

犯罪嫌疑人、被告人的供述和辩解,是指犯罪嫌疑人、被告人就有关案件事实情况向公安司法机关所作的陈述。

根据犯罪嫌疑人、被告人所作陈述的内容，犯罪嫌疑人、被告人的供述和辩解通常可以分为以下三类：一是供述，即犯罪嫌疑人、被告人对被指控的犯罪事实表示承认，并如实陈述其实施犯罪的全部事实和情节。二是辩解，即犯罪嫌疑人、被告人否认自己实施了犯罪行为，或者虽然承认犯罪，但辩称依法不应被追究刑事责任或者应当从轻、减轻或者免除处罚等。三是攀供，即犯罪嫌疑人、被告人揭发、检举同案其他犯罪嫌疑人、被告人的犯罪行为。揭发、检举的内容与该犯罪嫌疑人、被告人自己的犯罪行为有一定联系，可以在本案中当作证据使用，故而属于犯罪嫌疑人、被告人的供述和辩解的一种。为推卸自己的罪责或者报复陷害他人，故意虚构他人有犯罪行为而进行的陈述，称为“攀诬”。

根据犯罪嫌疑人、被告人所作供述和辩解的诉讼阶段，可以将犯罪嫌疑人、被告人的供述和辩解分为犯罪嫌疑人、被告人庭前供述和辩解与被告人当庭供述和辩解。所谓犯罪嫌疑人、被告人庭前供述和辩解，是指犯罪嫌疑人、被告人在法庭审理开始之前，向侦查人员或公诉人所作的供述和辩解。而被告人当庭供述和辩解，则是指被告人当庭就案件事实所作的供述和辩解。对于犯罪嫌疑人、被告人庭前所作的供述和辩解，与当庭所作的供述和辩解，我国《刑事诉讼法》既没有对其证据能力作出不同安排，也没有对证明力大小作出区分。原则上，犯罪嫌疑人、被告人庭前供述和辩解与当庭供述和辩解，都要适用同样的证据审查规则，也都会经受同样的庭审调查程序。

（二）犯罪嫌疑人、被告人供述和辩解的特点

犯罪嫌疑人、被告人供述和辩解有以下特点：

（1）如果犯罪嫌疑人、被告人进行如实陈述，有可能全面、直接地揭示有关案件事实情况。犯罪嫌疑人、被告人对自己是否犯罪、犯罪的经过，特别是犯罪时的主观心理状态，知道得最清楚。对于一个真正的犯罪人来说，他如实作的有罪供述，能够直接、全面地反映出其犯罪的动机、目的、手段、时间、地点、后果等事实情况；对于一个无辜者来说，他的无罪或罪轻的辩解，也会对公安司法机关发现案件真相具有特别重要的意义。

（2）犯罪嫌疑人、被告人的供述和辩解虚假的可能性很大。犯罪嫌疑人、被告人是刑事诉讼中可能被定罪量刑的对象，案件的诉讼过程、处理结果与其有直接的利害关系。真正的犯罪人在诉讼过程中往往千方百计掩盖事实真相，或者编造谎言，企图蒙混过关。此外，侦查人员对被告人进行讯问的时间、地点、方式、手段等会影响被告人供述和辩解的真实性，特别是刑讯逼供等非法手段很可能会导致虚假的有罪供述。因而犯罪嫌疑人、被告人供述和辩解具有虚假的可能性极大，需要认真审查判断才能作为定案根据。

(3)犯罪嫌疑人、被告人的供述往往不稳定。在司法实践中,犯罪嫌疑人、被告人的心理活动十分激烈,波动很大。这种心理波动反映在供述上,就是供述不稳定,有时狡辩抵赖,有时欲供又止,有时供后又翻。对于被告人推翻原来的有罪供述而选择无罪辩解的情况,我们通常称为"翻供"。所谓"翻供",其实是被告人对同一案件事实先后作出了自相矛盾的不同陈述。被告人的"翻供"一般有两种情况:一是被告人在侦查和审查起诉阶段先后作出了有罪供述和无罪辩解;二是被告人在审判前供认了犯罪事实,但在法庭审理过程中推翻了原来的有罪供述,而改作无罪辩解。

七、鉴定意见

(一)鉴定制度概述

1. 鉴定意见的概念、分类和特点

鉴定,即鉴定人运用自己的专门知识和技能,以及必要的技术手段,对案件中有争议的专门性问题进行检测、分析、鉴别的活动。运用专门知识对涉及案件事实的技术问题进行鉴定活动的人,称为鉴定人。诉讼中,当某一案件需要以专业知识、技能或者手段进行分析研究后才能鉴别或判明的专门性问题,是鉴定的对象或者鉴定客体。经过鉴定活动,对鉴定对象所形成的判断性意见,称为鉴定意见。

依据《全国人民代表大会常务委员会关于司法鉴定管理问题的决定》第 2 条规定,我国诉讼中的鉴定业务可以分为以下四大类:法医类鉴定,物证类鉴定,声像资料鉴定,其他类鉴定。法医类鉴定,包括法医病理鉴定、法医临床鉴定、法医精神病鉴定、法医物证鉴定和法医毒物鉴定。物证类鉴定,包括文书鉴定、痕迹鉴定和微量鉴定。声像资料鉴定,包括对录音带、录像带、磁盘、光盘、图片等载体上记录的声音、图像信息的真实性、完整性及其所反映的情况过程进行的鉴定和对记录的声音、图像中的语言、人体、物体作出种类或者同一认定。

鉴定意见的特点是:(1)鉴定意见是一种运用专门知识和技能进行的判断,属于意见性证据;(2)鉴定意见是鉴定人对案件中应予查明的案件事实中的一些专门性问题所作的结论,而不是就法律问题提供意见;(3)鉴定意见是在案件发生后形成的。

2. 刑事鉴定的启动

在刑事诉讼中,一般由国家机关启动刑事鉴定程序。在侦查案件过程中,为了查明案情,需要解决案件中某些专门性问题的时候,侦查机关可以依职权指派、聘请有专门知识的人进行鉴定。侦查机关应当将用作证据的鉴定意见告知犯罪嫌疑人、被害人。如果犯罪嫌疑人、被害人提出申请,可以补充鉴定或者重新鉴定。在

审判案件过程中，对鉴定意见有疑问的，人民法院也可以依职权指派或者聘请有专门知识的人或者鉴定机构，对案件中的某些专门性问题进行补充鉴定或者重新鉴定。

补充鉴定是在原鉴定的基础上，针对原鉴定中的个别问题，由原鉴定人进行再次修正和补充，以完善原鉴定意见的鉴定。它只是对通常鉴定的补救手段。重新鉴定，是在人民法院对鉴定意见进行审查后，对其可信度存有疑虑，另行委托新的鉴定人进行的鉴定。重新鉴定应当附送历次鉴定所需的鉴定资料，新鉴定人应独立进行鉴定，不受以前鉴定的影响。《刑事诉讼法》第146条规定："侦查机关应当将用作证据的鉴定意见告知犯罪嫌疑人、被害人。如果犯罪嫌疑人、被害人提出申请，可以补充鉴定或者重新鉴定。"

3. 鉴定人的诉讼权利和诉讼义务

根据《司法鉴定人登记管理办法》(2005年司法部)第21条规定，司法鉴定人享有下列权利：(1)了解、查阅与鉴定事项有关的情况和资料，询问与鉴定事项有关的当事人、证人等；(2)要求鉴定委托人无偿提供鉴定所需要的鉴材、样本；(3)进行鉴定所必需的检验、检查和模拟实验；(4)拒绝接受不合法、不具备鉴定条件或者超出登记的执业类别的鉴定委托；(5)拒绝解决、回答与鉴定无关的问题；(6)鉴定意见不一致时，保留不同意见；(7)接受岗前培训和继续教育；(8)获得合法报酬；(9)法律、法规规定的其他权利。

根据《司法鉴定人登记管理办法》(2005年司法部)第22条规定，司法鉴定人应当履行下列义务：(1)受所在司法鉴定机构指派按照规定时限独立完成鉴定工作，并出具鉴定意见；(2)对鉴定意见负责；(3)依法回避；(4)妥善保管送鉴的鉴材、样本和资料；(5)保守在执业活动中知悉的国家秘密、商业秘密和个人隐私；(6)依法出庭作证，回答与鉴定有关的询问；(7)自觉接受司法行政机关的管理和监督、检查；(8)参加司法鉴定岗前培训和继续教育；(9)法律、法规规定的其他义务。

4. 鉴定书的内容

鉴定意见应当采用书面形式，鉴定人应当在鉴定书上签名，同时也应加盖鉴定人所在单位的公章。鉴定书的内容包括绪论、鉴定过程、结论等几部分。绪论写明委托或者聘请鉴定的单位、鉴定资料的情况、鉴定的目的和要求等。鉴定过程写明鉴定采用的方法和步骤，对观察所见现象和特征的分析判断。结论是针对鉴定要求所作出的结论性意见。必要时，鉴定书还可以附上说明有关情况的照片、图表等。最后是签名盖章。《刑事诉讼法》第145条第1款规定："鉴定人进行鉴定后，应当写出鉴定意见，并且签名。"

(二)鉴定人的法律地位

我国诉讼法学界一般把鉴定人与证人、鉴定意见与证人证言严格区分开,认为二者是有区别的。主要表现在:

(1)鉴定人应当中立,对国家法律负责而不是对当事人负责。

(2)证人是由案件本身决定的,不能选择和更换;鉴定人则是在案件发生后,根据需要指派或聘请的,可以选择,也可以替代和更换。

(3)鉴定人是具有专门知识的人员,要对事实材料进行分析和评价;而证人一般不需要专门知识,只要对案件事实进行陈述即可,不必评价所感知的事实。

(4)只要了解案件情况的人,都可作为证人,不论他是否与案件有利害关系;而鉴定人如果与本案有利害关系,则应当回避。

(5)鉴定人一般在诉讼中担任鉴定工作才对案件情况有所了解;而证人则在诉讼之前的案件事实发生时就知道案件的事实。

(三)鉴定机构和鉴定人的资格要求

2005年以前,由于多种原因,我国司法鉴定存在部门鉴定、多头鉴定等诸多问题。2005年以来,在《全国人民代表大会常务委员会关于司法鉴定管理问题的决定》的指导下,《司法鉴定人登记管理办法》(2005年司法部)、《司法鉴定机构登记管理办法》(2005年司法部)、《司法鉴定机构仪器设备基本配置标准(暂行)》(2006年司法部)、《司法鉴定程序通则》(2007年司法部)、《司法鉴定执业活动投诉处理办法》(2010年司法部)等规定逐渐完善了有关鉴定机构和鉴定人的规范化管理工作。

根据《刑事诉讼法》第144条规定:"为了查明案情,需要解决案件中某些专门性问题的时候,应当指派、聘请有专门知识的人进行鉴定。"该条对通常情况下刑事鉴定机构的要求是"有专门知识"。"有专门知识"的具体解释应参照《司法鉴定机构登记管理办法》第14条和《司法鉴定人登记管理办法》第12条和第13条的规定。

《司法鉴定机构登记管理办法》第14条规定:"法人或者其他组织申请从事司法鉴定业务,应当具备下列条件:(一)有自己的名称、住所;(二)有不少于20万至100万元人民币的资金;(三)有明确的司法鉴定业务范围;(四)有在业务范围内进行司法鉴定必需的仪器、设备;(五)有在业务范围内进行司法鉴定必需的依法通过计量认证或者实验室认可的检测实验室;(六)每项司法鉴定业务有3名以上司法鉴定人。"

《司法鉴定人登记管理办法》(2005年司法部)第12条规定,个人申请从事司法鉴定业务,应当具备下列条件:(1)拥护中华人民共和国宪法,遵守法律、法规和社会公德,品行良好的公民;(2)具有相关的高级专业技术职称;或者具有相关的行业执业资格或者高等院校相关专业本科以上学历,从事相关工作5年以上;(3)申请从事经验鉴定型或者技能鉴定型司法鉴定业务的,应当具备相关专业工作10年以上经历和较强的专业技能;(4)所申请从事的司法鉴定业务,行业有特殊规定的,应当符合行业规定;(5)拟执业机构已经取得或者正在申请《司法鉴定许可证》;(6)身体健康,能够适应司法鉴定工作需要。同时,第13条规定,有下列情形之一的,不得申请从事司法鉴定业务:(1)因故意犯罪或者职务过失犯罪受过刑事处罚的;(2)受过开除公职处分的;(3)被司法行政机关撤销司法鉴定人登记的;(4)所在的司法鉴定机构受到停业处罚,处罚期未满的;(5)无民事行为能力或者限制行为能力的;(6)法律、法规和规章规定的其他情形。

(四)检验报告

我国《刑事诉讼法》相关司法解释还确立了检验报告制度,对检验报告的审查认定适用鉴定意见审查认定规则。针对案件中的专门性问题,需要鉴定但没有法定司法鉴定机构,或者法律、司法解释规定可以进行检验的,法院可以指派、聘请有专门知识的人进行检验。经过检验活动,对检验结果所形成的书面报告,称为检验报告。《刑事诉讼法解释》第87条规定:"对案件中的专门性问题需要鉴定,但没有法定司法鉴定机构,或者法律、司法解释规定可以进行检验的,可以指派、聘请有专门知识的人进行检验,检验报告可以作为定罪量刑的参考。对检验报告的审查与认定,参照适用本节的有关规定。经人民法院通知,检验人拒不出庭作证的,检验报告不得作为定罪量刑的参考。"

八、笔录证据

(一)笔录证据的概念

笔录是指司法人员、执法人员、法律工作者在调查证据时所作的各种记录。证据的形式主要是文字记录,但是也包括绘图、照相、录音、录像等形式。

司法实践中的笔录种类很多,我国法律只规定了若干种类的笔录属于证据之列。在刑事诉讼中,我国《刑事诉讼法》规定刑事勘验、检查、辨认、侦查实验等笔录可以作为证据使用。与之相对,尽管侦查人员在讯问犯罪嫌疑人、询问证人、询问被害人等侦查活动中也会制作笔录,但这些记载讯问、询问过程的笔录,《刑事诉讼法》将其分别归入被告人供述和辩解、证人证言、被害人陈述,而不再属于笔录证据。

笔录证据尽管通常具有书面形式,但它不属于书证。因为笔录证据不是在案件事实发生之前即已存在的书面文件,而是侦查人员在刑事诉讼程序启动后对特定侦查活动所制作的书面记录。笔录证据是一种以书面形式记载的言词证据,它是侦查人员对其侦查过程和结果的记录,经历了较为完整的感知、记忆、储存、表达等言词证据形成过程。对笔录证据的证据能力和证明力,在控辩双方不提出异议的情况下,法庭通常都是通过书面形式进行质证的。但遇到法定的例外情形,法庭对笔录证据的证据能力和证明力产生合理疑问的,也有可能通知侦查人员出庭作证,对其制作的各类笔录作出解释或说明。

笔录证据与鉴定意见是两种不同的证据。区别是:前者由办案人员制作,后者是由办案机关指派或聘请的鉴定人制作;前者是对所见情况的客观记载,后者主要内容是科学的分析意见;前者大多是解决一般性问题,后者则是解决专门性问题。

(二)笔录证据的分类

根据侦查人员所要记录的侦查过程的不同,刑事诉讼中的笔录证据大体可以分为勘验、检查笔录,辨认笔录,侦查实验笔录,其他侦查笔录。

勘验、检查笔录是指公安司法人员对与犯罪有关的场所、物品、人身、尸体进行勘验、检查时,就所观察、测量的情况所作的实况记载。其中对于与犯罪有关的场所、物品和尸体所作的叫勘验,形成的记载叫勘验笔录,目的是发现和收集证据材料,包括现场勘验笔录、尸体勘验笔录、物证检验笔录。而对于活体的人身进行的叫作检查,形成的记载是检查笔录。

辨认是在侦查人员主持下由被害人、证人、犯罪嫌疑人对犯罪嫌疑人,与案件有关或疑与案件有关的物品、尸体、场所进行识别和认定的一项侦查措施。辨认笔录是以笔录的方式全面、客观地记录辨认全过程和辨认结果,并由在场相关人员签字的记录。

侦查实验是指为了确定与案件有关的某一事件或者事实在某种条件下能否发生或者怎样发生,而按照原来的条件将该事件或者事实加以重演或者进行实验的一种证据调查活动。侦查实验笔录是侦查机关对进行侦查实验的时间、地点、实验条件以及实验经过和结果等所作的客观记录,并由进行实验的侦查人员、其他参加人员和见证人签名或者盖章。

其他刑事笔录,是指侦查人员所作的搜查与扣押笔录、证据提取笔录等。

(三)笔录证据的特点

刑事笔录证据是侦查人员依照法定程序制作的,它又是现场物证的固定和保全,因此,它的证明力相对比较客观。作为证据表现形式的笔录,具有很强的证明力。但是,由于笔录是对诉讼活动的记载,而诉讼活动的对象(如物品、痕迹)可能被人为地更换、损坏或伪造等,如果侦查人员未发现这些情况,则诉讼活动是在假相下进行的,这样的笔录也难以真实。此外,侦查人员的业务素质、工作责任心和业务水平也影响着笔录的质量。由此可知,笔录证据在有些情形下,也可能具有虚假性的特点。

第三节　证据的理论分类

刑事诉讼理论对证据依据不同的规则有不同的分类。证据的分类,是指在理论研究上将证据按照不同的标准划分为不同类别,其目的在于研究不同类别证据的特点及其运用规律,以便于指导办案工作。研究证据的分类,实质是深入研究运用证据的客观规律,以便提高运用证据查明事实真相的能力。

证据的分类有别于法定的证据种类。法律规定的证据种类,也是对证据的一种分类,是立法者根据我国科学技术的发展水平以及证据的存在和表现形式对证据所作的法律上的划分;而证据的分类并非法律的规定,而是从理论上对证据进行的分类研究。证据的种类具有法律上的效力,不具备法定表现形式的证据不得作为定案的根据;而证据的分类仅仅是学理上的解释。证据的种类的区分标准是单一的;而证据的分类则是从多角度按照不同的标准,以两分法对证据进行分类研究。因此,证据的分类与法律上的证据种类区别是明显的。同时两种划分又是交叉的,同是一种证据,由于分类的标准和角度不同,其类属也不完全相同,具有多重性。

在理论上对证据按照不同的标准加以区分,这是深入研究证据的一种方法,其目的在于研究不同类别证据在证明力和证据能力上的特点,以及运用的规则,亦即研究运用各类证据的客观规律,最终保证案件的质量。

一、言词证据与实物证据

根据证据载体表现形式上的不同,可以把证据分为言词证据和实物证据。

言词证据,是以自然人的言词陈述为载体的证据形式。根据言词证据的形成方式和时间的不同,言词证据可以分为四类:一是办案人员通过询问或讯问所获取的言词陈述笔录,如被告人供述笔录、证人证言笔录、被害人陈述笔录等;二是某一了解案件事实情况的自然人,就案件情况提供的陈述资料,如被告人的亲笔供词、证人的亲笔证言、被害人的亲笔陈述以及记录这些陈述的录音录像资料等等;三是某一了解案件情况的自然人向法庭亲自所作的口头陈述,如证人当庭证言、被告人当庭陈述或辩解、被害人当庭陈述等等;四是鉴定意见,无论其为书面形式抑或口头形式。

实物证据,是指以实物形态为存在和表现形式的证据,又称作广义上的物证。它包括以下四类:物证,书证,视听资料,电子数据。

需要指出的是,言词证据和实物证据的划分是基于证据的原始形态而非转换形态划分的。因此,如果某一证据在形式上以笔录、视听资料、电子证据形式存在,但是其内容却是办案人员对被告人供述、证人证言、被害人陈述、鉴定意见的记录，简言之，其原始形态是被告人供述、证人证言、被害人陈述、鉴定意见，则该证据仍然属于言词证据。同样基于这一原因，勘验、检查、辨认、侦查实验笔录应该归入言词证据，因为这些笔录是侦查人员对其侦查过程所作的记录，相当于侦查人员对其侦查过程所作的报告或证言。

一般认为，言词证据与实物证据有如下区别：(1)两者的表现形式不同。前者以语言表现，具有人的主观性；后者以物质表现，具有一定的客观性。(2)两者的形成过程不同。前者经过主体感知、判断、记忆、表达等过程，后者经过发现、提取、保存、鉴定等阶段。(3)两者的证明价值不同。前者与案件待证事实的关联较为明显，可以全面、动态、直接地证明案件事实；后者与待证事实的关联并不一定明显，通常是局部、静态、间接地证明案件事实。(4)两者的审查认定不同。对于言词证据，在确认其对案件事实具有认知和理解能力的基础上，重点审查其诚实性、客观性和观察的灵敏性；对于实物证据，主要审查其真实性(也即鉴真)、可靠性和准确性。

二、直接证据与间接证据

根据证据与争议事实之间证明关系的不同，可以将证据划分为直接证据与间接证据。

直接证据是指一旦被确认为真实就可以解决争议问题的证据。[①] 例如，W 作证说，她看见 D 用长筒袜勒死了 V。就 D 是否用长筒袜勒死了 V 这一争议而言，W 的证言是直接证据，因为一旦该证言被确认为真实，争议即被解决。

间接证据是指即使被确认为真实也不解决争议问题的证据；但是，如果运用附加的推理则可能得到该证据指向的(事实)主张。[②] 例如，在指控 D 用长筒袜勒死了 V 一案中，W 作为一名警察，作证说他听见 V 的尖叫声不久，遂看见 D 从案发现场跑出来，并且在拦阻 D 之后从 D 的口袋中发现了一只长筒袜。尽管这份证言(如果被确认为真实)对 D 是否在犯罪现场、是否逃跑、他的口袋是否藏有长筒袜这些争议而言是直接证据；但是，这份证言对 D 是否用长筒袜勒死了 V 这一争议而言仅仅是间接证据。这份证言作为间接证据，借助经验法则(一个人被看见从勒死案发现场逃跑、从他的口袋中发现有长筒袜，这个人在某种程度上至少比其他大多数人更可能是这件勒死案的作案人)及附加的推理可以引导出用长筒袜勒死了 V 这一事实主张。

---

① 〔美〕Stewen L. Emanual：*Evidence*，中信出版社 2003 年版，第 12 页。

② 同上。

直接证据和间接证据在关联性上有显著区别:作为直接证据,只要有助于证明案件的某个要件事实,其就不可能不具有关联性;与之相反,间接证据尽管被提出以证明某个要件事实,却依然可能会在特定情况下被确认为不具备关联性。这种情况是指该间接证据没有证明力,也即对其指向的事实主张存在与否的概率没有影响。

在实践中,直接证据的存在形式主要有:犯罪嫌疑人、被告人所作的有罪供述;被害人所作的能证明犯罪系何人所为的陈述;能证明某犯罪分子实施犯罪的证人证言;共同犯罪中共犯之间对彼此的犯罪行为的供述;能够直接证明犯罪分子如何犯罪的视听资料及某些书证等。直接证据能够单独地、直接地指明案件主要事实,但根据“孤证不能定案”的原则,只有一个直接证据,因其本身的真实性得不到其他证据印证,不得据此认定案件事实。

间接证据的特点是:其与争议事实的联系是间接的,一个间接证据只能证明争议事实的某个片段。由于间接证据关联方式的间接性,决定了运用间接证据证明争议事实,必须经过推理过程。间接证据往往需要与其他证据相结合,才能证明争议事实。没有直接证据,只有间接证据时,认定案件事实需谨慎。《刑事诉讼法解释》第105条规定:“没有直接证据,但间接证据同时符合下列条件的,可以认定被告人有罪:(1)证据已经查证属实;(2)证据之间相互印证,不存在无法排除的矛盾和无法解释的疑问;(3)全案证据已经形成完整的证明体系;(4)根据证据认定案件事实足以排除合理怀疑,结论具有唯一性;(5)运用证据进行的推理符合逻辑和经验。”

三、原始证据与传来证据

按照证据的来源划分,凡是直接来源于案件事实,未经复制、转述的证据是原始证据;凡是间接来源于案件事实,经过复制、转述的证据,是传来证据。

常见的原始证据有:亲眼目睹犯罪活动的证人证言,被害人陈述,被告人供述和辩解,物证的原物,书证的原件,勘验笔录等。常见的传来证据有:物证的复制品,文件的副本、影印件、抄件,非亲自感受案件事实的证人所作的证言等。

根据经验,一般而言,直接来源于案件事实的原始证据比传来证据可靠。来自同一来源的证据,距原始证据越近的通常越可靠;转手和复制的次数越多,离证明对象越远,其所含信息发生减损或者扭曲的可能性越大。

传来证据的作用有:(1)可以作为发现原始证据的线索;(2)在特定情形下,可以作为审查原始证据是否真实的手段;(3)在原始证据无法取得或取得确有困难时,代替原始证据;(4)可以强化原始证据的证明作用。

《刑事诉讼法解释》确立了一系列强调原始证据的证据规则。例如《刑事诉讼法解释》第 70 条规定:“据以定案的物证应当是原物。原物不便搬运,不易保存,依法应当由有关部门保管、处理,或者依法应当返还的,可以拍摄、制作足以反映原物外形和特征的照片、录像、复制品。物证的照片、录像、复制品,不能反映原物的外形和特征的,不得作为定案的根据。物证的照片、录像、复制品,经与原物核对无误、经鉴定为真实或者以其他方式确认为真实的,可以作为定案的根据。”再如,《刑事诉讼法解释》第 71 条规定:“据以定案的书证应当是原件。取得原件确有困难的,可以使用副本、复制件。书证有更改或者更改迹象不能作出合理解释,或者书证的副本、复制件不能反映原件及其内容的,不得作为定案的根据。书证的副本、复制件,经与原件核对无误、经鉴定为真实或者以其他方式确认为真实的,可以作为定案的根据。”

四、有利于被告人的证据与不利于被告人的证据

根据证据事实所要发挥的证明作用,可以将证据分为有利于被告人的证据与不利于被告人的证据。

将证据划分为有利于被告人的证据和不利于被告人的证据,其意义在于要求办案人员全面客观地收集和运用证据,防止主观片面性。只有全面收集和运用证据,办案人员才能获得案件事实的全部真相。《刑事诉讼法》第 50 条规定:“审判人员、检察人员、侦查人员必须依照法定程序,收集能够证实犯罪嫌疑人、被告人有罪或者无罪、犯罪情节轻重的各种证据。”

五、主证据和待补强证据

根据证据是否能单独作为定案根据,可以把证据分为主证据和待补强证据。主证据是指能够单独作为定案根据的证据。待补强证据是指证明力比较薄弱、不能单独作为定案根据,并且只有在其他证据对其予以支撑、加强的情况下才能作为定案根据的证据。

区分主证据和待补强证据的意义主要在于两类证据的审查内容不同。对于主证据,审查的重点在于其证明力大小。对于待补强证据,必须先审查证据能力再审查证明力大小;如果没有补强证据,待补强证据根本不能作为定案根据,无须审查其证明力大小。

《刑事诉讼法》及其司法解释确立了数个补强证据规则。《刑事诉讼法解释》第 83 条规定:“审查被告人供述和辩解,应当结合控辩双方提供的所有证据以及被告人的全部供述和辩解进行。被告人庭审中翻供,但不能合理说明翻供原因或者其辩解与全案证据矛盾,而其庭前供述与其他证据相互印证的,可以采信其庭前供述。被告人庭前供述和辩解存在反复,但庭审中供认,且与其他证据相互印证的,可以采信其庭审供述;被告人庭前供述和辩解存在反复,庭审中不供认,且无其他

证据与庭前供述印证的，不得采信其庭前供述。”《刑事诉讼法解释》第 109 条规定：“下列证据应当慎重使用，有其他证据印证的，可以采信：（一）生理上、精神上有缺陷，对案件事实的认知和表达存在一定困难，但尚未丧失正确认知、表达能力的被害人、证人和被告人所作的陈述、证言和供述；（二）与被告人有亲属关系或者其他密切关系的证人所作的有利被告人的证言，或者与被告人有利害冲突的证人所作的不利被告人的证言。”

第四节　刑事证据的审查认定规则

目前，我国《刑事诉讼法》及其司法解释已经初步建立了全面系统的证据审查认定规则。我国《刑事诉讼法》上的证据规则包括两部分：一部分是规范各类证据都适用的审查认定规则；另一部分是规范某种证据专门适用的审查认定规则。还需要说明的是，证据的审查认定要区分不同的层次，对于证据能力中的关联性和合法性，往往根据被审查证据本身或相关辅助证据即可确定；但对于证据能力中的真实性和证明力，往往需要结合其他证据乃至综合全案证据才能审查认定。

一、审查认定各类证据的通用规则

（一）关联性、必要性规则

《刑事诉讼法解释》第 203 条规定：“控辩双方申请证人出庭作证，出示证据，应当说明证据的名称、来源和拟证明的事实。法庭认为有必要的，应当准许；对方提出异议，认为有关证据与案件无关或者明显重复、不必要，法庭经审查异议成立的，可以不予准许。”本条确立了证据的关联性、必要性规则。根据本规则，控辩双方提出的证据必须对待证事实具有证明性，并且不属于明显重复；否则，该证据不可以在法庭出示，当然不可能作为定案根据。

（二）须经法庭调查程序且查证属实规则

《刑事诉讼法》第 48 条第 3 款规定：“证据必须经过查证属实，才能作为定案的根据。”《刑事诉讼法解释》第 63 条进一步规定：“证据未经当庭出示、辨认、质证等法庭调查程序查证属实，不得作为定案的根据，但法律和本解释另有规定的除外。”《刑事诉讼法》第 59 条还专门就证人证言作了规定：“证人证言必须在法庭上经过公诉人、被害人和被告人、辩护人双方质证并且查实以后，才能作为定案的根据。”上引条款确立了证据须经法庭调查程序且查证属实规则。根据本规则，控辩双方提出的证据必须经过法庭调查程序，并且查证属实；否则，该证据不能作为定案根据。

(三)非法证据排除规则

《刑事诉讼法》第54条规定:"采用刑讯逼供等非法方法收集的犯罪嫌疑人、被告人供述和采用暴力、威胁等非法方法收集的证人证言、被害人陈述,应当予以排除。收集物证、书证不符合法定程序,可能严重影响司法公正的,应当予以补正或者作出合理解释;不能补正或者作出合理解释的,对该证据应当予以排除。在侦查、审查起诉、审判时发现有应当排除的证据的,应当依法予以排除,不得作为起诉意见、起诉决定和判决的依据。"本条确立了中国刑事证据法上的非法证据排除规则。

《刑事诉讼法解释》第95条和《刑事诉讼法规则(试行)》第65条对上引条文作了进一步解释。《刑事诉讼法解释》第95条规定:"使用肉刑或者变相肉刑,或者采用其他使被告人在肉体上或者精神上遭受剧烈疼痛或者痛苦的方法,迫使被告人违背意愿供述的,应当认定为刑事诉讼法第五十四条规定的'刑讯逼供等非法方法'。认定刑事诉讼法第五十四条规定的'可能严重影响司法公正',应当综合考虑收集物证、书证违反法定程序以及所造成后果的严重程度等情况。"《刑事诉讼法规则(试行)》第65条规定:"对采用刑讯逼供等非法方法收集的犯罪嫌疑人供述和采用暴力、威胁等非法方法收集的证人证言、被害人陈述,应当依法排除,不得作为报请逮捕、批准或者决定逮捕、移送审查起诉以及提起公诉的依据。刑讯逼供是指使用肉刑或者变相使用肉刑,使犯罪嫌疑人在肉体或者精神上遭受剧烈疼痛或者痛苦以逼取供述的行为。其他非法方法是指违法程度和对犯罪嫌疑人的强迫程度与刑讯逼供或者暴力、威胁相当而迫使其违背意愿供述的方法。"

此外,为保障非法证据排除规则的准确适用,《刑事诉讼法》和《刑事诉讼法解释》相关条文对非法证据的调查和认定等作了详细规定。

《刑事诉讼法》第55条规定:"人民检察院接到报案、控告、举报或者发现侦查人员以非法方法收集证据的,应当进行调查核实。对于确有以非法方法收集证据情形的,应当提出纠正意见;构成犯罪的,依法追究刑事责任。"第56条规定:"法庭审理过程中,审判人员认为可能存在本法第五十四条规定的以非法方法收集证据情形的,应当对证据收集的合法性进行法庭调查。当事人及其辩护人、诉讼代理人有权申请人民法院对以非法方法收集的证据依法予以排除。申请排除以非法方法收集的证据的,应当提供相关线索或者材料。"第57条规定:"在对证据收集的合法性进行法庭调查的过程中,人民检察院应当对证据收集的合法性加以证明。现有证据材料不能证明证据收集的合法性的,人民检察院可以提请人民法院通知有关侦查人员或者其他人员出庭说明情况;人民法院可以通知有关侦查人员或者其他人员出庭说明情况。有关侦查人员或者其他人员也可以要求出庭说明情况。经人民法院通知,有关人员应当出庭。”第 58 条规定:“对于经过法庭审理,确认或者不能排除存在本法第五十四条规定的以非法方法收集证据情形的,对有关证据应当予以排除。”

《刑事诉讼法解释》第 96 条规定:“当事人及其辩护人、诉讼代理人申请人民法院排除以非法方法收集的证据的,应当提供涉嫌非法取证的人员、时间、地点、方式、内容等相关线索或者材料。”第 97 条规定:“人民法院向被告人及其辩护人送达起诉书副本时,应当告知其申请排除非法证据的,应当在开庭审理前提出,但在庭审期间才发现相关线索或者材料的除外。”第 98 条规定:“开庭审理前,当事人及其辩护人、诉讼代理人申请人民法院排除非法证据的,人民法院应当在开庭前及时将申请书或者申请笔录及相关线索、材料的复制件送交人民检察院。”第 99 条规定:“开庭审理前,当事人及其辩护人、诉讼代理人申请排除非法证据,人民法院经审查,对证据收集的合法性有疑问的,应当依照刑事诉讼法第一百八十二条第二款的规定召开庭前会议,就非法证据排除等问题了解情况,听取意见。人民检察院可以通过出示有关证据材料等方式,对证据收集的合法性加以说明。”第 100 条规定:“法庭审理过程中,当事人及其辩护人、诉讼代理人申请排除非法证据的,法庭应当进行审查。经审查,对证据收集的合法性有疑问的,应当进行调查;没有疑问的,应当当庭说明情况和理由,继续法庭审理。当事人及其辩护人、诉讼代理人以相同理由再次申请排除非法证据的,法庭不再进行审查。对证据收集合法性的调查,根据具体情况,可以在当事人及其辩护人、诉讼代理人提出排除非法证据的申请后进行,也可以在法庭调查结束前一并进行。法庭审理过程中,当事人及其辩护人、诉讼代理人申请排除非法证据,人民法院经审查,不符合本解释第九十七条规定的,应当在法庭调查结束前一并进行审查,并决定是否进行证据收集合法性的调查。”第 101 条规定:“法庭决定对证据收集的合法性进行调查的,可以由公诉人通过出示、宣读讯问笔录或者其他证据,有针对性地播放讯问过程的录音录像,提请法庭通知有关侦查人员或者其他人员出庭说明情况等方式,证明证据收集的合法性。公诉人提交的取证过程合法的说明材料,应当经有关侦查人员签名,并加盖公章。未经有关侦查人员签名的,不得作为证据使用。上述说明材料不能单独作为证明取证过程合法的根据。”第 102 条规定:“经审理,确认或者不能排除存在刑事诉讼法第五十四条规定的以非法方法收集证据情形的,对有关证据应当排除。人民法院对证据收集的合法性进行调查后,应当将调查结论告知公诉人、当事人和辩护人、诉讼代理人。”第 103 条规定:“具有下列情形之一的,第二审人民法院应当对证据收集的合法性进行审查,并根据刑事诉讼法和本解释的有关规定作出处理:(一)第一审人民法院对当事人及其辩护人、诉讼代理人排除非法证据的申请没有审查,且以该证据作为定案根据的;(二)人民检察院或者被告人、自诉人及其法定代理人不服第一审人民法院作出的有关证据收集合法性的调查结论,提出抗诉、上诉的;(三)当事人及其辩护人、诉讼代理人在第一审结束后才发现相关线索或者材料,申请人民法院排除非法证据的。”

(四)证明力评价指引规则

《刑事诉讼法解释》第104条规定:“对证据的真实性,应当综合全案证据进行审查。对证据的证明力,应当根据具体情况,从证据与待证事实的关联程度、证据之间的联系等方面进行审查判断。证据之间具有内在联系,共同指向同一待证事实,不存在无法排除的矛盾和无法解释的疑问的,才能作为定案的根据。”

二、审查认定物证、书证的专门规则

(一)审查认定物证、书证的基本规定

《刑事诉讼法解释》第69条规定:“对物证、书证应当着重审查以下内容:(一)物证、书证是否为原物、原件,是否经过辨认、鉴定;物证的照片、录像、复制品或者书证的副本、复制件是否与原物、原件相符,是否由二人以上制作,有无制作人关于制作过程以及原物、原件存放于何处的文字说明和签名;(二)物证、书证的收集程序、方式是否符合法律、有关规定;经勘验、检查、搜查提取、扣押的物证、书证,是否附有相关笔录、清单,笔录、清单是否经侦查人员、物品持有人、见证人签名,没有物品持有人签名的,是否注明原因;物品的名称、特征、数量、质量等是否注明清楚;(三)物证、书证在收集、保管、鉴定过程中是否受损或者改变;(四)物证、书证与案件事实有无关联;对现场遗留与犯罪有关的具备鉴定条件的血迹、体液、毛发、指纹等生物样本、痕迹、物品,是否已作DNA鉴定、指纹鉴定等,并与被告人或者被害人的相应生物检材、生物特征、物品等比对;(五)与案件事实有关联的物证、书证是否全面收集。”

(二)原始物证、书证优先规则

《刑事诉讼法解释》第70条规定,据以定案的物证应当是原物。原物不便搬运,不易保存,依法应当由有关部门保管、处理,或者依法应当返还的,可以拍摄、制作足以反映原物外形和特征的照片、录像、复制品。物证的照片、录像、复制品,不能反映原物的外形和特征的,不得作为定案的根据。物证的照片、录像、复制品,经与原物核对无误、经鉴定为真实或者以其他方式确认为真实的,可以作为定案的根据。

《刑事诉讼法解释》第71条规定,据以定案的书证应当是原件。取得原件确有困难的,可以使用副本、复制件。书证有更改或者更改迹象不能作出合理解释,或者书证的副本、复制件不能反映原件及其内容的,不得作为定案的根据。书证的副本、复制件，经与原件核对无误、经鉴定为真实或者以其他方式确认为真实的，可以作为定案的根据。

（三）物证、书证提取、检验不足的补救规则

《刑事诉讼法解释》第72条规定，对与案件事实可能有关联的血迹、体液、毛发、人体组织、指纹、足迹、字迹等生物样本、痕迹和物品，应当提取而没有提取，应当检验而没有检验，导致案件事实存疑的，人民法院应当向人民检察院说明情况，由人民检察院依法补充收集、调取证据或者作出合理说明。

（四）物证、书证的验真规则

《刑事诉讼法解释》第73条第1款规定，在勘验、检查、搜查过程中提取、扣押的物证、书证，未附笔录或者清单，不能证明物证、书证来源的，不得作为定案的根据。

（五）物证、书证收集轻微违法裁量排除规则

《刑事诉讼法解释》第73条第2款规定，物证、书证的收集程序、方式有下列瑕疵，经补正或者作出合理解释的，可以采用：(1)勘验、检查、搜查、提取笔录或者扣押清单上没有侦查人员、物品持有人、见证人签名，或者对物品的名称、特征、数量、质量等注明不详的；(2)物证的照片、录像、复制品，书证的副本、复制件未注明与原件核对无异，无复制时间，或者无被收集、调取人签名、盖章的；(3)物证的照片、录像、复制品，书证的副本、复制件没有制作人关于制作过程和原物、原件存放地点的说明，或者说明中无签名的；(4)有其他瑕疵的。第3款规定，对物证、书证的来源、收集程序有疑问，不能作出合理解释的，该物证、书证不得作为定案的根据。

三、审查认定视听资料、电子数据的专门规则

（一）审查认定视听资料、电子数据的基本规定

《刑事诉讼法解释》第92条规定，对视听资料应当着重审查以下内容：(1)是否附有提取过程的说明，来源是否合法；(2)是否为原件，有无复制及复制份数；是复制件的，是否附有无法调取原件的原因、复制件制作过程和原件存放地点的说明，制作人、原视听资料持有人是否签名或者盖章；(3)制作过程中是否存在威胁、引诱当事人等违反法律、有关规定的情形；(4)是否写明制作人、持有人的身份，制作的时间、地点、条件和方法；(5)内容和制作过程是否真实，有无剪辑、增加、删改等情形；(6)内容与案件事实有无关联。对视听资料有疑问的，应当进行鉴定。

《刑事诉讼法解释》第93条规定，对电子邮件、电子数据交换、网上聊天记录、博客、微博客、手机短信、电子签名、域名等电子数据，应当着重审查以下内容：(1)是否随原始存储介质移送；在原始存储介质无法封存、不便移动或者依法应当由有关部门保管、处理、返还时，提取、复制电子数据是否由二人以上进行，是否足

以保证电子数据的完整性,有无提取、复制过程及原始存储介质存放地点的文字说明和签名;(2)收集程序、方式是否符合法律及有关技术规范;经勘验、检查、搜查等侦查活动收集的电子数据,是否附有笔录、清单,并经侦查人员、电子数据持有人、见证人签名;没有持有人签名的,是否注明原因;远程调取境外或者异地的电子数据的,是否注明相关情况;对电子数据的规格、类别、文件格式等注明是否清楚;(3)电子数据内容是否真实,有无删除、修改、增加等情形;(4)电子数据与案件事实有无关联;(5)与案件事实有关联的电子数据是否全面收集。对电子数据有疑问的,应当进行鉴定或者检验。

(二)视听资料、电子数据验真规则

《刑事诉讼法解释》第 94 条规定,视听资料、电子数据具有下列情形之一的,不得作为定案的根据:(1)经审查无法确定真伪的;(2)制作、取得的时间、地点、方式等有疑问,不能提供必要证明或者作出合理解释的。

四、审查认定证人证言的专门规则

(一)审查认定证人证言的基本规定

《刑事诉讼法解释》第 74 条规定,对证人证言应当着重审查以下内容:(1)证言的内容是否为证人直接感知;(2)证人作证时的年龄,认知、记忆和表达能力,生理和精神状态是否影响作证;(3)证人与案件当事人、案件处理结果有无利害关系;(4)询问证人是否个别进行;(5)询问笔录的制作、修改是否符合法律、有关规定,是否注明询问的起止时间和地点,首次询问时是否告知证人有关作证的权利义务和法律责任,证人对询问笔录是否核对确认;(6)询问未成年证人时,是否通知其法定代理人或者有关人员到场,其法定代理人或者有关人员是否到场;(7)证人证言有无以暴力、威胁等非法方法收集的情形;(8)证言之间以及与其他证据之间能否相互印证,有无矛盾。

(二)缺陷证人证言排除或补强规则

《刑事诉讼法解释》第 75 条第 1 款规定,处于明显醉酒、中毒或者麻醉等状态,不能正常感知或者正确表达的证人所提供的证言,不得作为证据使用。

《刑事诉讼法解释》第 109 条第 1 项规定,下列证据应当慎重使用,有其他证据印证的,可以采信:(1)生理上、精神上有缺陷,对案件事实的认知和表达存在一定困难,但尚未丧失正确认知、表达能力的被害人、证人和被告人所作的陈述、证言和供述;……

(三)普通证人意见证言排除法则

《刑事诉讼法解释》第 75 条第 2 款规定,证人的猜测性、评论性、推断性的证言,不得作为证据使用,但根据一般生活经验判断符合事实的除外。

（四）严重瑕疵之证人证言排除规则

《刑事诉讼法解释》第 76 条规定，证人证言具有下列情形之一的，不得作为定案的根据：(1)询问证人没有个别进行的；(2)书面证言没有经证人核对确认的；(3)询问聋、哑人，应当提供通晓聋、哑手势的人员而未提供的；(4)询问不通晓当地通用语言、文字的证人，应当提供翻译人员而未提供的。

（五）轻微瑕疵之证人证言排除规则

《刑事诉讼法解释》第 77 条规定，证人证言的收集程序、方式有下列瑕疵，经补正或者作出合理解释的，可以采用；不能补正或者作出合理解释的，不得作为定案的根据：(1)询问笔录没有填写询问人、记录人、法定代理人姓名以及询问的起止时间、地点的；(2)询问地点不符合规定的；(3)询问笔录没有记录告知证人有关作证的权利义务和法律责任的；(4)询问笔录反映出在同一时段、同一询问人员询问不同证人的。

（六）证人证言的采信规则

《刑事诉讼法解释》第 78 条规定，证人当庭作出的证言，经控辩双方质证、法庭查证属实的，应当作为定案的根据。证人当庭作出的证言与其庭前证言矛盾，证人能够作出合理解释，并有相关证据印证的，应当采信其庭审证言；不能作出合理解释，而其庭前证言有相关证据印证的，可以采信其庭前证言。经人民法院通知，证人没有正当理由拒绝出庭或者出庭后拒绝作证，法庭对其证言的真实性无法确认的，该证人证言不得作为定案的根据。

（七）关系或利害冲突证人证言的补强规则

《刑事诉讼法解释》第 109 条第 2 项规定，下列证据应当慎重使用，有其他证据印证的，可以采信：……(2)与被告人有亲属关系或者其他密切关系的证人所作的有利被告人的证言，或者与被告人有利害冲突的证人所作的不利被告人的证言。

对被害人陈述的审查与认定，参照适用本节的有关规定。

五、审查认定被告人陈述与辩解的专门规则

（一）审查认定被告人陈述与辩解的基本规定

《刑事诉讼法解释》第 80 条规定，对被告人供述和辩解应当着重审查以下内容：(1)讯问的时间、地点，讯问人的身份、人数以及讯问方式等是否符合法律、有关规定；(2)讯问笔录的制作、修改是否符合法律、有关规定，是否注明讯问的具体起止时间和地点，首次讯问时是否告知被告人相关权利和法律规定，被告人是否核对确认；(3)讯问未成年被告人时，是否通知其法定代理人或者有关人员到场，其法定代理人或者有关人员是否到场；(4)被告人的供述有无以刑讯逼供等非法方法收集的情形；(5)被告人的供述是否前后一致，有无反复以及出现反复的原因；

被告人的所有供述和辩解是否均已随案移送;(6)被告人的辩解内容是否符合案情和常理,有无矛盾;(7)被告人的供述和辩解与同案被告人的供述和辩解以及其他证据能否相互印证,有无矛盾。必要时,可以调取讯问过程的录音录像、被告人进出看守所的健康检查记录、笔录,并结合录音录像、记录、笔录对上述内容进行审查。

(二)严重瑕疵之被告人供述的排除规则

《刑事诉讼法解释》第81条规定,被告人供述具有下列情形之一的,不得作为定案的根据:(1)讯问笔录没有经被告人核对确认的;(2)讯问聋、哑人,应当提供通晓聋、哑手势的人员而未提供的;(3)讯问不通晓当地通用语言、文字的被告人,应当提供翻译人员而未提供的。

(三)轻微瑕疵之被告人供述的裁量排除规则

《刑事诉讼法解释》第82条规定,讯问笔录有下列瑕疵,经补正或者作出合理解释的,可以采用;不能补正或者作出合理解释的,不得作为定案的根据:(1)讯问笔录填写的讯问时间、讯问人、记录人、法定代理人等有误或者存在矛盾的;(2)讯问人没有签名的;(3)首次讯问笔录没有记录告知被讯问人相关权利和法律规定的。

(四)被告人供述与辩解的采信规则

《刑事诉讼法解释》第83条规定,审查被告人供述和辩解,应当结合控辩双方提供的所有证据以及被告人的全部供述和辩解进行。被告人庭审中翻供,但不能合理说明翻供原因或者其辩解与全案证据矛盾,而其庭前供述与其他证据相互印证的,可以采信其庭前供述。被告人庭前供述和辩解存在反复,但庭审中供认,且与其他证据相互印证的,可以采信其庭审供述;被告人庭前供述和辩解存在反复,庭审中不供认,且无其他证据与庭前供述印证的,不得采信其庭前供述。

六、审查认定鉴定意见的专门规则

(一)审查认定鉴定意见的基本规定

《刑事诉讼法解释》第84条规定,对鉴定意见应当着重审查以下内容:(1)鉴定机构和鉴定人是否具有法定资质;(2)鉴定人是否存在应当回避的情形;(3)检材的来源、取得、保管、送检是否符合法律、有关规定,与相关提取笔录、扣押物品清单等记载的内容是否相符,检材是否充足、可靠;(4)鉴定意见的形式要件是否完备,是否注明提起鉴定的事由、鉴定委托人、鉴定机构、鉴定要求、鉴定过程、鉴定方法、鉴定日期等相关内容,是否由鉴定机构加盖司法鉴定专用章并由鉴定人签名、盖章;(5)鉴定程序是否符合法律、有关规定;(6)鉴定的过程和方法是否符合相关专业的规范要求;(7)鉴定意见是否明确;(8)鉴定意见与案件待证事实有无关联;

(9)鉴定意见与勘验、检查笔录及相关照片等其他证据是否矛盾;(10)鉴定意见是否依法及时告知相关人员,当事人对鉴定意见有无异议。

(二)刑事鉴定意见的排除规则

《刑事诉讼法解释》第85条规定,鉴定意见具有下列情形之一的,不得作为定案的根据:(1)鉴定机构不具备法定资质,或者鉴定事项超出该鉴定机构业务范围、技术条件的;(2)鉴定人不具备法定资质,不具有相关专业技术或者职称,或者违反回避规定的;(3)送检材料、样本来源不明,或者因污染不具备鉴定条件的;(4)鉴定对象与送检材料、样本不一致的;(5)鉴定程序违反规定的;(6)鉴定过程和方法不符合相关专业的规范要求的;(7)鉴定文书缺少签名、盖章的;(8)鉴定意见与案件待证事实没有关联的;(9)违反有关规定的其他情形。

(三)鉴定人拒不出庭之鉴定意见排除规则

《刑事诉讼法解释》第86条规定,经人民法院通知,鉴定人拒不出庭作证的,鉴定意见不得作为定案的根据。鉴定人由于不能抗拒的原因或者有其他正当理由无法出庭的,人民法院可以根据情况决定延期审理或者重新鉴定。对没有正当理由拒不出庭作证的鉴定人,人民法院应当通报司法行政机关或者有关部门。

(四)检验报告的审查认定规则

《刑事诉讼法解释》第87条规定,对案件中的专门性问题需要鉴定,但没有法定司法鉴定机构,或者法律、司法解释规定可以进行检验的,可以指派、聘请有专门知识的人进行检验,检验报告可以作为定罪量刑的参考。对检验报告的审查与认定,参照适用本节的有关规定。经人民法院通知,检验人拒不出庭作证的,检验报告不得作为定罪量刑的参考。

(五)测谎结论的审查认定规则

《最高人民检察院关于CPS多道心理测试鉴定结论能否作为诉讼证据使用问题的批复》(高检发研字〔1999〕12号)明确规定,CPS多道心理测试(俗称测谎)鉴定结论与刑事诉讼法规定的鉴定结论不同,不属于刑事诉讼法规定的证据种类。人民检察院办理案件,可以使用CPS多道心理测试鉴定结论帮助审查、判断证据,但不能将CPS多道心理测试鉴定结论作为证据使用。

(六)检察机关之法医审查意见的审查认定规则

《最高人民检察院关于检察机关的法医能否根据省级人民政府指定医院作出的医学鉴定作出伤情程度结论问题的答复》(高检发研字〔1999〕20号)指出,检察机关委托省级人民政府指定的医院进行刑事医学鉴定,其鉴定没有明确指明损伤程度等法医学问题的,检察机关的法医可以根据省级人民政府指定医院出具的医学鉴定,就伤情程度等问题提出法医学意见。办理案件的检察人员应当根据省级人民政府指定医院出具的关于伤情情况的鉴定并参照检察机关法医提出的法医学意见,综合进行审查判断,以正确认定案情。

(七)骨龄鉴定的审查认定规则

《最高人民检察院关于"骨龄鉴定"能否作为确定刑事责任年龄证据使用的批复》(高检发研字〔2000〕6号)规定,犯罪嫌疑人不讲真实姓名、住址,年龄不明的,可以委托进行骨龄鉴定或其他科学鉴定,经审查,鉴定结论能够准确确定犯罪嫌疑人实施犯罪行为时的年龄的,可以作为判断犯罪嫌疑人年龄的证据使用。如果鉴定结论不能准确确定犯罪嫌疑人实施犯罪行为时的年龄,而且鉴定结论又表明犯罪嫌疑人年龄在刑法规定的应负刑事责任年龄上下的,应当依法慎重处理。

七、审查认定笔录证据的专门规则

(一)审查认定刑事勘验、检查笔录的基本规定

《刑事诉讼法解释》第88条规定,对勘验、检查笔录应当着重审查以下内容:(1)勘验、检查是否依法进行,笔录的制作是否符合法律、有关规定,勘验、检查人员和见证人是否签名或者盖章;(2)勘验、检查笔录是否记录了提起勘验、检查的事由,勘验、检查的时间、地点,在场人员、现场方位、周围环境等,现场的物品、人身、尸体等的位置、特征等情况,以及勘验、检查、搜查的过程;文字记录与实物或者绘图、照片、录像是否相符;现场、物品、痕迹等是否伪造、有无破坏;人身特征、伤害情况、生理状态有无伪装或者变化等;(3)补充进行勘验、检查的,是否说明了再次勘验、检查的原由,前后勘验、检查的情况是否矛盾。

(二)勘验、检查笔录的裁量排除规则

《刑事诉讼法解释》第89条规定,勘验、检查笔录存在明显不符合法律、有关规定的情形,不能作出合理解释或者说明的,不得作为定案的根据。

(三)刑事辨认结果的审查认定规则

《刑事诉讼法解释》第90条规定,对辨认笔录应当着重审查辨认的过程、方法,以及辨认笔录的制作是否符合有关规定。辨认笔录具有下列情形之一的,不得作为定案的根据:(1)辨认不是在侦查人员主持下进行的;(2)辨认前使辨认人见到辨认对象的;(3)辨认活动没有个别进行的;(4)辨认对象没有混杂在具有类似特征的其他对象中,或者供辨认的对象数量不符合规定的;(5)辨认中给辨认人明显暗示或者明显有指认嫌疑的;(6)违反有关规定、不能确定辨认笔录真实性的其他情形。

(四)侦查实验笔录的审查认定规则

《刑事诉讼法解释》第91条规定,对侦查实验笔录应当着重审查实验的过程、方法,以及笔录的制作是否符合有关规定。侦查实验的条件与事件发生时的条件

有明显差异,或者存在影响实验结论科学性的其他情形的,侦查实验笔录不得作为定案的根据。

(五)技术侦查所获证据的审查认定规则

《刑事诉讼法解释》第107条规定,采取技术侦查措施收集的证据材料,经当庭出示、辨认、质证等法庭调查程序查证属实的,可以作为定案的根据。使用前款规定的证据可能危及有关人员的人身安全,或者可能产生其他严重后果的,法庭应当采取不暴露有关人员身份、技术方法等保护措施,必要时,审判人员可以在庭外核实。

(六)破案材料的审查认定规则

《刑事诉讼法解释》第108条规定,对侦查机关出具的被告人到案经过、抓获经过等材料,应当审查是否有出具该说明材料的办案人、办案机关的签名、盖章。对到案经过、抓获经过或者确定被告人有重大嫌疑的根据有疑问的,应当要求侦查机关补充说明。

八、审查认定侦查机关外的主体所搜集证据的专门规则

(一)行政程序中所收集证据的审查认定规则

《刑事诉讼法解释》第65条规定,行政机关在行政执法和查办案件过程中收集的物证、书证、视听资料、电子数据等证据材料,在刑事诉讼中可以作为证据使用;经法庭查证属实,且收集程序符合有关法律、行政法规规定的,可以作为定案的根据。根据法律、行政法规规定行使国家行政管理职权的组织,在行政执法和查办案件过程中收集的证据材料,视为行政机关收集的证据材料。

(二)保卫处科所收集证据的审查认定规则

《最高人民法院、最高人民检察院、公安部关于机关团体和企业事业单位保卫处科在查破案件时收集的证据材料可以在刑事诉讼中使用的通知》(1982年7月6日)规定,县(市辖区)直属以上的机关、团体、企业、事业单位保卫处、科,在公安机关指导下,查破一般反革命案件和其他一般刑事案件时,可以依法进行现场勘查、询问证人、讯问被告人、追缴赃款赃物的工作。对于需要逮捕或应当移送起诉的案件(不含由人民检察院直接受理的案件),保卫处、科应将案卷连同通过上述工作获取的证据材料,一并报送县以上公安机关审核同意后,由公安机关提请人民检察院审查决定。保卫处、科依照法定程序所获取的证据材料,可以在刑事诉讼中使用。

九、审查认定法定量刑情节事实的专门规则

(一)自首、坦白、立功证据与事实的审查认定规则

《刑事诉讼法解释》第110条规定,证明被告人自首、坦白、立功的证据材料,没有加盖接受被告人投案、坦白、检举揭发等的单位的印章,或者接受人员没有签名

的,不得作为定案的根据。对被告人及其辩护人提出有自首、坦白、立功的事实和理由,有关机关未予认定,或者有关机关提出被告人有自首、坦白、立功表现,但证据材料不全的,人民法院应当要求有关机关提供证明材料,或者要求相关人员作证,并结合其他证据作出认定。

(二)累犯、再犯证据的审查认定

《刑事诉讼法解释》第111条规定,证明被告人构成累犯、毒品再犯的证据材料,应当包括前罪的裁判文书、释放证明等材料;材料不全的,应当要求有关机关提供。

(三)被告人年龄的审查认定

《刑事诉讼法解释》第112条规定,审查被告人实施被指控的犯罪时或者审判时是否达到相应法定责任年龄,应当根据户籍证明、出生证明文件、学籍卡、人口普查登记、无利害关系人的证言等证据综合判断。证明被告人已满十四周岁、十六周岁、十八周岁或者不满七十五周岁的证据不足的,应当认定被告人不满十四周岁、不满十六周岁、不满十八周岁或者已满七十五周岁。

【问题与思考】

1. 谈谈你对自由心证的认识。
2. 分析五种证据理论分类的标准和作用。
3. 谈谈你对我国《刑事诉讼法》法定证据种类划分的看法。
4. 试比较中国刑事证据审查认定规则和美国联邦证据规则之间的异同。

第九章 刑事诉讼证明

【内容提要】

一般来讲,“证明”就是用已知的证据事实来明确或表明未知的待证事实。根据一定的标准,可以将证明分为行为意义上的证明和结果意义上的证明,或者严格证明和自由证明。刑事诉讼证明对象一般包括如下事实:被指控犯罪行为构成要件的事实,与犯罪行为轻重有关的各种量刑情节事实,排除行为的违法性、可罚性和行为人刑事责任的事实,刑事诉讼程序事实。不过,有些事实无须证明,可以直接认定。关于证明责任和证明标准,我们主张主要借鉴英美法系的证明责任概念和证明标准概念,在证明责任这一总概念之下进一步区分为说服责任和证据提供责任,两者又分别对应不同的证明标准。对于一般的犯罪构成要件事实,公诉人(或自诉人)承担证明至“事实清楚、证据确实充分”程度的说服责任和最初阶段的证据提供责任;被告人对积极的犯罪构成要件事实承担阻止公诉人(或自诉人)达到证明标准的证据提供责任(至产生合理怀疑程度)。对于辩护方提出的没有刑事责任能力、不可抗力、正当防卫、紧急避险等阻却违法性和有责性的事实以及没有犯罪时间、不在犯罪现场等积极抗辩主张,辩护方应当首先承担证据提供责任至产生合理怀疑程度;一旦被告主张并履行证据提供责任,则公诉人(或自诉人)应当承担证明其不存在至“事实清楚、证据确实充分”程度的说服责任。

第一节 刑事诉讼证明的概念和对象

一、刑事诉讼证明的概念和特点

一般来讲,“证明”就是用已知的证据事实来明确或表明未知的待证事实。刑事诉讼中的证明是指控辩双方(在刑事自诉案件中是自诉人和被告人)运用已知的证据让法官确信待证事实存在与否的诉讼行为或诉讼结果。

诉讼证明具有相对真实性。所谓相对真实性是指证明的案件事实与实际上发生的事实不可能完全吻合。之所以诉讼证明具有相对真实性,有以下几个方面的原因。

第一,人的认识具有主观性和客观性,主观的认识结果必须完全符合客观情况,认识才具有绝对的真理性。但是,不论从理论上还是从经验上,我们都做不到这一点,因为主观和客观的两极对立永远无法消除。因此,作为主观的人的认识,与客观世界或者客观发生的事情,不可能完全一致,而是只能达到最大限度的一致性。从真理的绝对性与相对性看也是如此,辩证唯物主义认为人的思维是至上的,是能够认识客观世界的,但这里的思维不是单个人的思维,而是"作为无数的过去、现在和未来的人的个人思维而存在"。这就是说,辩证唯物主义可知论是从人类在整体上,在无止境的时代更迭中所具有的对客观世界的无限认识能力或所能实现的终极认识目标上来说的,而不是每一次具体认识活动都能发现或达到绝对真理。具体到诉讼领域,一次诉讼所能查明的事实只能具有相对意义上的客观性,对案件的认识也只能达到一种"相对真理",证明结果也只能是达到一种相对性。

第二,诉讼证明制度本身的特点决定了其结果的相对性。在诉讼领域,案件事实必须通过证据来证明,但是,证据本身的真实性不可能是先验的,它仍然要通过其他证据来证明,而其他证据的真实性还需要其他证据来证明……如此推演下去,诉讼证明从逻辑上说就是不可能完成的任务。但是,人类的理性却会在一个可以接受的水平上让这种无限推演的证明活动停止下来。这是因为人们具有共同的知识框架或背景,它们是公认的、不用证明即可接受的规则。这些作为共同知识框架或背景的东西,就是证明领域中所谓的经验规则。它们构成了证明推理中的大前提。但这些经验规则并不是绝对的,因此,关于诉讼证明的结论,也只能是相对的。

第三,法律价值的冲突和协调造成了证明的相对性。一种诉讼程序不仅要追求对案件事实的真理性的认识,而且还要在正义、秩序、效率等价值之间作出适当协调,如果以牺牲这些法律价值为代价,则会造成物极必反的效果。比如,单纯为了发现案件的真实情况,将诉讼过程无限期地拖延下去,则对于当事人来说,未必称得上是正义的,因为迟来的正义为非正义;同时,在案件持续期间,秩序和效率也会遭到破坏,这是任何一个正常人都无法容忍的。实际上,法律并不要求完全发现案件的客观真实情况。就刑事案件而言,只要证明达到了法律规定的标准,如《刑法》关于犯罪构成要件的规定,主要事实或者基本事实查清,就可以定案了。如果在法定的诉讼期限内完不成证明任务,也应当依法结案。

第四,司法活动与科学研究不同。科学研究的对象是客观存在的事物,司法活动的证明对象不仅包括客观存在的事物,还包括当事人的心理活动;科学研究揭示的规律具有普遍性,因而可以轻易地进行检验,司法活动证明的对象具有不可回复性,一旦发生,根本无法将其重演;科学研究的唯一目的是为了追求真理,司法活动在此之外,还要协调各种价值;科学研究可以采取人类所能承受的各种手段,甚至不计成本,而司法活动则必须使用法律允许的手段,并且有严格的期间甚至人员限制。总之,与科学研究相比,诉讼上的证明在客观上是不全面的,是相对的。

诉讼证明本质上具有相对性绝不意味着我们不承认诉讼证明能达到绝对真实,只是提醒我们注意在"诉讼证明"中发现绝对真实是需要大量成本的,我们不能奢望每个案件都要不计成本地发现绝对真实。

二、刑事诉讼证明的分类

根据一定的标准,可以对诉讼证明进行以下分类。

(一)行为意义上的证明和结果意义上的证明

这是以证明的表现形态为标准所作的分类。行为意义上的证明是证明行为,指证明主体根据已知事实查明案件事实的活动。结果意义上的证明,是指运用已知事实查明案件事实的结果,特别是指审判人员对案件事实形成确信的心态。行为意义上的证明可以进一步分为取证、举证、质证和认证等行为,这些行为表现为连续的证明过程;而结果意义上的证明可以进一步分为严格证明与自由证明。

(二)严格证明与自由证明

在我国台湾地区及日本,证明分为严格证明与自由证明。所谓严格证明,是指以具有证据法上所定证据能力的证据,通过符合一定格式的证据调查程序而达到排除合理怀疑的确证程度的证明。在刑事诉讼中,应当进行严格证明的待证事实主要包括犯罪构成要件事实、法定从重情节、阻却事由、不利于被告人的量刑情节。自由证明,与严格证明相对,是指不需要严格证明的证明。对于自由证明而言,其证据材料法律未加以严格限制,纵使用无证据能力或未经合法调查程序的资料,凡依适当方法所取得者,依法官合理之自由裁量得采为诉讼上事实之证明,谓之自由证明。[①] 在刑事诉讼中,应当进行自由证明的待证事实主要包括程序法事实、法定减免情节、酌定量刑情节、有利于被告人的量刑情节等。

---

① 褚剑鸿:《刑事诉讼法论》(第5版),台湾商务印书馆2001年版,第266页。

第二节　刑事诉讼证明对象

一、刑事诉讼证明对象

刑事诉讼中的证明对象，又称“待证事实”或“要证事实”，是指需要当事人或者有关司法机关运用证据加以证明的事实。①

根据有关司法解释和诉讼实践，我国刑事诉讼中的证明对象根据其内容大致分为实体法事实和程序法事实。

（一）实体法事实

实体法事实是指对解决刑事案件的实体处理即定罪量刑问题具有法律意义的事实。刑事诉讼所要解决的中心问题是被告人的定罪量刑问题。因此，实体法事实是刑事诉讼中基本的、主要的证明对象。刑事诉讼中需要证明的实体法事实主要由刑事实体法规定。不过，《刑事诉讼法解释》第 64 条第 1 款对此作了大致归纳。该条规定：“应当运用证据证明的案件事实包括：（一）被告人、被害人的身份；（二）被指控的犯罪是否存在；（三）被指控的犯罪是否为被告人所实施；（四）被告人有无刑事责任能力，有无罪过，实施犯罪的动机、目的；（五）实施犯罪的时间、地点、手段、后果以及案件起因等；（六）被告人在共同犯罪中的地位、作用；（七）被告人有无从重、从轻、减轻、免除处罚情节；（八）有关附带民事诉讼、涉案财物处理的事实；（九）有关管辖、回避、延期审理等的程序事实；（十）与定罪量刑有关的其他事实。”

具体来说，刑事诉讼中需要证明的实体法事实主要包括以下四项内容。

1. 有关犯罪构成要件的事实

构成要件是指被指控的犯罪行为成立的要件。《刑法》规定的各种犯罪之所以成立并且相互区别，是因为它们各自的构成要件不同。每一种犯罪行为都有自己的构成要件，使犯罪得以被确认，并且在概念上有所区别。被指控的犯罪不同，证明对象所包含的要件事实也就不同。学理认为，一般的犯罪行为的构成要件有四个：一是犯罪客体，是指《刑法》所保护的、犯罪行为所侵害的具体的社会关系、政治关系、经济关系等；二是犯罪主体，是指实施了危害社会的行为、依法应负刑事责任的人；三是犯罪的客观方面，是指犯罪嫌疑人、被告人所实施的危害社会的行为，以及与犯罪行为有关的各项客观事实，如犯罪的时间、地点、手段、危害社会的结果等；四是犯罪的主观方面，是指犯罪嫌疑人、被告人实施犯罪行为时所持的主

① 陈一云主编：《证据学》（第 2 版），中国人民大学出版社 2001 年版，第 128 页。

观心理态度,如故意、过失等。

对于以上四个方面的构成要件,有的学者总结了一个便于掌握的、有可操作性的公式:(1)何人——犯罪的主体要件;(2)何种动机与目的——犯罪的主观方面要件;(3)何时——犯罪的时间,属于客观方面的要件;(4)何地——犯罪的地点;(5)何种手段——犯罪方法,属于客观方面的要件;(6)何行为——犯罪行为的表现形式,如杀人、盗窃等;(7)何种危害后果——犯罪行为造成的损害,属于客观方面的要件。以上七个方面连贯起来,可以把刑事诉讼证明对象概括为:何人基于何动机与目的,在何时、何地,用何种方法实施了何种行为,产生了何种危害后果。当然,在这七个要件中,并不是每个犯罪对于所有因素都不可或缺,或处在相同的重要地位的。只有犯罪行为构成的四个一般要件,才是必不可少的。

2. 影响量刑轻重的情节事实

量刑是定罪基础上进一步产生的问题。关于量刑的事实与关于定罪的事实有不同的意义。前者是关于犯罪行为的量的规定,后者是关于犯罪行为的质的规定,前者只是在后者的基础上才对后者起补充作用。

根据我国《刑法》的规定,有关量刑事实称为情节事实,分为法定情节事实和酌定情节事实,具体包括:(1)从重处罚的事实。如组织、领导犯罪集团或者在共同犯罪中起主要作用,教唆不满18周岁的人犯罪,累犯等。(2)从轻、减轻处罚或者免除处罚的事实。如犯罪未遂、犯罪中止,在共同犯罪中起次要或者辅助作用的从犯或者系被胁迫、诱骗参加犯罪的胁从犯等,犯罪人在犯罪时不满18周岁,犯罪人是又聋又哑的人或者是盲人,犯罪以后自首等。

3. 排除行为的违法性、可罚性或排除、减轻行为人刑事责任的事实

《刑事诉讼法》第2条规定:“中华人民共和国刑事诉讼法的任务,是保证准确、及时地查明犯罪事实,正确应用法律,惩罚犯罪分子,保障无罪的人不受刑事追究,教育公民自觉遵守法律,积极同犯罪行为作斗争,维护社会主义法制,尊重和保障人权,保护公民的人身权利、财产权利、民主权利和其他权利,保障社会主义建设事业的顺利进行。”惩罚犯罪和保障无罪的人不受刑事追究,是我国《刑事诉讼法》所要完成的两大并重的任务。据此,行为人有罪的事实应当全面查清,排除行为人行为可罚性的事实也应当查清。

(1)排除行为违法性的事实。某些行为在外观上类似犯罪行为,但由于客观条件和支配这些行为的目的、动机等主观意志具有正当性,《刑法》明确否定这类行为的犯罪性质。行为既然因排除了其中的违法性因素而不构成犯罪,当然也就排除了受刑事追究的可能性。根据《刑法》规定,这类行为有正当防卫、紧急避险等。

(2)排除可罚性的事实。这类事实一经发生,尽管构成犯罪,但并不产生相应的刑事处罚责任。例如,犯罪行为实施后已过多年,超出了《刑法》所规定的追诉时效;经特赦令免除刑罚的;依照《刑法》告诉才处理的犯罪,被害人没有告诉,或者告诉后又撤诉的;被告人已经死亡等。

(3)排除或减轻刑事责任的事实。如果犯罪嫌疑人、被告人没有达到法定的刑事责任年龄,或者行为人在实施犯罪行为时,处于精神不正常状态,根据《刑法》规定,行为人即属无刑事责任的人或限制刑事责任的人。对于他们的行为所造成的危害结果,《刑法》规定不追究刑事责任或减轻刑事责任。根据我国《刑法》有关规定,行为人不满 14 周岁,不负刑事责任;已满 14 周岁但不满 16 周岁,只有犯罪行为属于故意杀人、故意伤害致人重伤或者死亡、强奸、抢劫、贩卖毒品、放火、爆炸、投毒罪的,才负刑事责任。可判处死刑处罚的责任年龄,必须在实施犯罪的时候已年满 18 周岁等。

4. 被告人的个人情况

它包括被告人的姓名、性别、年龄、籍贯、民族、文化程度、职业、住址、道德品质以及有无前科等。在被告人的个人情况中,有些是与犯罪构成要件中犯罪主体的事实相重合的,如年龄、职业等。具体如不满 14 周岁的人犯罪不负刑事责任;不是国家工作人员的人犯罪不构成渎职罪等。此外,确定被告人身份,对于避免张冠李戴发生错案、评定被告人的人身危险程度以及确定刑事责任的有无和轻重都具有一定意义。

(二)程序法事实

程序法事实是指对于解决案件的诉讼程序问题具有重要法律意义的事实。由于程序问题涉及案件处理的程序公正与实体公正,而且诉讼过程中,公安司法机关有责任依法办案并证明行为的合法性,因此,关系到程序法适用的事实也是证明对象。

在刑事诉讼中视案件的具体情况需要加以证明的程序法事实主要包括:(1)有关应否受理和管辖的事实;(2)有关申请回避的事实;(3)有关对犯罪嫌疑人、被告人采取强制措施是否符合法定条件的事实;(4)有关对案件采取搜查、扣押、技术侦查等强制性侦查措施是否合法的事实;(5)有关审判组织组成是否合法的事实;(6)有关诉讼程序的进行是否超过法定期限的事实;(7)司法机关侵犯犯罪嫌疑人、被告人等当事人诉讼权利的事实;(8)与执行的合法性有关的事实,如犯罪嫌疑人、被告人"是否怀孕"的事实;(9)其他与程序的合法性或者公正审判有关的事实,如延期审理的事实等。

二、刑事诉讼无须证明的事实

刑事诉讼中无须证明的事实是指不需要控辩双方举出证据加以证明的事实。

对于此类事实,《刑事诉讼法》未明确规定,《刑事诉讼法规则(试行)》第437条规定:“在法庭审理中,下列事实不必提出证据进行证明:(一)为一般人共同知晓的常识性事实;(二)人民法院生效裁判所确认的并且未依审判监督程序重新审理的事实;(三)法律、法规的内容以及适用等属于审判人员履行职务所应当知晓的事实;(四)在法庭审理中不存在异议的程序事实;(五)法律规定的推定事实;(六)自然规律或者定律。”根据该规定,我国刑事诉讼中无须证明的事实可分为以下六类。

(一)众所周知的事实

众所周知的事实,也叫公知的事实,是指在一定范围内为普通知识经验的人所知晓的事实。这里所指一定范围内为人知晓,当然包括案件审理的法官。具体的案件审理中,由审理案件的法官判断有关事实是否属于众所周知的事实。众所周知的事实,当事人无须加以证明。

(二)已为人民法院发生法律效力的裁判所确认的事实

为裁判所确认的事实,是指本案所涉及的事实已经在其他已经审结的案件中被人民法院确认。被确认的事实的裁判,可能是本院作出的,也可能是其他人民法院作出的。

(三)国内制定法事实

法院要作出裁判,要从事实和法律适用两个方面进行。对于国内制定法,应遵从“法官知悉法律”的原则,当事人不承担证明的义务;即使不知,也可以依职权进行调查了解。因此,一般情况下,案件所适用的法律是否存在及其内容,并不需要当事人加以证明。

(四)无争议的程序事实

无争议之事实包括实体性事实与程序性事实。在民事诉讼中,有自认的制度,对于当事人自认的事实,通常无须证明;在刑事诉讼中,被告人的自认被称为“自白”。在西方国家,自白只要具有自愿性或者真实性,其所指向的事实,通常不再需要证明。在我国,没有采纳有罪答辩制度,因此,即使被告人作有罪答辩,案件仍然要经过人民法院审判,公诉人仍然要在法庭上指控犯罪,犯罪事实仍然必须得到证明。因此,无争议的事实作为无须证明之事实,并不包括实体性事实,而仅包括程序性事实。

(五)根据法律规定能推定出的另一事实

刑事诉讼中的推定,特指推论推定,是指规定一旦某一(组)基础事实被证明法官必须或可以假定待证事实或事项存在,但允许异议方反驳该被假定事实或事项的法律规则。推定具有以下四个基本特征:首先,推定必须具有法律规范性。所谓法律规范性,是指推定规则必须被法律明文规定。其次,推定必须具有预先假定性。所谓预先假定性是指推定必须预先假定某待证事实或某待证事物存在或不存在。凡不具备这一核心要素的都不是推定。再次,推定必须具有可反驳性,这里特指被预先假定的事实或事项存在或不存在必须可被反驳,不包括基础条件的可反驳性。凡规定该预先假定不可被反驳的不是推定。最后,事实推断性,即必须是根据基础事实才能推断待证事实或事物的存在或不存在。

将推定事实列为无须证明的事实,有三点需要说明:第一,推定主张方必须先证明基础事实,才能适用推定规则得出推定事实。第二,一旦适用了推定规则,推定主张方暂时无须举证证明推定事实,裁判者必须暂时确认推定事实;如果推定不利方不予反驳或提不出符合法律要求的反驳,则裁判者必须最终确认推定事实。第三,推定事实允许反驳。在推定不利方提出相反的证据推翻推定事实的情况下,推定事实将重新成为证明的对象。

一般认为,我国《刑法》规定的各类犯罪中,真正属于推定规范的只有巨额财产来源不明罪。《刑法》第 395 条第 1 款规定:“国家工作人员的财产、支出明显超过合法收入,差额巨大的,可以责令该国家工作人员说明来源,不能说明来源的,差额部分以非法所得论……”原则上只有控方应当证明被告巨额财产来源非法,才能科以被告罪责。但是考虑到中国目前的实际情况,要检察官完全证明被告巨额财产来源非法,非常困难,于是法律将证明被告巨额财产来源合法的责任倒置给被告,只要被告不能证明这一点,就以巨额财产来源不明罪来处理,也即推定为非法所得。

(六)自然规律及定理

所谓自然规律是指客观事物在特定条件下内在的、本质的联系。所谓定理是指在科学上通过特定条件已被反复证明其发生变化过程的某种必然规律,被人们普遍采用作为原则性命题或公式。自然规律和定理已经为人们所认识并反复验证,所以无须加以证明。

第三节 证明责任

一、古代罗马法上的证明责任

古罗马法谚云:“法官只知法,事实须证明。”[①]既须证明,自然产生证明责任问题。从有关文献来看,古罗马的诉讼中,原告承担证明责任。因为“原告不举证,被

① 黄风编著:《罗马法词典》,法律出版社 2002 年版,第 137 页。

告即开释。"[①]意思就是,原告在诉讼中负有举证责任,如不履行责任,被告将获得胜诉。但是,这一原则显然仅仅解决证明责任分配的一部分问题,如果原告举出证据,被告加以反驳,并提出新的主张与事实,此时当如何处理?罗马法谚云:"谁主张,谁举证。"因此,提出主张之人有举证责任。但主张有肯定性主张与否定性主张之分,若原告提出一诉讼主张,被告予以否认,实际上也是在提出主张,是否均应负举证责任?罗马法谚云:"否认者不负举证责任。"[②]又:"凡事应为否认人之利益推定之。"此谚语经法律家解释为:"举证责任在于肯定主张之人而不存于否定之人。"[③]

根据以上格言可见,在古代罗马法上,证明责任即举证责任,其含义是指诉讼过程中原被告双方必须举出一定证据证明自己提出的诉讼主张,在不能完成该义务时负担败诉风险的责任。

从这一概念可以看出,证明责任首先与诉讼主张联系在一起,没有诉讼主张,不产生证明责任;其次,证明责任是一种义务,它是提出证据支持并证明自己的诉讼主张的义务;第三,证明责任表现为一种风险机制,它在本质上是当事人对于自己的诉讼主张不能提供相应证据加以证明时所负担的败诉风险。

古代罗马法上证明责任的分配,乃是近现代各国诉讼法上证明责任分配之开端。由于各国法律及政策之不同,以及诉讼模式之差异,使得在有些诉讼制度下,法官得自行收集证据,从而减轻当事人之证明责任;在另一些诉讼制度下,则完全采取当事人主义,证明责任完全由当事人承担,由此而导致各国证明责任之分配并非完全一致。

二、英美法系刑事诉讼中之证明责任

(一)英美法系关于证明责任的两个概念[④]

(1)说服责任(Burden of Persuasion)。其是指在整个诉讼过程中,提出证据证明主张事实之各个要素并使事实的裁判者相信该事实存在的责任。在美国证据法上,当我们说原告对待证事实 A 承担说服责任,我们的意思是在证据调查结束时,如果陪审团不能确定待证事实 A 已经被证实到相应确定程度(在刑事案件中通常是排除合理怀疑程度),陪审团必须就待证事实 A 作出不利于原告的决定。

(2)证据提供责任(Burden of Production)。其是指当事人在诉讼的不同阶段

① 黄风编著:《罗马法词典》,法律出版社 2002 年版,第 20 页。

② 黄风编著:《罗马法词典》,法律出版社 2002 年版,第 183 页。

③ 李学灯:《证据法比较研究》,五南图书出版公司,第 69 页。

④ 关于英美法中证明责任之概念,主要参见〔美〕Stewen L. Emanual:*Evidence*,中信出版社 2003 年,第 549—552 页。

提出证据证明所主张或所反驳的事实使法庭相信该事实存在的责任。在美国证据法上,如果我们说原告对待证事实A承担证据提供责任,我们的意思是原告有责任提出一些证据来证明待证事实A存在。如果原告没能满足这一要求,法院将适用法律就该待证事实A作出对原告不利的认定。针对争议事实A的证据提供责任能够且经常在整个审判过程中发生转移。

二者的区别表现在:在刑事诉讼中,说服责任永远由控诉方承担,证据提供责任则可以在控诉方与被告人之间转移;说服责任对应的是整个案件事实,证据提供责任则可以是特定的案件事实,也可以是某个案件事实的某一方面(比如说,主体不合格)。说服责任相应的证明标准是排除合理怀疑,证据提供责任的证明标准则因不同的当事人而异:对控诉方而言,由于他在总体上必须将案件事实证明到排除合理怀疑的程度,所以对控诉方的证明要求比较高;对被告人而言,则只需要对控诉方所主张的事实提出合理怀疑即可。

(二)英美法系刑事诉讼中证明责任之分担

在英国刑事诉讼中,控诉方必须对指控犯罪事实的全部要件承担证明责任,而且都必须证明到排除合理怀疑的程度。这是控诉方承担的说服责任。被告方不承担说服责任,但是在诉讼的不同阶段,被告方承担一定的证据提供责任。被告方对阻却违法性事实(包括正当防卫、紧急避险、不可抗力、意外事件)、患有精神病等事实承担证据提供责任。被告方的举证仅限于提出合理解释,在被告方提出这一主张并举出相应证据后,控诉方有义务加以反驳,并且必须将与被告方提出的事实相反的结论证明到排除合理怀疑的程度。

在美国刑事诉讼中,宪法上的正当程序条款要求控诉方对特定犯罪的要件事实承担证据提供责任和说服责任(证明至排除合理怀疑程度)。例如,如果某州规定谋杀罪是预谋剥夺另一个人的生命,则该罪的要件事实是:(1)剥夺另一个人的生命;(2)预谋的精神状态。不过,宪法上的正当程序条款对“肯定辩护”没有要求。肯定辩护包括可得宽恕和正当理由。可得宽恕包括未成年、错误、精神病、被迫行为等,是指在法律上行为是不法的,但是由于特殊的原因而不宜定罪,相当于大陆法系刑法上的责任阻却事由;正当理由包括紧急避险、正当防卫、警察圈套等,是指行为在实质上有利于社会而被认为是正当的,相当于大陆法系刑法上的违法阻却事由。大体上,各州都可以要求被告承担肯定辩护的证据提供责任,即使某一行为或精神状态同时构成犯罪要件事实和肯定辩护事实。但是,说服责任的承担与证据提供责任不尽相同。如果一项抗辩是一项真正的肯定辩护,即该抗辩与特定犯罪要件事实不重合,则州可以要求被告承担证明该肯定辩护的说服责任(证明至优势证据程度)。如果一项抗辩与特定犯罪要件事实重合,则控诉方必须承担证明该肯定辩护的说服责任(证明至排除合理怀疑程度)。[①]

关于英美法系刑事诉讼中证明责任的分担,在英国有一个案例阐述得非常明确:被告人被指控开枪谋杀自己的妻子,被告人辩解说是因为枪走火。在法庭辩论结束时,法官指示陪审团说:一旦检察官证明了被害人的死亡是由于被告人的行为所造成的,被告人就必须证明其行为不是谋杀。这一指示被上级法院认为是错误的指示,该案被发回重审。维斯康特·桑克为此案判决写的理由是:“在英国刑法之网中有一条可以经常看到的金线,那就是,控诉方有义务证明被告人有罪……如果在案件结束时,就案件整体而言,对于被告人杀死被害人是否出于主观上的故意这一问题,还存在着任何合理的怀疑,这种怀疑不论是由控诉方所提出,还是由被告人所提出,都应当认为,控诉方没有完成对案件的证明,从而应当将被告人无罪释放。不论指控的内容如何以及在何处审判,被告人有罪的事实都应当由控诉方承担,这是英国普通法的一部分,而且任何试图损害这一原则的努力都不会得逞!”[②]

三、大陆法系证据法上之证明责任:以德国为例

对于大陆法系国家的证据理论,我们目前所知比较多的是德国。德国法学家尤利乌斯·格雷塞(Julius Glaser)最早提出主观证明责任与客观证明责任之间的区分。

(一)主观证明责任与客观证明责任

(1)主观证明责任。又称为行为责任或形式上的证明责任,是指当事人为避免不利于己的判决而承担的,证明自己主张的事实是否存在的责任。

(2)客观证明责任。又称为结果责任或实质上的证明责任,是指法律规定的要件事实在法律审理的最后阶段仍然真伪不明时,由对该要件事实负有主张责任的当事人承担不利后果的责任。

客观证明责任与主观证明责任的区别在于:客观证明责任是实体法预先确定的责任,它是实体法预先规定的在事实真伪不明时由谁承担不利后果的责任。比如,《中华人民共和国产品质量法》规定的制造商的证明责任,由于这种证明责任的存在,如果由于产品质量问题发生诉讼,则在该产品质量是否存在问题这一事实真伪不明时,由制造商承担败诉的不利后果,这就是客观责任。主观责任则是程序法上的一种责任,它是诉讼中的当事人为避免败诉的风险而承担的证明责任。

由于客观证明责任是由实体法预先确定的,所以客观证明责任又称为实体法上的证明责任。主观证明责任则由于直接与诉讼有关,因而是程序法上的证明责

---

① 参见〔美〕Stewen L. Emanual:*Evidence*,中信出版社2003年版,第549—552页。

② Woolmington v. DPP(1935)AC462.

任。在德国,主观证明责任是程序法上证明责任的一个总的概念,在这个概念之下,又有两个分概念,那就是抽象主观责任与具体主观责任。

(二)抽象主观责任与具体主观证明责任

(1)抽象主观证明责任。当人们抛开具体的诉讼程序和具体的案件事实,就一个抽象的要件事实,比如说谋杀案件中的主观故意事实发问,由谁来承担在诉讼中对该要件事实举证的责任,那么这就是抽象主观证明责任。

(2)具体主观证明责任。如果在一个特定的诉讼中,当法官对某一特定的要件事实,已经形成了临时的内心确信,在这种情况下,需要哪一方当事人提供证据,这时候所指的证明责任,就是具体的主观证明责任。

关于以上两组概念之关系,可以总结为以下几点:第一,客观证明责任总是抽象证明责任,绝无可能是具体证明责任,因为任何一部实体法均不可能详细规定具体案件的风险分配。第二,主观证明责任可能是抽象的,也可能是具体的。在诉讼开始之前,谁应当证明什么,这是抽象证明责任;在诉讼进行当中,问及谁必须举出证据证明特定事实的问题,这是具体证明责任。第三,在诉讼程序开始之时抽象主观证明责任和具体主观证明责任承担者一定是相符的。当法官形成了临时的心证,导致证据法上的出发点发生转移时,二者才可能出现分离。第四,客观证明责任在原则上总是符合抽象主观证明责任的,与此相反,具体主观证明责任则随时可以作不同的分配。其中最重要的是第四点。

(三)大陆法系刑事诉讼中证明责任的分配

根据普维庭的观点,在德国刑事诉讼中,虽然存在形式上对立的双方当事人,但是形式上的对立并不表明双方利益上的对立。因为检察官独占起诉权,因此他尤其要对真实性和合法性肩负更多责任。况且,有时检察官在主要辩论中也为刑事被告人之利益提供一些证据,即使判决与他的诉状相符。此外,检察官可以为了被判有罪的人的利益提起再审程序,由此看出现代德国《刑事诉讼法》严格把检察官排除在当事人之外,检察官被视为守护法律的机构。因此,刑事诉讼中的当事人原则已经相当弱化。刑事诉讼中法官奉行调查主义原则,因此根本不存在主观证明责任。与此相反,如果刑事诉讼的主要辩论结束时出现真伪不明状态,倒是可能存在客观证明责任。此时,除个别例外情况外,法官借助于客观证明责任规范作出判决。根据“遇疑议时有利于被告”的原则,检察官原则上承担客观证明责任。作为原则的例外,被诉人也承担一定的客观证明责任,这种情况被称为证明责任倒置。这些例外主要是一些刑法上的特别规定。[①]

① 参见〔德〕汉斯·普维庭:《现代证明责任问题》,吴越译,法律出版社2000年版,第55—59页。

在大陆法系国家刑事诉讼中,应用“控方承担证明责任”这一证明责任分配原则,通常情况下能使证明责任分配公平合理。但是,在某些特殊情况下,为了解决检察官的证明困难,法律也规定某些特别要件事实的证明责任由被告人承担。在日本法上,这样的例证主要有:(1)毁损名誉中的真实的证明(日本《刑法》第220条第2款)。原则上讲,即使指出的事实真实,毁损名誉的行为也构成犯罪,但当指出的事实具有公共性,其目的又是出于公益时,只要其为真实,就不予处罚。本条规定该真实性的义务在于被告人。(2)同时伤害(日本《刑法》第207条)。当两人以上没有犯意联系,即以非共同正犯的形态分别在同时向同一被害人施加暴行给予伤害时,每个人应当只就自己行为产生的结果承担责任。如果在(检察官)不能证明伤害的结果是何人所造成以及伤害的程度(这种情况很多)时,理应只以暴力罪予以处罚。但是,本条将证明结果为何人所造成及伤害程度的证明责任倒置给被告人,只要被告人一方没有证明这一点,就以伤害罪的共同正犯来处理。[①]

四、我国刑事诉讼中的证明责任及其分配

在我国刑事诉讼中,传统上对证明责任的界定差别甚大,对证明责任的负担也是各种说法都有,一直没有形成通说。[②] 有学者倾向于借鉴英美法系的证明责任概念,其主张证明责任是一个总的概念,这个概念采纳大陆法系主观证明责任概念,即控诉方和被告人为避免导致不利于己的裁判后果而承担的提出证据证明自己所主张之事实的责任。对于证明责任的分配,则采用两个分概念:第一个是说服责任,它是指在整个刑事诉讼中对全部案件事实由谁举证的责任;第二个是证据提供责任,它们是在诉讼的不同阶段对特定的案件事实由谁举证的责任。[③] 我们赞同这一观点,并基于上述观点来分析我国《刑事诉讼法》规定的证明责任及其分配。

《刑事诉讼法》第49条规定了我国刑事诉讼证明责任的分配原则。该条规定:“公诉案件中被告人有罪的举证责任由人民检察院承担,自诉案件中被告人有罪的举证责任由自诉人承担。”对于这一条文,我们的理解如下。

(一)控诉方的证明责任

(1)对于提起公诉的案件,检察机关应当依法向法院呈送和提供证据,如果检察机关没有向法院呈送必要的证据,经法院催促,逾期仍然不补证的,法院有权决定不予受理。也即检察机关应当首先承担最初的提供证据责任。

---

① 参见〔日〕土本武司:《日本刑事诉讼法要义》,董璠舆、宋英辉译,五南图书出版有限公司1997年版,第305页。

② 参见樊崇义主编:《诉讼法学研究综述与评价》,中国政法大学出版社1991年版,第261—283页;也可参见甄贞主编:《刑事诉讼法研究综述》,法律出版社2002年版,第242—248页。

③ 参见易延友:《刑事诉讼法》(第3版),法律出版社2008年版,第279页。

(2)在法庭审理过程中,检察机关必须就起诉书中指控的犯罪事实向法庭提供相应的证据,以证明公诉犯罪事实成立至事实清楚、证据确实充分程度,即说服法庭相信被告人确实犯了被指控之罪。如果控诉证据经过辩护一方质证和法庭审查之后足以证明公诉犯罪事实成立,则法院应当作出被告人有罪之判决。如果控诉证据经过辩护一方质证和法庭审查之后不足以证明公诉犯罪事实成立,则法院应当作出被告人无罪之判决。

(3)当被告人或辩护人提供了无罪辩护主张,并且提供了相应的证据或线索,证明被告人可能无罪时,检察机关应当对辩护主张进行反驳,并对有关线索进行调查,排除辩护主张使审判人员对被告人有罪产生的合理疑问。否则,法院应当作出有利于被告人的认定结论。

(二)被告人的证明责任(仅为证据提供责任)

(1)对于犯罪构成要件事实,被告人原则上不承担证明自己无罪的说服责任。在要件事实真伪不明时,法庭不得作出被告人有罪的判决。但是,当控方证明犯罪构成要件事实至事实清楚、证据确实充分时,被告人应承担阻止其达到证明标准的证据提供责任(至产生合理怀疑程度)。

(2)被告人对于以下两种事实承担证据提供责任(至产生合理怀疑程度):一是辩护方提出的没有刑事责任能力、不可抗力、正当防卫、紧急避险等阻却违法性和有责性的事实;二是辩护方提出的没有犯罪时间、不在犯罪现场等积极抗辩性的主张。

值得注意的是,我国《刑事诉讼法》第49条仅规范定罪事实的证明责任承担问题,没有规范量刑事实和程序性事实的证明责任承担问题。那么,量刑事实和程序性事实的证明责任应当如何承担呢?量刑事实和程序性事实不受无罪推定原则的影响,因而可以在控辩双方中均衡负担,故控辩双方对于自己有利的量刑规范和程序性规范的要件事实承担证明责任。

第四节　证明标准

一、证明标准概说

要想准确界定"证明标准",一定要先界定"心证程度"。

心证程度是指法院认定具体事实主张的存否真伪时,依证据调查的结果(证据资料)及辩论意旨,对该事实主张真伪的心理采信程度。法院的心证程度随着控辩双方证据材料的提供展开而不断变动;而多少证据材料将生成多大程度的心证,则由法院根据该证据存在与事实发生的可能性,依自由心证决定。

证明标准(程度)是指法院认定某具体事实主张的存在真伪,其心证程度达到可以确信该事实为真实的程度。即为"证明"该事实主张的存否,法院所应形成心证程度的最下限。法院认定事实的方式,即是根据当事人提出证据并加以调查后,变动其心证程度直到超过该事实所规定的证明标准程度。对于法官来说,只有明确了证明标准,才能够正确把握认定案件事实需要具备何种程度的证据,才能以之去衡量待证事实已经得到证明还是仍然处于真伪不明状态,才能决定是否有必要要求当事人进一步补充证据。

证明标准(程度)也是承担证明责任的人提供证据对案件加以证明所要达到的程度。对于当事人来说,只有了解了证明标准,才不至于因为对证明标准估计过低而在证据明显不足时贸然提起诉讼,同时也不至于由于对证明标准估计过高而在证据已经具备的情况下迟迟不敢起诉。在证明过程中,提供反证的必要性也同证明标准有关。因为只有当负担证明责任的一方当事人提出的本证已达到证明标准、法官将作出有利于该当事人的认定时,另一方当事人才有提供反证的必要。

为正确理解刑事诉讼证明标准,还须注意以下两点。

(1)刑事诉讼证明标准特指审判阶段法院认定某具体事实主张的存在真伪,其心证程度达到可以确信该事实为真实的程度。至于审判阶段之前的立案、逮捕、侦查终结、移送审查起诉阶段,尽管有些诉讼决定也需要达到一定的证明程度要求,但由于这些阶段没有建立典型的司法证明机制,因此,这些证明程度要求不属于证明标准范畴。①

(2)证明标准的内容实际上是就案件事实之存在使法官产生确信的程度。这种确定性程度,在西方国家通常被称为可能性或者盖然性程度(probability)。关于证明标准是哪种可能性,理论上有不同见解。第一种见解认为,作为证明标准内容的可能性就是数学上的概率(probability)一词,通常译为"可能性"或"盖然性",在数学上则译为"概率",这种见解首先出现于19世纪的爱尔兰数学家乔治·博尔②。第二种见解认为,证明标准中的可能性原则上应当是指数学上的概率,但是由于人类事务的复杂性、相关统计资料的有限性以及衡量人类信念强度的困难性,它在实践中则应当被视为一种不可计算的可能性。③ 第三种见解认为,除非在极为特别的案件中,否则证明标准中的可能性不应当是数学上的概率,因为如果将数

---

① 参见陈瑞华:《刑事证据法学》,北京大学出版社2012年版,第252页。

② George Boole, An Investigation of the Laws of Thought(1854), chapter xxi.

③ 转引自 Peter Murphy, *Evidence, Proof, and Truths: A Book of Sources*. Oxford University Press, NewYork, 2003, p. 299。

学上的概率作为证明标准的内容,可能会葬送司法程序中其他重要的价值;此种见解以劳伦斯·却伯为代表,但是却伯的目的也只是反对将可能性加以量化,而并不反对数学计算上的结构性原则。[①] 第四种见解认为,诉讼证明中的可能性根本就不应当包括数学上的原则。边沁早就指出:机会原理(即数学上的概率计算)根本就不适用于可能性大小的衡量。[②] 本书同意博尔的观点,认为作为证明标准内容的可能性本质上应当是数学上的概率。

二、比较法上的刑事诉讼证明标准

对于刑事诉讼中证明标准的设置,两大法系明显不同,在英美法系实行"排除合理怀疑"的标准,而在大陆法系则实行"内心确信"的制度。

(一)英美法系的排除合理怀疑标准

排除合理怀疑(beyond reasonable doubt)是英美法系国家普遍实行的刑事证明标准制度,它是指检控方指控一个人犯罪必须达到让裁判者内心没有合理怀疑的程度。排除合理怀疑标准形成于17世纪末期,它的形成离不开当时社会的政治、经济和文化因素的影响。从其形成的理论背景来看,宗教和哲学中的认识论起了重要作用,17世纪的神学家、哲学家、历史学家、博物学家对可能性、确定性、真实的本质、知识的来源等问题作了大量的研究。可以说,排除合理怀疑是一种"道德上的确定性",而不同于数学证明中的"绝对的确定性"。英国学者塞西尔·特纳指出:"控诉一方只证明一种有罪的可能性(即使是根据或然性的原则提出的一种很强的可能性)是不够的,而必须将事实证明到道德上的确信程度——能够使人信服、具有充分理由,可以据以作出判断的确信程度。"[③]

在美国,排除合理怀疑的标准被判例法、制定法和州宪法广泛接受,但对其是否属于联邦宪法保证的正当法律程序的一部分而被要求这个问题,很少有人提出,直到温斯普(Winship)一案,最高法院才提到了这个问题,并裁决:"正当法律条款保护被告人非因证据达到排除合理怀疑的程度不被定罪的权利,这些证据必须排除合理怀疑地证明构成他所被指控的犯罪所必需的每一事实。"[④]在辛普森一案中,排除合理怀疑标准的适用正是作为正当法律程序(due process)实施的一部分而导致辛普森在刑事上无罪的。

对于排除合理怀疑的概念没有统一的说法,按照西方学者所言,它"表面上简

---

① L. H. Tribe, Trial by Mathematics: Precision and Ritualin the Legal Process, 84 *Have. L. Rev.*, 1329-93 (1971).

② J. Bentham, A Treatieson Judicial Evidence, 41.

③ 〔英〕J. W. 塞西尔·特纳:《肯尼刑法原理》,华夏出版社1989年版,第549页。

④ 转引自刘善春、毕玉谦、郑旭:《诉讼证据规则研究》,中国法制出版社2000年版,第302页。

单,实际上却是一个复杂、微妙的概念,这一概念对于那些必须向陪审团解释其含义的法官来说尤其困难","证明标准是那种容易识别、难以解释、更难以适用的法律概念的一个典型的例子"。[①] 大多数法官都拒绝向陪审团给出"合理怀疑"的定义,而将这一证明标准视为不言自明的。正如一位法官所指出的,"对'合理怀疑'一词来说,没有比其本身更清楚明确的定义了。"人们一致认为这个词的含义是要把能阻止一个合理且公正的人得出有罪结论的怀疑作为衡量的标准。例如,在对陪审团通常的指示中将其解释为,"合理怀疑是指'基于原因和常识的怀疑——那种将使一个理智正常的人犹豫不决的怀疑',所以排除合理怀疑的证明必须是如此的令人信服以至于一个理智正常的人在处理他自己的十分重要的事务时将毫不犹豫地依靠它并据此来行事。"[②]

排除合理怀疑标准的关键是对"合理"标准的确定,要排除的不是一切怀疑,而是合理的怀疑,而所谓"合理"的怀疑是一个理性的人所应持有的怀疑,按照19世纪美国一位法官的看法,合理怀疑是指"在一切证据经过全部比较和考虑以后,审理事实的人本于道义和良知,对于所诉的事实,不能信以为真",另外一位爱尔兰法官的说法则是"本于一颗赤诚的心,对于全部证据为冷静的观察,发生了理智的了解,不受任何一方的影响,没有偏见、没有恐惧……所谓怀疑,当然是一种可以说出理由的怀疑,而不是无故质疑。否则对于任何纷纭的人事,都可以发生想象的或幻想的怀疑。因此,所谓合理之怀疑,必非以下各种的怀疑:非任意妄想的怀疑;非过于敏感机巧的怀疑;非仅凭臆测的怀疑;非吹毛求疵、强词夺理的怀疑;非于证言无征的怀疑;非故为被告解脱以逃避刑责的怀疑。如果属于以上各种的怀疑,即非通常有理性的人,所为之合理的、公正诚实的怀疑"。[③] 美国联邦司法中心建议,法官在陪审团退庭评议之前应当就证明标准问题向其作如下指示:"排除合理怀疑的证明是这样的证明,它使你们坚定地确信被告人有罪。在这个世界上,极少有我们所绝对确定地认识的事情,而且在刑事案件中,法律也没有要求证明到排除每一种可能的疑问的程度。基于你们对证据的评议,如果你们坚定地确信被告人犯了被指控的罪,你们必须宣告他有罪;但如果你们认为存在他无罪的现实可能性,你们则必须就这种疑问作出有利于被告人的结论,宣告他无罪。"这个建议得到了联邦最高法院金斯伯格大法官的赞同。

布莱克认为,所谓排除合理怀疑是指全面的证实、完全的确信或者相信一种道

① 〔加〕阿兰·曼森:《加拿大刑事诉讼中的证明标准》,2002年刑事证据法国际研讨会论文。

② Devitt & Blaekmar, Federal Jury Practice and Instructions, 11. 14(3ed. ,1977).

③ 李学灯:《证据法比较研究》,五南图书出版有限公司1992年版,第666—667页。

德上的确定性[①],“排除合理怀疑的证明并不排除轻微可能的或者想象的怀疑,而是排除每一个合理的假设。除非这种假设已经有根据。‘排除合理怀疑’的证明是‘达到道德上的确定性’的证明,是符合陪审团的判断和确信的证明。作为理性的人,陪审团成员在根据有关指控犯罪是由被告人实施的证据进行推理时,如此确信以至于不可能作出其他合理的结论。”[②]

不难看出,“怀疑”“合理怀疑”以及“道德上的确定性”是说明排除合理怀疑标准的关键所在。而对此,布莱克逐一作了详细的解释。

布莱克认为,所谓“怀疑”是一种两可或者多可的意识状态,具有正常理智的、一般的人在选择一种行为方式时,不能排除其他行为方式的可能性和可行性。怀疑是“一种认识的不确定性状态,指没有现成的意见或信念;是一种在接受或相信一种主张、理论或陈述时的认识态度,由于没有形成肯定的判断,另一种判断也是可能的”[③]。

关于“合理怀疑”,布莱克认为:“作为无罪释放判决根据的怀疑,是具有理由的怀疑,是产生于证据或缺乏证据的怀疑。合理怀疑是理性的男人或女人可以接受的怀疑,而不是一种妄想的怀疑或者想象的怀疑,也不是陪审团可以请求回避不愉快的任务或义务的怀疑。合理怀疑是这样一种怀疑,可以使冷静的人在针对重要的事务采取行动之前会产生犹豫。”[④]合理的怀疑“是这样一种怀疑,能够使理智的和谨慎的人在遇到比较严肃的和重要的生活事务时,对指控事件的真实性停止或犹豫采取行动。但是合理怀疑并不是无罪的单纯的可能性,也不是在证据或证据缺乏的情况中产生的有关无罪的反常性、幻影、想象”[⑤]。“合理怀疑是一个被经常使用的术语,可以很好地理解,但很难界定。合理怀疑并不是一种仅仅具有可能性的怀疑,因为每一个与人类活动有关的并且以道德证据为根据的事务都具有某种可能的或者可以想象的怀疑。合理怀疑是指这样的一种案件情况,即经过对全部证据进行全面的比较和考虑,陪审团的认识仍然处于认为对指控事实道德上的确定性不能形成持久确信的状态。如果证明之后仍然具有合理的怀疑,被告人就有权得到因此而产生的利益即无罪释放。仅仅确立一种机会原理上的很强的可能性,即指控的事实比反面的事实更有可能是不够的,证据证明(案件)事实的真实性必须达到合理的和道德上的确定性。这种确定性能够指导和确信某种认识,证

---

① Henry Campbell Black, *Black's Law Dictionary*, 5th Edition, West Publishing Co., p. 147.

② Ibid., p. 447.

③ Ibid., p. 441.

④ Ibid., p. 1138.

⑤ Ibid., p. 442.

实有义务据之谨慎活动的人的推理和判断,这就是排除合理怀疑的证明。由于绝大多数法律都是以道德上的考虑为基础的,如果法律走得更远,要求绝对的确定性,那么所有的情况证据都会被排除(而这实际上是不可能的)。"①

布莱克认为,"道德上的确定性"是一种高度的可能性,尽管这种确定并不排除其他遥远的可能性,但是除了根据对这种确定性的认识和信念采取行动之外,没有其他的选择余地。道德上的确定性是"促使理智的人毫不犹豫地根据作出的结论采取行动的信念;是一种有关事实真实性的高度的认识,虽然缺少绝对的肯定性,但足以证实一个有罪判决,即使是判处死刑的案件。这种确定性显示了一种据之采取正确行动的足够强大的可能性,是一种高度的可能性。即使不可论证,这个术语用于形容得到排除合理怀疑证明的认定结论是非常恰当的"②。

罗特斯坦因和摩菲从另一个角度对"合理怀疑"作了解释。罗特斯坦因认为,如果将怀疑的事实存在的可能性大小用百分比来表示的话,可以认为怀疑的事实存在的可能性低于5%的,这种怀疑就不是合理的怀疑,因为这种可能性太小和太遥远;怀疑的事实存在的可能性高于25%的,这种怀疑也不是合理的怀疑,因为这种可能性太大和太明显,已经足以支持另一种判断,公诉人不能在具有如此明显怀疑的情况下起诉;相应的,在5%和25%之间的怀疑则是合理的。③ 摩菲认为,百分比表不能精确地证明排除合理怀疑标准,所有可说的是百分比表必须实质性地偏向公诉人一方,如果百分比表没有超过占优势的盖然性或者居于中间位置,被告人有权得到无罪判决。④

加拿大法院长期以来一直在努力设计一种能够清楚地向陪审团解释什么是排除合理怀疑的证明标准以及该证明标准如何适用于刑事案件的方法,其最近以对该证明标准的来源、功能、范围和缺陷的理解为基础,作出了一份向陪审团解释这一问题的示范模式。⑤

(1)该标准不可避免地与无罪推定交织在一起,无罪推定是作为所有刑事审判根基的基本前提,在整个审判过程中,证明责任始终由控诉方承担而不得转移给被告人(被告人进入诉讼程序时被推定为无罪,这种无罪的推定贯穿于审判始终,直到控诉方所提交的证据排除合理怀疑地使你相信被告人是有罪的)。

(2)合理怀疑不是指想象的或者轻率的怀疑,也不是指基于同情或偏见的怀

---

① Ibid. ,p. 441.

② Ibid. ,p. 909.

③ Paul F. Rothstein,*Evidence:State and Federal Rule*,West Pub. Co. ,1981,p. 110.

④ Peter Murphy,*A Practical Approach to Evidence*,4th ed. ,Blackstone Press Ltd. ,1992,p. 105.

⑤ 参见卞建林主编:《刑事证明理论》,中国人民公安大学出版社2004年版,第239—240页。

疑;它基于推理和常识,这些推理和常识必须合乎逻辑地由证据的存在或不存在而得出。

(3)排除合理怀疑的证明不只是要求证明被告人可能有罪。

(4)合理怀疑不是绝对确定的证明,后者是一种过高的不可能达到的证明要求。同理,也不应将排除合理怀疑的证明单纯地描述为"道德上的确定性"。

(5)虽然"合理怀疑"的表述由日常谈话中经常使用的词语组成,但是它在法律的背景下有着特殊的含义;将法律要求达到的证明标准描述为与陪审员在日常生活中作出某种决定(即使是最重要的决定)时所采用的标准相同的证明标准是错误的。

(6)"怀疑"一词不应当以除形容词"合理的"以外的任何方式加以限制;使用像"萦绕于脑际的"怀疑、"重大"怀疑或者"严重"怀疑这样的修饰是容易引起误导的。

(7)只有在陪审团就"排除合理怀疑"这一表述的含义被给予恰当的、谨慎的指示之后,法官才能告诉他们,如果他们"确定"或者"确信"被告人有罪,他们可以作出有罪裁决。

排除合理怀疑标准的哲学基础是经验主义的认识论,陪审员在刑事审判中审查证据是一个典型的经验运用或利用的过程,也是一个归纳法的运用过程。[①] 许多英美学者都强调,排除合理怀疑的表述规定了一个非常高的证明标准,它是如此接近确定性以致几乎没有什么分别,但是由于绝对确定是不必要的和不可能达到的,所以无论这一标准如何的高,都不能等于绝对确定。布伦南大法官认为,由于说一个人被推定无罪并不意味着什么,而除非这一声明指出谁应该对罪责问题提出证明以及这种证明应达到什么样的标准,所以排除合理怀疑标准为无罪推定这一刑事司法的基础原则提供了实质性的内容,它是减少定罪裁决事实错误的最重要的工具,在美国刑事程序的架构中发挥着极其重要的作用。

值得注意的是,在英美法系,被告人在某些情况下,也要承担一定的证明责任。例如,英国就规定当被告人提出激怒、自卫、强迫、精神不正常以外的无意识行为等辩护意见,或者以精神不正常为由作无罪答辩,以及制定法明确或默示地规定某一事实的法律负担由被告人承担时,被告人必须证明其存在的可能性大于不存在的可能性,实行优势证据标准。当然,被告人承担的证明责任与检控方的证明责任相比,证明标准的要求大大降低了,不是排除合理怀疑而是优势证据标准。

① 参见吴宏耀、魏晓娜:《诉讼证明原理》,法律出版社 2002 年版,第 275—280 页。

（二）大陆法系的内心确信原则

大陆法系国家普遍实行自由心证的证明制度，例如法国《刑事诉讼法》第353条对自由心证的经典表述是："重罪法庭退席之前，庭长宣读以下训词。这一训词以粗体大字张贴于评议室最明显的位置：'法律不过问法官形成自我确信的理由，法律也不为法官规定某种规则并让他们必须依赖这种规则去认定某项证据是否完备，是否充分。法律只要求法官平心静气、集中精神、自行思考、自行决定，本着诚实，本着良心，依其理智，寻找针对被告人及其辩护理由所提出之证据产生的印象。法律只向法官提出一个概括了法官全部职责范围的问题：你已有内心确信之决定了吗？'"在法国刑事诉讼程序中，"法官以完全的自由来评判向其提出的证据的价值"，这"既适用于预审法庭，也适用于审判法庭。而在刑事审判法庭中，自由心证制度不仅适用于重罪法庭，同样也适用于轻罪法庭与违警罪法庭"。① 在德国，自由心证原则要求法官根据他个人的自由确信而确定证据，德国《刑事诉讼法》第261条规定，对证据调查的结果，由法庭根据它在审理的全过程中建立起来的内心确信而决定。日本《刑事诉讼法》第318条也规定，证据的证明力由法官自由判断。俄罗斯《刑事诉讼法》第17条要求，法官、陪审员以及检察长、侦查员、调查人员根据自己基于刑事案件中已有全部证据的总和而形成内心确信，同时遵循法律和良知对证据进行评价。可见，自由心证原则为大陆法系各国刑事诉讼法所明确规定。

前文已经指出，证明标准一定程度上是对自由心证原则的限制。事实上，自由心证证据制度的要义有二：一是自由判断原则。即证据的证明力由法官自由判断，法律不作预先规定，法官判断证据证明力时，不受外部的任何影响或法律上关于证据证明力的约束；二是内心确信。即法官必须依据证据，在内心"真诚地确信"，形成心证，由此判定事实。② "在自由心证的范围内，无论法官达到何种认定，均不产生违反法律的问题。"③

那么，自由心证与内心确信是否是一回事呢？有的学者直接将证据评价中的自由心证作为一种证明标准，进而将自由心证和内心确信的概念混同，认为是翻译外文时的用词不同而已。④ 但是，事实并非如此，德国法学家贝塔斯（K. Peters）将自由心证主义解释为"客观＋主观的证据评价原则"，这个解释在日本学界也引起

---

① 〔法〕卡斯东·斯特法尼等：《法国刑事诉讼法精义》（上），罗结珍译，中国政法大学出版社1999年版，第46—47页。

② 参见徐静村主编：《刑事诉讼法学》（上），中国政法大学出版社1999年版，第144页。

③ 〔日〕兼子一、竹下守夫：《民事诉讼法》，白绿铉译，法律出版社1995年版，第107页。

④ 参见裴苍龄：《制定证据法典刻不容缓》，《法商研究》1999年第5期；毕玉谦：《民事证据法及其程序功能》，法律出版社1997版，第92页。

很大共鸣,自由心证作为证据评价属于事实问题,而证明标准属于法律问题。“自由心证作为描述证据评价的方式而被使用,而内心确信则作为自由心证时法官内心所达到的一种心理状态,法官可以据此作为裁判的依据,该词是作为描述一种证明标准而被使用的。”①

在大陆法系国家,证明标准的基本内容是内心确信,这与英美法系的排除合理怀疑是互为表里的两种表述,其中排除合理怀疑是证伪,而内心确信则是证实。内心确信要求法官在认定事实的时候达到深信不疑的程度,而当出现疑问时,实行“存疑有利于被告人”的原则。当然,这里的内心确信标准主要适用于针对实体法事实的“严格证明”情况。

三、我国刑事诉讼之证明标准

(一)我国《刑事诉讼法》对定罪证明标准之表述与理解

《刑事诉讼法》第195条规定:“在被告人最后陈述后,审判长宣布休庭,合议庭进行评议,根据已经查明的事实、证据和有关的法律规定,分别作出以下判决:(一)案件事实清楚,证据确实、充分,依据法律认定被告人有罪的,应当作出有罪判决;(二)依据法律认定被告人无罪的,应当作出无罪判决;(三)证据不足,不能认定被告人有罪的,应当作出证据不足、指控的犯罪不能成立的无罪判决。”

根据上述条文,我国现行《刑事诉讼法》将定罪的证明标准表述为“案件事实清楚,证据确实、充分”。所谓案件事实清楚,是指凡与定罪量刑有关的事实和情节,都必须查清;至于那些不影响被告人定罪量刑的细枝末节,则不必都查清。所谓证据确实、充分,是对作为定案根据的证据的质和量的总要求。其中,证据确实是要求每一个定案的证据都兼有证据能力和证明力,能够反映客观真相,具有真实性;证据充分,是指现有证据整体所具有的证明力,足以证明定罪事实。

为了帮助裁判者正确理解“证据确实、充分”的要求,《刑事诉讼法》第53条第2款明确规定:“证据确实、充分,应当符合以下条件:(一)定罪量刑的事实都有证据证明;(二)据以定案的证据均经法定程序查证属实;(三)综合全案证据,对所认定事实已排除合理怀疑。”本条借鉴英美法系的刑事证明标准,以“排除合理怀疑”来界定和解释“证据确实、充分”,有助于裁判者把握证明标准。可以说,“证据确实、充分”和“排除合理怀疑”是理解我国刑事证明标准的两个方面:其一是正面的证明,即证据必须达到确实、充分的质和量的要求,这一要求强调证明的客观性;其二是反面的排除,即对事实的认定达到了排除合理怀疑的程度,这一要求则着眼于事实认定者的主观意识。

---

① 张卫平主编:《外国民事证据制度研究》,清华大学出版社2003年版,第434页。

《刑事诉讼法规则(试行)》第404条还进一步从反面解释了我国刑事诉讼证明标准。该条规定:“具有下列情形之一,不能确定犯罪嫌疑人构成犯罪和需要追究刑事责任的,属于证据不足,不符合起诉条件:(一)犯罪构成要件事实缺乏必要的证据予以证明的;(二)据以定罪的证据存在疑问,无法查证属实的;(三)据以定罪的证据之间、证据与案件事实之间的矛盾不能合理排除的;(四)根据证据得出的结论具有其他可能性,不能排除合理怀疑的;(五)根据证据认定案件事实不符合逻辑和经验法则,得出的结论明显不符合常理的。”

在司法实践中,对于定罪事实的证明,应当按照以上理解予以适用。对于司法实践中的另一些提法和做法,这里有必要进行分析。

有观点认为,案件事实清楚,证据确实、充分,就是基本事实清楚,基本证据确实、充分,这是正确的。因为在司法实践中,我们根本做不到完全发现或者证明原来客观上发生的事实。这是符合证明的相对性原理的。但是,应当注意,基本事实清楚,基本证据确实、充分,并不等于事实基本清楚,证据基本确实、充分。因为诉讼必须对于基本的事实,实际上也就是实体法规定的要件事实作出清楚的证明,但是,事实基本清楚,则是对于案件事实本身大大降低了证明的标准和要求。两者是性质不同的事实认定标准,不可混淆。

有观点认为,证据充分,就是证据越多越好,这是不准确的。案件证据再多,如果不符合上述对案件事实清楚,证据确实、充分的理解,则不能认为达到了证明标准。相反,如果符合上述标准,三五个证据也可以定案。另外,证据确实、充分也不意味着必须对所有的证据都要收集,收集的证据只要能满足《刑事诉讼法》第53条第2款所规定的三项要求即可。不一定要事无巨细,统统收集。这不但是不必要的,而且还会浪费人力、物力,降低诉讼效率。我们知道,证据确实、充分不单是对证据量的要求,更重要的是对证据质上的总体要求。

(二)我国《刑事诉讼法》对定罪证明标准之特别应用规则

1. 完全依据间接证据认定犯罪事实的标准

《刑事诉讼法解释》第105条规定了在没有直接证据、只有间接证据的情况下,满足“案件事实清楚,证据确实、充分”证明标准的条件。该条规定:“没有直接证据,但间接证据同时符合下列条件的,可以认定被告人有罪:(一)证据已经查证属实;(二)证据之间相互印证,不存在无法排除的矛盾和无法解释的疑问;(三)全案证据已经形成完整的证明体系;(四)根据证据认定案件事实足以排除合理怀疑,结论具有唯一性;(五)运用证据进行的推理符合逻辑和经验。”

2. 主要根据被告人供述认定犯罪事实的标准

《刑事诉讼法》第53条第1款规定:“对一切案件的判处都要重证据,重调查研究,不轻信口供。只有被告人供述,没有其他证据的,不能认定被告人有罪和处以刑罚;没有被告人供述,证据确实、充分的,可以认定被告人有罪和处以刑罚。”本款仅仅从反面着眼强调只有被告人供述,没有其他证据的,不能认定被告人有罪和处以刑罚;而没有从正面着手,具体说明在有被告人供述的前提下还需要哪些证据,才可以认定被告人有罪和处以刑罚。为了明确这一点,《刑事诉讼法解释》第 106 条规定:“根据被告人的供述、指认提取到了隐蔽性很强的物证、书证,且被告人的供述与其他证明犯罪事实发生的证据相互印证,并排除串供、逼供、诱供等可能性的,可以认定被告人有罪。”

(三)量刑事实和程序性事实的证明标准

我国《刑事诉讼法》第 53 条第 2 款仅规范定罪事实的证明标准问题,没有规范量刑事实和程序性事实的证明标准问题。那么,量刑事实和程序性事实的证明标准应当如何把握呢?

我们认为,对于量刑事实,要区分其对被告人有利还是不利,对不利于被告人的量刑事实,比方说对被告人从重处罚的事实,应当由控方承担证明至证据确实、充分程度的说服责任;对有利于被告人的量刑事实,被告方须承担最初的证据提供责任至表面可信程度,或者说提供初步证据或线索,然后由被告方承担证明其存在至优势证明标准。

对于程序法事实,要区分其是一般性程序合法事实,还是言词证据取得合法性事实。对于一般程序合法性事实,通常由被告方对其违法性承担最初的证据提供责任至表面可信程度,控诉方对其合法性承担说服责任至优势盖然性程度。对言词证据的取得合法性,被告方对其违法性承担证据提供责任至表面可信程度,控诉方对其合法性承担客观证明责任至确实充分程度。

【问题与思考】

1. 谈谈你对严格证明和自由证明的认识。
2. 简论我国《刑事诉讼法》上的法定证明对象和无需证明事项。
3. 谈谈你对证明责任的概念以及我国刑事诉讼证明责任承担的看法。
4. 谈谈你对证明标准的概念以及我国刑事诉讼证明标准的理解。

第十章 强制措施

【内容提要】

本章重点阐述刑事诉讼中的强制措施。强制措施是保障刑事诉讼活动顺利进行必不可少的条件。本章按照从一般到具体的方式，首先从宏观上论述强制措施的概念、意义、性质，以及与相关概念的对比；其次，依照我国法律的规定，对我国刑事诉讼中所涉及的五种强制措施进行分别阐述，具体包括拘传、取保候审、监视居住、拘留和逮捕。这五种强制措施在刑事诉讼中的运用为本章重点，应当把握每种强制措施的概念、适用对象、适用条件、适用程序和期限以及在适用中特殊情况的处理。在掌握上述内容的同时，应当特别关注在强制措施适用中的权力制约和人权保障问题。

第一节　强制措施的概述

一、强制措施的概念和意义

刑事诉讼中的强制措施是指侦查机关、人民检察院、人民法院为了保障刑事诉讼活动的顺利进行，按照法定手续和步骤，对现行犯、重大嫌疑分子、犯罪嫌疑人、被告人所采取的以强制方式、在一定期限内限制或者剥夺其人身自由的各种方法和手段的总称。刑事诉讼中的强制措施具有以下特征。

（1）主体的特定性。强制措施只能由法定的专门机关适用，根据我国《刑事诉讼法》的规定，适用强制措施的主体只能是公安机关、人民检察院和人民法院；同时《刑事诉讼法》第 4 条规定："国家安全机关依照法律规定，办理危害国家安全的刑事案件，行使与公安机关相同的职权。"第 290 条规定："军队保卫部门对军队内部发生的刑事案件行使侦查权。对罪犯在监狱内犯罪的案件由监狱进行侦查。军队保卫部门、监狱办理刑事案件,适用本法的有关规定。"可见,有权采取强制措施的机关具体包括公安机关、国家安全机关、军队保卫部门和监狱、人民检察院和人民法院,除此之外,其他任何机关、团体和个人都无权实施强制措施,否则将构成对个人人身权利的非法侵害。

(2)阶段的特定性。强制措施的采用应当在刑事诉讼中,换言之,从刑事诉讼程序的开始到结束这个阶段,才能采取强制措施,没有刑事诉讼活动,就没有强制措施。具体而言,在公诉案件中,强制措施主要存在于立案、侦查、起诉和审判阶段,执行阶段对人身自由的限制和剥夺是刑罚实施的体现,不属于强制措施的范畴,但是,在执行阶段对漏罪或者新罪的侦查也会涉及强制措施。自诉案件中强制措施主要存在于起诉和审判阶段。值得注意的是,对现行犯、重大嫌疑分子采取的强制措施,虽然大多数情况下有可能还没有正式启动诉讼程序,但是根据法律的规定,在这种特殊情况下专门机关仍然可以采取强制措施。

(3)适用对象的特定性。刑事诉讼强制措施适用的对象只能是现行犯、重大嫌疑分子、犯罪嫌疑人或者被告人。对其他诉讼参与人和案外人,如证人、鉴定人、被害人、自诉人等均不能采取强制措施,当其行为违反诉讼程序,或者妨碍诉讼顺利进行时,如果不构成犯罪,对其进行的相关的强制性处理不属于强制措施范畴,而是属于司法处罚的范围;如果构成犯罪,则可以对其采取强制措施。

(4)目的的特定性。刑事诉讼强制措施的采用是为了保障诉讼活动的顺利进行,防止现行犯、重大嫌疑分子、犯罪嫌疑人或者被告人逃匿、隐藏,逃避侦查和审判;防止其以串供、转移、毁灭证据等方式干扰司法机关查证;防止其继续犯罪、危害社会;防止其自杀;等等。实施强制措施的根本目的是对刑事诉讼活动的保障,司法实践表明,几乎所有的刑事案件都采取了不同程度的强制措施,离开强制措施,刑事诉讼活动很难顺利开展。

(5)适用条件的特定性。依照我国《刑事诉讼法》的规定,强制措施包括拘传、取保候审、监视居住、拘留和逮捕五种,对现行犯、重大嫌疑分子、犯罪嫌疑人或者被告人采取何种强制措施不是由公安司法人员任意而为的,而是有特定的适用条件,这些适用条件由法律明确规定,侦查机关、人民检察院和人民法院在采用强制措施时必须严格遵守和执行相关规定。

(6)适用结果的双刃性。一方面,强制措施的采用,限制或者剥夺特定对象的人身自由,是刑事诉讼顺利进行的需要;另一方面,一旦不当或者违法采用,必将对被实施对象的人身权利造成极大的,甚至是不可挽回的侵害。刑事诉讼实践也表明,对于被告人一方人权侵犯的重灾区就是在强制措施的采取上,例如变相监视居住剥夺人身自由、非法拘留、非法逮捕、超期羁押等等。这就是强制措施的双刃性。

因此,在强制措施采取的程序设计上,要特别注重强化程序对权利的保障,例如对采取强制措施的司法审查、被采取强制措施者的辩护权、对不当或者非法采取强制措施的救济途径,以实现对权力的制约和对权利的保障。在这一点上,目前我国的强制措施还存在许多制度的缺失。

强制措施作为刑事诉讼中的重要制度,具有以下意义。

首先,强制措施是刑事诉讼活动顺利进行的重要保障。刑事诉讼围绕犯罪嫌疑人、被告人的刑事责任展开,以确定其应受的刑罚,刑事诉讼活动的目的是与犯罪嫌疑人、被告人的主观愿望相矛盾的,因此,其必然产生对抗追诉的各种行为,阻碍诉讼活动的进行,以逃避法律的制裁。所以,只有采取强制措施,对其人身自由实施一定程度的限制或者剥夺,才能完成刑事诉讼活动。(1)可以防止现行犯、重大嫌疑分子、犯罪嫌疑人或者被告人逃避侦查、起诉和审判;(2)可以防止现行犯、重大嫌疑分子、犯罪嫌疑人或者被告人进行串供,隐匿证据、毁灭证据和伪造证据,防止现行犯、重大嫌疑分子、犯罪嫌疑人或者被告人妨碍公、检、法等专门机关迅速查明案件的真实情况的行为发生;(3)可以防止现行犯、重大嫌疑分子、犯罪嫌疑人或者被告人威胁被害人,干扰证人作证;(4)可以防止现行犯、重大嫌疑分子、犯罪嫌疑人或者被告人自杀或者发生其他意外事件。

其次,强制措施有利于维护社会稳定,防止现行犯、重大嫌疑分子、犯罪嫌疑人或者被告人继续进行犯罪活动,保障国家、社会、个人的安全和利益。有些社会危害性极大的犯罪分子,如惯犯、累犯、带有黑社会性质的组织犯罪,在一次犯罪后,往往还会继续作案,因此,对其采取强制措施,限制或者剥夺其人身自由,不仅是进行诉讼活动的需要,而且可以防止其继续危害社会,维护社会安定。

最后,强制措施有利于预防犯罪。强制措施的适用,不仅对现行犯、重大嫌疑分子、犯罪嫌疑人或者被告人加以强制和制裁,而且可以警戒和威慑社会上的不法人员、不安定分子,预防和减少犯罪,并且还可以鼓励公民积极同犯罪行为作斗争。

二、强制措施的性质

(一)强制措施的性质

强制措施的种类、适用对象、适用主体、适用条件由法律规定,并以国家强制力为后盾保证其实施。强制措施是刑事诉讼活动的一种保障条件,不是一种刑罚,也不是治安处罚或者其他处分。具体而言,强制措施具有以下特性。

(1)强制性。强制措施是国家权力的体现,由专门的国家机关予以实施,只要符合法定的适用条件,就可以强制使用,对现行犯、重大嫌疑分子、犯罪嫌疑人或者被告人的人身自由进行一定程度的强行限制或者剥夺,不以其主观意愿为转移。

可以说,强制措施是国家主动追诉犯罪,实现国家刑罚权的强制性活动在刑事诉讼中的重要体现,强制措施的强制性来源于国家权力的强制力。

(2)预防性。强制措施的根本目的在于排除刑事诉讼中的障碍,保障刑事诉讼活动的顺利进行。刑事诉讼中的障碍一般都属于主观性障碍(由于行为人在主观上存在妨害诉讼的故意而实施的妨害称为主观性障碍)、可能性障碍(妨害尚未发生,其发生与否仅为一种可能,如果不采取强制措施有可能会影响诉讼活动的进行,这种妨害称为可能性障碍),因此,刑事诉讼中的强制措施所针对的障碍具有不确定性,仅是对可能发生的妨害进行预防,不具有惩罚的性质,是一种事先的防范措施。当然,就其本身对人身自由的强制限制或者剥夺的方法上来讲,也具有一定的惩罚作用。

(3)可变性。强制措施的适用有严格的适用条件,随着刑事诉讼活动的进行,案件情况不断发生变化,对于不同的情况应当采取不同的处理方式,适用条件发生了变化,强制措施也应随之变化,才能符合现实的需要,实现强制措施的目的。因此,刑事诉讼中强制措施的适用具有可变性,可以从一种强制措施变更为另一种强制措施。

刑事诉讼中强制措施的性质决定了它与其他相关的处罚、措施有着严格的区别,我们有必要对此进行区分。

(二)强制措施与刑罚的异同

刑罚,是《刑法》规定的由国家审判机关依法对犯罪分子所适用的限制或者剥夺其某种权益的最严厉的强制性法律制裁方法,是刑事责任的具体体现。具体刑罚种类中也体现了对人身自由的限制或者剥夺,如管制、拘役和有期徒刑,这与强制措施的方法相同;另外,刑罚的实施和强制措施一样,由专门的国家机关采用,以国家的强制力为后盾。但是,二者存在重大的区别。

(1)性质不同。刑罚是一种最严厉的法律制裁,它涉及对人的生命、自由、财产、资格的限制或者剥夺,其具有处罚性,是一种实体的制裁方式;而强制措施不具有最终的处罚性和制裁性,它是一种阶段性的措施,具有工具性。

(2)适用的对象不同。强制措施适用于现行犯、重大嫌疑分子、犯罪嫌疑人或者被告人;而刑罚仅适用于经人民法院审判后确定有罪的人,即罪犯。

(3)目的不同。强制措施的目的在于保障刑事诉讼活动的顺利进行,防止现行犯、重大嫌疑分子、犯罪嫌疑人或者被告人逃避侦查、起诉、审判等追诉活动或者继续犯罪的行为,具有程序上的保障和防范作用;刑罚的目的既是实现对犯罪分子的惩罚和制裁,并加以改造,使之不再危害社会,也对社会上的不稳定因素进行警戒,起到预防犯罪的作用。

(4)适用主体不同。强制措施由公安机关、国家安全机关、军队保卫部门和监狱、人民检察院和人民法院适用;而刑罚只能由人民法院适用。除此之外,其他任何机关、团体、组织和个人都无权适用强制措施和刑罚。

(5)法律依据不同。适用强制措施主要以《刑事诉讼法》为依据,属于程序法的范畴;而刑罚的适用以刑事实体法——《刑法》为依据。

(6)稳定性不同。强制措施具有可变性,可以随着案情的变化从一种强制措施变换为另一种强制措施,甚至可以撤销强制措施;而刑罚具有相对的稳定性,一经确定,非经法定程序不得随意变动。

(7)适用的时间不同。强制措施适用于刑事诉讼的立案、侦查、起诉和审判阶段,即自诉讼开始时起到判决发生法律效力时止;而刑罚适用于诉讼的执行阶段,即在人民法院作出判决之后。需要指出的是,在刑罚执行阶段对新罪或者漏罪的侦查也存在适用强制措施的情形。

(8)法律后果不同。被采取强制措施的对象是现行犯、重大嫌疑分子、犯罪嫌疑人或者被告人,其是否犯罪还处于不确定的状态,未经人民法院审判,不得确定任何人有罪,因此,如果最终不被人民法院判处刑罚,其所被采取的强制措施不得作为以后犯罪从重、加重处罚的条件;而被处以刑罚的犯罪分子,在刑罚执行完毕后的一定期限内,如果再犯罪,则成为从重处罚的情形,如累犯。

(三)强制措施与行政处罚的异同

行政处罚,是国家行政机关对具有行政违法行为的公民、法人或者其他组织依法给予的行政性制裁。行政处罚同强制措施一样具有强制性,并由专门的国家机关予以实施,而且某些具体处罚形式与强制措施相同,如拘留,但二者的差异极为明显。

(1)性质不同。强制措施是为了保证刑事诉讼的顺利进行,在诉讼程序上采用的具有强制性和预防性的方法,起到程序性的作用;而行政处罚是对违反行政法规的对象采用的一种行政性处罚,是具有实体结论性的制裁。

(2)适用主体不同。强制措施由公安机关、国家安全机关、军队保卫部门和监狱、人民检察院和人民法院采用;而行政处罚只能由国家行政机关采用。

(3)适用对象不同。强制措施适用于现行犯、重大嫌疑分子、犯罪嫌疑人或者被告人;而行政处罚适用于违反行政法规的公民、法人或者其他组织。

(4)法律依据不同。强制措施以刑事诉讼法律、法规为依据;而行政处罚以《行政处罚法》等行政法律、法规为依据。

(5)稳定性不同。强制措施具有可变性,可以根据刑事诉讼的实际情况变换或者撤销;而行政处罚具有相对的稳定性,在一般情况下,非经法定程序,不能变更。

（四）刑事诉讼强制措施与民事诉讼强制措施、行政诉讼强制措施的异同

民事诉讼强制措施，是指人民法院在民事诉讼过程中，对妨碍民事诉讼的人所采取的强制方法。行政诉讼强制措施，是指人民法院在行政诉讼过程中，对妨碍行政诉讼的人所采取的强制方法。民事诉讼强制措施、行政诉讼强制措施同刑事诉讼强制措施一样，都是在诉讼过程中所采取的，都是为了保证诉讼活动的顺利进行，都具有一定的强制性，甚至有些强制措施的名称与形式都是相同的，如拘传、拘留，但是它们存在诸多不同。

(1)性质不同。刑事诉讼强制措施具有强制性、预防性和可变性，其根本目的在于排除诉讼障碍，保证刑事诉讼活动的顺利开展；而民事诉讼强制措施、行政诉讼强制措施除了保证性的功能外，还具有对被采取强制措施对象的惩罚性和制裁性功能。

(2)适用的主体不同。刑事诉讼强制措施除拘留不能由人民法院采用之外，公安机关、人民检察院、人民法院，包括国家安全机关、军队保卫部门、监狱都可以采用；而民事诉讼强制措施、行政诉讼强制措施只能由人民法院采用。

(3)适用对象不同。刑事诉讼强制措施适用于刑事诉讼中的现行犯、重大嫌疑分子、犯罪嫌疑人或者被告人，现行犯、重大嫌疑分子、犯罪嫌疑人或者被告人在诉讼中处于被控告的地位，是刑事诉讼主体。民事诉讼强制措施、行政诉讼强制措施除了可以对诉讼当事人，即原、被告适用之外，还可以适用于其他诉讼参与人，如证人、鉴定人，乃至案外人。

(4)适用的条件不同。不同的刑事诉讼强制措施有不同的适用条件，这种保证性强制措施的适用条件主要针对刑事诉讼中的可能性障碍，即适用的条件主要是涉及尚未发生的，但可能发生的妨害事实；而民事诉讼强制措施、行政诉讼强制措施只有在行为人故意实施了妨碍民事诉讼或者行政诉讼的行为之后，人民法院才能采用，对有可能但尚未发生的妨害，不能采取强制措施。

(5)适用的时间不同。刑事诉讼强制措施适用于立案、侦查、审查起诉和审判阶段，不涉及执行阶段，除执行阶段中对新罪或者漏罪的追诉外；而民事诉讼强制措施、行政诉讼强制措施既适用于审查起诉、审判阶段，也适用于执行阶段。

(6)种类不同。刑事诉讼强制措施包括拘传、取保候审、监视居住、拘留和逮捕五种；而民事诉讼强制措施包括拘传、训诫、责令退出法庭、罚款和拘留五种；行政诉讼强制措施包括训诫、责令具结悔过、罚款和拘留四种。三大诉讼中的拘留具有不同的性质，我们将在后面的章节中予以阐述。

（五）强制措施与司法处罚的异同

根据《刑事诉讼法》第194条规定："在法庭审判过程中，如果诉讼参与人或者

旁听人员违反法庭秩序，审判长应当警告制止。对不听制止的，可以强行带出法庭；情节严重的，处以一千元以下的罚款或者十五日以下的拘留。”司法处罚，是指在刑事审判中，对违反法庭秩序的诉讼参与人或者案外人采取的强制方法。司法处罚与强制措施都是在刑事诉讼过程中所采取的，都具有强制性，都是为了保证诉讼活动的顺利进行，但二者存在区别。

(1)性质不同。强制措施是一种预防性、保证性、程序性的强制方法，不具有惩罚、制裁的性质；而司法处罚是具有制裁性质的实体处罚方法。

(2)适用的主体不同。强制措施由公安机关、人民检察院、人民法院，包括国家安全机关、军队保卫部门、监狱采用；司法处罚仅由人民法院采用。

(3)适用对象不同。强制措施适用于现行犯、重大嫌疑分子、犯罪嫌疑人或者被告人；而司法处罚适用于违反法庭秩序的诉讼参与人或者旁听人员。

(4)目的不同。强制措施是为了防止现行犯、重大嫌疑分子、犯罪嫌疑人或者被告人妨碍和逃避追诉，保障诉讼活动的顺利进行；司法处罚以保证审判活动的顺利进行为目的，其保障的范围较强制措施小。

(5)种类不同。强制措施包括拘传、取保候审、监视居住、拘留和逮捕五种；而司法处罚包括警告、强行带出法庭、罚款和拘留四种。

(六)强制措施与扭送的异同

根据《刑事诉讼法》第 82 条规定：“对于有下列情形的人，任何公民都可以立即扭送公安机关、人民检察院或者人民法院处理：(一)正在实行犯罪或者在犯罪后即时被发觉的；(二)通缉在案的；(三)越狱逃跑的；(四)正在被追捕的。”扭送，是指公民将具有法定情形的人强行送交公安机关、人民检察院或者人民法院处理的行为。扭送与强制措施都具有强制性，在适用对象上也有相同之处，如现行犯，但是二者存在本质区别。

(1)性质不同。强制措施是在刑事诉讼程序中采取的强制性方法，具有诉讼性质，而扭送是公民的个人行为，不是诉讼行为，不具有诉讼性质，是法律赋予公民同犯罪行为进行斗争的一种权利。

(2)适用主体不同。强制措施由国家专门机关所采用；而扭送主体是公民，原则上任何公民都可以进行，没有任何限制。

(3)适用对象不同。强制措施适用于现行犯、重大嫌疑分子、犯罪嫌疑人或者被告人；扭送适用于现行犯、通缉犯、越狱逃跑者或者正在被追捕者。

(4)立法目的不同。强制措施的确定是为了实现对刑事诉讼活动的保障，是法律赋予国家专门机关追诉犯罪的权力；而扭送是法律赋予公民同犯罪行为进行斗争的一种权利，目的在于调动公民与犯罪行为作斗争的积极性，是依靠群众，打击犯罪思想的体现。

第二节　拘　　传

一、拘传的概念和特征

拘传,是指公安机关、人民检察院和人民法院对未被羁押的犯罪嫌疑人、被告人采取的强令其到指定地点接受讯问的一种强制措施。《刑事诉讼法》第64条、第117条对拘传作了具体规定。拘传与其他的强制措施相比较,具有下列显著特征。

(1)拘传是强制性最轻的一种强制措施。拘传只是强制犯罪嫌疑人、被告人到指定的地点接受讯问,强制力从通知犯罪嫌疑人、被告人时起,到讯问完毕时止;而且拘传的方式大多数情况下都是以通知形式予以告知,只有在被拘传对象有不服从的情况时才强行将其带到指定的地点,强制其接受讯问。对犯罪嫌疑人、被告人讯问结束,强制性就随即解除,拘传也就自动消灭。拘传充分体现了强制措施只有预防性、强制性而无惩罚性的特点。

(2)拘传是强制时间最短的一种强制措施。根据《刑事诉讼法》第117条的规定,案情特别重大、复杂,需要采取拘留、逮捕措施的,拘传的最长时间不得超过24小时,并不得以连续拘传的方式变相拘禁被拘传的对象。拘传只能在短时间内防止犯罪嫌疑人、被告人逃避侦查、审查起诉和审判,而无法防止其在整个诉讼过程中实施的妨碍行为,也无法防止其继续犯罪。因此,当发现犯罪嫌疑人、被告人有可能实施较为严重的妨碍行为时,应采取其他更为适宜的强制措施。

二、拘传的适用对象和条件

拘传的适用对象是指未被羁押(即未被拘留或者逮捕)的犯罪嫌疑人、被告人。在刑事诉讼中,已经被司法机关拘留或者逮捕的犯罪嫌疑人、被告人,可以采用提审的方法直接对其进行讯问或者审判,无需采用拘传的强制措施。未被羁押的犯罪嫌疑人、被告人既包括没有被采取任何强制措施的犯罪嫌疑人、被告人,也包括被取保候审或者监视居住的犯罪嫌疑人、被告人。

《刑事诉讼法》第64条对拘传适用的条件作出了原则性的规定,即由司法机关"根据案件情况"决定是否采用。从司法实践来看,大多数情况下对犯罪嫌疑人、被告人经合法传唤后,无正当理由拒不到案时适用。但是,经过合法传唤,无正当理由拒不到案并非适用拘传的前提条件,换言之,拘传既可以在传唤后采用,也可以不经传唤而直接采用。

传唤与拘传是两个不同的概念。传唤是指以传票的方式通知犯罪嫌疑人、被告人在规定的时间到指定的地点接受讯问,犯罪嫌疑人、被告人在接到传票后自动到案接受讯问。传唤是诉讼活动中的一种通知方式,不具有强制性,不是强制措施,对经合法传唤而无正当理由拒不到案的犯罪嫌疑人、被告人,不得采取强制性的措施。而拘传是强制措施,具有强制性,对不愿意到案接受讯问或者审判的犯罪嫌疑人、被告人即可采取强制性的方式使其到案接受讯问或者审判。

三、拘传的程序

在刑事诉讼中,公安机关、人民检察院、人民法院对未被羁押的犯罪嫌疑人、被告人采取拘传的强制措施必须严格遵守法律的规定,依据法定的程序。具体包括:

(1)拘传的申请和批准。拘传应当由案件的经办人提出申请,经本部门负责人审核后,对符合拘传条件的,由县级以上公安局局长、人民检察院检察长、人民法院院长批准,签发拘传证。拘传证上应当载明被拘传人的姓名、性别、年龄、籍贯、住址、工作单位、案由、拘传地址和拘传理由等事项。

(2)拘传的地点。关于拘传的地点,即将犯罪嫌疑人、被告人带到什么地方进行讯问,由拘传机关决定,《刑事诉讼法》第 117 条第 1 款规定:"对不需要逮捕、拘留的犯罪嫌疑人,可以传唤到犯罪嫌疑人所在市、县内的指定地点或者到他的住处进行讯问,但是应当出示人民检察院或者公安机关的证明文件。对在现场发现的犯罪嫌疑人,经出示工作证件,可以口头传唤,但应当在讯问笔录中注明。"《刑事诉讼规则(试行)》第 81 条规定:"人民检察院拘传犯罪嫌疑人,应当在犯罪嫌疑人所在的市、县内的地点进行。犯罪嫌疑人的工作单位与居住地不在同一市、县的,拘传应当在犯罪嫌疑人的工作单位所在的市、县进行;特殊情况下,也可以在犯罪嫌疑人居住地所在的市、县内进行。"

(3)拘传的执行。拘传应当由侦查人员或者司法警察执行,执行拘传的人员不得少于二人。拘传时,应当向被拘传的对象出示拘传证。对于抗拒拘传的对象,可以使用警棍、警绳、手铐等械具,强制到案。

(4)拘传的期限。根据《刑事诉讼法》第 117 条规定,传唤、拘传持续的时间不得超过 12 小时;案情特别重大、复杂,需要采取拘留、逮捕措施的,传唤、拘传持续的时间不得超过 24 小时,从被拘传的对象到案时起算。法律未对拘传的次数加以规定,由拘传机关根据实际情况自行决定,但是不得以连续传唤、拘传的方式变相拘禁犯罪嫌疑人;两次拘传之间的间隔时间,通常情况下不应少于 24 小时,以保证犯罪嫌疑人有充分休息的时间。传唤、拘传犯罪嫌疑人,还应当保证犯罪嫌疑人饮食和必要的休息时间。

(5)拘传的法律结果。被拘传的对象到案后,拘传机关应当立即讯问。讯问完毕,如果被拘传的对象符合其他强制措施,如拘留、逮捕条件的,应当依法采取其他强制措施;如果不需要采取其他强制措施的,应当立即释放,不得变相拘禁。

第三节　取保候审

一、取保候审的概念和特征

取保候审，是指在刑事诉讼中，公安机关、人民检察院、人民法院责令犯罪嫌疑人、被告人提出保证人或者交纳保证金，保证其不逃避或者妨碍侦查、起诉和审判，并随传随到的一种强制措施。《刑事诉讼法》第 64 到 71 条、第 77 条分别对取保候审作出了明确规定。

取保候审与其他强制措施比较，具有以下特征。

第一，财产性。根据《刑事诉讼法》的规定，取保候审的方式包括人保和财产保两种，其中，财产保具有明显的财产性。对符合条件的犯罪嫌疑人、被告人，提供相应的保证金，以保证其不逃避或者妨碍侦查、起诉和审判，就不对其予以羁押，其他的强制措施都没有这一特征。我国《刑事诉讼法》在 1996 年第一次修改之前，没有财产保这种取保候审的形式，随着市场经济的发展和人们思想观念的转变，根据我国的实际情况，借鉴国外的立法例，在 1996 年修改《刑事诉讼法》时增加规定了财产保。

第二，人身限制性。取保候审是一种限制人身自由的强制措施，对符合条件的犯罪嫌疑人、被告人不予以羁押，只是对其进行适度的监控，要求其及时报告行踪，并随传随到，在不违反相关规定的情况下，可以自由活动、正常工作和生活。监视居住也具有这一特征，而拘留、逮捕则是短期剥夺人身自由的一种强制措施。

二、取保候审的适用条件

根据《刑事诉讼法》第 65 条规定，人民法院、人民检察院和公安机关可以对符合下列条件的犯罪嫌疑人、被告人采取取保候审。

(1)可能判处管制、拘役或者独立适用附加刑的。从刑罚的角度来看，这类犯罪嫌疑人、被告人罪行较轻，可能被判处的刑罚不重，其社会危害性也较小，逃避侦查、起诉和审判、继续犯罪的可能性也不大。因此，采取取保候审就足以实现强制措施保障刑事诉讼活动顺利进行的目的。

(2)可能判处有期徒刑以上刑罚，采取取保候审不致发生社会危险性的。较上一种情况而言，犯罪嫌疑人、被告人所犯罪行较重，有可能被判处有期徒刑以上较重的刑罚，因此，在对其适用取保候审时，必须对其社会危险性加以判断，如果人身危险性不大，且没有逮捕必要，为贯彻我国“少捕”的刑事政策，也可以采取取保候审。

(3)患有严重疾病、生活不能自理,怀孕或者正在哺乳自己婴儿的妇女,采取取保候审不致发生社会危险性的。对于这类具有特殊情形的犯罪嫌疑人、被告人,从人道主义角度出发,为保障其就医,或者胎儿、婴儿的正常发育,可以不予以关押。

(4)羁押期限届满,案件尚未办结,需要采取取保候审措施的。这种情况下,法定的羁押期限届满,但未能完成刑事诉讼任务,未排除犯罪嫌疑,需要继续进行诉讼活动,可以采取取保候审的方法。

此外,根据《公安机关办理刑事案件程序规定》第 77 条规定,对拘留的犯罪嫌疑人,证据不符合逮捕条件,以及提请逮捕后,人民检察院不批准逮捕,需要继续侦查,并且符合取保候审条件的,可以依法取保候审。

需要指出,根据《刑事诉讼规则(试行)》第 84 条规定,人民检察院对于严重危害社会治安的犯罪嫌疑人,以及其他犯罪性质恶劣、情节严重的犯罪嫌疑人不得取保候审。《公安机关办理刑事案件程序规定》第 78 条规定,对累犯,犯罪集团的主犯,以自伤、自残办法逃避侦查的犯罪嫌疑人,严重暴力犯罪以及其他严重犯罪的犯罪嫌疑人不得取保候审,但犯罪嫌疑人具有上述第 3 项、第 4 项规定情形的除外。

三、取保候审的种类

根据《刑事诉讼法》第 66 条规定:“人民法院、人民检察院和公安机关决定对犯罪嫌疑人、被告人取保候审,应当责令犯罪嫌疑人、被告人提出保证人或者交纳保证金。”因此,取保候审分为两种:保证人方式和保证金方式。

(一)保证人方式

保证人方式,是指人民法院、人民检察院和公安机关责令犯罪嫌疑人、被告人提供保证人并出具保证书,保证被保证人在取保候审期间不逃避和妨碍侦查、起诉和审判,并随传随到的保证方式。保证人,是指由犯罪嫌疑人、被告人提供的,经过司法机关审查后,符合保证人条件,承担保证责任的自然人。根据《刑事诉讼法》第 67 条规定,保证人必须符合下列条件:(1)与本案无牵连;(2)有能力履行保证义务;(3)享有政治权利,人身自由未受到限制;(4)有固定的住处和收入。符合上述条件,并经本人同意,才能成为保证人。

保证人保证的期间即取保候审的期间,自采取取保候审之日起至结束时止。保证人在保证期间应当履行下列义务:(1)监督被保证人遵守《刑事诉讼法》第 69 条的规定;(2)发现被保证人可能发生或者已经发生违反《刑事诉讼法》第 69 条规定的行为的,应当及时向执行机关报告。被保证人有违反《刑事诉讼法》第 69 条规定的行为,保证人未履行保证义务的,对保证人处以罚款,构成犯罪的,依法追究刑事责任。

(二)保证金方式

保证金方式,是指人民法院、人民检察院和公安机关责令犯罪嫌疑人、被告人交纳保证金并出具保证书,保证被保证人在取保候审期间不逃避和妨碍侦查、起诉和审判,并随传随到的保证方式。保证金方式与保证人方式相对应,是另一种取保候审的方式,二者在保证的实质上相同,在保证的形式上不同。保证金方式是以财产作保,而保证人以保证人的人格、名誉和信誉作保,不涉及财物。保证金方式是对保证人方式的必要补充。

保证金方式的担保物为保证金,根据《取保候审规定》第 7 条规定“保证金应当以人民币交纳”,不能用其他形式的财物代替,以避免实践操作中的混乱。保证金可以由犯罪嫌疑人、被告人交纳,也可以由犯罪嫌疑人、被告人之外的其他人帮其交纳。《取保候审规定》第 8 条就规定,决定机关作出取保候审收取保证金的决定后,应当及时将《取保候审决定书》送达被取保候审人和为其提供保证金的单位或者个人,责令其向执行机关指定的银行一次性交纳保证金。

关于保证金的数额,法律没有明确的规定,根据《取保候审规定》第 5 条规定,采取保证金形式取保候审的,保证金的起点数额为一千元。决定机关应当以保证被取保候审人不逃避、不妨碍刑事诉讼活动为原则,综合考虑犯罪嫌疑人、被告人的社会危险性,案件的情节、性质,可能判处刑罚的轻重,犯罪嫌疑人、被告人经济状况,当地的经济发展水平等情况,确定收取保证金的数额。

应当注意,保证人和保证金两种取保候审的方式,不能同时采用,只能选择其一适用。《取保候审规定》第 4 条明确指出:“对同一犯罪嫌疑人、被告人决定取保候审的,不得同时使用保证人和保证金保证。”

四、取保候审的程序

(一)取保候审的主体

取保候审由人民法院、人民检察院、公安机关决定采用。另外,国家安全机关在对危害国家安全的犯罪进行侦查的时候,也可以根据案件的具体情况作出取保候审的决定。根据《取保候审规定》第 2 条规定,公安机关、人民检察院、人民法院决定取保候审的,由公安机关执行。国家安全机关决定取保候审的,以及人民检察院、人民法院在办理国家安全机关移送的犯罪案件时决定取保候审的,由国家安全机关执行。因此,作出取保候审决定的主体为人民法院、人民检察院、公安机关和国家安全机关;而执行取保候审的主体为公安机关、国家安全机关。

(二)取保候审的决定和批准

1. 取保候审决定的方式

取保候审决定的作出有两种形式:一是有权机关依职权主动作出,即直接决定；二是依犯罪嫌疑人等的申请作出，即批准决定。《刑事诉讼法》第95条规定："犯罪嫌疑人、被告人及其法定代理人、近亲属或者辩护人有权申请变更强制措施。人民法院、人民检察院和公安机关收到申请后，应当在三日以内作出决定；不同意变更强制措施的，应当告知申请人，并说明不同意的理由。"第36条规定，辩护律师在侦查期间可以为犯罪嫌疑人申请变更强制措施。可见，申请取保候审的人员包括犯罪嫌疑人、被告人以及其法定代理人、近亲属和辩护人（在侦查阶段只能是辩护律师）。需要指出，申请取保候审的情况发生在犯罪嫌疑人、被告人已经被采取了剥夺人身自由的强制措施之后，即拘留或者逮捕。如果没有被拘留或者逮捕，申请主体没有必要主动要求对其采取取保候审的强制措施。所以，法条规定使用的是"申请变更强制措施"表述方式。

2. 取保候审的决定程序

有权机关主动决定取保候审的，由办案人员填写取保候审审查意见书经办案部门负责人审核后，由县级以上公安局局长、人民检察院检察长、人民法院院长审批后签发取保候审决定书和取保候审通知书。

3. 取保候审的批准程序

有权机关对犯罪嫌疑人等变更为取保候审的申请同意的，经办案部门负责人审核，由办案人员填写取保候审决定书和取保候审通知书，经办案部门负责人审核后，由县级以上公安局局长、人民检察院检察长、人民法院院长审批后签发。作出取保候审决定后，不得中止对案件的侦查、起诉和审理。严禁以取保候审方式变相放纵犯罪。

（三）取保候审的执行

1. 执行机关

公安机关、人民检察院、人民法院决定取保候审的，由公安机关执行；国家安全机关决定取保候审的，以及人民检察院、人民法院在办理国家安全机关移送的犯罪案件时决定取保候审的，由国家安全机关执行。公安机关决定取保候审的，应当及时通知犯罪嫌疑人居住地派出所执行。

2. 执行开始

公安机关决定取保候审的，应当及时通知被取保候审人居住地的派出所执行。必要时，办案部门可以协助执行。采取保证人担保形式的，应当同时送交有关法律文书、被取保候审人基本情况、保证人基本情况等材料。采取保证金担保形式的，应当同时送交有关法律文书、被取保候审人基本情况和保证金交纳情况等材料。执行开始时，执行人员应当向犯罪嫌疑人、保证人宣读取保候审决定书，由犯罪嫌疑人签字、捺指印，并告知其各自应当遵守的规定和承担的义务，以及违反规定和义务或者重新犯罪所应承担的法律后果。

人民检察院决定取保候审的，应当向取保候审的犯罪嫌疑人宣读取保候审决定书，由犯罪嫌疑人签名、捺指印或者盖章，并责令犯罪嫌疑人遵守《刑事诉讼法》第69条的规定，告知其违反规定应负的法律责任；以保证金方式担保的，应当同时告知犯罪嫌疑人一次性将保证金存入公安机关指定银行的专门账户。向犯罪嫌疑人宣布取保候审决定后，人民检察院应当将执行取保候审通知书送达公安机关执行，并告知公安机关在执行期间拟批准犯罪嫌疑人离开所居住的市、县的，应当征得人民检察院同意。以保证人方式担保的，应当将取保候审保证书同时送达公安机关。

人民法院决定取保候审的，应当向取保候审的被告人宣读取保候审决定书，由被告人签名、捺指印或者盖章，并责令被告人遵守《刑事诉讼法》第69条的规定，告知其违反规定应负的法律责任；对使用保证金保证的，应当责令被告人或者为其提供保证金的单位、个人将保证金一次性存入公安机关指定银行的专门账户。宣布取保候审决定后，应当将取保候审决定书等相关材料送交当地同级公安机关执行；被告人不在本地居住的，送交其居住地公安机关执行。对被告人使用保证金保证的，应当在核实保证金已经存入公安机关指定银行的专门账户后，将银行出具的收款凭证一并送交公安机关。

3. 执行机关的职责

根据《公安机关办理刑事案件程序规定》第89条的规定，执行取保候审的派出所应当履行下列职责：(1)告知被取保候审人必须遵守的规定，及其违反规定或者在取保候审期间重新犯罪应当承担的法律后果；(2)监督、考察被取保候审人遵守有关规定，及时掌握其活动、住址、工作单位、联系方式及变动情况；(3)监督保证人履行保证义务；(4)被取保候审人违反应当遵守的规定以及保证人未履行保证义务的，应当及时制止、采取紧急措施，同时告知决定机关。

4. 被取保候审的人在取保候审期间应当遵守的规定

根据《刑事诉讼法》第69条规定，被取保候审的犯罪嫌疑人、被告人，在取保候审期间，应当遵守以下规定：(1)未经执行机关批准不得离开所居住的市、县；(2)住址、工作单位和联系方式发生变动的，在24小时以内向执行机关报告；(3)在传讯的时候及时到案；(4)不得以任何形式干扰证人作证；(5)不得毁灭、伪造证据或者串供。

另外，人民法院、人民检察院和公安机关可以根据案件情况，责令被取保候审的犯罪嫌疑人、被告人遵守以下一项或者多项规定：(1)不得进入特定的场所；(2)不得与特定的人员会见或者通信；(3)不得从事特定的活动；(4)将护照等出入境证件、驾驶证件交执行机关保存。

5. 被取保候审人违反规定或者重新犯罪的处理

被取保候审的犯罪嫌疑人、被告人违反《刑事诉讼法》第69条规定，已交纳保证金的，没收部分或者全部保证金，并且区别情形，责令犯罪嫌疑人、被告人具结悔过，重新交纳保证金、提出保证人，或者予以逮捕。对于违反取保候审规定，需要予以逮捕的，可以对犯罪嫌疑人、被告人先行拘留。

被取保候审人违反《刑事诉讼法》第69条规定，依法应当没收保证金的，由县级以上执行机关作出没收部分或者全部保证金的决定，并通知决定机关；对需要变更强制措施的，应当同时提出变更强制措施的意见，连同有关材料一并送交决定机关。决定机关收到执行机关已没收保证金的书面通知，或者变更强制措施的意见后，应当在5日内作出变更强制措施或者责令犯罪嫌疑人重新交纳保证金、提出保证人的决定，并通知执行机关。决定机关自发现被取保候审人违反《刑事诉讼法》第69条规定，认为依法应当没收保证金的，应当提出没收部分或者全部保证金的书面意见，连同有关材料一并送交县级以上执行机关。县级以上执行机关应当根据决定机关的意见，及时作出没收保证金的决定，并通知决定机关。

没收保证金时执行机关应当向被取保候审人宣布没收保证金的决定，并告知如不服本决定，可以在收到没收保证金决定书后的5日以内，向执行机关的上一级主管机关申请复核一次。上一级主管机关收到复核申请后，应当在7日内作出复核决定。没收保证金的决定已过复核申请期限或者经复核后决定没收保证金的，县级以上执行机关应当及时通知银行按照国家有关规定上缴国库。

被取保候审人没有违反《刑事诉讼法》第69条规定，但在取保候审期间涉嫌重新犯罪被司法机关立案侦查的，执行机关应当暂扣其交纳的保证金，待人民法院判决生效后，决定是否没收保证金。对故意重新犯罪的，应当没收保证金；对过失重新犯罪或者不构成犯罪的，应当退还保证金。

6. 对保证人不履行保证义务及不愿继续担保或者丧失保证人资格的处理

(1)对保证人不履行义务的处理。保证人未履行保证义务的，查证属实后，经县级以上公安机关负责人批准，对保证人处1000元以上2万元以下罚款；构成犯罪的，依法追究刑事责任。

决定对保证人罚款的，应当报经县级以上公安机关负责人批准，制作对保证人罚款决定书，在3日以内向保证人宣布，告知其如果对罚款决定不服，可以在5日以内向作出决定的公安机关申请复议。公安机关应当在收到复议申请后7日以内作出决定。保证人对复议决定不服的，可以在收到复议决定书后5日以内向上一级公安机关申请复核一次。上一级公安机关应当在收到复核申请后7日以内作出决定。对上级公安机关撤销或者变更罚款决定的,下级公安机关应当执行。对于保证人罚款的决定已过复议期限,或者经上级公安机关复核后维持原决定的,公安机关应当及时通知指定的银行将保证人罚款按照国家的有关规定上缴国库,并在3日以内通知决定取保候审的机关。

(2)对保证人不愿继续担保或者丧失保证人资格的处理。如果保证人在取保候审期间情况发生变化,不愿继续担保或者丧失担保条件的,应当责令被取保候审人重新提出保证人或者交纳保证金,或者作出变更强制措施的决定。负责执行的公安机关应当自发现保证人不愿继续担保或者丧失担保条件之日起3日以内通知决定取保候审的机关。决定机关收到执行机关书面通知后,应当责令被取保候审人重新提出保证人或者交纳保证金,或者作出变更强制措施的决定,并通知执行机关。

7. 取保候审的解除、撤销或者变更

(1)取保候审即将到期的,执行机关应当在期限届满15日前书面通知决定机关,由决定机关作出解除取保候审或者变更强制措施的决定,并于期限届满前书面通知执行机关。执行机关收到决定机关的解除取保候审决定书或者变更强制措施的通知后,应当立即执行,并将执行情况及时通知决定机关。被取保候审人在取保候审期间没有违反《刑事诉讼法》第69条的规定,也没有故意重新犯罪的,在解除取保候审、变更强制措施或者执行刑罚的同时,县级以上执行机关应当制作退还保证金决定书,通知银行如数退还保证金,并书面通知决定机关。执行机关应当及时向被取保候审人宣布退还保证金的决定,并书面通知其到银行领取退还的保证金。

(2)在侦查或者审查起诉阶段已经采取取保候审的,案件移送至审查起诉或者审判阶段时,如果需要继续取保候审,或者需要变更保证方式或者强制措施的,受案机关应当在7日内作出决定,并通知执行机关和移送案件的机关。受案机关决定继续取保候审的,应当重新作出取保候审决定。对继续采取保证金方式取保候审的,原则上不变更保证金数额,不再重新收取保证金。取保候审期限即将届满,受案机关仍未作出继续取保候审、变更保证方式或者变更强制措施决定的,执行机关应当在期限届满15日前书面通知受案机关。受案机关应当在原取保候审期限届满前作出决定,并通知执行机关和移送案件的机关。

(3)原决定机关收到受案机关作出的变更强制措施决定后,应当立即解除原取保候审,并将解除取保候审决定书、解除取保候审通知书送达执行机关,执行机关应当及时书面通知被取保候审人、保证人;受案机关作出继续取保候审或者变更保证方式决定的,原取保候审自动解除,不再办理解除手续。

(4)被告人被取保候审的,人民法院决定开庭审理时,应当依照《刑事诉讼法》的有关规定传唤被告人,同时通知取保候审的执行机关。

(5)对被取保候审人判处罚金或者没收财产的判决生效后,依法应当解除取保候审,退还保证金的,如果保证金属于其个人财产,人民法院可以书面通知执行机关将保证金移交人民法院执行刑罚,但剩余部分应当退还被取保候审人。

(6)人民法院、人民检察院或者公安机关对于被采取取保候审法定期限届满的犯罪嫌疑人、被告人应当解除取保候审。犯罪嫌疑人、被告人及其法定代理人、近亲属或者辩护人对于人民法院、人民检察院或者公安机关采取取保候审法定期限届满的,有权要求解除取保候审。对法定期限届满要求解除取保候审的,应当在3日以内审查决定。经审查认为法定期限届满的,经人民法院院长、人民检察院检察长、公安局局长批准后,解除取保候审;经审查未超过法定期限的,书面答复申请人。

(7)变更取保候审的原因包括:一是被取保候审人违反了《刑事诉讼法》第69条的规定;二是客观情况发生变化,采取取保候审不足以保证诉讼活动的顺利进行,需要更严厉的强制措施。取保候审一般变更为拘留或者逮捕。

8. 取保候审的期限

根据《刑事诉讼法》第77条第1款规定,人民法院、人民检察院和公安机关对犯罪嫌疑人、被告人取保候审最长不得超过12个月。对于这一期限,具体应当如何把握,是三个机关在不同的诉讼阶段各自采取取保候审的最长期限,还是在整个刑事诉讼中的最长期限,《刑事诉讼法》并没有明确。但根据《刑事诉讼规则(试行)》第102条规定:“公安机关决定对犯罪嫌疑人取保候审,案件移送人民检察院审查起诉后,对于需要继续取保候审的,人民检察院应当依法重新作出取保候审决定,并对犯罪嫌疑人办理取保候审手续。取保候审的期限应当重新计算并告知犯罪嫌疑人。”最高人民法院《刑事诉讼法解释》第127条规定,人民检察院、公安机关已经对犯罪嫌疑人取保候审,案件起诉至人民法院后,需要继续取保候审的,人民法院应当重新办理手续,期限重新计算。

第四节　监视居住

一、监视居住的概念和特点

监视居住,是指人民法院、人民检察院、公安机关在刑事诉讼中限令犯罪嫌疑人、被告人在规定的期限内不得擅自离开住处,无固定住处的不得擅自离开指定的居所，并对其活动加以监视，限制其人身自由的一种强制方法。《刑事诉讼法》第72至77条对监视居住作出了规定。

监视居住与取保候审相同，都是对犯罪嫌疑人、被告人人身自由进行限制而非剥夺的强制方法，其特点在于限制的强制性高于取保候审，是较严厉的限制被监视居住人的人身自由的强制方法。与取保候审相比较而言，其严厉性体现为：一是被监视居住人的活动区域更小。被取保候审人活动的范围是其所居住的市、县；而被监视居住人的活动范围限定在其住处或者指定的居所。二是被监视居住人活动内容更少。被取保候审人不得从事妨碍诉讼活动进行的行为，如干扰证人作证，伪造、毁灭证据或者串供等，并保证随传随到，但可以进行正常的生活、工作和学习；而被监视居住人的活动受到执行机关的监视，不得随意活动，其正常的生活、工作和学习受到适度限制，未经批准不能会见他人或者通信，将护照等出入境证件、身份证件、驾驶证件交执行机关保存。

二、监视居住的适用对象

根据《刑事诉讼法》第72条规定，人民法院、人民检察院和公安机关对于符合逮捕条件，有下列情形之一的犯罪嫌疑人、被告人，可以监视居住：

(1)患有严重疾病、生活不能自理的。

(2)怀孕或者正在哺乳自己婴儿的妇女。

(3)系生活不能自理的人的唯一扶养人。扶养包括父母、祖父母、外祖父母对子女、孙子女、外孙子女的抚养和子女、孙子女、外孙子女对父母、祖父母、外祖父母的赡养以及配偶、兄弟姐妹之间的相互扶养。

(4)因为案件的特殊情况或者办理案件的需要，采取监视居住措施更为适宜的。

(5)羁押期限届满，案件尚未办结，需要采取监视居住措施的。

另外，对符合取保候审条件，但犯罪嫌疑人、被告人不能提出保证人，也不交纳保证金的，可以监视居住。

三、监视居住的程序

(一)监视居住的决定

人民法院、人民检察院和公安机关有权对犯罪嫌疑人、被告人决定监视居住。人民法院、人民检察院和公安机关决定对犯罪嫌疑人、被告人采取监视居住的，应当由办案人员提出监视居住意见书，经办案部门负责人审核后，由县级以上公安局局长、人民检察院检察长、人民法院院长批准，制作监视居住决定书和监视居住通知书。监视居住决定书应当载明犯罪嫌疑人、被告人的姓名、性别、住址等身份基本情况，被监视居住人应遵守的事项和违反规定的法律后果，执行机关的名称等内容，并向被监视居住人宣布。

（二）监视居住的执行

1. 监视居住的执行机关

监视居住由公安机关执行。人民法院和人民检察院决定监视居住的，应当将监视居住决定书和监视居住通知书及时送达执行的公安机关。公安机关作出监视居住决定后，或者收到人民法院、人民检察院移送执行的监视居住决定书和监视居住通知书后，交由被监视居住人住处所在地或者指定居所所在地的派出所执行。执行机关应当履行监督被监视居住人遵守法律规定和履行义务的职责；当发现被监视居住人有违反应遵守的规定时，及时向作出监视居住的决定机关报告。

2. 监视居住的场所

《刑事诉讼法》第73条第1款规定："监视居住应当在犯罪嫌疑人、被告人的住处执行；无固定住处的，可以在指定的居所执行。对于涉嫌危害国家安全犯罪、恐怖活动犯罪、特别重大贿赂犯罪，在住处执行可能有碍侦查的，经上一级人民检察院或者公安机关批准，也可以在指定的居所执行。但是，不得在羁押场所、专门的办案场所执行。"

监视居住原则上都是在犯罪嫌疑人、被告人的住处执行，2012年《刑事诉讼法》修改中，增加了在指定居所执行监视居住的方式。这一修订也引起了广泛的争议，反对者认为这是一种变相的逮捕，而其适用条件比逮捕要宽松许多，极度容易导致对犯罪嫌疑人、被告人人身权利的侵犯。鉴于此，《刑事诉讼法》也明确限定了指定居所监视居住的适用条件：(1)对除涉嫌危害国家安全犯罪、恐怖活动犯罪、特别重大贿赂犯罪外的犯罪嫌疑人、被告人，只有在其无固定住处，导致在住处执行监视居住不能的情况下适用。(2)对涉嫌上述三类犯罪的犯罪嫌疑人、被告人指定居所监视居住，应当符合以下条件：①在适用主体上，只能是公安机关和人民检察院，不包括人民法院。②在适用理由上，在住处执行可能有碍侦查。根据《刑事诉讼规则（试行）》第110条的规定，有碍侦查的情形包括：第一，可能毁灭、伪造证据，干扰证人作证或者串供的；第二，可能自杀或者逃跑的；第三，可能导致同案犯逃避侦查的；第四，在住处执行监视居住可能导致犯罪嫌疑人面临人身危险的；第五，犯罪嫌疑人的家属或者其所在单位的人员与犯罪有牵连的；第六，可能对举报人、控告人、证人及其他人员等实施打击报复的。③经上一级人民检察院或者公安机关批准。

采取指定居所监视居住的，不得在看守所、拘留所、监狱等羁押、监管场所以及留置室、讯问室等专门的办案场所、办公区域执行。指定的居所应当具备正常的生活、休息条件，便于监视、管理，能够保证办案安全。

指定居所监视居住的，除无法通知的以外，应当把监视居住的原因和执行的处所，在执行监视居住后24小时以内，通知被监视居住人的家属。有碍侦查的情形消失以后，应当立即通知被监视居住人的家属。根据《刑事诉讼规则（试行）》第114条规定，无法通知包括以下情形：(1)被监视居住人无家属的；(2)与其家属无法取得联系的；(3)受自然灾害等不可抗力阻碍的。

采取指定居所监视居住的，犯罪嫌疑人、被告人有权委托辩护人，并经过侦查机关批准后有权同辩护人会见和通信，接受辩护人的法律帮助。人民检察院对指定居所监视居住的决定和执行是否合法实行监督。

考虑到指定居所的监视居住，对被监视居住人的人身自由限制性较大，《刑事诉讼法》第74条规定，指定居所监视居住的期限应当折抵刑期。犯罪分子被判处管制的，监视居住1日折抵刑期1日；被判处拘役、有期徒刑的，监视居住2日折抵刑期1日。

3. 被监视居住人应当遵守的规定及违反规定的处理

根据《刑事诉讼法》第75条规定，被监视居住的犯罪嫌疑人、被告人应当遵守下列规定：(1)未经执行机关批准不得离开执行监视居住的处所；(2)未经执行机关批准不得会见他人或者通信；(3)在传讯的时候及时到案；(4)不得以任何形式干扰证人作证；(5)不得毁灭、伪造证据或者串供；(6)将护照等出入境证件、身份证件、驾驶证件交执行机关保存。另外，《刑事诉讼法》第76条规定："执行机关对被监视居住的犯罪嫌疑人、被告人，可以采取电子监控、不定期检查等监视方法对其遵守监视居住规定的情况进行监督；在侦查期间，可以对被监视居住的犯罪嫌疑人的通信进行监控。"

被监视居住的犯罪嫌疑人、被告人违反上述六项规定，情节严重的，可以予以逮捕；需要予以逮捕的，可以对犯罪嫌疑人、被告人先行拘留。

4. 监视居住的期限

根据《刑事诉讼法》第77条规定，公安机关、人民检察院和人民法院采取监视居住最长不得超过6个月。同取保候审一样，公安机关决定对犯罪嫌疑人监视居住的，案件移送人民检察院审查起诉后，以及人民检察院、公安机关已经对犯罪嫌疑人监视居住，案件起诉至人民法院后，需要继续监视居住的，人民检察院、人民法院应当重新办理手续，期限重新计算。

5. 监视居住的解除、撤销和变更

监视居住期限届满，或者发现有《刑事诉讼法》第15条规定的不应追究犯罪嫌疑人、被告人刑事责任的情形时，应当撤销监视居住。撤销监视居住，应当由办案人员填写《撤销监视居住通知书》，经办案部门负责人审核后，由县级以上公安局局长、人民检察院检察长、人民法院院长批准签发。撤销监视居住的决定,应当通知被监视居住人。人民检察院、人民法院撤销监视居住的,应当将《撤销监视居住通知书》送达执行的公安机关。

对犯罪嫌疑人、被告人监视居住法定期限届满的,犯罪嫌疑人、被告人及其法定代理人、近亲属或者辩护人,有权向人民法院、人民检察院、公安机关提出申诉,要求撤销监视居住。经审查情况属实的,应当撤销监视居住。

监视居住的变更主要是因为:一是被监视居住人违反了《刑事诉讼法》第 75 条的规定。二是公安司法机关发现采取监视居住不当,不足以保证诉讼活动的顺利进行,需要采取更严厉的强制措施。三是应当逮捕,但患有严重疾病,不适宜羁押的,或者应当逮捕,但正在怀孕、哺乳自己不满一周岁婴儿的妇女,疾病好转或者怀孕、哺乳情况结束的。如果出现上述情况,通常将监视居住变更为逮捕。

第五节　拘　　留

一、拘留的概念和特点

拘留是指公安机关、人民检察院对直接受理的案件,在侦查过程中遇到法定的紧急情况,对某些现行犯或者重大嫌疑分子所采取的临时剥夺其人身自由的强制方法。刑事诉讼中的拘留,也称作刑事拘留。《刑事诉讼法》多个条文对拘留作出了规定。

拘留与其他强制措施相比较,具有以下特点。

(1)拘留主体的特定性。根据法律规定,拘留由公安机关、人民检察院决定适用,由公安机关执行,人民法院无权采用。人民法院可以采用除拘留外的其他强制措施,而无权决定适用拘留,这是与其他强制措施明显的区别。这样规定是考虑到,公安机关是专门负责治安、保卫工作的部门,绝大多数刑事案件的侦查由公安机关进行,处在同犯罪作斗争的第一线。在侦查刑事案件中,经常遇到一些突发的事件和紧急情况,如果不赋予他们拘留的紧急处置权,而按逮捕程序提请人民检察院批准后再执行逮捕,会给侦破工作带来巨大的困难,使社会秩序遭到更严重的破坏。检察机关对自行侦查的案件享有拘留权,但其决定拘留的权力较为有限,仅在出现《刑事诉讼法》第 80 条第 4 项和第 5 项的规定时才有权决定拘留,即犯罪嫌疑人犯罪后企图自杀、逃跑或者在逃的;有毁灭、伪造证据或者串供可能的。人民法院直接受理的案件范围狭小,而且较为简单,遇到紧急情况的可能性较小,因此不需要先行拘留,如果需要关押被告人时,人民法院有权决定逮捕,可以径行逮捕。

(2)适用拘留条件的紧急性。拘留是专门机关在紧急情况下采用的,如果没有紧急情况,公安机关、人民检察院有充足的时间办理逮捕的批准手续,就不需要采用拘留。在紧急情况下,来不及办理逮捕手续而又必须马上剥夺现行犯或者重大嫌疑分子的人身自由,否则会造成诉讼重大困难时,就应当适用拘留。拘留一般是在立案后的侦查阶段采用,也可以在立案前采用。从某种意义上讲,拘留不仅是一种刑事诉讼强制措施,还是一种制止犯罪、维护社会治安的紧急措施。

(3)拘留对人身自由的剥夺性。与拘传、取保候审、监视居住相比较,拘留突出的特点在于剥夺被拘留人的人身自由,这与逮捕相同。剥夺人身自由是指将被拘留人收押于特定的场所看管,不得与外界接触。因此,拘留是一种更为严厉的强制措施。

(4)拘留的暂时性。拘留的暂时性是指对被拘留人人身自由的剥夺期限较短,是一种临时性的强制方法。与逮捕的期限相比,拘留期限很短,是一种具有过渡性的措施。公安机关、人民检察院在处理直接受理的案件中实施拘留的,由于案件的性质不同,拘留的羁押期限也不同,不得超期羁押。对公安机关、人民检察院不遵照法定期限办理的行为,被拘留人及其法定代理人、近亲属或者其委托的律师有权要求释放,公安机关、人民检察院应当立即释放。

二、拘留适用的条件

《刑事诉讼法》第 80 条规定,公安机关对于现行犯或者重大嫌疑分子,如果有下列情形之一的,可以先行拘留:(1)正在预备犯罪、实行犯罪或者在犯罪后即时被发觉的;(2)被害人或者在场亲眼看见的人指认他犯罪的;(3)在身边或者住处发现有犯罪证据的;(4)犯罪后企图自杀、逃跑或者在逃的;(5)有毁灭、伪造证据或者串供可能的;(6)不讲真实姓名、住址,身份不明的;(7)有流窜作案、多次作案、结伙作案重大嫌疑的。

可见公安机关拘留必须同时具备两个条件:第一,拘留适用对象是现行犯或者重大嫌疑分子。现行犯,是指正在犯罪的人,如正在预备犯罪、实行犯罪或者犯罪后即时被发觉的。如果超过了从预备犯罪到犯罪后即时被发觉这段时间,就不能称为现行犯。重大嫌疑分子,是指有证据证明该人犯罪的嫌疑重大,并非案件的案情重大,如果犯罪案情并不重大,而犯罪嫌疑重大,仍属于重大嫌疑分子。第二,拘留适用情形是紧急情况。所谓情况紧急,是指具备以上七种法定情形之一,来不及办理逮捕手续,如果不先行拘留,就会给刑事诉讼造成困难。

《刑事诉讼法》第 163 条规定,人民检察院对直接受理的案件中符合本法第 80 条第 4 项、第 5 项规定情形,需要拘留犯罪嫌疑人的,由人民检察院作出决定,由公安机关执行。即人民检察院对犯罪嫌疑人犯罪后企图自杀、逃跑或者在逃的,或者有毁灭、伪造证据或者串供可能的,有权决定拘留。人民检察院适用拘留时,也必须同时符合拘留的两个条件。人民检察院对拘留只有决定权,而无执行权,其作出的拘留决定,由公安机关执行。

三、拘留的程序

(一)拘留的决定

有权决定刑事拘留的机关是公安机关、国家安全机关和人民检察院。执行机关是公安机关。公安机关办案人员认为需要拘留犯罪嫌疑人时,应当填写呈请拘留报告书,注明有关情况和理由,经部门领导审核,由县级以上公安机关负责人决定;人民检察院认为需要拘留犯罪嫌疑人的,由具体办案人员提出意见,经部门负责人审核,报检察长决定,再送达公安机关执行。在紧急情况下,人民检察院可以先向犯罪嫌疑人宣布拘留决定,再送交公安机关执行。

(二)拘留的执行

(1)公安机关执行拘留时,应当持有县级以上公安机关签发的拘留证,向被拘留人出示拘留证,宣布对其实行拘留,并责令被拘留人在拘留证上签名、盖章或者按手印。被拘留人拒绝签名、盖章或者按手印的,应当注明。拘留时不出示拘留证,或者先行拘留后再补办拘留证的做法都是违法的。公安机关依法执行拘留时,任何机关、单位和个人不得阻拦或者抗拒,如遇到反抗,执行人员可以使用武器和械具。

(2)公安机关在异地执行拘留时,应当通知被拘留人所在地的公安机关,被拘留人所在地的公安机关应当予以配合。

(3)拘留后,应当立即将被拘留人送看守所羁押,至迟不得超过24小时。除无法通知或者涉嫌危害国家安全犯罪、恐怖活动犯罪通知可能有碍侦查的情形以外,应当把拘留的原因和羁押的处所,在拘留后24小时以内,通知被拘留人的家属。无法通知和有碍侦查的情形参见监视居住中的论述。在24小时内没有通知的,应当在拘留通知书中注明原因。对人民检察院决定拘留的案件,由人民检察院负责通知。另外,根据《律师法》第37条规定,律师在参与诉讼活动中涉嫌犯罪的,侦查机关应当及时通知其所在的律师事务所或者所属的律师协会;被依法拘留、逮捕的,侦查机关应当依照《刑事诉讼法》的规定通知该律师的家属。

(4)公安机关对于被拘留的人,以及人民检察院对直接受理的案件中被拘留的人,均应当在拘留后24小时内进行讯问。在发现不应当拘留的时候,必须立即释放,发给释放证明。对需要逮捕而证据还不充足的,可以取保候审或者监视居住。拘留后,公安机关、人民检察院尽快讯问既有利于及时收集证据,抓获其他共同犯罪嫌疑人,也有利于防止方式不当拘留的情形,保障被拘留人的合法权益。不应当拘留是指不符合拘留的条件而拘留,具体包括:没有犯罪行为发生,或者被拘留人的行为不构成犯罪的；有犯罪行为发生，但并非被拘留人所为的；有犯罪行为发生，但依法不应当追究被拘留人的刑事责任的；有犯罪行为发生且为被拘留人所为，但被拘留人不符合《刑事诉讼法》第80条中的拘留条件，而应当不需要拘留的。

（三）对特殊身份人员拘留的特别程序

（1）对人大代表的拘留。拘留担任本级人大代表的犯罪嫌疑人，应当立即向本级人大主席团或者常委会报告；拘留担任上级人大代表的犯罪嫌疑人，应当立即报该代表所属人民代表大会同级的公安机关、检察机关，并向该级人大主席团或者常委会报告；拘留担任下级人大代表的，可以直接向该代表所属的人大主席团或者常委会报告，也可以委托该级同级的公安机关、检察机关报告；拘留担任乡、镇人大代表的犯罪嫌疑人，由县级公安机关、检察机关报乡、镇人民代表大会。如果拘留的犯罪嫌疑人担任两级以上人大代表，要按规定分别报告，不得省略手续。如果拘留的犯罪嫌疑人是本辖区之外的人大代表，应委托该代表所属同级公安机关、检察机关报告。

（2）对外国人、无国籍人的拘留。决定对不享有外交特权和豁免权的外国人、无国籍人采取刑事拘留时，要报有关部门审批。西藏、云南及其他边远地区来不及报告的，可以边执行边报告，同时要征求省、直辖市、自治区外事办公室和外国人主管部门的意见。对外国留学生采用刑事拘留时，在征求地方外事办公室和高教厅、局的意见后，报公安部或者国家安全部审批。

（四）拘留的期限

（1）公安机关拘留的期限。《刑事诉讼法》第89条规定："公安机关对被拘留的人，认为需要逮捕的，应当在拘留后的三日以内，提请人民检察院审查批准。在特殊情况下，提请审查批准的时间可以延长一日至四日。对于流窜作案、多次作案、结伙作案的重大嫌疑分子，提请审查批准的时间可以延长至三十日。人民检察院应当自接到公安机关提请批准逮捕书的七日以内，作出批准逮捕或者不批准逮捕的决定。"因此，公安机关拘留的一般最长期限为10天，即提请批准逮捕的3天加上检察机关审查批捕的七天。特殊情况下拘留的最长期限为14天，即提请逮捕的时间可以延长1—4天，加上检察机关审查批捕的7天。"特殊情况"是指案件比较复杂或者交通不便的边远地区，调查取证困难等情况。拘留的最长期限为37天，即对于流窜作案、多次作案、结伙作案的重大嫌疑分子，提请批准逮捕的时间延长至30天，加上检察机关审查批捕的7天。"流窜作案"是指跨市、县管辖范围连续作案，或者在居住地作案后逃跑到外省、市、县继续作案。"多次作案"是指3次以上作案；"结伙作案"是指2人以上作案。

（2）人民检察院决定拘留的期限。《刑事诉讼法》第165条规定："人民检察院对直接受理的案件中被拘留的人,认为需要逮捕的,应当在十四日以内作出决定。在特殊情况下,决定逮捕的时间可以延长一日至三日。”因此,人民检察院决定拘留的一般最长期限为14天;特殊情况下拘留的最长期限为17天。

公安机关、人民检察院应当严格遵守法律规定的拘留羁押期限,不得超期羁押。犯罪嫌疑人、被告人及其法定代理人、近亲属或者犯罪嫌疑人、被告人委托的律师及其他辩护人对于公安机关、人民检察院采取拘留超过法定期限的,有权要求解除拘留。公安机关、人民检察院应当予以释放。

四、刑事拘留与相关概念的联系和区别

(一)刑事拘留与行政拘留的联系和区别

行政拘留,是指由行政法规定的对违反行政法规的人给予的一种行政处罚。行政拘留与刑事拘留都是对被拘留人人身自由的短期剥夺,但二者存在本质差别。

第一,性质不同。行政拘留是对行政违法的公民,主要是对违反《治安管理处罚法》的公民适用的一种行政处罚,具有制裁性和惩罚性;而刑事拘留是在刑事诉讼中对现行犯或者重大嫌疑分子适用的一种强制措施,具有预防性和强制性。

第二,目的不同。行政拘留的目的,是制裁行政违法者,维护社会秩序;而刑事拘留的目的在于排除妨碍,保障刑事诉讼活动的顺利进行。

第三,决定机关不同。行政拘留由行政机关依法决定,具体是指公安机关,但这里的公安机关属于行政机关,而非司法机关;而刑事拘留由公安机关、国家安全机关、人民检察院决定适用。

第四,对象不同。行政拘留适用于行政违法人;而刑事拘留适用于现行犯或者重大嫌疑分子。

第五,期限不同。行政拘留的期限为1日以上15日以下;而刑事拘留的一般期限为10日,特殊期限为14日,对流窜作案、多次作案、结伙作案的重大嫌疑分子拘留期限可以延长至37日。

第六,救济方式不同。对于行政拘留,被拘留人不服可以向拘留决定机关的上一级机关提起行政复议,也可以直接向人民法院提起行政诉讼。而对于刑事拘留不能提起行政复议和行政诉讼,根据《国家赔偿法》的有关规定,对于没有犯罪事实或者没有证据证明有犯罪重大嫌疑的,非因自己的过错被拘留的,可以要求国家赔偿;对超期拘留的,可以要求公安机关、人民检察院释放或者变更为其他强制措施。

第七,能否暂缓执行不同。根据《治安管理处罚法》第107条规定,被处罚人不服行政拘留处罚决定,申请行政复议、提起行政诉讼的,可以向公安机关提出暂缓执行行政拘留的申请。公安机关认为暂缓执行行政拘留不致发生社会危险的,由被处罚人或者其近亲属提出符合本法规定条件的担保人,或者按每日行政拘留200元的标准交纳保证金,行政拘留的处罚决定暂缓执行。而刑事拘留不能暂缓执行。

(二)刑事拘留与司法拘留的联系和区别

司法拘留分为刑事司法拘留、民事司法拘留和行政司法拘留。刑事司法拘留,是指在刑事诉讼中,主要是在审理阶段,人民法院对严重违反法庭秩序的诉讼参与人、旁听人员等采取的短期剥夺其人身自由的一种制裁方法。民事司法拘留,是指在民事诉讼中,人民法院对实施妨碍民事诉讼行为、情节严重的诉讼参与人、案外人等采取的短期剥夺其人身自由的一种制裁方法。行政司法拘留,是指在行政诉讼中,人民法院对实施妨碍行政诉讼行为、情节严重的诉讼参与人、案外人等采取的短期剥夺其人身自由的严重制裁方法。司法拘留和刑事拘留都是在诉讼过程中采取的强制方法,都是为了保障诉讼活动的顺利进行,都是对被拘留人人身自由的短期剥夺,但二者是两个不同的概念。

第一,性质不同。司法拘留是对实施妨碍诉讼行为的人的制裁措施,具有处罚性;而刑事拘留是一种强制措施,具有预防性,不是处罚措施。

第二,机关不同。司法拘留只能由法院适用,而刑事拘留由公安机关、国家安全机关和人民检察院适用。

第三,对象不同。司法拘留适用于故意实施妨碍诉讼行为、情节严重者,包括刑事诉讼中的其他诉讼参与人、旁听人员或者其他案外人,民事诉讼中的诉讼参与人或者案外人,行政诉讼中的诉讼参与人或者案外人。而刑事拘留适用于现行犯或者重大嫌疑分子。

第四,期限不同。司法拘留的期限为1日以上15日以下;而刑事拘留的一般期限为10日,特殊期限为14日,对流窜作案、多次作案、结伙作案的重大嫌疑分子拘留期限可以延长至37日。

第五,条件不同。司法拘留适用的条件是已经故意实施了妨碍诉讼活动进行的行为;而刑事拘留适用的条件是现行犯或者重大嫌疑分子具有《刑事诉讼法》第80条规定的情形之一的。

第六节 逮　　捕

一、逮捕的概念和特征

逮捕是指公安机关、人民检察院、人民法院在一定期限内完全剥夺犯罪嫌疑人、被告人人身自由并予以羁押的一种强制措施。逮捕是各种强制措施中最为严厉的一种。《刑事诉讼法》第78、79、81、85、86条,以及第87到98条对逮捕作了规定。

逮捕与其他刑事诉讼强制措施比较而言,最显著的特征在于严厉性。这种强制措施不仅剥夺了犯罪嫌疑人、被告人的人身自由,而且羁押的时间较长,一般情况下从逮捕之日起到人民法院判决生效时止。逮捕是防止犯罪嫌疑人、被告人妨碍刑事诉讼顺利进行的最有效方式,但必须采用谨慎的态度,严格依法办事,才能准确及时地追究犯罪,同时保障公民的人身自由不受侵犯,实现惩罚犯罪和保障人权的刑事诉讼目的。

逮捕和拘留都是剥夺人身自由的强制措施,都由公安机关依法执行,而且被拘留人往往是被逮捕的对象。但是,逮捕和拘留是两种不同的强制措施,二者存在差异。

(1)决定机关不同。逮捕犯罪嫌疑人、被告人由人民检察院批准或者决定,或者由人民法院决定;而拘留现行犯、重大嫌疑分子由公安机关决定,或者由人民检察院决定。

(2)适用条件不同。逮捕适用的条件是对有证据证明有犯罪事实,可能判处有期徒刑以上刑罚的犯罪嫌疑人、被告人,采取取保候审、监视居住尚不足以防止发生社会危险性,而有逮捕必要的。而拘留适用的条件是现行犯或者重大嫌疑分子具有《刑事诉讼法》第 80 条规定的情形之一的。

(3)羁押期限不同。逮捕的羁押期限较长,可能贯穿刑事诉讼的侦查、起诉和审判阶段。而拘留的时间较短,一般期限为 10 日,特殊期限为 14 日,对流窜作案、多次作案、结伙作案的重大嫌疑分子拘留期限可以延长至 37 日。

二、逮捕的要件

逮捕应当具备两个要件,即形式要件和实质要件。

(一)形式要件

形式要件,是指逮捕必须依据有权机关签发的逮捕证进行。关于哪个机关有权签发逮捕证的问题,各国刑事诉讼法有不同的规定。英美法系采取当事人主义,认为侦查机关无权签发逮捕证,逮捕证只能由法院签发;有的国家刑事诉讼法则赋予检察机关或者检察长有签发逮捕证的权力,如苏联。我国《宪法》第 37 条明确规定:“任何公民,非经人民检察院批准或者决定或者人民法院决定,并由公安机关执行,不受逮捕。”《刑事诉讼法》第 78 条也规定:“逮捕犯罪嫌疑人、被告人,必须经过人民检察院批准或者人民法院决定,由公安机关执行。”这表明逮捕权由公安机关、人民检察院和人民法院行使,其他任何机关、团体和个人都无权进行逮捕。同时,三机关行使逮捕的权限又有所区分。

(1)人民检察院、人民法院有权决定逮捕。人民检察院和人民法院在办理案件的过程中对应当逮捕的犯罪嫌疑人、被告人有权作出逮捕决定。

(2)公安机关提请批捕,人民检察院审查、批准逮捕。《刑事诉讼法》第85条规定:"公安机关要求逮捕犯罪嫌疑人的时候,应当写出提请批准逮捕书,连同案卷材料、证据,一并移送同级人民检察院审查批准。必要的时候,人民检察院可以派人参加公安机关对于重大案件的讨论。"

人民检察院收到公安机关移送的提请批准逮捕书和案卷材料、证据后应当进行审查。对于符合实质条件的批准逮捕,不符合的不批准逮捕。

(3)公安机关执行逮捕。有权执行逮捕的国家机关,只能是公安机关,无论是公安机关提请人民检察院批准逮捕的犯罪嫌疑人,还是人民检察院、人民法院决定逮捕的犯罪嫌疑人、被告人,都交由公安机关执行。

(4)除公安机关、人民检察院、人民法院外,其他任何机关、团体或者个人都无权批准、决定和执行逮捕。

(二)实质要件

实质要件,是指被逮捕人应当符合的条件,换言之逮捕必须有法定的理由。逮捕的理由与刑事诉讼法上采取逮捕的目的有联系。英美法系国家认为刑事诉讼法中的逮捕是保证被告人出庭接受讯问和审判的手段,因此,只要被告人有不到庭接受讯问和审判的可能时就可以进行逮捕。大陆法系国家把逮捕作为防止被告人逃跑、保全证据、排除妨碍刑事诉讼顺利进行的手段,因此逮捕的理由较多,多用列举的方式作出明确的规定。《刑事诉讼法》第79条规定:"对有证据证明有犯罪事实,可能判处徒刑以上刑罚的犯罪嫌疑人、被告人,采取取保候审尚不足以防止发生下列社会危险性的,应当予以逮捕:(一)可能实施新的犯罪的;(二)有危害国家安全、公共安全或者社会秩序的现实危险的;(三)可能毁灭、伪造证据,干扰证人作证或者串供的;(四)可能对被害人、举报人、控告人实施打击报复的;(五)企图自杀或者逃跑的。对有证据证明有犯罪事实,可能判处十年有期徒刑以上刑罚的,或者有证据证明有犯罪事实,可能判处徒刑以上刑罚,曾经故意犯罪或者身份不明的,应当予以逮捕。被取保候审、监视居住的犯罪嫌疑人、被告人违反取保候审、监视居住规定,情节严重的,可以予以逮捕。"可见,逮捕应当具有以下实质要件。

1. 有证据证明有犯罪事实的发生

这是逮捕的前提条件,是案件事实方面的要求,具体包括:(1)有证据证明犯罪行为已经发生,即存在犯罪事实。(2)有证据证明犯罪行为是犯罪嫌疑人、被告人实施的,即有犯罪的主体。(3)证明犯罪嫌疑人、被告人实施犯罪行为的证据已经查证属实,即有证据。值得注意的是,此处指出的"犯罪行为",并非最后判决的全部的犯罪事实,而是只要存在犯罪行为即可,可能是单一犯罪行为的事实,也可能是数个犯罪行为中一个犯罪行为的事实;并且“有证据证明”并非是证据确实、充分,前者的证明标准显然低于后者,但“有证据证明”中的证据也必须查证属实,并非推测、怀疑或者臆想。

2. 可能判处有期徒刑以上刑罚

这是逮捕在刑罚方面的条件。根据已有证据证明的案件事实,比照《刑法》的有关规定,衡量其所犯罪行,最低也可能要判处有期徒刑以上的刑罚。这表明犯罪嫌疑人、被告人的社会危害性较大,罪行较重。如果只可能判处管制、拘役、独立适用附加刑或者免除刑罚,不可能判处有期徒刑以上刑罚的,就不能采用逮捕。司法实践中,对那些可能判处有期徒刑缓刑的犯罪嫌疑人、被告人,一般也不采用逮捕。

3. 采取取保候审、监视居住等方法,尚不足以防止社会危险性,而有逮捕必要的

这一条件主要针对能否防止犯罪嫌疑人、被告人的社会危险性,如果对其采用取保候审、监视居住等方法,足以防止其串供、逃跑、隐匿证据、伪造证据、销毁证据、干扰证人作证、自杀、威胁被害人、继续犯罪等社会危险性的发生,则没有必要予以逮捕。犯罪嫌疑人、被告人是否具有严重的社会危险性是衡量应否对其实行逮捕的重要条件之一,司法实践中,社会危险性应从以下几个方面考虑:(1)案件的性质。一般来说,案件性质严重,作案人的主观恶性大,其社会危险性也大,被判处的刑罚也重,作案人也就更容易毁灭证据、伪造证据、串供、逃避侦查和审判,继续犯罪甚至自杀。(2)犯罪嫌疑人、被告人自身情况。犯罪嫌疑人、被告人自身情况是指其在犯罪前后的表现以及个人情况,如其是偶然犯罪还是累犯,故意犯罪还是过失犯罪,其犯罪前的一贯表现等。(3)案件的其他情况。具体包括:同案人是否被抓获;案件中重要的证据是否已经被收集;犯罪嫌疑人、被告人是否知道举报人、证人的姓名和住址;等等。如果同案人未被抓获,案件中的重要证据未被收集,犯罪嫌疑人、被告人串供、隐匿、毁灭或者伪造证据的可能性就更大;如果知道举报人、证人的姓名和住址,其干扰作证、进行报复、继续犯罪的可能性也就更大,其社会危险性就大。

上述逮捕的三个条件相互联系,必须同时具备,缺一不可。

三、逮捕的程序

(一)逮捕的提请、批准和决定程序

1. 人民检察院对公安机关提请逮捕犯罪嫌疑人的批准程序

(1)提请。《刑事诉讼法》第85条规定:“公安机关要求逮捕犯罪嫌疑人的时候,应当写出提请批准逮捕书,连同案卷材料、证据,一并移送同级人民检察院审查批准。必要的时候,人民检察院可以派人参加公安机关对于重大案件的讨论。”公

安机关在侦查案件中,认为需要逮捕的,无权作出逮捕决定,应当向同级人民检察院提请批准逮捕,并移送提请批准逮捕书和案卷材料、证据。提请批准逮捕书应当载明犯罪嫌疑人的姓名、性别、年龄、籍贯、职业、民族、住址、所犯罪行、主要证据、认定的罪名和逮捕的法律依据。这些材料是人民检察院审查、批准逮捕的依据。人民检察院认为必要时,还可以直接派员参加公安机关对重大案件的讨论,提前了解案情,为审查、批准逮捕作准备。

(2)审查和批准。人民检察院收到公安机关移送的提请批准逮捕书和案卷材料、证据后应当进行审查。审查由人民检察院的审查批捕部门办理,审查批捕部门应当指定办案人员审查。办案人员审查后,提出审查意见,由审查批捕部门负责人审核后,报请检察长批准或者决定;重大案件应当经检察委员会讨论决定。《刑事诉讼法》第 88 条规定:"人民检察院对于公安机关提请批准逮捕的案件进行审查后,应当根据情况分别作出批准逮捕或者不批准逮捕的决定。对于批准逮捕的决定,公安机关应当立即执行,并且将执行情况及时通知人民检察院。对于不批准逮捕的,人民检察院应当说明理由,需要补充侦查的,应当同时通知公安机关。"

另外,《刑事诉讼规则(试行)》第 321 条规定:"人民检察院办理审查逮捕案件,发现应当逮捕而公安机关未提请批准逮捕的犯罪嫌疑人的,应当建议公安机关提请批准逮捕。如果公安机关仍不提请批准逮捕或者不提请批准逮捕的理由不能成立的,人民检察院也可以直接作出逮捕决定,送达公安机关执行。"第 322 条规定:"已作出的批准逮捕决定发现确有错误的,人民检察院应当撤销原批准逮捕决定,送达公安机关执行。对已作出的不批准逮捕决定发现确有错误,需要批准逮捕的,人民检察院应当撤销原不批准逮捕决定,并重新作出批准逮捕决定,送达公安机关执行。对因撤销原批准逮捕决定而被释放的犯罪嫌疑人或者逮捕后公安机关变更为取保候审、监视居住的犯罪嫌疑人,又发现需要逮捕的,人民检察院应当重新作出逮捕决定。"

《刑事诉讼规则(试行)》第 316 条规定:"对公安机关提请批准逮捕的犯罪嫌疑人,已被拘留的,人民检察院应当在收到提请批准逮捕书后的七日以内作出是否批准逮捕的决定;未被拘留的,应当在收到提请批准逮捕书后的十五日以内作出是否批准逮捕的决定,重大、复杂的案件,不得超过二十日。"

(3)复议。《刑事诉讼法》第 90 条规定:"公安机关对人民检察院不批准逮捕的决定,认为有错误的时候,可以要求复议,但是必须将被拘留的人立即释放。如果意见不被接受,可以向上一级人民检察院提请复核。上级人民检察院应当立即复核,作出是否变更的决定,通知下级人民检察院和公安机关执行。"这是公安机关对人民检察院不批准逮捕决定的制约,既可以要求复议,再次申请批准,也可以向上级人民检察院申请复核。上级人民检察院的复核决定是最终决定，公安机关或者下级人民检察院应当执行。

2. 人民检察院决定逮捕的程序

人民检察院决定逮捕犯罪嫌疑人有两种情况。

(1)人民检察院办理直接立案侦查的案件，需要逮捕犯罪嫌疑人的，先由侦查部门填写逮捕犯罪嫌疑人审批表，连同案卷材料一并送交本院审查批准逮捕部门审查，由检察长决定。对重大、疑难、复杂的案件，提交检察委员会讨论决定。

(2)人民检察院对公安机关移送起诉尚未逮捕犯罪嫌疑人的案件，认为需要逮捕的，由审查起诉部门填写逮捕犯罪嫌疑人审批表，连同案卷材料一并送交本院审查批准逮捕部门审查，报检察长或者检察委员会决定。

人民检察院审查批捕部门在接到逮捕犯罪嫌疑人审批表后，嫌疑人已被拘留的，在拘留后14日内，特殊情况下17日内，作出逮捕的决定或者不予逮捕的决定；嫌疑人未被拘留的，应当在收到提请批准逮捕书后的15日内作出是否批准逮捕的决定，重大、复杂的案件，不得超过20日。决定逮捕的由检察长签发决定逮捕通知书，通知公安机关执行。

3. 人民法院决定逮捕的程序

人民法院决定逮捕被告人也有两种情况。

(1)对于直接受理的自诉案件，认为需要逮捕被告人时，由承办法官提交法院院长决定，对于重大、疑难、复杂的案件，提交审判委员会讨论决定。

(2)对于人民检察院提起公诉时未予以逮捕的被告人，人民法院认为需要逮捕的，也可以由承办法官报院长或者审判委员会决定。

人民法院决定逮捕的，由人民法院院长签发决定逮捕通知书，通知公安机关执行。公诉案件，还应当通知人民检察院。

4. 特殊审批程序

根据《全国人民代表大会和地方各级人民代表大会代表法》规定，人大代表的人身自由受到特别保护，逮捕人大代表时，人民检察院、人民法院无权直接批准或者决定逮捕，必须履行特别程序：(1)全国人民代表大会代表非经全国人民代表大会会议主席团许可，在全国人民代表大会闭会期间非经全国人民代表大会常务委员会许可，不受逮捕或者刑事审判。(2)县级以上的地方各级人民代表大会代表，非经本级人民代表大会常务委员会同意，不受逮捕或者审判。经本级人民代表大会或者其常务委员会同意后，由同级人民检察院办理批准手续。(3)被逮捕的犯罪嫌疑人、被告人是乡、镇一级人民代表大会代表时，应当向乡、镇人民代表大会报告。

（二）逮捕的执行程序

逮捕犯罪嫌疑人、被告人，一律由公安机关执行。公安机关对于人民检察院的批准或者决定，人民法院决定逮捕的犯罪嫌疑人、被告人，必须立即执行逮捕，并通知人民检察院或者人民法院。

（1）公安机关接到批准逮捕通知书或者执行逮捕通知书后，应当制作逮捕证。逮捕证应当写明经人民检察院批准或者决定，或者人民法院决定，被逮捕人姓名、性别、年龄、住址，执行逮捕人员。逮捕证由县级以上公安机关负责人签发。

（2）执行逮捕必须由2名以上公安人员进行。公安机关逮捕人的时候，必须向被逮捕人出示逮捕证，宣布对其依法逮捕，并责令被逮捕人在逮捕证上签字或者按手印。被逮捕人拒绝签字或者按手印的，执行人员应当在逮捕证上注明。被逮捕人抗拒的，执行人员可以采用强制方法，必要时可以使用械具、武器。公安机关执行逮捕时，被逮捕人死亡、逃跑或者其他原因，不能执行逮捕或者逮捕未获的，应当立即通知原批准逮捕的人民检察院，或者决定逮捕的人民检察院、人民法院。

（3）根据《刑事诉讼法》第91条规定，逮捕后，应当立即将被逮捕人送看守所羁押。除无法通知的以外，应当在逮捕后24小时以内，通知被逮捕人的家属。公安机关提请经人民检察院批准逮捕的，由公安机关通知；人民检察院或者人民法院决定逮捕的，由人民检察院或者人民法院通知。

（4）根据《刑事诉讼法》第92条规定："人民法院、人民检察院对于各自决定逮捕的人，公安机关对于经人民检察院批准逮捕的人，都必须在逮捕后的二十四小时以内进行讯问。在发现不应当逮捕的时候，必须立即释放，发给释放证明。""不应当逮捕"是指不符合逮捕的条件而逮捕，具体包括：没有犯罪行为发生，或者被逮捕人的行为不构成犯罪的；有犯罪行为发生，但并非被逮捕人所为的；有犯罪行为发生，但依法不应当追究被逮捕人的刑事责任的；有犯罪行为发生且系被逮捕人所为，但被逮捕人不符合《刑事诉讼法》第79条中的逮捕条件，而不需要逮捕的。

（5）公安机关在异地执行逮捕的时候，应当通知被逮捕人所在地的公安机关，被逮捕人所在地的公安机关应当予以配合。

（三）监督程序

人民检察院作为法律监督机关，对逮捕予以监督。

第一，犯罪嫌疑人、被告人被逮捕后，人民检察院仍应当对羁押的必要性进行审查。对于不需要继续羁押的，应当建议予以释放或者变更强制措施。有关机关应当在10日以内将处理情况通知人民检察院。

第二,公安机关释放被逮捕的人或者变更逮捕措施的,应当通知原批准的人民检察院。

第三,人民检察院在审查批准逮捕工作中,如果发现公安机关的侦查活动有违法情况,应当通知公安机关予以纠正,公安机关应当将纠正情况通知人民检察院。

(四)逮捕的变更、撤销、解除

(1)人民法院、人民检察院和公安机关如果发现对犯罪嫌疑人、被告人采取强制措施不当的,应当及时撤销或者变更。公安机关释放被逮捕的人或者变更逮捕措施的,应当通知原批准的人民检察院。

(2)犯罪嫌疑人、被告人及其法定代理人、近亲属、辩护人有权申请变更强制措施。人民法院、人民检察院和公安机关收到申请后,应当在3日以内作出决定;不同意变更强制措施的,应当告知申请人,并说明不同意的理由。

(3)犯罪嫌疑人、被告人被羁押的案件,不能在本法规定的侦查羁押、审查起诉、一审、二审期限内办结的,对犯罪嫌疑人、被告人应当予以释放;需要继续查证、审理的,对犯罪嫌疑人、被告人可以取保候审或者监视居住。

(4)人民法院、人民检察院或者公安机关对于被采取强制措施法定期限届满的犯罪嫌疑人、被告人应当予以释放,解除取保候审、监视居住或者依法变更强制措施。犯罪嫌疑人、被告人及其法定代理人、近亲属或者辩护人对于人民法院、人民检察院或者公安机关采取强制措施法定期限届满的,有权要求解除强制措施。

【问题与思考】

1. 刑事诉讼中的强制措施的性质是什么?
2. 刑事诉讼中的强制措施与民事诉讼中的强制措施有什么异同?
3. 取保候审与监视居住的异同?
4. 刑事诉讼中的拘留与行政拘留的区别?
5. 逮捕的条件是什么?

第十一章

附带民事诉讼

【内容提要】

本章对附带民事诉讼作了系统阐述。附带民事诉讼,是司法机关在追究被告人刑事责任的同时,根据被害人的申请,附带解决由于被告人的犯罪行为直接造成的被害人物质损失的赔偿问题,而进行的一种诉讼活动。通过附带民事诉讼制度,有利于刑事案件的全面正确处理,有利于保障被害人的合法权利,有利于正确执行我国惩办与宽大相结合的刑事政策,有利于节约诉讼成本和提高诉讼效率,有利于维护人民法院审判工作的统一性和权威性。附带民事诉讼的提起,以刑事案件成立为前提,原告人要求赔偿的损失必须是因犯罪行为造成的物质损失,不能是精神损害。附带民事诉讼的当事人包括原告人和被告人,其未必与刑事诉讼的被害人和被告人是重合的。附带民事诉讼应当在一审宣告判决前提出,其审判程序有诸多特殊之处。在诉讼中人民法院对民事问题的处理还要遵循《民事诉讼法》的有关规定。

第一节　附带民事诉讼概述

一、附带民事诉讼的概念

附带民事诉讼,是指司法机关在追究被告人刑事责任的同时,根据被害人的申请,附带解决由于被告人的犯罪行为直接造成的被害人的物质损失的赔偿问题,而进行的一种诉讼活动。我国《刑事诉讼法》第99条规定:“被害人由于被告人的犯罪行为而遭受物质损失的,在刑事诉讼过程中,有权提起附带民事诉讼。被害人死亡或者丧失行为能力的,被害人的法定代理人、近亲属有权提起附带民事诉讼。如果是国家财产、集体财产遭受损失的,人民检察院在提起公诉的时候,可以提起附带民事诉讼。”

附带民事诉讼,在本质上是一种具有民事诉讼特征的经济损害赔偿的诉讼。因此,虽然它属于刑事诉讼中的一类诉讼程序,却具有极为强烈的民事特征。在实体问题上,针对损害事实的认定,既要依据《刑法》中关于犯罪构成的规定,也要遵循民事立法的规定;在程序问题上,附带民事诉讼的诉讼程序,既要遵循《刑事诉讼法》的专门规定,也要顾及《民事诉讼法》的相关规定,比如在诉讼原则、强制措施、证据制度、先予执行、财产保全、撤诉、反诉等诸多方面,都要受《民事诉讼法》的调整。对此,最高人民法院《刑事诉讼法解释》第163条规定:“人民法院审理附带民事诉讼案件,除刑法、刑事诉讼法以及刑事司法解释已有规定的以外,适用民事法律的有关规定。”

然而,附带民事诉讼又不同于一般的民事诉讼。附带民事诉讼必须由犯罪行为引起,其成立与解决都依附于刑事诉讼,和刑事诉讼是不可分割的。附带民事诉讼与普通民事诉讼相比,在以下几个方面有着显著的区别。

(1)受案范围。我国当前的附带民事诉讼,只涉及因犯罪行为引发的物质损害赔偿;而普通民事诉讼不限于此种范围。

(2)诉讼费用。按照《民事诉讼法》规定,普通民事诉讼需要交纳一定的诉讼费用;而最高人民法院《刑事诉讼法解释》第162条规定:“人民法院审理附带民事诉讼案件,不收取诉讼费。”

(3)管辖。附带民事诉讼的管辖不遵循《民事诉讼法》的规定,而是从属于刑事诉讼的管辖。一般而言,刑事诉讼归哪一类别、哪一级别、哪一地区的法院管辖,附带民事案件也要归属这一法院管辖。

(4)审判组织。附带民事诉讼的审判组织是由进行刑事诉讼的审判组织一并兼任。

(5)诉讼期间。在诉讼期间的跨度上,我国的民事诉讼和刑事诉讼有着较大的区别,附带民事诉讼的期间应当从属于刑事诉讼。另外,在期间的顺延上也有不同。按照《民事诉讼法》的规定,因正当理由而耽误期限的,当事人在障碍消除后的10日内,可以申请顺延期限;而根据《刑事诉讼法》的规定,则应当在障碍消除后的5日内申请顺延,附带民事诉讼也需遵循这一规定。

二、附带民事诉讼的意义

实行附带民事诉讼制度,具有如下几个方面的意义。

(1)附带民事诉讼有利于刑事案件的全面正确处理。在审理刑事案件过程中,一并解决民事赔偿问题,有利于全面查明被告人的行为是否构成犯罪以及应当判处何种刑罚。在许多种类的刑事犯罪案件中,比如侵犯财产的犯罪,被告人的行为是否造成物质损害以及造成物质损害的程度,恰恰也是对被告人定罪量刑的决定性因素。

(2)附带民事诉讼可以有效解决犯罪行为造成的损害赔偿,有利于保障被害人的合法权利。一方面,实行附带民事诉讼,控方在追究被告人刑事责任的过程中会同时收集证明被告人应当承担民事责任的证据,这有利于减轻被害人在民事赔偿部分本应负担的举证责任,从而降低被害人获得赔偿的难度。另一方面,要求司法机关在解决被告人刑事责任的过程中必须一并解决其应承担的民事赔偿责任,有利于及时弥补被害人因犯罪行为遭受的物质损害,而不是等到刑事案件结束后再向民事审判庭提起诉讼,那样的话往往会因为时过境迁,导致有关损害事实难以查清,或因被告人将财产转移、隐匿,导致损害赔偿难以实现。

(3)附带民事诉讼有利于正确执行我国惩办与宽大相结合的刑事政策。在处理刑事案件过程中一并解决民事赔偿问题,有利于查明被告人对其犯罪行为造成的物质损害的态度,从而正确判断被告人是否悔罪及悔罪的态度,判断被告人的人身危险性,这对于在定罪量刑时正确执行我国惩办与宽大相结合的刑事政策具有非常重要的意义。

(4)在解决刑事责任的同时附带解决因犯罪行为造成的物质损失赔偿问题,可以节约诉讼成本,提高诉讼效率。对公安司法机关而言,附带民事诉讼有利于避免刑事和民事部分分别处理必然产生的调查和审理上的重复,从而大大节省人力、物力和时间。对于附带民事诉讼原告人来说,附带民事诉讼有利于其在刑事审判过程中就刑事、民事部分一并陈述和辩论,就刑事、民事部分一并提起诉讼,从而避免分别处理时当事人参与刑事诉讼后又要参与民事诉讼的麻烦。对于附带民事诉讼被告人来说,有利于通过一个审判组织和一次审判同时解决应当承担的两种责任,避免因一个犯罪行为受到两次审判的负担。对于法定代理人、证人、鉴定人等其他诉讼参与人来说,也有利于避免参与两次审判所带来的讼累。

(5)附带民事诉讼有利于维护人民法院审判工作的统一性和权威性。在处理刑事案件过程中一并解决民事赔偿问题,有利于避免由刑事审判庭和民事审判庭分别处理刑事和民事问题可能出现的对同一案件作出矛盾裁判的问题,从而维护法院裁判的权威。

三、附带民事诉讼的构成要件

(一)成立前提

附带民事诉讼必须以刑事诉讼的成立为前提。附带民事诉讼是由刑事诉讼所追究的犯罪行为引起的,是在追究行为人刑事责任的同时,附带解决相关的损害赔偿责任的一种诉讼形态。因此,附带民事诉讼必须以刑事诉讼的成立为前提,如果刑事诉讼不成立,附带民事诉讼就失去了存在的基础。但是,刑事诉讼的成立并不以是否对被告人科处刑罚为标准。在有些情况下,被告人的行为虽然构成犯罪,但依法不需要判处刑罚或者可以免除刑罚。在这些案件中,犯罪行为给被害人造成物质损失的,附带民事诉讼仍然可以提起。另外,刑事诉讼的成立也不以被告人最终构成犯罪为条件。这里有两种特殊的情况:一种情况是被告人的行为不是犯罪行为,而是受法律保护的行为,如正当防卫、紧急避险等,因这些行为所引起的损害,当然不能提起附带民事诉讼;另一种情况是被告人的行为虽然不构成犯罪,但构成民事侵权行为。在后一种情况下,被害人能否提起附带民事诉讼,要视刑事诉讼的阶段而定:如果在侦查和起诉阶段,刑事诉讼部分作了撤销案件或者不起诉的处理决定,意味着刑事诉讼已经终结,刑事诉讼不存在,附带民事诉讼也就失去了存在的前提,被害人只能提起独立的民事赔偿之诉;如果案件已到法院审判阶段,被害人则可以提出附带民事诉讼,法庭经过审理,可以就刑事部分作出无罪的刑事判决,附带民事部分作出赔偿损失的附带民事判决。对此,最高人民法院《刑事诉讼法解释》第 160 条规定:“人民法院认定公诉案件被告人的行为不构成犯罪,对已经提起的附带民事诉讼,经调解不能达成协议的,应当一并作出刑事附带民事判决。人民法院准许人民检察院撤回起诉的公诉案件,对已经提起的附带民事诉讼,可以进行调解;不宜调解或者经调解不能达成协议的,应当裁定驳回起诉,并告知附带民事诉讼原告人可以另行提起民事诉讼。”

(二)赔偿范围

附带民事诉讼的赔偿范围,仅限于犯罪行为给被害人造成的物质损失。根据我国《刑事诉讼法》第 99 条之规定,被害人因犯罪行为而遭受了“物质损失”的,有权提起附带民事诉讼。《刑法》第 36 条规定:“由于犯罪行为而使被害人遭受经济损失的,对犯罪分子除依法给予刑事处罚外,并应根据情况判处赔偿经济损失。”根据最高人民法院《刑事诉讼法解释》第 138 条第 2 款之规定,因受到犯罪侵犯,提起附带民事诉讼或者单独提起民事诉讼要求赔偿精神损失的,人民法院不予受理。上述规定的理念是一致的,“经济损失”与“物质损失”具有相同的含义。可见,附带民事诉讼请求赔偿的损失仅限于物质损失,而不包括精神损失。[①]

附带民事诉讼不赔偿精神损失,在立法上存在着巨大的逻辑错误。一种侵害人身权的侵权行为,根据民事法律的相关规定,造成精神损失的应当给予赔偿。但是,当这种侵权行为更加严重而上升为犯罪行为时,造成的精神损失却不予赔偿。这显然是在理论上和实践中都无法讲通的逻辑。因此,我们主张,相关附带民事诉讼的立法应当进行修改,将精神损失纳入附带民事诉讼的赔偿范围。

(三)物质损失与犯罪行为的因果关系

被害人所遭受的物质损失与被告人的犯罪行为之间必须存在因果关系。被害人的物质损失必须是犯罪行为造成的,要求赔偿的损失与被告人的犯罪行为之间应当有直接的因果联系。《最高人民法院关于刑事附带民事诉讼范围问题的规定》第2条规定:"被害人因犯罪行为遭受的物质损失,是指被害人因犯罪行为已经遭受的实际损失和必然遭受的损失。"可见,犯罪行为造成的物质损失,既包括犯罪行为已经给被害人造成的物质损失,也包括被害人将来必然遭受的物质利益的损失。前者又称积极损失,例如犯罪分子作案时破坏的车辆、房屋、物品,被害人的医疗费、营养费,等等;后者也称消极损失,例如因伤残导致日后误工而减少的劳动收入,今后继续治疗的费用,被毁坏的生长中的庄稼,等等。最高人民法院《刑事诉讼法解释》第155条第2、3款列举规定了两类案件中的"物质损失":(1)犯罪行为造成被害人人身损害的,应当赔偿医疗费、护理费、交通费等为治疗和康复支付的合理费用,以及因误工减少的收入。造成被害人残疾的,还应当赔偿残疾生活辅助具费等费用;造成被害人死亡的,还应当赔偿丧葬费等费用。(2)驾驶机动车致人伤亡或者造成公私财产重大损失,构成犯罪的,依照《中华人民共和国道路交通安全法》第76条的规定确定赔偿责任。

---

① 关于附带民事诉讼能否追索精神损失的问题,我国在司法实践中一度有过不同的做法。于1993年公布的《最高人民法院关于审理名誉权案件若干问题的解答》第3条规定:"当事人提起名誉权诉讼后,以同一事实和理由又要求追究被告刑事责任的,应中止民事诉讼,待刑事案件审结后,根据不同情况分别处理:对于犯罪情节轻微,没有给予被告人刑事处罚的,或者刑事自诉已由原告撤回或者被驳回的,应恢复民事诉讼;对于民事诉讼请求已在刑事附带民事诉讼中解决的,应终结民事案件的审理。"可见,其支持了附带民事诉讼可以追索精神损害赔偿的做法。但是,于2000年施行的《最高人民法院关于刑事附带民事诉讼范围问题的规定》又否定了上述做法。2001年,深圳市罗湖区人民法院判决了一宗因强奸罪侵犯妇女"贞操权",被害人获得精神损害赔偿人民币8万元的民事案件;这起案件中的被害人曾在刑事诉讼中附带提起精神损害赔偿,但遭到法院的拒绝,后被害人又单独提起民事诉讼,并成功获赔。(参见孔献之:《深圳判决首例侵犯"贞操权"索赔案》,《人民法院报》2001年4月23日)针对这种做法,2002年施行的《最高人民法院关于人民法院是否受理刑事案件被害人提起精神损害赔偿民事诉讼问题的批复》又予以明确禁止,指出:对于刑事案件被害人由于被告人的犯罪行为而遭受精神损失提起的附带民事诉讼,或者在该刑事案件审结以后,被害人另行提起精神损害赔偿民事诉讼的,人民法院不予受理。

但是,此处的“物质损失”,并不包括今后可能会获取的或通过努力才能获取的物质利益,例如科研奖金、加班费等等。对于在犯罪过程中因被害人自己的过错造成的损失,则不应由被告人承担。此外,因民事上的债权债务关系纠纷而引起的刑事犯罪,不能在刑事诉讼过程中解决,也不能就刑事犯罪之前的债权债务问题提起附带民事诉讼。

另外,最高人民法院《刑事诉讼法解释》第139、140、142条特别规定了两类不得提起附带民事诉讼的情形:(1)被告人非法占有、处置被害人财产的,应当依法予以追缴或者责令退赔。被害人提起附带民事诉讼的,人民法院不予受理。追缴、退赔的情况,可以作为量刑情节考虑。被告人非法占有、处置国家财产、集体财产的,亦应适用追缴或责令退赔程序。(2)国家机关工作人员在行使职权时,侵犯他人人身、财产权利构成犯罪,被害人或者其法定代理人、近亲属提起附带民事诉讼的,人民法院不予受理,但应当告知其可以依法申请国家赔偿。

(四)赔偿请求的提出

有赔偿请求权人在刑事诉讼过程中提出了赔偿请求。刑事诉讼过程指的是从刑事案件立案开始到刑事案件审结的整个过程。但是,附带民事诉讼最好在一审法庭开庭审理前提起。这样可以节省司法资源,方便诉讼参与人,有利于防止诉讼的拖延。因此,最高人民法院《刑事诉讼法解释》第147条第1款规定,附带民事诉讼应当在刑事案件立案后及时提起。另外,第2款还规定了附带民事诉讼的提起方式,即提起附带民事诉讼应当提交附带民事起诉状。

由于提起附带民事诉讼是遭受物质损失的被害人的权利,可以行使也可以放弃。只有当有附带民事诉讼请求权的人提起附带民事诉讼时,附带民事诉讼才能成立。人民法院在受理刑事案件后,可以告知有赔偿请求权的人提起附带民事诉讼。在司法实践中,被害人在刑事诉讼开始之初可能并不直接就被告人犯罪行为造成的物质损失向人民法院提出赔偿请求,而是向公安机关或检察机关提出,此种情况亦可成立附带民事诉讼。但是,最高人民法院《刑事诉讼法解释》第148条规定:“侦查、审查起诉期间,有权提起附带民事诉讼的人提出赔偿要求,经公安机关、人民检察院调解,当事人双方已经达成协议并全部履行,被害人或者其法定代理人、近亲属又提起附带民事诉讼的,人民法院不予受理,但有证据证明调解违反自愿、合法原则的除外。”可见,在侦查或审查起诉阶段提出的附带民事赔偿请求已经经过公安机关或检察机关的调解且履行完毕的,不得再进入法院的附带民事诉讼程序。另外,如果被害人在侦查、起诉阶段提出了赔偿请求,但公安机关或检察机关却对刑事案件作出了撤销案件或不起诉的处理,那么赔偿请求可以作为普通的民事诉讼单独向人民法院提起,也不再进入附带民事诉讼程序。

第二节　附带民事诉讼的当事人

一、附带民事诉讼的原告人

附带民事诉讼的原告人，是指在刑事诉讼的过程中，以自己的名义向人民法院提起附带民事诉讼，要求被告人赔偿因其犯罪行为而遭受物质损失的一方当事人。在我国，附带民事诉讼的原告人应当包括下列几类。

（一）因犯罪行为而遭受物质损失的被害人

这里的被害人应当从广义上去理解，不仅限于自然人，还应当包括法人和其他组织。如果被害人是未成年人、精神病患者等无行为能力人或者限制行为能力人的，其法定代理人可以代为提起附带民事诉讼。但应当注意的是，被害人的法定代理人并不是原告人，原告人仍然是被害人。法定代理人进行附带民事诉讼的目的在于维护被害人的民事权益，必须以被害人的名义参加诉讼。

（二）已死亡或丧失行为能力的被害人的法定代理人、近亲属

已死亡被害人的近亲属可以提起附带民事诉讼。近亲属是与死者有血缘关系或婚姻关系的亲属，通常享有继承被害人财产的权利。《刑事诉讼法》上的近亲属，具体包括夫、妻、父、母、子、女和同胞兄弟姐妹。被害人的死亡或者丧失行为能力，可以是因本案中的犯罪行为而导致，也可以是因其他事由导致的而与本案犯罪行为无关。

（三）人民检察院

如果是国家财产、集体财产遭受损失，受损失单位未提起附带民事诉讼，人民检察院在提起公诉时可以提起附带民事诉讼。但是，人民检察院不是民事实体权利义务的主体，只能成为程序意义上的附带民事诉讼原告人。

（四）其他因犯罪行为而遭受物质损失的公民、法人和其他组织

在刑事案件中，除了被害人会因犯罪行为的侵害而遭受物质损失外，其他的公民、法人和其他组织也可能会因犯罪行为而遭受物质损失。例如，为被害人支付了医药费、治疗费、营养费、生活补助费、护理费、交通费、丧葬费等有关费用的公民、法人和其他组织，在被害人死亡而没有继承人或遗产的情况下，便可以就其因救助被害人或因为被害人处理善后事宜而支付的费用提起附带民事诉讼，成为附带民事诉讼的原告人。另外，如果被害人与保险公司签订有保险合同，保险公司对于被害人因犯罪行为所遭受的财产损失已经预付了保险赔偿金的，也会取得在刑事诉讼中提起附带民事诉讼请求赔偿的权利，可以成为附带民事诉讼的原告人，而被害人即因此而丧失了提起附带民事诉讼的权利，不能再成为附带民事诉讼的原告人。

二、附带民事诉讼的被告人

附带民事诉讼的被告人,是指对犯罪行为或不构成犯罪的共同致害行为所造成的物质损失依法负有赔偿责任,而被附带民事诉讼的原告人起诉要求赔偿经济损失的一方当事人。附带民事诉讼被告人一般也是刑事诉讼的被告人,但在特殊情况下,应当赔偿物质损失的附带民事诉讼被告人,也可能不是应当承担刑事责任的被告人。根据最高人民法院《刑事诉讼法解释》第 143 条之规定,在附带民事诉讼中负有赔偿责任的人包括下列几类情形。

(一)刑事被告人以及未被追究刑事责任的其他共同致害人

这里的被告人或共同致害人,不仅包括公民,也包括法人和其他组织。所谓其他共同致害人,是指由于行为轻微或者其他法律规定的原因而没有被追究刑事责任,但其共同致害行为已经造成物质损失的人。这种情形主要存在于共同犯罪案件中,有的被告人被交付人民法院审判,有的被公安机关采取强制性教育措施处理或行政拘留处分,有的被人民检察院作出不起诉决定。在上述情况下,被作出其他处理的同案人都可以列为附带民事诉讼的被告人。因为数人共同造成他人物质损失的行为是一个不可分开的整体行为,造成物质损失结果的原因是共同的加害行为,各加害人都应对物质损失承担民事赔偿责任。

但需指出,根据最高人民法院《刑事诉讼法解释》第 146 条之规定,共同犯罪案件,同案犯在逃的,不应列为附带民事诉讼被告人;逃跑的同案犯到案后,被害人或者其法定代理人、近亲属可以对其提起附带民事诉讼,但已经从其他共同犯罪人处获得足额赔偿的除外。

(二)刑事被告人的监护人

此种刑事被告人,主要包括未成年人和限制行为能力的精神病人。无行为能力的精神病人,不构成犯罪主体。

未成年人的监护人是其父母。父母死亡或者没有监护能力的,由下列人员中有监护能力的人担任监护人:(1)祖父母、外祖父母;(2)兄、姐;(3)关系密切的其他亲属、朋友愿意承担监护职责,经未成年人父母的所在单位或者未成年人住所地的居民委员会、村民委员会同意后,也可以作监护人。对担任监护人有争议的,由未成年人父母的所在单位或者未成年人住所地的居民委员会、村民委员会在其近亲属中指定。对指定不服提起诉讼的,由人民法院裁决。没有前述监护人的,由未成年人的父、母的所在单位或者未成年人住所地的居民委员会、村民委员会或者民政部门担任监护人。

限制行为能力的精神病人,由下列人员担任监护人:(1)配偶;(2)父母;(3)成年子女;(4)其他近亲属;(5)关系密切的其他亲属、朋友愿意承担监护责任,经精神病人的所在单位或者住所地的居民委员会、村民委员会同意的。对担任监护人有争议的,由精神病人的所在单位或者住所地的居民委员会、村民委员会在其近亲属中指定。对指定不服提起诉讼的,由人民法院裁决。没有前述监护人的,由精神病人的所在单位或者住所地的居民委员会、村民委员会或者民政部门担任监护人。

如果刑事被告人是未成年人或者精神病人的,则由其监护人承担赔偿责任。但其监护人是不是附带民事诉讼的被告人,在理论界却是一个存在争议的问题。[①]既然附带民事诉讼是一种特殊的民事诉讼,它所解决的实体问题应当适用民事实体法的规定。我国《民法通则》第133条第2款规定:"有财产的无民事行为能力人、限制民事行为能力人造成他人损害的,从本人财产中支付赔偿费用。不足部分,由监护人适当赔偿,但单位担任监护人的除外。"可见,监护人只有在未成人无财产或财产不足时才承担赔偿责任。即使监护人承担赔偿责任,其作为被监护人的法定代理人,也只能以法定代理人的名义参加诉讼,而不是附带民事诉讼的被告人,被告人只能是作为被监护人的未成年人或精神病人。另外,在《民事诉讼法》中,当事人的监护人在诉讼中也只是处于法定代理人的地位,而不能成为当事人。从这一角度来讲,附带民事诉讼中的未成年或精神病刑事被告人的监护人也不能在诉讼中具有当事人的法律地位。

(三)在全案终结以前已被执行死刑的罪犯的遗产继承人和共同犯罪案件中案件审结前已死亡的被告人的遗产继承人

在涉及两人或多人犯罪的刑事案件中,全案未终结之前有的罪犯便可能会被执行了死刑,那么其遗产继承人应在附带民事诉讼中作为被告人。在这两种情况下,对被害人的经济赔偿应当看作是已经死亡的刑事被告人生前所负的债务,属于遗产的清偿范围。

(四)其他对刑事被告人的犯罪行为依法应当承担民事赔偿责任的单位和个人

在刑事案件中,如果刑事被告人是国家机关、社会团体、企业、事业单位和其他组织的工作人员,并且其犯罪行为是在执行职务的过程中发生的,由于刑事被告人的犯罪行为侵犯了他人的合法权利所造成的损害,根据《民法通则》第121条之规定和其他有关规定,应当由其所在的国家机关、社会团体、企业、事业单位和其他组织负民事责任。在这种情况下,如果附带民事诉讼的原告人提起附带民事诉讼请求赔偿的,对刑事被告人的犯罪行为所造成的损害负有赔偿责任的国家机关、社会

① 参见程荣斌主编:《刑事诉讼法》,中国人民大学出版社1999年版,第244页;陈卫东:《中国刑事诉讼法》,法律出版社1998年版,第91页;陈建国主编:《刑事诉讼制度的改革与完善》,红旗出版社1997年版,第270—271页。

团体、企业、事业单位和其他组织即成为附带民事诉讼的被告人。例如,某单位的汽车司机在执行公务途中违反交通规则致人重伤,这种情况下汽车司机应承担刑事责任,但单位必须承担民事赔偿责任,成为附带民事诉讼的被告人。

在上述情形之外,附带民事诉讼的成年被告人应当承担赔偿责任的,如果其亲属自愿代为承担,应当准许。但是,成年被告人的亲属并不是附带民事诉讼中的赔偿责任人。另外需要指出的是,司法解释对附带民事诉讼赔偿责任人的列举有所遗漏。例如,如果没有被追究刑事责任的其他共同致害人,在案件审结前已经死亡的,其遗产继承人也应当成为负有赔偿责任的人。

第三节　附带民事诉讼的提起与审判

一、附带民事诉讼的提起

(一)提起的条件

根据最高人民法院《刑事诉讼法解释》第 145 条之规定,提起附带民事诉讼的条件具体包括:(1)起诉人符合法定条件;(2)有明确的被告人;(3)有请求赔偿的具体要求和事实、理由;(4)属于人民法院受理附带民事诉讼的范围。

(二)提起的期间

提起附带民事诉讼的期间,是法律规定的提起附带民事诉讼的有效期间。根据相关规定,原则上附带民事诉讼应当在刑事案件立案以后第一审判决宣告以前提起,但可以在刑事判决生效后另行提起民事诉讼。可见,附带民事诉讼只能在限定的期间内提起,但在超出法定期限之后,遭受犯罪行为侵害的民事物质利益仍然受到保护,系通过另行提起单独的民事诉讼的方式进行的。这是因为,如果允许在刑事第一审判决宣告后提起附带民事诉讼,那么便会导致两种不同性质诉讼的程序分离,也就失去了附带的意义,无法达到提高审判效率和节省诉讼资源的目的。另外,最高人民法院《刑事诉讼法解释》第 161 条规定:“第一审期间未提起附带民事诉讼,在第二审期间提起的,第二审人民法院可以依法进行调解;调解不成的,告知当事人可以在刑事判决、裁定生效后另行提起民事诉讼。”也就是说,第二审程序中提起附带民事诉讼属于特殊规定,且对此附带民事诉讼不可判决只可调解处理。

人民法院受理刑事案件后,如果未提起附带民事诉讼的,可以告知因犯罪行为遭受物质损失的被害人(公民、法人和其他组织)、已死亡被害人的近亲属、无行为能力或者限制行为能力被害人的法定代理人,有权提起附带民事诉讼。但是,有权提起附带民事诉讼的人放弃诉讼权利的,法院应当准许,并记录在案。需要指出的是,有权提起附带民事诉讼的人在刑事诉讼中放弃附带民事诉讼的权利,并不意味着彻底放弃实体权利,其在刑事诉讼之后还可单独提起民事诉讼。

另外,针对刑事公诉案件而言,在侦查、预审、审查起诉阶段,有权提起附带民事诉讼的人向公安机关、人民检察院提出赔偿要求,已经公安机关、人民检察院记录在案的,刑事案件起诉后,人民法院应当按附带民事诉讼案件受理。经公安机关、人民检察院调解,当事人双方达成协议并已履行的,被害人又坚持向法院提起附带民事诉讼的,人民法院不予受理,除非有证据证明调解违反了自愿、合法原则。

(三)提起的方式

提起附带民事诉讼,原则上应当以书面形式进行,提交附带民事起诉状。附带民事起诉状的写法与一般民事起诉状的写法相同。对于附带民事诉讼原告人书写起诉状确有困难的,可以口头起诉。对于口头起诉的,有关司法机关应当详细询问,问清其诉讼请求,提起附带民事诉讼的事实与理由和有关的证据情况,并制作笔录,向原告人宣读,经其确认准确无误后,由其签名或者盖章。附带民事诉讼以口头方式起诉经司法机关记录在案后,便与以书面形式提起附带民事诉讼具有同等的效力。在以书面形式提起附带民事诉讼时,除了应当提交附带民事诉讼的起诉状以外,还应当按照附带民事诉讼被告人的人数提出附带民事诉讼的起诉状副本。

另外,检察机关在提起附带民事诉讼时必须在起诉书上写明,不能适用口头的方式提起附带民事诉讼。

二、附带民事诉讼的保障措施

(一)附带民事诉讼的保全

附带民事诉讼的保全,是指在刑事诉讼过程中,在可能因被告人或其他人的行为导致将来生效的附带民事诉讼判决无法得到或难以得到执行时,司法机关对被告人的财产采取一定的保全措施,从而保证附带民事判决能够得到执行。《刑事诉讼法》第100条规定:“人民法院在必要的时候,可以采取保全措施,查封、扣押或者冻结被告人的财产。附带民事诉讼原告人或者人民检察院可以申请人民法院采取保全措施。人民法院采取保全措施,适用民事诉讼法的有关规定。”此项立法即是规定了附带民事诉讼中的保全措施。可见,附带民事诉讼的保全措施,只包括查封、扣押、冻结等财产保全,而不包括《民事诉讼法》上的行为保全措施。附带民事诉讼的财产保全,原则上都需要遵循《民事诉讼法》关于保全问题的相关规定,也是分为诉前财产保全和诉讼财产保全两个方面。

1. 附带民事诉前财产保全

附带民事诉前财产保全应当注意以下几个方面的问题。

(1)附带民事诉前财产保全必须依当事人的申请,而不得由人民法院依职权启动。

(2)有权提起附带民事诉讼的人因情况紧急,不立即申请保全将会使其合法权益受到难以弥补的损害的,可以在提起附带民事诉讼前向人民法院申请保全措施。

(3)申请人应当向被保全财产所在地、被申请人居住地或者对案件有管辖权的人民法院申请采取保全措施。

(4)申请人在人民法院受理刑事案件后15日内未提起附带民事诉讼的,人民法院应当解除保全措施。此处的"15日"期限规定,与民事诉讼有所不同。关于民事诉讼的诉前保全,《民事诉讼法》第101条第3款规定:"申请人在人民法院采取保全措施后三十日内不依法提起诉讼或者申请仲裁的,人民法院应当解除保全。"

2. 附带民事诉讼财产保全

附带民事诉讼财产保全应当注意以下几个方面的问题。

(1)必须存在紧急情况,即被告人或其他人可能实施某种行为导致法院未来作出的附带民事诉讼判决可能无法或难以得到执行。

(2)保全的启动包括依申请和依职权两种方式。原则上,需要根据附带民事诉讼原告人的申请方可保全;但在必要时,人民法院也可以自行采取保全措施。

(3)财产保全的对象限于被告人的财产或与本案有关的财产,对于与被告人和本案无关的财产不得进行保全。

(4)保全财产的价值必须以诉讼请求所主张的赔偿数额为限,不能大于诉讼请求主张的价额或金额。

(5)采取财产保全措施后,如果案件情况发生变化,据以采取财产保全的原因消失,应当及时撤销财产保全。

(二)附带民事诉讼的先予执行

附带民事诉讼的先予执行,是指在刑事诉讼过程中,在法院就附带民事诉讼作出判决之前,根据附带民事原告人的请求,要求附带民事被告人先行给付原告人一定款项或履行一定义务并立即执行的措施。根据2000年施行的《最高人民法院关于审理刑事附带民事诉讼案件有关问题的批复》之规定:"对于附带民事诉讼当事人提出先予执行申请的,人民法院应当依照民事诉讼法的有关规定,裁定先予执行或者驳回申请。"

附带民事诉讼的先予执行,必须符合以下条件。

(1)先予执行必须在附带民事诉讼过程中提起,在附带民事诉讼开启之前不得提出。

(2)必须由附带民事诉讼原告人提出书面申请,否则法院不能依职权决定先予执行。

(3)附带民事诉讼当事人之间的权利义务关系具有明确性,不存在争议。而且,双方当事人之间不存在对等的给付义务。

(4)实体权利的行使具有紧迫性。也就是说,附带民事原告人急需实现其权利,如不实现将严重影响其生产或生活。较为常见者,比如在故意伤害案件中,如果医疗费得不到先予执行,被害人就无法得到及时救治。

(5)附带民事诉讼被告人必须有履行能力。如果被告人确无履行能力,即使原告人提出了申请,先予执行也没有实现的可能性。

三、附带民事诉讼的审判

(一)附带民事诉讼的一般审判原则

1. 以一并审判为原则,以先刑后民为例外

审理有附带民事诉讼的刑事诉讼案件,应当合理协调刑事诉讼和附带民事诉讼二者之间的关系。从设立附带民事诉讼制度的价值和目的来看,主要是为了一并审理,一并判决;从刑事诉讼和附带民事诉讼的关系来看,刑事诉讼是基本的和主要的,附带民事诉讼是附带的和相对次要的。因此,《刑事诉讼法》第 102 条规定:“附带民事诉讼应当同刑事案件一并审判,只有为了防止刑事案件审判的过分迟延,才可以在刑事案件审判后,由同一审判组织继续审理附带民事诉讼。”对“同一审判组织”的理解,根据最高人民法院《刑事诉讼法解释》第 159 条之规定,同一审判组织的成员确实不能继续参与审判的,可以更换。一并审判是为了提高司法的效率,而特殊情况下,“先刑后民”是为了贯彻以刑事诉讼为主的精神。即使被告人的行为不构成犯罪,也不影响附带民事诉讼的一并审判。人民法院认定公诉案件被告人的行为不构成犯罪的,对已经提起的附带民事诉讼,经调解不能达成协议的,应当一并作出刑事附带民事判决。

在司法实践中,对于被害人遭受的物质损失或者被告人的赔偿能力一时难以确定,以及附带民事诉讼当事人因故不能到庭等案件,为了防止刑事案件审判的过分迟延,附带民事诉讼可以在刑事案件审判后,由同一审判组织继续审理。在将刑事部分和民事部分分开审判时,应当注意以下几点。

(1)只能先审刑事部分,后审附带民事部分,而不是相反。

(2)必须由审理刑事案件的同一审判组织继续审理附带民事部分,不得另行组成合议庭。只有当同一审判组织的成员确实无法继续参加审判时,才可以更换审判组织成员。

(3)附带民事诉讼的判决对案件事实的认定不得与刑事判决产生抵触。

（4）附带民事诉讼部分的延期审理，一般不影响刑事判决的如期生效。

2. 在遵循刑事立法之外还应参照适用相关民事立法的原则

附带民事诉讼属于《刑事诉讼法》中的一项制度，它应当遵循我国《刑事诉讼法》和《刑法》对其的专门规定。在上述特别规定之外，它还要遵循《民事诉讼法》等民事立法的诸多一般规定。

3. 遵循刑事惩罚与经济赔偿相联系的原则

刑事惩罚与经济赔偿相联系，是指人民法院对刑事犯罪人的刑事制裁，一定程度上会以其对犯罪行为所致物质损失的赔偿情况为参考依据。最高人民法院《刑事诉讼法解释》第 157 条规定："审理刑事附带民事诉讼案件，人民法院应当结合被告人赔偿被害人物质损失的情况认定其悔罪表现，并在量刑时予以考虑。"

（二）附带民事诉讼的一审程序

根据《刑事诉讼法》和相关司法解释的规定，附带民事诉讼的一审程序主要包括以下几个方面。

1. 受理和准备程序

（1）受理。根据最高人民法院《刑事诉讼法解释》第 149 条之规定，被害人或者其法定代理人、近亲属提起附带民事诉讼的，人民法院应当在 7 日内决定是否立案。符合法律关于附带民事诉讼的有关规定的，应当受理；不符合的，裁定不予受理。

（2）送达起诉状副本与答辩。根据最高人民法院《刑事诉讼法解释》第 150 条之规定，人民法院受理附带民事诉讼后，应当在 5 日内将附带民事起诉状副本送达附带民事诉讼被告人及其法定代理人，或者将口头起诉的内容及时通知附带民事诉讼被告人及其法定代理人，并制作笔录。人民法院送达附带民事起诉状副本时，应当根据刑事案件的审理期限，确定被告人及其法定代理人提交附带民事答辩状的时间。

2. 审理程序

（1）根据最高人民法院《刑事诉讼法解释》第 151 条之规定，附带民事诉讼当事人对自己提出的主张，有责任提供证据。

（2）根据最高人民法院《刑事诉讼法解释》第 158 条之规定，附带民事诉讼原告人经传唤，无正当理由拒不到庭，或者未经法庭许可中途退庭的，应当按撤诉处理。刑事被告人以外的附带民事诉讼被告人经传唤，无正当理由拒不到庭，或者未经法庭许可中途退庭的，附带民事部分可以缺席判决。

3. 法院调解

《刑事诉讼法》第 101 条规定了附带民事诉讼的法院调解程序。另外，最高人民法院《刑事诉讼法解释》第153条与第154条作出了进一步的解释。[1] 人民法院审理附带民事诉讼案件,可以根据自愿、合法的原则进行调解。经调解达成协议的,应当制作调解书。调解书经双方当事人签收后,即具有法律效力。调解达成协议并即时履行完毕的,可以不制作调解书,但应当制作笔录,经双方当事人、审判人员、书记员签名或者盖章后即发生法律效力。调解未达成协议或者调解书签收前当事人反悔的,附带民事诉讼应当同刑事诉讼一并判决。

(三)附带民事诉讼的二审程序

根据最高人民法院《刑事诉讼法解释》的相关规定,在刑事附带民事案件二审和再审过程中,应当遵循下述一些特殊规定。

1. 上诉、抗诉期限

对附带民事判决、裁定的上诉、抗诉期限,应当按照刑事部分的上诉、抗诉期限确定。附带民事部分另行审判的,上诉期限也应当按照《刑事诉讼法》规定的期限确定。(《刑事诉讼法解释》第301条第2款)

2. 刑事部分和附带民事部分的独立生效

刑事附带民事诉讼案件,只有附带民事诉讼当事人及其法定代理人上诉的,第一审刑事部分的判决在上诉期满后即发生法律效力。应当送监执行的第一审刑事被告人是第二审附带民事诉讼被告人的,在第二审附带民事诉讼案件审结前,可以暂缓送监执行。(《刑事诉讼法解释》第314条)

另外,如果只有刑事部分的上诉或者抗诉,附带民事裁判在上诉期满后也会发生法律效力。

3. 附带民事部分二审的全案审查

根据《刑事诉讼法解释》第313、331条之规定,刑事附带民事诉讼案件,只有附带民事诉讼当事人及其法定代理人上诉的,第二审人民法院应当对全案进行审查。

(1)第一审判决的刑事部分并无不当的,第二审人民法院只需就附带民事部分作出处理。

(2)第一审判决的附带民事部分事实清楚,适用法律正确的,应当以刑事附带民事裁定维持原判,驳回上诉。

(3)第二审人民法院审理对附带民事部分提出上诉,刑事部分已经发生法律效力的案件,发现第一审判决、裁定中的刑事部分确有错误的,应当依照审判监督

① 需要指出的是,1998年《最高人民法院关于执行〈中华人民共和国刑事诉讼法〉若干问题的解释》第96条规定:“审理附带民事诉讼案件,除人民检察院提起的以外,可以调解。”但是,2012年《刑事诉讼法解释》却删除了上述限制。这意味着,即使是人民检察院提起的附带民事诉讼,也可以适用法院调解。

程序对刑事部分进行再审,并将附带民事部分与刑事部分一并审理。

4. 刑事部分二审的全案审查

第二审人民法院审理对刑事部分提出上诉、抗诉,附带民事部分已经发生法律效力的案件,发现第一审判决、裁定中的附带民事部分确有错误的,应当依照审判监督程序对附带民事部分予以纠正。(《刑事诉讼法解释》第 330 条)

5. 附带民事诉讼二审中对新增诉讼请求或者反诉的处理

在附带民事诉讼的二审期间,第一审附带民事诉讼原告人增加独立的诉讼请求或者第一审附带民事诉讼被告人提出反诉的,第二审人民法院可以根据自愿、合法的原则进行调解;调解不成的,告知当事人另行起诉。(《刑事诉讼法解释》第 332 条)

【问题与思考】

1. 附带民事诉讼与普通民事诉讼有哪些联系和区别?

2. 我国的附带民事诉讼构成要件有哪些? 存在哪些缺陷?

3. 附带民事诉讼的当事人是否等同于刑事诉讼的当事人? 具体包括哪些主体?

4. 如何理解附带民事诉讼与刑事案件的一并审判原则?

5. 如何处理二审程序中刑事裁判部分与附带民事裁判部分的关系?

6. 试述公权与私权的平衡在我国附带民事诉讼制度中的体现以及相应的完善措施。

第十二章

期间与送达

【内容提要】

刑事诉讼中的期间,是对公安机关、人民检察院、人民法院和诉讼参与人进行刑事诉讼活动在期限和时间上的要求。刑事诉讼中的送达,是一项诉讼行为,从形式上看是向收件人交付某种诉讼文件,但其本质上是司法机关的一种告知行为,它是诉讼程序的重要组成部分。

第一节 期　　间

一、期间的概念、种类和意义

(一)期间的概念和种类

刑事诉讼中的期间,是指公安机关、人民检察院、人民法院进行刑事诉讼以及诉讼当事人和其他诉讼参与人参加刑事诉讼活动必须遵守的时间期限。它是对公安机关、人民检察院、人民法院和诉讼参与人进行刑事诉讼活动在期限和时间上的要求。

在刑事诉讼中,除了期间外,还有期日。期日是指公安司法机关和诉讼参与人共同进行刑事诉讼活动的特定时间。我国《刑事诉讼法》对期日未作具体规定,在诉讼实践中,由公安机关、人民检察院、人民法院根据法律关于期间的一般规定和案件的具体情况予以指定。如司法机关传唤犯罪嫌疑人于某一时间到指定地点接受讯问。期间与期日同为诉讼中规范时间的重要概念,但二者也存在很大的区别。

(1)期日是一个特定的时间单位,如某日、某时;期间则是指一定期限内的时间,即始于一个期日止于另一个期日的一段时间。

(2)期日是公安司法机关和诉讼参与人共同进行某项刑事诉讼活动的时间;

期间则是指公安司法机关和诉讼参与人各自单独进行某项诉讼活动的时间。

(3)期日由公安司法机关指定,遇有重大理由时,可以变更或延后,如法院可以变更开庭时间;期间原则上由法律规定,不得任意变更。比如《刑事诉讼法》第219条规定:“不服判决的上诉和抗诉的期限为十日,不服裁定的上诉和抗诉的期限为五日。”那么,这10日或5日的上诉和抗诉期,上诉人和人民检察院都无权任意延长。

(4)期日只规定开始的时间,不规定终止的时间,以诉讼行为的开始为开始,以诉讼行为的实行完毕为结束;期间则以规定的起、止时间为始期和终期。

(5)期日到达,则必须立即实施某项诉讼行为或开始某项诉讼活动;期间开始后不要求立即实施诉讼行为,只要是在期间届满之前,任何时候实施都是有效的。

刑事诉讼期间原则上由法律明文规定,称为法定期间。少数情况下由公安司法机关指定,称作指定期间。法定期间可以分为公安司法机关应当遵守的期间和诉讼当事人及其他诉讼参与人应当遵守的期间两大类。前者,如拘留、逮捕等强制措施期间;后者,如当事人上诉期间。

(二)期间的意义

刑事诉讼活动中的期间具有重要意义,主要表现在以下几个方面。

(1)有利于司法机关有章可循,增强司法人员的诉讼法制观念和责任心,保障诉讼活动的顺利进行,提高办案和诉讼效率,保证准确、及时、合法地查明犯罪事实,惩罚犯罪。

(2)有利于保护当事人的合法权益不受侵犯,可以在制度上防止对犯罪嫌疑人、被告人久押不结、以捕代罚等违法现象的发生。有了诉讼期间的规定,诉讼参与人才能够清楚什么时候该做什么、不该做什么,也可以保障当事人充分行使自己的诉讼权利。

(3)有利于维护法律权威,保障法律的统一、正确实施。我国刑事法律是惩罚犯罪、保护人民的法律,任何人犯罪都应依照刑事法律的规定予以惩处。如果犯罪行为发生后得不到及时处理,或受理后久拖不决,会损害法律的严肃性。

二、法定期间

我国《刑事诉讼法》对各种诉讼活动的期间作了具体的规定。主要有:

(一)侦查阶段的期间

1. 强制措施期间

(1)拘传、取保候审和监视居住的期间。对犯罪嫌疑人、被告人拘传持续的时间最长不得超过12小时,不得以连续传唤、拘传的形式变相拘禁犯罪嫌疑人、被告人。取保候审最长不得超过12个月,监视居住最长不得超过6个月。根据司法解释的规定,取保候审、监视居住期间应理解为司法机关分别适用。例如,公安机关、人民检察院已对犯罪嫌疑人取保候审的,案件到人民法院后,人民法院对于符合取保候审条件的,应当依法为被告人重新办理取保候审手续。取保候审的期间重新计算。但法院不得对同一被告人重复采取取保候审或监视居住。

(2)拘留、逮捕的期间。对现行犯、重大嫌疑分子拘留后,应当立即将被拘留人送看守所羁押,至迟不得超过24小时。除无法通知或者涉嫌危害国家安全犯罪、恐怖活动犯罪,通知可能有碍侦查的情形外,应当在拘留后24小时以内,通知被拘留人的家属。办案机关应当在拘留后24小时以内进行讯问。执行逮捕后,应当立即将被逮捕人送看守所羁押。除无法通知的以外,应当在逮捕后24小时以内,通知被逮捕人的家属。人民法院、人民检察院对于各自决定逮捕的人,公安机关对于经人民检察院批准逮捕的人,都必须在24小时以内对被逮捕人进行讯问。公安机关对被拘留的人认为需要逮捕的,应当在拘留后3日内提请人民检察院审查批准。特殊情况下,可以将提请审查批准的时间延长1日至4日;对于流窜作案、多次作案、结伙作案的重大嫌疑分子,提请审查批准的时间可以延长至30日。人民检察院应当在接到公安机关提请批准逮捕书的7日以内,作出批准逮捕或者不批准逮捕的决定。人民检察院对直接受理的案件中被拘留的人,认为需要逮捕的,应当在14日以内作出决定。在特殊情况下,决定逮捕的时间可以延长1日至3日。

2. 侦查羁押期间

我国《刑事诉讼法》对于侦查期限的规定,仅限于被告人在侦查过程中被羁押的期限。根据我国《刑事诉讼法》第154至157条规定,对犯罪嫌疑人逮捕后的侦查羁押期限不得超过2个月。案情复杂、期限届满不能终结的案件,可以经上一级人民检察院批准延长1个月。交通十分不便的边远地区的重大复杂案件;重大的犯罪集团案件;流窜作案的重大复杂案件;犯罪涉及面广,取证困难的重大复杂案件,在上述办案期限(3个月)届满不能侦查终结的,经省、自治区、直辖市人民检察院批准或者决定,可以延长2个月。对犯罪嫌疑人可能判处10年有期徒刑以上刑罚,在上述办案期限(5个月)届满,仍不能侦查终结的,经省、自治区、直辖市人民检察院批准或者决定,可以再延长2个月。因为特殊原因,在较长时间内不宜交付审判的特别重大复杂的案件,由最高人民检察院报请全国人民代表大会常务委员会批准延期审理。法律规定的侦查羁押期限,既适用于公安机关负责立案侦查的案件,也适用于人民检察院直接立案侦查的案件。

另外,根据《刑事诉讼法》第158条规定,在侦查期间,发现犯罪嫌疑人另有重要罪行的,自发现之日起依照本法第154条的规定重新计算侦查羁押期限。

犯罪嫌疑人不讲真实姓名、住址,身份不明的,应当对其身份进行调查,侦查羁押期限自查清其身份之日起计算,但是不得停止对其犯罪行为的侦查取证。对于犯罪事实清楚,证据确实、充分,确实无法查明其身份的,也可以按其自报的姓名起诉、审判。

最高人民检察院直接立案侦查的案件,需要延长犯罪嫌疑人侦查羁押期限的,由最高人民检察院依法决定。

(二)辩护与代理的期间

(1)委托辩护人的期间。犯罪嫌疑人自被侦查机关第一次讯问或者采取强制措施之日起,有权委托辩护人。被告人有权随时委托辩护人。

侦查机关在第一次讯问犯罪嫌疑人或者对犯罪嫌疑人采取强制措施的时候,应当告知犯罪嫌疑人有权委托辩护人。人民检察院自收到移送审查起诉的案件材料之日起3日以内,应当告知犯罪嫌疑人有权委托辩护人。人民法院自受理案件之日起3日以内,应当告知被告人有权委托辩护人。

辩护律师提出会见在押的犯罪嫌疑人、被告人的,看守所应当及时安排会见,至迟不得超过48小时。

(2)委托代理的期间。公诉案件的被害人及其法定代理人或者近亲属,附带民事诉讼的当事人及其法定代理人,自案件移送审查起诉之日起,有权委托诉讼代理人。自诉案件的自诉人及其法定代理人,附带民事诉讼的当事人及其法定代理人,有权随时委托诉讼代理人。人民检察院自收到移送审查起诉的案件材料之日起3日以内,应当告知被害人及其法定代理人或者其近亲属、附带民事诉讼的当事人及其法定代理人有权委托诉讼代理人。人民法院自受理自诉案件之日起3日以内,应当告知自诉人及其法定代理人、附带民事诉讼的当事人及其法定代理人有权委托诉讼代理人。

(三)审查起诉期间

人民检察院对于公安机关移送审查起诉的案件,应当在1个月以内作出决定,重大、复杂的案件,可以延长半个月。根据最高人民检察院《刑事诉讼规则(试行)》第382条规定,对于退回公安机关补充侦查的案件,应当在1个月以内补充侦查完毕。补充侦查以两次为限。该规则第383条规定,人民检察院在审查起诉中决定自行侦查的,应当在审查起诉期限内侦查完毕。

对不起诉决定的申诉期间。被害人对于人民检察院作出的不起诉决定不服的,可以在收到决定书后7日内向上一级人民检察院提出申诉。被不起诉人对于人民检察院因“犯罪情节轻微,依照刑法规定不需要判处刑罚或者免除刑罚”而作出的不起诉决定不服的,可以在接到决定书后7日内向人民检察院申诉。

(四)审判阶段的期间

1. 一审程序期间

(1)庭前告知期间。人民法院应当在开庭10日以前将人民检察院的起诉书副本送达被告人及其辩护人;应当在开庭3日以前将开庭的时间、地点通知人民检察院;至迟应当在开庭3日以前将传票、通知书送达当事人、辩护人、诉讼代理人、证人、鉴定人和翻译人员;公开审判的案件,在开庭3日以前先期公布案由、被告人姓名、开庭时间和地点。

(2)补充侦查期间。检察人员在法庭审判过程中发现提起公诉的案件需要补充侦查,提出建议经法庭同意延期审理的,人民检察院应当在1个月以内补充侦查完毕。人民检察院补充侦查的建议不得超过2次。

(3)公诉案件的审理期间。人民法院审理公诉案件,应当在受理后2个月内宣判,至迟不得超过3个月。对于可能判处死刑的案件或者附带民事诉讼的案件,以及有《刑事诉讼法》第156条规定情形之一的,经上一级人民法院批准,可以延长3个月;因特殊情况还需要延长的,报请最高人民法院批准。对于改变管辖的案件,从改变后的人民法院收到案件之日起计算审理期限。人民检察院补充侦查的案件,补充侦查完毕移送人民法院后,人民法院重新计算审理期限。

(4)自诉案件的审理期限。人民法院审理自诉案件适用普通程序审理的期限,如果被告人被羁押,审理期限和上述公诉案件的审理期限相同;如果被告人未被羁押的,应当在受理后6个月以内宣判。

(5)简易程序审理期限。适用简易程序审理案件,人民法院应当在受理后20日以内审结;对可能判处的有期徒刑超过3年的,可以延长至一个半月。

(6)判决宣告的期间。人民法院当庭宣告判决的,应当在5日以内将判决书送达当事人和提起公诉的人民检察院。定期宣判的,应当在宣告后立即将判决书送达当事人和提起公诉的人民检察院。判决被告人无罪、免于刑事处罚的,如果被告人在押,在宣判后应当立即释放。

2. 上诉、抗诉期间

不服判决的上诉、抗诉的期限为10日;不服裁定的上诉、抗诉的期限为5日。被害人及其法定代理人不服地方各级人民法院一审判决,有权自收到判决书后5日内请求人民检察院提出抗诉;人民检察院应在收到请求后5日内作出是否抗诉的决定,并且答复请求人。

3. 二审程序期间

上诉人通过原审人民法院提出上诉的,原审人民法院应当在3日以内将上诉状连同案卷材料、证据一并送交上一级人民法院,同时将上诉状副本送交同级人民检察院和对方当事人;上诉人直接向第二审人民法院提出上诉的,第二审人民法院应当在3日以内将上诉状交原审人民法院送交同级人民检察院和对方当事人。

第二审人民法院应当在决定开庭审理后及时通知人民检察院查阅案卷。人民检察院应当在1个月以内查阅完毕。人民检察院查阅案卷的时间不计入审理期限。

第二审人民法院受理上诉、抗诉案件,应当在2个月以内审结。对于可能判处死刑的案件或者附带民事诉讼的案件,以及有《刑事诉讼法》第156条规定情形之一的,经省、自治区、直辖市高级人民法院批准或者决定,可以延长2个月;因特殊情况还需要延长的,报请最高人民法院批准。最高人民法院受理上诉、抗诉案件的审理期限,由最高人民法院决定。

4. 审判监督程序期间

人民法院按照审判监督程序重新审判的案件,应当在作出提审、再审决定之日起3个月以内审结,需要延长期限的,不得超过6个月。接受抗诉的人民法院按照审判监督程序审判抗诉的案件,审理期限适用前述规定;对需要指令下级人民法院再审的,应当自接受抗诉之日起1个月以内作出决定,下级人民法院审理案件的期限适用前述规定。

(五)执行期间

(1)死刑执行期间。下级人民法院接到最高人民法院执行死刑的命令后,应当在7日以内交付执行。

(2)暂予监外执行的相关期间。人民检察院认为暂予监外执行不当的,应当自接到通知之日起1个月以内将书面意见送交决定或批准暂予监外执行的机关,决定或批准暂予监外执行的机关接到人民检察院的书面意见后,应当立即对该决定进行重新核查。

(3)减刑、假释的相关期间。人民检察院认为人民法院减刑、假释裁定不当的,应当在收到裁定书副本后20日以内,向人民法院提出书面纠正意见。人民法院应当在收到纠正意见后1个月以内重新组成合议庭进行审理,作出最终裁定。

(六)解除扣押、冻结的期间

人民检察院、公安机关对于扣押的物品、文件、邮件、电报或者冻结的存款、汇款,经查明确实与案件无关的,应当在3日以内解除扣押、冻结,退还原主或者原邮电机关。

(七)申请期间恢复的期间

当事人由于不可抗拒的原因或者其他正当理由而耽误期限的,在障碍消除后

5 日以内，可以申请继续进行应当在期满以前完成的诉讼活动。

(八)几个特殊程序的期间

(1)犯罪嫌疑人、被告人逃匿、死亡案件违法所得没收程序的期间。人民法院受理没收违法所得的申请后，应当发出公告。公告期间为 6 个月。人民法院在公告期满后对没收违法所得的申请进行审理。

(2)依法不负刑事责任的精神病人强制医疗程序的期间。人民法院对强制医疗申请经审理，对于被申请人或者被告人符合强制医疗条件的，应当在 1 个月以内作出强制医疗的决定。

三、期间的计算单位和方法

(一)期间的计算单位

我国《刑事诉讼法》第 103 条第 1 款规定："期间以时、日、月计算。"据此，期间的计算单位有时、日、月三个。比如，传唤、拘传的期间不得超过 12 小时；人民法院应当在开庭 10 日以前将人民检察院起诉书副本送达被告人及其辩护人；人民法院审理公诉案件，应当在受理后 2 个月内宣判，至迟不得超过 3 个月。

(二)期间的计算方法

(1)以时为计算单位的，从期间开始的下一时起算，期间的开始之时不计算在期间以内；它的届满以法定期间时数的最后一时为止。如犯罪嫌疑人 4 月 3 日 9 时被拘传到案接受讯问，12 小时的起算时间应从 10 时开始，计算至当日 21 时为止。

(2)以日为计算单位的，从期间开始的次日计算，即从第 2 日起开始计算，期间开始的日不计算在内。它的届满以法定期间日数的最后一日为止。例如，被告人 4 月 1 日接到一审判决书，其上诉期限应从 4 月 2 日开始计算，即到 4 月 11 日为届满之日。

(3)以月为计算单位的，《刑事诉讼法》没有规定具体的计算方法，最高人民法院《刑事诉讼法解释》第 165 条对此作出明确规定："以月计算的期限，自本月某日至下月同日为一个月。期限起算日为本月最后一日的，至下月最后一日为一个月。下月同日不存在的，自本月某日至下月最后一日为一个月。半个月一律按十五日计算。"

(三)期间计算的特别规定

(1)期间的最后一日为法定节假日的，以节假日后的第一个工作日为期间届满的日期。节假日包括公休日(星期六、星期日)和法定节假日(元旦、春节、五一劳动节、国庆节、中秋节等)。应当注意，期间的开始日以及期间中的一些日期是节假日的，应当计算在期间内而不应从期间中扣除。另外，为了保障犯罪嫌疑人、被告人的人身权利,《刑事诉讼法》第103条第4款规定,对于犯罪嫌疑人、被告人或者罪犯在押期间,应当至期间届满之日为止,不得因节假日而延长。例如,犯罪嫌疑人被拘留后,如果人民检察院审查批捕期限届满之日为5月1日,即应当以此为限适时作出批准逮捕与否的决定,不应顺延;但是,如果被告人上诉的届满之日为5月1日,则应顺延至五一劳动节后的第一个工作日。

(2)法定期间不包括路途上的时间。《刑事诉讼法》第103条第3款规定,法定期间不包括路途上的时间。例如,缉捕犯罪嫌疑人,如果从外地押解回侦查机关需要2天时间,则24小时讯问和通知其家属或单位的法定期间应当扣除2天,但路途上的时间仍然应当计算在侦查羁押期限内。此外,有关诉讼文书材料在公安司法机关之间传递过程中的时间,也应当在法定期间内予以扣除。还有,当事人的住处或工作地如果距离公安司法机关比较远,则他们为参加诉讼花费在路途上的时间,也应当从法定期间内扣除。

(3)上诉状或者其他文件在期满前已经交邮的,不算过期。这就是说,通过邮寄的上诉状或者其他文件,应当以当地交邮盖戳的时间为标准法定期间。只要在法定期间届满前交邮的,即使文件到达司法机关时已过法定期间,也不算过期,仍然有效。上诉状或者其他文件是否在法定期间内交邮以当地邮局所盖的邮戳为准。

(四)期间的重新计算与期间的免算

1. 期间的重新计算

这是指由于发生法定情况,原来已进行的期间不予计算,而重新计算期间。主要包括以下几种情况:

(1)在侦查期间,发现犯罪嫌疑人另有重要罪行的,自发现之日起重新计算侦查羁押期限。

(2)对于补充侦查的案件,补充侦查完毕移送人民检察院后,人民检察院重新计算起诉期间。

(3)人民检察院审查起诉的案件,改变管辖的,从改变后的人民检察院收到案件之日起计算审查起诉期限。

(4)人民法院改变管辖的案件,从改变后的人民法院收到案件之日起计算审理期限。

(5)人民法院审判案件过程中,人民检察院补充侦查的案件,补充侦查完毕移送人民法院后,人民法院重新计算审理期限。

(6)第二审人民法院发回原审人民法院重新审判的案件,原审人民法院从收到发回的案件之日起,重新计算审理期限。

2. 期间的免算

这是指由于发生或存在法定的情况,所进行的诉讼和所采取措施的时间不计入办案或审理期限。主要包括以下几种情况:

(1)对犯罪嫌疑人、被告人作精神病鉴定的期间不计入办案期限或审理期限。

(2)犯罪嫌疑人不讲真实姓名、住址,身份不明的,侦查羁押期限自查清其身份之日起计算,但是不得停止对其犯罪行为的侦查取证。

(3)在审判过程中,自诉人或者被告人患精神病或者其他严重疾病,以及案件起诉到人民法院后被告人脱逃,致使案件在较长时间内无法继续审理的,人民法院应当裁定中止审理。由于其他不能抗拒的原因,使案件无法继续审理的,可以裁定中止审理。中止审理的原因消失后,应当恢复审理。中止审理的期间不计入审理期限。

四、期间的耽误与恢复

期间的耽误,是指司法机关或者诉讼参与人没有在法定期间内完成应当进行的诉讼行为。期间的恢复,是指诉讼当事人由于某种特殊的原因而未能在法定期间内进行特定的诉讼行为的,申请人民法院准许其继续进行应当在期满以前完成的诉讼行为的一种补救措施。

设立期间恢复制度,是为了解决诉讼过程中可能发生的特殊情况,维护当事人的合法权益,保证诉讼活动的顺利进行。鉴于当事人耽误的原因中确有不可抗拒的原因或者有其他正当理由的情况,为了充分保护当事人的合法权益,《刑事诉讼法》对当事人有正当理由耽误期间的,规定了一条补救措施,即期间的恢复。《刑事诉讼法》第104条规定:“当事人由于不能抗拒的原因或者有其他正当理由而耽误期限的,在障碍消除后五日以内,可以申请继续进行应当在期满以前完成的诉讼活动。前款申请是否准许,由人民法院裁定。”根据这一规定,期间恢复必须具备以下条件。

(1)当事人提出了恢复期间的申请。由于只有当事人才与案件裁判结果有着切身的利害关系,因而只有当事人才有权提出恢复诉讼期间的申请,其他诉讼参与人无权提出这种申请。不仅如此,当事人申请恢复诉讼期间还必须以在法定期间内未能实施特定诉讼行为为前提。

(2)期间的耽误是由于不能抗拒的原因所致或具备其他正当理由。不能抗拒的原因是指在诉讼活动中,发生了当事人不可预见、无法避免和无法克服的客观困难。例如,发生地震、洪水、泥石流、战争等当事人本身无法抗拒的自然和社会现象,或者是当事人突发交通事故、突患严重疾病,或没有收到诉讼文书等情况,使当事人无法实施诉讼行为。其他正当理由,指上述情况以外的来自当事人主观方面的障碍。例如,当事人家中发生了重大或意外变故使其不得分身,等等。

(3)当事人的申请应当在障碍消除后5日内,向审判本案的人民法院提出。当事人在法定期间,特别是在上诉期间内遇到上述特殊情况而耽误诉讼期间的,可以申请继续进行尚未完成的诉讼活动,但这种申请是有时间要求的,即应当在前述障碍或原因消除后的5日以内提出;若逾期,恢复诉讼期间申请权即丧失。

(4)期间恢复的申请须经人民法院裁定批准。当事人申请是否准许,须经人民法院裁定。人民法院在接到当事人的申请后,经审查认为当事人申请中所述情况确实属于不能抗拒的原因或其他正当理由的,应当裁定准许其继续进行在原期间内未完成的诉讼活动。如果认为当事人不是因为不能抗拒的原因或其他正当理由而耽误期限的,则裁定驳回。由此可见,当事人只有申请权,而人民法院有决定权,对于申请是否批准由人民法院裁定。

第二节　送　　达

一、送达的概念与意义

(一)送达的概念

刑事诉讼中的送达,是指人民法院、人民检察院和公安机关按照法定的程序和方式将有关诉讼文书送交诉讼参与人、有关机关或单位的诉讼活动。送达作为一种诉讼行为,从形式上看是向收件人交付某种诉讼文件,但其本质上是司法机关的一种告知行为,是诉讼程序的组成部分。送达具有以下特征:

(1)送达的主体只能是公安机关、人民检察院、人民法院。送达是公安司法机关所进行的诉讼活动。送达的对象是诉讼参与人和有关机关或单位,收件人可以是公民,也可以是机关、单位。例如,接受判决书的被告人、接受开庭通知的人民检察院。送达是发生在送达主体和送达对象之间的一种法律关系。但是,诉讼参与人向公安司法机关递交诉讼文书或者其相互之间传递诉讼文书的行为,不是刑事诉讼中的送达。

(2)送达必须按照法律规定的程序和方式进行。《刑事诉讼法》对于送达的程序和方式有明确的规定,实施送达行为,必须严格依照法律规定的程序和方式,送达机关违反法定程序和方式送达诉讼文件的,不能产生送达的法律效力。

(3)送达的内容是各种诉讼文件。刑事诉讼中需要送达的诉讼文书是多种多样的,如传票、通知书、不起诉决定书、起诉书、判决书、裁定书等。公安司法机关制作的诉讼文书是送达的主要内容。自诉状副本、附带民事诉状和答辩状的副本、上诉状副本等由当事人制作的诉讼文书,也是通过人民法院送达的。

（二）送达的意义

送达是一项严肃的法律活动，是诉讼程序的组成部分，直接关系整个诉讼活动能否顺利进行。它有以下几方面的意义：

（1）使收件人了解送达文件的内容，按照法定时间和程序参加诉讼活动。只有按照《刑事诉讼法》规定的期间和程序，将有关诉讼文件送达收件人，才能使收件人及时了解到其中的内容，得以按照法定时间和程序参加诉讼活动，行使诉讼权利，承担相应义务。例如，将起诉状副本送达被告人，使被告人知道被控告的内容，以便于对针对自己的控告进行供述和辩解。

（2）使某些诉讼文件产生法律效力。某些诉讼文件，只有按照法定程序送达后，才能发生法律效力。诉讼文件的送达与产生一定的法律后果相联系。例如，当事人在法定期间内接到人民法院的传票，就必须按传票的要求准时出庭，如果没有在法定期间内接到，则有权拒绝出庭。

（三）送达回证

送达回证，指公安司法机关制作的用以证明送达行为及其结果的诉讼文件。送达回证是检查公安司法机关是否按照法定的方式和程序送达诉讼文书的标志，是送达人完成送达任务的标志，也是受送达人接收或者拒绝接收所送达文书的证明，同时还是认定当事人和其他诉讼参与人的诉讼行为是否有效的依据。送达回证是司法机关依法送达诉讼文件的证明文件，是计算期间的根据，是送达程序的必要形式。因此，在送达诉讼文件时必须使用送达回证并入卷归档。

送达回证的内容包括：送达机关和送达文书的名称；被送达人的姓名（名称）、职业、职务、住所地或者经常居住地；送达方式；送达人和受送达人签名、盖章；签收日期等。

二、送达的方式和程序

根据《刑事诉讼法》第105条和最高人民法院《刑事诉讼法解释》第167至171条规定，送达的方式主要有以下几种。

1. 直接送达

直接送达是指公安司法机关指派专人将诉讼文书直接送交收件人的一种送达方式。直接送达的特点是承办案件的司法机关将诉讼文书直接送达收件人，而不通过中介或其他中间环节。根据法律规定，送达通常应当将诉讼文书交给收件人本人，由收件人本人在送达回证上记明收到的日期，并且签名或者盖章。如果收件人本人不在，由他的成年家属或所在单位的负责人代收，代收人也应当在送达回证上记明收到的日期，并且签名或者盖章。不论是其本人还是代收人，在送达回证上签收的日期均为送达日期。公安司法机关送达诉讼文书，一般应当以直接送达为原则。因为直接送达可靠性强，所需时间短，效率高，通常重要的诉讼文书均应尽量采用这种方式。

2. 留置送达

留置送达，指收件人或者代收人拒绝签收向其送达的诉讼文书时，司法机关的送达人依法将诉讼文书留在收件人或代收人的住处或者单位的送达方式。收件人或者代收人拒绝签收的，送达人可以邀请见证人到场，说明情况，在送达回证上注明拒收的事由和日期，由送达人、见证人签名或者盖章，将诉讼文书留在收件人、代收人的住处或者单位；也可以把诉讼文书留在受送达人的住处，并采用拍照、录像等方式记录送达过程，即视为送达。

诉讼文书的留置送达与直接送达具有同样的法律效力。虽然留置送达与直接送达具有同等的法律效力，但适用时应注意，调解书不适用留置送达。当事人或者其指定的代收人拒绝签收调解书，说明当事人已反悔，不能将调解书留在受送达人的住所。

3. 委托送达

委托送达，指公安司法机关直接送达诉讼文书有困难的，委托收件人所在地的公安司法机关代为送交收件人的送达方式。委托送达的，应当将委托函、委托送达的诉讼文书及送达回证寄送受托公安司法机关。受托公安司法机关收到后，应当登记，在10日内送达收件人，并将送达回证寄送委托公安司法机关；无法送达的，应当告知委托公安司法机关，并将诉讼文书及送达回证退回。

4. 邮寄送达

邮寄送达，指公安司法机关在直接送达有困难的情况下，通过邮局将诉讼文书、送达回证用挂号方式邮寄给收件人的送达方式。挂号回执上注明的日期为送达的日期。其程序是，公安司法机关将诉讼文书、送达回证挂号邮寄给收件人，收件人签收挂号邮寄的诉讼文书后即认为已经送达。

5. 转交送达

当收件人为某些特殊人时，可以通过有关部门将诉讼文书转交给收件人。转交送达，指公安司法机关将诉讼文书交收件人所在机关、单位代收后再转交给收件人的送达方式。通常适用于军人、正在服刑的犯人以及正在被采取强制性教育措施的人。

根据最高人民法院《刑事诉讼法解释》第171条的规定，诉讼文书的收件人是军人的，可以通过其所在部队团级以上单位的政治部门转交。收件人正在服刑的，可以通过执行机关转交。收件人正在被采取强制性教育措施的，可以通过强制性教育机构转交。由有关部门、单位代为转交诉讼文书的，应当请有关部门、单位收到后立即交收件人签收，并将送达回证及时寄送人民法院。

【问题与思考】

1. 结合司法实践中发生的真实案例，分析《刑事诉讼法》规定期间的意义。
2. 谈谈你是如何认识送达主体和送达人的？
3. 结合国外立法对于送达对象的规定，谈谈我国法律规定的送达对象。

程 序 篇

●一般程序论

第十三章

立案程序

【内容提要】

本章重点阐述立案程序,具体包括立案程序的概念和特点、立案的材料来源和条件、立案的程序、立案监督几个部分的内容。英美法系国家倡导审判中心主义,认为刑事诉讼活动就是刑事审判活动,不把立案程序作为一个独立的刑事诉讼程序,而将其作为审判程序的准备活动。根据我国《刑事诉讼法》的基本原理和精神以及相关的法律规定,立案程序是一个独立的刑事诉讼程序,是刑事诉讼程序的起点,是刑事诉讼程序的必经阶段。立案程序有其特定的价值和意义,属于《刑事诉讼法》调整范围,也必须严格按照法律的规定进行。

第一节　立案概述

一、立案的概念和特点

(一)立案的概念

刑事诉讼中的立案,是指公安机关、人民检察院发现犯罪事实,或者公安机关、人民检察院、人民法院对于控告、检举、举报和自首材料,以及自诉人起诉的材料,按照各自管辖范围进行审查后,认为有犯罪事实存在并且依法需要追究刑事责任的时候,决定作为刑事案件进行侦查或者审判的一种诉讼活动。

根据我国刑事诉讼相关法律、法规的规定来看,刑事诉讼中的立案是一个独立的诉讼阶段,是启动刑事诉讼程序的必经之路。立案是一个动态的连续过程,可以称作立案阶段或者立案程序,具体包括三方面的内容:一是发现立案材料或者对立案材料的接受;二是对立案材料进行审查;三是根据审查结果,作出是否立案的决定。立案决定,是指司法机关对立案材料进行审查后,对于有犯罪事实发生,依法需要追究刑事责任的情况，认为应当将其纳入刑事诉讼的轨道，作为刑事案件进行处理，从而启动侦查或者审判程序的一种诉讼活动。立案决定是立案程序的一部分，立案决定是以立案程序中的其他活动为前提的，如果没有其他程序，也就谈不上作出立案决定；同时立案决定又是对立案程序的终结，是立案程序的结果。二者相互联系，不能混同。

以立案所直接启动的具体刑事诉讼程序为标准，立案可以分为侦查立案和审判立案两种。为启动侦查程序，由公安机关和人民检察院直接立案受理的，称为侦查立案；为启动审判程序，由人民法院直接立案受理的，称为审判立案。以立案的案件性质为标准，立案又可以分为公诉案件的立案和自诉案件的立案。公诉案件的立案是指公安机关、人民检察院直接受理的公诉案件的立案程序；自诉案件的立案是指人民法院对自诉人提起的自诉案件予以立案的程序。以立案管辖为标准，立案还可以分为公安机关的立案、人民检察院的立案和人民法院的立案。

（二）立案的特点

立案作为刑事诉讼的一个独立阶段，具有以下特点。

第一，立案是国家专门机关的诉讼活动。刑事诉讼的立案是法律赋予公安机关、人民检察院和人民法院的一种职权，根据法律的规定，国家安全部门、军队保卫部门和监狱对特殊的案件享有立案权。除此之外，其他任何国家机关、社会团体、组织和个人均无此权，他们只能向有立案权的国家机关提出控告、检举、举报等。

第二，立案是启动刑事诉讼程序的必经阶段。国家通过刑事诉讼程序实现惩罚犯罪和保障人权的目的，因此必须严格按照法律的规定进行追诉活动。对任何犯罪行为的追究，都必须经过立案才能进入刑事诉讼的轨道，相关国家专门机关才能取得相应法定权力，才能按照刑事诉讼程序进行侦查或者审判，否则相关国家专门机关所采取的行动、措施都属于违法行为。可以说，没有立案，就没有刑事诉讼程序的启动，也就不能开展刑事诉讼活动，追究犯罪嫌疑人刑事责任的诉讼任务当然也就无法完成。

第三，立案是一个独立的诉讼阶段，有其特定的诉讼任务。英美法系国家大都实行审判中心主义，不把立案作为一个独立的诉讼阶段，而认为其是审判的准备活动。我国将立案作为启动刑事诉讼程序的一个独立阶段，是因为立案有其特定的诉讼任务，即依法接受并审查控告、检举、举报或者自首材料，确定是否有犯罪事实，依法应否需要追究刑事责任，最终作出立案或者不立案的决定，从而达到是否启动刑事诉讼的目的。

二、立案的意义

立案作为刑事诉讼程序的开始和必经的一个独立程序，是我国长期以来司法实践经验的总结,是保证刑事诉讼任务顺利完成的重要环节,具有以下重大意义。

第一,立案可以节约司法资源,提高诉讼效率。公安机关、人民检察院发现犯罪事实,或者公安机关、人民检察院、人民法院收到的控告、检举、举报和自首材料以及自诉人起诉的材料,数量是相当庞大的,其中鱼龙混杂,有的符合立案条件,有的不符合立案条件,甚至是虚假的。因此,必须通过立案程序进行初步的审查和筛选,把其中符合立案条件的,即有犯罪事实发生,依法需要追究刑事责任的,才作为刑事案件来处理;不符合的,则不予立案,不按照刑事诉讼程序的要求进行处理。只有这样,才能保证将有限的司法资源用到需要处理的刑事案件上去,提高诉讼效率,为及时、准确地追究犯罪奠定基础。

第二,立案可以保护公民的合法权益不受侵犯,实现保障人权的目的。公安机关、人民检察院、人民法院对各种各样的立案材料进行审查,并依据这些审查结果作出立案与否的决定,不仅能够及时、准确地打击犯罪,同时也是对公民合法权益的保证,保障无罪的人不受刑事追究,将那些不具有犯罪事实,或者犯罪事实显著轻微,不需要追究刑事责任的人排除在刑事诉讼范围之外,使之免于讼累之苦。

综上所述,立案作为刑事诉讼开始的一个独立阶段,既可以保障无罪的人不受刑事追究,保证公民的合法权益;又可以保证及时、准确地追究犯罪,节约司法资源,提高诉讼效率。立案对实现惩罚犯罪、保障人权的诉讼目的,维护法律的严肃性都具有重要意义。

第二节　立案的材料来源和条件

一、立案的材料来源

立案程序作为刑事诉讼的开始程序,必须要有说明犯罪事实和犯罪嫌疑人存在的材料,这些材料是国家专门机关决定是否立案的根据。所谓立案的材料来源,是指司法机关取得有关犯罪事实和犯罪嫌疑人情况的材料的途径。

根据我国《刑事诉讼法》的规定和司法实践,立案的材料来源主要有来自司法机关内部和来自司法机关外部两种渠道。

(一)来自司法机关内部的渠道

即公安机关、人民检察院或者人民法院直接发现的犯罪事实或者犯罪嫌疑人。公安机关、人民检察院和人民法院在执行本职工作时,常常会发现一些新的犯罪事实或者线索,特别是公安机关,作为国家治安保卫部门,处在同犯罪进行斗争的第一线,在日常工作中,如执勤、执行任务,尤其是在侦查过程中,能够发现新的犯罪事实或者线索;人民检察院在审查批捕、审查起诉等各种检察业务活动中,也会发现犯罪事实或者线索;人民法院在审理案件的过程中,发现的与本案无关的其他犯罪事实或者线索等,也是立案的材料来源。《刑事诉讼法》第107条规定:“公安机关或者人民检察院发现犯罪事实或者犯罪嫌疑人,应当按照管辖范围,立案侦查。”对于不属于自己立案管辖的案件,应当及时移送有关机关予以处理,防止立案中的职责不清、相互推诿或者越权管辖的现象。同时,国家安全机关、军队保卫部门、监狱等在行使《刑事诉讼法》赋予的职权时所发现的犯罪事实或者犯罪嫌疑人,也是立案的材料来源。司法机关内部渠道是立案材料的重要来源。

(二)来自司法机关外部的渠道

1. 被害人的报案或者控告

被害人是犯罪行为直接侵害的对象,具有揭露犯罪、追究犯罪的积极性和主动性,并且被害人与犯罪嫌疑人大多数情况下都有过接触,能够较为准确和详尽地描述犯罪事实和犯罪嫌疑人,因此,被害人的报案或者控告是具有重要价值的立案材料来源,也是来自司法机关外部的主要渠道。“报案”是指被害人对侵犯自己人身权利、财产权利的行为,在并不知道犯罪嫌疑人为何人时,向司法机关告发的行为。“控告”是指被害人或者其法定代理人、近亲属(在被害人死亡或者丧失行为能力的情况下),为保护被害人的人身权利、财产权利而向司法机关指控犯罪,并请求依法追究刑事责任的行为。《刑事诉讼法》第108条第2款规定:“被害人对侵犯其人身、财产权利的犯罪事实或者犯罪嫌疑人,有权向公安机关、人民检察院或者人民法院报案或者控告。”报案和控告都是被害人揭露、告发犯罪事实的行为,但二者存在区别:报案是被害人在不知道犯罪嫌疑人时所采取的方式,而控告中被害人知道犯罪嫌疑人为何人。

2. 单位、个人的报案、控告或者举报

报案,是指单位或者个人发现有犯罪事实发生,但不知道犯罪嫌疑人是谁的情况下,向司法机关告发的行为。

控告,是指被害人对侵犯其人身、财产权利的犯罪事实或者犯罪嫌疑人,向公安机关、人民检察院或者人民法院控诉和告发的行为。被害人或者其法定代理人、近亲属依法向上述司法机关告发的行为,实质上也是一种控告。被害人的控告与报案的区别表现为:控告有明确的对象,即确定犯罪嫌疑人是谁,而报案只有受侵害事实而不知道系何人所为。

举报,是指单位或者个人出于责任感对自己发现的犯罪事实或者犯罪嫌疑人向司法机关进行告发、揭露的行为。《刑事诉讼法》第108条第1款规定:“任何单位和个人发现有犯罪事实或者犯罪嫌疑人,有权利也有义务向公安机关、人民检察院或者人民法院报案或者举报。”《刑事诉讼法》第109条第3款规定:“公安机关、人民检察院或者人民法院应当保障报案人、控告人、举报人及其近亲属的安全。报案人、控告人、举报人如果不愿公开自己的姓名和报案、控告、举报的行为,应当为他保守保密。"

3. 犯罪嫌疑人的自首

自首,是指犯罪人在实施犯罪行为后,自动投案,如实交代自己的罪行,接受司法机关审查和审判的行为。自首一般是在犯罪行为实施后,尚未被发觉,或者虽然被发觉但尚未被司法机关查获,犯罪人自己或者在其家长、监护人、亲友的陪同、护送下,主动向司法机关如实交代自己的罪行。根据1998年《最高人民法院关于处理自首和立功具体应用法律若干问题的解释》的规定,犯罪嫌疑人向其所在单位、城乡基层组织或者其他有关负责人投案的;犯罪嫌疑人因病、伤或者为了减轻犯罪后果,委托他人代为投案,或者先以信件、电话等方式投案的,都应视为投案自首。对于犯罪嫌疑人的投案自首,可以从轻或者减轻处罚,其中,犯罪较轻的,可以免除处罚。为鼓励犯罪嫌疑人主动投案自首,刑事诉讼将其作为立案的材料来源之一,实践证明,犯罪嫌疑人的自首是十分重要和有效的立案材料来源。

二、立案的条件

立案条件,是指立案必须符合的基本要求,也就是决定刑事案件成立,启动刑事诉讼程序追究犯罪所必须具备的法定条件。《刑事诉讼法》第110条规定:"人民法院、人民检察院或者公安机关对于报案、控告、举报和自首的材料,应当按照管辖范围,迅速进行审查,认为有犯罪事实需要追究刑事责任的时候,应当立案;认为没有犯罪事实,或者犯罪事实显著轻微,不需要追究刑事责任的时候,不予立案。"据此,立案应当同时具备两个条件。

(一)有犯罪事实

有犯罪事实,是指客观上存在着某种危害社会的犯罪行为。作为立案的事实条件,具体包含两方面意思。

第一,要立案追究的,是根据《刑法》规定构成犯罪的行为。这要求立案时必须划清罪与非罪的界限,不能把违反道德规范的行为、违反党纪政纪的行为、一般的违法行为当成犯罪行为处理,立案追究。需要注意的是,立案是启动刑事诉讼程序追究犯罪的开始,案件尚未进入侦查或者审理阶段,因此,这里所指的犯罪事实是发现有某种危害社会的且属于《刑法》规定构成犯罪的行为发生。至于全部犯罪事实如何、犯罪人为何人、如何定罪量刑等等,并不需要在立案时就清楚,这不属于立案的条件范围。

第二,要有一定的证据证明犯罪事实确已发生。这是立案的证据要求。要立案予以刑事追究的不仅是犯罪行为,而且是客观存在的、已经发生的犯罪事实,而非办案人员的主观臆想或者推测,这就需要一定的证据加以证明。在立案阶段的证据并非证明犯罪事实和犯罪嫌疑人的全部证据,只要达到证明犯罪事实已经发生这一标准即可,其证明标准远远低于后面诉讼阶段中的证明标准。

(二)需要追究刑事责任

需要追究刑事责任,是指行为人的行为不仅构成犯罪,并且按照法律的规定需要对其追究刑事责任,受到刑罚的处罚。这是立案的法定条件。有犯罪事实存在,还需要追究刑事责任时,才能立案;有犯罪事实存在,但根据法律的规定不需要追究刑事责任,也就不能立案追究。根据《刑事诉讼法》第 15 条的规定,不需要追究刑事责任的包括以下六种情形:(1)情节显著轻微、危害不大,不认为是犯罪的;(2)犯罪已过追诉时效期限的;(3)经特赦令免除刑罚的;(4)依照《刑法》告诉才处理的犯罪,没有告诉或者撤回告诉的;(5)犯罪嫌疑人、被告人死亡的;(6)其他法律规定免予追究刑事责任的。

以上两个条件必须同时具备,缺一不可。

自诉案件由自诉人直接向人民法院提起,没有经过侦查阶段,如果予以立案即直接进入审判阶段,因此其立案的条件与公诉案件有所不同,要求更加严格。人民法院在审查自诉人提起的诉讼时,除了要符合以上两个基本的立案条件之外,还必须满足以下条件:(1)属于自诉案件范围;(2)属于受诉人民法院管辖;(3)由刑事案件的被害人所提起;(4)有明确的被告人、具体的诉讼请求和能证明被告人犯罪事实的证据。

第三节　立案的程序

一、对立案材料的接受

对立案材料的接受,又称受案,是指公安机关、人民检察院或者人民法院对于报案、举报、控告和犯罪嫌疑人的自首等材料依法接受的行为。《刑事诉讼法》第 108 条第 3 款和第 4 款规定,公安机关、人民检察院或者人民法院对于报案、控告、举报,都应当接受。对于不属于自己管辖的,应当移送主管机关处理,并且通知报案人、控告人、举报人;对于不属于自己管辖而又必须采取紧急措施的,应当先采取紧急措施,然后移送主管机关。犯罪人向公安机关、人民检察院或者人民法院自首的,适用上述规定。因此,对立案材料的接受应当注意以下几个问题。

(1)公安机关、人民检察院或者人民法院对送交的立案材料应当接受,不得拒绝,或者相互推诿;如果不属于自己管辖的案件,也应当接受,然后按照法律规定立案管辖的原则,将案件移交给有管辖权的机关处理,并且通知报案人、举报人、控告人或者自首的犯罪嫌疑人。

(2)公安机关、人民检察院或者人民法院在接受材料的时候,对于紧急情况可以采取适当的紧急措施,以防止犯罪嫌疑人逃跑、自杀、继续犯罪、毁灭证据等行为,保障立案工作的顺利进行。这里需要说明的是,对于立案前的审查过程,虽然法律允许专门机关采取适当的“紧急措施”,但是由于法律并未明确“紧急措施”的范围和程序,导致实践的无所适从,或者任意为之,直接将刑事诉讼中的强制措施等同于“紧急措施”,这遭到了理论界的反对。反对者认为在审查过程中不能采取强制措施,因为这时还没有正式进入刑事诉讼程序,而拘留是刑事诉讼中的强制措施,只能在诉讼中使用,否则极容易导致权力的滥用,增加侵犯公民人身自由的风险。我们认为,从实际需要出发,对于特殊的情况确有必要采取相应的处置措施;考虑到这些紧急措施主要是针对公民的人身自由作出的限制或者剥夺,为制约权力,防止滥用,法律必须明确紧急措施的内容和适用程序,这才能符合尊重和保障人权的诉讼目的。根据《刑事诉讼规则(试行)》第 173 条规定,在立案初查过程中,可以采取询问、查询、勘验、检查、鉴定、调取证据材料等不限制初查对象人身、财产权利的措施。不得对初查对象采取强制措施,不得查封、扣押、冻结初查对象的财产,不得采取技术侦查措施。可见,“紧急措施”具体包括询问、查询、勘验、检查、鉴定、调取证据材料等行为,但不得采取强制措施,不得查封、扣押、冻结初查对象的财产,不得采取技术侦查措施,因为这些措施都是在刑事诉讼中才能使用的,受到法律的严格限制。

(3)公安机关、人民检察院或者人民法院在接受材料时应当向报案人、举报人、控告人说明诬告应负的法律责任,并作好保密和保障工作。《刑事诉讼法》第 109 条第 2 款和第 3 款规定:“接受控告、举报的工作人员,应当向控告人、举报人说明诬告应负的法律责任。但是,只要不是捏造事实,伪造证据,即使控告、举报的事实有出入,甚至是错告的,也要和诬告严格加以区别。公安机关、人民检察院或者人民法院应当保障报案人、控告人、举报人及其近亲属的安全。报案人、控告人、举报人如果不愿公开自己的姓名和报案、控告、举报的行为,应当为他保守秘密。”

(4)公安机关、人民检察院或者人民法院接受的立案材料可以是口头的形式,也可以是书面的形式。《刑事诉讼法》第 109 条第 1 款规定:“报案、控告、举报可以用书面或者口头提出。接受口头报案、控告、举报的工作人员,应当写成笔录,经宣读无误后,由报案人、控告人、举报人签名或者盖章。”

(5)公安机关对于公民扭送、报案、控告、举报或者犯罪嫌疑人自动投案的,都应当立即接受,问明情况,并制作笔录,对有关证据材料等应当登记,制作接受证据材料清单,经核对无误后,由扭送人、报案人、控告人、举报人、自动投案人签名、捺指印。必要时,应当录音或者录像。公安机关接受案件时,应当制作受案登记表,并出具回执。

人民检察院控告检察部门或者举报中心对于以走访形式的报案、控告、举报和犯罪嫌疑人投案自首的,应当指派两名以上工作人员接待,问明情况,并制作笔录,经核对无误后,由报案人、控告人、举报人、自首人签名、捺指印,必要时可以录音、录像;对报案人、控告人、举报人、自首人提供的有关证据材料、物品等应当登记,制作接受证据(物品)清单,并由报案人、控告人、举报人、自首人签名,必要时予以拍照,并妥善保管。

人民检察院对直接受理的要案线索,即由人民检察院直接立案侦查的县、处级以上干部犯罪的案件线索,实行分级备案的管理制度。县、处级干部的要案线索一律报省级人民检察院备案,其中涉及犯罪数额特别巨大或者犯罪后果特别严重的,层报最高人民检察院备案;厅、局级以上干部的要案线索一律层报最高人民检察院备案。要案线索的备案,应当逐案填写要案线索备案表。备案应当在受理后7日内办理;情况紧急的,应当在备案之前及时报告。接到备案的上级人民检察院对于备案材料应当及时审查,如果有不同意见,则应当在10日以内将审查意见通知报送备案的下级人民检察院。

二、对立案材料的审查

《刑事诉讼法》第110条规定:"人民法院、人民检察院或者公安机关对于报案、控告、举报和自首的材料,应当按照管辖范围,迅速进行审查。"审查围绕立案条件展开,审查的目的是最终作出立案或者不立案的决定。审查工作从以下两方面着手。

(一)立案材料是否属于本机关的管辖范围

公安机关、人民检察院或者人民法院对立案材料应当一律接受,不得拒绝或者相互推诿,但接受的立案材料中,不一定都属于受案机关立案管辖的范围,因此,公安机关、人民检察院或者人民法院应当按照法律规定立案管辖的原则,对立案材料进行审查,以确定是否属于本机关管辖权限范围之内,从而引导下一步的工作。对立案材料管辖范围的审查是对立案材料审查的第一步,是一种程序性审查,是对立案材料的初步分类,对属于受案机关管辖的立案材料,进行下一步的审查工作;对不属于受案机关管辖的立案材料,应当将所有的材料移送给有管辖权的机关,并通知报案人、举报人、控告人或者自首的犯罪嫌疑人。公安机关、人民检察院和人民法院的立案管辖范围,参见本书中关于管辖制度的论述,不再赘述。

（二）立案材料是否符合立案的条件

在确定立案材料管辖权后，以立案条件为标准，对立案材料进行实质性的审查，看是否符合“有犯罪事实需要追究刑事责任”的立案条件。有犯罪事实并且需要追究刑事责任是立案应当具备的两个基本条件，不可或缺。为了准确把握立案的条件，公安部、最高人民检察院和最高人民法院分别或者联合制定了一些具体的立案标准，如1997年12月31日发布的《最高人民检察院关于检察机关直接受理立案侦查案件中若干数额、数量标准的规定（试行）》，1999年9月16日施行的《最高人民检察院关于人民检察院直接受理立案侦查案件立案标准的规定（试行）》，1998年3月26日发布的《最高人民法院、最高人民检察院、公安部关于盗窃罪数额认定标准问题的规定》，等等。

公安机关、人民检察院或者人民法院对立案材料的审查，应当及时、迅速进行，可以要求报案人、举报人、控告人补充材料或者作进一步的说明；必要时，还可以采用询问、查询、勘验、鉴定、调取证据材料等措施，但要注意这些措施的强度和范围，这是刑事诉讼程序启动前审查立案材料以决定是否立案的必要审查措施，并非刑事诉讼中的强制措施。

三、对立案材料审查后的决定

《刑事诉讼法》第110条规定：“人民法院、人民检察院或者公安机关对于报案、控告、举报和自首的材料，应当按照管辖范围，迅速进行审查，认为有犯罪事实需要追究刑事责任的时候，应当立案；认为没有犯罪事实，或者犯罪事实显著轻微，不需要追究刑事责任的时候，不予立案，并且将不立案的原因通知控告人。控告人如果不服，可以申请复议。”因此，对立案材料审查后应当根据事实情况，作出立案与不立案的决定。

（一）立案决定

1. 公安机关的立案决定

公安机关经过审查，认为有犯罪事实，但不属于自己管辖的案件，应当立即报经县级以上公安机关负责人批准，制作移送案件通知书，移送有管辖权的机关处理。对于不属于自己管辖又必须采取紧急措施的，应当先采取紧急措施，然后办理手续，移送主管机关。对告诉才处理的案件，公安机关应当告知当事人向人民法院起诉。对被害人有证据证明的轻微刑事案件，公安机关应当告知被害人可以向人民法院起诉；被害人要求公安机关处理的，公安机关应当依法受理。人民法院审理自诉案件，依法调取公安机关已经收集的案件材料和有关证据的，公安机关应当及时移交。

公安机关接受案件后，经审查，认为有犯罪事实需要追究刑事责任，且属于自己管辖的，经县级以上公安机关负责人批准，予以立案。

2. 人民检察院的立案决定

人民检察院对于直接受理的案件，经审查认为有犯罪事实需要追究刑事责任的，应当制作立案报告书，经检察长批准后予以立案。在决定立案之日起3日以内，将立案备案登记表、提请立案报告和立案决定书一并报送上一级人民检察院备案。上一级人民检察院应当审查下级人民检察院报送的备案材料，并在收到备案材料之日起30日以内，提出是否同意下级人民检察院立案的审查意见。认为下级人民检察院的立案决定错误的，应当在报经检察长或者检察委员会决定后，书面通知下级人民检察院纠正。上一级人民检察院也可以直接作出决定，通知下级人民检察院执行。下级人民检察院应当执行上一级人民检察院的决定，并在收到上一级人民检察院的书面通知或者决定之日起10日以内将执行情况向上一级人民检察院报告。下级人民检察院对上一级人民检察院的决定有异议的，可以在执行的同时向上一级人民检察院报告。

3. 人民法院的立案决定

对自诉案件，人民法院应当在15日内审查完毕。经审查，符合受理条件的，应当决定立案，并书面通知自诉人或者代为告诉人。

（二）不立案决定

1. 公安机关的不立案决定

公安机关经过审查，认为没有犯罪事实，或者犯罪事实显著轻微不需要追究刑事责任，或者具有其他依法不追究刑事责任情形的，经县级以上公安机关负责人批准，不予立案。对有控告人的案件，决定不予立案的，公安机关应当制作不予立案通知书，并在3日以内送达控告人。控告人对不予立案决定不服的，可以在收到不予立案通知书后7日以内向作出决定的公安机关申请复议；公安机关应当在收到复议申请后7日以内作出决定，并书面通知控告人。控告人对不予立案的复议决定不服的，可以在收到复议决定书后7日以内向上一级公安机关申请复核；上一级公安机关应当在收到复核申请后7日以内作出决定。对上级公安机关撤销不予立案决定的，下级公安机关应当执行。

2. 人民检察院的不立案决定

人民检察院决定不予立案的，如果是被害人控告的，应当制作不立案通知书，写明案由和案件来源、决定不立案的原因和法律依据，由侦查部门在15日以内送达控告人，同时告知本院控告检察部门。控告人如果不服，可以在收到不立案通知书后10日以内申请复议。对不立案的复议，由人民检察院控告检察部门受理。控告检察部门应当根据事实和法律进行审查，并可以要求控告人、申诉人提供有关材料,认为需要侦查部门说明不立案理由的,应当及时将案件移送侦查监督部门办理。

3. 人民法院的不立案决定

人民法院在收到自诉材料 15 日内,对具有下列情形之一的,应当说服自诉人撤回起诉;自诉人不撤回起诉的,裁定不予受理:(1)不属于《刑事诉讼法解释》第 1 条规定的案件的;(2)缺乏罪证的;(3)犯罪已过追诉时效期限的;(4)被告人死亡的;(5)被告人下落不明的;(6)除因证据不足而撤诉的以外,自诉人撤诉后,就同一事实又告诉的;(7)经人民法院调解结案后,自诉人反悔,就同一事实再行告诉的。

自诉人对不予受理或者驳回起诉的裁定不服的,可以提起上诉。第二审人民法院查明第一审人民法院作出的不予受理裁定有错误的,应当在撤销原裁定的同时,指令第一审人民法院立案受理;查明第一审人民法院驳回起诉裁定有错误的,应当在撤销原裁定的同时,指令第一审人民法院进行审理。

对于某些报案、举报、控告材料,虽然不具备立案的条件,但被举报人、被控告人的行为有严重错误或者属于违法行为,需要给予党纪、政纪处分,或者需要给予行政处罚的,公安机关、人民检察院、人民法院应当将报案、举报、控告材料移送给有关主管机关处理。

第四节　立案监督

一、立案监督的概念

立案监督,是指对立案活动是否合法进行监督,这是保证准确、及时立案的重要措施。立案监督有狭义和广义之分。狭义的立案监督,是指人民检察院对公安机关的立案活动、对人民检察院自侦部门的立案活动和人民法院自诉案件的立案活动,实施的法律监督行为;广义的立案监督除包括狭义内容之外,还包括有关单位(如检举单位)和个人(如被害人)对立案活动进行的监督。我们这里讲的是广义的立案监督。

《刑事诉讼法》第 110 条规定,公安机关、人民检察院、人民法院决定不立案时,应"将不立案的原因通知控告人。控告人不服,可以申请复议"。第 111 条规定:"人民检察院认为公安机关对应当立案侦查的案件而不立案侦查的,或者被害人认为公安机关对应当立案侦查的案件而不立案侦查,向人民检察院提出的,人民检察院应当要求公安机关说明不立案的理由。人民检察院认为公安机关不立案理由不能成立的,应当通知公安机关立案,公安机关接到通知后应当立案。"因此,立案监督从形式上看,可以分为控告人的立案监督和人民检察院的立案监督。人民检察院的监督属于狭义立案监督的范畴,控告人的监督和人民检察院的监督即广义的监督。控告人的监督以提起复议的方式进行,对于控告人的复议申请,国家专门机关应当及时予以复议,并将复议结果通知控告人。人民检察院的监督主要通过审查批捕、审查起诉等侦查监督活动的方式进行。

人民检察院对其自行侦查案件的立案监督程序,《刑事诉讼法》没有明确的规定,我国理论界和司法实践中大多数人倾向于对自行侦查案件的立案监督应当采取内部制约的形式进行。具体而言,人民检察院逮捕部门或者审查起诉部门发现本院侦查部门对应当立案侦查的案件不报请决定立案侦查的,应当报告检察长决定。

根据《刑事诉讼法解释》第 265 条规定,自诉人对不予受理或者驳回起诉的裁定不服的,可以提起上诉。第二审人民法院查明第一审人民法院作出的不予受理裁定有错误的,应当在撤销原裁定的同时,指令第一审人民法院立案受理;查明第一审人民法院驳回起诉裁定有错误的,应当在撤销原裁定的同时,指令第一审人民法院进行审理。同时,人民检察院根据《宪法》授予的法律监督权,也可以对人民法院的立案活动予以监督。实践中,人民检察院如果发现人民法院有立案不当的情况,可以向人民法院建议予以纠正。

立案作为刑事诉讼的开始和必经程序,对于及时揭露和惩罚犯罪、保护公民合法权益、保障无罪的人不受刑事追究,具有十分重要的意义。但是在司法实践中,公安机关、人民检察院应当立案而不立案的情况比较突出,出现"有案不立""不破不立""破而不立""以罚代立"等不良现象;人民法院在审查自诉案件时,也存在不认真、不负责的现象,有的不按照正常法律途径立案处理,推诿了事,有的不愿追究,甚至故意包庇、放纵。这些现象极大地挫伤了群众同犯罪进行斗争的积极性,出现了许多不安定因素,同时严重损害了司法权威,破坏了司法机关的形象,妨碍了司法机关法律职责的履行。因此,必须加强对立案程序的监督,杜绝和克服上述各种违法现象和不良影响,发挥立案程序的作用,为准确、及时启动刑事诉讼程序来惩罚犯罪、保障人权把好第一关。

二、立案监督的程序

(一)控告人的立案监督程序

(1)控告人对公安机关不予立案决定不服的,可以在收到不予立案通知书后 7 日以内向作出决定的公安机关申请复议;公安机关应当在收到复议申请后 7 日以内作出决定,并书面通知控告人。控告人对不予立案的复议决定不服的,可以在收到复议决定书后 7 日以内向上一级公安机关申请复核;上一级公安机关应当在收到复核申请后7日以内作出决定。上级公安机关撤销不予立案决定的,下级公安机关应当执行。

控告人对公安机关不予立案决定不服的,也可以直接向人民检察院提出申诉,请求人民检察院对公安机关进行立案监督。

(2)控告人对人民检察院不予立案决定不服的,可以在收到不立案通知书后10日以内申请复议。对不立案的复议,由人民检察院控告检察部门受理。控告检察部门应当根据事实和法律进行审查,并可以要求控告人、申诉人提供有关材料,认为需要侦查部门说明不立案理由的,应当及时将案件移送侦查监督部门办理。

(3)根据《刑事诉讼法解释》第265条规定,自诉人对不予受理或者驳回起诉的裁定不服的,可以提起上诉。第二审人民法院查明第一审人民法院作出的不予受理裁定有错误的,应当在撤销原裁定的同时,指令第一审人民法院立案受理;查明第一审人民法院驳回起诉裁定有错误的,应当在撤销原裁定的同时,指令第一审人民法院进行审理。

(4)根据《刑事诉讼法》第204条第3项规定,对于被害人有证据证明对被告人侵犯自己人身、财产权利的行为应当依法追究刑事责任,而公安机关或者人民检察院不予追究被告人刑事责任的案件,被害人可以直接向人民法院提起自诉。换言之,控告人对公安机关、人民检察院不予立案决定不服的,可以提出复议申请;对复议申请不服的,可以向人民法院提起自诉,也可以不经过复议,直接向人民法院提起自诉。

(二)人民检察院的立案监督程序

(1)人民检察院发现公安机关应当立案侦查而不立案侦查的,由审查逮捕部门审查,并填写不立案案件审查表,认为需要公安机关说明不立案理由的,经检察长批准,可以向公安机关发出说明不立案理由通知书,公安机关应当在7日内制作不立案理由说明书予以说明。人民检察院认为不立案理由不成立的,经检察长或者检察委员会决定,应制作通知立案书,连同有关证明材料移送公安机关,并抄送上一级人民检察院备案。公安机关应在收到通知立案书后15日内决定立案,并将立案决定书送达人民检察院。

(2)被害人认为公安机关应当立案侦查而不立案侦查,向人民检察院提出的,人民检察院的控告申诉部门应进行必要的调查,认为需要公安机关说明不立案理由的,应将案件移送审查逮捕部门办理,要求公安机关作出不立案理由说明。认为公安机关不立案理由成立的,由控告申诉部门在10日内制作不立案理由审查意见书,将不立案的理由和根据通知被害人;认为公安机关不立案的理由不成立的,经检察长或者检察委员会决定,通知公安机关立案。

(3)人民检察院通知公安机关立案的,应当依法对通知立案的执行情况进行监督。对于公安机关管辖的国家机关工作人员利用职权实施的重大犯罪案件,人民检察院通知公安机关立案,公安机关不予立案的,经省级以上人民检察院决定,人民检察院可以直接立案侦查。

(4)人民检察院对于公安机关不应当立案而立案侦查的,应当向公安机关提出纠正意见。

(5)人民检察院审查逮捕部门或者审查起诉部门发现本院侦查部门对应当立案侦查的案件不报请立案侦查的,应当建议侦查部门报请立案侦查;建议不被采纳的,应当报请检察长决定。

【问题与思考】

1. 立案的条件是什么? 立案程序的意义是什么?
2. 对立案材料的接受应当注意什么问题?
3. 对立案材料的审查应当从哪些方面入手?
4. 立案监督的程序是什么?
5. 我国目前的立案程序存在哪些不足? 你对完善立案程序有何构想?

第十四章

侦查程序

【内容提要】

侦查是我国公诉案件诉讼过程中一个独立的、必须的阶段。我国专门机关按照侦查程序所进行的活动是整个刑事诉讼活动的重要组成部分,是行使国家对犯罪追诉权的重要体现。侦查行为既包括侦查机关在侦查过程中依法采取的拘传、取保候审、监视居住、拘留和逮捕等强制措施和讯问犯罪嫌疑人、询问证人或被害人、勘验、检查、搜查、扣押物证或书证、鉴定、通缉等一般侦查措施,也包括特殊侦查措施。侦查终结应当符合如下条件:案件事实清楚;证据确实、充分;犯罪性质和罪名认定正确;法律手续完备;依法应当追究刑事责任。补充侦查包括退回补充侦查和自行侦查。

第一节　侦查概述

一、侦查的概念

侦查,是指国家专门机关在办理刑事案件的过程中,为了收集、调取犯罪嫌疑人有罪或者无罪、重罪或者轻罪的证据材料和查获犯罪嫌疑人,依照法定程序进行的专门调查工作和有关的强制性措施。

侦查是我国公诉案件诉讼过程中一个独立的、必须的阶段。我国专门机关按照侦查程序所进行的活动是整个刑事诉讼活动的重要组成部分,是行使国家对犯罪追诉权的重要体现。因此,《刑事诉讼法》第113条规定:“公安机关对已经立案的刑事案件,应当进行侦查,收集、调取犯罪嫌疑人有罪或者无罪、罪轻或者罪重的证据材料。”我国刑事诉讼中的侦查有以下几个特点。

(1)侦查主体的法定性。根据我国现行《刑事诉讼法》和其他有关法律的规定，侦查只能由公安机关、国家安全机关、人民检察院、军队保卫部门和监狱等专门机关按照法律规定的管辖权限进行，其他任何机关、团体和个人都无权侦查。擅自进行侦查活动，属于违法行为，应当受到法律的制裁。

(2)侦查活动的法律性。侦查活动的法律性首先表现在侦查目的的法律性上。虽然侦查是为了查明事实真相，但是侦查并非一种仅止于探求事实真相的活动，查明案件事实真相的目的是为了准确地适用法律，即为认定被追诉者有罪或者无罪、罪重或者罪轻提供事实上的依据。其次，侦查活动的法律性表现在侦查方式、方法、步骤的法定性上。侦查是一项艰巨而复杂的工作，必须有严格的法定程序作保障，才能实现侦查目的，完成侦查任务。同时，侦查措施所具有的强制性和侦查权力的强大性使得侦查极容易侵犯被侦查对象的合法权益，这也要求有严格的法律程序来规范侦查行为，防止侦查权的滥用。

(3)侦查活动的广泛性。根据《刑事诉讼法》的规定，侦查活动总的来说由专门调查工作和有关的强制性措施两大方面构成。专门调查工作主要包括讯问犯罪嫌疑人、询问被害人、询问证人、勘验、检查、辨认、鉴定等等。有关的强制性措施，不仅是指以限制或剥夺人身自由为内容的拘传、取保候审、监视居住、拘留和逮捕等强制措施，还包括为了配合收集证据材料和查获犯罪嫌疑人而使用的具有强制性的专门手段，如搜查、扣押物证或书证、通缉，等等。

二、侦查的任务和意义

(一)侦查的任务

(1)收集、核实各种证据材料，查明案件事实。在刑事诉讼中，证据是保证准确认定案件事实，正确适用法律的关键。同时，根据我国《刑事诉讼法》的规定，证明责任主要应当由控诉方承担。因此，收集确凿、充分的证据，为提起控诉提供坚实的事实依据，必然是侦查的首要任务。要完成这一任务，首先要注意发现证据材料。其次，应当及时做好证据材料的提取和固定工作。最后，要注意对所收集的具体证据材料的分析，排除虚假的或者无关的材料。在此基础上，再从整体上分析案件的证据材料，看其是否达到了法定的证明要求，以确定是否需要进一步收集有关证据材料以及收集的方向。

(2)查获和控制犯罪嫌疑人，保证诉讼的顺利进行。刑事诉讼的中心问题是犯罪嫌疑人、被告人的刑事责任问题。只有查获和控制犯罪嫌疑人，才能为审判机关定罪处刑提供具体的对象。这就要求侦查人员在收集证据材料、查明案件事实的同时，必须密切注意犯罪嫌疑人的动向，在符合法定条件的情况下，应当根据法定程序果断地对犯罪嫌疑人采取必要的强制措施。

(3)指导防范、控制犯罪、减少刑事案件的发生。从预防犯罪的角度来看，侦查机关还应当肩负指导防范、控制犯罪的任务。这一任务主要是通过两个方面的工作来完成的:一是在侦查过程中,对犯罪嫌疑人进行政策、法律和思想教育,为罪犯认罪服法和今后的改造打下基础,防止其今后继续犯罪;二是通过分析具体的犯罪原因,帮助发案单位或者部门发现管理上的漏洞,指导其改进防范工作,以防止和减少刑事案件的发生。

(二)侦查的意义

(1)侦查是打击和控制犯罪的重要手段。任何一个国家,如果没有同多种多样的犯罪行为作斗争的强有力的手段,就难以保持良好的社会秩序。侦查机关的侦查活动便是现代法治社会同犯罪行为作斗争的理性而又有效的手段。通过侦查,一方面能够及时、准确地查清案情,揭露犯罪,查获犯罪分子,为起诉和审判作好准备,从而对犯罪分子进行及时、有效地打击;另一方面快速、准确地侦查使潜在的犯罪分子感觉到法网难逃,客观上起到震慑犯罪的作用。

(2)侦查为公诉案件的起诉和审判提供了必要的证据材料和可靠的事实依据。侦查不仅仅是公诉案件的一个必经程序,也就是说,侦查不仅具有程序上的意义,而且对案件实体问题的认定具有极为重要的影响。一个公诉案件,只有在经过缜密的侦查,准确地查明案件事实的基础上,才能使控诉准确、充分、有力,审判机关对案件的定性才会准确,量刑才会恰当,才能使犯罪分子受到应有的惩罚,无罪的人不受刑事追究。

(3)侦查工作是预防犯罪和加强社会治安综合治理的有力措施。侦查的任务之一就是在侦查的过程中指导防范、控制犯罪的发生。因此,在某种意义上,侦查的过程,也就是教育群众、发动群众同犯罪作斗争,让群众了解犯罪规律,使发案单位加强防范、控制犯罪发生的过程。同时,通过侦查活动,对社会上那些不稳定分子起着震慑的作用。这些都有利于加强社会治安综合治理,预防和减少犯罪的发生。

三、侦查的原则

综观各国刑事侦查的原则,往往是在法治化的框架之内。侦查的法治化是现代法治国家的必然要求,也是我国刑事侦查的必经之路。侦查在内容上往往由一国宪法、刑事实体法、程序法、警察法等相关法律加以确立,是刑事法治、程序法治和警察法治的复合体。根据其适用范围,可将其划分为一般性原则和侦查的技术性原则。前者是指适用于《宪法》或《刑法》《刑事诉讼法》等基本法律,具有普遍指导意义的原则;后者则指仅适用于侦查程序,仅对侦查活动具有指导和约束意义的原则。

侦查是我国刑事诉讼中一个极为重要的诉讼阶段,它不仅事关能否准确及时揭露犯罪、证实犯罪为提起诉讼作好充分的准备，而且直接关系到对公民基本人权的保护。因此，为了确保侦查任务的实现和保障人权，侦查活动也必须遵守刑事法治、程序法治和警察法治的一些基本原则。其中，适用于宪法和基本法律的一般性原则包括罪刑法定原则、无罪推定原则、程序法定原则、比例原则等；侦查的技术性原则包括迅速及时原则、客观全面原则、深入细致原则、依靠群众原则、秘密原则等。

（一）一般性原则

一般性原则多由一国《宪法》或者一些基本法律所确立，其适用范围不局限于侦查，而是对各种国家权力的行使具有普遍的指导、约束意义。主要包括：

1. 罪刑法定原则

罪刑法定原则，又称罪刑法定主义。罪刑法定原则的基本含义是：什么是犯罪，有哪些犯罪，各种犯罪的构成条件是什么，有哪些刑种，各种刑种如何适用以及各种犯罪的具体量刑幅度如何等，均由《刑法》加以明文规定。对于《刑法》分则没有规定的犯罪，不得定罪处罚。其基本要求有二：法无明文规定不为罪，法无明文规定不处罚。该原则又派生出一些具体原则：排斥习惯法，禁止类推适用和刑法的效力不溯及既往等。罪刑法定，是刑事法治的基础，其功能在于控制国家追诉权、刑罚权恣意行使，防止司法擅断。罪刑法定原则的精髓在于限制机能，即对于国家刑罚权的限制，包括对于立法权和司法权的限制，尤其是防止司法权的滥用。[①] 侦查权作为国家追诉权，自然要受到罪刑法定原则的约束。只不过在侦查活动中，由于并不涉及对犯罪嫌疑人的实体定罪和处罚，因而，罪刑法定对侦查的要求主要为“法无明文规定不为罪”。

根据我国《刑事诉讼法》规定，侦查立案的条件是“认为有犯罪事实需要追究刑事责任”，而对这一标准的具体判断，显然必须借助《刑法》规定才能作出。也就是说，《刑法》关于罪名、罪状、犯罪构成要件的具体规定，是侦查权从抽象变成现实的合理根据和外在标准。要真正在程序上启动侦查权，使侦查权从抽象的国家权力转化为具体权力，既不能仅仅依据《刑法》总则关于犯罪的规定，也不能简单地按照《刑法》分则关于犯罪类型的划分和规定，当然更不能以侦查机关及其人员的主观好恶为根据，而必须依据《刑法》分则的规定对某种行为是否构成犯罪进行甄别，以确定是否存在行使侦查权力的初步犯罪事实根据。

2. 无罪推定原则

无罪推定原则作为一项现代法治原则，不仅适用于审判程序，也适用于侦查程序；刑事案件发生后，侦查人员往往根据现场勘查和调查访问的情况，运用科学原

---

① 陈兴良：《罪刑法定的当代命运》，中国人民大学出版社 1996 年版，第 353 页。

理、侦查经验和逻辑推理，对案件情况、作案人情况等作出的初步推测，即侦查假说。侦查人员在提出和验证侦查假说时，必须坚持无罪推定原则，用无罪推定原则来规范和指导侦查假说，为其设立必要的法律边界和证明规则。包括：第一，从无罪推定出发，从事实认识角度，侦查机关和侦查人员根据已有证据，可以推测谁是作案人。但从法律上讲，却无权认定谁是“罪犯”。因为，根据无罪推定原则，只要未经人民法院生效判决，犯罪嫌疑人的法律地位就只有一个——“无罪”。因而，从无罪推定出发，要求侦查机关必须保障犯罪嫌疑人依法享有各项诉讼权利，自觉维护其正当权益。第二，从无罪推定出发，证明责任只能由侦查机关承担。一是，无罪推定要求侦查机关不能凭空假说、无端猜测。二是，如果侦查机关对犯罪嫌疑人采取侦查行动，特别是采取拘留、逮捕、搜查、扣押等强制措施，则要求侦查机关承担举证责任，即必须提出相当程度的事实根据和法律依据才能进行，否则即为违法。第三，从无罪推定出发，在犯罪无法证实时，法律上只能按“存疑从无”处理。

3. 程序法定原则

程序法定原则，是现代刑事法治的一项基本原则①，该原则在本书第三章已作讲述，在此不再赘述。但是，需要明确的是，有关刑事诉讼程序属于“法律保留”的事项，只能由享有立法权的立法机关作出规定。执法者、司法者自身无权自行授权、自定规则。如果允许执法者、司法者自定规则，则其必然会利用这一权力从有利于自己追诉、审判的角度来制定程序规则，从而导致权力的膨胀和扩张，侵犯犯罪嫌疑人、被告人的人权。从诉讼程序设置的对抗性角度来看，侦查可视为一场竞技，既然是竞技，则竞技活动的规则应由相对中立的第三方来制定，而不能由作为竞技一方的侦查机关制定。否则，这种竞技就没有任何公正可言。侦查是一项严肃的执法活动，侦查机关和侦查人员进行侦查活动，必须严格遵守法定的程序。因为，侦查机关所适用的各种专门侦查手段和采取的强制性措施，稍有不慎，就会侵犯公民的人身权利、民主权利或者其他诉讼权利。因此，在侦查工作中，侦查人员必须增强法制观念，严格依照《刑事诉讼法》的规定收集证据。严禁刑讯逼供，严禁以威胁、引诱、欺骗、允诺以及其他非法方法收集证据。采取逮捕、拘留等强制措施，必须依照法定的条件和程序进行。

4. 司法审查原则

在西方国家，侦查程序中的司法审查，包括事前的司法授权和事后的司法救济

① 它有两个层面的要求：一是在立法层面，国家为了追究犯罪和保障人权，应当通过立法明确规定和设置相应的刑事诉讼程序；二是在司法层面，侦查机关、检察机关、法院和所有诉讼参与人进行刑事诉讼活动，都必须严格遵循法定的程序。

两个方面。事前的司法授权,即令状原则,是指侦查机关实行强制性措施,必须事先获得法官的授权。在他们的观念中,司法授权的理由是:“强制侦查的批准权从法律性质上看,总体上应当属于司法裁判权的范围,不属于侦查、起诉机关的固有权限。因而,它不能由承担追诉职责的公安、检察机关自行决定针对相对人行使。如果侦查、起诉机关自行掌握着强制侦查的批准决定权,那么,本来公正、中立的裁判权将会沦为追诉权的附属品。”①事后的司法救济,是指允许公民在事后向法院申请司法救济。侦查权属于行政权范畴,侦查行为理应具有可诉性,应接受司法机关的合法性审查。法院一旦认定侦查违法,即应依法给予相对人以某种救济,如宣布侦查行为违法或无效,排除非法获取的证据等。这样,“既能通过明确的法定程序吸收社会对侦查机关的不满,针对已经发生的违法侦查为相对人提供最终的司法救济;又能为侦查机关依法、合理地行使侦查权提供明确的指导,防止其反复地发生同一类型的违法或滥用职权行为。另外,还能够增强侦查机关依法行使职权的正当性,防止诉讼程序以外的力量非法干涉侦查机关依法办案。”②

在我国的《刑事诉讼法》中没有明确规定司法审查原则,不存在事前的司法授权。但是,从 2010 年最高人民法院、最高人民检察院、公安部、国家安全部、司法部联合发布的《死刑案件证据规定》《排除非法证据规定》来看,司法审查原则的事后的司法救济开始确立。《刑事诉讼法》第 56 条第 1 款、《排除非法证据规定》第 1 条、《刑事诉讼法解释》第 92 至 103 条对非法证据排除的司法审查作出了相应的规定。

5. 比例原则

比例原则是现代各国刑事诉讼法普遍认可的一项法治原则。在德国等一些国家,该原则还上升为一项宪法性原则。所谓比例原则,本身并不是一个单一的概念,而是包括了三个次要概念:妥当性原则、必要性原则和均衡原则(狭义的比例原则)。妥当性原则是指一个法律(或公权力措施)的手段可达到目的之谓也。必要性原则是指在妥当性原则获得肯定后,在所有能够达成立法目的的方式中,必须选择对人民之权利最少侵害的方法。也就是说,在以不违反或减弱该法律所追求之目的的前提下,立法者应当选择对人民权利侵犯最轻之方法。均衡原则,是指一个措施虽然是达成目的所必要的,但是,不可以给予人民过重之负担。所谓过重负担,是指法律(或一公权力措施)所追求的目的和所使用的方法,在造成人民权利

① 龙宗智:《徘徊于传统与现代之间——中国刑事诉讼法再修改研究》,法律出版社 2005 年版,第 187 页。

② 龙宗智:《徘徊于传统与现代之间——中国刑事诉讼法再修改研究》,法律出版社 2005 年版,第 188 页。

损失方面，是不成比例的。[①] 比例原则所关注的，是目的与手段之间的关系必须具有客观的对称性，禁止国家机关采取过度的措施；在实现法定目的的前提下，国家活动对公民的侵害应当减少到最低限度。[②]

刑事诉讼本质上是国家实现刑罚权的专门性强制活动。作为一种国家强制活动，刑事司法程序的启动和运行势必在一定程度上侵犯公民的个人权利，但是国家权力的行使，以仅达目的为已足，不可过度侵害公民的自由权利，国家权力对公民权利的侵害应当被控制在必要的最低限度之内。为了防止国家滥用刑事司法权给公民权利造成不必要的侵害，刑事程序在设计和运作上必须注意刑事司法手段的节制性，不能为查明案件真相而置公民权利于不顾，肆意践踏人权。

1994 年通过的《世界刑法学协会第十五届代表大会关于刑事诉讼中的人权问题的决议》第 3 条直接规定了比例原则："在预审阶段，无罪推定原则要求在与一切强制措施有关的活动中适用比例性原则。根据这一原则，必须使政府干预刑事被告基本权利的严重程度与限制的代替性措施的目的存在合理关系。这一点应推动立法者把规定审前羁押的代替性措施置于首位，审前羁押在任何情况下都应视为例外情况。"比例原则除了用于控制强制侦查手段的应用，同时还适用于对侦查人员在案件的侦破过程中使用武器、警械的法律约束。如联合国《执法人员行为规则》第 3 条规定："执法人员只有在绝对必要时才能使用武力，而且不能超出执行职务所必需的范围。"

我国《刑事诉讼法》第 79 条第 1 款规定："对有证据证明有犯罪事实，可能判处徒刑以上刑罚的犯罪嫌疑人、被告人，采取取保候审尚不足以防止发生下列社会危险性的，应当予以逮捕……"但是，我国《刑事诉讼法》对于比例原则的贯彻却远远不够，尤其是侦查阶段对于这一原则的贯彻存在严重缺陷，如在司法实践中侦查人员在诉讼手段的适用上非常随意，对于一些强制性诉讼手段的适用上过于宽松等。为了避免对公民个人权利的过度侵犯，《刑事诉讼法》必须确立比例原则。

（二）侦查的技术性原则

1. 迅速及时原则

刑事犯罪的特点决定了刑事侦查工作的进行必须迅速及时。这一原则要求侦查机关接到报案后要立即组织侦查力量，制定侦查方案，及时采取侦查措施，收集案件的各种证据。侦查工作的时间性很强。犯罪分子实施犯罪后，为了逃避惩罚，一方面会毁灭证据，伪造证据或者隐匿证据；另一方面会逃跑、隐匿，或者与同案人

---

① 陈新民：《德国公法学基础理论》，山东人民出版社 2001 年版，第 368—370 页。

② 〔德〕哈特穆特·毛雷尔：《行政法学总论》，高家伟译，法律出版社 2000 年版，第 106—107 页。

订立攻守同盟,还有继续危害社会的可能。另外,由于自然或者其他的原因,证据有可能难于收集。为此,侦查工作是否迅速及时,是顺利完成侦查任务的一个重要条件。

2. 客观全面原则

所谓客观,就是指一切从实际情况出发,尊重客观事实,按照客观事实的本来面目去认识它并如实反映它。所谓全面,就是要全面地调查了解和反映案件的情况,不能仅仅根据案件的某个情节或者部分材料就下结论。这一原则要求侦查人员一切从案件的实际情况出发,实事求是地收集证据;既要收集能够证明犯罪嫌疑人有罪、罪重的证据,又要收集能够证明犯罪嫌疑人无罪、罪轻的证据。

3. 深入细致原则

刑事案件千变万化,十分复杂。在侦查过程中为了准确查明案件的真实情况,侦查人员还必须坚持深入细致的原则。这一原则要求侦查人员必须做深入细致的调查研究,对犯罪的具体情节要全部查清,并要求有相应的证据证明。

4. 依靠群众原则

这一原则要求在侦查工作中,不仅要充分发挥专门机关的作用,而且要善于依靠群众的力量。犯罪嫌疑人生活在广大的人民群众之间,群众对于犯罪嫌疑人的经历、表现都比较了解,可以为侦查人员提供线索;并且由于对犯罪的深恶痛绝,人民群众也会主动同犯罪作斗争。所以,在侦查工作中,侦查人员应当充分依靠人民群众的力量。

5. 保守秘密原则

侦查是同各种刑事犯罪嫌疑人进行的尖锐而复杂的斗争。侦查与反侦查的矛盾,存在于整个侦查过程中。侦查工作的这种性质和特点,决定了在侦查工作中要注意保守侦查工作的秘密,严格禁止将案情、证据、当事人及诉讼参与人的情况向无关人员泄露,以保证侦查活动的顺利进行。

第二节 侦查行为

侦查行为是指侦查机关对刑事案件依照法律进行的各种专门调查工作。根据《刑事诉讼法》的规定,侦查行为分为一般侦查行为和特殊侦查行为。一般侦查行为包括侦查机关在侦查过程中依法采取的拘传、取保候审、监视居住、拘留和逮捕等强制措施,讯问犯罪嫌疑人,询问证人或被害人,勘验、检查,搜查,查封、扣押物证、书证,鉴定,通缉等专门调查工作,以及根据《公安机关办理刑事案件程序规定》、最高人民检察院《刑事诉讼规则(试行)》之规定,采取的辨认、调取等侦查行为。特殊侦查行为包括:技术侦查,秘密侦查和控制下交付。由于强制措施在本书中已另有专章论述,本章主要讲述《刑事诉讼法》第116至153条所规定的几种一般侦查行为和特殊侦查行为。

一、讯问犯罪嫌疑人

(一)讯问犯罪嫌疑人的概念

侦查阶段讯问犯罪嫌疑人是指侦查人员依照法律程序,以言词的方式,就案件情况对犯罪嫌疑人进行的审查和追问。

犯罪嫌疑人作为案件的当事人,对自己是否实施某种犯罪行为以及如何实施应当清楚;同时,案件的处理结果又与其有直接的利害关系,犯罪嫌疑人这种特殊的诉讼地位,决定了讯问犯罪嫌疑人有两方面的作用:一方面,对侦查机关来讲,通过对犯罪嫌疑人的讯问,可以直接收集和核实证据材料,帮助查明案件事实,判定犯罪嫌疑人是否实施了犯罪行为以及犯罪的性质;另一方面,对犯罪嫌疑人来讲,侦查人员的讯问为其行使辩护权和争取悔罪表现提供了机会,在接受讯问时,犯罪嫌疑人对不当指控可以进行辩护,对属实的指控可以如实供述以争取宽大处理。因此,讯问犯罪嫌疑人实际上是每一个刑事案件侦查工作中的必须程序。

(二)讯问犯罪嫌疑人的原则

讯问犯罪嫌疑人是侦查人员与犯罪嫌疑人的正面交锋,是一项法律性、技术性很强的诉讼活动。对于犯罪嫌疑人来讲,如果他是犯罪人,一般会千方百计地逃避法律的追究,在侦查机关没有掌握过硬的证据之前总会抱着侥幸心理,要么矢口否认、百般抵赖,要么保持沉默、避重就轻;对侦查人员来讲,一旦对某一犯罪嫌疑人正式讯问,即已形成了先入为主的心理定式,势必会想方设法令犯罪嫌疑人供述罪行,于是司法实践中出现了威胁、引诱、欺骗甚至刑讯逼供的非法讯问现象。所以,在讯问犯罪嫌疑人时,侦查人员必须遵守以下原则。

1. 权利告知原则

我国《刑事诉讼法》虽没有确定沉默权,但根据相关规定,侦查人员在讯问犯罪嫌疑人之前应当告知其有权利聘请律师获得法律帮助,有权利拒绝回答与本案无关的问题等。

2. 自然陈述原则

在讯问过程中,侦查人员首先应让犯罪嫌疑人自然而充分地陈述与案件有关的情况,包括对自己无罪或罪轻的辩解,然后再根据需要进行提问,令其补充。而不能让犯罪嫌疑人顺着侦查人员的思路和暗示作出侦查人员需要的供述。

3. 禁止非法讯问原则

为保障犯罪嫌疑人的权利,保证口供的客观真实性,各国的法律和联合国相关的公约严禁使用暴力、胁迫、诱导等非法方法进行讯问，以非法的行为取得的口供，不具有证据效力，而且视情况要追究采用非法行为的侦查人员的法律责任。我国《刑事诉讼法》第50条规定："严禁刑讯逼供和以威胁、引诱、欺骗以及其他非法方法收集证据，不得强迫任何人证实自己有罪。"《刑事诉讼规则(试行)》第197条规定："严禁刑讯逼供和以威胁、引诱、欺骗以及其他非法的方法获取供述。"最高人民法院也有类似的规定，以否定这类证据的价值来从根本上降低用非法手段取得口供的动力。同时，《刑法》中也规定了对刑讯逼供的刑罚处罚，它涉及司法制度，包括机构设置、权力分配以及诉讼结构、诉讼价值等一系列的问题，其中也有对沉默权制度的认同和怀疑。

(三)讯问犯罪嫌疑人的程序

根据《刑事诉讼法》以及《公安机关办理刑事案件程序规定》，侦查机关讯问犯罪嫌疑人应严格遵守以下程序。

1. 讯问前的准备工作

讯问前，侦查人员应当了解案件情况和证据材料，制作讯问计划，列出讯问提纲。讯问犯罪嫌疑人必须由侦查人员进行，其他任何单位包括公安机关、检察机关的非侦查人员均无权讯问。讯问的时候，侦查人员不得少于2人。讯问同案犯罪嫌疑人，应当个别进行。传唤犯罪嫌疑人时，应当出示传唤证和侦查人员的工作证件，并责令其在传唤证上签名、捺指印。犯罪嫌疑人到案后，应当由其在传唤证上填写到案时间。传唤结束时，应当由其在传唤证上填写传唤结束时间。犯罪嫌疑人拒绝填写的，侦查人员应当在传唤证上注明。对在现场发现的犯罪嫌疑人，侦查人员经出示工作证件，可以口头传唤，并将传唤的原因和依据告知被传唤人。在讯问笔录中应当注明犯罪嫌疑人的到案方式，并由犯罪嫌疑人注明到案时间和传唤结束时间。对自动投案或者群众扭送到公安机关的犯罪嫌疑人，可以依法传唤。

2. 讯问的地点

对于讯问犯罪嫌疑人的地点有以下三种情况。

一是对被羁押的犯罪嫌疑人进行讯问，根据《刑事诉讼法》第116条规定，犯罪嫌疑人被送交看守所羁押以后，侦查人员对其进行讯问，应当在看守所内进行。此规定的目的是遏制刑讯逼供的发生。

二是对于不需要羁押的犯罪嫌疑人进行讯问，也就是对于不需要拘留、逮捕的犯罪嫌疑人，经办案部门负责人批准，可以传唤到犯罪嫌疑人所在市、县内的指定地点或者到他的住处进行讯问。不得异地传唤、拘传。但是应当出示人民检察院或者公安机关的证明文件。

三是对在现场发现的犯罪嫌疑人，经出示工作证件，可以口头传唤，但应当在讯问笔录中注明。

3. 讯问的时间规定

传唤、拘传持续的时间不得超过12小时；案情特别重大、复杂，需要采取拘留、逮捕措施的，传唤、拘传持续的时间不得超过24小时。

对于拘留或逮捕后的犯罪嫌疑人，应当在拘留或逮捕后的24小时内进行第一次讯问，及时收集证据，澄清事实。发现不应当拘留或者逮捕的，应当经县级以上公安机关负责人批准，制作释放通知书，看守所凭释放通知书发给被拘留人、被逮捕人释放证明书，将其立即释放。发现不应当逮捕的，还要将释放通知书送原批准逮捕的人民检察院。

传唤期限届满，未作出采取其他强制措施决定的，应当立即结束传唤。传唤、拘传、讯问犯罪嫌疑人，应当保证犯罪嫌疑人的饮食和必要的休息时间，并记录在案。

4. 讯问过程的规定

(1)第一次讯问的要求。第一次讯问，应当问明犯罪嫌疑人的姓名、别名、曾用名、出生年月日、户籍所在地、现住地、籍贯、出生地、民族、职业、文化程度、家庭情况、社会经历、是否属于人大代表或政协委员、是否受过刑事处罚或者行政处理等情况。

(2)权利告知。讯问犯罪嫌疑人时，应当告知其对侦查人员的提问应当如实回答，与本案无关的情况有拒绝回答的权利。严禁刑讯逼供或者使用威胁、引诱、欺骗以及其他非法的方法获取供述。

(3)讯问的具体方式。侦查人员讯问犯罪嫌疑人时，应当首先讯问犯罪嫌疑人是否有犯罪行为，并告知犯罪嫌疑人如实供述自己罪行可以从轻或者减轻处罚的法律规定，让他陈述有罪的情节或者无罪的辩解，然后向他提出问题。

犯罪嫌疑人请求自行书写供述的，应当准许；必要时，侦查人员也可以要求犯罪嫌疑人亲笔书写供词。犯罪嫌疑人应当在亲笔供词上逐页签名、捺指印。侦查人员收到后，应当在首页右上方写明“于某年某月某日收到”，并签名。

(4)讯问聋、哑的犯罪嫌疑人的特殊要求。讯问聋、哑的犯罪嫌疑人，应当有通晓聋、哑手势的人参加，并在讯问笔录上注明犯罪嫌疑人的聋、哑情况，以及翻译人员的姓名、工作单位和职业。讯问不通晓当地语言文字的犯罪嫌疑人，应当配备翻译人员。

(5)对犯罪嫌疑人供述与辩解的核实与保存。侦查人员在讯问中对犯罪嫌疑人供述的犯罪事实、无罪或者罪轻的事实、申辩和反证，以及犯罪嫌疑人提供的证明自己无罪、罪轻的证据，公安机关应当认真核查；对有关证据，无论是否采信，都应当如实记录、妥善保管,并连同核查情况附卷。

(6)讯问笔录的制作。侦查人员应当将问话和犯罪嫌疑人的供述或者辩解如实地记录清楚。制作讯问笔录应当使用能够长期保持字迹的材料。讯问笔录应当交犯罪嫌疑人核对或者向他宣读。如果记录有遗漏或者差错,应当允许犯罪嫌疑人补充或者更正,并捺指印。笔录经犯罪嫌疑人核对无误后,应当由其在笔录上逐页签名、捺指印,并在末页写明"以上笔录我看过(或向我宣读过),和我说的相符"。拒绝签名、捺指印的,侦查人员应当在笔录上注明。讯问笔录上所列项目,应当按照规定填写齐全。侦查人员、翻译人员应当在讯问笔录上签名。

(7)讯问时录音、录像的规定。讯问犯罪嫌疑人,在文字记录的同时,可以对讯问过程进行录音或者录像。对于可能判处无期徒刑、死刑的案件或者其他重大犯罪案件,应当对讯问过程进行录音或者录像。这里的"可能判处无期徒刑、死刑的案件",是指应当适用的法定刑或者量刑档次包含无期徒刑、死刑的案件。"其他重大犯罪案件",是指致人重伤、死亡,严重危害公共安全犯罪、严重侵犯公民人身权利犯罪,以及黑社会性质组织犯罪、严重毒品犯罪等重大故意犯罪案件。对讯问过程录音或者录像的,应当对每一次讯问全程不间断进行,保持完整性。不得选择性地录制,不得剪接、删改。

二、询问证人、被害人

(一)询问证人、被害人的概念

询问证人、被害人,是指侦查人员依照法定程序对证人或者被害人就案件情况以查问的方式进行调查的一种侦查活动。"询问"与"讯问"虽然都是以查问的方式就案件情况所作的调查活动,但二者针对的对象、查问的方式有明显的区别:"讯问"针对的是犯罪嫌疑人、被告人。其基本含义是审查、追问,讯问时侦查人员态度一般比较严厉;"询问"则是以平等的口吻、平和的态度向证人或被害人进行调查访问,所以侦查人员在询问证人、被害人时一定要注意方式、方法和态度,禁止暴力取证。

证人是除当事人外,亲自感知案件情况的知情者,他(她)的陈述很多是直接证据,不仅可以为破案提供重要线索,往往也是最终定案的依据。被害人作为当事人,最了解犯罪的危害后果。与犯罪人有过人身接触或近距离接触的被害人,往往可以提供直接证据,对破案和定案至关重要。所以询问证人、被害人是收集证据、发现犯罪事实的重要侦查手段。

(二)询问证人、被害人的程序

根据我国《刑事诉讼法》《公安机关刑事案件程序规定》的规定,询问证人、被害人应当遵守以下程序和要求。

1. 询问的人员和地点

询问证人、被害人是一项侦查活动，只能由侦查机关的侦查人员进行。询问前，侦查人员应当向证人、被害人出示侦查机关的证明文件或者侦查人员的工作证件。询问时，侦查人员不得少于2人。

询问证人、被害人，可以在现场进行，也可以到证人、被害人所在单位、住处或者证人、被害人提出的地点进行。在必要的时候，可以通知证人、被害人到公安机关提供证言。在现场询问证人、被害人，侦查人员应当出示工作证件。到证人、被害人所在单位、住处或者证人、被害人提出的地点询问证人、被害人，应当经办案部门负责人批准，制作询问通知书。询问前，侦查人员应当出示询问通知书和工作证件。

询问证人、被害人应当个别进行。

2. 询问的过程

侦查人员在询问证人、被害人之前，应当了解证人、被害人的身份，以及证人、被害人与犯罪嫌疑人之间的关系。询问时，应首先告知证人、被害人必须如实提供证据、证言，如果有意作伪证或者隐匿罪证应负相应的法律责任。严禁使用威胁、引诱或者其他非法行为去询问证人、被害人，同时不得向证人、被害人泄露案情。一案有多个证人或被害人的，询问时应当个别进行，不能把证人集中起来开座谈会，以免互相影响，使证言失真。

3. 询问终结

询问笔录应当交证人、被害人核对或者向他们宣读。如果记录有遗漏或者差错，应当允许证人、被害人补充或者更正，并捺指印。笔录经证人、被害人核对无误后，应当由其在笔录上逐页签名、捺指印，并在末页写明“以上笔录我看过(或向我宣读过)，和我说的相符”。拒绝签名、捺指印的，侦查人员应当在笔录上注明。

询问笔录上所列项目，应当按照规定填写齐全。侦查人员、翻译人员应当在询问笔录上签名。证人、被害人请求自行书写供述的，应当准许；必要时，侦查人员也可以要求证人、被害人亲笔书写供词。证人、被害人应当在亲笔供词上逐页签名、捺指印。侦查人员收到后，应当在首页右上方写明“于某年某月某日收到”，并签名。但书面证言不能代替口头询问，且以言词方式进行的询问应当在其书写证言之前完成。

三、勘验、检查

(一)勘验、检查的概念

勘验、检查，是指侦查人员对与犯罪有关的场所、物品、人身、尸体等进行勘查、检验或者检查，以发现和收集犯罪活动所遗留物品和各种痕迹的侦查活动。勘验、检查是性质相同、对象不同的两项侦查措施。勘验，是指侦查人员对与犯罪有关的场所、物品、尸体等进行勘查和检验，以发现和收集各种犯罪痕迹和其他物证的侦查行为。包括现场勘查、物证检验、尸体检验、侦查实验等。检查，是指侦查人员为确定犯罪嫌疑人或被害人的某些生理特征及伤害情况，对他们的人身进行检验查证的侦查行为。

勘验、检查是取得原始证据的重要途径。勘验、检查的任务是发现和收集犯罪的痕迹和其他物证，分析研究罪犯作案的情况，判断罪犯的作案动机和手段，从而确定侦查的方向和范围，揭露和证实犯罪。

勘验、检查只能由侦查人员进行，必要时可以指派或邀请具有专门知识的人，在侦查人员的主持下进行。侦查人员必须持有公安机关的证明文件，并应当邀请与案件无利害关系的公民作见证人。

勘验、检查必须及时、细致、客观。如果不及时，就会使一些物证尤其是痕迹消失、现场变化、物品变质，给侦查带来困难；如果不细心，就会遗漏重要的证据。所以，收集和保全证据应当全面、客观，对有罪无罪、罪轻罪重的证据都应收集，不能有片面性，更不能任意取舍，弄虚作假。

（二）勘验、检查的种类和程序

根据《刑事诉讼法》的规定，勘验、检查包括现场勘查、物品检验、尸体检验、人身检查、侦查实验、复验、复查。

1. 现场勘查

现场勘查，是侦查人员利用科学技术手段，对与犯罪有关的场所、物品、人身、尸体等进行勘验、检查的一种侦查活动。现场勘查的任务是，发现、固定、提取与犯罪有关的痕迹、物证及其他信息，存储现场信息资料，判断案件性质，分析犯罪过程，确定侦查方向和范围，为侦查破案、刑事诉讼提供线索和证据。

(1)犯罪现场保护。犯罪现场，是指犯罪分子实施犯罪的地点或其他遗留了与犯罪有关的痕迹和物品的场所，是罪证比较集中的地方。根据我国《刑事诉讼法》第127条规定，任何单位和个人，都有义务保护犯罪现场，并且立即通知公安机关派员勘验。发案地派出所、巡警等部门应当妥善保护犯罪现场和证据，控制犯罪嫌疑人，并立即报告公安机关主管部门。

(2)现场勘查的指挥和执行人员。现场勘查由县级以上公安机关侦查部门组织实施。县级公安机关负责辖区内全部刑事案件的现场勘查。对于案情重大、现场复杂的案件，上级公安机关认为有必要时，可以直接组织领导现场勘查。在必要的时候，可以指派或者聘请具有专门知识的人，在侦查人员的主持下进行勘查。执行勘查的侦查人员接到通知后，应当立即赶赴现场；勘查现场，应当持有刑事犯罪现场勘查证。

(3)现场勘查的具体步骤、要求。现场勘查人员到达现场后,应当了解案件发生、发现和现场保护情况。现场勘查按照以下工作步骤进行:第一步,巡视现场,划定勘查范围;第二步,按照"先静后动,先下后上;先重点后一般,先固定后提取"的原则,根据现场实际情况确定勘查流程;第三步,初步勘查现场,固定和记录现场原始状况;第四步,详细勘查现场,发现、固定、记录和提取痕迹、物证;第五步,记录现场勘查情况。

针对与电子数据有关的犯罪现场,应当按照有关规范处置相关设备,保护电子数据和其他痕迹、物证。必要时,可以指派或聘请专业技术人员复制有关电子数据。在煽动性案件现场时,对涉及反动内容的标语、传单、大小字报等,应当采用适当方法加以遮挡,在取证结束后及时清理现场,防止扩散,造成不良影响。

(4)现场勘查笔录的制作。现场勘查结束后,应当及时制作现场勘查工作记录。现场勘查工作记录包括现场勘查笔录、现场图、现场照片、现场录像和现场录音。现场勘查笔录应当客观、全面、详细、准确、规范,能够作为核查现场或者恢复现场原状的依据,符合法定的证据要求。由参加勘查的人和见证人签名。对重大案件的现场,应当录像。

2. 物品检验

物品检验是指侦查人员对已经收集到的物品、痕迹,在侦查过程中进行的检查验证,以便发现物品、痕迹的特征,确定该物品与案件事实的关系。物证检验通常会涉及许多专业技术问题,应指派或聘请专业技术人员进行。检验物证应当作检验笔录。

3. 尸体检验

尸体检验是指通过尸表检验和尸体解剖,确定或判断死亡的时间、原因,以及致死的手段、工具、方法等,为查明案情提供证据,为侦破案件提供线索。《刑事诉讼法》第129条规定:"对于死因不明的尸体,公安机关有权决定解剖,并且通知死者家属到场。"尸体检验应及时进行,防止尸体上的痕迹因尸体变化和腐烂而消失。检验还应在侦查人员的主持下由法医或医师进行。检验过程中应遵守国家的法律和有关规定,尊重群众的风俗习惯,不允许任意破坏尸体外貌的完整性。

为了确定死因,经县级以上公安机关负责人批准,可以解剖尸体,并且通知死者家属到场,让其在解剖尸体通知书上签名。死者家属无正当理由拒不到场或者拒绝签名的,侦查人员应当在解剖尸体通知书上注明。对身份不明的尸体,无法通知死者家属的,应当在笔录中注明。对已查明死因,没有继续保存必要的尸体,应当通知家属领回处理,对于无法通知或者通知后家属拒绝领回的,经县级以上公安机关负责人批准,可以及时处理。检验尸体应制作笔录,由侦查人员和法医或医师共同签名或盖章。

4. 人身检查

人身检查,是指为了确定犯罪嫌疑人、被害人的某些特征、伤害情况或者生理状态,依法对犯罪嫌疑人或被害人的身体进行的检查。为了确定被害人、犯罪嫌疑人的某些特征、伤害情况或者生理状态,可以对其人身进行检查,提取指纹信息,采集血液、尿液等生物样本。被害人死亡的,应当通过被害人近亲属辨认、提取生物样本鉴定等方式确定被害人身份。人身检查应当注意以下问题。

(1)强制采样。根据我国《刑事诉讼法》第 130 条第 2 款规定,犯罪嫌疑人如果拒绝检查,侦查人员认为必要的时候,可以强制检查。因此,侦查过程中,犯罪嫌疑人如果拒绝检查、提取、采集的,侦查人员认为必要的时候,经办案部门负责人批准,可以强制检查、提取、采集。在此,需要注意的是,强制采样的对象仅限于犯罪嫌疑人。立法并未穷尽采集的生物样本的种类,而是采取了“等生物样本”式的不完全列举方式。

(2)人身检查是对活人进行的一项特殊检查,除紧急情况外,必须经由县级以上公安机关负责人批准。特别是根据我国《刑事诉讼法》第 130 条第 3 款规定,检查妇女的身体,应当由女工作人员或者医师进行。

(3)人身检查应制作笔录,详细记载检查的情况和结果,由参加检查的侦查人员、检查人员和见证人签名或者盖章。

刑事诉讼中的检查与行政活动中的检查是截然不同的两种行为。刑事诉讼中的检查是一种侦查手段,检查对象仅指犯罪嫌疑人、被害人的身体,目的是确定被检查人的身体特征、生理状况或者伤害情况;而行政活动中的检查是一种维护社会治安的行政行为,其对象是可能违反各种行政法规的人及其随身携带的物品,以及可能隐匿违法物品的场所等,目的是发现违法的各类物证。行政活动中的检查与刑事诉讼中的搜查有一些共同之处。

5. 侦查实验

侦查实验,是指侦查过程中为证实某一事实或者某种现象是否可能发生,而仿照原有的环境和条件进行模拟演习的侦查活动。其目的在于验证在某种情况下,某种事实或现象能否发生。它通常解决以下问题:(1)确定在一定条件下能否听到某种声音或者看到某种现象;(2)确定在一定时间内能否完成某一行为;(3)确定在什么条件下能够发生某种现象;(4)确定在某种条件下某种行为和某种痕迹是否吻合一致;(5)确定在某种条件下使用某种工具可能或者不可能留下某种痕迹;(6)确定某种痕迹在什么条件下会发生变异;(7)确定某种事件是怎样发生的。

侦查实验必须经县级以上公安机关负责人批准，在紧急情况下，现场勘查指挥人员或者主管负责人也可以决定。

现场实验应当符合以下要求：(1)现场实验一般在发案地点进行，燃烧、爆炸等危险性实验，应当在其他地点进行；(2)现场实验的时间、环境条件应与发案时间、环境条件基本相同；(3)现场实验使用的工具、材料应当与发案现场一致或者基本一致；必要时，可以使用不同类型的工具或者材料进行对照实验；(4)如条件许可，类同的现场实验应当进行二次以上；(5)评估实验结果应当考虑到客观环境、条件变化对实验的影响和可能出现的误差；(6)现场实验必须遵守法律规定，尊重民族风俗习惯，禁止一切可能造成危险、有伤风化、侮辱人格的行为。

对现场实验的过程和结果，应当制作现场实验笔录，参加现场实验的人员应当在现场实验笔录上签名或者盖章。进行现场实验，可以照相、录像、录音。

6. 复验、复查

复验、复查，是指人民检察院在审查案件时，对公安机关的勘验、检查，认为可能有错误，从而进行的再次勘验、检查。复验、复查的目的，是要保证勘验、检查的质量，防止和纠正可能出现的错误。这是人民检察院对公安机关侦查工作的一种监督，有利于提高侦查人员的责任心。公安机关进行勘验、检查后，人民检察院要求复验、复查的，公安机关应当进行复验、复查，并可以通知人民检察院派员参加。复验、复查的规则和要求与勘验、检查相同。

复验、复查可以由公安机关组织进行，人民检察院派员参加，如果条件允许，人民检察院也可以自行复验、复查。

四、搜查

(一)搜查的概念

搜查，是指侦查人员对犯罪嫌疑人以及可能隐藏罪犯或者犯罪证据的人的身体、物品、住所和其他有关的地方进行搜索、检查的侦查行为。其目的是收集犯罪证据，查获犯罪嫌疑人。《刑事诉讼法》第134、135条规定，为了收集犯罪证据、查获犯罪人，侦查人员可以对犯罪嫌疑人以及可能隐藏罪犯或者犯罪证据的人的身体、物品、住处和其他有关的地方进行搜查。任何单位和个人，有义务按照人民检察院和公安机关的要求，交出可以证明犯罪嫌疑人有罪或者无罪的物证、书证、视听资料等证据。

搜查与检查不同，人身检查是为了确定犯罪嫌疑人或者被害人的身体特征、生理状态和伤害情况，而且对于犯罪嫌疑人、被害人以外的其他人均不得强制检查；而搜查则是为了搜寻罪证和查获犯罪嫌疑人，对一切拒绝合法搜查的人都可以依法强制搜查。在搜查过程中，如果侦查人员认为有关人员的身上可能隐藏有犯罪证据的，也可以对其进行人身搜查，这种人身搜查与人身检查最大的区别是：人身搜查是针对被搜查人的衣物，目的是发现其随身隐藏的物证；而人身检查则是针对被检查人的身体，以期发现其与案件有关的某些特征、生理状况及伤害情况。

（二）搜查的程序

（1）搜查只能由侦查人员进行，其他任何单位、组织和个人均无权进行搜查，否则将依法追究其非法搜查的责任。

（2）搜查应向被搜查人出示搜查证，搜查人员不得少于2人。搜查应该有被搜查人或者他的家属、邻居或者其他见证人在场。公安机关可以要求有关单位和个人交出可以证明犯罪嫌疑人有罪或者无罪的物证、书证、视听资料等证据。遇到阻碍搜查的，侦查人员可以强制搜查。

搜查妇女的身体，应由女工作人员进行。

（3）搜查必须由县级以上公安机关负责人或者人民检察院负责人签发搜查证。执行逮捕、拘留时，有下列紧急情况之一时，不用搜查证也可以进行搜查。

①可能随身携带凶器的；②可能隐藏爆炸、剧毒等危险物品的；③可能隐匿、毁弃、转移犯罪证据的；④可能隐匿其他犯罪嫌疑人的；⑤其他突然发生的紧急情况。

（4）搜查一般在白天进行，但遇到紧急情况或对特殊场所进行搜查时除外。所谓“紧急情况”，即犯罪嫌疑人正在实施犯罪或者犯罪后即逃离现场，以及如不立即搜查会丧失证据，使犯罪分子脱逃的其他情形。所谓“特殊场所”，即侦查人员已监视的处所、秘密赌博或推定是卖淫嫖娼的处所，以及侦查人员认为藏有犯罪嫌疑人或罪证的车船、歌舞厅、旅馆等场所。

（5）搜查时不应损坏被搜查人的财物，除罪证和违禁品外，不得提取与案件明显无关的物品。搜查到的与案件有关的物品，应当让见证人过目。

（6）搜查的情况应写成搜查笔录由侦查人员、被搜查人或其家属、邻居或其他见证人签名或盖章。如果被搜查人或其家属不在现场或拒绝签名，应当在笔录上注明。

除此以外，我们认为，无论是对嫌疑人的搜查还是对嫌疑场所的搜查，都应当在一定的证据基础上适用，最起码也应符合拘留或者逮捕的证据条件，否则就会任意扩大这种对当事人人身和财产具有巨大威胁的强制性侦查手段的适用范围和比例。同时，对于搜查措施的决定，除拘留或者逮捕时同时进行搜查以外，其他情形应由检察机关审批，以减少公安机关自行决定的随意性。

五、查封、扣押、调取

（一）查封、扣押物证、书证

1. 查封、扣押物证、书证的概念

查封、扣押物证、书证，是侦查机关对与案件有关的物证、书证依法强行封存、扣留和提存的一种侦查活动。查封的对象往往是不动产,而扣押的对象往往是动产。根据我国《刑事诉讼法》第 139 条规定:“在侦查活动中发现的可用以证明犯罪嫌疑人有罪或者无罪的各种财物、文件,应当查封、扣押;与案件无关的财物、文件,不得查封、扣押。”其目的是为了提取和保全诉讼证据。

2. 查封、扣押物证、书证的程序

(1)决定主体。针对公安机关查封、扣押物证、书证的决定主体须根据以下情况确定:通常情况下,应当经办案部门负责人批准,制作扣押决定书;在现场勘查或者搜查中需要扣押财物、文件的,由现场指挥人员决定;但扣押财物、文件价值较高或者可能严重影响正常生产经营的,应当经县级以上公安机关负责人批准,制作扣押决定书。在侦查过程中需要查封土地、房屋等不动产,或者船舶、航空器以及其他不宜移动的大型机器、设备等特定动产的,应当经县级以上公安机关负责人批准并制作查封决定书。人民检察院在侦查中查封、扣押财物和文件的,应当经检察长批准。

查封、扣押物证、书证,只能由侦查人员进行,执行的侦查人员不得少于 2 人,并应持有侦查机关的查封、扣押决定书。

(2)扣押物品的范围。扣押物品的范围应当严格控制,只有可能用以证明犯罪嫌疑人有罪或者无罪的各种物品和文件才能予以扣押。在侦查活动中发现的可用以证明犯罪嫌疑人有罪或者无罪的各种财物、文件,应当查封、扣押;但与案件无关的财物、文件,不得查封、扣押。

(3)强行扣押。持有人拒绝交出应当查封、扣押的财物、文件的,公安机关可以强制查封、扣押。

(4)依法办理查封、扣押物证、书证的手续。对查封、扣押的财物和文件,应当会同在场见证人和被查封、扣押财物、文件的持有人查点清楚,当场开列查封、扣押清单一式三份,写明财物或者文件的名称、编号、数量、特征及其来源等,由侦查人员、持有人和见证人签名,一份交给持有人,一份交给公安机关保管人员,一份附卷备查。对于无法确定持有人的财物、文件或者持有人拒绝签名的,侦查人员应当在清单中注明。依法扣押文物、金银、珠宝、名贵字画等贵重财物的,应当拍照或者录像,并及时鉴定、估价。

(5)查封、扣押物证、书证后的处理。

首先,作为犯罪证据但不便提取的物证、书证的处理。对作为犯罪证据但不便提取的财物、文件,经登记、拍照或者录像、估价后,可以交财物、文件持有人保管或者封存,并且开具登记保存清单一式两份,由侦查人员、持有人和见证人签名,一份交给财物、文件持有人,另一份连同照片或者录像资料附卷备查。财物、文件持有人应当妥善保管,不得转移、变卖、毁损。

其次,对与案件无关材料的处理。对查封、扣押的财物、文件、邮件、电子邮件、电报,经查明确实与案件无关的,应当在3日以内解除查封、扣押,退还原主或者原邮电部门、网络服务单位;原主不明确的,应当采取公告方式告知原主认领。在通知原主或者公告后6个月以内,无人认领的,按照无主财物处理,登记后上缴国库。

再次,对被害人财产及孳息的处理。对被害人的合法财产及其孳息权属明确无争议,并且涉嫌犯罪事实已经查证属实的,应当在登记、拍照或者录像、估价后及时返还,并在案卷中注明返还的理由,将原物照片、清单和被害人的领取手续存卷备查。查找不到被害人,或者通知被害人后,无人领取的,应当将有关财产及其孳息随案移送。对查封、扣押的财物及其孳息、文件,公安机关应当妥善保管,以供核查。任何单位和个人不得使用、调换、损毁或者自行处理。

最后,对容易腐烂变质及其他不易保管的财物及违禁品的处理。对容易腐烂变质及其他不易保管的财物,可以根据具体情况,经县级以上公安机关负责人批准,在拍照或者录像后委托有关部门变卖、拍卖,变卖、拍卖的价款暂予保存,待诉讼终结后一并处理。对违禁品,应当依照国家有关规定处理;对于需要作为证据使用的,应当在诉讼终结后处理。

(二)查封、扣押视听资料、电子数据

1. 查封、扣押视听资料、电子数据的概念

查封、扣押视听资料、电子数据,是侦查机关对与案件有关的视听资料、电子数据依法封存、扣留和提存的一种侦查活动。

2. 查封、扣押视听资料、电子数据的程序

查封、扣押视听资料、电子数据的决定和执行主体与查封、扣押物证、书证相同,在此不再赘述。根据视听资料、电子数据的特点,查封扣押时依法应当作如下处理。

(1)扣押犯罪嫌疑人的邮件、电报或者电子邮件,应当经侦查机关负责人批准,通知邮电部门或者网络服务单位将有关的邮件、电报或者电子邮件检交扣押。不需要继续扣押的时候,应当立即通知邮电部门或者网络服务单位。

(2)对于可以作为证据使用的录音、录像带、电子数据存储介质,应当记明案由、对象、内容,录取、复制的时间、地点、规格、类别、应用长度、文件格式及长度等,妥为保管,并制作清单,随案移送。

(3)查封单位的涉密电子设备、文件等物品,应当在拍照或者录像后当场密封,由侦查人员、见证人、单位有关负责人签名或者盖章。启封时应当有见证人、单位有关负责人在场并签名或者盖章。

对于有关人员拒绝签名或者盖章的，侦查机关应当在相关文书上注明。

(4)对于查封、扣押在侦查机关的物品、文件、邮件、电报，应当妥善保管，不得使用、调换、损毁或者自行处理。经查明确实与案件无关的，应当在3日以内作出解除或者退还决定，并通知有关单位、当事人办理相关手续。

(三)调取物证、书证、视听资料和电子数据

1. 调取物证、书证、视听资料和电子数据的概念

调取物证、书证、视听资料和电子数据，是指在刑事侦查过程中，公安机关、检察机关为了查明案件情况，在发现某单位或者个人持有与案件有关的物证、书证、视听资料、电子数据以后，依照法定程序，要求单位或者个人向侦查机关提供相应的物证、书证、视听资料和电子数据的活动过程。

2. 调取物证、书证、视听资料和电子数据的程序

(1)侦查人员凭侦查机关的证明文件，向有关单位和个人调取能够证明犯罪嫌疑人有罪或者无罪以及犯罪情节轻重的证据材料，并且可以根据需要拍照、录像、复印和复制。

(2)需要向本辖区以外的有关单位和个人调取物证、书证等证据材料的，办案人员应当携带工作证、侦查机关的证明文件和有关法律文书，与当地侦查机关联系，当地侦查机关应当予以协助。必要时，可以向证据所在地的侦查机关发函调取证据。调取证据的函件应当注明取证对象的具体内容和确切地址。协助的侦查机关应当在收到函件后1个月内将调查结果送达请求的侦查机关。

(3)调取物证应当调取原物。原物不便搬运、保存，或者依法应当返还被害人，或者因保密工作需要不能调取原物的，可以将原物封存，并拍照、录像。对原物拍照或者录像应当足以反映原物的外形、内容。

(4)调取书证、视听资料应当调取原件。取得原件确有困难或者因保密需要不能调取原件的，可以调取副本或者复制件。调取书证、视听资料的副本、复制件和物证的照片、录像的，应当书面记明不能调取原件、原物的原因，制作过程和原件、原物存放地点，并由制作人员和原书证、视听资料、物证持有人签名或者盖章。

六、查询、冻结

(一)查询、冻结的概念

查询、冻结，是指侦查机关根据侦查犯罪的需要，依法查询、冻结犯罪嫌疑人的存款、汇款、债券、股票、基金份额等财产，并要求有关单位和个人配合的活动。

(二)查询、冻结的程序

1. 批准与执行

向金融机构等单位查询犯罪嫌疑人的存款、汇款、债券、股票、基金份额等财

产，应当经县级以上侦查机关负责人批准，制作协助查询财产、协助冻结财产通知书，通知金融机构等单位执行。犯罪嫌疑人的存款、汇款、债券、股票、基金份额等财产已被冻结的，不得重复冻结，但可以轮候冻结。

不需要继续冻结犯罪嫌疑人存款、汇款、债券、股票、基金份额等财产时，应当经县级以上公安机关负责人批准，制作协助解除冻结财产通知书，通知金融机构等单位执行。

2. 冻结期限

冻结存款、汇款等财产的期限为6个月。冻结债券、股票、基金份额等证券的期限为2年。有特殊原因需要延长期限的，公安机关应当在冻结期限届满前办理继续冻结手续。每次续冻存款、汇款等财产的期限最长不得超过6个月；每次续冻债券、股票、基金份额等证券的期限最长不得超过2年。继续冻结的，应当依法重新办理冻结手续。逾期不办理继续冻结手续的，视为自动解除冻结。

3. 对冻结的债券、股票、基金份额等财产的处理

（1）与案件有关的财产的处理。对冻结的债券、股票、基金份额等财产，应当告知当事人或者其法定代理人、委托代理人有权申请出售。

权利人书面申请出售被冻结的债券、股票、基金份额等财产，不损害国家利益、被害人利益，不影响诉讼正常进行的，以及冻结的汇票、本票、支票的有效期即将届满的，经县级以上侦查机关负责人批准，可以依法出售或者变现，所得价款应当继续冻结在其对应的银行账户中；没有对应的银行账户的，所得价款由侦查机关指定专门的银行账户保管，并及时告知当事人或者其近亲属。

（2）与案件无关的财产的处理。对冻结的存款、汇款、债券、股票、基金份额等财产，经查明确实与案件无关的，应当在3日以内通知金融机构等单位解除冻结，并通知被冻结存款、汇款、债券、股票、基金份额等财产的所有人。

（3）决定撤销案件或者对犯罪嫌疑人终止侦查时财产的处理。对查封、扣押的财物及其孳息、文件，或者冻结的财产，除按照法律和有关规定另行处理的以外，应当解除查封、扣押、冻结。

七、鉴定

（一）鉴定的概念

我国刑事诉讼中的鉴定，是指公安司法机关指派或者聘请有鉴定资格的人，对案件中的某些专门性问题进行分析判断、鉴别后作出意见的一种侦查活动。因为我国侦查构造的特点，案件中需要鉴定的专门性问题，绝大多数都在侦查阶段进行鉴别，在审查起诉和审判阶段，仅仅是针对有争议的问题进行重新鉴定。因此，鉴定也是一项重要的侦查手段。

鉴定的范围很广泛,包括刑事技术鉴定、人身伤害的医学鉴定、精神病的医学鉴定、扣押物品的价格鉴定、文物鉴定、珍稀动植物及其制品的鉴定、违禁品和危险品鉴定、电子数据鉴定等等。

(二)鉴定人资格

鉴定人应当是具有鉴定资格的自然人。为保证鉴定意见的客观性、准确性,鉴定人应当具备以下条件:(1)必须有鉴定人资格。具体包括两类:一是在侦查机关设立的鉴定机构中从事司法鉴定业务的人员;二是在司法行政机关核准登记的司法鉴定机构从事司法鉴定的人员。(2)由侦查机关指派或者聘请。(3)与案件无利害关系。如果具有《刑事诉讼法》第 28、29 条规定的应当回避的情形的,不能担任鉴定人。

(三)鉴定的程序

(1)需要聘请有专门知识的人进行鉴定,应当经县级以上公安机关负责人批准后,制作鉴定聘请书。指派本单位鉴定人员不需要制作聘请书。

(2)公安机关应当为鉴定人进行鉴定提供必要的条件,及时向鉴定人送交有关检材和对比样本等原始材料,介绍与鉴定有关的情况,并且明确提出要求鉴定解决的问题。禁止暗示或者强迫鉴定人作出某种鉴定意见。侦查人员应当作好检材的保管和送检工作,并注明检材送检环节的责任人,确保检材在流转环节中的同一性和不被污染。

(3)鉴定人应当按照鉴定规则,运用科学方法独立进行鉴定。鉴定后,应当出具鉴定意见,并在鉴定意见书上签名,同时附上鉴定机构和鉴定人的资质证明或者其他证明文件。

多人参加鉴定,鉴定人有不同意见的,应当注明。

(4)对鉴定意见,侦查人员应当进行审查。对经审查作为证据使用的鉴定意见,公安机关应当及时告知犯罪嫌疑人、被害人或者其法定代理人。犯罪嫌疑人、被害人对鉴定意见有异议,可以提出补充鉴定或者重新鉴定的意见。办案部门或者侦查人员对鉴定意见有异议的,可以将鉴定意见送交其他有专门知识的人员提出意见。必要时,可以询问鉴定人并制作笔录附卷。

(5)重新鉴定。经审查,发现有下列情形之一的,经县级以上公安机关负责人批准,应当重新鉴定:①鉴定程序违法或者违反相关专业技术要求的;②鉴定机构、鉴定人不具备鉴定资质和条件的;③鉴定人故意作虚假鉴定或者违反回避规定的;④鉴定意见依据明显不足的;⑤检材虚假或者被损坏的;⑥其他应当重新鉴定的情形。

重新鉴定,应当另行指派或者聘请鉴定人。经审查,不符合上述情形的,经县级以上公安机关负责人批准,作出不准予重新鉴定的决定,并在作出决定后3日以内书面通知申请人。

(6)补充鉴定。经审查,发现有下列情形之一的,经县级以上公安机关负责人批准,应当补充鉴定:①鉴定内容有明显遗漏的;②发现新的有鉴定意义的证物的;③对鉴定证物有新的鉴定要求的;④鉴定意见不完整,委托事项无法确定的;⑤其他需要补充鉴定的情形。

经审查,不符合上述情形的,经县级以上公安机关负责人批准,作出不准予补充鉴定的决定,并在作出决定后3日以内书面通知申请人。

(7)鉴定人出庭作证。公诉人、当事人或者辩护人、诉讼代理人对鉴定意见有异议,经人民法院依法通知的,公安机关鉴定人应当出庭作证。鉴定人故意作虚假鉴定的,应当依法追究其法律责任。

(8)对犯罪嫌疑人作精神病鉴定的时间不计入办案期限,其他鉴定时间都应当计入办案期限。对于因鉴定时间较长、办案期限届满仍不能终结的案件,自期限届满之日起,应当依法释放被羁押的犯罪嫌疑人或者变更强制措施。

八、辨认

(一)辨认的概念

辨认,是指侦查机关为了查清犯罪事实,组织被害人、证人或者犯罪嫌疑人对与犯罪有关的物品、文件、尸体、场所或者犯罪嫌疑人进行辨认的一项侦查活动。在侦查过程中,辨认被经常运用,其目的在于审查那些同犯罪有关的人员、物品或场所与犯罪案件存在的某种内在联系。正确地运用辨认措施,对于确定和缩小侦查范围,发现犯罪线索,澄清嫌疑人或认定犯罪分子有重要的意义。特别是那些受害人与犯罪分子有过正面接触的案件,运用这项措施可以直接查获犯罪分子。在无名尸体案件中使用这一措施,可以弄清死者的身份,从而明确侦查工作的方向和范围。

(二)辨认的程序

(1)组织辨认应当由侦查人员主持进行,主持辨认的侦查人员不得少于2人。辨认前侦查人员要充分了解辨认人的精神是否正常,生理功能是否良好,对案情了解的程度等情况,还应注意辨认时与发案时自然条件是否一致,被辨认对象是否有明显的特征、标记以及其案发前后的误差和伪装等情况。组织辨认以前,应当向辨认人详细询问辨认对象的具体特征,避免辨认人见到辨认对象,并应当告知辨认人有意作虚假辨认应负的法律责任。

(2)辨认时,应当将辨认对象混杂在特征相类似的其他对象中,不得给辨认人任何暗示。辨认犯罪嫌疑人时,被辨认的人数不得少于7人;对犯罪嫌疑人照片进行辨认的，不得少于10人的照片；辨认物品时，混杂的同类物品不得少于5件。对场所、尸体等特定辨认对象进行辨认，或者辨认人能够准确描述物品独有特征的，陪衬物不受数量的限制。

(3)几名辨认人对同一被辨认对象进行辨认时，应当由每名辨认人单独进行。必要的时候，可以有见证人在场。严禁搞集体辨认，以免互相影响，使辨认失去客观性。

(4)对犯罪嫌疑人的辨认，辨认人不愿意公开进行时，可以在不暴露辨认人的情况下进行，侦查人员应当为其保密。

(5)对辨认经过和结果，应当制作辨认笔录，由侦查人员、辨认人、见证人签名。必要时，应当对辨认过程进行录音或者录像。

九、通缉

(一)通缉的概念

通缉，是公安机关对应当逮捕而又在逃的犯罪嫌疑人，通令缉拿归案的一种侦查措施。它是公安机关以发布通缉令的方式，动员毗邻地区或其他地区的公安机关及广大群众，协助追捕在逃的犯罪嫌疑人和越狱罪犯的一种手段。它充分体现了公安机关之间以及与广大群众的通力合作，对防止罪犯继续犯罪，及早抓获犯罪嫌疑人或者罪犯，保证侦查、审判工作的顺利进行，具有重要的意义。

(二)通缉的对象

根据《刑事诉讼法》第153条第1款规定，应当逮捕的犯罪嫌疑人如果在逃，公安机关可以发布通缉令，采取有效措施，追捕归案。根据《公安机关办理刑事案件程序规定》规定：通缉越狱逃跑的犯罪嫌疑人、被告人或者罪犯也适用通缉的规定。

(三)通缉的程序

(1)有权发布通缉令的机关只能是县级以上公安机关。县级以上公安机关在自己管辖的地区内，可以直接发布通缉令；超出自己管辖的地区，应当报请有权决定的上级公安机关发布。通缉令的发送范围，由签发通缉令的公安机关负责人决定。

根据《刑事诉讼规则(试行)》第268至270条之规定，人民检察院有权决定通缉，但应当将通缉通知书和通缉对象的照片、身份、特征、案情简况送达公安机关，由公安机关发布通缉令，追捕归案。

(2)通缉令中应当尽可能写明被通缉人的姓名、别名、曾用名、绰号、性别、年龄、民族、籍贯、出生地、户籍所在地、居住地、职业、身份证号码、衣着和体貌特征、口音、行为习惯，并附被通缉人近期照片，可以附指纹及其他物证的照片。除了必须保密的事项以外,应当写明发案的时间、地点和简要案情。

(3)通缉令发出后,如果发现新的重要情况可以补发通报。通报必须注明原通缉令的编号和日期。

(4)公安机关接到通缉令后,应当及时布置查缉。抓获犯罪嫌疑人后,报经县级以上公安机关负责人批准,凭通缉令或者相关法律文书羁押,并通知通缉令发布机关进行核实,办理交接手续。

(5)需要对犯罪嫌疑人在口岸采取边控措施的,应当按照有关规定制作边控对象通知书,经县级以上公安机关负责人审核后,层报省级公安机关批准,办理全国范围内的边控措施。需要限制犯罪嫌疑人人身自由的,应当附有关法律文书。紧急情况下,需要采取边控措施的,县级以上公安机关可以出具公函,先向当地边防检查站交控,但应当在 7 日以内按照规定程序办理全国范围内的边控措施。

(6)为发现重大犯罪线索,追缴涉案财物、证据,查获犯罪嫌疑人,必要时,经县级以上公安机关负责人批准,可以发布悬赏通告。悬赏通告应当写明悬赏对象的基本情况和赏金的具体数额。通缉令、悬赏通告应当广泛张贴,并可以通过广播、电视、报刊、计算机网络等方式发布。

(7)经核实,犯罪嫌疑人已经自动投案、被击毙或者被抓获,以及发现有其他不需要采取通缉、边控、悬赏通告的情形的,发布机关应当在原通缉、通知、通告范围内,撤销通缉令、边控通知、悬赏通告。

十、特殊侦查措施

1. 特殊侦查措施的概念

特殊侦查措施,是指只适用于某些特殊类型的案件,异于普通侦查措施而具有高度的秘密性、技术性的侦查措施。[①] 2012 年修订后的《刑事诉讼法》在第二编第二章专门设立了“技术侦查措施”一节。设立的目的一方面是要完善侦查措施,赋予侦查机关必要的侦查手段,加强打击犯罪的力度;另一方面是要强化对侦查措施的规范、制约和监督。根据现行立法规定,特殊侦查措施包括技术侦查、秘密侦查和控制下交付三种。

2. 技术侦查

(1)技术侦查的概念和特点。技术侦查,是指侦查机关根据侦查犯罪的需要,在经过严格的审批手续后,运用高科技技术设备收集证据并查获犯罪嫌疑人的一种特殊侦查措施。技术侦查措施包括记录监控、行踪监控、通信监控、场所监控等

---

① 陈光中主编:《刑事诉讼法学》(第四版),北京大学出版社、高等教育出版社 2012 年版,第 281 页。

措施。《公安机关办理刑事案件程序规定》第255条扩大了技术侦查适用对象的范围。由犯罪嫌疑人、被告人扩大到犯罪嫌疑人、被告人以及与犯罪活动直接关联的人员。这种扩大解释,会使得公民隐私权可能受到公安机关的侵犯。

技术侦查的特点包括四个方面:一是技术侦查应当具有明显的隐蔽性。技术侦查措施是在侦查相对方不知情的情况下隐蔽实施,公开进行的使用技术手段实施的侦查措施,如强制采样、现场勘查等显然不属于技术侦查措施,而属于一般侦查措施。二是技术侦查应具有一定的侵权性。技术侦查是对侦查相对方隐私权等个人权利的直接侵犯,如监听、通讯监控、邮件检查等都是对侦查相对方隐私权利的侵入。三是技术侦查具有强制性。由侦查机关径行实施,任何相关单位、个人应予以配合,而不需经任何他方同意实施,因此具有强制性。四是技术侦查措施具有严格的程序性。由于技术侦查措施具有隐蔽性、侵权性、强制性,因此必须经过法定程序严格审批才能依法实施。

(2)技术侦查的主体和适用范围。根据《刑事诉讼法》第148条规定,有权决定采取技术侦查措施的主体是公安机关和人民检察院。公安机关既有决定权,又有执行权。而检察机关只有决定权,执行时应当交有关机关执行。这里的有关机关指的是公安机关。

根据我国《刑事诉讼法》规定,公安机关采取技术侦查的案件范围包括:①危害国家安全犯罪、恐怖活动犯罪、黑社会性质的组织犯罪、重大毒品犯罪案件;②故意杀人、故意伤害致人重伤或者死亡、强奸、抢劫、绑架、放火、爆炸、投放危险物质等严重暴力犯罪案件;③集团性、系列性、跨区域性重大犯罪案件;④利用电信、计算机网络、寄递渠道等实施的重大犯罪案件,以及针对计算机网络实施的重大犯罪案件;⑤其他严重危害社会的犯罪案件,依法可能判处7年以上有期徒刑的;⑥公安机关追捕被通缉或者批准、决定逮捕的在逃的犯罪嫌疑人、被告人,可以采取追捕所必需的技术侦查措施。

根据我国《刑事诉讼法》规定,检察机关采取技术侦查的案件范围包括:① 对于涉案数额在10万元以上、采取其他方法难以收集证据的重大贪污、贿赂犯罪案件。这里所讲的贪污、贿赂犯罪包括《刑法》分则第八章规定的贪污罪、受贿罪、单位受贿罪、行贿罪、对单位行贿罪、介绍贿赂罪、单位行贿罪、利用影响力受贿罪。② 利用职权实施的严重侵犯公民人身权利的重大犯罪案件。这里所讲的利用职权实施的严重侵犯公民人身权利的重大犯罪案件包括有重大社会影响的、造成严重后果的或者情节特别严重的非法拘禁、非法搜查、刑讯逼供、暴力取证、虐待被监管人、报复陷害等案件。③ 人民检察院办理直接受理立案侦查的案件,需要追捕被通缉或者批准、决定逮捕的在逃的犯罪嫌疑人、被告人的,经过批准,可以采取追捕所必需的技术侦查措施。

(3)技术侦查的批准。需要采取技术侦查措施的,应当制作呈请采取技术侦查措施报告书,报设区的市一级以上公安机关负责人批准,制作采取技术侦查措施决定书。人民检察院采取技术侦查措施应当根据侦查犯罪的需要,确定采取技术侦查措施的种类和适用对象,按照有关规定报请批准。

批准采取技术侦查措施的决定自签发之日起3个月以内有效。

在有效期限内,对不需要继续采取技术侦查措施的,办案部门应当立即书面通知负责技术侦查的部门解除技术侦查措施;负责技术侦查的部门认为需要解除技术侦查措施的,报批准机关负责人批准,制作解除技术侦查措施决定书,并及时通知办案部门。

对复杂、疑难案件,采取技术侦查措施的有效期限届满仍需要继续采取技术侦查措施的,经负责技术侦查的部门审核后,报批准机关负责人批准,制作延长技术侦查措施期限决定书。批准延长期限,每次不得超过3个月。有效期限届满,负责技术侦查的部门应当立即解除技术侦查措施。

采取技术侦查措施,必须严格按照批准的措施种类、适用对象和期限执行。在有效期限内,需要变更技术侦查措施种类或者适用对象的,应当按照规定重新办理批准手续。

(4)技术侦查的执行。技术侦查的执行,无论是由公安机关作出,还是由检察机关作出,一律由公安机关执行。公安机关必须依照批准的措施类型、适用对象和期限执行。

采取技术侦查措施收集的材料在刑事诉讼中可以作为证据使用。使用技术侦查措施收集的材料作为证据时,可能危及有关人员的人身安全,或者可能产生其他严重后果的,应当采取不暴露有关人员身份和使用的技术设备、侦查方法等保护措施。采取技术侦查措施收集的材料作为证据使用的,采取技术侦查措施决定书应当附卷。

采取技术侦查措施收集的材料,应当严格依照有关规定存放,只能用于对犯罪的侦查、起诉和审判,不得用于其他用途。采取技术侦查措施收集的与案件无关的材料,必须及时销毁,并制作销毁记录。

侦查人员对采取技术侦查措施过程中知悉的国家秘密、商业秘密和个人隐私,应当保密。公安机关依法采取技术侦查措施的,有关单位和个人应当配合,并对有关情况予以保密。

3. 秘密侦查

(1)秘密侦查的概念和要求。秘密侦查,是指公安机关基于查明案情的侦查需要，在必要的时候，经县级以上公安机关负责人决定，可以由侦查人员或者公安机关指定的其他人员隐匿身份实施侦查的活动。我国《刑事诉讼法》第151条第1款规定："为了查明案情，在必要的时候，经公安机关负责人决定，可以由有关人员隐匿其身份实施侦查。但是，不得诱使他人犯罪，不得采用可能危害公共安全或者发生重大人身危险的方法。"

(2)秘密侦查的类型。秘密侦查主要包括卧底侦查、化装侦查和诱惑侦查三种形式。卧底侦查，是指侦查人员隐藏真实身份，虚构另一种身份进入犯罪组织当中，成为其成员，暗中收集情报或犯罪证据。通常而言，卧底侦查人员需要较长时间隐藏身份，与侦查对象进行多次接触，并且往往需要在一定程度上参与犯罪，扮演犯罪者的角色。化装侦查，是指侦查人员以便装或异装进行侦查，目的是为了隐去真实身份，诱使对方上钩，以获取情报或犯罪证据。乔装侦查人员一般不长期隐藏身份，侦查活动具有临时性，且乔装侦查人员一般也不参与犯罪。诱惑侦查，是指侦查人员设下圈套诱使犯罪嫌疑人实施犯罪行为，然后将其抓获。诱惑侦查又称"诱饵侦查""侦查陷阱"。①

(3)秘密侦查的程序性要求。秘密侦查的要求：①采取秘密侦查的原因是为了查明案情；②秘密侦查由侦查人员或者公安机关指定的其他人员进行；③不得使用促使他人产生犯罪意图的方法诱使他人犯罪，不得采用可能危害公共安全或者发生重大人身危险的方法。

(4)证据的适用和卧底人员的保护。公安机关依照规定实施隐匿身份侦查下交付收集的材料在刑事诉讼中可以作为证据使用。使用隐匿身份侦查收集的材料作为证据时，可能危及隐匿身份人员的人身安全，或者可能产生其他严重后果的，应当采取不暴露有关人员身份等保护措施。

4. 控制下交付

(1)控制下交付的概念。控制下交付，是指侦查机关发现有关线索或查获毒品等违禁品，在保密的前提下对毒品等违禁品或有关人员进行严密监视、控制，按照犯罪分子事先计划或约定的方向、路线、地点和方式，顺其自然地将毒品等违禁品"交付"给最终接货人，使侦查机关能够发现和将涉案的所有犯罪分子一网打尽的整个侦查过程。控制下交付是国际上常用并且非常有效的、侦破毒品等违禁品案件的侦查手段。我国《刑事诉讼法》第151条第2款规定："对涉及给付毒品等违禁品或者财物的犯罪活动，公安机关根据侦查犯罪的需要，可以依照规定实施控制下交付。"

---

① 陈光中主编：《刑事诉讼法学》(第四版)，北京大学出版社、高等教育出版社2012年版，第283页。

(2)控制下交付的程序要求。控制下交付应当符合以下要求:①案件范围限定在涉及给付毒品等违禁品或者财物的犯罪活动;②适用控制下交付的目的是为查明参与该项犯罪的人员和犯罪事实,有侦查需要;③由县级以上公安机关负责人决定。

(3)控制下交付取得的证据使用和卧底人员的保护。控制下交付收集的材料在刑事诉讼中可以作为证据使用。使用控制下交付收集的材料作为证据时,可能危及隐匿身份人员的人身安全,或者可能产生其他严重后果的,应当采取不暴露有关人员身份等保护措施。

第三节　侦查终结

一、侦查终结的概念

侦查终结,是指侦查机关通过一系列的侦查活动,认为案件事实已经查清,证据确实充分,足以认定犯罪嫌疑人是否犯罪和应否对其追究刑事责任而决定结束侦查,依法对案件作出结论和处理意见的一种诉讼活动。我国《刑事诉讼法》第160条规定,公安机关侦查终结的案件,应当做到犯罪事实清楚,证据确实、充分,并且写出起诉意见书,连同案卷材料、证据一并移送同级人民检察院审查决定;同时将案件移送情况告知犯罪嫌疑人及其辩护律师。

侦查终结是侦查阶段的最后一道程序,在此阶段,侦查机关要对前期的侦查工作进行审核和总结,要查清是否有遗漏的证据和没完全查清的情节,侦查人员的侦查活动是否完全合法,手续是否齐全等。由于侦查本身的重要性,侦查终结这一总结性的工作对提起公诉和审判的顺利、正确进行起着奠基性的作用。同时,如果在侦查阶段就可以证明犯罪嫌疑人无辜或者具有不应追究刑事责任的情形,则可以使受到追诉的公民尽早解脱被追诉的困境,以保障其合法权益。

二、侦查终结的条件

公安机关和人民检察院自行侦查终结的案件,均须同时具备五个条件。

(一)案件事实清楚

案件事实,是指犯罪嫌疑人有罪或无罪、罪重或罪轻以及是否应当受到刑事处罚的全部事实和情节。如果认定犯罪嫌疑人确有犯罪行为的,应当查清其犯罪的时间、地点、动机、目的、手段、危害结果、犯罪情节以及是否有遗漏罪行和其他应当追究刑事责任的人等。事实已经查清,是侦查终结的首要条件。

(二)证据确实、充分

清楚的犯罪事实和每一个情节,是需要证据来证明的。证据确实、充分,是指认定的每一项事实和情节都要有证据加以证明，而这些证据必须是经过了去伪存真、互相印证、准确可靠的。所有的证据能够组成一个完整的证明体系，足以排除各种矛盾和合理怀疑，得出的结论是唯一的、排他的，以此来确认犯罪事实。

（三）犯罪性质和罪名的认定正确

此项要求是指根据已经查明的案件事实和法律规定，足以对犯罪嫌疑人所实施的犯罪活动进行定性，作出正确的罪名认定。

（四）法律手续齐备

这是衡量侦查活动是否严格依法进行的标准。它要求侦查机关无论是采取各种侦查手段还是适用各种强制标准，都要有法定的审批、签名、盖章等手续和法律文书。如果发现有遗漏或不符合要求之处，应及时补正。

（五）依法应当追究刑事责任

根据法律规定，只有对犯罪嫌疑人依法应当追究刑事责任，才能据此作出移送审查起诉的决定。如果发现犯罪嫌疑人不应当追究刑事责任，则应当作出撤销案件或者对有关犯罪嫌疑人终止侦查的决定。

三、侦查终结的程序

（一）制作呈请侦查终结报告书

呈请侦查终结报告应当包括以下内容：(1)犯罪嫌疑人的基本情况。包括犯罪嫌疑人的姓名、性别、出生日期、民族、住所地、身份证号码。(2)是否采取了强制措施及其理由。包括涉嫌的罪名、因本案被采取强制措施的情况和羁押的处所。(3)案件的事实和证据。包括经依法查明的事实和经依法查证核实的证据。(4)法律依据和处理意见。法律依据有定性的《刑法》依据和移送审查起诉的《刑事诉讼法》依据，及移送审查起诉的意见。

（二）决定主体对案件的处理程序

制作完呈请侦查终结报告书后，应当对案件作出处理决定。案件的处理决定，由县级以上公安机关负责人批准，重大、复杂、疑难的案件应当经过集体讨论决定。

（三）制作起诉意见书并移送案件至人民检察院

1. 制作起诉意见书

公安机关侦查终结的案件，如果犯罪事实清楚，证据确实、充分，犯罪性质和罪名认定正确，法律手续完备，依法应当追究刑事责任的，应当制作起诉意见书。共同犯罪案件的起诉意见书，应当写明每个犯罪嫌疑人在共同犯罪中的地位、作用、具体罪责和认罪态度，并分别提出处理意见。被害人提出附带民事诉讼的，应当记录在案;移送审查起诉时,应当在起诉意见书末页注明。根据《刑事诉讼法》第158条第2款规定:"犯罪嫌疑人不讲真实姓名、住址,身份不明的,应当对其身份进行调查,侦查羁押期限自查清其身份之日起计算,但是不得停止对其犯罪行为的侦查取证。对于犯罪事实清楚,证据确实、充分,确实无法查明其身份的,也可以按其自报的姓名起诉、审判。"

2. 移送案件至人民检察院

对侦查终结的案件,应当制作起诉意见书,经县级以上公安机关负责人批准后,连同全部案卷材料、证据,以及辩护律师提出的意见,一并移送同级人民检察院审查决定;同时,将案件移送情况告知犯罪嫌疑人及其辩护律师。

对查封、扣押的犯罪嫌疑人的财物及其孳息、文件或者冻结的财产,作为证据使用的,应当随案移送,并制作随案移送清单一式两份,一份留存,一份交人民检察院。

对于实物不宜移送的,应当将其清单、照片或者其他证明文件随案移送。待人民法院作出生效判决后,按照人民法院的通知,上缴国库或者依法予以返还,并向人民法院送交回执。人民法院未作出处理的,应当征求人民法院意见,并根据人民法院的决定依法作出处理。

四、撤销案件、终止侦查的条件和程序

《刑事诉讼法》第161条规定:"在侦查过程中,发现不应对犯罪嫌疑人追究刑事责任的,应当撤销案件。"所谓不应当追究刑事责任包括三种情况:一是没有犯罪事实;二是符合《刑事诉讼法》第15条规定法定不追究刑事责任的;三是有犯罪事实,但不是被立案侦查的犯罪嫌疑人实施的,或者共同犯罪案件中部分犯罪嫌疑人不够刑事处罚的。根据《公安机关办理刑事案件程序规定》,对于前两种情况公安机关采取撤销案件的处理,后一种情况则采取终止侦查的处理。

(一)撤销案件的情形

经过侦查,发现具有下列情形之一的,应当撤销案件:(1)没有犯罪事实的;(2)情节显著轻微、危害不大,不认为是犯罪的;(3)犯罪已过追诉时效期限的;(4)经特赦令免除刑罚的;(5)犯罪嫌疑人死亡的;(6)其他依法不追究刑事责任的。

(二)终止侦查的情形

对于经过侦查,发现有犯罪事实需要追究刑事责任,但不是被立案侦查的犯罪嫌疑人实施的,或者共同犯罪案件中部分犯罪嫌疑人不够刑事处罚的,应当对有关犯罪嫌疑人终止侦查,并对该案件继续侦查。

（三）撤销案件、终止侦查的程序

（1）需要撤销案件或者对犯罪嫌疑人终止侦查的，办案部门应当制作撤销案件或者对犯罪嫌疑人终止侦查报告书，报县级以上公安机关负责人批准。

（2）公安机关决定撤销案件或者对犯罪嫌疑人终止侦查时，原犯罪嫌疑人在押的，应当立即释放，发给释放证明书。原犯罪嫌疑人被逮捕的，应当通知原批准逮捕的人民检察院。对原犯罪嫌疑人采取其他强制措施的，应当立即解除强制措施；需要行政处理的，依法予以处理或者移交有关部门。

（3）对查封、扣押的财物及其孳息、文件，或者冻结的财产，除按照法律和有关规定另行处理的以外，应当解除查封、扣押、冻结。

（4）公安机关作出撤销案件决定后，应当在3日以内告知原犯罪嫌疑人、被害人或者其近亲属、法定代理人以及案件移送机关。公安机关作出终止侦查决定后，应当在3日以内告知原犯罪嫌疑人。

（5）公安机关撤销案件以后又发现新的事实或者证据，认为有犯罪事实需要追究刑事责任的，应当重新立案侦查。对于犯罪嫌疑人终止侦查后又发现新的事实或者证据，认为有犯罪事实需要追究刑事责任的，应当继续侦查。

五、侦查中的羁押期限

羁押是司法机关对犯罪嫌疑人在终审判决前的暂时关押。羁押不是《刑事诉讼法》规定的强制措施，而是刑事拘留和逮捕的附带性后果。侦查中的羁押期限，是指犯罪嫌疑人在侦查中被逮捕以后到侦查终结的期限。我国《刑事诉讼法》对侦查羁押期限明确加以规定，目的是为了切实保障犯罪嫌疑人的人身自由和合法权益，防止案件久拖不决，提高侦查工作效率，保证侦查工作顺利进行。侦查中的羁押期限可以分为一般羁押期限、特殊羁押期限和重新计算的羁押期限三种。

（一）一般羁押期限

《刑事诉讼法》第154条规定，对犯罪嫌疑人逮捕后的侦查羁押期限不得超过2个月。如果犯罪嫌疑人在逮捕以前已被拘留的，拘留的期限不包括在侦查羁押期限之内。一般情况下，侦查机关应当在法律规定的侦查羁押期限内侦查终结案件。

（二）特殊羁押期限

特殊羁押期限，是指侦查羁押期限的延长，但必须符合法定条件并履行相应的审批手续和程序。主要情况有：

（1）根据《刑事诉讼法》第154条规定，案情复杂、期限届满不能终结的案件，可以经上一级人民检察院批准延长1个月。

(2)根据《刑事诉讼法》第155条规定,因为特殊原因,在较长时间内不宜交付审判的特别重大复杂的案件,由最高人民检察院报请全国人民代表大会常务委员会批准延期审理。

(3)根据《刑事诉讼法》第156条规定,下列案件在本法第154条规定的期限届满仍不能侦查终结的,经省、自治区、直辖市人民检察院批准或者决定,可以延长2个月:①交通十分不便的边远地区的重大复杂案件;②重大的犯罪集团案件;③流窜作案的重大复杂案件;④犯罪涉及面广,取证困难的重大复杂案件。

(4)根据《刑事诉讼法》第157条规定,对犯罪嫌疑人可能判处10年有期徒刑以上刑罚,依照本法第156条规定延长期限届满,仍不能侦查终结的,经省、自治区、直辖市人民检察院批准或者决定,可以再延长2个月。

根据《刑事诉讼法规定》第21条规定,公安机关对案件提请延长羁押期限的,应当在羁押期限届满7日前提出,并书面呈报延长羁押期限案件的主要案情和延长羁押期限的具体理由,人民检察院应当在羁押期限届满前作出决定。根据《刑事诉讼规则(试行)》第277条规定,最高人民检察院直接受理立案侦查的案件,依照《刑事诉讼法》的规定需要延长侦查羁押期限的,直接决定延长侦查羁押期限。

(三)重新计算的羁押期限

根据《刑事诉讼法》《刑事诉讼法规定》《刑事诉讼规则(试行)》的规定,遇有下列情况不计入原有侦查羁押期限,即重新计算羁押期限。

在侦查期间,发现犯罪嫌疑人另有重要罪行的,自发现之日起依照《刑事诉讼法》第154条的规定重新计算侦查羁押期限。重新计算侦查羁押期限的,由公安机关决定,无需人民检察院批准,但须报人民检察院备案。另有重要罪行是指与逮捕时的罪行不同种的重大犯罪和同种的影响罪名认定、量刑档次的重大犯罪。

(四)特殊情况的处理

(1)根据《刑事诉讼法》第158条第2款规定,犯罪嫌疑人不讲真实姓名、住址,身份不明的,侦查羁押期限自查清其身份之日起计算,但不得停止对其犯罪行为的侦查取证。

(2)根据《刑事诉讼法》第147条规定,对犯罪嫌疑人作精神病鉴定的期间不计入侦查羁押期限。其他鉴定时间则应当计入羁押期限。

第四节 人民检察院对直接受理案件的侦查

人民检察院作为国家的法律监督部门,对一部分职务犯罪行使立案侦查权,这部分由检察机关直接受理的案件,也称为检察机关的自侦案件,其范围是《刑事诉讼法》第 18 条第 2 款规定的案件。人民检察院对这部分案件行使侦查权时,适用《刑事诉讼法》第二编第二章的规定,即刑事诉讼中关于侦查的一般规定均适用于人民检察院的自侦案件,对于特殊侦查措施,只有技术侦查检察院可以决定采取外,卧底侦查和控制下交付不能采取。同时,根据检察机关的性质及自侦案件的特点,《刑事诉讼法》以及《刑事诉讼规则(试行)》对检察机关的侦查权限及侦查终结后案件的处理,又作了一些特殊规定。

一、人民检察院在自侦案件中对拘留和逮捕的适用

《刑事诉讼法》第 163 条规定,人民检察院直接受理的案件中符合本法第 79 条、第 80 条第 4 项、第 5 项规定情形,需要逮捕、拘留犯罪嫌疑人的,由人民检察院作出决定,由公安机关执行。根据这一规定,人民检察院对自侦案件也享有拘留的决定权,但此项权力对检察机关来讲并不完整,因为执行权由公安机关行使。拘留本就是在情况紧急的前提下适用的一项强制措施,如此划分,增加了操作的难度和不便。

与公安机关对犯罪人拘留后的审查及提请人民检察院审查批准逮捕的期限相对应,人民检察院对自侦案件中拘留的犯罪嫌疑人,认为需要逮捕的,根据《刑事诉讼法》第 165 条规定,人民检察院对直接受理的案件中被拘留的人,认为需要逮捕的,应当在 14 日以内作出决定。在特殊情况下,决定逮捕的时间可以延长 1 日至 3 日。对不需要逮捕的,应当立即释放;对需要继续侦查,并且符合取保候审、监视居住条件的,依法取保候审或者监视居住。

二、自侦案件侦查终结后的处理

《刑事诉讼法》第 166 条规定:“人民检察院侦查终结的案件,应当作出提起公诉、不起诉或者撤销案件的决定。”这是一个原则性的规定。根据《刑事诉讼规则(试行)》第 286 条、第 287 条、第 290 条之规定,侦查终结后作出如下处理。

1. 制作起诉意见书或者不起诉意见书并移送本院公诉部门审查

人民检察院经过侦查,认为犯罪事实清楚,证据确实、充分,依法应当追究刑事责任的案件,应当写出侦查终结报告,并且制作起诉意见书。对于犯罪情节轻微,依照《刑法》规定不需要判处刑罚或者免除刑罚的案件,应当写出侦查终结报告,

并且制作不起诉意见书。侦查终结报告和起诉意见书或者不起诉意见书由侦查部门负责人审核,检察长批准。

提出起诉意见或者不起诉意见的,侦查部门应当将起诉意见书或者不起诉意见书,查封、扣押、冻结的犯罪嫌疑人的财物及其孳息、文件清单以及对查封、扣押、冻结的涉案款物的处理意见和其他案卷材料,一并移送本院公诉部门审查。国家或者集体财产遭受损失的,在提出提起公诉意见的同时,可以提出提起附带民事诉讼的意见。

2. 撤销案件

(1)撤销案件的适用情形。《刑事诉讼规则(试行)》第290条规定,人民检察院在侦查过程中或者侦查终结后,发现具有下列情形之一的,侦查部门应当制作拟撤销案件意见书,报请检察长或者检察委员会决定:①具有《刑事诉讼法》第15条规定情形之一的;②没有犯罪事实的,或者依照《刑法》规定不负刑事责任或者不是犯罪的;③虽有犯罪事实,但不是犯罪嫌疑人所为的。对于共同犯罪的案件,如有符合本条规定情形的犯罪嫌疑人,应当撤销对该犯罪嫌疑人的立案。

(2)撤销案件的审查与决定。检察长或者检察委员会决定撤销案件的,侦查部门应当将撤销案件意见书连同本案全部案卷材料,在法定期限届满7日前报上一级人民检察院审查;重大、复杂案件在法定期限届满10日前报上一级人民检察院审查。对于共同犯罪案件,应当将处理同案犯罪嫌疑人的有关法律文书以及案件事实、证据材料复印件等,一并报送上一级人民检察院。

(3)上级部门对撤销案件的审查。上一级人民检察院侦查部门应当对案件事实、证据和适用法律进行全面审查,必要时可以讯问犯罪嫌疑人。上一级人民检察院侦查部门经审查后,应当提出是否同意撤销案件的意见,报请检察长或者检察委员会决定。人民检察院决定撤销案件的,应当告知控告人、举报人,听取其意见并记明笔录。上一级人民检察院审查下级人民检察院报送的拟撤销案件,应当于收到案件后7日以内批复;重大、复杂案件,应当于收到案件后10日以内批复下级人民检察院。情况紧急或者因其他特殊原因不能按时送达的,可以先行通知下级人民检察院执行。上一级人民检察院同意撤销案件的,下级人民检察院应当作出撤销案件决定,并制作撤销案件决定书。上一级人民检察院不同意撤销案件的,下级人民检察院应当执行上一级人民检察院的决定。报请上一级人民检察院审查期间,犯罪嫌疑人羁押期限届满的,应当依法释放犯罪嫌疑人或者变更强制措施。

(4)撤销案件的宣告与相关问题处理。撤销案件的决定,应当分别送达犯罪嫌疑人所在单位和犯罪嫌疑人。犯罪嫌疑人死亡的,应当送达犯罪嫌疑人原所在单位。如果犯罪嫌疑人在押，应当制作决定释放通知书，通知公安机关依法释放。人民检察院作出撤销案件决定的，侦查部门应当在30日以内对犯罪嫌疑人的违法所得作出处理，并制作查封、扣押、冻结款物的处理报告，详细列明每一项款物的来源、去向并附有关法律文书复印件，报检察长审核后存入案卷，并在撤销案件决定书中写明对查封、扣押、冻结的涉案款物的处理结果。情况特殊的，经检察长决定，可以延长30日。

《刑事诉讼规则（试行）》第296条、第297条规定，人民检察院撤销案件时，对犯罪嫌疑人的违法所得应当区分不同情形，作出相应处理：因犯罪嫌疑人死亡而撤销案件，依照《刑法》规定应当追缴其违法所得及其他涉案财产的，按照本规则第13章第3节的规定办理。因其他原因撤销案件，对于查封、扣押、冻结的犯罪嫌疑人违法所得及其他涉案财产需要没收的，应当提出检察建议，移送有关主管机关处理。对于冻结的犯罪嫌疑人存款、汇款、债券、股票、基金份额等财产需要返还被害人的，可以通知金融机构返还被害人；对于查封、扣押的犯罪嫌疑人的违法所得及其他涉案财产需要返还被害人的，直接决定返还被害人。人民检察院申请人民法院裁定处理犯罪嫌疑人涉案财产的，应当向人民法院移送有关案件材料。人民检察院撤销案件时，对查封、扣押、冻结的犯罪嫌疑人的涉案财产需要返还犯罪嫌疑人的，应当解除查封、扣押或者书面通知有关金融机构解除冻结，返还犯罪嫌疑人或者其合法继承人。

3. 共同犯罪案件部分犯罪嫌疑人在逃的处理

人民检察院直接受理立案侦查的共同犯罪案件，如果同案犯罪嫌疑人在逃，但在案犯罪嫌疑人犯罪事实清楚，证据确实、充分的，对在案犯罪嫌疑人应当分别移送审查起诉或者移送审查不起诉。由于同案犯罪嫌疑人在逃，在案犯罪嫌疑人的犯罪事实无法查清的，对在案犯罪嫌疑人应当根据案件的不同情况分别报请延长侦查羁押期限、变更强制措施或者解除强制措施。

4. 对没有采取强制措施或者解除强制措施后侦查期限的规定

人民检察院直接受理立案侦查的案件，对犯罪嫌疑人没有采取取保候审、监视居住、拘留或者逮捕措施的，侦查部门应当在立案后2年以内提出移送审查起诉、移送审查不起诉或者撤销案件的意见；对犯罪嫌疑人采取取保候审、监视居住、拘留或者逮捕措施的，侦查部门应当在解除或者撤销强制措施后1年以内提出移送审查起诉、移送审查不起诉或者撤销案件的意见。人民检察院直接立案侦查的案件，撤销案件以后，又发现新的事实或者证据，认为有犯罪事实需要追究刑事责任的，可以重新立案侦查。

第五节　补充侦查

一、补充侦查的概念

补充侦查，是指公安机关或人民检察院依照法定程序，在原有侦查工作的基础上，就案件中的部分情节、事实和证据继续进行侦查的诉讼活动。补充侦查不是刑事诉讼的必经程序，它只适应于案件事实未完全查清，证据尚未完全确实、充分，或者有遗漏罪行或遗漏犯罪人等情况的案件。补充侦查的目的是查清所有的案件事实，保证刑事案件的质量。

二、不同诉讼阶段的补充侦查

根据我国《刑事诉讼法》第 88 条、第 171 条、第 198 条和第 199 条的规定，补充侦查在程序上有三种：审查批准逮捕阶段的补充侦查，审查起诉阶段的补充侦查，法庭审理阶段的补充侦查。

（一）审查批准逮捕阶段的补充侦查

《刑事诉讼法》第 88 条规定，人民检察院对于公安机关提请批准逮捕的案件进行审查后，应当根据情况分别作出批准逮捕或者不批准逮捕的决定。对于批准逮捕的决定，公安机关应当立即执行，并且将执行情况及时通知人民检察院。对于不批准逮捕的，人民检察院应当说明理由，需要补充侦查的，应当同时通知公安机关。可见，这种补充侦查的通知，是在不批准逮捕的前提下作出的。

（二）审查起诉阶段的补充侦查

《刑事诉讼法》第 171 条第 2、3 款规定："人民检察院审查案件，对于需要补充侦查的，可以退回公安机关补充侦查，也可以自行侦查。对于补充侦查的案件，应当在一个月以内补充侦查完毕。补充侦查以二次为限。补充侦查完毕移送人民检察院后，人民检察院重新计算审查起诉期限。"

需要说明的是，人民检察院公诉部门退回本院侦查部门补充侦查的期限、次数也适用以上规定。人民检察院在审查起诉中决定自行侦查的，应当在审查起诉期限内侦查完毕。对于补充侦查的案件，人民检察院仍然认为证据不足，不符合起诉条件的，可以作出不起诉的决定。此项规定有以下几层含义。

（1）补充侦查的方式有两种。人民检察院审查案件，对于需要补充侦查的，既可以退回公安机关补充侦查，也可以自行侦查。

（2）退回补充侦查的期限一次为 1 个月。人民检察院在审查起诉中决定自行侦查的，则应当在审查起诉期限内侦查完毕。补充侦查完毕移送人民检察院后，人民检察院重新计算审查起诉期限。

(3)退回补充侦查的次数不得超过两次。此规定旨在抑制公、检机关之间反复退侦,案件久拖不决,长期羁押犯罪嫌疑人的状况,以增强侦查机关的办案责任心,切实维护犯罪嫌疑人的合法权益。

(4)经过两次退回补充侦查的案件,人民检察院认为证据不足,不符合起诉条件的,可以作出不起诉的决定。这一规定与限制补充侦查次数的目的是一致的,其意义也在于防止案件久拖不决,长期羁押犯罪嫌疑人。如果经过了两次补充侦查,案件仍然证据不足,不符合起诉条件的,人民检察院有权处分此类案件,要么提起公诉,使之进入审判程序;要么不起诉,终止诉讼。

(三)法庭审理阶段的补充侦查

根据《刑事诉讼法》第198条和第199条、《刑事诉讼法解释》第223条规定,审判期间,公诉人发现案件需要补充侦查,建议延期审理的,合议庭应当同意,但建议延期审理不得超过两次。从此规定中可以看出,法庭审理阶段补充侦查的决定权在于人民检察院而不是法院。法庭宣布延期审理后,人民检察院应当在补充侦查的期限内提请人民法院恢复法庭审理或者撤回起诉。但是,补充侦查期限届满后,经法庭通知,人民检察院未将案件移送人民法院,且未说明原因的,人民法院可以决定按人民检察院撤诉处理。

补充侦查的方式,在审判过程中,对于需要补充提供法庭审判所必须的证据或者补充侦查的,人民检察院应当自行收集证据和进行侦查,必要时可以要求侦查机关提供协助;也可以书面要求侦查机关补充提供证据。

第六节　侦查监督与救济

一、侦查监督的概念和意义

侦查监督,是指人民检察院侦查监督部门依法对侦查机关(或部门)侦查刑事案件是否准确、全面、合法和有效所进行的监督活动。根据《刑事诉讼法》的规定,此处的侦查机关还应当包括国家安全机关、监狱、军队保卫部门以及人民检察院的侦查部门。侦查监督工作的主体是各级人民检察院,具体进行侦查监督工作的是人民检察院的侦查监督部门。这是《宪法》和法律赋予检察机关的一项重要职能。侦查监督工作贯穿侦查活动全过程。

侦查监督是人民检察院刑事诉讼法律监督的重要组成部分,在刑事诉讼中具有十分重要的意义。

(1)侦查监督有利于保证《刑法》的正确实施,保证侦查机关的办案质量。人民检察院对侦查活动是否合法实行监督,可以使侦查活动中违反法律规定的行为,得到及时发现和有效纠正,从而保证侦查机关的侦查活动能够严格依照法定程序和要求进行。一方面,保障及时、准确、合法地追究犯罪;另一方面,防止和避免出现冤假错案,保证案件的质量。

(2)侦查监督有利于维护公民的合法权益。“国家尊重和保障人权”明确写入《宪法》后,“保障人权”和“惩罚犯罪”并重的刑事诉讼理念深入人心。强化对侦查措施的监督,是保障公民合法权利的内在要求。社会公众对于刑事案件的办理,不仅要求在案件结果上实现实体公正,而且要求案件办理过程中体现程序公正。然而实践中,滥用强制措施、超期羁押、刑讯逼供、违法搜查、非法查封、扣押财物不返还等现象却屡有发生,不但严重偏离程序公正,而且使案件在处理结果上与实体公正相去甚远。因此,加强人民检察院对侦查活动的法律监督,可以及时发现、制止和纠正上述违法行为,从而切实维护公民的合法权益。

(3)侦查监督有利于提高侦查人员的执法水平,督促其严格依法办事,更好地维护社会主义法制的权威性。人民检察院通过侦查监督,及时纠正侦查人员滥用职权的违法行为,从而促使侦查机关认真总结经验教训,提高对严格依法办案的认识和执法水平。同时,通过侦查监督,及时纠正侦查活动中的违法乱纪行为,提高对公安司法机关办理案件公正性、合法性的认识,从而更好地维护社会主义法制的权威性。

二、侦查监督的内容

根据《刑事诉讼规则(试行)》第565条规定,侦查活动监督主要发现和纠正以下违法行为:(1)采用刑讯逼供以及其他非法方法收集犯罪嫌疑人供述的;(2)采用暴力、威胁等非法方法收集证人证言、被害人陈述,或者以暴力、威胁等方法阻止证人作证或者指使他人作伪证的;(3)伪造、隐匿、销毁、调换、私自涂改证据,或者帮助当事人毁灭、伪造证据的;(4)徇私舞弊,放纵、包庇犯罪分子的;(5)故意制造冤、假、错案的;(6)在侦查活动中利用职务之便谋取非法利益的;(7)非法拘禁他人或者以其他方法非法剥夺他人人身自由的;(8)非法搜查他人身体、住宅,或者非法侵入他人住宅的;(9)非法采取技术侦查措施的;(10)在侦查过程中不应当撤案而撤案的;(11)对与案件无关的财物采取查封、扣押、冻结措施,或者应当解除查封、扣押、冻结不解除的;(12)贪污、挪用、私分、调换、违反规定使用查封、扣押、冻结的财物及其孳息的;(13)应当退还取保候审保证金不退还的;(14)违反《刑事诉讼法》关于决定、执行、变更、撤销强制措施规定的;(15)侦查人员应当回避而不回避的;(16)应当依法告知犯罪嫌疑人诉讼权利而不告知,影响犯罪嫌疑人行使诉讼权利的;(17)阻碍当事人、辩护人、诉讼代理人依法行使诉讼权利的;(18)讯问犯罪嫌疑人依法应当录音或者录像而没有录音或者录像的;(19)对犯罪嫌疑人拘留、逮捕、指定居所监视居住后依法应当通知家属而未通知的;(20)在侦查中有其他违反《刑事诉讼法》有关规定的行为的。

三、侦查监督的程序

(一)侦查监督的途径

侦查监督的途径,是指人民检察院为实现对公安机关侦查活动的监督职能而采用的监督形式和手段。根据《刑事诉讼法》和《刑事诉讼规则(试行)》规定,实施侦查监督主要有以下途径。

(1)通过审查逮捕工作进行。人民检察院在审查逮捕工作中,如果发现公安机关的侦查活动有违法情况,应当通知公安机关纠正,公安机关应当将纠正情况通知人民检察院。

(2)通过介入公安机关侦查活动进行。通过参加公安机关对重大案件的讨论,参与讯问犯罪嫌疑人、询问证人活动,提前审阅案件材料,参与现场勘验、检查,发现侦查中的违法行为。

(3)通过受理有关的控告、检举、来信来访进行。

(4)通过跟踪监督进行。跟踪监督是检察机关近几年来从实践中总结出来的一种富有成效的监督方式,其内容是跟踪监督批准逮捕决定和不批准逮捕决定的执行情况。检察人员不但要负责监督已经批准逮捕或者不批准逮捕决定是否及时执行,而且还要继续负责跟踪监督公安机关已经执行的强制措施有否变更和撤销。

(二)侦查监督的方式

1. 口头通知纠正

这是实践中最为常用的一种监督方法,但在适用中应当注意如下几点:(1)只适用情节较轻的违法行为;(2)由履行监督职责的检察人员直接提出;(3)应及时向部门负责人汇报。

2. 发纠正违法通知书

适用书面纠正违法时应当注意以下几点:(1)只适用于情节较重的违法行为;(2)必须经过检察长的批准;(3)注意监督回复反馈,根据公安机关的回复落实情况,公安机关没有回复的,应当督促回复。

3. 要求重新调查取证,对非法证据调查核实排除

(1)对采用刑讯逼供等非法方法收集的犯罪嫌疑人供述和采用暴力、威胁等非法方法收集的证人证言、被害人陈述,应当依法排除。可以调取公安机关讯问犯罪嫌疑人的录音、录像,对证据收集的合法性以及犯罪嫌疑人、被告人供述的真实性进行审查。

(2)对存在疑点的实物证据复验、复查。人民检察院认为需要复验、复查的,应当要求公安机关复验、复查,并可以派员参加;也可以自行复验、复查,商请公安

机关派员参加,必要时也可以聘请专门技术人员参加。

(3)重新调查。人民检察院公诉部门在审查中发现侦查人员以非法方法收集犯罪嫌疑人供述、被害人陈述、证人证言等证据材料的,应当依法排除非法证据并提出纠正意见,同时可以要求侦查机关另行指派侦查人员重新调查取证,必要时人民检察院也可以自行调查取证。

4. 移送有关部门依法追究刑事责任

对于情节较重的违法情形,构成犯罪的,应当报请检察长批准后,移送有关部门依法追究刑事责任。

认为本院办理案件中存在的违法情形属实的,应当报请检察长决定予以纠正。认为有关司法机关或者下级人民检察院对控告、申诉的处理不正确的,应当报请检察长批准后,通知有关司法机关或者下级人民检察院予以纠正。

四、侦查救济

(一)侦查救济的概念

侦查救济,是指在刑事侦查阶段,当事人、辩护人、诉讼代理人、利害关系人在自己的合法权益受到侦查机关和侦查人员的侵害时,要求检察机关予以纠正和处理的一种补救措施。

我国刑事诉讼中侦查权过于强大是一个不争的事实,现有的司法配置只有检察院的检察监督,从一定时间来看,不可能建立司法审查机制。为解决超期羁押,取保难,随意查封、扣押、冻结等热点问题,2012 年新的《刑事诉讼法》增设了对侦查违法行为的投诉机制。

《刑事诉讼法》第 115 条规定,当事人和辩护人、诉讼代理人、利害关系人对于司法机关及其工作人员有下列行为之一的,有权向该机关申诉或者控告:(1)采取强制措施法定期限届满,不予以释放、解除或者变更的;(2)应当退还取保候审保证金不退还的;(3)对与案件无关的财物采取查封、扣押、冻结措施的;(4)应当解除查封、扣押、冻结不解除的;(5)贪污、挪用、私分、调换、违反规定使用查封、扣押、冻结的财物的。受理申诉或者控告的机关应当及时处理。对处理不服的,可以向同级人民检察院申诉;人民检察院直接受理的案件,可以向上一级人民检察院申诉。人民检察院对申诉应当及时进行审查,情况属实的,通知有关机关予以纠正。

(二)侦查救济的程序

(1)当事人和辩护人、诉讼代理人、利害关系人首先向实施违法行为的侦查机关提出申诉控告。受理申诉或者控告的公安机关应当及时进行调查核实,并在收到申诉、控告之日起 30 日以内作出处理决定,书面回复申诉人、控告人。发现公安机关及其侦查人员有上述行为之一的，应当立即纠正。上级公安机关发现下级公安机关存在《刑事诉讼法》第115条第1款规定的违法行为或者对申诉、控告事项不按照规定处理的，应当责令下级公安机关限期纠正，下级公安机关应当立即执行。必要时，上级公安机关可以就申诉、控告事项直接作出处理决定。

未向办理案件的机关申诉或者控告，或者办理案件的机关在规定时间内尚未作出处理决定，直接向人民检察院申诉的，人民检察院应当告知其向办理案件的机关申诉或者控告。人民检察院在审查逮捕、审查起诉中发现有《刑事诉讼法》第115条规定的违法情形的，可以直接监督纠正。

(2)向该机关申诉或者控告，对该机关作出的处理不服，或者该机关未在规定时间内作出答复，向人民检察院申诉的，办理案件的机关的同级人民检察院应当受理。人民检察院直接受理的案件，对办理案件的人民检察院的处理不服的，可以向上一级人民检察院申诉，上一级人民检察院应当受理。

(3)对当事人和辩护人、诉讼代理人、利害关系人提出的《刑事诉讼法》第115条规定情形之外的申诉或者控告，人民检察院应当受理，并及时审查，依法处理。

(4)对人民检察院办理案件中的违法行为的控告、申诉，以及对其他司法机关对控告、申诉的处理不服向人民检察院提出的申诉，由人民检察院控告检察部门受理。

控告检察部门对本院办理案件中的违法行为的控告，应当及时审查办理；对下级人民检察院和其他司法机关的处理不服向人民检察院提出的申诉，应当根据案件的具体情况，及时移送侦查监督部门、公诉部门或者监所检察部门审查办理。审查办理的部门应当在收到案件材料之日起15日以内提出审查意见。人民检察院对《刑事诉讼法》第115条第1款第3至5项的申诉，经审查认为需要侦查机关说明理由的，应当要求侦查机关说明理由，并在收到理由说明后15日以内提出审查意见。

【问题与思考】

1. 简述刑事侦查的原则。
2. 简述强制采样。
3. 简述补充侦查。
4. 简述侦查监督的手段和方法。

第十五章 起诉程序

【内容提要】

刑事起诉是指依法享有控诉权的国家机关或公民,请求法院对指控的犯罪进行审判,以确定被告人刑事责任并予以刑事制裁的诉讼行为。刑事起诉,按照行使追诉权的主体不同分为公诉和自诉两种。在公诉案件中,人民检察院可以代表国家对公安机关侦查终结移送起诉的案件和自行侦查终结的案件进行全面审查,监督侦查工作依法进行,根据事实和法律对案件分别决定起诉、不起诉和撤销案件,并制作相应的法律文书,将符合起诉条件的人起诉到人民法院,保障准确惩罚犯罪,而使无辜的人和依法不受追诉的人尽早从刑事诉讼程序中解脱出来;对于决定提起公诉交付审判的案件,做好出庭支持公诉的准备工作。在自诉案件中,通过提起自诉和对自诉的审查,既能够解决人民群众告状难的问题,也可以保证案件处理的正确性,顺利实现诉讼公正与效率的双重价值。

第一节 起诉概述

一、刑事起诉的概念

刑事起诉,是指依法享有控诉权的国家机关或者公民个人,依照法律规定,向有管辖权的法院提出控告,请求法院对被指控的被告人进行审判,并予以刑事制裁的诉讼活动。刑事起诉,按照行使追诉权的主体不同分为公诉和自诉两种。

公诉,就是指依法享有刑事起诉权的国家专门机关代表国家和公众向法院起诉,要求审判机关追究被告人刑事责任的诉讼活动。公诉具有以下特点:(1)公诉是一种司法请求权,属于程序性的权力;(2)公诉是一项犯罪追诉权,以追究被告人刑事责任,从而遏制犯罪,维护法律秩序为使命;(3)公诉也是一项国家权力,具有专属性的法定职权，是由法律赋予公诉机关行使的一种专门权力。

自诉则是刑事被害人及其法定代理人、近亲属以个人名义向法院起诉，要求保护自己的合法权益，追究被告人刑事责任的诉讼活动。自诉与公诉的特点相类似：(1)自诉也是诉权的一种，是一项请求权，其目的在于引起法院审判程序的启动；(2)自诉也是一种追诉权，追究被告人的刑事责任，但目的在于维护自身的合法权益；(3)自诉由被害人普遍享有，不具有专属性。

二、刑事起诉的法律后果

合法的刑事起诉，必然产生下列法律后果。

(1)启动审判程序。起诉是审判的前提，使受诉法院对起诉案件获得审判权，也使双方当事人对受诉案件有进行诉讼活动和接受法院审判的权利和义务。起诉意味着对犯罪行为追诉机制的正式启动。法院对符合法律要求的起诉必须开始审理，直至作出实体上的判决。

(2)限制法院审判的范围。起诉和审判的分离以及不告不理原则和辩护原则的确立，要求审判受起诉的制约。即法院审判案件，不能超出起诉的范围，包括不能审判未经起诉的人和事两方面的内容。

(3)禁止再次起诉。即除了依法撤回起诉的案件外，任何已经起诉的案件只要被法院正式受理，就不得对同一案件再次起诉；否则，社会和公众将处于不能安定的状态。

三、我国刑事起诉制度的基本特点

(一)以公诉为主，自诉为辅，公诉与自诉互为补充

由于犯罪行为侵犯了国家和社会的利益，且犯罪的侦查和起诉日益复杂，公民个人难以担当，因此，现代各国普遍以代表国家和公益的公诉机关提起公诉作为刑事诉讼的主要形式，只允许少数案件由私人起诉。我国的刑事诉讼也是这样，绝大多数刑事案件都交给相应的国家机关实行公诉，只有少部分事实清楚、危害不大的案件才交由公民自诉，国家一般不主动干预。因此，我国的起诉制度是以公诉为主，自诉为辅的一种诉讼制度。这种分工有利于国家集中人力、物力和时间，打击那些较为严重的犯罪活动，也有利于公民个人维护自己的合法权益。

(二)公诉和自诉互为救济

人民检察院通常只对涉及国家利益和社会公众利益，比较复杂而且需要采用侦查手段的刑事案件依照公诉程序进行追诉，但是，当某些可以采用自诉程序追诉的比较轻微的刑事案件缺少原告人，而又需要追究被告人刑事责任时(如重婚案件的被害人由于某种原因不敢控告或者不能控告时)，为了有效地保护被害人的合法权益，维护国家法律的尊严，在人民群众、社会团体或有关单位提出控告后，人民检

察院也可以依公诉程序进行追诉,这就弥补了自诉的不足。此外,根据《刑事诉讼法》第 204 条第 3 项的规定,被害人有证据证明对被告人侵犯自己人身、财产权利的行为应当依法追究刑事责任,而公安机关或者人民检察院不予追究被告人刑事责任的案件,被害人有权直接向人民法院提起诉讼。这一规定意在解决某些情况下,公民告状无门的问题,弥补了公诉的不足,加强了对被害人权益的保护。

(三)公诉权由检察机关独立启动,专门行使,不受司法监督

在其他一些国家,公诉权受到其他机关和组织的限制和分割,如在美国,大陪审团对刑事起诉有一定的决定作用。在法国,对于检察官认为应当提起公诉的重罪案件,必须提交上诉法院审查庭再次进行审查,并由审查庭最后决定案件是否应当起诉。即使在实行检察官起诉独立的日本,作为一种例外,对个别案件也设有准起诉程序,在这一程序中允许有关当事人在不服检察官不起诉决定时,直接向法院提出请求,法院经审查可以作出交付审判的裁定。根据我国法律规定,人民检察院是唯一有权行使公诉权的专门国家机关。也就是说,只有人民检察院才有权代表国家追诉犯罪,对各种刑事犯罪分子依法提起公诉,交付人民法院进行审判,其他任何机关、团体和个人都无权行使公诉权。

(四)公诉机关兼行法律监督

我国的检察机关是国家的法律监督机关,根据《刑事诉讼法》之规定,检察机关对刑事诉讼实行法律监督。这就决定了检察机关在行使公诉权的过程中,也行使着法律监督职权。检察机关对于公安机关侦查终结并移送起诉的刑事案件的审查,就是对公安机关侦查工作的一种监督,所作出的是否起诉的决定,既是认定被告人是否有罪,是否提交人民法院审判的决定,也是对公安机关侦查认定的事实和所作结论是否正确、合法的肯定或否定评价。检察机关提起公诉和支持公诉,不仅是控告犯罪,证实犯罪,还要对人民法院的审判活动是否合法实行监督。人民检察院发现人民法院审理案件违反法律规定的程序的,有权向人民法院提出纠正意见。因此,检察机关进行公诉,追诉犯罪的过程,也是实施法律监督的过程。

四、起诉的意义

起诉是连接侦查和审判的唯一桥梁,是刑事诉讼的关键程序之一,具有非常重要的意义。

(1)起诉是审判程序之前的必经程序,不告不理是现代刑事诉讼的一项基本原则。没有起诉就没有审判,所以起诉是审判的前提。

(2)当社会主体的权益受到犯罪行为的侵害时,需要借助国家审判力量予以保护,惩罚犯罪,恢复权益的正常状态,而起诉正是向审判提供对象的活动。因此,起诉无论对于惩罚犯罪或者保障人权,都具有重要意义。

(3)起诉程序对于保证准确地惩罚犯罪，保障无辜的人及依法不受刑事追究的人免受刑事追究，实现程序公正都具有非常重要的意义。在公诉案件中，人民检察院可以代表国家对公安机关侦查终结移送起诉的案件和自行侦查终结的案件进行全面审查，监督侦查工作依法进行，根据事实和法律对案件分别决定起诉、不起诉或撤销，并制作相应的法律文书，将符合起诉条件的人起诉到人民法院，保障准确惩罚犯罪，而使无辜的人和依法不受追诉的人尽早从刑事诉讼程序中解脱出来，对于决定提起公诉交付审判的案件，做好出庭支持公诉的准备工作。在自诉案件中，通过提起自诉和对自诉的审查，既能够解决人民群众告状难的问题，也可以保证案件处理的正确性，顺利实现诉讼公正与效率的双重价值。

第二节　审查起诉

一、审查起诉的概念和意义

(一)审查起诉的概念

审查起诉，是指人民检察院在提起公诉阶段，为了确定经侦查终结的刑事案件是否应当提起公诉，而对侦查机关确认的犯罪事实和证据，犯罪性质和罪名进行审查核实，并作出处理决定的一项诉讼活动。它是实现人民检察院公诉职能的一项最基本的准备工作，也是人民检察院对侦查活动实行法律监督的一项重要手段。因此，它对保证人民检察院正确地提起公诉，发现和纠正侦查活动中的违法行为，具有重要意义。我国审查起诉制度有以下特点。

1. 审查起诉是独立的诉讼阶段

世界上许多国家的刑事诉讼，以“审判中心主义”构建本国的诉讼制度和诉讼法的框架，审判前的诉讼活动与审判活动的关系被视为从属关系，没有截然分开的诉讼阶段划分。例如，英美法系国家将侦查和审查起诉视为为审判进行准备的阶段，审查起诉一般不被视为独立的诉讼阶段。一些大陆法系国家将检察机关视为侦查机关，将警察机关视为检察机关的辅助机关，侦查由检察机关监督指挥进行。这些国家不把公诉的审查和决定作为一个独立的程序，而是作为侦查活动终结的处理。在我国，刑事诉讼由侦查、起诉、审判三个阶段构成，审查起诉是连接侦查和审判的独立的诉讼阶段。

2. 检察机关是行使审查起诉权的唯一主体

《刑事诉讼法》第167条规定，凡需要提起公诉的案件，一律由人民检察院审查决定。这一规定表明，一方面，提起公诉的决定权只能由人民检察院行使，其他任何机关、团体和个人都无权行使这一权力；另一方面，无论是公安机关侦查终结的案件,还是人民检察院自行侦查终结的案件,决定提起公诉之前,都必须经过严格的审查。在实行预审制的国家,审查起诉权由法院、预审法官或者大陪审团行使。而在我国的刑事诉讼中,并没有在起诉和审判之间设立预审法庭来防止不当起诉和滥用追诉权。因此,对于侦查终结的案件必须由公权力进行审查,以保证刑事诉讼准确顺利的进行。公诉权是一项具有专属性的国家权力,其他机关、团体和个人无权行使。

3. 审查起诉与法律监督相统一

对于检察权的性质,不同的国家有不同的认识。英美法系国家将检察权的性质定位于行政权,检察机关的职责就是行使公诉权。大陆法系国家认为检察权更偏重于司法权。我国《宪法》规定,检察机关是法律监督机关。检察机关通过审查起诉活动对侦查活动是否合法实行监督,可以发现和纠正侦查工作中的违法情况,从而保证刑事诉讼活动的合法性,维护司法公正。

4. 审查起诉方式以审查式为主,同时吸收辩论式特点

我国的审查起诉程序由检察机关主持,不采用开庭方式,而且基本上不公开进行。同审判阶段相比,被追诉方行使辩护权的范围具有相对局限性。新的《刑事诉讼法》吸收了辩论式审查起诉方式的一些特点。如我国《刑事诉讼法》第170条规定,人民检察院审查案件,应当讯问犯罪嫌疑人,听取辩护人、被害人及其诉讼代理人的意见,并记录在案。辩护人、被害人及其诉讼代理人提出书面意见的,应当附卷。

(二)审查起诉的案件来源

审查起诉的案件有两个方面的来源:一是公安机关、国家安全机关等侦查机关侦查终结并移送要求提起公诉的案件;二是检察机关的侦查部门侦查终结并移送审查起诉部门审查决定是否提起公诉的案件。

(三)审查起诉的作用

审查起诉工作在刑事诉讼中的作用主要表现在以下几个方面。

(1)通过审查,对那些犯罪事实清楚,证据确实、充分,依法应当追究刑事责任的犯罪嫌疑人提起公诉,交付审判,以实现国家的刑罚权。审查起诉是准确有效地追诉犯罪的重要保证,它可以防止遗漏犯罪嫌疑人的罪行和其他应当被追诉的人,避免放纵罪犯,确保犯罪人受到应有的惩罚。

(2)通过审查起诉,保证追诉的公正性和准确性。审查起诉是审判前防止错诉的最后一道关口,通过审查起诉可以防止错误地追究无辜者的刑事责任,防止将明显无审判必要的案件交付审判,影响司法威信,保障公民的合法权益。

(3)它是侦查监督的基本方式。作为连接侦查与审判的纽带,通过审查起诉,

可以对侦查机关的侦查活动是否合法进行法律监督，做到肯定侦查工作中的成绩，发现侦查工作中的问题，弥补侦查工作中的不足，及时纠正侦查工作中的错误，防止滥用侦查职权。

二、应当查明的案件内容

根据《刑事诉讼法》第168条和《刑事诉讼规则（试行）》第363条规定，人民检察院审查移送起诉的案件，必须查明以下内容。

（1）犯罪嫌疑人身份状况是否清楚，包括姓名、性别、国籍、出生年月日、职业和单位等；单位犯罪的，单位的相关情况是否清楚。

（2）犯罪事实、情节是否清楚；实施犯罪的时间、地点、手段、犯罪事实、危害后果是否明确。查明犯罪事实、情节，是正确定罪量刑的前提；查明证据是否确实、充分，是正确定罪量刑的依据和基础。

（3）认定犯罪性质和罪名的意见是否正确；有无法定的从重、从轻、减轻或者免除处罚的情节及酌定从重、从轻情节；共同犯罪案件的犯罪嫌疑人在犯罪活动中的责任认定是否恰当。

（4）证明犯罪事实的证据材料包括采取技术侦查措施的决定书及证据材料是否随案移送；证明相关财产系违法所得的证据材料是否随案移送；不宜移送的证据的清单、复制件、照片或者其他证明文件是否随案移送。

（5）证据是否确实、充分，是否依法收集，有无应当排除非法证据的情形。如果发现有需要排除非法证据的情况，就要启动非法证据排除的程序，使该证据材料在提起公诉时不作为证据使用。

（6）侦查的各种法律手续和诉讼文书是否完备。法律手续和诉讼文书完备是侦查活动的基本要求，法律手续是实施强制措施和专门性调查工作合法性的形式依据。诉讼类文书如起诉意见书是侦查机关结束侦查程序，将案件移交检察机关审查起诉的法律凭证。因此，法律手续和诉讼文书完备是侦查程序终结必不可少的形式要件。

（7）有无遗漏罪行和其他应当追究刑事责任的人。人民检察院追诉犯罪应当客观、全面，因此，在审查起诉时，要注意审查有无遗漏犯罪嫌疑人的罪行和其他应当追究刑事责任的人。要查清案件的全部犯罪事实，就必须查清犯罪嫌疑人的全部罪行，对共同犯罪案件，要查清所有实施犯罪的人。例如，在审查盗窃、诈骗、走私案件时，要注意追查销赃犯和包庇、窝藏犯，对于已构成窝赃销赃罪的，也应对窝赃销赃者一并提起公诉；在审查未成年人犯罪案件时，要注意审查有无教唆犯；在审查个人犯罪案件时，要注意发现团伙犯罪活动；在审查团伙犯罪时，更应注意审查有无漏诉其他犯罪成员。

(8)是否属于不应当追究刑事责任的。保障无罪的人不受刑事追究是人民检察院的职责之一,因此,人民检察院在审查案件时,必须查明犯罪嫌疑人有无不应追究刑事责任的情形,《刑事诉讼法》第15条对不应追究刑事责任的情形作了明确的规定。

(9)有无附带民事诉讼;对于国家财产、集体财产遭受损失的,是否需要由人民检察院提起附带民事诉讼。《刑事诉讼法》第99条规定,被害人由于被告人的犯罪行为而遭受物质损失的,在刑事诉讼过程中,有权提起附带民事诉讼。附带民事诉讼制度,对于全面追究被告人的刑事责任和民事责任,保护国家、集体利益和公民的合法权益,具有十分重要的意义。为此,人民检察院在审查起诉时,首先要审查犯罪嫌疑人的犯罪行为是否给被害人造成了物质损失,被害人是否提起了附带民事诉讼。已提起的,要保护被害人的这项权利;没有提起的,应主动告知被害人有权提起。其次,还要查明国家、集体财产是否因犯罪而受到损失,如果造成了损失,人民检察院可以在提起公诉时一并提起附带民事诉讼。

(10)采取的强制措施是否适当,对于已经逮捕的犯罪嫌疑人,有无继续羁押的必要。我国刑事诉讼中的五种强制措施,每一种都有自己的适用条件,各不相同。根据新的《刑事诉讼法》,强制措施的适用也不是一成不变的,根据案情和条件的变化,可以撤销、变更或解除。

(11)侦查活动是否合法。检察机关作为法律监督机关,法律监督权的行使贯穿于刑事诉讼全过程。尤其是侦查程序因自身的秘密性、不公开性,造成侦查阶段刑讯逼供的案件屡见不鲜。因此,对侦查活动的合法性进行监督,是维护司法公正,尤其是程序公正的必要手段。

(12)涉案款物是否已查封、扣押、冻结并妥善保管,清单是否齐备;对被害人合法财产的返还和对违禁品或者不宜长期保存的物品的处理是否妥当,移送的证明文件是否完备。

三、审查的步骤与方法

审查起诉是一项重要的诉讼活动,在整个刑事诉讼过程中处于承前启后的中间环节。为保证审查起诉得以顺利进行,审查起诉的具体方法和步骤应当符合如下要求。

(一)审查起诉的必经步骤和程序

1. 指定办案人员

根据《刑事诉讼规则(试行)》第360条规定,人民检察院受理移送审查起诉案件,应当指定检察员或者经检察长批准代行检察员职务的助理检察员办理,也可以由检察长办理。

2. 审查本院是否有管辖权

各级人民检察院提起公诉,应当与人民法院审判管辖相对应。审查管辖权是程序性审查,如果本院具有管辖权,则审查进入实质审查阶段。公诉部门收到移送审查起诉的案件后,如果发现移送审查的案件具有以下情形,应当作出相对应的管辖处理:经审查认为不属于本院管辖的,应当在5日以内经由案件管理部门移送有管辖权的人民检察院。

(1)认为属于上级人民法院管辖的第一审案件的,应当报送上一级人民检察院,同时通知移送审查起诉的公安机关;认为属于同级其他人民法院管辖的第一审案件的,应当移送有管辖权的人民检察院或者报送共同的上级人民检察院指定管辖,同时通知移送审查起诉的公安机关。

(2)上级人民检察院受理同级公安机关移送审查起诉案件,认为属于下级人民法院管辖的,可以交下级人民检察院审查,由下级人民检察院向同级人民法院提起公诉,同时通知移送审查起诉的公安机关。

(3)一人犯数罪、共同犯罪和其他需要并案审理的案件,只要其中一人或者一罪属于上级人民检察院管辖的,全案由上级人民检察院审查起诉。

(4)需要依照《刑事诉讼法》的规定指定审判管辖的,人民检察院应当在侦查机关移送审查起诉前协商同级人民法院办理指定管辖有关事宜。

3. 审阅案卷材料

办案人员接到案件后,应当及时地审查公安机关或者刑事侦查部门移送的案件材料,了解、掌握案件情况。在阅卷中发现在事实和证据方面存在疑点的,要采取相应的措施。办案人员应当全面审阅案卷材料,必要时制作阅卷笔录。

4. 讯问犯罪嫌疑人

讯问犯罪嫌疑人是人民检察院审查起诉的必经程序。这是人民检察院核实证据,正确认定案件事实,监督侦查活动是否合法所必需的。讯问犯罪嫌疑人还有助于直接了解犯罪嫌疑人的精神状态和悔罪态度,为其提供辩护的机会,倾听其辩解理由。因此,讯问犯罪嫌疑人意义重大,必须依法进行。根据《刑事诉讼法》规定,讯问只能由检察人员进行,讯问犯罪嫌疑人时应当告知其有申请回避的权利。检察人员在讯问时不得少于2人,并且首先应当讯问犯罪嫌疑人是否有犯罪行为,让其陈述有罪的情节和无罪的辩解,然后根据犯罪嫌疑人的陈述情况和阅卷确定的符合证据的重点,向犯罪嫌疑人提出问题让其回答。除对质以外,讯问犯罪嫌疑人应当个别进行,并注意做好笔录。

5. 听取辩护人、被害人及其诉讼代理人的意见

人民检察院自收到移送审查起诉的案件材料之日起3日内,应当告知犯罪嫌

疑人有权委托辩护人,并应当告知被害人及其法定代理人或者近亲属有权委托诉讼代理人。询问被害人和诉讼代理人、被害人委托的人,并听取他们的意见,这也是人民检察院审查起诉的必经程序。刑事案件中的被害人是犯罪行为的受害者,对案件情况比较了解,听取其意见,既有助于查清案件事实,又有利于对被害人合法权益的保护。

在司法实践中,有许多被害人、犯罪嫌疑人因缺乏法律知识或受其文化水平限制,不能准确地陈述和回答检察人员的问题,需要委托他人代为诉讼,因此,《刑事诉讼法》规定人民检察院审查案件,应当听取被害人、犯罪嫌疑人、被害人委托的人的意见,这样更有助于检察人员核实证据,查明案件事实。询问被害人、犯罪嫌疑人、被害人委托的人时,应当由两个以上检察人员进行,并需向他们出示人民检察院的证明文件,询问前还要告知他们应当如实提供证据和陈述,询问应个别进行,同时注意做好笔录。辩护人、被害人及其诉讼代理人提出书面意见的,应当附卷。直接听取辩护人、被害人及其诉讼代理人的意见有困难的,可以通知辩护人、被害人及其诉讼代理人提出书面意见,在指定期限内未提出意见的,应当记录在案。

(二)证据存在疑点问题的处理

1. 需要作出鉴定和重新鉴定的处理

(1)需要对案件中某些专门性问题进行鉴定而侦查机关没有鉴定的,应当要求侦查机关进行鉴定;必要时也可以由人民检察院进行鉴定或者由人民检察院送交有鉴定资格的人进行。人民检察院自行鉴定的,可以商请侦查机关派员参加,必要时可以聘请有鉴定资格的人参加。

(2)在审查起诉中,发现犯罪嫌疑人可能患有精神病的,人民检察院应当对犯罪嫌疑人进行鉴定。犯罪嫌疑人的辩护人或者近亲属以犯罪嫌疑人可能患有精神病而申请对犯罪嫌疑人进行鉴定的,人民检察院也可以对犯罪嫌疑人进行鉴定,鉴定费用由申请方承担。

(3)人民检察院对鉴定意见有疑问的,可以询问鉴定人并制作笔录附卷,也可以指派检察技术人员或者聘请有鉴定资格的人对案件中的某些专门性问题进行补充鉴定或者重新鉴定。公诉部门对审查起诉案件中涉及专门技术问题的证据材料需要进行审查的,可以送交检察技术人员或者其他有专门知识的人审查,审查后应当出具审查意见。

2. 需要复验、复查的处理

人民检察院审查案件的时候,对公安机关的勘验、检查,认为需要复验、复查的,应当要求公安机关复验、复查,人民检察院可以派员参加;也可以自行复验、复查,商请公安机关派员参加,必要时也可以聘请专门技术人员参加。

3. 物证、书证、视听资料、电子数据及勘验、检查、辨认、侦查实验等笔录存在疑问的处理

人民检察院对物证、书证、视听资料、电子数据及勘验、检查、辨认、侦查实验等笔录存在疑问的,可以要求侦查人员提供获取、制作的有关情况。必要时也可以询问提供物证、书证、视听资料、电子数据及勘验、检查、辨认、侦查实验等笔录的人员和见证人并制作笔录附卷,对物证、书证、视听资料、电子数据进行技术鉴定。

4. 证人证言笔录存在疑问的处理

人民检察院对证人证言笔录存在疑问或者认为对证人的询问不具体或者有遗漏的,可以对证人进行询问并制作笔录附卷。

5. 对于随案移送的录音、录像的处理

对于随案移送的讯问犯罪嫌疑人的录音、录像或者人民检察院调取的录音、录像,人民检察院应当审查相关的录音、录像;对于重大、疑难、复杂的案件,必要时可以审查全部录音、录像。

(三)非法证据排除

人民检察院在审查起诉中,发现可能存在《刑事诉讼法》第54条规定的以非法方法收集证据情形的,应当作出以下处理。

(1)收集物证、书证不符合法定程序的,可以要求侦查机关对证据收集的合法性作出书面说明或者提供相关证明材料。

(2)发现侦查人员以非法方法收集犯罪嫌疑人供述、被害人陈述、证人证言等证据材料的,应当依法排除非法证据并提出纠正意见,同时可以要求侦查机关另行指派侦查人员重新调查取证,必要时人民检察院也可以自行调查取证。

(四)补充侦查

人民检察院认为犯罪事实不清、证据不足或者遗漏罪行、遗漏同案犯罪嫌疑人等情形需要补充侦查的,应当提出具体的书面意见,连同案卷材料一并退回公安机关或者本院侦查部门补充侦查;人民检察院也可以自行侦查,必要时可以要求公安机关或者本院侦查部门提供协助。

对于退回补充侦查的案件,应当在1个月以内补充侦查完毕。补充侦查以2次为限。补充侦查完毕移送审查起诉后,人民检察院重新计算审查起诉期限。

人民检察院在审查起诉中决定自行侦查的,应当在审查起诉期限内侦查完毕。

人民检察院对已经退回侦查机关2次补充侦查的案件,在审查起诉中又发现新的犯罪事实的,应当移送侦查机关立案侦查;对已经查清的犯罪事实,应当依法提起公诉。

对于在审查起诉期间改变管辖的案件,改变后的人民检察院对于符合《刑事诉

讼法》第 171 条第 2 款规定的案件，可以通过原受理案件的人民检察院退回原侦查的公安机关补充侦查，也可以自行侦查。改变管辖权后退回补充侦查的次数总共不得超过 2 次。

（五）其他情况的处理

（1）人民检察院公诉部门经审查认为需要逮捕犯罪嫌疑人的，应当移送侦查监督部门办理决定逮捕的手续。

（2）关于追缴财物的处理。追缴的财物中，属于被害人的合法财产，不需要在法庭出示的，应当及时返还被害人，并由被害人在发还款物清单上签名或者盖章，注明返还的理由，并将清单、照片附卷。属于违禁品或者不宜长期保存的物品，应当依照国家有关规定处理，并将清单、照片、处理结果附卷。

四、审查起诉的期限

规定审查起诉期限的目的是迅速及时地审查案件，查清事实，依法追究犯罪，保障无辜的人不受追究。我国《刑事诉讼法》第 169 条规定，人民检察院对于公安机关移送起诉的案件，应当在 1 个月以内作出决定，重大、复杂的案件，可以延长半个月。人民检察院审查起诉的案件，改变管辖的，从改变后的人民检察院收到案件之日起计算审查起诉期限。

该条对审查起诉的期限以及改变管辖后审查起诉期限的计算，都作出了明确的规定。这一规定是长期审查起诉经验的总结，是符合准确及时办案要求的。根据《刑事诉讼法》第 171 条第 3 款规定，对补充侦查的案件，补充侦查完毕移送人民检察院后，人民检察院也要重新计算审查起诉期限。以上规定的审查起诉的期限是针对犯罪嫌疑人被羁押的情况而言的。

五、审查后的处理

人民检察院认为犯罪嫌疑人的犯罪事实已经查清，证据确实、充分，依法应当追究刑事责任的，应当作出起诉决定，按照审判管辖的规定，向人民法院提起公诉，并将案卷材料、证据移送人民法院。

犯罪嫌疑人没有犯罪事实，或者有《刑事诉讼法》第 15 条规定的情形之一的，人民检察院应当作出不起诉决定。对于犯罪情节轻微，依照《刑法》规定不需要判处刑罚或者免除刑罚的，人民检察院可以作出不起诉决定。

第三节　提起公诉

一、提起公诉的概念

提起公诉，是指人民检察院代表国家对公安机关侦查终结移送起诉的案件以及自行侦查终结的案件，经过全面审查，认为犯罪嫌疑人的犯罪事实已经清楚，证据确实、充分，依法应当追究刑事责任时向人民法院提起诉讼，要求给被告人以刑事处罚的活动。提起诉讼是我国《刑事诉讼法》赋予人民检察院的一项专有职权，只有人民检察院才能代表国家对犯罪提起公诉，其他任何机关、团体和个人都无权行使该项权力。

二、提起公诉的条件

根据《刑事诉讼法》第 172 条规定，人民检察院认为犯罪嫌疑人的犯罪事实已经查清，证据确实、充分，依法应当追究刑事责任的，应当作出起诉决定，按照审判管辖的规定，向人民法院提起公诉。根据这一规定，人民检察院提起公诉的案件必须具备以下四个条件。

（一）犯罪嫌疑人的犯罪事实已经查清

犯罪事实是对犯罪嫌疑人正确定罪和处刑的基础，只有查清犯罪事实，才能正确定罪量刑，因此，人民检察院提起公诉，必须首先查清犯罪嫌疑人的犯罪事实。这里的“犯罪事实”，是指影响定罪量刑的犯罪事实，包括：（1）确定犯罪嫌疑人实施的行为是犯罪，而不是一般违法行为的事实；（2）确定犯罪嫌疑人是否负刑事责任或者免除刑事责任的事实，比如犯罪嫌疑人的主观状态、犯罪嫌疑人的年龄、精神状态等；（3）确定对犯罪嫌疑人应当从轻、减轻或者从重处罚的事实。

查清上述各项事实就符合了犯罪嫌疑人的犯罪事实已经查清的条件。实践中，就具体案件来说，具有下列情形之一的，就可以确认犯罪事实已经查清：（1）属于单一罪行的案件，查清的事实足以定罪量刑或者与定罪量刑有关的事实已经查清，不影响定罪量刑的事实无法查清的；（2）属于数个罪行的案件，部分罪行已经查清并符合起诉条件，其他罪行无法查清的；（3）无法查清作案工具、赃物去向，但有其他证据足以对被告人定罪量刑的；（4）言词证据中主要情节一致，只有个别情节不一致且不影响定罪的。对于符合上述第（2）种情况的，应当依已经查清的罪行起诉。因此，对那些并不影响定罪量刑的事实则没有必要查清，司法实践中，那种查清案件的一切事实后才提起公诉的做法是不可取的。

（二）证据确实、充分

证据是认定犯罪事实的客观依据，因此，人民检察院指控犯罪嫌疑人实施的犯罪行为，必须要有确实、充分的证据。证据确实，是对证据质的要求，是指用以证明犯罪事实的每一项证据必须是客观真实存在的事实，同时又是与犯罪事实有内在联系，能够证明案件的事实真相。证据充分是对证据量的要求，只要一定数量的证据足够证明犯罪事实，就达到了证据充分性的要求。

证据确实与充分是相互联系、不可分割的两个方面，证据确实必须以证据充分为条件，如果证据不充分，证据确实也无法达到；反之，如果证据不确实，而证据再充分,也不能证明案件真实。因此,证据确实、充分是提起公诉的一个必要条件。

(三)依法应当追究刑事责任

依照法律规定,犯罪嫌疑人实施了某种犯罪,并非一定要负刑事责任。根据《刑法》《刑事诉讼法》的有关规定,有些犯罪行为为法定不予追究刑事责任的情形。因此,决定对犯罪嫌疑人提起公诉,还必须排除法定不予追究刑事责任的情形。依法应当追究犯罪嫌疑人的刑事责任就成为对其提起公诉的又一必要条件。

(四)人民检察院提起公诉应当符合审判管辖的规定

人民检察院提起公诉,应当向有管辖权的人民法院提起,必须符合级别管辖、专属管辖和地域管辖的规定。向无管辖权的人民法院起诉,往往不能有效地启动审判程序。

总之,对犯罪嫌疑人提起公诉,必须同时具备上述四个条件,缺少上述四个条件中的任何一项,都不能对犯罪嫌疑人提起公诉。

三、起诉书的制作

人民检察院决定对被告人提起公诉的案件,必须向人民法院提交起诉书。起诉书是人民检察院依照法定的诉讼程序代表国家对被告人向人民法院提起诉讼的文书,这种文书是检察机关以国家公诉人的名义制作的,因而通常又称为公诉书。起诉书是人民检察院重要的司法文书,它具有揭露犯罪、证实犯罪的功效,是将被告人交付法院审判的书面凭证,是人民法院对被告人得以行使审判权的法律依据,也是宣传法制、教育群众的生动教材。因此,它的制作无疑是一项十分严肃的工作。根据《刑事诉讼法》的规定,起诉书主要包括如下内容。

(1)被告人的基本情况,包括姓名、性别、出生年月日、出生地和户籍地、身份证号码、民族、文化程度、职业、工作单位及职务、住址,是否受过刑事处分及处分的种类和时间,采取强制措施的情况等;如果是单位犯罪,应当写明犯罪单位的名称和组织机构代码、所在地址、联系方式,法定代表人和诉讼代表人的姓名、职务、联系方式;如果还有应当负刑事责任的直接负责的主管人员或其他直接责任人员,应当按上述被告人基本情况的内容叙写。

(2)案由和案件来源。

(3)案件事实,包括犯罪的时间、地点、经过、手段、动机、目的、危害后果等与定罪量刑有关的事实要素。起诉书叙述的指控犯罪事实的必备要素应当明晰、准确。被告人被控有多项犯罪事实的,应当逐一列举,对于犯罪手段相同的同一犯罪可以概括叙写。

(4)起诉的根据和理由,包括被告人触犯的《刑法》条款,犯罪的性质及认定的罪名,处罚条款,法定从轻、减轻或者从重处罚的情节,共同犯罪各被告人应负的罪责等。

起诉书在制作时应当注意以下问题：

一是，被告人真实姓名、住址无法查清的，应当按其绰号或者自报的姓名、住址制作起诉书，并在起诉书中注明。被告人自报的姓名可能造成损害他人名誉、败坏道德风俗等不良影响的，可以对被告人编号并按编号制作起诉书，并附具被告人的照片，记明足以确定被告人面貌、体格、指纹以及其他反映被告人特征的事项。

二是，起诉书应当附有被告人现在处所，证人、鉴定人、需要出庭的有专门知识的人的名单，需要保护的被害人、证人、鉴定人的名单，涉案款物情况，附带民事诉讼情况以及其他需要附注的情况。

三是，证人、鉴定人、有专门知识的人的名单应当列明姓名、性别、年龄、职业、住址、联系方式，并注明证人、鉴定人是否出庭。

四、起诉书的移送

移送起诉书是起诉的表示。各级人民检察院提起公诉的案件，应当按照审判管辖的规定，向人民法院移送起诉书。下级人民法院受理同级公安机关移送起诉的案件，经审查认为属于上级人民法院第一审管辖的案件，应当分别情况报送相应的上级人民检察院向同级人民法院提起公诉；上级人民检察院受理同级公安机关侦查终结移送起诉的案件，如果认为属于下级人民法院管辖的，应由上级人民检察院交给下级人民检察院审查后，向同级人民法院提起公诉。

移送起诉时应当注意以下问题：

(1)移送起诉书时应按照被告人人数制作起诉书副本(一式八份，每增加一名被告人增加起诉书五份)连同案卷材料和证据一并移送。

(2)关于被害人姓名、住址、联系方式、被告人被采取强制措施的种类、是否在案及羁押处所等问题，人民检察院应当在起诉书中列明，不再单独移送材料。

(3)对于涉及被害人隐私或者为保护证人、鉴定人、被害人人身安全，而不宜公开证人、鉴定人、被害人姓名、住址、工作单位和联系方式等个人信息的，可以在起诉书中使用化名替代证人、鉴定人、被害人的个人信息，但是应当另行书面说明使用化名等情况，并标明密级。

(4)人民检察院对于犯罪嫌疑人、被告人或者证人等翻供、翻证的材料以及对于犯罪嫌疑人、被告人有利的其他证据材料，应当移送人民法院。

(5)人民法院向人民检察院提出书面意见要求补充移送材料，人民检察院认为有必要移送的，应当自收到通知之日起 3 日以内补送。

(6) 对提起公诉后，在人民法院宣告判决前补充收集的证据材料，人民检察院应当及时移送人民法院。

(7)在审查起诉期间,人民检察院可以根据辩护人的申请,向公安机关调取在侦查期间收集的证明犯罪嫌疑人、被告人无罪或者罪轻的证据材料。

五、量刑建议

(一)量刑建议的概念及性质

量刑建议,是指检察机关在提起公诉或出庭支持公诉时,依据相关法律规定,就被告人应当适用的具体刑罚包括刑种、刑期、执行方式等向法院提出意见的诉讼活动。量刑建议权是国家意志的体现,它属于公诉权的内在组成部分,是一种基于刑罚请求权的司法请求权。

量刑建议有如下属性:

(1)基于公诉权的下位权能。量刑建议权源于公诉权,而公诉权又直接来自于刑罚权。

(2)公权力而非私权利。量刑建议作为公诉权的一部分,是国家通过相关法律赋予特定人或特定机关行使的权力。

(3)行使量刑建议权的主体是代表国家行使追诉权的公诉人或公诉机关。

(4)量刑建议权的内容是公诉机关或者个人请求法官对被告人在定罪的基础上处以特定的或一定幅度内的刑罚,是在定罪请求权的基础上提出对该被告人怎样处以刑罚的较为具体的意见。

(5)量刑建议权是一种司法请求权,它不具有终局性。法官在或接受或否定量刑建议的情况下,对被告人的行为及其责任作出自己的判断和评价。

(6)量刑建议权也体现了检察机关司法监督的职能。量刑建议对法官在量刑上的自由裁量权具有较大的制约性,这也是对法院量刑的事前监督。

无论是大陆法系国家还是英美法系国家,检察机关享有量刑建议权较为普遍。在美国,检察官的量刑建议被普遍采用并呈加强趋势。日本将检察官发表的量刑意见称为"请求处理"。在德国,检察官在审判中采取的最重要步骤是对刑罚的建议。俄罗斯法律规定,检察官支持公诉时应向法庭提出对受审人适用刑事法律和刑罚的幅度的意见。

(二)我国刑事诉讼中量刑建议的具体规定

根据《刑事诉讼规则(试行)》规定,量刑建议的具体内容包括以下几个方面。

(1)只要是提起公诉的案件,都可以向人民法院提出量刑建议。

(2)建议的幅度和范围:除有减轻处罚或者免除处罚情节外,量刑建议应当在法定量刑幅度内提出。建议判处有期徒刑、管制、拘役的,可以具有一定的幅度,也可以提出具体确定的建议。

(3)制作量刑建议书。对提起公诉的案件提出量刑建议的,可以制作量刑建议书，与起诉书一并移送人民法院。量刑建议书的主要内容应当包括被告人所犯罪行的法定刑，量刑情节，人民检察院建议人民法院对被告人处以刑罚的种类、刑罚幅度，可以适用的刑罚执行方式以及提出量刑建议的依据和理由等。

六、简易程序适用的建议

根据《刑事诉讼法》第 208 条规定，人民检察院在提起公诉的时候，针对基层人民法院管辖的下列案件可以建议人民法院适用简易程序：(1)案件事实清楚、证据充分的；(2)被告人承认自己所犯罪行，对指控的犯罪事实没有异议的；(3)被告人对适用简易程序没有异议的。

具有下列情形之一的，人民检察院不应当建议人民法院适用简易程序：(1)被告人是盲、聋、哑人，或者是尚未完全丧失辨认或者控制自己行为能力的精神病人的；(2)有重大社会影响的；(3)共同犯罪案件中部分被告人不认罪或者对适用简易程序有异议的；(4)比较复杂的共同犯罪案件；(5)辩护人作无罪辩护或者对主要犯罪事实有异议的；(6)其他不宜适用简易程序的。

七、变更、追加、补充或者撤回起诉

(一)变更、追加、补充起诉

在人民法院宣告判决前，人民检察院发现被告人的真实身份或者犯罪事实与起诉书中叙述的身份或者指控犯罪事实不符的，或者事实、证据没有变化，但罪名、适用法律与起诉书不一致的，可以变更起诉；发现遗漏的同案犯罪嫌疑人或者罪行可一并起诉和审理的，可以追加、补充起诉。

(二)撤回起诉

在人民法院宣告判决前，人民检察院发现具有下列情形之一的，可以撤回起诉：(1)不存在犯罪事实的；(2)犯罪事实并非被告人所为的；(3)情节显著轻微、危害不大，不认为是犯罪的；(4)证据不足或证据发生变化，不符合起诉条件的；(5)被告人因未达到刑事责任年龄，不负刑事责任的；(6)法律、司法解释发生变化导致不应当追究被告人刑事责任的；(7)其他不应当追究被告人刑事责任的。

对于撤回起诉的案件，人民检察院应当在撤回起诉后 30 日以内作出不起诉决定。需要重新侦查的，应当在作出不起诉决定后将案卷材料退回公安机关，建议公安机关重新侦查并书面说明理由。

对于撤回起诉的案件，没有新的事实或者新的证据，人民检察院不得再行起诉。新的事实是指原起诉书中未指控的犯罪事实。该犯罪事实触犯的罪名既可以是原指控罪名的同一罪名，也可以是其他罪名。新的证据是指撤回起诉后收集、调取的足以证明原指控犯罪事实的证据。

变更、追加、补充或者撤回起诉应当报经检察长或者检察委员会决定，并以书

面形式在人民法院宣告判决前向人民法院提出。

第四节 不 起 诉

一、不起诉的概念

不起诉,是指人民检察院对公安机关侦查终结移送起诉的案件以及自行侦查终结的案件进行审查后,认为案件不符合起诉条件或者可以不将犯罪嫌疑人交付审判,而作出的不将犯罪嫌疑人提交人民法院审判的一种处理决定。不起诉决定具有终止刑事诉讼的效力,必须依法作出才能保证既防止不必要的审判,又不放过应当追究刑事责任的罪犯。

二、不起诉的种类

根据《刑事诉讼法》第171条第4款和第173条的规定,不起诉分为法定不起诉、酌定不起诉和存疑不起诉三类。

(一)法定不起诉

法定不起诉,又称绝对不起诉,是指犯罪嫌疑人没有犯罪事实,或者有《刑事诉讼法》第15条规定的情形之一的,人民检察院应当作出不起诉决定。

这里规定的"应当作出不起诉决定"是指有以下几种情形:(1)犯罪嫌疑人没有犯罪事实的;(2)犯罪嫌疑人实施的行为情节显著轻微、危害不大,不认为是犯罪的;(3)犯罪嫌疑人的犯罪已过追诉时效期限的;(4)犯罪嫌疑人的犯罪经特赦令免除刑罚的;(5)依照《刑法》告诉才处理的犯罪,没有告诉或者撤回告诉的;(6)犯罪嫌疑人、被告人死亡的;(7)其他法律规定免于追究刑事责任的。

以上七种情形,有的是犯罪,有的不认为是犯罪,有的是不应追究刑事责任或无法追究刑事责任,总之都不具备起诉的法定条件。因此,人民检察院在审查起诉中,对于具备上述七种情形之一的,都应当作出不起诉决定,而无须权衡作出这一决定是否适宜,这是法定不起诉区别于酌定不起诉的重要特征。

(二)酌定不起诉

酌定不起诉,又称相对不起诉,是指人民检察院认为犯罪嫌疑人的犯罪情节轻微,依照《刑法》规定不需要判处刑罚或者免除刑罚的案件,可以作出的不起诉决定。

我国《刑事诉讼法》第173条第2款规定,对于犯罪情节轻微,依照《刑法》规定不需要判处刑罚或者免除刑罚的,人民检察院可以作出不起诉决定。根据这一规定,酌定不起诉必须同时具备两个条件:一是犯罪嫌疑人实施的行为触犯了刑律,符合犯罪构成的要件,已经构成犯罪;二是犯罪情节轻微,依照《刑法》

规定不需要判处刑罚或者免除刑罚。《刑法》第 37 条规定:“对于犯罪情节轻微不需要判处刑罚的,可以免予刑事处罚,但是可以根据案件的不同情况,予以训诫或者责令具结悔过、赔礼道歉、赔偿损失,或者由主管部门予以行政处罚或者行政处分。”这是《刑法》规定的不需要判处刑罚的情形。依照《刑法》规定免除刑罚的情形主要是指:(1)犯罪嫌疑人在中华人民共和国领域外犯罪,依照我国《刑法》规定应当负刑事责任,但在外国已经受过刑事处罚的;(2)犯罪嫌疑人又聋又哑或者是盲人犯罪的;(3)犯罪嫌疑人因防卫过当或紧急避险超过必要限度,并造成不应有危害而犯罪的;(4)为犯罪准备工具,制造条件的;(5)在犯罪过程中自动中止或自动有效地防止犯罪结果发生的;(6)在共同犯罪中,起次要或辅助作用的;(7)被胁迫、被诱骗参加犯罪的;(8)犯罪嫌疑人自首或者在自首后有立功表现的。

在司法实践中,人民检察院在确定犯罪嫌疑人具有上述情形之一时,还必须在其犯罪情节轻微的前提条件下才可以作出不起诉决定,人民检察院要根据犯罪嫌疑人的年龄、犯罪动机和目的、手段、危害后果等情节以及一贯表现进行综合考虑,在确实认为作出不起诉的决定更为有利时,才可以作出不起诉决定。

(三)存疑不起诉

存疑不起诉,又称证据不足不起诉,是指检察机关对于经过补充侦查的案件,仍然认为证据不足,不符合起诉条件的,可以作出不起诉决定。《刑事诉讼法》第171 条第 4 款规定,对于二次补充侦查的案件,人民检察院仍然认为证据不足,不符合起诉条件的,应当作出不起诉的决定。另外,人民检察院对于经过一次退回补充侦查的案件,认为证据不足,不符合起诉条件,且没有退回补充侦查必要的,也可以作出不起诉决定。

具有下列情形之一,不能确定犯罪嫌疑人构成犯罪和需要追究刑事责任的,属于证据不足,不符合起诉条件:(1)犯罪构成要件事实缺乏必要的证据予以证明的;(2)据以定罪的证据存在疑问,无法查证属实的;(3)据以定罪的证据之间、证据与案件事实之间的矛盾不能合理排除的;(4)根据证据得出的结论具有其他可能性,不能排除合理怀疑的;(5)根据证据认定案件事实不符合逻辑和经验法则,得出的结论明显不符合常理的。

人民检察院根据上述情形作出不起诉决定后,如果发现了新的证据,证明案件符合起诉条件的,可以撤销不起诉决定,提起公诉。

三、不起诉的程序

同起诉决定一样,人民检察院对犯罪嫌疑人作出的不起诉决定,也是对案件处理的一种结果,因而是一项十分严肃的工作,不起诉决定一经作出即具有法律效力。因此，为了保证人民检察院不起诉决定的质量，及时发现和纠正可能发生的差错，《刑事诉讼法》第 171—177 条及《刑事诉讼规则（试行）》第 401—425 条就不起诉作出如下具体程序规定。

（一）不起诉决定作出的主体

三种不起诉无论哪一种，都是由检察长或者检察委员会作出，其他主体无权作出。

（二）制作不起诉决定书

凡是不起诉的案件，人民检察院都应当制作不起诉决定书，这是人民检察院代表国家依法确认不追究犯罪嫌疑人刑事责任的决定性法律文书，具有法律效力。不起诉决定书应当包括以下主要内容：(1) 被不起诉人的基本情况，包括姓名、性别、出生年月日、出生地和户籍地、民族、文化程度、职业、工作单位及职务、住址、身份证号码，是否受过刑事处分，采取强制措施的情况以及羁押处所等；如果是单位犯罪，应当写明犯罪单位的名称和组织机构代码、所在地址、联系方式，法定代表人和诉讼代表人的姓名、职务、联系方式；(2) 案由和案件来源；(3) 案件事实，包括否定或者指控被不起诉人构成犯罪的事实以及作为不起诉决定根据的事实；(4) 不起诉的法律根据和理由，写明作出不起诉决定适用的法律条款；(5) 查封、扣押、冻结的涉案款物的处理情况；(6) 有关告知事项。

（三）不起诉决定书的宣布和送达

依照《刑事诉讼规则（试行）》规定，不起诉决定书应该公开宣布，同时应当将不起诉决定书分别送达下列机关和人员：(1) 被不起诉人及其辩护人以及被不起诉人的所在单位；(2) 对于公安机关移送起诉的案件，人民检察院决定不起诉的，应当将不起诉决定书送达公安机关；(3) 对于有被害人的案件，应当将不起诉决定书送达被害人或者其近亲属及其诉讼代理人。

公开宣布不起诉决定的活动应当记录在案。不起诉决定书自公开宣布之日起生效。被不起诉人在押的，应当立即释放；被采取其他强制措施的，应当通知执行机关解除。

（四）对被不起诉人和涉案财产的处理

1. 对被不起诉人的处理

(1) 训诫或者责令具结悔过、赔礼道歉、赔偿损失。人民检察院决定不起诉的案件，可以根据案件的不同情况，对被不起诉人予以训诫或者责令具结悔过、赔礼道歉、赔偿损失。

(2) 移送有关主管机关处理。对被不起诉人需要给予行政处罚、行政处分的，人民检察院应当提出检察意见，连同不起诉决定书一并移送有关主管机关处理，并要求有关主管机关及时通报处理情况。

2. 对涉案财产的处理

人民检察院对案件作出不起诉决定后，就终止了刑事诉讼程序。人民检察院决定不起诉的案件，需要对侦查中查封、扣押、冻结的财物解除查封、扣押、冻结的，应当书面通知作出查封、扣押、冻结决定的机关或者执行查封、扣押、冻结决定的机关解除查封、扣押、冻结。

（五）对不服不起诉决定的救济

1. 对被不起诉人的救济

对于人民检察院依照《刑事诉讼法》第173条第2款规定作出的不起诉决定，即酌定不起诉的，被不起诉人如果不服，可以自收到决定书后7日以内向人民检察院申诉。人民检察院应当作出复查决定，通知被不起诉人，同时抄送公安机关。针对法定不起诉、证据不足不起诉的，被不起诉人不可申请申诉。

2. 对公安机关的救济

根据《刑事诉讼法》第175条规定，对于公安机关移送起诉的案件，人民检察院决定不起诉的，应当将不起诉决定书送达公安机关。公安机关认为不起诉的决定有错误的时候，可以要求复议，如果意见不被接受，可以向上一级人民检察院提请复核。

公安机关要求复议的，人民检察院公诉部门应当另行指定检察人员进行审查并提出审查意见，经公诉部门负责人审核，报请检察长或者检察委员会决定。人民检察院应当在收到要求复议意见书后的30日以内作出复议决定，通知公安机关。

公安机关对不起诉决定提请复核的，上一级人民检察院应当交由本机关公诉部门办理。公诉部门指定检察人员进行审查并提出审查意见，经公诉部门负责人审核，报请检察长或者检察委员会决定。上一级人民检察院应当在收到提请复核意见书后的30日以内作出决定，制作复核决定书送交提请复核的公安机关和下级人民检察院。经复核改变下级人民检察院不起诉决定的，应当撤销或者变更下级人民检察院作出的不起诉决定，交由下级人民检察院执行。

3. 对被害人的救济

根据《刑事诉讼法》第176条规定，对于有被害人的案件，决定不起诉的，人民检察院应当将不起诉决定书送达被害人。被害人如果不服，可以自收到决定书后7日以内向上一级人民检察院申诉，请求提起公诉。人民检察院应当将复查决定告知被害人。对人民检察院维持不起诉决定的，被害人可以向人民法院起诉。

上级人民检察院经复查作出起诉决定的，应当撤销下级人民检察院的不起诉决定,交由下级人民检察院提起公诉,并将复查决定抄送移送审查起诉的公安机关。出庭支持公诉由公诉部门办理。

此外,《刑事诉讼法》第176条还规定,对人民检察院不起诉决定的,被害人也可以不经申诉,直接向人民法院起诉。人民法院受理案件后,人民检察院应当将有关案件材料移送人民法院。根据这一规定,人民检察院收到人民法院受理被害人起诉的通知后,人民检察院应当终止复查,将诉讼文书和有关的证据材料移送人民法院。法律的这一规定既体现了对被害人合法权益的充分保护,同时也完善了对人民检察院不起诉决定的制约制度。不起诉决定同样是人民检察院对案件的处理结果,一旦作出,就具有法律约束力,因此保证它的正确性至关重要。如果对人民检察院的不起诉决定缺乏一种有效的制约方式,就难以保证错误的不起诉决定得到纠正,从而不利于保护被害人的合法权益。人民检察院的起诉决定能够受到人民法院的制约,不正确的决定就可以通过人民法院的判决予以纠正。

第五节　提起自诉

一、自诉的概念和意义

（一）自诉的概念

自诉与公诉相对应,是指对于法律规定的案件,被害人或者其法定代理人、近亲属直接向人民法院提起的刑事诉讼。

自诉是最古老的起诉方式,在人类社会之初,起诉完全由私人进行,是否对犯罪嫌疑人追究和惩罚取决于被害人是否向有审判权的组织和个人提出控告,即“无告诉即无审判”。随着对犯罪性质认识的更新,阶级的分化,国家的形成和国家机器的强化,特别是国家公诉机制的建立,被害人自诉逐步为国家公诉所取代。目前关于追诉犯罪的形式大致有两种类型:一类是国家垄断型,起诉权由国家垄断,没有被害人自诉,实行这种制度的国家主要有日本、法国、美国等;另一类是公诉与自诉共存型,而且以公诉为主,自诉为辅,目前采用这一类型的国家占多数。我国采用后一种类型的追诉机制。

（二）自诉的意义

（1）有利于维护被害人的利益。被害人的合法权益通过自诉制度得到维护,表现在两个方面:一方面,被害人是犯罪行为的直接受害者,向国家审判机关控告犯罪,要求予以惩罚是被害人的固有权利。由于诸多因素,在国家追究不力的情况下,由被害人直接起诉有利于维护其合法权益。另一方面,有些犯罪,如侮辱诽谤方面的案件,往往涉及被害人的名誉、隐私,如果付诸公诉,张扬开来,可能对被害人造成更大的损害，法律将对此类案件的起诉权交给被害人行使，起诉与否由被害人自己决定，这样更有利于维护被害人的利益。

(2)一定情况下有助于化解矛盾，教育感化犯罪分子，维护社会秩序。有些案件涉及的主要是公民个人的利益，或者是发生在家庭成员之间的犯罪，如果国家不强加干预，将起诉决定权交给被害人行使，以及允许被害人与加害人在诉讼过程中和解，反而有利于案件的解决，有利于对犯罪分子的教育、感化和挽救，从而消除犯罪起因，维护社会秩序。

(3)有利于弥补和监督刑事追诉机关对犯罪的追诉工作。对有些犯罪由于各种原因，公安检察机关没有追诉，由被害人直接向人民法院告诉，有助于监督制约公安检察机关对犯罪的追诉活动，避免有罪不究、告状无门等现象，也有助于遏制司法腐败。

二、自诉的原则

(一)自诉权处分原则

自诉案件的法理依据是国家将这类案件视为主要侵犯公民个人权利的案件，因此而赋予被害人诉权。作为公民的一种权利，被害人对于这种诉权可以行使也可以放弃。正是基于这种处分权，对自诉案件可以进行调解，自诉人还可以同被告人自行和解或撤回自诉。但这种处分权在行使时可能损害国家和社会利益的除外。

(二)手段对等原则

在公诉案件中，公诉人代表国家，以被告为追诉对象，利用国家力量进行追诉，而且直接具有或经过法院批准具有一定的强制处分权，被告人即使在法律形式上与公诉人处于平等的地位，但其诉讼手段很难对等。自诉案件则不同，当事人双方地位平等、手段对等。一个突出表现是自诉案件的被告人在诉讼过程中可以对自诉人提起反诉，而反诉适用自诉的规定，因此，在自诉案件中原被告的诉讼地位是相对的，在一定条件下是可以互换的，这也是与公诉案件的重要区别。

(三)国家援助原则

鉴于国家和社会利益的重要性以及个别公民诉讼能力的有限性，由国家机关主要是检察机关援助自诉，是现代自诉制度的一项普遍性原则。这种援助主要表现在：当检察官认为原自诉案件涉及社会公众利益或被害人遇特殊情况难以维护个人合法权益时，该案件可以由其提起公诉或承担诉讼。如根据德国《刑事诉讼法》第 376 条和第 377 条规定，符合公共利益的时候，检察院可对原属于自诉案件的犯罪提起公诉。法院认为应当由检察官接管自诉案件的追诉时，应向他移送案卷。检察院也可以在判决发生法律效力前的任何程序阶段中以明确的声明接管自诉案件的追诉。英国的自诉案件范围较广，但检察机关有权在诉讼进行的任一阶段参加诉讼或接管诉讼。在我国刑事诉讼中,对被害人有证据证明的轻微刑事案件,检察机关也可以根据人民群众、社会团体和有关单位的控告按公诉程序进行追诉,从而体现了对自诉的国家援助。

三、自诉案件的范围和特点

(一)自诉案件的范围

根据我国《刑事诉讼法》第204条之规定,自诉案件的范围有以下几类。

1. 告诉才处理的案件

所谓告诉才处理的案件,是指由被害人及其法定代理人、近亲属等提出诉讼,人民法院才予以受理的案件。告诉才处理的刑事案件具体包括:(1)侮辱、诽谤案(《刑法》第246条规定的,但严重危害社会秩序和国家利益的除外);(2)暴力干涉婚姻自由案(《刑法》第257条第1款规定的);(3) 虐待案(《刑法》第260条第1款规定的);(4)侵占案(《刑法》第270条规定的)。

2. 被害人有证据证明的轻微刑事案件

具体包括:(1)故意伤害案(《刑法》第234条第1款规定的);(2)非法侵入住宅案(《刑法》第245条规定的);(3)侵犯通信自由案(《刑法》第252条规定的);(4)重婚案(《刑法》第258条规定的);(5)遗弃案(《刑法》第261条规定的);(6)生产、销售伪劣商品案(《刑法》分则第3章第1节规定的,但严重危害社会秩序和国家利益的除外);(7)侵犯知识产权案(《刑法》分则第3章第7节规定的,但严重危害社会秩序和国家利益的除外);(8)《刑法》分则第4章、第5章规定的,对被告人可能判处3年有期徒刑以下刑罚的案件。

本项规定的案件,被害人直接向人民法院起诉的,人民法院应当依法受理。对其中证据不足、可以由公安机关受理的,或者认为对被告人可能判处3年有期徒刑以上刑罚的,应当告知被害人向公安机关报案,或者移送公安机关立案侦查。

伪证罪、拒不执行判决裁定罪由公安机关立案侦查。

3. 被害人有证据证明对被告人侵犯自己人身、财产权利的行为应当依法追究刑事责任,而公安机关或者人民检察院不予追究被告人刑事责任的案件

此种类型的案件,就是我们通常讲的公诉转自诉的案件。公诉转自诉的条件包括:(1)应当属于侵犯人身权利、财产权利的案件类型;(2)被害人有证据证明应当追究被告人的刑事责任;(3) 有证据证明曾经提出过控告;(4)公安机关或人民检察院已作出不予追究的书面决定的案件,即公安机关、人民检察院已经作出不立案、撤销案件、不起诉等书面决定。

(二)自诉案件的特点

(1)从犯罪客体来看,主要是侵犯公民个人权益方面的犯罪,比如侵犯公民的

人身权、财产权、名誉权、婚姻自主权等。

(2)从起诉对象看,自诉案件多数是性质不太严重,给社会造成的危害相对公诉案件较小的案件。国家将追诉犯罪的权力交给被害人等自己行使,不但不会危害国家利益、集体利益和社会利益,反而可以节省人力、物力、财力,可以使国家侦查机关和提起公诉的机关集中力量打击较为严重的刑事犯罪,将有限的司法资源进行更为合理的分配。

(3)从诉讼程序看,被害人及其法定代理人等有能力依靠自己的力量承担诉讼。自诉案件一般有明确的被告,案情比较清楚、情节比较简单,无须专门的取证手段和侦查措施,被害人及其法定代理人等有能力自行提起诉讼和支持诉讼。如果案情复杂,需要专门的侦查手段,被害人及其法定代理人没有能力查清案情或者收集、提供证据的,不宜作为刑事自讼案件。

四、自诉案件的提起条件

依据自诉案件的特征和法律有关规定,自诉案件提起诉讼的条件是:

(一)被害人告诉

在法律规定的自诉案件范围内,遭受犯罪行为直接侵害的被害人有权向人民法院提起自诉。如果被害人死亡、丧失行为能力或者因受强制、威吓等无法告诉,或者是限制行为能力人以及因年老、患病、盲、聋、哑等不能亲自告诉的,其法定代理人、近亲属可以告诉或者代为告诉。被害人的法定代理人、近亲属告诉或者代为告诉的,应当提供与被害人关系的证明和被害人不能亲自告诉的原因的证明。

(二)有明确的被告人、具体的诉讼请求

自诉案件的刑事诉讼程序由于自诉人的起诉而引起,对于自诉案件,公安机关和人民检察院均不介入,因此没有公安机关的侦查和人民检察院的审查起诉。自诉人起诉时应明确提出控诉的对象,如果不能提出明确的被告人或者被告人下落不明的,自诉案件不能成立。自诉人起诉时还应提出具体的起诉请求,包括指明控诉的罪名和要求人民法院追究被告人何种刑事责任以及证明被告人犯罪的证据。如果提起刑事自诉附带民事诉讼,还应提出具体的赔偿要求。

(三)属于自诉案件范围

即属于《刑事诉讼法》第 204 条规定的三类自诉案件。

(四)证明被告人犯罪事实的证据

被害人提起刑事自诉必须有能够证明被告人犯有被指控的犯罪事实的证据。

(五)属于受诉人民法院管辖

自诉人应当依据《刑事诉讼法》关于级别管辖和地域管辖的规定,向有管辖权

的人民法院提起自诉。

五、刑事自诉状

提起自诉应当提交刑事自诉状，同时提起附带民事诉讼的，应当提交刑事附带民事自诉状。自诉状应当包括以下内容：(1)自诉人(代为告诉人)、被告人的姓名、性别、年龄、民族、出生地、文化程度、职业、工作单位、住址、联系方式；(2)被告人实施犯罪的时间、地点、手段、情节和危害后果等；(3)具体的诉讼请求；(4)致送的人民法院和具状时间；(5)证据的名称、来源等；(6)证人的姓名、住址、联系方式等。对两名以上被告人提出告诉的，应当按照被告人的人数提供自诉状副本。

【问题与思考】

1. 我国刑事起诉的基本特点有哪些？
2. 提起公诉的条件有哪些？
3. 何为不起诉？
4. 自诉的条件有哪些？

第十六章

刑事审判概述

【内容提要】

审判以和平方式解决纠纷，是最终、最彻底地解决社会冲突的方式。对于刑事案件而言，通过刑事审判确定被告人的刑事责任问题是唯一的方式。刑事审判是刑事诉讼程序的中心阶段，控辩双方在此展开对抗，充分展示证据，揭露案件事实，法院居中公正裁判。刑事诉讼的基本原则和理念在此阶段得到淋漓尽致的体现。本章对什么是刑事诉讼审判，刑事诉讼审判的任务是什么，以及在审判过程中应当遵循什么样的审判原则和基本制度进行了较为详细的介绍，为后面具体的刑事审判程序做好铺陈。刑事审判的基本原则主要包括不告不理原则、直接言词原则、辩论原则和集中审理原则；刑事审判的基本制度主要讲述审判组织、陪审制度、审判公开制度和两审终审制。

第一节　刑事审判的概念与任务

一、刑事审判的概念

审判是最终、最彻底地解决社会冲突的方式，是国家“为当事人双方提供不用武力解决争端的方法”①。根据审判解决纠纷的性质不同，可以分为刑事审判、民事审判和行政审判三种。现代诉讼理论认为，审判活动包括以下要素：(1)客观上存在一个双方或者多方当事人之间的纠纷或者冲突；(2)利益不同的冲突双方或者多方把这一争议交由非冲突方、具有权威性、中立的、属于国家权力的第三方处理；(3)在“两造具备”、第三方“居间中立”的“三方组合”格局中，按照特定的程序

① 张文显：《当代西方法哲学》，吉林大学出版社 1987 年版，第 206 页。

解决该纠纷;(4)对冲突或者纠纷的处理,第三方具有最终决定权。

刑事审判是解决刑事案件实体问题的程序,是指人民法院在控诉、辩护双方及其他诉讼参与人的参加下,依照法定的权限和程序,针对控诉方提出的诉讼请求,围绕被告人刑事责任进行审理和裁判的诉讼活动。刑事审判由"审理"和"裁判"两部分组成。刑事审理,是指人民法院在人民检察院、自诉人、被告人以及其他诉讼参与人的参加下,通过法庭举证、质证和论证,在控诉、辩护双方的辩论基础上,查实各种证据,认定案件事实的诉讼活动。刑事审理有狭义与广义之分:狭义的刑事审理专指法庭审理,换言之,仅仅指在开庭审理中,法官在控、辩双方及其他诉讼参与人参加下开展活动的程序;广义的刑事审理包括狭义的审理活动以及审理前的准备活动,包括确定审判组织组成人员,庭前的程序性审查,确定开庭的时间、地点以及通知当事人、诉讼参与人,公布案由等活动。刑事裁判,是指人民法院在案件审理的基础上,以事实为依据、以法律为准绳,对被告人的刑事责任作出实体性裁决。刑事审理是刑事裁判的前提和基础,刑事裁判是刑事审理的目的和结果,二者密切联系,辩证统一。

全面理解刑事审判,应当把握以下三方面的内容。

第一,刑事审判是由法院代表国家行使的专门权力活动。在人类社会冲突史上,审判与社会冲突并非同时产生。在出现国家这一强制性组织前,冲突双方或者多方解决冲突的方式一般是同态复仇,也有妥协和解,不存在强制性地解决社会冲突的手段。审判就是由审判机关代表国家,以国家力量作强大支撑进行的,以解决社会冲突、维护社会秩序为目的的专门性国家职权活动。根据我国《宪法》和《刑事诉讼法》的规定,审判由人民法院负责。人民法院代表国家行使审判权。刑事审判只能由人民法院代表国家进行,其他任何机关、团体、组织或者个人无权享有;同时,刑事审判是一种强制性地解决社会冲突的手段,其处理结果必须被遵从。

第二,刑事审判是刑事诉讼三大基本职能之一。审判与控诉、辩护共同构成刑事诉讼的三大职能。刑事审判围绕控、辩双方对刑事责任的争执而展开,中立、超然的法官在听取控、辩双方对案件事实和法律适用的意见后,审查证据,并逐渐形成对案件事实的内心确认,从而作出裁判。从一定意义上讲,刑事审判的目的在于判定控、辩双方的主张是否正确,平息控、辩双方在刑事责任上的纠纷。

第三,刑事审判是国家的一项基本权力。审判权是国家权力分工的结果,其基本内容是审理权和裁判权。审判权源于国家主权,是国家主权的外化形式和重要组成部分,审判权的行使也是国家行使主权的一种基本形式。

二、刑事审判的任务

《刑事诉讼法》第 2 条规定:"中华人民共和国刑事诉讼法的任务,是保证准确、及时地查明犯罪事实，正确应用法律，惩罚犯罪分子，保障无罪的人不受刑事追究，教育公民自觉遵守法律，积极同犯罪行为作斗争，维护社会主义法制，尊重和保障人权，保护公民的人身权利、财产权利、民主权利和其他权利，保障社会主义建设事业的顺利进行。"刑事审判阶段作为刑事诉讼程序的重要和中心部分，其任务也是紧紧围绕上述目标而展开，是对《刑事诉讼法》基本任务的落实和实现，具体包括如下内容。

(1)审查判断证据与犯罪事实，以便正确适用法律，对案件作出公正裁判，保障无辜的人不受刑事追究。控诉方向法院提起指控，对被告人有罪负有举证责任。刑事审判的主要任务，就是审查并判断控诉方提出的证据是否真实可靠，是否确实充分，从而查清指控的犯罪事实是否存在，是否为被告人所为，为最终确定被告人是否应负刑事责任问题作出裁判打下坚实的事实基础，实现以"事实为依据"的刑事诉讼基本原则。在此基础上，以法律为准绳，依据《刑法》和《刑事诉讼法》的相关规定，对被告人的行为是否构成犯罪、构成什么罪、是否需要判处刑罚、判处何种刑罚、刑罚如何执行、判决生效的时间和条件等作出裁判并予以公开宣告，实现公正裁判，保障无辜者不受刑事追究。

(2)审查有关程序性事项。刑事审判不限于实体法上的犯罪事实，还包括一些程序性事项。如法庭审理中，被告人提出对审判人员的回避申请；再如被告人提出其遭受刑讯逼供，辩护人认为侦查取证行为违法，因此请求排除证据等事项，也都属于法院审判的范围。法院对程序性的事项也应当作出审查，并依法处理。

(3)通过刑事审判活动，制约国家权力，保障人权。在审判的过程中，法官居中裁判，平等对待控辩双方，尊重和听取双方意见，特别是被告方的辩护意见，使得被告人的辩护权得以充分发挥。法官通过对证据的审查，对审前程序中控诉机关的行为进行查证，如证据的取得是否合法，是否有侵犯被告人权利的行为，并通过证据规则的运用对控诉机关违法或者滥用权力的行为给予否定性评价，如排除非法证据，使得控诉方的指控因证据不足而得不到实现，从而实现对被告人人权的保障。

(4)通过刑事审判活动的公开进行，生动形象地展示程序正义的理念，让民众感知法律的威严，感受法律对权利的保障，将法之精神浸润到民之意识。

第二节 刑事审判的基本原则

刑事审判的基本原则，是指贯穿整个刑事诉讼审判过程，并用以指导审判活动的规范和准则。刑事审判的基本原则贯穿整个审判过程，包括第一审程序、第二审程序和再审程序，是一种强制性、抽象性规范。现代世界各国为实现审判公正大都遵循以下原则。

一、不告不理原则

不告不理原则，是指人民法院对未经起诉的案件，一律不予审判的原则。不告不理原则是人民法院审理所有形式的案件所适用的一项基本审判原则。不告不理原则是现代刑事诉讼上控审分离原则的基本体现。对于刑事诉讼而言，理解不告不理原则，应当与国家机关主动追究犯罪原则相区别。不告不理原则是针对人民法院的审判而言，没有“告诉”就没有“审判”，无论是公诉案件，还是自诉案件。而国家机关主动追究犯罪是针对立案、侦查而言，只要有犯罪行为存在，无论有没有“告诉”，国家有关机关都应当主动予以追究。为保证裁判结果的理性和公正，就要求裁判者应当具有超然和中立的地位，需要他们冷静而旁观地思考，因此，法官不能主动启动一个案件的审判活动，他只能默默地等待、静静地思索，只有这样，才有足够的距离，跳出矛盾和冲突的漩涡，看清和把握整个事实，从而作出合乎正义的判断。不告不理原则正是基于这样的原因而形成的制度保障。

不告不理原则具体包括以下几层含义：(1)告诉案件只有经人民检察院提起公诉后，人民法院才能启动审判程序，并进行开庭前的准备工作，最终审理并裁判；(2)自诉案件只有经被害人或者其法定代理人等依法提起自诉后，人民法院才能审查是否符合自诉案件的提起条件，然后决定是否受理和审判；(3)刑事附带民事诉讼案件，只有附带民事诉讼的原告在作出判决前提出，或者人民检察院在提起公诉时一并提出，人民法院才能在审理刑事案件的同时一并解决民事责任，附带民事诉讼才能被审理；(4)人民法院对刑事案件的审判范围，以公诉人、自诉人或者附带民事诉讼原告人提出指控或者请求为限制，不得超过指控或者请求的范围。

不告不理原则将起诉权和审判权截然分开。起诉权从属于人民检察院或者自诉人，审判权则属于人民法院；而人民法院行使审判权的前提是人民检察院或者自诉人提起诉讼，没有人民检察院或者自诉人的起诉就没有人民法院的审判。

二、直接言词原则

直接言词原则包括直接原则和言词原则，两者关系密切，都以发现真实为主要目的。具体而言，直接原则，又称直接审理原则，是指参加审判的法官必须亲自参加法庭审理，亲自参与证据审查，亲自聆听法庭辩论，并由其作出最终裁判。直接原则强调审理法官与判决法官的一体化，即审判合一。与直接审理原则相对应的是间接审理原则，是指判决法官并不亲自参加法庭审理、证据审查和聆听法庭辩论，而将其他法官审理所得结果作为判决依据，审理法官与判决法官分立，即审判分离。言词原则，又称言词审理原则，是指当事人、其他诉讼参与人在法庭上须用口头言词形式开展举证、质证和辩论的原则。言词原则是公开原则、辩论原则和直接原则实施的必要条件。与言词审理原则相对应的是书面审理原则,是指以书面形式展开庭审活动,集中体现为根据书面材料和证据来认定事实。

直接言词原则是审判制度中的一项基本原则,它不但体现了司法的亲历性要求,而且具有保障控辩双方诉讼地位平等及平等武装,确保审判的程序公正,进而实现实体公正,保护案件当事人,特别是在刑事诉讼中处于天然弱者地位的被告人的合法权利的重要作用。实行直接言词原则具有十分重要的意义。

(1)直接言词原则是实现公正裁判的需要。公正裁判的基础来源于审理者对案件事实的理性认识,而这种理性认识又来源于感性的了解,直接言词原则要求审理者和裁判者“审判合一”,使得感性认识上升到理性认识的主体同一,不割裂他们之间的必然联系,才能为理性而公正的裁判奠定基础。试想,裁判者根本就没有亲自感知被告人陈述中的用词、神态、动作、表情等真实而又生动的场面,对于被告人陈述的真假,进而对案情的认定,其理性判断必如无本之木、无源之水般失去了根基,这种认识是不符合认识过程的客观规律的。

(2)直接言词原则有助于发现真实和提高效率。该原则要求法官、当事人和证人等在法庭上直接接触,法官亲自聆听当事人陈述辩论和证人言词作证,从而可以直接观察当事人和证人等的表情态度,直接察看证据实际状况,易于准确掌握案件事实。同时,法官、当事人和证人等直接见面,加之言词方式具有传达简便快捷的优点,有助于法官和当事人尽快发现争议和及时解决问题,从而推动诉讼迅速进行。

直接言词原则在英美法系国家的立法和司法上都被完整地采用,而大陆法系国家在立法上有一定的体现,如德国《刑事诉讼法》第 250 条规定,审判询问不允许以宣读以前的询问笔录或书面证言代替,应当遵循“询问本人原则”。但在司法实践中,大陆法系国家不是特别强调直接言词原则的贯彻。我国《刑事诉讼法》没有明确规定这一原则,但从立法精神上还是予以肯定,如通知证人、鉴定人出庭的规定,证人证言必须在法庭上经公诉人、被害人和被告人、辩护人双方询问、质证的规定,公诉人、当事人和辩护人经审判长许可可以直接对证人、鉴定人发问的规定,等等,都部分地体现了直接言词原则。

三、辩论原则

辩论原则,是指在法庭审理中起诉方和被告方应当以公开的、口头的、对抗性的方式进行辩论,未经充分辩论,不得进行裁判。辩论是针对控诉而派生的刑事诉讼的三大基本职能之一,是对被告人权利予以保障的重要方式。控、辩双方在法官的主持下,平等对抗、相互辩论,既是对纠问式或武断专横式诉讼的否定,也有利于法官全面地了解案情、明辨是非，进行公正裁判。辩论原则具体包括以下含义：(1)辩论内容包括案件事实的认定和法律适用两个方面；(2)辩论阶段既体现在法庭审理中的集中、专门辩论阶段，也体现在法庭调查阶段对证据的审查、判断和对事实认定的分散辩论；(3)辩论方式首先表现为控、辩双方以口头方式各自论述自己的理由，反驳对方的观点；其次是通过反诘等方式进行交叉辩论，控、辩双方形成实质性的激烈交锋。

在英美法系国家，辩论原则在刑事诉讼中的应用较为充分，这与他们实行当事人主义的诉讼模式密切相连。刑事诉讼活动以控、辩双方的平等对抗活动为主线展开，当事人在诉讼中起主导作用，法官只是消极听证，居中裁判。大陆法系国家实行职权主义的诉讼模式，法官的职权活动引导诉讼的进行，法官在诉讼中居主导地位，活动积极，可以主动询问双方当事人，也可以主动调查取证，而控、辩双方的活动受到限制，因此，辩论原则体现不充分，主要集中在法庭审理中的专门辩论阶段。我国刑事诉讼活动中也贯彻辩论原则，根据《刑事诉讼法》第 193 条第 1、2 款规定："法庭审理过程中，对与定罪、量刑有关的事实、证据都应当进行调查、辩论。经审判长许可，公诉人、当事人和辩护人、诉讼代理人可以对证据和案件情况发表意见并且可以互相辩论。"我国的辩论原则也集中体现在法庭审理过程中的辩论阶段。

四、集中审理原则

集中审理原则，是指刑事案件的审判，原则上应当持续、不间断地进行，即法庭审理程序应当尽可能地不间断，一气呵成，即行裁判。这一原则包括两层含义：一是，整个审判阶段以庭审为中心，所有的事实、证据和法律适用等问题都应在庭审中一并提出、调查、判断，审判结论也应当在庭审中形成；二是，审判不间断，即对一个案件的审判应当一次性连续完成。即使对需要进行两日以上审理的复杂、疑难案件，也应当每日连续审理，直到审理完毕，其间除法定节假日外，不应有日数的间隔；在此期间，庭审法官不得审理其他案件；如果庭审法官因故不能继续审理，审理则由一直在场的候补法官替补或者另换法官重新进行审判。

集中审理原则可以避免审判拖延，及早结案，提高诉讼效率；同时可以防止外界对法官审理案件的干扰，保证法官在自始至终地连续审理中获得对案件的清晰、连贯的印象，形成完整的案件事实，避免同其他案件混淆，保证准确、公正地裁判；另外，集中审理还可以为法官建立起一道独立审判的制度保障，审和判之间的无缝对接，让不正当的权力或者权利的干扰没有存在的时间。

世界上大多数国家采用集中审理原则，英美法系国家的刑事审判较充分地体现了这一原则，大陆法系国家的刑事诉讼立法中也有所体现。如法国《刑事诉讼法》第 307 条规定:“法庭审理不得中断,应当连续进行直到重罪法庭作出判决,案件终结为止;在法官和被告人必要的用餐时间内,审理可以暂停。”第 355 条又规定:“法庭的法官和陪审员退庭进入评议室,他们在作出决定之前,不得离开。”德国《刑事诉讼法》第 226 条规定:“审判是在被召集作裁判人员、检察院和法院书记处 1 名书记员不间断在场情形下进行。”我国《刑事诉讼法》没有明确规定这一原则,但在立法上或多或少体现了集中审理原则的第一层含义,对第二层含义体现不足,法律不但规定在特殊情况下可以延期审理,还规定可以因检察人员的建议而退回补充侦查。

第三节　刑事审判的基本制度

刑事审判的基本制度,是指人民法院审判刑事案件所必须遵循的基本操作规程,是一系列同类法律规范的总和,涉及刑事审判中的一些基本问题。

刑事审判的基本制度不同于刑事审判的基本原则:第一,基本原则具有很强的抽象性和概括性;而基本制度却是一整套系统的规范体系,有具体的内容和要求。第二,基本原则具有灵活性,伸缩余地较大,其运用的程度往往不易把握和评价,在实践中难以直接操作;而基本制度则属于硬性规定,比较容易把握、操作和评价。第三,基本原则对整个刑事审判活动具有宏观指导性,人民法院和所有诉讼参与人均应遵守;而基本制度主要是规范人民法院的刑事审判活动。此处所讲的刑事审判的基本制度主要包括审判组织、陪审制度、审判公开制度和两审终审制。

一、审判组织

刑事审判组织,是指人民法院审理具体刑事案件的法庭组织形式。根据《刑事诉讼法》和《人民法院组织法》的规定,人民法院审判刑事案件的组织形式主要有两种,即独任制与合议制。两相比较,合议制的适用是原则,独任制的适用是例外。审判委员会对重大或者疑难的案件处理有最后决定权,因此,审判委员会也具有一定的审判组织的性质。

(一)独任制

独任制,是指在审判刑事案件时,由审判员 1 人独任审判的一种制度。根据《刑事诉讼法》第 178 条第 1 款之规定,独任制仅限于基层人民法院适用简易程序审判的案件。此类案件犯罪事实清楚,不存在争议,由审判员 1 人进行审判,完全能够做到保证办案质量。独任制的关键价值在于,可以提高诉讼效率,节省司法资源,便于法院集中力量处理比较重大、复杂的案件。

独任制的适用范围仅限于第一审简易程序,第一审普通程序以及第二审程序等等皆不可适用。《刑事诉讼法》第210条第1款规定:“适用简易程序审理案件,对可能判处三年有期徒刑以下刑罚的,可以组成合议庭进行审判,也可以由审判员一人独任审判;对可能判处的有期徒刑超过三年的,应当组成合议庭进行审判。”因此,独任制只适用于可能判处3年有期徒刑以下刑罚的简易程序案件,而且是可以适用独任制,而非必须适用。

独任庭的参加者必须是审判员,而不能是人民陪审员。审判员依法独任审判时,在主导程序的进行方面,行使与合议庭的审判长同样的职权。适用独任审判,必须遵循简易程序的相关规定,依法应当公开审理的案件,都应当公开审理,并要认真执行回避、辩护、上诉等各项审判制度,切实保障当事人和其他诉讼参与人的诉讼权利。

(二)合议制

1. 合议制的概念

合议制,是指由3名以上的审判人员组成审判集体,代表人民法院行使审判权,对刑事案件进行审理并作出裁判的制度。合议制度的组织形式为合议庭。合议制是司法民主原则的重要体现,它发挥出了民主集中制的积极功能:首先,合议制能够起到集思广益的效果,有利于作出公正合理的裁判;其次,合议制可以起到抑制司法专横、防止司法腐败的功能;最后,它通过与陪审制度的结合,有利于吸收公民广泛参与司法决策,为诉讼的民主化创造了条件。①

2. 合议庭的组成

(1)第一审合议庭。《刑事诉讼法》第178条第1、2款规定:“基层人民法院、中级人民法院审判第一审案件,应当由审判员三人或者由审判员和人民陪审员共三人组成合议庭进行,但是基层人民法院适用简易程序的案件可以由审判员一人独任审判。高级人民法院、最高人民法院审判第一审案件,应当由审判员三人至七人或者由审判员和人民陪审员共三人至七人组成合议庭进行。”第一审合议庭的人数必须是单数,这是合议庭少数服从多数的评议规则的基本要求。第一审合议庭可以全部由审判员组成,也可以由审判员和人民陪审员共同组成,至于采取哪种形式取决于相关法律的进一步规定和案件的需要。其中,至少要有1名审判员参加,因为合议庭的审判长必须是审判员;另外,合议庭中人民陪审员所占人数比例应当不少于1/3。

(2)第二审合议庭。《刑事诉讼法》第178条第4款规定:“人民法院审判上诉和抗诉案件,由审判员三人至五人组成合议庭进行。”在第二审期间,除审理当事人

① 参见左卫民等:《合议制度研究——兼论合议庭独立审判》,法律出版社2001年版,第59页。

的争议之外,合议庭还担负着监督下级人民法院审判活动的职能,同时第二审案件对审判水平的专业化要求更高。因此,在第二审合议庭当中,全部由审判员组成,而不吸收人民陪审员参加。

(3)再审和二审发回重审合议庭。再审是人民法院依照再审程序对已经发生法律效力的案件再次进行审理的活动。再审合议庭的组成,取决于原审程序。《刑事诉讼法》第245条第1款规定:"人民法院按照审判监督程序重新审判的案件,由原审人民法院审理的,应当另行组成合议庭进行。如果原来是第一审案件,应当依照第一审程序进行审判,所作的判决、裁定,可以上诉、抗诉;如果原来是第二审案件,或者是上级人民法院提审的案件,应当依照第二审程序进行审判,所作的判决、裁定,是终审的判决、裁定。"其中的"另行组成合议庭",是指原审参加合议庭的审判人员一律不得参加再审合议庭,而不能只更换其中的部分审判人员。

二审发回重审,是指原一审人民法院对二审人民法院依法发回的上诉或抗诉案件进行重新审理的活动。根据《刑事诉讼法》第228条之规定,原审人民法院对于发回重新审判的案件,应当另行组成合议庭,依照第一审程序进行审判。

在二审发回重审的合议庭之中,由于适用的是第一审程序,因此,可以由人民陪审员参加合议庭。在再审程序中,如果适用第一审程序再审,那么也可以有人民陪审员参加合议庭;如果适用第二审程序进行再审,则人民陪审员不得参加合议庭。

(4)死刑复核程序合议庭。《刑事诉讼法》第238条规定:"最高人民法院复核死刑案件,高级人民法院复核死刑缓期执行的案件,应当由审判员三人组成合议庭进行。"可见,在死刑复核程序中,合议庭也是只能由审判员组成,人民陪审员不得参加。

3. 合议庭的组织和活动规则

合议庭是一个审判集体,代表人民法院行使审判权,合议庭按照民主集中制原则进行活动。合议庭的组成人员,只能由经过合法任命的本院审判员和在本院执行职务的人民陪审员充任。合议庭设审判长1名,主持合议庭的日常审判工作。在《刑事诉讼法》上,审判长的产生途径主要包括:(1)由院长或庭长在审判员中临时指定1人担任。在审判员不能参加合议庭的情况下,助理审判员由本院院长提出,经审判委员会通过,可以临时代行审判员职务,并可以担任审判长。(2)院长或庭长参加合议庭时,自动担任审判长。另外,根据《人民法院审判长选任办法

(试行)》之规定,审判长还可以选拔上岗,这种审判长岗位相对比较固定。[①] 需要注意的是,人民陪审员不能担任审判长。

根据《人民法院审判长选任办法(试行)》的相关规定,审判长特有的主要职责有:(1)担任案件承办人,或指定合议庭其他成员担任案件承办人;(2)组织合议庭成员和有关人员做好庭审准备及相关工作;(3)主持庭审活动;(4)主持合议庭对案件进行评议,作出裁判;(5)对重大疑难案件和与合议庭意见有重大分歧的案件,依照规定程序报请院长提交审判委员会讨论决定;(6)依照规定权限审核、签发诉讼文书;(7)依法完成其他审判工作。

除去以上程序性特权,在案件审理过程中合议庭所有成员的权力是同等的。审判长与合议庭其他组成人员必须共同参加对案件的审理,对案件的事实、证据、定性、法律适用以及处理结果等共同负责。对于案件的评议,所有合议庭成员应当充分发扬民主,遵循民主集中制原则。当意见不一致时,应当少数服从多数,以多数人的意见作为最终裁判结果,但是少数人的意见应当记入评议笔录,笔录由合议庭的组成人员共同签名。至于少数人意见能不能在判决书或裁定书中予以体现的问题,我国法律没有明确的规定,通常的操作是不予体现,但这一问题在世界不同国家往往会有不同的做法。近年来,我国的司法实践在民事诉讼中偶尔也有在判决书中记载少数人意见的尝试性做法,在刑事诉讼中尚未见到先例,不过这在实务界和理论界还都是存在较大争议的问题。[②]

(三)审判委员会

1. 审判委员会的概念

审判委员会,是依据《人民法院组织法》之规定,在各级人民法院中设置的集体领导审判工作的常设性内部组织。它由法院院长、副院长以及各庭室负责人等人员组成,由院长主持召集,在履行职责时遵循少数服从多数的活动规则。审判委员会制度是我国的一项特色制度,也是我国的独创。一些学者将审判委员会归纳为我国审判组织的一种。[③] 并且必须指出,相关司法解释也持此种观点。《最高人民法院关于改革和完善人民法院审判委员会制度的实施意见》第3条明确指出,审判委员会是人民法院的最高审判组织。我们认为,审判委员会并不属于典型的审

---

① 这种审判长选任制的做法是在司法改革过程中产生的,但其存在有令合议庭行政层级化的嫌疑,被许多学者认为是倒退的改革。针对司法行政化的批评,可以参见贺卫方:《司法的理念与制度》,中国政法大学出版社1998年版,第103—128页。

② 参见张进德:《通往文明的对抗——司法的理念与技艺》,中国工商出版社2010年版,第34—36页。

③ 参见陈光中主编:《刑事诉讼法》(第四版),北京大学出版社、高等教育出版社2012年版,第59页;张柏峰主编:《中国当代司法制度》(第四版),法律出版社2006年版,第13页。

判组织。一是因为它的主要职能并不是进行案件的审判工作；二是因为即使个别情况下它可以决定案件的结果，但讨论决定的过程并不是正当的审判方式，没有遵循科学理性的审判程序。由于审判委员会对重大或者疑难案件的处理有最后决定权，因此可以认为，审判委员会具有一定的审判组织的性质。

2. 审判委员会的职责

审判委员会的主要职责有[①]：

(1)总结审判经验。包括对某一特定时期审判工作经验的总结，对某类特定案件审判经验的总结，对某一重大、典型案件的总结，对审判工作方法和审判作风的总结，等等。通过总结使审判经验得以提炼和升华，上升为审判理论，用以指导审判实践。

(2)讨论决定重大、复杂或者疑难的案件。这些案件通常包括：案件复杂且影响较大的案件，在适用法律上有疑难的案件，需要再审和提审的案件，等等。

(3)讨论其他有关审判工作的问题。作为集体领导审判工作的审判委员会，一般情况下，凡是有关审判的各项重大问题都应当提交它讨论并作出决定。例如，最高人民法院对审判过程中如何具体应用法律的问题所作的司法解释，都必须提交审判委员会讨论通过后才能生效。

应当指出，在我国具体的审判领域，审判委员会制度是合议制度的一种重要补充。因为在宏观层面的审判问题和微观层面的重大疑难案件上，审判委员会体现出其对合议庭的补充作用。[②] 但是必须明确，审判委员会与合议庭之间的关系是在审判领域而非行政领域的指导与被指导、监督与被监督的关系。在刑事诉讼中，这种关系主要体现为三个方面：(1)审判委员会有权对重大疑难案件或者合议庭争议较大的案件进行讨论，并作出最后处理意见，合议庭应当执行这种意见；(2)如果合议庭对审判委员会的决定存在异议，可以报经院长决定是否重新提交审判委员会讨论；(3)合议庭作出的生效裁判如果本法院发现存在错误的，必须经过审判委员会讨论，方能决定是否进行再审。

3. 关于审判委员会的理论争议

实际上，近年来我国学术界一直存在着关于审判委员会存废问题的重大争议。一方面，审判委员会所发挥的正面作用在一定程度上得到认可，一些学者主张保留

① 由于审判委员会是《人民法院组织法》的规定，它可能涉及法院的所有诉讼活动或其他活动，不仅是刑事诉讼的问题。因此，在此介绍其职责主要是从刑事诉讼的角度出发的。

② 当然，审判委员会针对独任庭也是起到同样的作用。不过，由于独任庭审理的都是简单的民事案件，因此其与审判委员会的关系远远比不上合议庭与审判委员会的关系那么密切。

这项特色制度。这些正面作用主要包括:(1)审判委员会在总结审判经验方面功不可没,为指导具体审判工作发挥了重要的作用;(2)审判委员会发挥领导监督的作用,敦促法官依照法律程序审判案件,提升案件的审判质量;(3)在某些情况下,审判委员会能有效化解审判法官所面临的外部压力。法官在具体的个案审判中,基于一些复杂的社会关系,有时难免面临来自方方面面的干扰和压力,审判委员会可以在很大程度上为其分担甚至化解压力。

但是,另一方面,更多的学者却对审判委员会制度大加批判,甚至有人主张彻底废除这一制度。审判委员会的弊端主要体现在:(1)组织形式行政化。审判委员会的组成人员往往是以法院院长为首的一些承担行政职务的人员,而不是以专业能力的高低为标准对组成人员进行遴选。(2)架空了合议庭的审判权力,使得法庭审理过程变得形式化,导致"审者不判"的状况。重大疑难案件的审判结果由审判委员会作出,合议庭应当服从,其庭审过程有失去意义的嫌疑。(3)审判委员会并未对重大疑难案件进行开庭审理,却可以决定案件的命运,讨论决定案件的方式违反了基本的审判原理,导致"判者不审"的状况。审判委员会通过阅读案卷资料和听取合议庭汇报甚至仅通过后者秘密讨论决定案件判决的做法,违背了审判公开和直接言词等多项审判原则,回避等诸多诉讼制度难以得到贯彻实施,表决案件结果的过程基本没有正当审判程序可言。(4)审判委员会虽然决定案件的结果,但以此决定为根据的判决书却仍然由原合议庭成员签名公布并负责,审判委员会成员的信息并不公开。

实务界对待审判委员会制度的基本观点,是在将其保留的前提下对其进行一定的改革。改革的主要方向包括组织形式的司法化、工作程序的诉讼化和裁判结果的公开化等等。可以认为,这样的改革趋势会在一定程度上促使我国的审判委员会形式向实质的合议制方式转变。

二、陪审制度

(一)陪审制度的概念与意义

陪审制度,是指国家审判机关吸收社会公众参加案件审判的一项司法审判制度,是社会公众监督法官正确行使司法权、遏制司法腐败的一种有效机制,是保障司法公正的重要形式。这一制度也是审判程序中的一项基本制度。从西方陪审制度的起源和发展看,陪审制度一直是与民主相伴而生的。古希腊作为现代民主的发源地,同样也是陪审制度的发源地。关于陪审制度的民主色彩,正如法国著名政治思想家托克维尔所言:"实行陪审制度,就可以把人民本身,或者至少把一部分公民提到法官的地位。这实质上就是把领导社会的权力置于人民或这一部分人民之手。"①

真正意义上的陪审制度,是指在英美法系国家实施的陪审团制度,即在审判过程中由陪审团进行案件的事实认定,而由专业法官进行案件的法律适用,作出最终裁判。我国目前实施的陪审制度,实质上类似于大陆法系国家的参审制,即由专业法官和陪审员共同组成合议庭进行案件的审理活动。

陪审与参审都是普通公民参与审理活动的一项制度,但两者的作用范围不同:在参审制度下,陪审员与法官共同解决事实认定和法律适用问题,陪审员与法官有平等的表决权;而在陪审制度下,陪审团单独认定案件事实,决定被告人有罪与否,但无权决定被告人的量刑问题。

一般认为,我国的人民陪审制度是吸收人民群众参加管理国家事务的一项民主制度,是贯彻社会主义司法民主的重要组成部分。人民群众直接参加法院的审判活动,有助于提高人民群众的主体意识和责任感,更加支持人民法院的工作。人民群众和专业审判人员一起审判案件,可以直接了解《宪法》和法律,更加自觉地遵守国家法律,增强法律意识和对法律的认知程度。同时,法律也可通过人民陪审员这个媒介及时地传达给人民群众,起到广泛的法制宣传教育作用;人民陪审员又可以及时地将群众意见直接反映出来,发挥群众对审判工作的监督作用。

(二)陪审制度的适用案件

于 2004 年颁布的《全国人民代表大会常务委员会关于完善人民陪审员制度的决定》(下称《人民陪审员决定》),对我国的陪审制度进行了较为全面的规定。根据其第 2 条之规定,人民法院审判下列第一审刑事案件,由人民陪审员和法官组成合议庭进行,适用简易程序审理的案件和法律另有规定的案件除外:(1)社会影响较大的刑事案件;(2)刑事案件被告人申请由人民陪审员参加合议庭审判的案件。可见,适用陪审制度的案件范围还是比较广泛的。

(三)人民陪审员的人数与产生方式

根据《人民陪审员决定》第 3 条、第 14 条之规定,人民陪审员和法官组成合议庭审判案件时,合议庭中人民陪审员所占人数比例应当不少于 1/3。另外,人民陪审员在个案审判程序中的产生方式是随机抽取。其中,基层人民法院审判案件依法应当由人民陪审员参加合议庭审判的,应当在人民陪审员名单中随机抽取确定。中级人民法院、高级人民法院审判案件依法应当由人民陪审员参加合议庭审判的,

① 〔法〕托克维尔:《论美国的民主》(上卷),董果良译,商务印书馆 1988 年版,第 313 页。

在其所在城市的基层人民法院的人民陪审员名单中随机抽取确定。

（四）担任人民陪审员的条件

人民陪审员参加案件的审判活动，除了不能担任审判长之外，与法官享有同等的权力。人民陪审员的任期为5年。另外，对公民担任人民陪审员的条件也有专门的规定，主要有下列几项：(1)拥护中华人民共和国宪法；(2)年满23周岁；(3)品行良好、公道正派；(4)身体健康；(5)一般应当具有大学专科以上文化程度。

另外，根据《人民陪审员决定》第5条、第6条之规定，下列人员不得担任人民陪审员：(1)人民代表大会常务委员会的组成人员，人民法院、人民检察院、公安机关、国家安全机关、司法行政机关的工作人员和执业律师等人员；(2)被开除公职的或者因犯罪受过刑事处罚的人员。

三、审判公开制度

（一）审判公开制度的概念与意义

审判公开制度，是指审判活动对社会公开，即要求人民法院审理案件和宣告判决，都应当公开进行，在不损害审判公正和其他合法利益的情况下，允许公民到庭旁听，允许记者采访和报道的一种制度。换言之，法庭审理的全过程，除了休庭评议之外，都应当公之于众。我国《刑事诉讼法》第11条规定："人民法院审判案件，除本法另有规定的以外，一律公开进行。"这是审判公开的法律依据。

审判公开是司法民主原则的重要体现，实行审判公开制度具有极其重要的意义，主要可以概括为三个方面。

第一，审判公开使得刑事案件的审判活动置于群众的监督之下，增加了审判活动的透明度，从而有助于审判人员增强责任感，正确行使审判权，提高办案质量。正如边沁曾言："（在审判程序完全秘密时）法官将是既懒惰又专横……没有公开性，其他一切制约都无能力。和公开性相比，其他各种制约是小巫见大巫。"①

第二，审判公开对刑事诉讼当事人和其他诉讼参与人有一定的约束作用，可以促使他们在公众监督之下正确行使诉讼权利和履行诉讼义务，提高诉讼的自觉性，保证庭审活动的顺利进行。

第三，审判公开可以使旁听群众受到生动形象的法制教育，增强法治观念，从而有利于预防纠纷、减少诉讼，并维护社会稳定。

（二）审判公开制度的内容

1. 审判公开的内容

根据我国《刑事诉讼法》以及相关司法解释的规定，审判公开制度的内容主要

---

① 转引自〔日〕三月章：《日本民事诉讼法》，汪一凡译，五南图书出版有限公司1986年版，第381页。

包括以下几个方面。

(1)开庭前的公示。根据《刑事诉讼法》第 182 条之规定,公开审判的案件,人民法院应当在开庭 3 日以前先期公布案由、被告人姓名、开庭时间和地点,为群众旁听提供方便。这种公示是法院的一项应尽义务,否则便是违法的。一般而言,主要通过公告栏等方式予以公示。

(2)审理过程的公开。人民法院审理刑事案件,除法律规定不公开的外,审判过程应当向社会公开,允许群众旁听,但精神病人、醉酒的人和未经人民法院批准的未成年人除外。经人民法院许可,新闻记者可以记录、录音、录像、摄影、转播庭审实况。审理过程的公开,包括开庭、举证、质证及辩论活动等的公开。

(3)判决的公开宣告。人民法院审理刑事案件,不论是否公开审理,判决一律公开宣告。判决结果的公开宣告是庭审过程公开的逻辑延伸,是构成公开审判制度不可或缺的要素。

2. 审判公开的例外

有原则必有例外。公开审判制度也不是绝对的,有些刑事案件如果公开审理,可能会带来消极的社会影响或者产生不利于当事人的后果,因此应当不公开审理。根据我国《刑事诉讼法》第 183 条和第 274 条的规定,不公开审理的案件有以下几种。

(1)有关国家秘密的案件。国家秘密是一个外延丰富的概念,包括国家的军事、人事、政治、金融、经济等方面的秘密。在刑事诉讼案件中,经常会涉及国家秘密。但需注意的是,对于国家秘密的认定应当依法进行,不应当是人民法院的随意解释。

(2)有关个人隐私的案件。个人隐私,是指公民不愿公开或者让他人知悉的个人生活信息。如果公开审理这类案件,会导致当事人隐私的公开,产生负面的消极影响。

(3)涉及商业秘密,当事人申请不公开审理的案件。商业秘密,是指技术秘密、商业情报和信息等具有商业价值的秘密,涉及商业秘密的案件会影响到商业秘密主体的经济利益,人民法院可以根据当事人的申请,决定不公开审理。此处所谓“当事人申请”,不需要案件中所有当事人的共同申请,理论上只需要某一方当事人申请即可。

(4)审判的时候被告人不满 18 周岁的案件。但是,经未成年被告人及其法定代理人同意,未成年被告人所在学校和未成年人保护组织可以派代表到场。此种规定,旨在强化对未成年被告人特殊利益的专门保护。未成年被告人的身心发育尚未完全成熟,公开审判可能会对其造成不可逆的消极影响。基于此,立法规定的是“审判的时候”未成年被告人才不公开审理，而非“犯罪的时候”。如果实施犯罪行为时不满 18 周岁但审判时却已经成年，此时不应适用不公开审理的规定。对于未成年刑事被告人的特别保护，不仅限于法庭的不公开审理，《未成年人保护法》第 58 条进一步规定：“对未成年人犯罪案件，新闻报道、影视节目、公开出版物、网络等不得披露该未成年人的姓名、住所、照片、图像以及可能推断出该未成年人的资料。”

对于不公开审理的刑事案件，另需注意三点：(1)不公开审理的案件，应当当庭宣布不公开审理的理由；(2)所有刑事案件的法庭评议程序，都是不公开进行的；(3)不公开审理的案件，宣判还是应当一律公开进行，宣判公开制度没有例外。

(三)审判公开的几个理论问题

1. 关于刑事审判的实质公开

从刑事诉讼法理来看，审判公开应当包括形式公开和实质公开两个方面。形式公开，是指庭审过程和宣判等的公开，我国在立法上已基本做到；实质公开，是指法官认定事实和适用法律的思维过程的公开，应该说我国目前尚未完全做到实质公开。实质公开是审判公开的深层次要求，它一般包括作为诉讼裁判基础的事实以及裁判的法律根据甚至还包括审判组织内部对案件裁判的不同意见体现于裁判文书中的公开。对比审判的实质公开，我国刑事诉讼中比较突出的就是判决书不充分说明理由的问题，判决书的格式化和简略化表达的现状与审判公开的实质理念是背道而驰的。

2. 关于新闻监督审判

在媒体技术日益发达并且社会对媒体传播越来越依赖的今天，如何处理好新闻媒介的监督与审判公正之间的关系成为了一项重大课题。一方面，根据审判公开的要求，新闻媒介对于审判过程和审判结果的介入是社会监督的正当合理需要；另一方面，新闻监督的尺度有时会超越监督的界限，影响甚至破坏审判的正常进行，诸如表现为庭审直播给法官及其他诉讼参与者带来过度紧张，对未审结案件进行不切实际的评价，以一般主观情感对专门法律问题进行不当理解或道听途说的失实报道等。可见，通过立法技术和制度设计等手段去平衡新闻监督与审判公正间的关系，是公开审判制度中一个亟待解决的问题。[①]

3. 关于裁判文书的公开

作为司法改革的一项成果，我国 2012 年《民事诉讼法》第 156 条规定了裁判文

---

① 参见〔美〕Hans. A. 林德：《公正审判与新闻自由——两种针对国家的权利》，冯军译，载夏勇主编：《公法》(第 2 卷)，法律出版社 2000 年版。

书公开制度，即“公众可以查阅发生法律效力的判决书、裁定书，但涉及国家秘密、商业秘密和个人隐私的内容除外”。该项规定赋予了人民法院向全社会公开生效裁判文书的法定义务，实质上属于广义的审判公开制度的延伸。但遗憾的是，我国《刑事诉讼法》及相关司法解释目前尚未确立此项制度。

四、两审终审制

（一）两审终审制的概念与意义

我国《刑事诉讼法》第 10 条规定：“人民法院审判案件，实行两审终审制。”我国人民法院的设置分为四级，即最高人民法院、高级人民法院、中级人民法院和基层人民法院。下级人民法院的审判工作要受上级人民法院的监督，二者之间是一种审级监督的关系。两审终审制是与人民法院体制相关的一项基本的审判制度，我国的三大诉讼均遵循此项制度。《刑事诉讼法》上的两审终审制，是指一个刑事案件至多经过两级人民法院审判即告终结的制度，对于第二审人民法院作出的终审判决、裁定，当事人不得再提出上诉，人民检察院不得提出抗诉。

实行两审终审制，是根据我国国情和司法实践的需要来确定的，它大体具有下列几个方面的意义。

第一，两审终审制能够保障人民法院对刑事诉讼案件的审判质量，尽可能减少错案的发生，有助于实现司法公正。

第二，两审终审制可以避免一个案件多次上诉、抗诉现象的发生，有助于提高诉讼效率，尽快确定对犯罪行为的追究，稳定社会秩序。

第三，两审终审制符合我国国情，便于刑事诉讼当事人及其亲属进行诉讼，可使当事人减少讼累，有利于正常生活和工作，也便于人民法院在其辖区内行使管辖权。

（二）两审终审制的内容

1. 两审终审制的基本要求

根据两审终审制的要求，地方各级人民法院按照第一审程序对案件审理后所作的判决、裁定，尚不能立即发生法律效力，只有在法定期限内，有上诉权的人没有提起上诉，同级人民检察院也没有提出抗诉，第一审人民法院所作出的判决、裁定才发生法律效力。在法定期限内，如果有上诉权的人提出了上诉，或者同级人民检察院提出了抗诉，上一级人民法院应当对该案件进行第二审的审判。上一级人民法院审理第二审案件作出的判决、裁定，是终审的判决、裁定，立即发生法律效力。经过上述两级人民法院对案件进行审判后，该案的审判即告终结，因此又称作“四级两审终审制”。

2. 两审终审制的例外

两审终审制虽是刑事诉讼的基本制度，但我国的刑事诉讼存在以下几种例外情形。

(1)由最高人民法院第一审的案件,实行一审终审。《刑事诉讼法》第233条规定:"第二审的判决、裁定和最高人民法院的判决、裁定,都是终审的判决、裁定。"两审终审仅适用于地方各级人民法院审判的第一审刑事案件,而不适用于最高人民法院的第一审案件。最高人民法院是我国的最高审判机关,由其进行第一审所作出的裁判是终审裁判,不得再行上诉或抗诉。因此,其本质上是一种一审终审制。

(2)由地方各级人民法院一审的案件,在作出判决、裁定之后,在法定期限内没有提出上诉、抗诉的,即发生法律效力,而不再进行第二审。这是因为,如果上诉权主权没有提起上诉,且抗诉权主体没有提起抗诉,则不会引起第二审程序。

(3)判处死刑的案件,在经过二审程序之后,其裁判仍未发生法律效力,必须经过了死刑复核程序的审判,其裁判方可生效并交付执行。因此,死刑案件具有一定的三审终审的性质。但需指出的是,死刑复核程序并不总是死刑案件的三审程序,也可能是二审程序。例如,由中级人民法院作出的死刑立即执行判决,没有提起上诉或抗诉,判决并不发生效力,而是必须报请最高人民法院核准,此时的死刑复核程序只是具有第二次审理的属性。

(4)地方各级人民法院根据《刑法》第63条第2款的规定在法定刑以下判处刑罚的案件,必须经过最高人民法院的核准,其判决、裁定才能发生法律效力并交付执行。① 此种核准程序,与死刑复核程序具有相通的本质属性。

【问题与思考】

1. 不告不理原则之于现代刑事诉讼的重大意义有哪些?

2. 从直接言词原则的视角来看,我国刑事诉讼的缺陷体现在哪些方面?

3. 集中审理原则的价值何在,并以此来审视我国《刑事诉讼法》的相关规定。

4. 审判长在合议庭中的地位如何?

5. 审判委员会制度在刑事诉讼中的价值与缺陷分别有哪些?

6. 从比较法的视角,对我国刑事诉讼中的人民陪审制度进行评述与展望。

7. 审判公开制度的价值有哪些?请站在法官的角度,体会一下审判公开对审判活动的约束力。

---

① 我国《刑法》第63条第2款规定:"犯罪分子虽然不具有本法规定的减轻处罚情节,但是根据案件的特殊情况,经最高人民法院核准,也可以在法定刑以下判处刑罚。"

第十七章

第一审程序

【内容提要】

本章是对刑事诉讼第一审程序进行论述。第一审程序是刑事诉讼审判的基本程序,是刑事审判的基础,第二审程序和再审程序都以第一审程序为蓝本加以变化。本章首先论述了第一审程序的基本概念和特征,以及第一审程序的种类;接下来分别详细介绍了公诉案件的第一审普通程序、自诉案件的第一审普通程序以及简易程序;最后,介绍了在审理的过程中,对案件的实体问题、程序问题作出的判决、裁定和决定。

第一节　第一审程序概述

一、第一审程序的概念和特征

第一审程序,又称初审程序,是指人民法院对人民检察院提起公诉或者自诉人提起自诉的刑事案件进行初次审判所依照的程序。

第一审程序是刑事诉讼审判程序的开始,主要任务在于认定案件事实、适用法律,以解决被告人的刑事责任问题。具体而言:通过确立审判原则和法定的审判方式、方法及其顺序,保障人民法院在公诉人、当事人和其他诉讼参与人的参加下,客观全面地审查判断证据,认定案件事实,正确适用法律,对被告人是否有罪、有何罪、应否受刑罚、受何种刑罚作出裁决;保障当事人的合法诉讼权利的行使;同时审判公开,允许公民旁听和记者采访报道,发挥法制宣传的作用。

第一审程序对整个刑事诉讼程序而言,有着极其重要的地位,在英美法系国家实行"审判中心主义"的情况下,第一审程序就是整个刑事诉讼的核心和灵魂,其他程序都是围绕审判程序而展开的。在我国刑事诉讼体系中,第一审程序也有重要意义,具有以下特征。

第一,第一审程序是刑事诉讼的中心环节。审判是具有决定性意义的阶段,而第一审程序又是其他审判程序的基础。第一审程序针对刑事实体问题作出权威裁判,是前面进行的立案、侦查、起诉等活动的集中和总结。整个刑事诉讼活动围绕被告人的刑事责任展开,而对被告人刑事责任作出最终的裁判,只能在审判程序中实现,而第一审程序又是准确实现这一裁判的基础。

第二,第一审程序是审判阶段的基本和必经程序。无论是公诉案件的审理,还是自诉案件的审理,都是从第一审程序开始。一个刑事案件可能会经历第二审程序、再审程序,但没有第一审程序,后面的审理程序也就没有出现的可能。

第三,第一审程序是实现刑事诉讼任务的主要阶段。第一审程序不仅可以使各项诉讼原则和制度得以贯彻实施,而且还可以直接、生动地进行法制宣传教育,通过各种审判活动查清事实、适用法律,既准确、及时地惩罚犯罪,又保障无辜的人不受刑事处罚,实现刑事诉讼惩罚犯罪和保障人权的根本目的。

第四,第一审程序的正确、合理适用,可以减少上诉、抗诉和申诉,减轻人民法院和当事人的诉讼负担,节约国家司法资源,提高诉讼效率。

二、第一审程序的分类

(一)公诉案件第一审程序和自诉案件第一审程序

根据案件性质和提起主体的不同,第一审程序可以分为公诉案件第一审程序和自诉案件第一审程序。公诉案件,是指由各级检察机关依照法律相关规定,代表国家追究被告人刑事责任而提起诉讼的案件。自诉案件,是指由自诉人为维护自身合法权益,向人民法院提起诉讼,追究被告人刑事责任的案件。人民法院初次审理公诉案件所遵循的程序,就是公诉案件的第一审程序;初次审理自诉案件所遵循的程序,就是自诉案件的第一审程序。公诉案件第一审程序与自诉案件第一审程序在基本的顺序、步骤和阶段上基本一致,也都需要遵守刑事审判的基本原则和基本制度,但是由于自诉案件所涉及的权益较之公诉案件而言更为轻微,更接近于私权的性质,因此,自诉案件第一审程序中存在较多的意思自治的痕迹,在程序上较之公诉案件而言有以下特点。

第一,自诉案件第一审程序大部分情况下适用简易程序;

第二,人民法院在审理过程中可以对某些案件进行调解;

第三,自诉人可以在人民法院第一审判决宣告前与被告人自行和解,或者撤诉,人民法院审查后认为符合法律规定的,应当予以准许;

第四,自诉案件的被告人或法定代理人在审理过程中可以对自诉人提出反诉。

（二）第一审普通程序和第一审简易程序

根据程序的繁复程度和适用案件的不同，第一审程序可以分为第一审普通程序和第一审简易程序。第一审普通程序，是指人民法院在审理较为重大、复杂的刑事案件时，所适用的更为严密、规范的程序。第一审简易程序，是指基层人民法院在审理法定特殊案件时所适用的较之普通程序更为简洁、灵活的程序。无论是公诉案件还是自诉案件，在第一审程序中都有可能适用普通程序或者简易程序，因此，第一审普通程序又可分为公诉案件第一审普通程序和自诉案件第一审普通程序；第一审简易程序也可分为公诉案件第一审简易程序和自诉案件第一审简易程序。第一审普通程序是简易程序的基础，简易程序是对普通程序的简化。简易程序的设计，增强了第一审程序的适用性，是对诉讼的效率价值的重要贯彻。

第二节　公诉案件第一审普通程序

一、公诉案件第一审程序的概念

公诉案件第一审程序，是指人民法院对人民检察院提起公诉的案件进行初次审判时所必须遵循的步骤、方式和方法。公诉案件第一审程序包括庭前审查、庭前准备、法庭审判、延期和中止审理、评议和宣判等诉讼环节。

二、公诉案件第一审普通程序的审判阶段

《刑事诉讼法》第181至203条规定了公诉案件的第一审程序，包括以下主要步骤。

（一）庭前审查

1. 庭前审查的概念

公诉案件庭前审查，又称对公诉案件的审查，是指人民法院对人民检察院提起公诉的案件进行庭前审查，决定是否开庭审理的活动。《刑事诉讼法》第181条规定："人民法院对提起公诉的案件进行审查后，对于起诉书中有明确的指控犯罪事实的，应当决定开庭审判。"可见，对公诉案件的审查是公诉案件进入第一审程序的专门的必经程序，只有审查通过，才能启动第一审程序。从实质上讲，庭前审查是一种程序性的审查，只需要对起诉书内容从形式上审查，有明确指控的犯罪事实，就应当开庭审理，而不需过问指控的犯罪事实是否成立。2012年《刑事诉讼法》修改前，人民法院除了审查起诉书中是否有明确的指控犯罪事实外，还应审查人民检察院是否附有证据目录、证人名单和主要证据复印件或者照片。修改后，删除了对证据的审查，并在第172条中要求，人民检察院向人民法院提起公诉时，应将案卷

材料、证据全部移送人民法院，以保证辩护人能从法院查阅到全案材料，作好辩护准备，充分行使辩护权。

世界各国《刑事诉讼法》中大都规定由法院对公诉案件进行庭前审查。英美法系国家的庭前审查又称为预审，主要是审查证据是否符合起诉条件，而不是确定被告人是否有罪。如英国法律规定，凡是按正式起诉程序由刑事法院审理的案件，除法律另有规定外，先经过治安法院的预审（或称起诉审）。[①] 大陆法系国家法官的庭前审查活动主要是围绕起诉书进行，其中心任务是审查起诉案件，并在此基础上作出同意、拒绝、暂停或移交其他法院审判的最初处理决定。如德国将这一审查称为“中间程序”。对公诉案件的审查程序仅仅是程序性的审查，主要是查明人民检察院提起公诉的案件是否具备开庭审理的条件，这一条件着重解决案卷材料问题，并非实质性审查，不解决被告人刑事责任问题。通过对公诉案件的庭前审查，有利于避免不当审判的出现，保障被告人合法权益，提高法院审判效率；同时也要避免“先入为主”的现象，防止先“定”后“审”。

2. 庭前审查的内容

《刑事诉讼法》第 181 条规定：“人民法院对提起公诉的案件进行审查后，对于起诉书中有明确的指控犯罪事实的，应当决定开庭审判。”这表明，对公诉案件的庭前审查是进入第一审程序的必经步骤。该条规定与 1996 年的《刑事诉讼法》相比较，法院只要求检察院在起诉书中有明确的指控犯罪事实的，就应当开庭审判，不再要求附有证据目录、证人名单和主要证据复印件或者照片，使得庭前审查完全成为程序性审查。另外，根据《刑事诉讼法解释》第 180 条规定，对提起公诉的案件，人民法院应当在收到起诉书（一式 8 份，每增加 1 名被告人，增加起诉书 5 份）和案卷、证据后，指定审判人员审查以下内容：

（1）是否属于本院管辖；

（2）起诉书是否写明被告人的身份，是否受过或者正在接受刑事处罚，被采取强制措施的种类、羁押地点，犯罪的时间、地点、手段、后果以及其他可能影响定罪量刑的情节；

（3）是否移送证明指控犯罪事实的证据材料，包括采取技术侦查措施的批准决定和所收集的证据材料；

（4）是否查封、扣押、冻结被告人的违法所得或者其他涉案财物，并附证明相关财物依法应当追缴的证据材料；

（5）是否列明被害人的姓名、住址、联系方式；是否附有证人、鉴定人名单；是

---

① 王以真主编：《外国刑事诉讼法学》，北京大学出版社 1994 年版，第 172 页。

否申请法庭通知证人、鉴定人、有专门知识的人出庭,并列明有关人员的姓名、性别、年龄、职业、住址、联系方式;是否附有需要保护的证人、鉴定人、被害人名单;

(6)当事人已委托辩护人、诉讼代理人,或者已接受法律援助的,是否列明辩护人、诉讼代理人的姓名、住址、联系方式;

(7)是否提起附带民事诉讼;提起附带民事诉讼的,是否列明附带民事诉讼当事人的姓名、住址、联系方式,是否附有相关证据材料;

(8)侦查、审查起诉程序的各种法律手续和诉讼文书是否齐全;

(9)有无《刑事诉讼法》第 15 条第 2 项至第 6 项规定的不追究刑事责任的情形。

前款第(3)项中所说的证据主要包括:(1)起诉书中涉及的《刑事诉讼法》第 48 条规定的证据种类中的主要证据;(2)同种类多个证据中被确定为主要证据的;如果某一种类证据中只有一个证据,该证据即为主要证据;(3)作为法定量刑情节的自首、立功、累犯、中止、未遂、防卫过当等证据。

3. 庭前审查的结果和处理

根据《刑事诉讼法解释》第 181 条规定,人民法院对提起公诉的案件审查后,应当按照下列情形分别处理:

(1)属于告诉才处理的案件,应当退回人民检察院,并告知被害人有权提起自诉;

(2)不属于本院管辖或者被告人不在案的,应当退回人民检察院;

(3)不符合前条第 2 项至第 8 项规定之一,需要补充材料的,应当通知人民检察院在 3 日内补送;

(4)依照《刑事诉讼法》第 195 条第 3 项规定宣告被告人无罪后,人民检察院根据新的事实、证据重新起诉的,应当依法受理;

(5)依照本解释第 242 条规定裁定准许撤诉的案件,没有新的事实、证据,重新起诉的,应当退回人民检察院;

(6)符合《刑事诉讼法》第 15 条第 2 项至第 6 项规定情形的,应当裁定终止审理或者退回人民检察院;

(7)被告人真实身份不明,但符合《刑事诉讼法》第 158 条第 2 款规定的,应当依法受理。

对公诉案件是否受理,应当在 7 日内审查完毕。

(二)庭前准备

庭前准备,是指人民法院对公诉案件庭前审查后,对符合开庭条件的案件决定开庭审理,为保障庭审工作的顺利进行,而依法进行的必要的准备工作。

根据《刑事诉讼法》第182条规定,人民法院在开庭前应当作好以下准备。

(1)确定合议庭的组成人员。

(2)将人民检察院的起诉书副本至迟在开庭10日以前送达被告人及其辩护人。对于被告人未委托辩护人的,告知被告人可以委托辩护人,或者依法通知法律援助机构指派律师为其提供辩护。

(3)在开庭以前,审判人员可以召集公诉人、当事人和辩护人、诉讼代理人,对回避、出庭证人名单、非法证据排除等与审判相关的问题,了解情况,听取意见。

(4)人民法院确定开庭日期后,应当在开庭3日前将开庭的时间、地点通知人民检察院。

(5)传唤当事人,通知辩护人、诉讼代理人、证人、鉴定人和翻译人员,传票和通知书至迟在开庭3日以前送达。

(6)公开审判的案件,应当在开庭3日以前先期公布案由、被告人姓名、开庭时间和地点。

上述活动情形应当写入笔录,由审判人员和书记员签名。

根据《刑事诉讼法解释》第183条和第184条的规定,案件具有下列情形之一的,审判人员可以召开庭前会议:(1)当事人及其辩护人、诉讼代理人申请排除非法证据的;(2)证据材料较多、案情重大复杂的;(3)社会影响重大的;(4)需要召开庭前会议的其他情形。召开庭前会议,根据案件情况,可以通知被告人参加。

召开庭前会议,审判人员可以就下列问题向控辩双方了解情况,听取意见:(1)是否对案件管辖有异议;(2)是否申请有关人员回避;(3)是否申请调取在侦查、审查起诉期间公安机关、人民检察院收集但未随案移送的证明被告人无罪或者罪轻的证据材料;(4)是否提供新的证据;(5)是否对出庭证人、鉴定人、有专门知识的人的名单有异议;(6)是否申请排除非法证据;(7)是否申请不公开审理;(8)与审判相关的其他问题。审判人员可以询问控辩双方对证据材料有无异议,对有异议的证据,应当在庭审时重点调查;无异议的,庭审时举证、质证可以简化。被害人或者其法定代理人、近亲属提起附带民事诉讼的,可以调解。庭前会议情况应当制作笔录。

(三)法庭审判

公诉案件的法庭审判,是指人民法院在公诉人、被告人、被害人以及其他诉讼参与人的参加下,调查核实证据,查清案件事实,充分听取控辩双方对证据、案件事实和法律适用的意见,依法确定被告人刑事责任问题的诉讼活动和程序。

根据《刑事诉讼法》的相关规定,公诉案件法庭审判程序分为宣布开庭、法庭调查、法庭辩论、被告人最后陈述、评议和宣判五个阶段。

1. 宣布开庭

宣布开庭是法庭审理的开始，其任务在于为实体审理作好程序上的准备。

(1)开庭审理前，书记员应当依次进行下列工作：①受审判长委托，查明公诉人、当事人、证人及其他诉讼参与人是否到庭；②宣读法庭规则；③请公诉人及相关诉讼参与人入庭；④请审判长、审判员(人民陪审员)入庭；⑤审判人员就座后，当庭向审判长报告开庭前的准备工作已经就绪。

(2)审判长宣布开庭，传被告人到庭后，应当查明被告人的下列情况：①姓名、出生年月日、民族、出生地、文化程度、职业、住址，或者单位的名称、住所地、诉讼代理人的姓名、职务；②是否曾受过法律处分及处分的种类、时间；③是否被采取强制措施及强制措施的种类、时间；④收到起诉书副本的日期；⑤有附带民事诉讼的，附带民事诉讼被告人收到民事起诉状的日期。

(3)审判长宣布案件的来源、起诉的案由、附带民事诉讼原告人和被告人的姓名(名称)及是否公开审理。对于不公开审理的案件，应当当庭宣布不公开审理的理由。

(4)审判长宣布合议庭组成人员、书记员、公诉人、辩护人、鉴定人和翻译人员的名单。

(5)审判长应当告知当事人及其法定代理人、辩护人、诉讼代理人在法庭审理过程中依法享有下列诉讼权利：①可以申请合议庭组成人员、书记员、公诉人、鉴定人和翻译人员回避；②可以提出证据，申请通知新的证人到庭、调取新的证据、重新鉴定或者勘验、检查；③被告人可以自行辩护；④被告人可以在法庭辩论终结后作最后的陈述。

(6)审判长分别询问当事人及其法定代理人、辩护人、诉讼代理人是否申请回避、申请何人回避和申请回避的理由。如果当事人及其法定代理人、辩护人、诉讼代理人申请审判人员、出庭支持公诉的检察人员回避，合议庭认为符合法定情形的，应当依照《刑事诉讼法》和《刑事诉讼法解释》有关回避的规定处理；认为不符合法定情形的，应当当庭驳回，继续法庭审理。如果申请回避人当庭申请复议，合议庭应当宣布休庭，待作出复议决定后，决定是否继续法庭审理。同意或者驳回回避申请的决定及复议决定，由审判长宣布，并说明理由。必要时，也可以由院长到庭宣布。

2. 法庭调查

法庭调查，是指法院在公诉人、当事人和其他诉讼参与人的参加下，当庭对案件事实和证据进行调查核对的阶段。法庭调查阶段是法庭审理的核心，是对案件进行实体审查的中心环节。案件事实的认定、证据的采信、被告人的刑事责任确定

等关键性问题,都将在这一阶段展开,为最后的裁判奠定事实基础。法庭调查按照下列顺序展开:

(1)公诉人宣读起诉书。审判长宣布进行法庭调查后,首先由公诉人宣读起诉书,向法庭阐明公诉犯罪事实,即法庭调查的范围和被告人应负刑事责任的事实依据和法律依据。宣读起诉书时,如果一案有数名被告人,应同时在场。有附带民事诉讼的,再由附带民事诉讼的原告人或者其法定代理人、诉讼代理人宣读附带民事诉状。

(2)被告人、被害人就指控的犯罪事实发表意见。公诉人宣读完起诉书后,审判长应当分别就指控的犯罪事实听取被告人、被害人的陈述,以便全面了解案情。

(3)讯问被告人,询问被害人和附带民事诉讼原告人、被告人。被告人、被害人意见陈述完毕,在审判长的主持下,公诉人可以就起诉书中指控的犯罪事实讯问被告人。被害人及其诉讼代理人经审判长准许,可以就公诉人讯问的情况进行补充性发问;附带民事诉讼的原告人及其法定代理人或者诉讼代理人经审判长准许,可以就附带民事诉讼部分的事实向被告人发问;经审判长准许,被告人的辩护人及法定代理人或者诉讼代理人可以在控诉一方就某一具体问题讯问完毕后向被告人发问。

讯问一般围绕下列问题进行:指控的犯罪事实是否存在,是否系被告人所为,是否承认起诉书中指控的罪行;承认犯罪的,进一步讯问实施犯罪的时间、地点、方法、手段、目的、动机及犯罪后的表现等等。共同犯罪的,讯问被告人是否清楚在共同犯罪中的地位和作用。问清有无从重、从轻或者减轻以及免除刑罚的情节。公诉人讯问被告人,一般采取一问一答的方式。

对于共同犯罪案件中的被告人,应当分别进行讯问。合议庭认为必要时,可以传唤共同被告人同时到庭对质。

被害人、附带民事诉讼的原告人和辩护人、诉讼代理人,经审判长许可,可以向被告人发问。被害人及其诉讼代理人可以根据公诉人的讯问情况进行补充性发问,实现控诉职能。附带民事诉讼原告人及其法定代理人或者诉讼代理人,可以就附带民事诉讼部分向被告人发问,揭露和证实被告人的犯罪行为给自己造成物质上或者名誉上的损失。被告人的辩护人及其法定代理人可以在控诉一方就某一具体问题讯问完毕后向被告人发问,向法庭揭示有利于被告人的事实、情节和证据,维护被告人的合法权益。

在公诉人讯问被告人之后,或者其他诉讼参与人对被告人发问之后,审判人员对案件事实有疑问的,可以自行讯问被告人。

控辩双方经审判长准许,可以向被害人、附带民事诉讼原告人发问。

审判长对于控辩双方讯问、发问被告人、被害人和附带民事诉讼原告人、被告人的内容与本案无关或者讯问、发问的方式不当的,应当制止。

对于控辩双方认为对方讯问或者发问的内容与本案无关或者讯问、发问的方式不当并提出异议的,审判长应当判明情况予以支持或者驳回。

审判人员认为有必要时,可以向被告人、被害人及附带民事诉讼原告人、被告人讯问或者发问。

(4)询问证人、鉴定人。《刑事诉讼法》第187条规定:"公诉人、当事人或者辩护人、诉讼代理人对证人证言有异议,且该证人证言对案件定罪量刑有重大影响,人民法院认为证人有必要出庭作证的,证人应当出庭作证。人民警察就其执行职务时目击的犯罪情况作为证人出庭作证,适用前款规定。公诉人、当事人或者辩护人、诉讼代理人对鉴定意见有异议,人民法院认为鉴定人有必要出庭的,鉴定人应当出庭作证。经人民法院通知,鉴定人拒不出庭作证的,鉴定意见不得作为定案的根据。"

《刑事诉讼法》第188条规定:"经人民法院通知,证人没有正当理由不出庭作证的,人民法院可以强制其到庭,但是被告人的配偶、父母、子女除外。证人没有正当理由拒绝出庭或者出庭后拒绝作证的,予以训诫,情节严重的,经院长批准,处以十日以下的拘留。被处罚人对拘留决定不服的,可以向上一级人民法院申请复议。复议期间不停止执行。"

证人到庭后,审判人员应当先核实证人的身份、与当事人以及本案的关系,告知证人应当如实地提供证言和有意作伪证或者隐匿罪证要负的法律责任。证人作证前,应当在如实作证的保证书上签名。向证人发问,应当先由提请传唤的一方进行;发问完毕后,对方经审判长准许,也可以发问。

鉴定人到庭后,审判人员应当先核实鉴定人的身份、与当事人及本案的关系,告知鉴定人应当如实地提供鉴定意见和有意作虚假鉴定要负的法律责任。鉴定人说明鉴定结论前,应当在如实说明鉴定结论的保证书上签名。向鉴定人发问,应当先由要求传唤的一方进行;发问完毕后,对方经审判长准许,也可以发问。

询问证人、鉴定人应当遵循以下规则:①发问的内容应当与案件的事实相关;②不得以诱导方式提问;③不得威胁证人、鉴定人;④不得损害证人、鉴定人的人格尊严。

审判长对于向证人、鉴定人发问的内容与本案无关或者发问的方式不当的,应当制止。对于控辩双方认为对方发问的内容与本案无关或者发问的方式不当并提出异议的,审判长应当判明情况予以支持或者驳回。

审判人员认为有必要时,可以询问证人、鉴定人。

向证人和鉴定人发问应当分别进行。证人、鉴定人经控辩双方发问或者审判人员询问后,审判长应当告其退庭。证人、鉴定人不得旁听对案件的审理。

(5)出示物证、宣读鉴定意见和有关笔录。询问结束后,公诉人、辩护人应当向法庭出示物证,让当事人辨认,对未到庭的证人的证言笔录、鉴定人的鉴定意见、勘验笔录和其他作为证据的文书,应当当庭宣读。审判人员应当听取公诉人、当事人和辩护人、诉讼代理人的意见。

当庭出示的物证、书证、视听资料等证据,应当先由出示证据的一方就所出示的证据的来源、特征等作必要的说明,然后由另一方进行辨认并发表意见。控辩双方可以互相质问、辩论。当庭出示的证据、宣读的证人证言、鉴定结论和勘验、检查笔录等,在出示、宣读后,应立即将原件移交法庭。对于确实无法当庭移交的,应当要求出示、宣读证据的一方在休庭后 3 日内移交。人民法院审查上述规定的证据材料,发现与庭审调查认定的案件事实有重大出入,可能影响正确裁判的,应当决定恢复法庭调查。

(6)调取新的证据。《刑事诉讼法》第 192 条规定,法庭审理过程中,当事人和辩护人、诉讼代理人有权申请通知新的证人到庭,调取新的物证,申请重新鉴定或者勘验。公诉人、当事人和辩护人、诉讼代理人可以申请法庭通知有专门知识的人作为证人出庭,就鉴定人作出的鉴定意见提出意见。法庭对于上述申请,应当作出是否同意的决定。法庭通知有专门知识的人出庭作证,适用鉴定人的有关规定。

当事人和辩护人等申请通知新的证人到庭,调取新的证据,申请重新鉴定或者勘验的,应当提供证人的姓名、证据的存放地点,说明所要证明的案件事实,要求重新鉴定或者勘验的理由。法庭根据具体情况,作出是否同意的决定。同意的,应当宣布延期审理,延期审理的时间不得超过 1 个月,延期审理的时间不计入审限;不同意的,应当告知理由并继续开庭。

(7)法庭调查核实证据。在法庭调查中,合议庭对证据有疑问的,可以宣布休庭,对证据进行调查核实。人民法院调查核实证据时,可以进行勘验、检查、扣押、鉴定和查询、冻结,必要时,可以通知检察人员、辩护人到场。

在庭审过程中,公诉人发现案件需要补充侦查,提出延期审理建议的,合议庭应当同意。但建议延期审理的次数不得超过二次。法庭宣布延期审理后,人民检察院在补充侦查期限内没有提请人民法院恢复法庭审理的,人民法院应当决定按人民检察院撤诉处理。

合议庭在案件审理过程中,发现被告人可能有自首、立功等法定量刑情节,而起诉和移送的证据材料中没有这方面的证据材料的,应当建议人民检察院补充侦查。

3. 法庭辩论

法庭辩论是指在法庭调查的基础上，控辩双方在审判长的主持下，就被告人的行为是否构成犯罪、构成何罪、是否应受刑罚、受何种刑罚以及证据是否具有证明力、是否确实充分等问题，提出自己的意见和理由，进行相互争论和反驳的一种诉讼活动。法庭辩论是刑事审判程序的一个重要环节，通过控辩双方的直接交锋，暴露矛盾，更能充分展示案情，查清事实，既有利于保障当事人合法权利的行使，是辩论原则在刑事诉讼中的集中体现，又有利于法官进一步认识案件事实，作出公正裁判。

《刑事诉讼法》第193条第1款和第2款规定："法庭审理过程中，对与定罪、量刑有关的事实、证据都应当进行调查、辩论。经审判长许可，公诉人、当事人和辩护人、诉讼代理人可以对证据和案件情况发表意见并且可以互相辩论。"

法庭辩论依照下列顺序进行：①公诉人发言；②被害人及其诉讼代理人发言；③被告人自行辩护；④辩护人辩护；⑤控辩双方进行辩论。附带民事诉讼部分的辩论应当在刑事诉讼部分的辩论结束后进行。先由附带民事诉讼原告人及其诉讼代理人发言，然后由被告人及其诉讼代理人答辩。在法庭辩论过程中，审判长对控辩双方与案件无关、重复或者互相指责的发言应当制止。

公诉人的发言，在司法实践中称为公诉词。公诉词是公诉人为揭露犯罪，阐明检察机关对被告人追究刑事责任的意见，在法庭辩论阶段发表的演说词。发表公诉词是人民检察院支持公诉的主要形式，也是进一步揭露犯罪、论述观点的方式。被害人作为犯罪行为的直接受害者，承担控诉职能，有权在法庭上发表自己对被告人刑事责任等问题的意见，既是其合法权利的行使，也是对公诉人公诉意见的补充。

被告人在辩论中的发言既是其行使辩护权的基本形式，也是合议庭了解案件事实和被告人主观恶性程度的一个重要渠道。被告人自行辩护后，还可以由辩护人进一步发言，加强被告人的辩护职能。辩护人的发言，在司法实践中称为辩护词。辩护词应以法庭调查的情况为基础，从保护被告人合法权益方面提出辩护观点。辩护人一般围绕以下几个方面进行辩论：第一，被告人的行为不构成犯罪或者罪行较轻；第二，证明被告人有罪的证据不确实、不充分；第三，被告人具有从轻、减轻或者免除刑事责任的理由。

被告人当庭拒绝辩护人为其辩护，要求另行委托辩护人的，合议庭应当同意，并宣布延期审理。被告人要求人民法院另行指定辩护律师，合议庭同意的，应当宣布延期审理。重新开庭后，被告人再次当庭拒绝重新委托的辩护人或者人民法院指定的辩护律师为其辩护的，合议庭应当分别情形作出处理：①被告人是成年人的，可以准许。但被告人不得再另行委托辩护人，人民法院也不再另行指定辩护律师，被告人可以自行辩护。②被告人的辩护人是指定辩护人的，不予准许。另行委托、指定辩护人或者辩护律师的，自案件宣布延期审理之日起至第10日止，准备辩护的时间不计入审理期限。

法庭辩论中，控辩双方的发言以“轮”计，第一轮控辩双方发言后，可以就存在的分歧相互辩论，双方发言机会均等。每一轮结束后，再进行下一轮，直至控辩双方停止发言为止。在法庭辩论过程中，如果合议庭发现新的事实，认为有必要进行调查时，审判长可以宣布暂停辩论，恢复法庭调查，待该事实查清后继续法庭辩论。合议庭认为经过反复辩论，案情已经查明、罪责已经分清或者控辩双方意见已经充分发表，审判长应当及时宣布辩论终结。终结前，合议庭应当询问被告人及其辩护人是否有新的辩论意见。

4. 被告人最后陈述

《刑事诉讼法》第193条第3款规定：“审判长在宣布辩论终结后，被告人有最后陈述的权利。”被告人最后陈述，是指被告人在法庭审理即将结束之际，就自己被指控的罪行进行最后辩护和最后陈述的活动。这是被告人的一项重要的诉讼权利，审判长应当告知被告人享有此项权利。被告人最后陈述是法律赋予其在法庭即将进行评议判决之前的最后发言机会，让其充分陈述自己对案件的意见，或者向法庭表明其对自己所犯罪行的认识和态度，有利于法庭全面分析案情，保护被告人的合法权益。

被告人最后陈述是每个被告人都享有的法定诉讼权利，审判长应当予以保障，当然，被告人可以拒绝最后陈述，自行放弃。被告人最后陈述只要不超出本案范围，就不应限制其发言时间，或者随意打断。但是，如果被告人在最后陈述中多次重复自己的意见，审判长可以制止；如果陈述内容是蔑视法庭、公诉人，损害他人及社会公共利益或者与本案无关的，应当制止；在公开审理的案件中，被告人最后陈述的内容涉及国家秘密或者个人隐私的，也应当制止。

被告人在最后陈述中提出了新的事实、证据，合议庭认为可能影响正确裁判的，应当恢复法庭调查；如果被告人提出新的辩解理由，合议庭认为确有必要的，可以恢复法庭辩论。如果案情复杂，恢复法庭调查仍不能查清事实的，可以宣告延期审理。

5. 评议和宣判

被告人最后陈述后，审判长应当宣布休庭，由合议庭进行评议，评议活动应当秘密进行。合议庭评议，是指合议庭全体成员对案件事实的认定和法律的适用进行全面的讨论、评定，并作出处理决定的诉讼活动。具体而言，就是根据法庭审理查明的事实和证据,确定被告人的刑事责任,以及对附带民事诉讼和赃款、赃物的处理。

根据《刑事诉讼法》第 195 条和《刑事诉讼法解释》第 176 条的规定,合议庭评议后,人民法院应当根据案件的具体情形,分别作出裁判:

(1)起诉指控的事实清楚,证据确实、充分,依据法律认定指控被告人的罪名成立的,应当作出有罪判决;

(2)起诉指控的事实清楚,证据确实、充分,指控的罪名与审理认定的罪名不一致的,应当按照审理认定的罪名作出有罪判决;

(3)案件事实清楚,证据确实、充分,依据法律认定被告人无罪的,应当判决宣告被告人无罪;

(4)证据不足,不能认定被告人有罪的,应当以证据不足、指控的犯罪不能成立,判决宣告被告人无罪;

(5)案件事实部分清楚,证据确实、充分的,应当依法作出有罪或者无罪的判决;对事实不清,证据不足部分,不予认定;

(6)被告人因不满 16 周岁,不予刑事处罚的,应当判决宣告被告人不负刑事责任;

(7)被告人是精神病人,在不能辨认或者不能控制自己行为时造成危害结果,不予刑事处罚的,应当判决宣告被告人不负刑事责任;

(8)犯罪已过追诉时效期限且不是必须追诉,或者经特赦令免除刑罚的,应当裁定终止审理;

(9)被告人死亡的,应当裁定终止审理;根据已查明的案件事实和认定的证据,能够确认无罪的,应当判决宣告被告人无罪。

在宣告判决前,人民检察院要求撤回起诉的,人民法院应当审查撤回起诉的理由,并作出是否准许的裁定。

人民法院在审理中发现新的事实,可能影响定罪的,应当建议人民检察院补充或者变更起诉;人民检察院不同意的,人民法院应当就起诉指控的犯罪事实,依法作出裁判。

对于人民法院曾以“证据不足,不能认定被告人有罪”为由而作出证据不足、指控的犯罪不能成立的无罪判决的案件,人民检察院依据新的事实、证据材料重新起诉,人民法院受理后,经过法庭审查,应当依法作出判决,前案不予撤销,但应当在判决中写明:“被告人×××曾于×年×月×日被××人民检察院以××罪向××人民法院提起公诉。因证据不足、指控的犯罪不能成立,被××人民法院依法判决宣告无罪。”

合议庭成员应当在评议笔录上签名,在法律文书上署名。

评议后,进入法庭宣判阶段。宣告判决,无论是否公开审理,一律公开进行。宣告判决有当庭宣判和定期宣判两种形式。当庭宣判,是指合议庭评议后在继续开庭时即宣告判决内容。定期宣判,是指当庭宣判不能,另定日期宣告判决。《刑事诉讼法》第196条规定:"当庭宣告判决的,应当在五日以内将判决书送达当事人和提起公诉的人民检察院;定期宣告判决的,应当在宣告后立即将判决书送达当事人和提起公诉的人民检察院。"第197条规定:"判决书应当由审判人员和书记员署名,并且写明上诉的期限和上诉的法院。"宣告判决时,法庭内全体人员应当起立。宣判时,公诉人、辩护人、被害人、自诉人或者附带民事诉讼的原告人未到庭的,不影响宣判的进行。

(四)庭审笔录

庭审笔录,是指由书记员把法庭审判时的全部过程如实、客观地记录下来所形成的文书。庭审笔录是合议庭评议、审判委员会讨论并作出判决的重要依据,因此,书记员应当如实、全面、客观地记录,不得随意删减、改变;审判人员、公诉人、当事人、辩护人、诉讼代理人、证人、鉴定人等诉讼法律关系主体,在庭审中也应当尽量清楚、明确、简明扼要地陈述,以便书记员记录。

根据《刑事诉讼法》第201条规定,庭审笔录的制作应当符合下列要求:(1)法庭审判的全部活动应当由书记员写成笔录,经审判长审阅后,由审判长和书记员签名。(2)庭审笔录中的证人证言部分,应当当庭宣读或者交给证人阅读,证人认为记载有遗漏或差错的,可以请求补充或改正;证人在承认没有错误后,应当签名或盖章。(3)庭审笔录应当向当事人宣读或者交由其阅读。当事人认为记载有遗漏或差错的,可以请求补充或改正;当事人承认没有错误后,应当签名或盖章。

三、审判期限

《刑事诉讼法》第202条规定:"人民法院审理公诉案件,应当在受理后二个月以内宣判,至迟不得超过三个月。对于可能判处死刑的案件或者附带民事诉讼的案件,以及有本法第一百五十六条规定情形之一的,经上一级人民法院批准,可以延长三个月;因特殊情况还需要延长的,报请最高人民法院批准。人民法院改变管辖的案件,从改变后的人民法院收到案件之日起计算审理期限。人民检察院补充侦查的案件,补充侦查完毕移送人民法院后,人民法院重新计算审理期限。"第156条规定的情形,是指交通十分不便的边远地区的重大复杂案件,重大的犯罪集团案件,流窜作案的重大复杂案件和犯罪涉及面广、取证困难的重大复杂案件。另外,对被告人作精神病鉴定而延期审理的,鉴定期间不计入审理期限;第二审人民法院发回重新审判的案件,原审人民法院从收到案件之日起,重新计算审理期限。

四、延期审理、中止审理和终止审理

（一）延期审理

延期审理，是指案件因故不能按原定开庭时间审理，或者在法庭审理过程中，出现足以影响审判继续进行的情形，合议庭决定把案件审理推迟，待影响审理进行的原因消失后，再继续开庭。延期审理的原因是诉讼内障碍。

根据《刑事诉讼法》第198条规定，在法庭审判过程中，遇有下列情形之一，影响审判进行的，可以延期审理：(1)需要通知新的证人到庭，调取新的物证，重新鉴定或者勘验的；(2)检察人员发现提起公诉的案件需要补充侦查，提出建议的；(3)由于申请回避而不能进行审判的。

另外，在审判实践中，下列情况也可以延期审理：(1)审理中，发现被告人因患病而神志不清或者体力不支不能承受讯问的；(2)被告人拒绝辩护人继续为其辩护，要求另行委托辩护人的；(3)人民检察院变更了起诉范围，指控被告人有新的罪行，被告人、辩护人为准备答辩，申请延期审理的；(4)合议庭成员、书记员、公诉人、辩护人在审理过程中由于身体原因，不能继续进行的。

是否延期审理由合议庭审议后决定。延期审理后再进行审判时，仍应按照法庭审判顺序进行，但对于以前庭审已经查清的事实和证据，可以不再逐一核查。

（二）中止审理

中止审理，是指人民法院因发生某种特定情况，影响案件正常审理而决定停止诉讼活动，待该情形消失后，再行恢复审理。中止审理的原因是发生了诉讼外障碍，其发生的时间可以是在开庭审理期间，也可以是在开庭审理之前。

根据《刑事诉讼法》第200条规定，在审判过程中，有下列情形之一，致使案件在较长时间内无法继续审理的，可以中止审理：(1)被告人患有严重疾病，无法出庭的；(2)被告人脱逃的；(3)自诉人患有严重疾病，无法出庭，未委托诉讼代理人出庭的；(4)由于不能抗拒的原因。中止审理的原因消失后，应当恢复审理。中止审理的期间不计入审理期限。

中止审理与延期审理相同，都会引起审判活动的暂停，但二者存在区别：(1)适用的情形不同。中止审理是由于诉讼外的原因造成，不能通过诉讼上的努力消除；延期审理因诉讼内的原因造成，可以通过诉讼上的努力消除。(2)造成审判暂停原因产生的时间不同。中止审理可以出现在庭审中，也可以出现在庭审前；延期审理的障碍只能出现在庭审中。(3)再行审判的可预测性不同。中止审理的案件再次开庭的时间往往无法确定；延期审理的案件再次开庭的时间可以确定，有时当庭作出决定。

（三）终止审理

终止审理，是指人民法院在审判过程中遇有法律规定的情形时，停止审判，结束诉讼的活动。

人民法院遇到有《刑事诉讼法》第15条规定的情形之一时，应当终止审理：(1)情节显著轻微、危害不大，不认为是犯罪的；(2)犯罪已过追诉时效期限的；(3)经特赦令免除刑罚的；(4)依照《刑法》告诉才处理的犯罪，没有告诉或者撤回告诉的；(5)犯罪嫌疑人、被告人死亡的；(6)其他法律规定免予追究刑事责任的。

第三节 自诉案件第一审普通程序

一、自诉案件第一审普通程序的概念和特点

自诉案件第一审普通程序，是指人民法院在自诉人、被告人及其他诉讼参与人的参与下，依法处理自诉案件的方式、方法和步骤。

自诉案件第一审普通程序，总体来讲与公诉案件相似，但是也具有以下特点。

第一，参加诉讼的国家机关一般来说只有人民法院，公安机关、人民检察院不予介入。这是由自诉案件的性质决定的。自诉案件由自诉人自行提起诉讼，人民法院直接受理，自诉人在刑事诉讼中承担了侦查、起诉职能，代替国家机关行使相关诉讼职能。

第二，当事人对审判活动的终止，具有一定的决定作用。自诉人在宣告判决前可以同被告人自行和解或者撤回自诉。自行和解是当事人双方在互谅互让的基础上，相互协商后达成案件处理意见的行为。自行和解后撤回自诉，人民法院一般应予准许。同时，人民法院对于告诉才处理的案件和被害人有证据证明的轻微刑事案件，可以进行调解。当事人在法院的主持下，按照自愿、合法的原则，达成调解协议的，可以结束诉讼，终止审判。

第三，自诉案件的被告人在诉讼中可以提出反诉。反诉，是指自诉案件的被告人作为反诉案件的自诉人，以自诉案件中的自诉人为被告人，控告自诉案件中的自诉人犯有与本案有联系的犯罪行为，向人民法院提出请求，要求合并审理，依法追究其刑事责任的行为。提出刑事反诉应当符合四个条件：(1)反诉的主体为本诉的被告人，反诉的对象为本诉的自诉人；(2)反诉的内容是与本案有关联的行为；(3)反诉的案件属于《刑事诉讼法》第204条第1、2项规定的范围；(4)反诉的时间应在作出判决之前。反诉案件适用自诉案件的规定，并应当与自诉案件一并审理。原自诉人撤诉的，不影响反诉案件的继续审理。

第四，在第一审程序中，对于告诉才处理的案件、被害人有证据证明的轻微刑事案件，可以适用简易程序。

第五，自诉案件当事人因客观原因不能取得的证据，申请人民法院调取的，应

当说明理由,并提供相关线索或者材料。人民法院认为有必要的,应当及时调取。

第六,被告人在自诉案件审判期间下落不明的,人民法院应当裁定中止审理。被告人到案后,应当恢复审理,必要时应当对被告人依法采取强制措施。

二、自诉案件第一审普通程序的阶段

(一)自诉案件的提起

自诉案件的提起,是指自诉人为维护自身合法权益,追究被告人刑事责任,而向法院提出的要求进行审判的请求,自诉案件的提起是引起自诉案件第一审普通程序的前提。自诉案件由自诉人提起。自诉人是指以自己的名义向人民法院起诉,请求追究被告人刑事责任的公民。自诉人通常是被害人,对于《刑事诉讼法解释》第1条规定的案件,如果被害人死亡、丧失行为能力或者因受强制、威吓等无法告诉,或者是限制行为能力人以及因年老、患病、盲、聋、哑等不能亲自告诉,其法定代理人、近亲属告诉或者代为告诉的,人民法院应当依法受理。被害人的法定代理人、近亲属告诉或者代为告诉的,应当提供与被害人关系的证明和被害人不能亲自告诉的原因的证明。

自诉人起诉,应当提出起诉的事实依据,向人民法院提供必要的证据,起诉书应当以书面形式进行,如果写起诉书确有困难的,可以口头起诉,由人民法院接待人员写出笔录,经宣读无误后,由自诉人签名或者盖章。自诉状或者起诉笔录中应当包括以下内容:(1)自诉人(代为告诉人)、被告人的姓名、性别、年龄、民族、籍贯、出生地、文化程度、职业、工作单位、住址、联系方式;(2)被告人实施犯罪的时间、地点、手段、情节和危害后果等;(3)具体的诉讼请求;(4)致送的人民法院和具状时间;(5)证据的名称、来源等;(6)证人的姓名、住址、联系方式等。对两名以上被告人提出告诉的,应当按照被告人的人数提供自诉状副本。

(二)自诉案件的审查和受理

人民法院收到自诉状或者起诉笔录后,应当指定一名审判员进行审查。自诉案件的庭前审查与公诉案件不同,它既是诉讼程序性的审查,也是实体性的审查,要求案件事实清楚,并有证据予以证明,人民法院才予以受理。

人民法院对自诉案件依照法律规定进行审查后,作出如下处理。

(1)受理案件。符合下列条件的,人民法院应当予以受理,并书面通知自诉人或者代为告诉人。①属于《刑事诉讼法》第204条、《刑事诉讼法解释》第1条的规定;②属于本院管辖;③被害人告诉;④有明确的被告人、具体的诉讼请求和证明被告人犯罪事实的证据。人民法院受理《刑事诉讼法》第204条第3项规定的自诉案件,还应当符合《刑事诉讼法》第110条及第176条的规定。

(2)有下列情形之一的,应当说服自诉人撤回自诉;自诉人不撤回起诉的,裁定不予受理：①不属于《刑事诉讼法解释》第 1 条规定的案件的；②缺乏罪证的；③犯罪已过追诉时效期限的；④被告人死亡的；⑤被告人下落不明的；⑥除因证据不足而撤诉的以外，自诉人撤诉后，就同一事实又告诉的；⑦经人民法院调解结案后，自诉人反悔，就同一事实再行告诉的。

自诉人对不予受理或者驳回起诉的裁定不服的，可以提起上诉。第二审人民法院查明第一审人民法院作出的不予受理裁定有错误的，应当在撤销原裁定的同时，指令第一审人民法院立案受理；查明第一审人民法院驳回起诉裁定有错误的，应当在撤销原裁定的同时，指令第一审人民法院进行审理。

(3)对于事实清楚，有足够证据的自诉案件，应当开庭审判。

(4)应当由人民检察院提起公诉的案件，移送至人民检察院；如果被告人实施了两个以上的犯罪行为，分别属于公诉案件和自诉案件，人民法院可以一并审理。

(5)对已经立案，经审查缺乏罪证的自诉案件，自诉人提不出补充证据的，人民法院应当说服其撤回起诉或者裁定驳回起诉；自诉人撤回起诉或者被驳回起诉后，又提出了新的足以证明被告人有罪的证据，再次提起自诉的，人民法院应当受理。

(6)自诉人明知有其他共同侵害人，但只对部分侵害人提起自诉的，人民法院应当受理，并告知其放弃告诉的法律后果；自诉人放弃告诉，判决宣告后又对其他共同侵害人就同一事实提起自诉的，人民法院不予受理。共同被害人中只有部分人告诉的，人民法院应当通知其他被害人参加诉讼，并告知其不参加诉讼的法律后果。被通知人接到通知后表示不参加诉讼或者不出庭的，视为放弃告诉。第一审宣判后，被通知人就同一事实又提起自诉的，人民法院不予受理。但是，当事人另行提起民事诉讼的，不受此限。

(7)自诉人自愿撤诉的，人民法院应当准许；不是自诉人自愿撤诉，而是由于被强迫、恐吓等原因，人民法院不予准许。

人民法院应当在收到自诉状或者起诉笔录后 15 天内作出是否立案的决定，并书面通知自诉人。对于不予立案的，应书面说明理由。

(三)自诉案件的庭审程序

人民法院受理自诉案件后，即进入庭审程序。自诉案件第一审程序的庭审程序，同公诉案件一样，包括庭前准备、法庭调查、法庭辩论、被告人最后陈述和评议、宣判，此处不再赘述。

三、审判期限

《刑事诉讼法》第 206 条第 2 款规定，人民法院审理自诉案件的期限，被告人被羁押的，适用本法第 202 条第 1 款、第 2 款的规定；未被羁押的，应当在受理后 6 个月以内宣判。第202条第1款、第2款的规定,就是指公诉案件的审判期限,即人民法院审理公诉案件,应当在受理后2个月以内宣判,至迟不得超过3个月。对有附带民事诉讼的案件,或者有《刑事诉讼法》第156条规定情形之一的,经上一级人民法院批准,可以延长3个月;因特殊情况还需要延长的,报请最高人民法院批准。人民法院改变管辖的案件,从改变后的人民法院收到案件之日起计算审理期限。

第四节 简易程序

一、简易程序的概念、意义和特点

(一)简易程序的概念和意义

简易程序是相对于普通程序而言的,是指基层人民法院在审理法定的事实清楚、证据充分、被告人认罪并同意适用的刑事案件时所适用的比普通程序相对简化的第一审程序。

简易程序是追求诉讼效率内在要求的体现,现代世界各国的刑事审判程序中大多数都规定了简易程序。如以美国、英国为代表的英美法系中的诉辩交易和有罪答辩,德国、法国、意大利等大陆法系国家广泛采用依据卷宗材料作出刑罚处罚令的程序。据统计,英国按简易程序审理的案件占全部刑事案件的97%,日本达到94%,美国达到90%以上,可见,简易程序已经成为刑事诉讼审判程序中的重要程序,并且日益发挥重要作用。

我国1979年《刑事诉讼法》并未规定简易程序,1996年《刑事诉讼法》在第一审程序中专节增设"简易程序",2012年《刑事诉讼法》再次修改时,对简易程序相关内容进行了增补和完善,使之发挥更加积极的作用。简易程序的适用具有十分重要的意义。

第一,简易程序适应刑事案件自身的特点,能提高审判效率,缓解人民法院面临的日益繁重的审判压力。刑事案件千差万别,繁简不一。对于案件事实清楚,证据确实充分,控诉方和辩护方并无争议并经被告人同意的刑事案件,没有必要一律适用普通程序进行审判,因为此时烦琐的诉讼程序并无实际意义。

第二,避免拖延诉讼,节约诉讼成本。用简易程序处理相当一部分刑事案件,可以免除讼累,加快办案进度,节约诉讼成本。简易程序可以实现刑事案件的繁简分流,同时也能减轻诉讼当事人的诉讼负担。

第三,简易程序使刑事审判程序更为科学化和合理化。对于繁简不同的刑事案件适用不同的审判程序,本身就是一种科学的态度和方法。

(二)简易程序的特点

根据法律的规定,我国简易程序与普通程序比较,具有以下特点。

(1)适用程序受限。简易程序只适用于第一审程序,第二审程序、死刑复核程序和审判监督程序都不能适用简易程序。

(2)适用法院受限。简易程序适用的法院只能是基层人民法院,中级以上人民法院都不能适用,只能采用普通程序。

(3)适用案件范围受限。适用简易程序审理的案件应当是案件事实清楚、证据充分的;被告人承认自己所犯罪行,对起诉书指控的犯罪事实没有异议的;被告人对适用简易程序没有异议的;属于基层人民法院管辖的。不具备上述条件的案件均不得适用简易程序。对于案情复杂、重大、难以定性的案件只能适用普通程序。

(4)审判组织上可以采用独任庭。在审判组织上,适用简易程序审理案件,对可能判处 3 年有期徒刑以下刑罚的,可以组成合议庭进行审判,也可以由审判员 1 人独任审判;对可能判处 3 年以上有期徒刑的,应当组成合议庭进行审判。普通程序只能由合议庭进行审判。

(5)期间和送达方式简便。适用简易程序审理案件,送达起诉书不受《刑事诉讼法》第 182 条第 1 款规定的人民法院应当将人民检察院的起诉书副本至迟在开庭 10 日以前送达被告人和辩护人的限制。在开庭审判前,人民法院在通知有关诉讼参与人开庭时间、地点时,可以采用简便方式,记录在卷即可。适用简易程序审理案件,人民法院应当在受理后 20 日以内审结;对于可能判处 3 年以上有期徒刑的,可以延长至 1 个半月。

(6)庭审程序简化。根据《刑事诉讼法》第 213 条规定:"适用简易程序审理案件,不受本章第一节关于送达期限、讯问被告人、询问证人、鉴定人、出示证据、法庭辩论程序规定的限制。但在判决宣告前应当听取被告人的最后陈述意见。"

(7)宣判方式简化。适用简易程序审理的案件,原则上一般应当当庭宣判;当庭宣判确有困难的,可以定期宣判,但应当在法律规定的期限内向被告人等送达判决书。

需要注意的是,1996 年《刑事诉讼法》规定,对于适用简易程序审理的公诉案件,人民检察院可以不派员出席法庭,这就造成了人民法院与被告人直接对峙的怪现象,破坏了控、辩、审三方的诉讼构造。2012 年《刑事诉讼法》意识到了这一缺陷,其第 210 条第 2 款明确规定:"适用简易程序审理公诉案件,人民检察院应当派员出席法庭。"

二、简易程序的适用范围

(一)适用的法院范围

简易程序只能由基层人民法院在审理案件时适用,中级以上人民法院不能适用简易程序。

(二)适用的程序范围

简易程序只能在第一审程序中适用,第二审程序、审判监督程序以及发回基层人民法院重审的程序都不能适用简易程序。

(三)适用的案件范围

根据《刑事诉讼法》第208条规定,同时符合下列条件的,人民法院可以适用简易程序审判:

(1)案件事实清楚、证据充分的;

(2)被告人承认自己所犯罪行,对起诉书指控的犯罪事实没有异议的;

(3)被告人对适用简易程序没有异议的;

(4)属于基层人民法院管辖。

以上四个条件必须同时具备,缺一不可。

人民检察院在提起公诉时,可以建议人民法院适用简易程序。

此外,根据《刑事诉讼法》第209条以及《刑事诉讼法解释》第290条的规定,有下列情形之一的,不适用简易程序:

(1)被告人是盲、聋、哑人的;

(2)被告人是尚未完全丧失辨认或者控制自己行为能力的精神病人的;

(3)有重大社会影响的;

(4)共同犯罪案件中部分被告人不认罪或者对适用简易程序有异议的;

(5)辩护人作无罪辩护的;

(6)被告人认罪但经审查认为可能不构成犯罪的;

(7)不宜适用简易程序审理的其他情形。

三、简易程序的审理程序

(一)审理程序

适用简易程序审理刑事案件,以普通程序的审理程序为基础,与普通程序的步骤和顺序基本一致,但根据案情需要进行适当的简化。根据《刑事诉讼法解释》的相关规定,用简易程序审理案件,人民法院应当在开庭3日以前,将开庭的时间、地点通知人民检察院、自诉人、被告人、辩护人,也可以通知其他诉讼参与人。通知可以采用简便方式,但应当记录在案。

适用简易程序审理案件,审判长或者独任审判员应当当庭询问被告人对指控的犯罪事实的意见,告知被告人适用简易程序审理的法律规定,确认被告人是否同意适用简易程序。

适用简易程序审理案件,可以对庭审作如下简化:(1)公诉人可以摘要宣读起诉书;(2)公诉人、辩护人、审判人员对被告人的讯问、发问可以简化或者省略;(3)对控辩双方无异议的证据,可以仅就证据的名称及所证明的事项作出说明;对控辩双方有异议,或者法庭认为有必要调查核实的证据,应当出示,并进行质证;(4)控辩双方对与定罪量刑有关的事实、证据没有异议的,法庭审理可以直接围绕罪名确定和量刑问题进行。适用简易程序审理案件,判决宣告前应当听取被告人的最后陈述。适用简易程序审理案件,一般应当当庭宣判。

适用简易程序独任审判过程中,如果发现对被告人可能判处的有期徒刑超过3年的,应当转由合议庭审理。

(二)转换程序

适用简易程序审理案件,在法庭审理过程中,有下列情形之一的,应当转为普通程序审理:(1)被告人的行为可能不构成犯罪的;(2)被告人可能不负刑事责任的;(3)被告人当庭对起诉指控的犯罪事实予以否认的;(4)案件事实不清、证据不足的;(5)不应当或者不宜适用简易程序的其他情形。转为普通程序审理的案件,审理期限应当从决定转为普通程序之日起计算。

(三)审理期限

根据《刑事诉讼法》第214条规定,适用简易程序审理案件,人民法院应当在受理后20日以内审结;对可能判处3年以上有期徒刑的,可以延长至1个半月。

第五节　刑事审判结论

一、刑事判决

刑事判决,是指在刑事审判结束时人民法院对案件的实体问题所作的裁判。人民法院经过法庭审理,根据已经查明的事实、证据和法律规定,对被告人是否犯罪、犯何罪、应否处刑罚、处何刑罚等作出的结论,就是判决。从程序上说,判决是案件审理结束的标志;从内容上讲,它解决刑事诉讼中的实体性问题。判决是人民法院代表国家行使审判权和执行国家法律的具体结果,是惩罚犯罪、保护人民、维护社会主义法制的有力武器,对于教育公民遵守法律有着重要的作用。判决以国家强制力为后盾,一经生效,就具有强制性,非经法定程序,任何国家机关、组织、团体和个人不得变更或者撤销。

刑事判决根据其结果可分为有罪判决和无罪判决两种。有罪判决又分为科刑判决和免刑判决。科刑判决是指确定被告人有罪,并处以刑罚的判决;免刑判决是指虽然确定被告人有罪,但根据法律规定免除其刑罚的判决。

《刑事诉讼法》第195条规定,在被告人最后陈述后,审判长宣布休庭,合议庭进行评议,根据已经查明的事实、证据和有关的法律规定,分别作出以下判决:(1)案件事实清楚,证据确实、充分,依据法律认定被告人有罪的,应当作出有罪判决;(2)依据法律认定被告人无罪的,应当作出无罪判决;(3)证据不足,不能认定被告人有罪的,应当作出证据不足、指控的犯罪不能成立的无罪判决。

判决必须制作判决书。判决书是判决的书面表现形式,是重要的法律文书,必须严格按照规定的格式和要求制作。

(1)开头部分。写明人民法院的名称、判决书的类别、案号;公诉人(或者自诉人)情况;被告人的姓名、性别、年龄、民族、职业、籍贯、住址、是否在押;辩护人的姓名、职业;案由;开庭日期、审判组织和是否公开审理等。

(2)事实部分。有罪判决应写明犯罪的时间、地点、动机、目的、手段、危害后果等。共同犯罪的案件,应把每个被告人的犯罪事实、情节分别写明。叙述犯罪事实时,应以查实的证据为根据,对缺乏证据或者不属于犯罪的问题不应写入。涉及国家秘密的内容,应当防止泄密。涉及个人隐私的,不宜具体描述。

(3)理由部分。写明认定事实的证据,应当处以刑罚、免予刑事处罚、宣告无罪以及从重、从轻、减轻的理由和法律依据。

(4)判决结果部分。即判决的主文部分,应写明被告人所犯罪名,决定处以何种刑罚,何种免予刑事处罚,适用何种附加刑,刑期起止日期和已经被拘留、逮捕的被告人先行羁押日期同刑期的折抵,以及附带民事诉讼问题的处理和赃款、赃物的处理,等等。

(5)结尾部分。写明对本判决不服可以上诉,及上诉的法院和上诉期限;合议庭或者独任庭审判员和书记员的姓名;判决的日期。

二、刑事裁定

刑事裁定,是指人民法院在刑事审理或者执行过程中,对有关诉讼程序问题和部分实体问题所作的一种处理决定。

裁定和判决都是人民法院处理案件的一种形式,但二者存在区别:一是,判决所解决的是实体问题,而裁定既可以解决部分实体问题,也可以解决程序问题。前者如减刑或者假释的裁定,驳回上诉、抗诉和申诉的裁定;后者如当事人耽误期限,人民法院对其提出的继续进行应当在期限届满之前完成的诉讼活动的申请是否准许的裁定,对自诉案件驳回起诉的裁定。二是,在一个案件中,生效的判决只有一个,而生效的裁定可以有若干个。三是,判决必须以书面形式表现,而裁定既可以是书面的,也可以是口头的。四是,上诉期限不同。不服第一审刑事判决的上诉期或者抗诉期为10日,而不服第一审裁定的上诉期或者抗诉期为5日。

裁定书是裁定的书面形式。裁定书的格式、写法和署名,与刑事判决书基本相同,但内容更为简单。裁定书与判决书一样,是一种重要的法律文书,在制作时应严格遵照法律的规定进行。

三、刑事决定

刑事决定,是指公安机关、人民检察院、人民法院在办理案件过程中对某些程序性问题进行处理的一种形式。决定与判决、裁定不同:第一,判决适用于实体问题,裁定适用于程序问题和部分实体问题,决定只适用于程序问题;第二,判决和裁定只能由人民法院作出,而决定还可以由公安机关和人民检察院作出;第三,判决和部分裁定作出后并不立即生效,可以上诉或者抗诉,而决定作出后,除驳回回避申请的决定,当事人及其法定代理人可以申请复议一次外,都立即生效,不能上诉或者抗诉。

决定用以解决诉讼中的程序性问题,主要用于下列情形:审判人员是否回避的决定;立案或者不立案的决定;采取强制措施或者变更强制措施的决定;实施各种侦查行为的决定;撤销案件的决定;延长侦查羁押期限的决定;起诉或者不起诉的决定;开庭审判的决定;庭审中解决对当事人和辩护人提出的通知新的证人到庭、调取新的物证、申请重新鉴定或者勘验的决定;延期审理的决定;抗诉的决定;提起审判监督程序的决定;未成年人附条件不起诉的决定;对依法不负刑事责任的精神病人进行强制医疗的决定;等等。

决定可以是口头的,也可以是书面的。口头决定应当记录在案,书面决定应当制作决定书。

【问题与思考】

1. 公诉案件第一审程序有哪些?
2. 自诉案件第一审程序与公诉案件第一审程序的区别?
3. 延期审理与中止审理的区别?
4. 简易程序的概念和特点?
5. 判决、裁定和决定的适用范围?

第十八章

第二审程序

【内容提要】

我国的刑事诉讼遵循两审终审制。第二审程序是指上一级人民法院根据当事人及其法定代理人的上诉或者人民检察院的抗诉,对下一级人民法院经过一审审理但裁判尚未生效的案件,依法进行再次审判的程序。它是刑事诉讼中一个独立的诉讼阶段。有权提起上诉的主体有自诉人、被告人或者他们的法定代理人,附带民事诉讼的当事人及其法定代理人,以及经被告人同意的辩护人、近亲属。有权提出抗诉的机关是各级人民检察院,公诉案件被害人及其法定代理人有请求抗诉权。第二审人民法院就第一审判决认定的事实和适用的法律进行全面审查,不受上诉或抗诉范围的限制。第二审人民法院审理案件时,采用开庭审或不开庭审方式,遵循上诉不加刑原则,对第一审判决或裁定分别不同情况而作出相应的处理。

第一节　第二审程序概述

一、第二审程序的概念

第二审程序,也称上诉审程序、终审程序,是指上一级人民法院根据当事人及其法定代理人的上诉或者人民检察院的抗诉,对下一级人民法院经过一审审理但裁判尚未生效的案件,依法进行再次审判的程序。

对于第二审程序的理解,应当注意以下几点。

(1)第二审程序的任务是对第一审人民法院所作的判决、裁定进行全面审查和处理,查明所认定的事实是否清楚,证据是否确实、充分,适用法律是否适当,诉讼程序是否合法;并在此基础之上,作出终审裁判,以维护正确的一审裁判,或者纠正错误的或不合法的一审裁判,实现刑事诉讼的最终目的。可见,第二审程序负有监督一审裁判的基本目的,这也是区分两个审级的一个主要依据。

(2)第二审程序并不是审理刑事案件的必经程序。一个案件是否经过第二审程序,关键在于上诉权人或一审法院的同级人民检察院是否依法提起了上诉或抗诉。提起上诉或抗诉的,该案就应由一审法院的上一级人民法院依第二审程序进行审理,否则即不产生第二审程序。

(3)不能机械地将第二审程序认为就是对同一案件进行第二次审理的程序。因为对同一案件的第二次审理,既可能是第二审程序,也可能是适用第一审程序的重审,还可能是审判监督程序。

(4)除基层人民法院以外的各级人民法院,都可以成为上级人民法院。因此,中级人民法院、高级人民法院和最高人民法院对于其下一级法院来说,都是第二审人民法院,对于不服下一级人民法院的第一审判决或裁定而提出上诉或抗诉的,都要适用第二审程序来进行审判。

二、第二审程序的特征

与第一审程序相比,第二审程序具有以下几个方面的特征。

(1)在程序开启方面,第一审程序的发动是基于检察机关的公诉或者自诉人的自诉;而第二审程序的发动则是基于下一级人民检察院的抗诉或者被害人以外的当事人的上诉。

(2)在审理对象方面,第一审程序是审理检察机关或自诉人指控的犯罪事实和诉讼主张,其内容集中反映于控诉范围之内;而第二审程序则是就第一审裁判认定的事实是否清楚、适用法律是否正确、程序是否合法进行审理,其内容集中反映在第一审裁判之中。

(3)在审判法院方面,一审法院是按照级别管辖的规定,任何一级法院都可以审理一审案件;而二审法院必须是一审法院的上一级法院。

(4)在审判组织方面,第一审程序可能组成合议庭进行审理,也可能依法由1名审判员独任审理,其中的合议庭之中,除审判员外还可以吸收人民陪审员参加;而第二审程序只能采用合议庭进行审理,并且合议庭只能由审判员组成。

(5)在审理方式和裁判结果方面,第一审程序必须开庭审理,并作出有罪或无罪的判决;而第二审程序可以开庭审理,也可以适用调查讯问的方式审理,所作的处理结果可以是维持原判、改判或者发回重审。

(6)在裁判的法律效力方面,地方各级人民法院的第一审裁判在法定的上诉、抗诉期限内并不生效,可以对其提起上诉或抗诉;而第二审裁判一般为终审裁判,立即生效并交付执行。

三、第二审程序的意义

(1)第二审程序有利于及时纠正一审法院的错误裁判。

第二审程序的设立主要根源于审判程序自身的局限性。即使审判程序是科学的,审判主体难免也会犯错误,审判的结果仍有可能发生误判。罗尔斯对此曾有过精辟的论述:“即便法律被仔细地遵循,过程被公正、恰当地引导,还是有可能达到错误的结果。一个无罪的人可能被判有罪,一个有罪的人却可能逍遥法外。在这类案件中,我们看到了这样一种误判:不正义并非来自人的过错,而是因为某些情况的偶然结合挫败了法律规范的目的。”①既然一审的错误是不可避免的,那么再设计一审之上的复审程序以逐渐压缩误判的可能性,是保证正确解决案件的良好选择。在我国的司法实践中,错误的裁判更多可能是由于第一审程序的不完善和法官的不负责任甚至有意徇私枉法引起的。第二审程序的存在意义便显得更为重要,一方面通过上下级法院的权力制衡在一定程度上弥补审判程序的不完善,另一方面用权力制衡来预防法官的不负责任和有意犯错。另外,第二审程序是在一审裁判未生效情形下的重新审理,起到了防患于未然的作用,较之审判监督程序的纠错,更能体现诉讼效率原则和诉讼经济原则。

(2)第二审程序有利于增强审判程序吸纳不满的功能,使审判结果更加服众。

诉讼程序的一个重要价值,是通过设置救济程序来吸收当事者的异议或不满,而第二审程序是刑事审判程序中使用最为普遍的救济程序。第二审程序的吸纳不满不仅体现为通过纠正错误的裁判使上诉人满意,也体现为通过维持原判使当事人打消各种顾虑甚至不切实际的想法。第二审程序为当事人提供了进一步抒发不满的机会,弹性更强的程序设置使得当事人的不满可逐渐消弭于程序进行中,这便增加了当事人对审判结果的接受程度。

(3)第二审程序有利于保证《刑法》的统一实施。

较之于一审法院,二审法院的接触视野更为广阔,可以把不同的一审法院的裁判进行比较和归纳,总结出相对科学的审判经验,使得相同的刑事案件尽可能得到相同的处理,从而在较大程度上确保《刑法》的统一实施。

第二节　第二审程序的提起

引发第二审程序发生的方式,包括两种:上诉和抗诉。上诉是指上诉权主体不服地方各级人民法院作出的未生效的第一审判决、裁定,依照法定程序和期限,要

① 〔美〕约翰·罗尔斯:《正义论》,何怀宏、何包钢、廖申白译,中国社会科学出版社1988年版,第81页。

求上一级人民法院对案件进行重新审判的诉讼行为。我国《刑事诉讼法》上的抗诉,包括对第一审未生效裁判的抗诉和对生效裁判的抗诉两种。本章内容中所讲的抗诉,系指前者,也称上诉审抗诉,它是指地方各级人民检察院认为同级人民法院作出的未生效的第一审判决、裁定确有错误时,提请上一级人民法院对案件进行重新审判的诉讼行为。上诉和抗诉作为提起第二审程序的两种方式,共同的作用是及时阻止第一审裁判的生效和开启第二审程序。

一、提起二审程序的主体

(一)上诉的主体

《刑事诉讼法》第 216 条第 1、2 款规定:"被告人、自诉人和他们的法定代理人,不服地方各级人民法院第一审的判决、裁定,有权用书状或者口头向上一级人民法院上诉。被告人的辩护人和近亲属,经被告人同意,可以提出上诉。附带民事诉讼的当事人和他们的法定代理人,可以对地方各级人民法院第一审的判决、裁定中的附带民事诉讼部分,提出上诉。"根据上述规定,可将上诉主体作如下归纳。

1. 独立上诉权主体

(1)被告人、自诉人及其法定代理人是享有独立上诉权的主体。

被告人、自诉人在刑事诉讼中分别处于被告与原告的诉讼地位,人民法院的判决、裁定与他们有切身的利害关系,因此,法律赋予他们独立的上诉权。只要他们在法定期限内提出上诉,就引起第二审程序。《刑事诉讼法》第 216 条第 3 款还特别规定,对被告人的上诉权,不得以任何借口加以剥夺。法定代理人,是根据法律的规定为无行为能力人或者限制行为能力人代为行使诉讼权利的人,法律也赋予了他们独立的上诉权。

(2)附带民事诉讼的当事人及其法定代理人是对判决、裁定中的附带民事诉讼部分享有独立上诉权的主体。

附带民事诉讼的原告人和被告人及其法定代理人,也享有独立的上诉权。上诉的内容,只限于附带民事诉讼部分,对刑事判决、裁定部分无权提出上诉,且不影响刑事判决、裁定在上诉期满后发生法律效力和执行。

2. 非独立上诉权主体

非独立上诉权,就是附条件才能提起上诉的权利,在我国的《刑事诉讼法》中是指要经过独立上诉权主体的同意方可上诉。这类主体包括被告人的辩护人和近亲属,他们须经被告人的同意才能上诉。允许被告人的辩护人和近亲属提出上诉,是让他们帮助被告人行使上诉权。是否上诉,应由被告人自己决定。如果被告人不同意上诉,其辩护人或近亲属就无权提起上诉。在司法实践中,根据相关的司法解释,被告人的辩护人或近亲属提出上诉的,应当写明提出上诉的人和被告人的关系,并以被告人为上诉人。

(二)抗诉的主体

1. 抗诉权主体

二审抗诉权主体是地方各级人民检察院。根据《刑事诉讼法》第 217 条之规定,地方各级人民检察院认为本级人民法院第一审的判决、裁定确有错误的时候,应当向上一级人民法院提出抗诉。人民检察院是国家法律监督机关,对于地方各级人民法院的第一审判决、裁定,依照第二审程序提出抗诉,这是地方各级人民检察院依法行使职权,对本级人民法院的审判活动实行监督的一种重要形式。最高人民法院是国家的最高审判机关,它的第一审判决和裁定就是终审的判决和裁定,对它既不能上诉,也不能按照第二审程序抗诉。最高人民检察院如果认为最高人民法院的裁判确有错误,只能按照审判监督程序提出抗诉。

2. 请求抗诉权主体

被害人及其法定代理人对第一审刑事判决不服,没有上诉权,只能请求人民检察院抗诉。根据《刑事诉讼法》第 218 条之规定,被害人及其法定代理人不服地方各级人民法院第一审的判决的,自收到判决书后 5 日以内,有权请求人民检察院提出抗诉。人民检察院自收到被害人及其法定代理人的请求后 5 日以内,应当作出是否抗诉的决定并且答复请求人。可见,请求抗诉权并不能直接引发第二审程序,最终还要取决于检察机关的抗诉权。但是,请求抗诉也是对检察机关的一种法定约束力,是对抗诉的必要补充。另外应当指出的是,被害人及其法定代理人只对未生效的第一审判决享有请求抗诉权,而对未生效的第一审裁定则不享有这项权利。

二、提起第二审程序的理由

(一)上诉的理由

关于上诉的理由,《刑事诉讼法》未作规定。上诉主体只要不服第一审判决、裁定,并在法定期限内依法提出上诉,人民法院就应当受理,并引起第二审程序。对上诉权不加任何限制的目的在于充分保障当事人的上诉权。

(二)抗诉的理由

关于抗诉的理由,《刑事诉讼法》有明确的限制,其目的在于确保国家权力的正当行使。《刑事诉讼法》第 217 条规定,地方各级人民检察院认为本级人民法院第一审的判决、裁定确有错误的时候,才能提出抗诉。可见,检察机关抗诉的理由是认为第一审判决或裁定确有错误。在司法实践中,一般具体表现为以下几种情况:(1)认定事实不清、证据不足的;(2)有确实、充分证据证明有罪而判无罪,或者无罪判有罪的;(3)重罪轻判、轻罪重判,适用刑罚明显不当的;(4)认定罪名不正确,一罪判数罪、数罪判一罪,影响量刑或者造成严重的社会影响的;(5)免除刑事处罚或者适用缓刑错误的;(6)人民法院在审理过程中严重违反法律规定的诉讼程序的。

三、提起第二审程序的期限

提起第二审程序的期限,是指进行上诉、抗诉的期限,也就是提出上诉、抗诉的法定有效时间。上诉、抗诉必须在法定期限内提出,才会引起第二审程序;否则,超过上诉、抗诉期限,第一审裁判便获得确定而产生相应的法律效力。规定上诉、抗诉期限的目的是为了维护裁判的严肃性;同时,也是为了维护上诉人、检察机关的实际利益。上诉、抗诉期限太长,不利于及时纠正错误的判决、裁定,也不利于及时打击犯罪,难以体现法律的权威性;期限太短,又不利于保障上诉人的上诉权和检察机关的抗诉权。《刑事诉讼法》第 219 条对上诉、抗诉的期限作了明确规定,即不服判决的上诉和抗诉的期限为 10 日,不服裁定的上诉和抗诉的期限为 5 日,从接到判决书、裁定书的第 2 日起算。最高人民法院《刑事诉讼法解释》第 301 条第 2 款还规定,对附带民事判决、裁定的上诉、抗诉期限,应当按照刑事部分的上诉、抗诉期限确定;附带民事部分另行审判的,上诉期限也应当按照《刑事诉讼法》规定的期限确定。

需要指出的是,检察机关的抗诉期限存在一种特殊情况,被害人及其法定代理人有权对地方各级人民法院的第一审判决请求人民检察院提出抗诉,行使请求抗诉权的期限为 5 日,而人民检察院根据请求提出抗诉的期限,为接到请求后的 5 日以内作出决定,两方面的期限合在一起便可能会超出对第一审判决的法定抗诉期 10 日。这种情形可以视为是对 10 日法定抗诉期的一种补充。但是,此种情形只适用于未生效的第一审判决,而不适用于未生效的第一审裁定。

四、提起第二审程序的方式和程序

(一)上诉的方式和程序

1. 方式

上诉可以以书面方式提出,也可以以口头方式提出。口头与书面上诉具有同等效力,人民法院都应当受理。

用上诉状提出上诉的,应向人民法院提交上诉状正本及副本。上诉状内容应当包括:(1)第一审判决书、裁定书的文号和上诉人收到的时间;(2)第一审人民法院的名称;(3)上诉的请求和理由;(4)提出上诉的时间;(5)被告人的辩护人、近亲属经被告人同意提出上诉的,还应当写明其与被告人的关系,并应当以被告人作为上诉人。

对于口头上诉,一审或者二审法院的办案人员应当根据上诉人陈述的理由和请求制作笔录,由上诉人阅读或者向其宣读后,上诉人应当签名或者盖章。如果被告人的辩护人或近亲属提起上诉的,必须说明与被告人的关系,并出具被告人同意上诉的相关证明材料。之所以允许口头上诉,是为了充分保障上诉人的上诉权。

2. 途径

上诉既可以通过原审人民法院提出,也可以直接向第二审人民法院提出。

(1)上诉人通过原审人民法院提出上诉的,原审人民法院应当审查上诉是否符合法律规定。符合法律规定的,应当在上诉期满后3日内将上诉状连同案卷、证据移送上一级人民法院,同时将上诉状副本送交同级人民检察院和对方当事人。

(2)上诉人直接向第二审人民法院提出上诉的,第二审人民法院应当在收到上诉状后3日内将上诉状交原审人民法院。原审人民法院应当审查上诉是否符合法律规定。符合法律规定的,应当在接到上诉状后3日以内将上诉状连同案卷、证据移送上一级人民法院,同时将上诉状副本送交同级人民检察院和对方当事人。

3. 撤回

上诉人对上诉的撤回包括两种情形:(1)上诉人提起上诉后,在上诉期限内要求撤回上诉的,人民法院应当准许。上诉主体是否提出上诉,以其在上诉期满前最后一次的意思表示为准。(2)上诉人在上诉期满后要求撤回上诉的,应当由第二审人民法院进行审查。如果认为原判决认定事实和适用法律正确、量刑适当,应当裁定准许被告人撤回上诉。如果认为原判决事实不清、证据不足或者无罪判为有罪、轻罪重判等,应当不准许撤回上诉,并按照上诉程序进行审理。

对于在上诉期满前撤回上诉的案件,第一审判决、裁定在上诉期满之日起生效;对于在上诉期满后要求撤回上诉,第二审人民法院裁定准许的,第一审判决、裁定应当自第二审人民法院裁定书送达原上诉人之日起生效。

可见,在上诉期限内,上诉人可以自由处分上诉权,而不受任何的限制。但在上诉期满后,上诉人的上诉权一旦行使,便会受到二审法院的制约,而不得随意撤回上诉。

(二)抗诉的方式和程序

1. 方式

抗诉必须以书面方式提出,即必须制作抗诉书,而不允许用口头方式进行。这是由于检察机关作为抗诉主体并不存在运用书面方式的困难,并要体现抗诉活动的严肃性,抗诉书由检察长签发。

2. 途径

根据《刑事诉讼法》第221条之规定,地方各级人民检察院对同级人民法院第一审判决、裁定的抗诉,应当通过原审人民法院提出抗诉书,并且将抗诉书抄送上一级人民检察院。原审人民法院应当将抗诉书连同案卷、证据移送上一级人民法院,并且将抗诉书副本送交当事人。上级人民检察院认为抗诉正确的,应当支持抗诉;认为抗诉不当的,应当向同级人民法院撤回抗诉,并且通知下级人民检察院。下级人民检察院如果认为上级人民检察院撤回抗诉不当的,可以提请复议。上级人民检察院应当复议,并将复议结果通知下级人民检察院。上级人民检察院在上诉、抗诉期限内,发现下级人民检察院应当提出抗诉而没有提出抗诉的案件,可以指令下级人民检察院依法提出抗诉。

3. 撤回

人民检察院撤回抗诉包括两种情形:(1)在抗诉期限内撤回抗诉的,只能由原审人民法院的同级人民检察院提出,对此原审人民法院不再移送案件。(2)在抗诉期满后撤回抗诉的,只能由二审法院的同级人民检察院提出,对此第二审人民法院可以裁定准许,并通知第一审人民法院和当事人。

对于在抗诉期满前撤回抗诉的案件,第一审判决、裁定在抗诉期满之日起生效;对于在抗诉期满后要求撤回抗诉,第二审人民法院裁定准许的,第一审判决、裁定应当自第二审人民法院裁定书送达抗诉的检察机关之日起生效。

第三节 第二审程序的审判原则

一、全面审查处理原则

在世界许多国家的《刑事诉讼法》中,二审法院对二审案件的审判范围,因是否受上诉或抗诉申请限制的不同,而分为部分审查处理和全面审查处理两种立法例。部分审查处理,是指二审法院仅对当事人在上诉状或复审申请书中声明不服的部分进行审查,而对于其中没有涉及的部分,即便存在错误也不作重新审理。部分审查处理又有事实审查和法律审查之分。事实审查是指二审法院对当事人主张不服的案件重新作事实上的实体审查;法律审查则是二审法院仅对案件适用法律是否正确进行审查。与上述部分审查不同的是,全面审查处理是指二审法院对二审案件的审查范围,不受当事人的上诉状或复审申请书的限制,而对一审裁判的认定事实和适用法律进行全面处理。

在实行三审终审制的诸多英美法系国家,原审为事实审,而上诉审则为法律审,这主要是因这些国家陪审团与专职法官的审判职责分工以及原审和上级法院在设置陪审制上的不同规定所致,上诉法院通常都不考虑证据和事实方面的问题,一般只对初审法院适用法律方面的错误进行审查。可见,它们的上诉审程序系遵循典型的部分审查处理原则。在大陆法系国家,除极少数国家外,也大都采取部分审查处理原则。从理论上讲,这是不告不理原则、辩论原则、法官角色的消极和被动以及程序的安定性等理念在上诉审程序中的体现。[①]

我国《刑事诉讼法》第 222 条规定："第二审人民法院应当就第一审判决认定的事实和适用法律进行全面审查，不受上诉或者抗诉范围的限制。共同犯罪的案件只有部分被告人上诉的，应当对全案进行审查，一并处理。"可见，我国刑事诉讼的第二审程序遵循全面审查处理原则。[②] 这一原则的含义主要包括如下内容。

(1)既要对原审法院所认定的事实是否正确进行审查处理，又要对其适用法律是否正确进行审查处理。

(2)既要对上诉或抗诉的部分进行审查处理，又要对未上诉或抗诉的部分进行审查处理。

(3)共同犯罪案件，只有部分被告人提出上诉，或者自诉人只对部分被告人的判决提出上诉，或者人民检察院只对部分被告人的判决提出抗诉的，第二审人民法院应当对全案进行审查，一并处理。也就是说，既要对已上诉的被告人的问题进行审查处理，又要对未上诉的被告人的问题进行审查处理；既要对被提起上诉或抗诉的被告人的问题进行审查处理，又要对未被提起上诉或抗诉的被告人的问题进行审查处理。另外，如果提出上诉的被告人死亡，其他被告人没有上诉，第二审人民法院仍应当对全案进行审查处理。死亡的被告人不构成犯罪的，应当宣告无罪；审查后认为构成犯罪的，应当宣布终止审理。对其他同案被告人仍应当作出判决或者裁定。

(4)对于附带民事诉讼的上诉案件，应当对全案进行审查处理，即不仅审查处理附带民事部分，还要审查处理刑事部分，以便正确确定民事责任。如果第一审判决的刑事部分并无不当，第二审人民法院只需就附带民事部分作出处理。如果第一审判决附带民事部分事实清楚，适用法律正确的，应当以刑事附带民事裁定维持原判，驳回上诉、抗诉。如果第一审判决的刑事部分确有错误，第二审人民法院应当按照审判监督程序指令再审，并将附带民事部分一并发回重审。

根据最高人民法院《刑事诉讼法解释》第 315 条之规定，第二审人民法院对案件的全面审查主要包括下列内容：(1)第一审判决认定的事实是否清楚，证据是否确实、充分；(2)第一审判决适用法律是否正确，量刑是否适当；(3)在侦查、起诉、

① 参见陈卫东：《刑事二审程序论》，中国方正出版社 1997 年版，第 64 页。

② 刑事诉讼法学界传统上习惯于将这一原则称为"全面审查原则"，如陈光中、徐静村主编：《刑事诉讼法学》，中国政法大学出版社 2002 年版，第 302 页。不过，这种术语的概括不甚准确，容易给人以只是在案件审查方面系全面展开的印象。实际上，我国刑事二审程序在对案件的审查和处理方面都是全面进行的。

第一审程序中,有无违反法律规定的诉讼程序的情形;(4)上诉、抗诉是否提出了新的事实和证据;(5)被告人的供述、辩解情况;(6)辩护人的辩护意见及采纳的情况;(7)附带民事部分的判决、裁定是否合法、适当;(8)第一审人民法院合议庭、审判委员会讨论的意见。上述内容在审查之后应当写出审查报告。

二、上诉不加刑原则

(一)概念

上诉不加刑原则,是第二审人民法院在审判只有被告人一方上诉的案件时,最终作出新的判决,不得对被告人判处重于原判的刑罚的一项原则。上诉不加刑原则是世界各国在刑事诉讼中普遍采用的一项重要原则,旨在保障被告人依法享有的上诉权,使其不至于因害怕上诉后可能被加重刑罚而不敢提出上诉,从而确保上诉审制度不致成为虚设。"上诉不加刑"是我国法学界的说法,系从国外刑事诉讼理论中的"禁止不利变更原则"引申而来的。立法上最早确立这一原则的是1808年的法国《刑事诉讼法典》,其基本内容是:刑事案件于一审判决后,被告人或者他的近亲属、监护人以及辩护人不服而为被告人的利益提起上诉的,上诉审法院不得判处比原判决更重的刑罚;只有在为被告人之不利益而提起上诉时,上诉审法院才可以处以比原判决更重的刑罚。这一原则在各国《刑事诉讼法》中有多种表述,如德国为"禁止加重刑罚",日本为"禁止变更为不利",罗马尼亚为"不能给当事人带来麻烦"等等,但一般统称为"禁止不利变更原则"。[①]

我国《刑事诉讼法》第226条规定:"第二审人民法院审理被告人或者他的法定代理人、辩护人、近亲属上诉的案件,不得加重被告人的刑罚。第二审人民法院发回原审人民法院重新审判的案件,除有新的犯罪事实,人民检察院补充起诉的以外,原审人民法院也不得加重被告人的刑罚。人民检察院提出抗诉或者自诉人提出上诉的,不受前款规定的限制。"根据上述规定,上诉不加刑原则,只应用于被告一方上诉的案件,第二审人民法院在审判时不得加重被告人的刑罚。但是,第二审人民法院在审理人民检察院抗诉或者自诉人提出上诉的案件时,或者既有被告人上诉又有人民检察院抗诉,或者既有被告人上诉又有自诉人上诉的上诉案件时,被告人是否加刑不受上诉不加刑原则的限制。

上诉不加刑中的"不加刑",具有非常广泛的含义,具体包括:(1)同一刑种不得在量上增加;(2)不得改变刑罚的执行方法,如将缓刑改为实刑,延长缓刑考验期,将死刑缓期执行改为立即执行等;(3)不得在主刑上增加附加刑;(4)不得改判较重的刑种,如将拘役6个月改为有期徒刑6个月;(5)不得加重数罪并罚案件的

---

① 参见陈林林:《论上诉不加刑》,《法学研究》1998年第4期。

宣告刑;(6)不得加重共同犯罪案件中未提起上诉和未被提起抗诉的被告人刑罚。

(二)意义

(1)上诉不加刑有利于保障被告人的辩护权。辩护权是犯罪嫌疑人、被告人诉讼权利的核心，不仅在一审以前可以行使,在二审中仍然可以行使,被告上诉不加刑的原则，可以消除被告人担心加重处罚而不敢提出上诉的顾虑,充分行使《宪法》和法律所赋予的辩护权,而且他的法定代理人和辩护人不必担心加重被告人的处罚,而不敢提出上诉。

(2)上诉不加刑有利于维护上诉制度,保障法院正确行使审判权。被告人等提出上诉,是第二审程序得以开始的主要依据。消除被告人等上诉的障碍,才有利于发挥上诉制度的作用,防止流于形式;才有利于错误的判决、裁定及时得到纠正,保障审判权的正确行使。

(3)上诉不加刑有利于促使检察机关履行法律监督职能。人民检察院提出抗诉的案件,不受上诉不加刑原则的限制,二审法院审理抗诉案件时,如果原判量刑过轻,可以改判加重被告人的刑罚。这就促使第一审人民法院的同级人民检察院及时审查一审判决,发现确有错误时,依法提起抗诉,督导人民法院改正错误。因此,上诉不加刑可以加强检察机关的责任感,促使其发挥监督功能,及时做好有关量刑过轻案件的抗诉工作。

(三)内容

贯彻执行上诉不加刑原则,根据《刑事诉讼法》第 226 条和最高人民法院《刑事诉讼法解释》第 325 至 327 条之规定,二审法院应当注意以下几个方面的问题。

(1)同案审理的案件,只有部分被告人上诉的,既不得加重上诉人的刑罚,也不得加重其他同案被告人的刑罚。

(2)原判事实清楚,证据确实、充分,只是认定的罪名不当的,可以改变罪名,但不得加重刑罚。

(3)原判对被告人实行数罪并罚的,不得加重决定执行的刑罚,也不得在维持原判决决定执行的刑罚不变的情况下,加重数罪中某罪的刑罚。

(4)原判对被告人判处拘役或者有期徒刑宣告缓刑的,不得撤销原判缓刑或者延长缓刑考验期。

(5)原判没有宣告禁止令的,不得增加宣告;原判宣告禁止令的,不得增加内容、延长期限。

(6)原判对被告人判处死刑缓期执行没有限制减刑的,不得限制减刑。

(7)原判事实清楚,证据确实、充分,但判处的刑罚畸轻、应当适用附加刑而没有适用的,不得直接加重刑罚、适用附加刑,也不得以事实不清、证据不足为由发回第一审人民法院重新审判。必须依法改判的,应当在第二审判决、裁定生效后,依照审判监督程序重新审判。

(8)在共同犯罪案件中,人民检察院只对部分被告人的判决提出抗诉,或者自诉人只对部分被告人的判决提出上诉的,第二审人民法院不得对其他同案被告人加重刑罚。

(9)被告人或者其法定代理人、辩护人、近亲属提出上诉的案件,第二审人民法院发回重新审判后,除有新的犯罪事实,人民检察院补充起诉的以外,原审人民法院不得加重被告人的刑罚。

需要指出的是,下列几种情形不受上诉不加刑原则的限制。

(1)被告人一方没有提出上诉,检察机关提出抗诉的,或者同时有被告人一方的上诉和检察机关的抗诉的;但是,对于人民检察院没有提出抗诉的案件,第二审人民法院不得以商请人民检察院抗诉的办法达到加刑的目的。

(2)被告人一方没有提出上诉,自诉人提出上诉的,或者同时有被告人一方的上诉和自诉人的上诉的。

(3)二审法院审理时发现了新的犯罪事实,发回原审法院重审,经人民检察院补充起诉且经原审法院查明新的犯罪事实后,不受上诉不加刑原则的限制。此种情形即使只是由被告人一方提出上诉的,也不受上诉不加刑原则的制约。

第四节　第二审程序的审理与裁判

一、对上诉、抗诉案件的审查与受理

第二审人民法院在正式审理上诉、抗诉案件之前,应当对案件进行审查,审查的性质主要是程序审查。这主要是为了保证二审审判的顺利进行。程序性审查主要是解决二审案件的受理问题,审查内容包括两个方面。

(1)审查提起上诉或抗诉的程序是否合法。主要是上诉人是否具备上诉的主体资格,抗诉机关是否按法定途径提起抗诉,提起上诉、抗诉是否在法定期限以内。

(2)审查原审人民法院移送的上诉、抗诉案卷材料是否齐备。这些材料包括:①移送上诉、抗诉案件函;②上诉状或者抗诉书;③第一审判决书、裁定书8份(每增加1名被告人增加1份)及其电子文本;④全部案卷、证据,包括案件审理报告和其他应当移送的材料。材料齐备的应当收案,材料欠缺的应当通知及时补送。

二、第二审程序的审理方式

根据《刑事诉讼法》第223条之规定,刑事诉讼第二审程序的审理方式包括两种:开庭审理和不开庭审理。

(一)开庭审理

1. 开庭审理的案件范围

开庭审理,也叫直接审理,是指二审法院直接开庭,传唤当事人,通知诉讼参与人到庭,进行法庭调查和辩论,然后进行评议并判决的一种审理方式。开庭审理,是对直接言词原则的基本体现。

二审法院对于下列案件,应当组成合议庭开庭审理:(1)被告人、自诉人及其法定代理人对第一审认定的事实、证据提出异议,可能影响定罪量刑的上诉案件;(2)被告人被判处死刑立即执行的上诉案件;(3)人民检察院抗诉的案件;(4)其他应当开庭审理的案件。

另外,被判处死刑立即执行的被告人没有上诉,同案的其他被告人上诉的案件,第二审人民法院应当开庭审理。被告人被判处死刑缓期执行的上诉案件,即使被告人、自诉人及其法定代理人对第一审认定的事实、证据没有提出异议,但是有条件的,也应当开庭审理。

2. 开庭审理的程序

(1)庭前程序。对于二审法院开庭审理的公诉案件,同级人民检察院都应当派员出席法庭。对于抗诉案件,人民检察院接到开庭通知后不派员出庭,且未说明原因的,二审法院可以裁定按人民检察院撤回抗诉处理,并通知一审法院和当事人。

对于开庭审理的二审案件,除自诉案件以外,二审法院开庭审判前,都应通知同级人民检察院查阅案卷,了解案情,以便出席二审法庭支持公诉,进行法律监督。人民检察院应当在1个月以内阅卷完毕,人民检察院查阅案卷的时间不计入审理期限。

同时,二审法院决定开庭前,还应提审在押被告人,传唤其他当事人,通知当事人的法定代理人、证人、鉴定人等到庭;如果被告人委托了辩护人的,还应通知其出庭辩护。被告人没有委托辩护,又属于《刑事诉讼法》规定的必须指派辩护的情形的,应当通知法律援助机构为其指派辩护人。

(2)庭审程序。第二审人民法院开庭审理上诉或者抗诉案件,除参照第一审程序的规定外,还应当依照下列程序进行。

① 法庭调查阶段。调查顺序大致为:审判人员宣读第一审判决书、裁定书后,上诉案件由上诉人或者辩护人先宣读上诉状或者陈述上诉理由,抗诉案件由检察

员先宣读抗诉书;既有上诉又有抗诉的案件,先由检察员宣读抗诉书,再由上诉人或者辩护人宣读上诉状或者陈述上诉理由。其中,宣读第一审判决书,可以只宣读案由、主要事实、证据名称和判决主文等。另外,法庭调查应当重点围绕对第一审判决提出异议的事实、证据以及提交的新的证据等进行;对没有异议的事实、证据和情节,可以直接确认。

② 法庭辩论阶段。发言的顺序大致为:上诉案件,先由上诉人、辩护人发言,后由检察员、诉讼代理人发言;抗诉案件,先由检察员、诉讼代理人发言,后由被告人、辩护人发言;既有上诉又有抗诉的案件,先由检察员、诉讼代理人发言,后由上诉人、辩护人发言。

③ 辩论结束后,由原审的被告人作最后陈述。

④ 最后陈述之后,审判长宣布休庭,合议庭进行评议,并依法作出裁判。

另外,对于共同犯罪或一人犯数罪的案件,还需要注意以下几点:①对同案审理案件中未上诉的被告人,未被申请出庭或者人民法院认为没有必要到庭的,可以不再传唤到庭。②被告人犯有数罪的案件,对其中事实清楚且无异议的犯罪,可以不在庭审时审理。③同案审理的案件,未提出上诉、人民检察院也未对其判决提出抗诉的被告人要求出庭的,应当准许。出庭的被告人可以参加法庭调查和辩论。

(3)开庭地点。第二审人民法院开庭审理上诉、抗诉案件,既可以在二审法院所在地进行,也可以到案件发生地或者原审人民法院所在地进行。

(二)不开庭审理

不开庭审理,也称庭外调查讯问式审理,是指二审法院在审理案件书面材料的基础上,提审被告人,听取其他当事人、辩护人、诉讼代理人的意见,对案件事实和证据进行必要的调查核实,在核实证据、查明事实后直接进行裁决,而不再开庭审判的一种审理方式。二审法院可以采用不开庭审理方式进行审判的案件,主要是事实清楚的上诉案件。因为这类案件一审法院的事实认定没有错误,或者控辩双方基本没有分歧,当事人上诉的理由主要集中在适用法律、裁量刑罚或诉讼程序上。

不开庭审理是一种比较简便、节省的审判方式。对于符合条件的二审案件,人民法院可以采用这种方式,以简便诉讼,提高二审效率。但是,我们应当看到,这种方式毕竟不是开庭审理,对于保护诉讼参与人特别是被告人的诉讼权利和保证二审质量,仍具有一定的局限性。因此,二审法院不能只图简单、省事,用不开庭审理代替开庭审理,否则将损害当事人的合法权益,使刑事案件难以得到公正处理。从上述意义上讲,开庭审理是二审程序的原则性规定和常态审理方式,而不开庭审理只是二审程序的例外性规定。

采用不开庭审理方式审理二审案件,应当遵循以下程序。

(1)仍然必须由审判员3至5人组成合议庭。

(2)合议庭全体成员应当阅卷,必要时应当提交书面阅卷意见。合议庭阅卷,并制作阅卷笔录。合议庭的全体组成人员都应当阅卷,至少也应当是主审审判员全面阅卷,然后向合议庭进行全面汇报,指明本案的争点,其他成员必须阅读案件的主要材料,不能只听取汇报而不阅卷。

(3)应当讯问原审的被告人。听取被告人供述和辩解以及对第一审裁判的意见,是必经程序。共同犯罪案件,对没有上诉的被告人也应当讯问。

(4)应当听取其他当事人、辩护人、诉讼代理人的意见。这也是不开庭审理方式与开庭审理的一项基本区别。这项程序一般包括核实证据和听取对第一审裁判的意见以及对是否开庭的意见,听取意见应当分别进行。

(5)合议庭评议和宣判。经过上述程序,合议庭认定的事实与第一审认定的没有变化,证据充分的,可以不开庭审理即作出相应的处理决定,并予以公开宣判。

三、第二审程序的审理期限

二审的审理期限,应当从二审法院收到原审法院移送的案件材料之日起算,终止于二审裁判的宣告之日。根据《刑事诉讼法》第232条之规定,第二审程序的审理期限需作下列几方面的理解。

(1)一般情况下,第二审人民法院受理上诉、抗诉案件,应当在2个月以内审结。

(2)以下六种案件,经省、自治区、直辖市高级人民法院批准或者决定,可以延长2个月:①可能判处死刑的案件;②附带民事诉讼的案件;③交通十分不便的边远地区的重大复杂案件;④重大的犯罪集团案件;⑤流窜作案的重大复杂案件;⑥犯罪涉及面广,取证困难的重大复杂案件。

(3)在上述延长2个月的基础上,因特殊情况还需要延长的,报请最高人民法院批准。

(4)最高人民法院受理的上诉、抗诉案件,由最高人民法院自行决定审理期限。

(5)第二审人民法院发回原审人民法院重新审判的案件,原审人民法院从收到发回的案件之日起,重新计算审理期限。此时的审理期限,根据第一审程序的相关规定予以计算。

四、第二审程序的裁判

(一)第二审程序对不服第一审判决的上诉、抗诉案件的处理

根据《刑事诉讼法》第225条、第227条和第228条之规定,第二审人民法院对不服第一审判决的上诉、抗诉案件,经过审理后,应当分别作出如下处理。

1. 裁定驳回上诉或者抗诉，维持原判

第二审人民法院对上诉或抗诉案件进行审理后，认为原判决认定事实和适用法律正确、量刑适当，提出上诉或抗诉的理由不能成立的，应当裁定驳回上诉或者抗诉，维持原判。

2. 改判

改判是指第二审人民法院直接作出判决，改变一审判决的内容。属于第二审人民法院改判的情形，包括下列两种。

(1)原判决认定事实没有错误，但适用法律有错误，或者量刑不当的，应当改判。这种情形主要是指，一审判决引用《刑法》条款不当，导致定性或者罪名的错误；在法定量刑幅度之外量刑；量刑的轻重失当等。只要一审法院认定的事实正确，就没有发回重审的必要，而由二审法院直接改判即可。

(2)原判决事实不清或者证据不足的，可以在查清事实后改判；也可以裁定撤销原判，发回原审人民法院重新审判。在司法实践中，属于改判情形的主要是案件中的一些次要事实不清或证据不足，而且二审法院能够通过自行调查或通知一审法院补充材料查清事实或证据的。否则，难以查清事实的只能考虑发回重审。

3. 裁定撤销原判，发回重审

发回重审，是指二审法院因故将二审案件发回一审法院重新审判，此时应当适用第一审程序。原审人民法院对于发回重新审判的案件，应当另行组成合议庭，依照第一审程序进行审判。对于重新审判后的判决，可以再次提起上诉、抗诉。第二审人民法院发回原审人民法院重新审判的案件，原审人民法院从收到发回的案件之日起，重新计算审理期限。

属于第二审人民法院裁定撤销原判、发回重审的情形，包括下列两种。

(1)原判决事实不清或者证据不足的，除二审法院可以自行查清直接改判的案件之外，二审法院应当裁定撤销原判，发回原审人民法院重新审判。

原审人民法院对于此种发回重新审判的案件作出判决后，被告人提出上诉或者人民检察院提出抗诉的，第二审人民法院应当依法作出判决或者裁定，不得再发回原审人民法院重新审判。也就是说，因事实不清或者证据不足的发回重审，只得发回一次。

(2)第二审人民法院发现第一审人民法院的审理有下列违反法律规定的诉讼程序的情形之一的，应当裁定撤销原判，发回原审人民法院重新审判：①违反《刑事诉讼法》有关公开审判的规定的；②违反回避制度的；③剥夺或者限制了当事人的法定诉讼权利，可能影响公正审判的；④审判组织的组成不合法的；⑤其他违反法律规定的诉讼程序，可能影响公正审判的。

只要一审法院在审理案件时违反上述情形中的任何一项,二审法院便可以撤销原判、发回重审。这种规定凸显了诉讼程序的独立价值,有利于维护诉讼程序的严肃性,提升实体公正之外的程序公正观念。因程序违法的发回重审,并无只得发回一次的法定限制,在再次上诉或抗诉之后的第二审程序中,仍然可能发回重审。这种规定与《民事诉讼法》是不同的,在我国的民事诉讼中,第二审程序中的发回重审,无论原因,都是只得发回重审一次。

(二)第二审程序对不服第一审裁定的上诉、抗诉案件的处理

第二审人民法院对不服第一审裁定的上诉或者抗诉,经过审查后,应当参照《刑事诉讼法》对不服第一审判决的上诉或抗诉的处理的规定,分别情形予以处理:原裁定正确的,裁定驳回上诉、抗诉,维持原裁定;原裁定错误的,裁定撤销、变更原裁定。而且,只能适用裁定的方式,而不能适用判决的方式。

(三)第二审程序对自诉案件的特殊处理

自诉案件的第二审程序,除去第二审程序的一般规定之外,还需要遵循一些特殊的处理规定。因为在自诉案件中,进行调解、和解与提出反诉都是公诉案件中所不具有的特殊程序。

(1)对第二审自诉案件,必要时可以进行调解,当事人也可以自行和解。

调解结案的,应当制作调解书,原判决、裁定视为自动撤销;当事人自行和解的,由人民法院裁定准许撤回自诉,并撤销原判决或者裁定。第二审人民法院对于调解结案或者当事人自行和解的案件,被告人被采取强制措施的,应即予以解除。

(2)在第二审程序中,当事人提出反诉的,第二审人民法院应当告知其另行起诉。

二审法院对当事人的反诉不能一并处理,因为必须要保障当事人的审级利益,不能通过直接的二审而剥夺其上诉的权利。二审法院只能告知需要提起反诉的当事人另案向一审法院起诉。

第五节　对查封、扣押和冻结财物的处理

查封、扣押的在案财物,是指公安机关、人民检察院在侦查、勘验、搜查过程中,人民法院在调查核实证据过程中,所查封、扣押的可以证明犯罪嫌疑人、被告人有罪或者无罪的各种财物。冻结的在案财物,是指公安机关、人民检察院在侦查过程中,人民法院在调查核实证据过程中,所冻结的有关犯罪嫌疑人、被告人的存款、汇款等。根据《刑事诉讼法》、最高人民法院《刑事诉讼法解释》以及其他的相关规定,公安机关、人民检察院和人民法院对于查封、扣押、冻结的在案财物,应作以下

处理。

(1)对于查封、扣押、冻结犯罪嫌疑人、被告人的财物及其孳息,应当妥善保管,以供核查,并制作清单,随案移送。任何单位和个人不得挪用或者自行处理。

查封不动产、车辆、船舶、航空器等财物,应当扣押其权利证书,经拍照或者录像后原地封存,或者交持有人、被告人的近亲属保管,登记并写明财物的名称、型号、权属、地址等详细情况,并通知有关财物的登记、管理部门办理查封登记手续。

扣押物品,应当登记并写明物品名称、型号、规格、数量、重量、质量、成色、纯度、颜色、新旧程度、缺损特征和来源等。扣押货币、有价证券,应当登记并写明货币、有价证券的名称、数额、面额等,货币应当存入银行专门账户,并登记银行存款凭证的名称、内容。扣押文物、金银、珠宝、名贵字画等贵重物品以及违禁品,应当拍照,需要鉴定的,应当及时鉴定。对扣押的物品应当根据有关规定及时估价。

冻结存款、汇款、债券、股票、基金份额等财产,应当登记并写明编号、种类、面值、张数、金额等。

(2)对被害人的合法财产,权属明确的,应当依法及时返还,但须经拍照、鉴定、估价,并在案卷中注明返还的理由,将原物照片、清单和被害人的领取手续附卷备查;权属不明的,应当在人民法院判决、裁定生效后,按比例返还被害人,但已获退赔的部分应予扣除。

(3)审判期间,权利人申请出卖被扣押、冻结的债券、股票、基金份额等财产,人民法院经审查,认为不损害国家利益、被害人利益,不影响诉讼正常进行的,以及扣押、冻结的汇票、本票、支票有效期即将届满的,可以在判决、裁定生效前依法出卖,所得价款由人民法院保管,并及时告知当事人或者其近亲属。

(4)对作为证据使用的实物,包括作为物证的货币、有价证券等,应当随案移送。开庭审判时,经向法庭出示、质证后移交法庭。休庭或闭庭时办理证据交接手续,清点、核对无误的,由经手人在清单上分别签名后予以封存。第一审判决、裁定宣告后,被告人上诉或者人民检察院抗诉的,第一审人民法院应当将上述证据移送第二审人民法院。

对不宜移送的实物,应当将其清单、照片或者其他证明文件随案移送。根据情况,分别审查以下内容:①大宗的、不便搬运的物品,查封、扣押机关是否随案移送查封、扣押清单,并附原物照片和封存手续,注明存放地点等;②易腐烂、霉变和不易保管的物品,查封、扣押机关变卖处理后,是否随案移送原物照片、清单、变价处理的凭证(复印件)等;③枪支弹药、剧毒物品、易燃易爆物品以及其他违禁品、危险物品,查封、扣押机关根据有关规定处理后,是否随案移送原物照片和清单等。

上述不宜移送的实物,应当依法鉴定、估价的,还应当审查是否附有鉴定、估价意见。对查封、扣押的货币、有价证券等未移送的，应当审查是否附有原物照片、清单或者其他证明文件。

(5)人民法院作出的判决，应当对查封、扣押、冻结的财物及其孳息作出处理。法庭审理过程中，对查封、扣押、冻结的财物及其孳息，应当调查其权属情况，是否属于违法所得或者依法应当追缴的其他涉案财物。对查封、扣押、冻结的财物及其孳息，应当在判决书中写明名称、金额、数量、存放地点及其处理方式等。涉案财物较多，不宜在判决主文中详细列明的，可以附清单。涉案财物未随案移送的，应当在判决书中写明，并写明由查封、扣押、冻结机关负责处理。

(6)第二审人民法院作出的判决生效以后，第一审人民法院应当根据判决对查封、扣押、冻结的财物及其孳息进行处理。对查封、扣押、冻结的赃款赃物及其孳息，除依法返还被害人的以外，一律上缴国库。

(7)对于扣押、冻结的与本案无关的财物，已列入清单的，人民法院应当通知扣押、冻结机关依法处理。被告人被判处财产刑的，人民法院应当通知扣押、冻结机关将拟返还被告人的财物移交人民法院执行刑罚。

(8)司法工作人员贪污、挪用或者私自处理被扣押、冻结的赃款赃物及其孳息的，依法追究刑事责任；不构成犯罪的，给予相应的处分。

【问题与思考】

1. 我国刑事诉讼中上诉权的主体有哪些？为什么公诉案件中的被害人没有上诉权？

2. 如何理解第二审程序中的全面审查处理原则？

3. 如何理解刑事诉讼法上的上诉不加刑原则与刑法上的罪刑法定原则的冲突？

4. 什么是第二审程序中的抗诉？它与再审程序中的抗诉有何区别？

5. 如何把握我国刑事第二审程序的审理方式？

6. 刑事第二审程序的裁判处理有哪些形式？

7. 讨论一下我国刑事诉讼审级制度的缺陷与重构。

特殊程序论

第十九章

审判监督程序

【内容提要】

审判监督程序又称再审程序。它是我国刑事审判程序的重要组成部分,又是刑事诉讼中的特殊程序。在刑事诉讼中它是一个独立程序,但并非每一个案件的必经程序,而是在一定条件下才能采用的一种特殊救济程序。审判监督程序是在发现已经发生法律效力且认定事实或是适用法律上确有错误的判决和裁定时才适用,是不增加审级的具有特殊性质的审判程序,是刑事审判工作中一项重要的补救制度。

第一节　审判监督程序的概念、特征和意义

一、审判监督程序的概念

审判监督程序又称再审程序,是指人民法院、人民检察院对已经发生法律效力的判决和裁定,在认定事实或是适用法律上确有错误,依职权提出并由人民法院对案件重新审理,或者由当事人申诉,司法机关经过审查决定对案件重新审理的诉讼程序。

在审判监督程序中,原审已经终结,判决已经发生效力。对生效判决进行再审,是对生效裁判的法律效果的又一次审理。原审终结意味着审判机关对案件的判决已经生效,对案件的法律评价已经结束,其代表国家的权威性、强制性不容置疑,除有法律规定的特殊情况外,不得再对之重复评价、重新审理。审判监督程序对生效判决再审正是基于法律例外规定的更高权威得以推翻原审裁决法律效力而提起的。对判决的重新评价必然要求对其据以作出的事实和适用法律重新认定和考量,因此,审判监督程序是对争议案件的重新审理。在司法实践中,很多情况下

再审在形式上其实没有必要完全从头开始进行重新审理。为了提高司法效率、节约司法资源而借用原审部分成果也是有效可行的方法，被肯定的原审部分成果也是再审的有机组成部分。

在刑事诉讼中，第一审程序之后进行的审判程序，一般称为刑事救济程序。审判监督程序是我国刑事审判程序的重要组成部分，它又是刑事诉讼中的特殊程序。在刑事诉讼中它是一个独立程序，但并非每一个案件的必经程序，而是在一定条件下才能采用的一种特殊救济程序。审判监督程序是在发现已经发生法律效力且认定事实或是适用法律上确有错误的判决和裁定时才适用，是不增加审级的具有特殊性质的审判程序，是刑事审判工作中一项重要的补救制度。

二、审判监督程序的特征

当代各国对已经发生法律效力的判决发现确有错误的，一般都可对案件进行再审，其做法大致可分为两类：第一类是对判决所依据的案件事实认定错误的，适用再审程序；第二类是对判决所适用法律错误的，适用监督程序。① 大陆法系国家生效判决再审制度比较完善，一般包括上述两类再审判程序。② 英美法系国家一般没有对裁决事实认定错误的再审，只有对裁决适用法律错误而启动的与大陆法系监督程序类似的程序。我国的审判监督程序包括上述两种再审，既有对裁决事实认定错误的再审，也包括对裁决适用法律错误的再审。

（一）我国刑事审判监督程序的特征

（1）审判监督程序的审理对象是已经发生法律效力的判决和裁定，包括正在执行和已经执行完毕的判决和裁定。已经发生法律效力的判决或裁定包括：①已经超过法定上诉、抗诉期限的第一审刑事判决、裁定；②经第二审终审的刑事判决、裁定；③最高人民法院所作的刑事判决、裁定；④经最高人民法院核准死刑的判决；⑤经高级人民法院核准判处死刑，缓期二年执行的判决。

（2）审判监督程序是由各级人民法院院长提交本院审判委员会决定，最高人民法院和上级人民法院决定以及最高人民检察院和上级人民检察院提出抗诉而提起的。审判监督程序除了最高人民检察院有权对各级人民法院的生效判决、裁定提出抗诉外，还包括上级人民检察院对下级人民法院的生效判决、裁定提出抗诉。但地方各级人民检察院对同级人民法院生效的判决、裁定不能提出抗诉，如果发现已生效的同级人民法院的判决确有错误的，可提请上级人民检察院提

① 陈光中主编：《外国刑事诉讼程序比较研究》，法律出版社1988年版，第317页。

② 在日本，生效判决再审分为对事实认定错误进行的“再审”和对法律适用错误进行的“非常上告”。但有的国家，只有对裁决事实认定错误的再审，如意大利和原联邦德国。

出抗诉。所以说,有权提起审判监督程序的主体是各级人民法院院长及其审判委员会、最高人民法院和上级人民法院,还有最高人民检察院和上级人民检察院。

(3)因当事人申请或申诉而提起,必须经人民法院或者人民检察院的审查,认为已生效的判决、裁定在认定事实或者适用法律上确有错误时,才能启动审判监督程序。

(4)有权按照审判监督程序审判案件的法院,可以是原审人民法院,也可以是提审的任何上级人民法院。最高人民法院不受原审级限制。

(5)按照审判监督程序重新审判的案件,根据原来是第一审案件或第二审案件以及上级人民法院提审的案件,分别依照第一审程序和第二审程序进行。适用第一审程序作出的判决或裁定,与普通第一审裁判一样,不直接发生法律效力,在法定期限内当事人有上诉权。适用第二审程序作出的判决或裁定都是终审的判决或裁定。

(6)按照审判监督程序重新审理后所作判决,受时效两重性限制。在为被告人平反宣告无罪的情形,不受追诉时效限制;在改判无罪为有罪或加重被告人刑罚情形,受追诉时效的限制。具有特定情形的,再审不得加重原审被告人(原审上诉人)的刑罚。

(二)审判监督程序与其他刑事救济程序的区别

在我国,刑事救济程序包括第二审程序、死刑复核程序和审判监督程序。审判监督程序区别于其他两类救济程序,在对法院的审判活动进行监督、对控辩双方的权利救济方面都有其独特的方面。

审判监督程序与第二审程序相比较,虽然二者都体现了司法机关对刑事审判活动的监督,都是为了保障司法公正,但两者具有不同的功能和目的,区别还是很明显的。

(1)审理的对象不同。审判监督程序审理的对象必须是已经发生法律效力的判决或裁定,包括正在执行和已经执行完毕的判决或裁定。第二审程序审理的对象是尚未发生法律效力的判决或裁定。

(2)有权提起的主体不同。按照法律规定,有权提起审判监督程序的主体是各级人民法院院长以及审判委员会、最高人民法院、上级人民法院、最高人民检察院、上级人民检察院。而第二审程序提起的主体是享有上诉权的当事人及其近亲属、法定代理人、辩护人,还有享有抗诉权的人民检察院。按照《刑事诉讼法》第217条的规定,有权对人民法院尚未发生法律效力的第一审刑事判决、裁定提出抗诉的,只能是同级地方人民检察院。

(3)提起的理由不同。提起审判监督程序的理由是发现已生效的判决或裁定在认定事实或适用法律方面确有错误。而第二审程序只要是有权提起上诉的主体对第一审判决不服的,在法定期间内上诉,不管是否有充足理由证明裁判有错误,都会引起第二审程序。

(4)提起的期限不同。刑事诉讼中对审判监督程序提起的期限没有具体规定,因此原则上不受所谓时效限制,仅当无罪变有罪或加重刑罚时要考虑追诉时效。而第二审程序提起的期限有严格的时间限制。按《刑事诉讼法》的规定,对判决的抗诉、上诉期限为10日,对裁定的抗诉、上诉期限为5日,两者皆从接到判决书、裁定书的第2日起算。当事人的上诉、人民检察院的抗诉都必须在法定期限内提起,逾期无正当理由的,第二审人民法院不予受理。

(5)审理案件的法院不同。依审判监督程序再审的法院不受审级限制。第二审案件的审理只能是第一审法院的上一级人民法院。

(6)审理适用的程序和法律后果不同。依审判监督程序再审的案件可以适用第一审程序,也可以适用第二审程序。适用第一审程序作出的判决或裁定,与普通第一审裁判一样,不直接发生法律效力,只有在法定的上诉、抗诉期内没有提起上诉、抗诉的,才发生法律效力。经第二审程序抗诉的,除发回原审法院重新审理外,应当按照第二审程序审理,所作的判决、裁定是终审判决或裁定,不能再按第二审程序提出抗诉或上诉。

(7)适用的刑罚原则不同。依审判监督程序再审案件的判决或裁定法律上没有设立刑罚限制,依法可以维持原判,减轻或者加重处罚,也可以宣告无罪。而第二审程序在仅由被告人一方提出上诉而启动的情形下,要受“上诉不加刑”原则的限制,如果改判则不得加重被告人的刑罚。

审判监督程序与死刑复核程序均为特殊程序,但各有自己的特点。

(1)审理的对象不同。审判监督程序审理的对象必须是已经发生法律效力的判决或裁定,包括死刑案件;而死刑复核程序审理的对象只是尚未生效的死刑裁判。

(2)提起的主体不同。审判监督程序是由各级人民法院院长以及审判委员会、最高人民法院、上级人民法院、最高人民检察院、上级人民检察院的提起而启动的,要以认为生效判决或裁定确有错误为前提。死刑复核程序是由作出裁判的法院依法向有核准死刑判决权的法院报请产生的,在死刑判决作出时即应提起。

(3)有权审理的法院不同。有权按照审判监督程序审判案件的法院,可以是原审人民法院,也可以是提审的任何上级人民法院,以及最高人民法院。有权依照死刑复核程序对案件进行复核的法院只能是最高人民法院和高级人民法院。

三、审判监督程序的作用及意义

(一)审判监督程序的作用

在我国,人民法院和人民检察院分别代表国家行使审判权和检察权,人民法院和人民检察院的司法实践活动是国家司法管理权的具体实施,是国家权威的集中体现。因此,人民法院和人民检察院的司法实践活动往往具有权威性、稳定性、终局性和排他性特点。在刑事诉讼中,司法机关依据证据事实和相关法律对案件作出的裁判,一旦发生法律效力,就具有上述四大特点。对发生法律效力的裁判,必须坚决执行,不得随意改变;任何其他机关、团体、单位和个人都无权变更或撤销;对于终审裁判,不得再次追诉或审判。

如果单单从形式上看,审判监督程序的目的和作用似乎与维护司法稳定性和司法权威性正好相冲突。审判监督程序就其内容是对原司法实践活动的否定,对争议刑事法律关系的重新评价,但在本质上与维护社会主义法制统一是一脉相承的,是对维护司法稳定性的必要补充和重要手段。

生效裁判的权威性和稳定性的基础是其法律公正性,人民法院作出的生效裁判必须是在认定事实清楚、适用法律正确和程序正当的前提下,才有确保其权威性和稳定性的意义。在刑事诉讼中,由于刑事案件的复杂性和司法人员主观因素的影响,再加上刑事诉讼要受到证明规则、诉讼期限等各种条件的制约,完全保证所有生效裁判都不存在错误是不客观也是不可能的。保障生效裁判的权威性和稳定性不包括这种存在错误的裁判。如果片面强调维护判决的稳定性和司法权威,错误的生效裁判得不到及时纠正,势必破坏诉讼公正的价值。刑罚不当会造成被告人申告无门,真正罪犯逍遥法外,受害者权利和自由被漠视,严重损害国家公平公正的形象,破坏国家法治,进而使公民对国家权威产生质疑,造成不可估量的毁灭性后果。

因此,如何保证不犯错误、更好地、及时地纠正已经发生的错误是我们需要关注的问题。不仅要在审判活动中尽量避免错误的出现,也要有错误发生后的补救制度和措施。刑事审判监督程序就是针对生效裁判出现错误进行纠正的一种特殊救济程序。审判监督程序的设立,是国家司法工作坚持“实事求是,有错必纠”原则在诉讼程序制度上的具体体现,是我国刑事诉讼制度的重要组成部分。

(二)审判监督程序的意义

审判监督程序的适用,对于保护当事人的合法权益,完善刑事诉讼程序制度和增进司法权威方面都有着重要的意义。

1. 恢复个案公正

人民法院通过审判监督程序纠正原生效判决、裁定的错误,使个案中无罪公民免受刑事处罚,有罪者受到应有惩罚,重罪轻判者或轻罪重判者都得到应当的处理。通过对个案的重新正确处理,保证《刑法》的准确适用和国家法律的统一正确实施,保护公民的合法权益。

2. 完善司法体系内部监督机制

审判监督程序是上级人民法院对下级人民法院,人民检察院对人民法院的审判工作依法实行监督的重要形式。最高人民法院和上级人民法院通过审判监督程序了解和监督下级人民法院刑事审判工作,帮助和指导其改进审判工作。最高人民检察院和上级人民检察院通过审判监督程序提出抗诉,有效地发挥其对人民法院审判工作的监督作用。这种司法机关内部的监督,对及时发现审判中存在的问题,有效遏制和防止法律适用的随意性和不规范性,改进审判工作方法和作风,提高审判人员的业务水平和办案质量,都有很大的积极意义。

第二节　审判监督程序的提起

一、提起审判监督程序的材料来源

提起审判监督程序的材料来源,是指发现生效裁判可能有错误的有关材料的来源。根据《刑事诉讼法》的规定和司法实践,我国提起审判监督程序的材料来源主要有:当事人及其法定代理人、近亲属的申诉;司法机关在办案过程中和检查工作时自行发现的错误裁判;各级人民代表大会代表提出的纠正错案的议案;机关、团体、企事业单位和新闻媒介等对生效裁判提出的质疑、意见和情况反映等。但是,上述材料并不必然引起审判监督程序的发生;是否引起审判监督程序,取决于是否具有法定的理由。

在上述提起审判监督程序的材料来源中,当事人及其法定代理人、近亲属的申诉是最主要的一种形式。

(一)申诉的概念

我国《刑事诉讼法》第241条规定:“当事人及其法定代理人、近亲属,对已经发生法律效力的判决、裁定,可以向人民法院或者人民检察院提出申诉。”

审判监督程序中的申诉,是当事人及其法定代理人、近亲属认为人民法院已经发生法律效力的判决、裁定有错误,向人民法院或者人民检察院提出重新审查处理的一种请求。由于当事人及其法定代理人、近亲属与案件的处理结果有直接的利害关系,为维护其合法权益,法律赋予了他们对已经发生法律效力的判决、裁定提出申诉的权利。

审判监督程序中的申诉不同于上诉。二者的主要区别在于:

(1)对象不同。申诉的对象是已经发生法律效力的判决或裁定;上诉的对象是尚未发生法律效力的第一审判决或裁定。

(2)权利主体的范围不同。申诉的主体是当事人及其法定代理人、近亲属;上诉的主体是自诉人、被告人、经被告人同意的被告人的辩护人及近亲属,以及附带民事诉讼当事人及其法定代理人。

(3)受理的机关不同。受理申诉的机关既包括原审人民法院及其上级人民法院,也包括与上述各级人民法院对应的人民检察院;受理上诉的机关只能是原审人民法院及其上一级人民法院。

(4)引起的法律后果不同。申诉只是提起审判监督程序的一种材料来源,审判监督程序的启动与否在于受理机关的审查决定,同时申诉不停止生效判决或裁定的执行;上诉必然引起第二审程序,一旦提起上诉,第一审判决或裁定就不能生效。

(5)行使期限的不同。对于申诉的期限,我国《刑事诉讼法》没有明确规定,但《最高人民法院关于规范人民法院再审立案的若干意见(试行)》(以下简称《若干意见(试行)》)第10条规定:"人民法院对刑事案件的申诉人在刑罚执行完毕后两年内提出的申诉,应当受理。"而《刑事诉讼法》对于上诉的期限有明确规定,对判决和裁定提起上诉的期限分别是10日和5日。

(二)申诉的提出、受理及审查处理

根据我国刑事诉讼相关法律的规定,当事人一方提起申诉,既可以向人民法院提出,也可以向人民检察院提出。但是,由于没有相关法律条文明确规范各级人民法院、人民检察院如何受理和审查申诉,也没有明确的申诉期限限制,司法实践中申诉的受理和审查等问题都不能让人满意。最高人民法院于2002年9月10日颁布《若干意见(试行)》对再审申诉的提出、人民法院受理以及审查处理作了可具操作性的补充规定。该《若干意见(试行)》已于2002年11月1日正式实施。

1. 申诉的提出

《若干意见(试行)》第5条对当事人一方向人民法院提出申诉作了具体规定,再审申请人或申诉人向人民法院申请再审或申诉,应当提交以下材料。

(1)再审申请书或申诉状,应当载明当事人的基本情况、申请再审或申诉的事实与理由;

(2)原一、二审判决书、裁定书等法律文书,经过人民法院复查或再审的,应当附有驳回通知书、再审判决书或裁定书;

(3)以有新的证据证明原裁判认定的事实确有错误为由申请再审或申诉的,应当同时附有证据目录、证人名单和主要证据复印件或者照片;需要人民法院调查取证的,应当附有证据线索。

申请再审或申诉不符合上述规定的,人民法院不予审查。

2. 申诉的受理

人民法院对刑事案件的申诉人在刑罚执行完毕后2年内提出的申诉,应当受理;超过2年提出申诉,具有下列情形之一的,应当受理:(1)可能对原审被告人宣告无罪的;(2)原审被告人在规定的2年期限内向人民法院提出申诉,人民法院未受理的;(3)属于疑难、复杂、重大案件的。不符合前款规定的,人民法院不予受理。此外,《若干意见(试行)》还规定了以下情形不予受理:(1)人民法院对不符合法定主体资格的再审申请或申诉,不予受理;(2)人民法院对刑事附带民事案件中仅就民事部分提出申诉的,一般不予再审立案。但有证据证明民事部分明显失当且原审被告人有赔偿能力的除外;(3)上级人民法院对经终审法院的上一级人民法院依照审判监督程序审理后维持原判或者经两级人民法院依照审判监督程序复查均驳回的申请再审或申诉案件,一般不予受理。但再审申请人或申诉人提出新的理由,且符合《刑事诉讼法》第242条及《若干意见(试行)》规定条件的,以及刑事案件的原审被告人可能被宣告无罪的除外;(4)最高人民法院再审裁判或者复查驳回的案件,再审申请人或申诉人仍不服提出再审申请或申诉的,不予受理。

3. 申诉的审查处理

根据《若干意见(试行)》第6条的规定,申请再审或申诉一般由终审人民法院审查处理。上一级人民法院对未经终审人民法院审查处理的申请再审或申诉,一般交终审人民法院审查;对经终审人民法院审查处理后仍坚持申请再审或申诉的,应当受理。对未经终审人民法院及其上一级人民法院审查处理,直接向上级人民法院申请再审或申诉的,上级人民法院应当交下一级人民法院处理。

最高人民法院核准死刑案件或者高级人民法院核准死缓案件的申诉,可以由原核准的人民法院直接处理,也可以交由原审人民法院审查。原审人民法院应当写出审查报告,提出处理意见,逐级上报原核准的人民法院审定。

人民法院受理申诉后,应当在3个月内作出决定,最迟不得超过6个月。

人民法院经过审查认为有下列规定的情形之一的,应当按照审判监督程序重新审判。这些情形包括:(1)有新的证据证明原判决、裁定认定的事实确有错误,可能影响定罪量刑的;(2)据以定罪量刑的证据不确实、不充分、依法应当予以排除,或者证明案件事实的主要证据之间存在矛盾的;(3)原判决、裁定适用法律确有错误的;(4)违反法律规定的诉讼程序,可能影响公正审判的;(5)审判人员在审理该案件的时候，有贪污受贿、徇私舞弊、枉法裁判行为的。

《若干意见（试行）》第7条在上述审查标准基础上，结合司法实践则作了更细致的规定。对终审刑事裁判的申诉，具备下列情形之一的，人民法院应当决定再审：(1)有审判时未收集到的或者未被采信的证据，可能推翻原定罪量刑的；(2) 主要证据不充分或者不具有证明力的；(3)原裁判的主要事实依据被依法变更或撤销的；(4)据以定罪量刑的主要证据自相矛盾的；(5)引用法律条文错误或者违反《刑法》第12条的规定适用失效法律的；(6)违反法律关于溯及力规定的；(7)量刑明显不当的；(8)审判程序不合法，影响案件公正裁判的；(9)审判人员在审理案件时索贿受贿、徇私舞弊并导致枉法裁判的。

二、审判监督程序的主体

审判监督程序是一种特殊的刑事诉讼程序，审判监督程序的启动意味着对原生效裁判的否定，因此，在世界各国的立法实践中对审判监督程序提起的主体要求一般限制得较为严格。我国相关法律对有权提起审判监督程序的主体及其权限也作了严格的限制，根据《刑事诉讼法》第243条和《人民法院组织法》第13条规定，有权提起审判监督程序的主体限于人民法院和人民检察院。只有人民检察院提出抗诉或者人民法院作出再审决定，才能启动审判监督程序。当事人及其近亲属只有对生效判决提出申诉的权利，该申诉申请不能直接引起审判监督程序的启动，只有受理机关经审查后决定是否再审。

在我国有权提起审判监督程序的主体有：

（一）各级人民法院院长及其审判委员会

《刑事诉讼法》第243条第1款规定：“各级人民法院院长对本院已经发生法律效力的判决和裁定，如果发现在认定事实上或者在适用法律上确有错误，必须提交审判委员会处理。”《若干意见（试行）》对审判委员会的审查处理作了概括性的规定，根据《若干意见（试行）》第1条规定，各级人民法院、专门人民法院对本院作出的终审裁判，经复查认为符合再审立案条件的，应当决定或裁定再审。审判委员会审查处理一般方式是集体讨论，根据案件具体情况，按照少数服从多数的原则作出决定。因此，各级人民法院院长和审判委员会的审判监督程序提起权是由院长和审判委员会共同行使，院长提交审判委员会处理，由审判委员会讨论决定是否提起审判监督程序。

（二）最高人民法院和原审人民法院的上级人民法院

最高人民法院和原审人民法院的上级人民法院的审判监督程序提起权也来源于《刑事诉讼法》的授权，《刑事诉讼法》第243条第2款规定，最高人民法院对各级人民法院已经发生法律效力的判决和裁定，上级人民法院对下级人民法院已经发生法律效力的判决和裁定，如果发现确有错误，有权提审或者指令下级人民法院再审。

提审是指原审人民法院的上级人民法院认为该案由原审人民法院再审不适宜，直接调取原案卷材料，将该案提调自行审判的诉讼活动。指令下级人民法院再审一般是指由原审人民法院重新审判。审判实践中，对于需要重新审判的案件，为便于就地调查核实事实和证据，便于诉讼参与人参加诉讼，通常是指令原审人民法院再审。对于原判决、裁定认定事实正确，但是在适用法律上有错误，或者案情疑难、复杂、重大的，或者有其他不宜由原审人民法院审理的情况的案件，可以由最高人民法院或者上级人民法院提审。

《若干意见（试行）》第 4 条还作了补充性规定，上级人民法院对下级人民法院作出的终审裁判，认为确有必要的，可以直接立案复查，经复查认为符合再审立案条件的，可以决定或裁定再审。

（三）最高人民检察院和上级人民检察院

人民检察院是我国的法律监督机关，对人民法院已经发生法律效力的判决、裁定，如果发现确有错误，有权按照审判监督程序提出抗诉，这是人民检察院行使审判监督权的重要方式。最高人民检察院和上级人民检察院的审判监督程序提起权同样来源于《刑事诉讼法》的授权，《刑事诉讼法》第 243 条第 3 款规定："最高人民检察院对各级人民法院已经发生法律效力的判决和裁定，上级人民检察院对下级人民法院已经发生法律效力的判决和裁定，如果发现确有错误，有权按照审判监督程序向同级人民法院提出抗诉。"必须指出的是，有权按照审判监督程序提起抗诉的只能是最高人民检察院和上级人民检察院。地方各级人民检察院发现同级人民法院已经发生法律效力的判决和裁定确有错误，无权依照审判监督程序提出抗诉，只能报请上级人民检察院按照审判监督程序，向它的同级人民法院提出抗诉。

最高人民检察院《刑事诉讼规则（试行）》对最高人民检察院和各级人民检察院提起审判监督程序的具体程序和要求作了进一步的规定。依据《刑事诉讼规则（试行）》，最高人民检察院发现各级人民法院已经发生法律效力的判决或者裁定，上级人民检察院发现下级人民法院已经发生法律效力的判决或者裁定确有错误时，可以直接向同级人民法院提出抗诉，或者指令作出生效判决、裁定人民法院的上一级人民检察院向同级人民法院提出抗诉。人民检察院按审判监督程序向人民法院提出抗诉的，应当将抗诉书副本报送上一级人民检察院。

《刑事诉讼法》第 243 条第 4 款对人民检察院依照审判监督程序提出抗诉的法律效力作了规定，进一步肯定了人民检察院的再审提起权。根据第 243 条第 4 款规定，对于人民检察院抗诉的案件，接受抗诉的人民法院应当组成合议庭重新审理,对于原判决事实不清楚或者证据不足的,可以指令下级人民法院再审。人民法院开庭审理的再审案件,同级人民检察院应当派员出席法庭。

三、提起审判监督程序的理由

提起审判监督程序的理由,又称为提起审判监督程序的条件。我国《刑事诉讼法》第 243 条对提起审判监督程序的理由作了原则性规定,只有经过认真审查,发现已经发生法律效力的裁判在认定事实上或者在适用法律上确有错误的,才能提起审判监督程序。具体而言,提起审判监督程序的理由有以下几种。

(一)原判决、裁定在认定事实上确有错误

在认定事实上确有错误,主要是指原裁判认定的案件主要事实不清、认定事实与客观实际不符,或者重大情节模糊、失实。主要有:(1)有新的证据证明原判决、裁定认定的事实确有错误;(2)据以定罪量刑的证据不确实、不充分,或者证明案件事实的主要证据之间存在矛盾。

(二)原判决、裁定在适用法律上确有错误

这主要是指适用实体法上的错误,以及没有正确执行刑事政策,导致定罪不准,量刑不当。主要表现为:(1)混淆罪与非罪,有罪判无罪,无罪判有罪;(2)量刑不当,重罪轻判,轻罪重判;(3)认定罪名不正确,混淆此罪与彼罪,一罪与数罪;(4)免于刑事处罚或者适用缓刑错误;(5)对具有法定从轻、从重、减轻处罚情节的,没有依法正确量刑。

(三)严重违反法律规定的诉讼程序,影响了案件的正确裁判

诉讼程序正当是保证实体法正确实施的前提,如果违反则无法保证裁判的正确作出。严重违反法律规定的诉讼程序,包括违反《刑事诉讼法》关于公开审判的规定,违反回避制度,审判组织不合法等。审判人员在整个诉讼过程中贪污受贿、徇私舞弊、枉法裁判等,也属于严重违反法律规定的诉讼程序。

四、提起审判监督程序的方式

根据我国《刑事诉讼法》第 243 条规定,提起审判监督程序的方式有:决定再审、指令再审、决定提审和提出抗诉。

(一)本院决定再审

本院决定再审,是指各级人民法院院长对本院已经发生法律效力的判决和裁定,如果发现在认定事实或者适用法律上确有错误,经提交审判委员会讨论决定再审从而提起审判监督程序的一种方式。

本院决定再审提起的具体步骤是:(1)各级人民法院院长发现本院已生效的裁判有错误,需要提起审判监督程序;(2)由院长提交本院审判委员会,由审判委员会讨论决定是否再审;(3)审判委员会根据少数服从多数原则讨论决定再审的,

审判委员会作出再审裁定,根据再审裁定开始审判监督程序。在该种情形下,人民法院的审判监督权由各级人民法院院长和审判委员会共同行使。

(二)指令再审

指令再审,是指最高人民法院对各级人民法院已经发生法律效力的判决、裁定,上级人民法院对下级人民法院已经发生法律效力的判决、裁定,如果发现确有错误,可以指令下级人民法院再审从而提起审判监督程序的一种方式。

根据《刑事诉讼法》新增条文第244条规定,上级人民法院指令下级人民法院再审的,应当指令原审人民法院以外的下级人民法院审理;由原审人民法院审理更为适宜的,也可以指令原审人民法院审理。

根据《最高人民法院关于审理人民检察院按照审判监督程序提出的刑事抗诉案件若干问题的规定》第5条规定,对于指令再审的案件,如果原来是第一审案件,接受抗诉的人民法院应当指令第一审人民法院依照第一审程序进行审判,所作的判决、裁定,可以上诉、抗诉;如果原来是第二审案件,接受抗诉的人民法院应当指令第二审人民法院依照第二审程序进行审判,所作的判决、裁定,是终审的判决、裁定。

(三)决定提审

决定提审,是指最高人民法院对各级人民法院发生法律效力的判决、裁定,上级人民法院对下级人民法院发生法律效力的判决和裁定,如果发现确有错误,需要重新审理,直接组成合议庭,调取原审案卷和材料,进行审判从而提起审判监督程序的一种方式。它是最高人民法院对地方各级人民法院、上级人民法院对下级人民法院已经发生法律效力的判决、裁定,向该院提起审判监督程序的方式。

一般情况下,为便于再审案件审理时传唤当事人和其他诉讼参与人出庭以及就地复查证据、核实案情,最高人民法院和上级人民法院会指令原终审人民法院再审。对于原判决、裁定认定事实正确,但是在适用法律上有错误,或者案情疑难、复杂、重大的,或者有其他不宜由原审人民法院审理的情况的案件,可以提审。

(四)提出抗诉

提出抗诉,是指最高人民检察院对各级人民法院发生法律效力的判决和裁定,上级人民检察院对下级人民法院已经发生法律效力的判决和裁定,如果发现确有错误,向同级人民法院提出抗诉从而提起审判监督程序的一种方式。它区别于前述三种人民法院提起审判监督程序的方式,是人民检察院提起审判监督程序的方式。

最高人民检察院《刑事诉讼规则(试行)》第591条具体规定了人民检察院认为人民法院已经发生法律效力的判决、裁定确有错误,应当按照审判监督程序向人民法院提出抗诉的具体情形。

最高人民检察院发现各级人民法院已经发生法律效力的判决或者裁定,上级人民检察院发现下级人民法院已经发生法律效力的判决或者裁定确有错误时,可以直接向同级人民法院提出抗诉,或者指令作出生效判决、裁定人民法院的上一级人民检察院向同级人民法院提出抗诉。

第三节　依照审判监督程序对案件的重新审判

一、再审立案

根据我国《刑事诉讼法》第243条规定,依照审判监督程序对案件进行重新审判的法院,因提起主体的多样性,总的来说包括任何审级的法院和专门法院。再审立案主要是指下列几种情形。

地方各级人民法院、专门人民法院负责下列案件的再审立案:

(1)本院作出的终审裁判,符合再审立案条件的;

(2)下一级人民法院复查驳回或者再审改判,符合再审立案条件的;

(3)上级人民法院指令再审而立案的;

(4)人民检察院依法提出抗诉,接受抗诉的人民法院立案的。

最高人民法院负责下列案件的再审立案:

(1)最高人民法院对本院作出的终审裁判,符合再审立案条件的;

(2)高级人民法院复查驳回或者再审改判,符合再审立案条件的;

(3)最高人民检察院依法提出抗诉的;

(4)最高人民法院认为应由自己再审的。

二、重新审判的程序

(一)重新审判的方式

审判方式,是指人民法院审理案件的方法和形式。根据我国法律的有关规定,各级人民法院审理案件有两种审判方式:开庭审理和不开庭审理。

根据最高人民法院的相关规定,人民法院审理下列再审案件,应当依法开庭审理:

(1)依照第一审程序审理的;

(2)依照第二审程序需要对事实或者证据进行审理的;

(3)人民检察院按照审判监督程序提出抗诉的;

(4)可能对原审被告人(原审上诉人)加重刑罚的;

(5)有其他应当开庭审理情形的。

下列再审案件可以不开庭审理：

(1)原判决、裁定认定事实清楚，证据确实、充分，但适用法律错误，量刑畸重的；

(2)1979年《刑事诉讼法》实施以前裁判的；

(3)原审被告人(原审上诉人)、原审自诉人已经死亡或者丧失刑事责任能力的；

(4)原审被告人(原审上诉人)在交通十分不便的边远地区监狱服刑，提押到庭确有困难的；但人民检察院提出抗诉的，人民法院应征得人民检察院的同意；

(5)人民法院按照审判监督程序决定再审，经两次通知，人民检察院不派员出庭的。

从上述规定不难看出，对事实、证据有重大分歧、可能作出不利于被判刑人的改判以及人民检察院提出抗诉的案件，应当开庭审理；而对于适用法律错误(含程序错误)的案件，其再审可以采用不开庭审理的方式。

(二)重新审判所适用的程序

我国《刑事诉讼法》第245条第1款规定："人民法院按照审判监督程序重新审判的案件，由原审人民法院审理的，应当另行组成合议庭进行。如果原来是第一审案件，应当依照第一审程序进行审判，所作的判决、裁定，可以上诉、抗诉；如果原来是第二审案件，或者是上级人民法院提审的案件，应当依照第二审程序进行审判，所作的判决、裁定，是终审的判决、裁定。"可见，人民法院按照审判监督程序重新审判案件的程序，随原审案件的审级而定。需要强调的是，人民法院按照审判监督程序重新审判的案件，不得由原审合议庭审判人员审理，应当另行组成合议庭，原审合议庭成员(参与过原案第一审、第二审、复核程序审判的合议庭组成人员)应当回避。

(三)人民检察院派员出庭

《刑事诉讼法》第245条第2款规定："人民法院开庭审理的再审案件，同级人民检察院应当派员出席法庭。"该规定表明：(1)这里开庭审理的再审案件，指的是公诉案件，不包括自诉案件；(2)对于公诉案件的再审，只要人民法院决定开庭审理，人民检察院就应当派员出席法庭。法律这样规定，就是为了满足控、辩、审的诉讼构造，一方面保障控审分离，另一方面保障控辩平衡对抗，以便于法官居中裁判。

(四)再审程序中的强制措施与中止执行

我国《刑事诉讼法》第246条第1款规定："人民法院决定再审的案件，需要对被告人采取强制措施的，由人民法院依法决定；人民检察院提出抗诉的再审案件，需要对被告人采取强制措施的，由人民检察院依法决定。"法律这样规定表明，在再审案件中,由哪一机关启动再审程序,如果需要对被告人采用强制措施的,即由该机关直接决定。这里的"需要对被告人采取强制措施的"应当包括强制措施的适用和变更。《刑事诉讼法》第246条第2款规定:"人民法院按照审判监督程序审判的案件,可以决定中止原判决、裁定的执行。"

(五)再审程序的中止审理与终止审理

根据最高人民法院的有关规定,原审被告人(原审上诉人)收到再审决定书或者抗诉书后下落不明或者收到抗诉书后未到庭的,人民法院应当中止审理;原审被告人(原审上诉人)到案后,恢复审理;如果超过2年仍查无下落的,应当裁定终止审理。

三、重新审判后的处理

根据最高人民法院《刑事诉讼法解释》第389条规定,人民法院依照审判监督程序对案件经过重新审理后,应当按照下列情形分别处理:

(1)原判决、裁定认定事实和适用法律正确、量刑适当的,应当裁定驳回申诉或者抗诉,维持原判决、裁定;

(2)原判决、裁定定罪准确、量刑适当,但在认定事实、适用法律等方面有瑕疵的,应当裁定纠正并维持原判决、裁定;

(3)原判决、裁定认定事实没有错误,但适用法律错误,或者量刑不当的,应当撤销原判决、裁定,依法改判;

(4)依照第二审程序审理的案件,原判决、裁定事实不清或者证据不足的,可以在查清事实后改判,也可以裁定撤销原判,发回原审人民法院重新审判。原判决、裁定事实不清或者证据不足,经审理事实已经查清的,应当根据查清的事实依法裁判;事实仍无法查清,证据不足,不能认定被告人有罪的,应当撤销原判决、裁定,判决宣告被告人无罪。

这里还有一个值得注意的问题,就是人民法院依照审判监督程序审理案件,如果改判能否加重被告人的刑罚?目前,我国《刑事诉讼法》对这个问题没有明确的规定,只有《最高人民法院关于刑事再审案件开庭审理程序的具体规定》有所涉及,其第8条规定,除人民检察院抗诉的以外,再审一般不得加重原审被告人(原审上诉人)的刑罚。根据该规定第6条第2至6项及第7条的规定,不具备开庭条件可以不开庭审理的,或者可以不出庭参加诉讼的,不得加重未出庭原审被告人(原审上诉人)、同案原审被告人(同案原审上诉人)的刑罚。

对于此条能否理解为针对人民法院依照审判监督程序审理案件的"再审不加刑"原则?理论界存在较大争议,司法实践中也没有定论。理论界的传统观点和司法实践的习惯做法是,不管再审是否受到"再审不加刑"的限制,根据案件的具体情况,既可以裁判减轻被告人的刑罚,也可以裁判加重被告人的刑罚。本书赞同这种传统的观点和习惯做法。从审判监督程序设计的初衷来看,审判监督的目的就是为了纠正和杜绝原审裁判的错误,维护司法公正。人民法院依照审判监督程序重新审判的案件,应当对原裁判所认定的事实和法律的适用进行全面审查,不受申诉或抗诉范围的限制。在全面审查的基础之上,再对案件按照执法必严、违法必究的原则,重新作出裁判。对原审裁判要做到无误不纠、有错必改。全案错全案改,部分错部分改,不论是事实认定方面还是法律适用方面,发现错误都要实事求是地予以纠正。

正是基于上述再审程序设立目的和价值的考量,再审程序中的"再审不加刑"不能也不应当作为一项基本量刑原则适用。因为作为改判的两种结果——加重刑罚和减轻刑罚(包括免除刑罚、不予追究刑事责任和宣告无罪)——都应当是再审程序发挥其功能价值的现实体现,仅仅将再审裁判限制在减轻被告人刑罚方面,显然是有所偏颇的,也必然和再审程序设立的目的相左。原审错案不可能都是错误加重被告人刑罚的,在再审裁判应当加重被告人刑罚的情形下没有正确依照再审程序的公正原则正确裁判量刑,则又是新的错判错案。

"再审不加刑"虽然不作为一项基本量刑原则在再审裁判中适用,但也不排除"再审不加刑"在一定情形下的适用。在因审查被告人申诉而决定启动的再审程序中,再审判决一般不宜再加重被告人刑罚。这一情形和二审被告人上诉适用的"上诉不加刑"原则基本相同,基于保障被告人的诉权考虑,不宜再使被告人有出现境况更加恶化的可能,从而保障被告人能够依法正确行使其上诉权。这里也要注意,如果原审原告一方也同时提出申诉,人民检察院抗诉或者人民法院自查启动的再审程序,裁判量刑不适用"再审不加刑"。

还有一种情形也适用"再审不加刑"。原案裁判在《刑事诉讼法》修改前按照当时的政策和法律作出,审理和裁判符合当时的政策和法律规定的量刑标准,按照我国《刑法》溯及力"从旧兼从轻"原则,不应当在再审时加重被告人刑罚。

四、重新审判的期限

重新审判的期限,是指依照审判监督程序重新审判的案件在法律规定的办案时间内审结的期限。

根据我国《刑事诉讼法》第 247 条第 1 款规定,人民法院按照审判监督程序重新审判的案件,应当在作出提审、再审决定之日起 3 个月以内审结,需要延长期限的,不得超过 6 个月。

接受抗诉的人民法院按照审判监督程序审判抗诉的案件,审理期限适用上述规定;对需要指令下级人民法院再审的,应当自接受抗诉之日起 1 个月以内作出决定，下级人民法院审理案件的期限适用上述规定。期限自收到指令再审决定之日起计算。自接到阅卷通知后的第2日起，人民检察院查阅案卷超过7日后的期限，不计入再审审理期限。

【问题与思考】

1. 如何看待我国审判监督程序的提起主体？
2. 如何认识“再审不加刑”？
3. 应当如何改革我国的审判监督程序？
4. 谈谈禁止双重危险规则与我国审判监督程序的价值冲突。

第二十章

死刑复核程序

【内容提要】

死刑复核程序既区别于普通程序，又不同于其他特殊程序。死刑复核程序具有审理对象特定、复核权力专属、诉讼阶段特殊、程序自动启动等特点。在不同的历史阶段，我国死刑复核权限在最高人民法院与高级人民法院之间来回游移。根据目前刑事诉讼法律规定，死刑立即执行案件与死刑缓期执行案件分别由最高人民法院、高级人民法院复核。死刑复核权力的回归，目的在于严格规范执法尺度，保证死刑的正确适用，实现控制死刑适用的刑事政策。

第一节　死刑复核程序概述

一、死刑复核程序的概念

死刑复核程序是人民法院对判处死刑的案件进行复查核准所遵循的一种特别诉讼程序。死刑是剥夺犯罪分子生命的刑罚，是《刑法》所规定的诸刑种中最严厉的一种，被称为极刑。我国法律一方面把死刑作为打击犯罪、保护人民的有力武器，另一方面又强调严格控制死刑的适用。因此，除在实体法中规定了死刑不适用于未成年人、怀孕妇女等限制性要求外，还在程序法中对判处死刑的案件规定了一项特别的审查核准程序——死刑复核程序。

根据法律规定和司法实践经验，死刑复核程序的任务是，由享有复核权的人民法院对下级人民法院报请复核的死刑判决、裁定，在认定事实和适用法律上是否正确进行全面审查，依法作出是否核准死刑的决定。因此，对死刑案件进行复核时，必须完成两项任务：一是查明原判认定的犯罪事实是否清楚，据以定罪的证据是否确实、充分，罪名是否准确，量刑（死刑、死缓）是否适当，程序是否合法；二是根据事实和法律,作出是否核准死刑的决定,并制作相应的司法文书,以核准正确的死刑判决、裁定,纠正不适当或错误的死刑判决、裁定。

二、死刑复核程序的特点

我国的刑事诉讼程序分为普通程序和特殊程序。一般的刑事案件(主要指公诉案件),大致经过立案、侦查、起诉、第一审程序、第二审程序、执行程序,这是普通程序。此外,对于判处死刑的案件,还要经过专门的复核核准程序;对于已经发生法律效力的判决和裁定,当发现确有错误时,可以通过审判监督程序进行纠正,这些是特殊程序。死刑复核程序以其独特的审判对象和核准权的专属性等特征既区别于普通程序,又不同于其他特殊程序,具体而言有以下特点。

(一)审理对象特定

这一程序只适用于判处死刑的案件,包括判处死刑立即执行和判处死刑缓期二年执行的案件。只有死刑案件才需要经过死刑复核程序。没有被判处死刑的案件无须经过这一程序。这种审理对象的特定性使死刑复核程序既不同于普通审判程序——第一审和第二审程序,也不同于另一种特殊审判程序——审判监督程序。

(二)权力具有专属性

依据《刑事诉讼法》的规定,有权进行死刑复核的机关只有最高人民法院和高级人民法院。而其他审判程序与此不同:一审案件任何级别的法院均可审判;二审案件中级以上的法院均可审判;再审案件原审以及原审以上的法院均可审判。依照法律有关规定,报请死刑复核应当按照法院的组织系统逐级上报到高级人民法院或最高人民法院,不得越级报核。

(三)诉讼阶段的特殊性

死刑复核程序的进行一般是在死刑判决作出之后,发生法律效力并交付执行之前。相比较而言,第一审程序、第二审程序审理时间是在起诉之后,二审判决之前;审判监督程序则是在判决、裁定发生法律效力之后。死刑复核程序是死刑案件的最终程序,只有经过复核并核准的死刑判决才发生法律效力。从这一意义上说,死刑复核程序是两审终审制的一种例外。

(四)程序启动上具有自动性

第一审程序和第二审程序的启动都遵循不告不理原则:只有检察机关提起公诉或者自诉人提起自诉,人民法院才能启动第一审程序;只有检察机关提起抗诉或者被告人、自诉人提起上诉,人民法院才能启动第二审程序。而死刑复核程序的启动既不需要检察机关提起公诉或者抗诉,也不需要当事人提起自诉或上诉,只要二审法院审理完毕或者一审后经过法定的上诉期或抗诉期被告人没有提出上诉、检察院没有提起抗诉,人民法院就应当自动将案件报送高级人民法院或最高人民法院核准。

第二节 死刑复核权限的变迁

一、死刑复核权属的历史变迁

新中国成立以来,死刑核准权经历了一个复杂的变化过程。在新中国成立初期,虽然系统的司法体制尚未完全建立,但国家有关部门仍规定,死刑案件必须经核准才能执行。死刑核准权由高级人民法院和最高人民法院分工行使。1957 年 7 月 15 日,第一届全国人民代表大会第四次会议经讨论决定:今后一切死刑案件,都由最高人民法院判决或核准。从而在新中国成立后第一次将死刑案件的核准权全部收归最高人民法院。1958 年 5 月 29 日,最高人民法院对死缓案件的核准权作出规定:凡是由高级人民法院判处或者审核的死刑缓期执行案件,一律不再报最高人民法院核准。从而第一次确立了死缓和死刑立即执行的核准权由高级人民法院和最高人民法院分别行使的做法。1966 年"文化大革命"开始后,死刑复核程序与其他法律制度一样受到冲击,死刑核准权被下放给省、市、自治区革命委员会。

1979 年 7 月 1 日,新中国第一部《刑事诉讼法》正式颁布。该法第 144 条要求,死刑立即执行必须由最高人民法院核准。但这一规定实施不到两个月,国家有关部门就不断作出例外规定:第一次是 1980 年 2 月 12 日,第五届全国人大常委会第十三次会议批准最高人民法院和最高人民检察院的建议,同意在 1980 年内对现行的杀人、强奸、抢劫、放火等犯有严重罪行应当判处死刑的案件,最高人民法院可以授权省、自治区、直辖市高级人民法院核准。第二次是 1981 年 6 月,第五届全国人大常委会第十九次会议通过了《全国人民代表大会常务委员会关于死刑案件核准问题的决定》,规定在 1981—1983 年内,对犯有杀人、抢劫、强奸、爆炸、放火、投毒、决水和破坏交通、电力等设备的罪行,由省、自治区、直辖市高级人民法院终审判处死刑的,或者中级人民法院一审判处死刑后被告人不上诉、经高级人民法院核准的,以及由高级人民法院一审判处死刑、被告人不上诉的,都不必报最高人民法院核准。第三次是 1983 年 9 月 2 日,第六届全国人大常委会第二次会议通过了《全国人民代表大会常务委员会关于修改〈中华人民共和国人民法院组织法〉的决定》,将该法第 13 条修改为:死刑案件除由最高人民法院判决的以外,应当报请最高人民法院核准。杀人、强奸、抢劫、爆炸以及其他严重危害公共安全和社会治安判处死刑案件的核准权,最高人民法院在必要的时候,得授权省、自治区、直辖市的高级人民法院行使。据此,最高人民法院于 1983 年 9 月 7 日发布了《最高人民法院关于授权高级人民法院核准部分死刑案件的通知》,《通知》规定:在当前严厉打击刑事犯罪活动期间,为了及时严惩严重危害公共安全和社会治安的罪大恶极的刑事犯罪分子,除由最高人民法院判决的死刑案件外,各地对反革命案件和贪污等严重经济犯罪案件判处死刑的,仍应由高级人民法院复核同意后,报最高人民法院核准;对杀人、强奸、抢劫、爆炸以及其他严重危害公共安全和社会治安判处死刑的案件的核准权,最高人民法院依法授权由省、自治区、直辖市高级人民法院和解放军军事法院行使。第四次是1991—1997年之间,最高人民法院以通知的形式分别授予云南、广东、广西、甘肃、四川和贵州高级人民法院对毒品犯罪判处死刑案件(最高人民法院判决的和涉外的毒品犯罪死刑案件除外)的核准权。第五次是1997年,1996年修改的《刑事诉讼法》和1997年修改的《刑法》都要求死刑立即执行案件的核准权必须由最高人民法院核准,但在1997年9月26日,最高人民法院又发出通知,规定:除最高人民法院判处的死刑案件外,各地对《刑法》分则第1章规定的危害国家安全罪,第3章规定的破坏社会主义市场经济秩序罪,第8章规定的贪污贿赂罪判处死刑的案件,高级人民法院、解放军军事法院二审或复核同意后,仍应报本院核准。对《刑法》分则第2章、第4章、第5章、第6章(毒品犯罪除外)、第7章、第10章规定的犯罪,判处死刑的案件(最高人民法院判决的和涉外的除外)的核准权,最高人民法院依据《人民法院组织法》第13条的规定,仍授权由各省、自治区、直辖市高级人民法院和解放军军事法院行使。但涉港澳台死刑案件在一审宣判前仍需报最高人民法院内核。对于毒品犯罪死刑案件,除已获得授权的高级人民法院可以行使部分案件核准权外,其他高级人民法院和解放军军事法院在二审或复核同意后,仍应报最高人民法院核准。

死刑立即执行案件的核准权由最高人民法院和高级人民法院行使,在必要的时候最高人民法院把死刑案件的核准权授予高级人民法院和解放军军事法院,简称"下放"。"下放"存在不少问题:首先,使得高级人民法院的死刑复核程序名存实亡。对于授权高级人民法院核准的死刑案件,高级人民法院在进行第二审作出维持死刑判决的裁定后,实际上就不再进行死刑复核程序了,而是在死刑裁定书的结论之后写上"根据《最高人民法院关于授权高级人民法院和解放军军事法院核准部分死刑案件的通知》的规定,本裁定作为核准死刑的刑事裁定"这样一句话。这样一来就把二审程序和死刑复核程序糅合在一起,以终审权代替核准权,以二审代替死刑复核,使得死刑复核程序名存实亡,不能发挥该程序的价值功能,不能达到该程序应实现的目的。其次,造成全国死刑标准不统一,违背法制统一原则。沈德咏先生曾指出:"近几年,某些地方实际适用死刑偏多,个别地方甚至出现错杀,原因固然很多,但与死刑核准权长期下放不无关系。"根据最高人民法院1997年的通知,高级人民法院有权核准全部死刑案件的绝大部分。由于各地政治、经济发展的不平衡,社会治安形势不同,犯罪率也大相径庭,各高级人民法院在中央及本省、自治区、直辖市的刑事政策的影响下，掌握和适用不同的死刑标准，为了政治的需要不惜降低适用死刑的规格，放松对死刑的有效控制，导致一些可杀可不杀的也杀了，这在“严打”从重从快气氛笼罩时表现得尤其明显。这样一来由国家统一制定的法律，却被各地司法机关以不同的标准实施，严重破坏了法制的统一性，造成不同省份死刑犯之间的实质不平等。最后，造成不同罪犯在适用死刑复核程序上存在严重的不平等。死刑核准权分别由最高人民法院和高级人民法院行使的做法使不同的犯罪主体在适用死刑复核程序上存在严重不平等。比如官民不平等，只有国家机关工作人员才能构成犯罪的贪污贿赂死刑案件要由最高人民法院核准，而普通人因各种犯罪被判处死刑的案件却由各高级人民法院核准；又比如境内外不平等，涉外毒品死刑案件、涉港澳台死刑案件由最高人民法院核准或一审宣判前内核，而中国大陆人的相同案件却由各高级人民法院核准。这种不平等会让人百思不得其解，难道生命权有轻重之分？

近年来，随着云南昆明杜培武案、湖北京山佘祥林案、河北唐山李久明案等一系列错案的出现，死刑复核程序被抛向了舆论的风口浪尖，经受着舆论界和理论界的批评和质疑，其中焦点无疑是死刑复核权下放导致死刑复核程序虚置的问题。2004 年和 2005 年“两会”期间，肖扬院长表示最高人民法院将收回死刑核准权。2005 年 3 月 14 日，温家宝总理在答记者问时明确表示，要上收死刑的核准权到最高人民法院，以制度保障死刑判决的慎重与公正。2005 年 10 月 27 日，最高人民法院发布第二个五年改革纲要，明文宣示收回死刑复核权。至此，沸沸扬扬的死刑复核权收回的争论终于尘埃落定。2007 年 1 月 1 日，下放了 26 年的死刑复核权终于回归到最高人民法院。

死刑复核程序的成功改革不仅实现了所有死刑案件都由最高人民法院行使这一程序正义，而且带动了其他司法执法环节的改革和发展，促进了公民法律意识和社会心理的发展变化。这些变化至少表现在三个方面：首先，死刑复核程序改革带动了死刑案件的一审和二审程序的改革和规范，全国法院根据最高人民法院提出的要求，通过与其他办案机关的密切配合，使得办理死刑案件的程序更加规范，死刑案件的证据更加扎实，死刑案件的证人、鉴定人出庭率明显提高，死刑案件的辩护效果更加有效，死刑二审案件由原来的极少数开庭审理到全部实现了开庭审理，等等，这些都是死刑复核程序改革直接促进和带动的结果。其次，国家慎用死刑和严格控制死刑的刑事政策进一步得到落实。根据 2008 年媒体披露的 15% 的不核准率和死刑缓期执行人数超过死刑立即执行人数等数据，都足以说明死刑复核程序改革发挥了重要的限制死刑功能。最后，死刑核准权由最高人民法院统一行使和国家慎用死刑所昭示的对生命权的日益尊重，通过各种途径传达给社会公众后，已经引起公众对生命权的进一步尊重,连行为人实施的严重暴力犯罪都逐渐减少了。例如,根据统计数据,在2007年,故意杀人、抢劫、绑架、重大伤害等重大恶性事件的犯罪率明显下降:故意杀人案件12900件,下降6.87%;绑架案件2435件,下降4.25%;故意重伤案件26746件,下降6.14%;抢劫案件72713件,下降3.13%。尽管这些案件的减少还有国家重视建立社会保障制度和公安机关重视从源头上预防犯罪等重要原因,但是我国出现了限制死刑适用与严重暴力犯罪同步减少这一良性互动关系则是不争的事实,这也是当代多数国家限制死刑和废除死刑以后出现的共同现象。我们不能忽视国家尊重和保障生命权所产生的榜样和示范作用。

二、死刑复核权统一行使的意义

死刑复核程序是一道十分重要的审判程序。这一程序的设置充分体现了党和国家对适用死刑一贯坚持的严肃与谨慎、慎杀与少杀的方针政策,对于保证办案质量,正确适用死刑,坚持少杀,防止错杀,切实保障公民的人身权利、财产权利和其他合法权益,保障社会的长治久安均有重要意义。具体表现在:

(一)有利于保证死刑的正确适用

人的认识有一个循环往复、螺旋上升的过程,只有经过多次不断的检验,才能使认识逐渐接近客观实际。诉讼认识也是如此,只有经过从侦查到起诉、审判,从一审到二审和审判监督程序等多次反复,才能使公安司法人员的认识逐渐接近案件的客观事实,才能最大限度地减少冤假错案。死刑案件通常更加复杂,往往更需要经过多次检验。不仅如此,人死不可复生,死刑一旦被执行就无法补救,因而更必须保证死刑判决的正确无误。死刑复核程序的设置使死刑案件在一审和二审程序的基础上又增加了一道检验和保障机制,这对于保证死刑的正确适用具有非常重要的意义。

(二)有利于实现控制死刑适用的刑事政策

严肃谨慎、少杀慎杀是我们党和国家在死刑适用上的一贯方针,在《刑事诉讼法》中特别设立死刑复核程序,正是贯彻这一方针的具体体现。通过死刑复核,对那些适用死刑不当的判决、裁定,作出不予核准的决定,并依照法定程序,分别作出不同的处理:对纯属无罪或因证据不足应判无罪的人,纠正冤案,立即释放,恢复其自由;对那些虽然有罪,但不应判处死刑的罪犯,可根据不同情况依法改判为无期徒刑、有期徒刑等刑罚。这样做不仅有利于防止无辜错杀和死刑滥用,给国家、公民造成重大损失,而且还可以收到良好的政治效果。因此,死刑复核程序是坚持少杀慎杀和防止滥杀的可靠保证。

(三)有利于严格规范死刑的执法尺度

由于死刑(死缓)判决的核准权是由最高人民法院和高级人民法院行使的,这有利于从诉讼程序上保证死刑执法尺度的统一,防止地区之间宽严不一;而且有利于最高人民法院和高级人民法院及时发现死刑适用中可能出现的偏差和错误,及时纠正错误的死刑裁判,并在此基础上总结审判工作的经验和教训,指导和督促下级人民法院提高死刑案件的审判质量,确保死刑在全国和全省(市、自治区)范围内的统一正确适用。

第三节　死刑案件的复核程序

一、死刑立即执行案件的复核程序

目前,我国对于判处死刑立即执行案件的核准权由最高人民法院行使,《刑事诉讼法》《刑事诉讼法规定》以及最高人民法院《刑事诉讼法解释》对死刑立即执行的程序作出了明确规定。

(一)死刑立即执行案件报请复核的要求

第一,中级人民法院判处死刑的第一审案件,被告人不上诉、人民检察院不抗诉的,上诉、抗诉期满后10日以内报请高级人民法院复核。高级人民法院同意判处死刑的,依法作出裁定后,再报请最高人民法院核准。不同意判处死刑的,应当提审或者发回重新审判。高级人民法院提审后所作的改判是终审裁判,其中改判为死刑缓期二年执行的判决,不需经过复核程序。

第二,中级人民法院判处死刑的第一审案件,被告人上诉或者人民检察院抗诉,高级人民法院终审裁定维持死刑判决的,报请最高人民法院核准;高级人民法院经第二审不同意判处死刑的,应依不同情形直接改判或者发回重审,高级人民法院所作的改判为死刑缓期二年执行的判决,即为终审判决,不需再经复核程序。

第三,高级人民法院判处死刑的第一审案件,被告人不上诉、人民检察院不抗诉的,在上诉、抗诉期满后10日以内报请最高人民法院核准。

第四,依法应当由最高人民法院核准死刑的案件,判处死刑缓期二年执行的罪犯,在死刑缓期执行期间,如果故意犯罪,查证属实,应当执行死刑的,由高级人民法院报请最高人民法院核准。

(二)死刑立即执行案件报请复核的特点

第一,自动性。死刑立即执行案件的报请复核程序是法院系统自动启动的,不以被告人、人民检察院的意思表示为转移。中级人民法院或者高级人民法院判处死刑的第一审案件,被告人不上诉、人民检察院不抗诉的,在上诉期满后10日内报请上一级人民法院复核。

第二,层报性。死刑立即执行案件的报请复核,必须逐级上报,不能越级。比如,中级人民法院判处死刑的第一审案件，被告人不上诉、人民检察院不抗诉的，在上诉期满后10日内报请高级人民法院复核。高级人民法院同意判处死刑的，应当依法作出裁定后，报请最高人民法院核准；不同意判处死刑的，应当提审或者发回重新审判。

第三，独立的复核权。由于死刑复核本身就是审判权的一种，因此，任何复核法院都享有独立的复核权。

（三）死刑立即执行案件报请复核的材料及要求

中级人民法院或高级人民法院报请复核死刑案件，应当一案一报。报送的材料应当包括：报请复核报告，第一、二审裁判文书，死刑案件综合报告各5份以及全部诉讼案卷和证据；共同犯罪的案件，应当报送全部诉讼案卷和证据。具体内容如下：

第一，报请复核报告应当包括下列内容：案由，简要案情（时间、地点、手段、情节、后果等），审理过程，判决结果。

第二，死刑案件综合报告包括下列内容：被告人的姓名、性别、出生年月日、民族、文化程度、职业、住址、简历以及拘留、逮捕、起诉的时间和现在被羁押的处所；被告人的犯罪事实，包括犯罪时间、地点、动机、目的、手段、危害后果以及从轻、从重处罚等情节，认定犯罪的证据和定罪量刑的法律依据；需要说明的其他问题，如被告人虽无前科但有劣迹等。

第三，根据具体案件情况，诉讼案卷和证据应当包括下列内容：拘留证、逮捕证、搜查证的复印件；扣押赃款、赃物和其他在案物证的清单；起诉意见书或者人民检察院的侦查终结报告；人民检察院的起诉书；案件审查报告、法庭审查笔录、合议庭评议笔录和审判委员会讨论决定笔录；上诉状、抗诉状；人民法院的判决书、裁定书和宣判笔录、送达回证；能够证明案件具体情况并经过查证属实的各种肯定的和否定的证据，包括物证或者物证照片、书证、证人证言、被害人陈述、被告人供述和辩解、鉴定结论以及勘验检查笔录等。

（四）死刑立即执行案件的复核

1. 复核的程序要求

死刑案件复核在组织方式上必须是由3名审判员组成合议庭。复核法官必须提审被告人。共同犯罪案件中，部分被告人被判处死刑的，最高人民法院或者高级人民法院复核时，应当对全案进行审查，但不影响对其他被告人已经发生法律效力判决、裁定的执行；发现对其他被告人已经发生法律效力的判决、裁定确有错误时，可以指令原审人民法院再审。

2. 复核后的处理

《刑事诉讼法》第239条、《最高人民法院关于复核死刑案件若干问题的规定》改变了以往对于死刑复核案件可以作出核准、改判或者发回重审裁判的传统做法，规定对于各地报请复核的死刑案件,最高人民法院原则上只能作出核准死刑或者不核准死刑的裁定;只有少数特定情况下,可以依法改判。三种结果的适用情形是:一是核准死刑。原判认定事实和适用法律正确、量刑适当、诉讼程序合法的,裁定予以核准;原判判处被告人死刑并无不当,但具体认定的某一事实或者引用的法律条款等不完全准确、规范的,可以在纠正后作出核准死刑的判决或者裁定。二是裁定不予核准,并撤销原判、发回重新审判。此种情况可能是事实原因、实体法原因或程序法原因。其中,实体法原因比如量刑不当,要发回重审。三是改判。根据规定,改判是一种例外。司法解释保留了最高人民法院对少数死刑复核案件在部分核准死刑的前提下有限改判的做法,规定对于一人有两罪以上判处死刑,或者两名以上被告人被判处死刑,经复核认为其中部分罪犯或者部分被告人的死刑裁判量刑不当的,可以在对应当判处死刑的罪犯或者被告人作出核准死刑的判决的前提下,予以部分改判。

二、死刑缓期执行案件的复核程序

(一)死刑缓期执行案件的复核权

死刑缓期执行,作为一种执行死刑的特殊方式,与死刑立即执行一样是一种非常严厉的刑罚方法。因此,对死刑缓期二年执行的适用,也必须严肃谨慎,从程序上加以严格限制和监督。《刑事诉讼法》第 237 条规定:“中级人民法院判处死刑缓期二年执行的案件,由高级人民法院核准。”根据这一规定,判处死刑缓期二年执行案件的核准权由高级人民法院行使。这样规定,既可以节约有限的司法资源,减少不必要的诉讼程序,减轻最高人民法院的工作量,便于各地及时处理这类案件,又能由高级人民法院对这类案件进行把关、监督,以保证正确适用这一刑罚方法。

(二)死刑缓期执行案件的报请复核

根据《刑事诉讼法》及司法解释的有关规定,高级人民法院复核死刑缓期二年执行案件,应按下列程序分别处理:一是中级人民法院判处死刑缓期二年执行的第一审案件,被告人不上诉、人民检察院不抗诉的,在上诉、抗诉期满后,报请高级人民法院核准。二是中级人民法院判处死刑缓期二年执行的第一审案件,被告人上诉或者人民检察院抗诉的,高级人民法院应当依照第二审程序审理。中级人民法院在报送死刑缓期二年执行案件进行复核时,其报请复核的要求与报送死刑立即执行案件基本相同,也是应当一案一报。应当报送报请复核报告,死缓案件综合报告,以及各种诉讼文书,全部诉讼案件和证据。共同犯罪的案件,对其中一名或几名被告人被判处死刑缓期二年执行的,也应当报送全案的诉讼案卷和证据。

(三)死刑缓期执行案件的复核

高级人民法院复核死刑缓期执行案件,应当由审判人员 3 人组成合议庭进行。

合议庭应当认真审查报送的诉讼案卷和证据，审查时必须提审被告人，并对案件在认定事实、适用法律及诉讼程序方面进行全面审查，其审查的事实、审查的方式方法与复核死刑立即执行案件基本相同。死刑缓期执行案件经过高级人民法院复核以后，按照不同情形分别作出以下处理：一是原判决认定事实清楚，证据确实、充分，适用法律正确，量刑适当的，裁定予以核准死缓判决；二是原判决认定事实不清，证据不足的，应当裁定发回原审人民法院重新审判；三是原判决认定事实正确，但适用法律有错误，或者量刑过重的，应当依法改判；四是发现第一审人民法院违反法律规定的程序，可能影响正确判决的，应当裁定撤销原判，发回原审法院重新审判。特别需要指出的是，根据《刑事诉讼法规定》第 47 条和《刑事诉讼法解释》第 349 条规定，高级人民法院核准死刑缓期执行的案件，需要改判的，不能加重被告人的刑罚。即高级人民法院对死缓案件的改判，只能减轻原判刑罚，而不能改判为死刑立即执行，也不得以提高审级等方式加重被告人的刑罚。

【问题与思考】

1. 死刑复核程序的特点是什么？
2. 死刑立即执行案件的复核程序是什么？
3. 死刑缓期执行案件的复核程序是什么？
4. 现行法规对于死刑权属的配置的现实理由是什么？
5. 死刑复核权属变迁体现了立法对死刑适用的什么态度？

第二十一章

特别程序

【内容提要】

特别程序主要包括未成年人刑事案件诉讼程序、公诉案件刑事和解程序、违法所得刑事没收程序、刑事强制医疗程序。由于未成年人犯罪的特殊性，出于教育改造之目的，司法机关在处理未成年人犯罪案件时要遵循分案处理、不公开审理等特殊的原则与方法，立法上形成了一套不同于成年人犯罪的未成年人犯罪案件的特殊程序。在特定公诉案件中，犯罪嫌疑人、被告人真诚悔罪，通过向被害人赔偿损失、赔礼道歉等方式获得被害人谅解，双方当事人自愿达成协议的，公安司法机关在法定范围内可以对犯罪嫌疑人、被告人从宽处理的当事人和解程序，其目的在于弥补被害人受到的伤害、恢复被加害人所破坏的社会关系并使加害人改过自新，重返社会。在贪污贿赂犯罪、恐怖活动犯罪等重大的犯罪案件中，在犯罪嫌疑人逃匿或者死亡的情形下，公安司法机关对违法所得与其他涉案财物可以进行刑事没收的特殊程序，其目的在于加大对特定类型犯罪的打击。对于依法不负刑事责任，且有社会危险性的精神病人，公安司法机关对其采取强制治疗措施，其目的不是为了对行为人进行惩罚和教育，而是一种特殊的社会防卫措施。

第一节　未成年人刑事案件诉讼程序

一、未成年人刑事案件诉讼程序概述

（一）未成年人刑事案件诉讼程序的概念

未成年人刑事诉讼程序，也称少年刑事司法程序，是指司法机关在处理未成年人犯罪案件时所遵循的一些特殊的方针、原则、方式、方法等的总称。一般而言，未成年人是指未满 18 周岁的人。而刑事法意义上的未成年人，主要是指已满 14 周

岁不满18周岁的人。凡是已满14周岁不满18周岁的人实施了危害社会、应受刑事处罚的行为,则称为未成年人犯罪。

未成年人犯罪案件具有不同于成年人犯罪案件的特殊性。一方面,从犯罪动机来看,未成年人犯罪多为激情犯罪。未成年人处于青春发育期,生理变化和智力发育较快,精力旺盛,心理发育由幼稚趋于成熟。外部表现为具有较强的模仿欲和好奇心,对外界反应敏感,自尊心和独立意识较强,情绪不稳定,易受外界环境的影响。这些特点决定了未成年人的是非辨别能力差,缺乏自控能力,其行为往往带有盲目性和突发性,犯罪诱发快,而且往往不计后果。但另一方面,未成年人的上述生理和心理特点又同时决定了他们具有较强的可塑性,主观恶性并非根深蒂固,犯罪的个性心理尚未定型,教育改造的有利因素比成年人多。因此,针对未成年人犯罪的刑事诉讼程序,也应当区别于一般的刑事诉讼程序。其一,应当更加突出对未成年人教育和改造的基本方针,避免过重的惩罚和报复色彩;其二,应当更加注意维护和保障未成年人的各项诉讼权利,避免让其产生严重的孤立感,自尊心遭受重创;其三,应当设置特殊的审判组织和审判程序,在平等对话的情境中完成对其的审判;其四,在整个刑事诉讼终结后,应当对其进行继续教育,防止再犯罪。

(二)未成年人刑事案件诉讼程序的立法概况

针对未成年人的刑事犯罪,世界各国也采取了不同的处理模式。概括而言,大致包括以下几种:(1)法庭模式。主张一般的未成年人刑事案件由法庭按照一定程序进行审理,代表国家有美国、日本和德国。因其处理方式的严肃性,又称蓝色模式。(2)福利治疗模式,或称委员会模式。主张一般的未成年人刑事案件由行政性福利机构来处理,只有少量严重的刑事案件由刑事法庭来审理,即使审理,适用刑罚的可能性也很小,处罚程度很轻微,代表国家主要是北欧各国,如瑞典、芬兰、挪威、丹麦。因其处理方式的缓和性,又称红色模式。(3)社区参与模式。强调社区和公众积极参与案件的处理,而国家机构的干预降低到最低限度。如新西兰,通过运用集体会议制度以及司法协调制度,将大部分未成年人刑事案件从司法程序中转处出来,运用社区资源进行解决。因其处理方式的新颖性和草根性,又称绿色模式。其中,蓝色模式强调司法干预,侧重保护性的少年司法制度的建立;红色模式侧重于保障性的儿童和家庭福利制度的建立;绿色模式侧重于家庭、家族和社区等自治力量的动员,公权力的介入减少,倡导自然环境下的问题解决机制的建立。我国目前的未成年人犯罪处理模式,应当属于典型的法庭模式。

对未成年人案件适用特殊程序,已成为世界各国普遍关注的问题,已经受到有关国际组织和各国立法、司法活动的高度重视。美国于1889年通过了世界上第一个关于处理未成年人违法犯罪的专门立法——《未成年人法庭法》,规定了未成年人案件的专门执法机构、审理程序、处理办法和管辖对象等内容,标志着未成年人司法制度的正式形成。之后,欧洲和亚洲的许多国家纷纷效仿,颁布未成年人法和未成年人法庭法,逐步建立了完善的未成年人司法制度。国际社会也加强了对未成年人司法保护方面的立法。联合国《公民权利和政治权利国际公约》是确定少年刑事司法国际标准的第一个具有约束力的国际性文件。在此基础上,1989 年联合国《儿童权利公约》确立了"儿童最大利益原则",即凡涉及儿童的一切事物和行为,都应首先考虑以儿童的最大利益为出发点。之后,联合国分别通过了《联合国少年司法最低限度标准规则》(即《北京规则》)、《联合国预防少年犯罪准则》(即《利雅得准则》)、《囚犯待遇最低限度标准规则》、《联合国保护被剥夺自由少年规则》等国际公约。这些国际公约是国际社会预防未成年人犯罪、未成年人司法管理和保护被拘押的未成年人权利的法律文献的范本,构成了少年司法领域的联合国准则体系。世界绝大多数国家都具有针对未成年人案件的立法,并在实践中得到充分运用,这已成为势在必行的发展方向。

我国 2012 年新《刑事诉讼法》在第五编"特别程序"中,首次专章规定了"未成年人刑事案件诉讼程序"。早在 1991 年 9 月,全国人大常委会通过了《中华人民共和国未成年人保护法》(以下简称《未成年人保护法》),该法的第五章专门规定了对未成年人的司法保护。另外,最高人民法院也于 1991 年 1 月制定并发布了《最高人民法院关于办理少年刑事案件的若干规定(试行)》。1991 年 6 月,发布了《最高人民法院 最高人民检察院 公安部 司法部关于审理少年刑事案件建立相互配套工作体系的通知》《最高人民法院 国家教育委员会 共青团中央委员会 中华全国总工会 中华全国妇女联合会关于审理少年刑事案件聘请特邀陪审员的联合通知》。1995 年 5 月,最高人民法院又发布了《最高人民法院关于办理未成年人刑事案件适用法律的若干问题的解释》。1999 年 6 月 28 日,全国人大常委会通过了《中华人民共和国预防未成年人犯罪法》(以下简称《预防未成年人犯罪法》),其中不少规定,特别是第六章"对未成年人重新犯罪的预防"涉及了对犯罪的未成年人追究刑事责任的方针、原则和具体制度。当然,除上述立法和司法解释之外,未成年人刑事司法的法律渊源可能还有一些其他的零散规定。

在出台立法之余,我国各地司法机关也开展了未成年人案件诉讼程序的广泛实践。1984 年底,上海市长宁区人民法院建立了我国内地首个"少年刑事案件合议庭",专门审理未成年人案件。1986 年至 1987 年,天津市 4 个区、县的人民法院也设立了少年法庭。1988 年,最高人民法院在上海召开了审理未成年人刑事案件经验交流会,向全国推广少年法庭工作经验,设立少年法庭工作随之在全国展开。到 1994 年,全国已有少年法庭 3369 个,其中有些是以独立建制形式设立的。少年法庭运用特殊程序审理未成年人案件,取得了积极效果。少年法庭审判的未成年罪犯,经过改造回归社会后,重新犯罪率明显下降。

二、未成年人刑事诉讼的特有原则

(一)教育、感化和挽救的原则

《刑事诉讼法》第266条第1款规定:"对犯罪的未成年人实行教育、感化、挽救的方针,坚持教育为主、惩罚为辅的原则。"我国《未成年人保护法》第54条也规定:"对违法犯罪的未成年人,实行教育、感化、挽救的方针,坚持教育为主、惩罚为辅的原则。"《预防未成年人犯罪法》第44条也作了同样的规定。教育、感化、挽救方针,是指公安司法机关的办案人员在办理未成年人犯罪案件时,要坚持以教育为主、惩罚为辅的原则,帮助未成年人认清所犯罪行的严重性,唤醒其悔罪意识,认罪服法,并重新做人。这一原则的含义是:侦查人员、检察人员和审判人员要以满腔热情的工作态度,正确对待未成年被告人,既要查明事实真相,维护正常的社会秩序,又要注意保护失足青少年,帮助挽救他们,促使其同犯罪行为划清界限;依法保障其享有的诉讼权利;落实"帮教"措施。最高人民法院《刑事诉讼法解释》第461条进一步落实了对未成年被告人的教育工作:"审理未成年人刑事案件,应当由熟悉未成年人身心特点、善于做未成年人思想教育工作的审判人员进行,并应当保持有关审判人员工作的相对稳定性。未成年人刑事案件的人民陪审员,一般由熟悉未成年人身心特点,热心教育、感化、挽救失足未成年人工作,并经过必要培训的共青团、妇联、工会、学校、未成年人保护组织等单位的工作人员或者有关单位的退休人员担任。"

贯彻这一方针,要求公安司法机关的办案人员在刑事诉讼的各个阶段,既要查明案件事实,又要对未成年人继续教育和感化。既不能强调教育、感化而疏于查清事实,也不能只查事实而淡漠教育、感化,两者要并重。教育、感化、挽救的方针和以教育为主、惩罚为辅的原则精神,应当贯彻于未成年人犯罪案件诉讼程序的始终,贯穿于立案、侦查、起诉和审判的各个环节。对于未成年人的教育、感化,要在以下几个环节有所体现。

第一,审前教育。在案件起诉到法院之前,公安机关和检察机关的工作人员应当注重在初步了解其犯罪事实、犯罪原因、家庭环境、性格爱好和学习工作等情况的基础上,采取座谈、聊天的方式,减轻少年犯的心理压力,使其消除思想顾虑,让其暴露真实思想,以便有针对性地帮助少年犯解决思想认识问题。

第二,庭审教育。在开庭查清事实的基础上,着重询问少年犯走上犯罪道路的原因,分析犯罪的社会危害性,引导他们对犯罪有较深刻的认识。开庭时,审判人员、公诉人、辩护人都要注意语言的分寸,避免讽刺、挖苦等过激言辞的出现。

第三,宣判教育。审判人员应当在判决书中详细说明判决的理由,在以法服人的同时,对于未成年人还要做到以理服人。宣判时,审判人员要给少年犯详细讲解判决的理由和根据,耐心听取他们对判决的意见。

第四,诉讼后的延伸教育。对投入劳改的少年犯,公诉人、法官还要不定期地进行回访,配合劳改部门,帮助少年犯安心改造,争取早日回归社会。

坚持教育、感化、挽救的原则,就必须处理好惩罚与教育的关系。对犯罪的未成年人进行教育、感化和挽救,并不意味着对其所犯罪行可以不处罚。未成年人对自己的行为有一定的认识能力,应当承担一定的刑事责任。我国《刑法》规定刑事责任的起点年龄为14周岁,这是比较科学、合理的,与世界上大多数国家一致或较为接近。对未成年人犯罪行为,特别是对那些重大恶性案件的首要分子,要依法惩处。但是,惩罚本身不是目的,惩罚的目的是立足于对犯罪者的改造和挽救。

(二)分案处理原则

《刑事诉讼法》第269条第2款规定:"对被拘留、逮捕和执行刑罚的未成年人与成年人应当分别关押、分别管理、分别教育。"《预防未成年人犯罪法》第46条规定:"对被拘留、逮捕和执行刑罚的未成年人与成年人应当分别关押、分别管理、分别教育。"《未成年人保护法》第55条规定:"公安机关、人民检察院、人民法院办理未成年人犯罪案件和涉及未成年人权益保护案件,应当照顾未成年人身心发展特点,尊重他们的人格尊严,保障他们的合法权益,并根据需要设立专门机构或者指定专人办理。"第57条规定:"对羁押、服刑的未成年人,应当与成年人分别关押。"这便意味着我国法律对于未成年人犯罪案件实行分案处理原则。分案处理,是指在刑事诉讼过程中,司法机关应当将未成年人案件与成年人案件程序分离,分别关押、分别审理、分别执行。诉讼程序分离,指未成年人和成年人共同犯罪或者犯罪有未成年人时,应当对未成年人适用特别程序;分别关押,指实施刑事诉讼中的拘留、逮捕等强制措施时,应当将未成年人和成年人分别羁押,以免未成年人受到成年犯罪嫌疑人的不良感染;分别审理,指在审理过程中,只要不是必须合并的情形,都应当进行分案审理;分别执行,指未成年人案件的判决、裁定在生效后执行时,未成年罪犯与成年罪犯分开,不能放在同一场所,以防止成年罪犯对未成年罪犯产生不良影响。

确立这一原则的目的,是为了保护未成年犯,避免其受到成年嫌疑人、被告人的交叉感染,有利于教育、感化和挽救。分案处理原则的依据是未成年人的特点,即未成年人思想意识还没有定型,若与成年人案件并案处理,同监执行,容易使未成年人受到不良影响,不利于对其进行教育改造。这在实践中已有例可循,一些未成年人由于同案处理、同监关押而受到成年罪犯的不良影响,恶习更深。所以,分案处理原则为许多国家所采取。如俄罗斯《刑事诉讼法典》中规定，如果未成年人曾与成年人共同参加犯罪，对未成年人的案件应当在侦查阶段尽可能分案处理。

分案处理，要求对于所有的未成年人犯罪案件都应当与成年人犯罪案件分案处理。此外，还应当将未成年初犯、偶犯与屡教不改的未成年惯犯、累犯和恶习较深的未成年犯罪嫌疑人以及共同犯罪或者集团犯罪中的未成年首犯、主犯分案处理。在条件允许的情况下，还可以将不同类型犯罪的未成年犯罪嫌疑人分案处理。就分案处理的内容而言，应当包括：分别立案；指派不同的侦查人员办理，在设立专门机构的情况下，将未成年人犯罪案件归由未成年人犯罪侦查机构专门办理，不同类型的案件分派不同的专业侦查部门办理；在对未成年犯罪嫌疑人适用拘留、逮捕等强制措施时，分别关押、分别管理、分别教育；对未成年犯罪嫌疑人与成年犯罪嫌疑人分别提请逮捕和移送审查起诉；开庭时分开审理，对未成年犯依法进行不公开审理，而对成年犯依照案情依法公开审理，在审理未成年人案件宣读起诉书时，只宣读涉及未成年人犯罪事实及具体认定的证据，不涉及的内容则不宣读；在法庭审理过程中，对未成年人案件坚持惩罚与教育相结合的政策，执行教育、感化、挽救的方针，充分保护未成年人的诉讼权利和其他权利。

（三）不公开审理原则

不公开审理原则，是指人民法院审理未成年人案件或者有未成年人的案件时，审理过程不向社会公开。《刑事诉讼法》第274条规定："审判的时候被告人不满十八周岁的案件，不公开审理。但是，经未成年被告人及其法定代理人同意，未成年被告人所在学校和未成年人保护组织可以派代表到场。"《未成年人保护法》第58条规定："对未成年人犯罪案件，新闻报道、影视节目、公开出版物、网络等不得披露该未成年人的姓名、住所、照片、图像以及可能推断出该未成年人的资料。"《最高人民法院关于审理未成年人刑事案件的若干规定》也进一步规定，未成年人刑事案件判决前，审判人员不得向外界披露任何可能推断出该未成年人的资料，并对未成年人刑事案件的诉讼案卷材料的使用进行了严格的限定。这是未成年人案件审理不公开原则的法律依据。

对未成年人案件实行不公开审理，主要是考虑到维护未成年人的名誉，缓解未成年人的精神压力和紧张心态，防止公开审理对其造成精神创伤而导致不利于教育改造的不良后果，有利于未成年被告人重新做人，促使其健康成长。从这个意义上讲，对未成年人案件的审理不公开也是教育、感化、挽救方针在司法程序上的体现。

世界上许多国家的法律对未成年人犯罪案件均有不公开审理的规定。如美国《青少年教养法》规定，在审理青少年犯罪的整个诉讼过程中，法院应当保护档案，防止泄密,在诉讼活动结束后,应当将全部档案和卷宗封存。法国的相关法律也规定,对于涉及犯罪的少年身份、姓名的文章、照片,一律不准发表;违反者,将分别受到罚款或徒刑的处罚。

应当指出,贯彻这一原则,只是审理过程不公开,宣告判决的程序必须公开。因此,对未成年人案件,也应当公开宣判,但不得采取召开宣判大会等形式。

(四)诉讼权利特别保障原则

未成年犯罪嫌疑人、被告人诉讼权利的特别保障原则,是指公安司法机关在处理未成年人刑事案件的过程中,应当充分保障未成年犯罪嫌疑人、被告人依法享有的各项诉讼权利,此种保障的力度要远远超过对其他成年犯罪嫌疑人、被告人的保障。未成年犯罪嫌疑人、被告人作为诉讼参与人,除了享有成年犯罪嫌疑人、被告人的诉讼权利外,还享有一些特殊的权利。

第一,法定代理人的在场权。《刑事诉讼法》第 270 条第 1 款规定:“对于未成年人刑事案件,在讯问和审判的时候,应当通知未成年犯罪嫌疑人、被告人的法定代理人到场。无法通知、法定代理人不能到场或者法定代理人是共犯的,也可以通知未成年犯罪嫌疑人、被告人的其他成年亲属,所在学校、单位、居住地基层组织或者未成年人保护组织的代表到场,并将有关情况记录在案。到场的法定代理人可以代为行使未成年犯罪嫌疑人、被告人的诉讼权利。”未成年人心理尚未成熟,法定代理人在讯问、审判时到场,主要基于以下考虑:(1)可以消除未成年人进入诉讼程序后的紧张恐惧心理,保证对案件的顺利调查审理;(2)可以加强法定代理人对未成年人合法权益的保护;(3)可以督促公安司法机关加强对未成年人诉讼权利的特别保护以及办案质量的不断完善。

第二,获得指派辩护人的权利。我国《刑事诉讼法》第 267 条规定:“未成年犯罪嫌疑人、被告人没有委托辩护人的,人民法院、人民检察院、公安机关应当通知法律援助机构指派律师为其提供辩护。”未成年人作为被告人时,不但其诉讼地位决定了其行使辩护权的困难,而且未成年人本身这一主体的特点就决定了获得辩护人帮助的迫切性。《刑事诉讼法》的这一规定对于保障未成年被告人诉讼权利的实现具有重要意义。

第三,为未成年犯罪嫌疑人、被告人行使诉讼权利创造了良好的环境。根据《未成年人保护法》《最高人民法院关于审理未成年人刑事案件的若干规定》等的规定,人民法院应在刑事审判庭内设立未成年人刑事案件合议庭或成立专门少年刑事审判庭受理未成年人犯罪案件;在庭审过程中,审判人员应当根据未成年被告人的智力发育程度和心理状态,要态度严肃、和蔼,注意缓和法庭气氛,发现有对未成年被告人进行诱供、训斥、讽刺和威胁的情形时,应当及时制止;休庭时,可以允许法定代理人或其他成年近亲属、教师等人员会见被告人等。《预防未成年人犯罪法》第44条第3款也规定："对于被采取刑事强制措施的未成年学生，在人民法院的判决生效以前，不得取消其学籍。"

（五）全面调查原则

全面调查原则，是指公安司法机关在办理未成年人案件时，不仅要调查案件事实，而且还要对未成年人的生理、心理状态及社会环境进行彻底的社会调查，必要时进行医疗检查和心理学、精神病学鉴定。《刑事诉讼法》第268条规定："公安机关、人民检察院、人民法院办理未成年人刑事案件，根据情况可以对未成年犯罪嫌疑人、被告人的成长经历、犯罪原因、监护教育等情况进行调查。"全面调查原则要贯穿刑事诉讼的始终，而不限于法庭调查。贯彻全面调查原则，可以全面把握未成年人的生活、成长环境，了解其人格、素质等情况，查明犯罪的原因和条件。这不但有利于正确处理案件，而且对选择正确的方法和途径对其进行教育、改造也是很有必要的。

全面调查的范围，包括对犯罪事实的调查和其他特殊调查。特殊调查主要是指对未成年人的社会调查和生理调查，主要内容包括：(1)未成年人的个人基本情况，尤其是未成年人的实际年龄，这关系到对未成年人是否需要追究刑事责任；(2)未成年人的经历；(3)未成年人的身心状况，即生理发育是否有缺陷，是否有病史，特别是是否有精神病史以及现时健康状况等；(4)未成年人的兴趣爱好；(5)未成年人的交往对象、交往范围；(6)未成年人的受教育状况；就学时间、学习成绩、道德品质及师生关系等；(7)未成年人的职业状况，包括未成年人的就业时间、就业原因、就业经历、就业表现等；(8)未成年人的家庭环境，包括未成年人的家庭结构是否健全，家庭关系是否融洽，家庭教育是否全面，家庭管理是否科学以及家庭经济状况等；(9)未成年人的社区环境，包括未成年人在社区中与有关邻里的关系、交往、表现情况等；(10)未成年人在犯罪后的思想状况、羁押表现和目前的态度；(11)被害人是否有过错；(12)未成年人的家长、监护人或者有关人员的人格、素质、经历和环境；等等。全面调查要在刑事诉讼的全过程中实施，而非局限于法庭调查。所以，从立案开始到侦查、起诉、审判等所有阶段，都要坚持全面调查原则，以利于对案件作出相应的处理。尤其是在侦查阶段，对未成年人的全面调查意义更为重大，对整个未成年人的诉讼程序具有奠基的作用。

（六）犯罪记录封存原则

1. 犯罪记录封存的概念

犯罪记录封存，是指对被判处较轻刑罚的未成年犯的犯罪记录，应予密封保存，不得向社会公开。《刑事诉讼法》第275条规定："犯罪的时候不满十八周岁，被判处五年有期徒刑以下刑罚的,应当对相关犯罪记录予以封存。犯罪记录被封存的,不得向任何单位和个人提供,但司法机关为办案需要或者有关单位根据国家规定进行查询的除外。依法进行查询的单位,应当对被封存的犯罪记录的情况予以保密。"

关于"犯罪记录",应当从两方面进行理解:一是记载犯罪事实及刑事诉讼过程的载体,此为形式上的犯罪记录;二是未成年人发生犯罪事实的信息,此为实质上的犯罪记录。

2. 犯罪记录封存的效力

犯罪记录封存的效力,主要体现在以下三个方面。

(1)犯罪记录限制披露。除法律特殊规定的情况外,不得向任何单位和个人提供或披露未成年人曾经的犯罪记录。为切实保障犯罪记录的封存,相关司法解释对宣判也有一定的限制。最高人民法院《刑事诉讼法解释》第487条规定:"对未成年人刑事案件宣告判决应当公开进行,但不得采取召开大会等形式。对依法应当封存犯罪记录的案件,宣判时,不得组织人员旁听;有旁听人员的,应当告知其不得传播案件信息。"

(2)前科报告义务免除。有关犯罪记录的档案材料只能保存在司法机关,本人有拒绝向任何部门、个人陈述的权利,以此防止在求学、就业等阶段因曾有犯罪记录而遭受歧视。

(3)封存效力具有持续性。即对未成年人犯罪记录的封存不因任何原因而终结。

3. 犯罪记录封存的例外

在未成年人犯罪记录封存的情况下,司法机关为办案需要或者有关单位根据国家规定还是可以进行查询的。最高人民法院《刑事诉讼法解释》第490条第3款规定:"司法机关或者有关单位向人民法院申请查询封存的犯罪记录的,应当提供查询的理由和依据。对查询申请,人民法院应当及时作出是否同意的决定。"

三、未成年人刑事案件诉讼的具体程序

(一)立案程序

未成年人案件的立案在材料来源、立案条件以及立案程序方面与成年人案件立案程序是相同的。但与成年人案件立案程序相比,未成年人立案程序还有一些不同之处。未成年人犯罪案件同成年人犯罪案件最根本的区别在于对象的不同。未成年人案件是指已满14周岁不满18周岁的未成年人的刑事案件。所以在接受、处理立案材料时,应当首先重点查明未成年人准确的出生年、月、日,并且严格按照科学方法计算,这是区分是否属于未成年人犯罪的本质要素。另外,在立案

时，还要查证未成年人是否系教唆犯罪。同时，为贯彻教育、挽救方针，要扩大审查的范围，除应查明立案的事实条件和法律条件外，对认定案情有意义的材料，都要尽量予以查证。经过审查，凡是不符合立案条件的，属于罪行轻微，社会危害性不大，不需要判处刑罚的，可以将案件材料转交有关部门，作适当处理；或者责令其家长或者监护人严加管教，并且要协调有关各方，落实帮教措施。对符合立案条件的，除了要与其他案件一样办理立案手续外，还应将未成年人的有关情况予以注明。

（二）侦查程序

根据未成年人案件的诉讼原则，对未成年人案件进行侦查时，应当注意以下几个方面。

第一，贯彻全面审查原则，扩大侦查范围。在对普通案件进行侦查时，侦查的对象主要是与定罪量刑有关的事实和情节。在对未成年人案件进行侦查时，不仅要查明与定罪量刑有关的事实、情节，还必须对案件事实以外的其他有关情况进行调查，如未成年人的个人品性、心理状况、成长环境、犯罪的主客观条件、是否存在教唆等各方面与案件处理有关的情况等等。在详细查清的基础上，使刑事诉讼一方面可以公正地惩罚犯罪，另一方面也可以对未成年人进行良好的教育与改造。

第二，慎用强制措施。在对未成年人案件进行侦查时，强制措施的适用条件和程序要更加严格和慎重。对可用可不用的，坚持不用；对适用强度弱的强制措施可以达到目的，不应适用更强的强制措施。尤其是可捕可不捕的，没有逮捕必要的，不得适用逮捕，以免对其造成不必要的心理压力。在采取强制措施时要尽可能地采用较轻的强制措施，如取保候审、监视居住等。我们建议，可以考虑在立法上设置一些专门适用于未成年人的强制措施，如交由其父母、监护人看管或交由学校监视等较温和的措施。如果需要采取暂时剥夺人身自由的强制措施，也应当与成年嫌疑人分管、分押，防止交叉感染。

第三，灵活适用侦查行为。在对未成年人案件进行侦查，需要传唤未成年人时，要注意未成年人的心理特点，避免引起其过度紧张。因此，对未成年人一般可通过其父母、监护人等间接传唤而不宜直接传唤。在讯问未成年人时，尽量选择其熟悉的场所和地点。在讯问时，必须通知其法定代理人到场；根据案件情况，可以选择其较为熟悉的场所进行，也可以邀请其亲友、老师等参加。在对未成年人讯问时，坚持教育、挽救的方针，要注意讯问的方式，要讲求符合未成年人的语言和方式，避免生硬、粗暴的训斥和讽刺，要采取教育、启发的方法，减缓其心理压力，使讯问能够在宽松的气氛中进行。另外，我们主张，为了加强对未成年人合法权益的保护，讯问未成年犯罪嫌疑人时，应该有律师在场。在这方面，刑事诉讼立法应当进行一定的完善。即使律师在场权暂时不能普及至所有刑事案件,但应当确立未成年人刑事诉讼程序中讯问时的律师在场权。

(三)起诉程序

未成年人犯罪的起诉程序,除适用《刑事诉讼法》所规定的普通刑事案件的起诉程序外,在以下几个方面还需要特别注意。

第一,在审查起诉时,要贯彻全面调查原则,除了查明《刑事诉讼法》所规定的情况之外,还必须对侦查阶段的全部证明对象,逐个审查核实。

第二,设立专门的起诉科室或指定专门人员,负责未成年人案件的起诉工作。负责未成年人案件起诉工作的检察人员,在业务素质上应具备较为全面的心理学、生理学、社会学和教育学知识,既能保证正确地执行法律,又能运用多方面的知识对未成年人进行教育、感化和挽救。

第三,针对不起诉案件,做好未成年人的善后工作。凡是决定不起诉的未成年人犯罪案件,一律坚持公开宣告的原则。并在宣告不起诉决定以后,要继续做好对未成年人定期考察和帮教的延伸工作。

第四,起诉书的内容应根据未成年人的具体情况,对未成年人的心理、生理、性格特征及其成长的家庭、社会环境等加以说明。公诉词要对未成年人的个人情况予以详细的论述。

第五,在通常的刑事诉讼不起诉制度之外,还要遵循附条件不起诉制度。

所谓附条件不起诉,是指检察机关对应当负刑事责任的未成年犯罪嫌疑人,认为可以不立即追究刑事责任的,给其设立一定的考察期,如其在考察期内积极履行相关社会义务,并完成与被害人及检察机关约定的相关义务,足以证实其悔罪表现的,检察机关将依法作出不起诉决定。

根据《刑事诉讼法》第271条之规定,附条件不起诉的前提条件包括:(1)未成年人涉嫌《刑法》分则第四章、第五章、第六章规定的犯罪①,可能判处1年有期徒刑以下刑罚;(2)虽然符合起诉条件,但未成年犯罪嫌疑人有悔罪表现;(3)人民检察院在作出附条件不起诉的决定以前,应当听取公安机关、被害人的意见。

附条件不起诉决定的救济途径包括:(1)对附条件不起诉的决定,公安机关有权要求复议,如果意见不被接受,可以向上一级检察机关提请复核;(2)对附条件不起诉的决定,被害人可以自收到决定书后7日以内向上一级检察机关申诉,请求提起公诉;(3)未成年犯罪嫌疑人及其法定代理人对检察机关决定附条件不起诉

---

① 《刑法》分则第四章系侵犯公民人身权利、民主权利罪,第五章系侵犯财产罪,第六章系妨害社会管理秩序罪。

有异议的,检察机关应当作出起诉决定。

另外,根据《刑事诉讼法》第272条之规定,在附条件不起诉的考验期内,由人民检察院对被附条件不起诉的未成年犯罪嫌疑人进行监督考察。未成年犯罪嫌疑人的监护人,应当对未成年犯罪嫌疑人加强管教,配合人民检察院做好监督考察工作。针对未成年犯罪嫌疑人的考验,需要注意以下几个方面。

(1)考验期。考验期为6个月以上1年以下,从人民检察院作出附条件不起诉的决定之日起计算。

(2)考验期内犯罪嫌疑人应当遵守的规定。具体包括:①遵守法律法规,服从监督;②按照考察机关的规定报告自己的活动情况;③离开所居住的市、县或者迁居,应当报经考察机关批准;④按照考察机关的要求接受矫治和教育。

(3)考验后的处理。被附条件不起诉的未成年犯罪嫌疑人,在考验期内有下列情形之一的,人民检察院应当撤销附条件不起诉的决定,提起公诉:①实施新的犯罪或者发现决定附条件不起诉以前还有其他犯罪需要追诉的;②违反治安管理规定或者考察机关有关附条件不起诉的监督管理规定,情节严重的。被附条件不起诉的未成年犯罪嫌疑人,在考验期内没有上述情形,考验期满的,人民检察院应当作出不起诉决定。

(四)审判程序

未成年人犯罪的审判程序,存在以下几个方面的特点。

第一,审判机构的专门化。最高人民法院《刑事诉讼法解释》第462条规定:"中级人民法院和基层人民法院可以设立独立建制的未成年人案件审判庭。尚不具备条件的,应当在刑事审判庭内设立未成年人刑事案件合议庭,或者由专人负责审理未成年人刑事案件。高级人民法院应当在刑事审判庭内设立未成年人刑事案件合议庭。具备条件的,可以设立独立建制的未成年人案件审判庭。未成年人案件审判庭和未成年人刑事案件合议庭统称少年法庭。"第463条又规定了少年法庭的受案范围:(1)被告人实施被指控的犯罪时不满18周岁、人民法院立案时不满20周岁的案件;(2)被告人实施被指控的犯罪时不满18周岁、人民法院立案时不满20周岁,并被指控为首要分子或者主犯的共同犯罪案件。其他共同犯罪案件有未成年被告人的,或者其他涉及未成年人的刑事案件是否由少年法庭审理,由院长根据少年法庭工作的实际情况决定。目前,全国大多数省、自治区、直辖市的各级法院都建立了少年法庭,这对于提高审判质量和做好未成年被告人的教育改造都是十分有意义的。另外,可以考虑在条件成熟的情况下,建立专门的未成年人刑事法院,作为专司未成年人犯罪案件审判的司法机构。

第二,审判组织的专业化。针对未成年人案件的特点,未成年人案件的审判组织应走专门化的道路。在设立未成年人刑事法院条件尚不具备的情况下，我国司法实践中采取了设立少年审判庭的做法，这是比较好的选择。对审判组织而言，也应采取专业化的方法，应挑选素质高、了解未成年人特点的人员以合议庭的形式进行审判。合议庭的组成中，一般应有女审判员或陪审员参加，以利于审判的顺利进行。

第三，庭审程序的特殊化。人民法院在审判未成年人犯罪案件时，要注意以下问题：一是法庭审理中要注意审判的技术和方法。审判人员要恰当运用审判语言，以调节气氛，缓和未成年人紧张情绪，保证诉讼的顺利进行。二是要切实保障未成年被告人在法庭上享有的诉讼权利，例如指派律师进行辩护、实行不公开审理、法定代理人到庭等；被告人的最后陈述权应受特别保障，未成年被告人最后陈述后，其法定代理人可以进行补充陈述。三是对未成年人犯罪案件的审判，无论是一审还是二审审判，都要以直接开庭的方式审理，直接审理有利于贯彻教育、感化和挽救的方针。

第四，判决结果的轻刑化。《刑法》第 49 条规定，犯罪时不满 18 周岁的人，不适用死刑。这一规定很好地体现了对未成年人进行挽救和改造的精神。另外，《刑法》第 17 条第 3 款又规定，已满 14 周岁不满 18 周岁的人犯罪，应当从轻或者减轻处罚。这一规定既适用于主刑也适用于附加刑，同样贯彻了教育、感化、挽救未成年人的方针。

目前，我国不少地方法院已经开始在试点暂缓判决制度的司法试验。所谓暂缓判决，是指法院经过开庭审理后，对构成犯罪并符合一定条件的未成年人，暂不判处刑罚，而是设置一定的考验期，如果未成年被告人在考验期内符合相关条件，法院将对其判处轻刑，或者适用缓刑，或者免除其刑罚。暂缓判决是西方国家在审判未成年人犯罪案件时常用的一项制度。对于未成年人犯罪，一味地判决监禁刑并非是一种科学合理的做法。《联合国少年司法最低限度标准规则》第 19 条"说明"特别强调："进步的犯罪学主张采用非监禁办法代替监禁教改办法。就其成果而言，监禁与非监禁之间，并无很大或根本没有任何差别。任何监禁机构似乎不可避免地会对个人带来许多消极影响；很明显，这种影响不能通过教改努力予以抵消。少年的情况尤为如此，因为他们最易受到消极影响的侵袭。此外，由于少年正处于早期发育成长阶段，不仅失去自由而且与正常的社会环境隔绝，这对他们所产生的影响无疑较成人更为严重。"在很大程度上，暂缓判决制度能同时达到惩治犯罪和感化、挽救未成年犯罪人的双重目的。

（五）执行程序

对未成年人刑事诉讼作出的有罪判决生效后，在执行时应当注意以下几点。

第一，应与成年犯分别羁押，以避免受成年犯的不良影响。《刑事诉讼法》第 253 条第 3 款规定："对未成年犯应当在未成年犯管教所执行刑罚。"对未成年犯进行分离关押，既可以避免成年罪犯对未成年犯的教唆、传授，同时也便于对未成年犯采取有针对性的教育改造措施。另外，我国的未成年犯管教所在名称上与监狱存在断然的区分，可以在一定程度上避免对未成年犯造成自尊心上的伤害，有利于较快地进行犯罪矫正和回归社会。

第二，对于未成年犯的改造，应适用“教育改造为主，轻微劳动为辅”的原则。《监狱法》第75条规定：“对未成年犯执行刑罚应当以教育改造为主。”未成年犯的劳动，应当符合未成年人的特点，以学习文化和生产技能为主，坚持半天学习、半天劳动的做法。设专职人员对未成年犯进行文化、法制和劳动技能方面的教育，并注重针对未成年人的心理辅导和矫正，使其回归社会时既有适应社会的思想基础，又有生活能力。《预防未成年人犯罪法》第46条也规定：“对被拘留、逮捕和执行刑罚的未成年人与成年人应当分别关押、分别管理、分别教育。未成年犯在被执行刑罚期间，执行机关应当加强对未成年犯的法制教育，对未成年犯进行职业技术教育。对没有完成义务教育的未成年犯，执行机关应当保证其继续接受义务教育。”

第三，在向执行机关交付执行时，人民法院的材料移送应当尽量详尽。人民法院审结未成年人案件后，应当认真详细地填写结案登记表，并附送有关未成年罪犯的社会调查报告及其在刑事诉讼中的表现等诸种材料，连同生效的判决书副本、执行通知书一并交付执行机关，以便执行机关有针对性地对未成年人进行教育、感化和挽救。

第四，对未成年犯在执行过程中，要注意发挥公安司法机关以及其他社会各界的力量。一方面，公安司法机关在执行过程中应当严格依法积极地行使职权。对于被判处管制和缓刑的未成年罪犯，公安机关要依法加强考察的组织和实施工作。人民检察院要加强对未成年罪犯监所的监督工作，发现问题应当及时提出纠正的意见。另一方面，在注意发挥执行机关主导作用的同时，还要发挥社会组织、未成年犯家庭的作用，使未成年犯感受到社会的关怀和家庭的亲情，促进其思想的转变，以早日回归社会。

第二节　公诉案件刑事和解程序

一、公诉案件刑事和解程序概述

（一）公诉案件刑事和解的概念

根据我国《刑事诉讼法》规定，公诉案件刑事和解程序是指在特定公诉案件中，犯罪嫌疑人、被告人真诚悔罪，通过向被害人赔偿损失、赔礼道歉等方式获得被害人谅解、双方当事人自愿达成协议的，公安司法机关在法定范围内可以对犯罪嫌疑人、被告人从宽处理的特殊程序，又被称为当事人和解程序。公诉案件刑事和解程序的目的在于弥补被害人受到的伤害、恢复被加害人所破坏的社会关系并使加害人改过自新，重返社会。公诉案件刑事和解涉及被害人、加害人和国家三方利益，公、检、法机关是代表国家办理刑事案件的机关，虽然一开始不适宜主动介入当事人和解，但是当双方当事人达成和解后，公、检、法必须依职权对和解进行审查并对案件作出处理。

刑事和解是刑事契约的典型形态，与“私了”的区别在于，有司法机关的监督和确认，保证纠纷解决的有效性、合法性和正当性。刑事和解也有别于辩诉交易，辩诉交易中公诉人一般根据所掌握的证据能否获得胜诉而决定是否进行交易，并不征求被害人的意见，也不以赔偿、道歉作为条件，被害人被边缘化，交易的结果很有可能违背被害人的意愿。而刑事和解则是被害人和加害人之间为了利益最大化而选择的案件解决方式。

（二）公诉案件和解程序的立法背景

首先是刑罚观念的转变。刑事和解是西方三十多年来刑事司法领域的一种改革尝试，它一改传统刑事司法中以国家为本位，强调国家对犯罪人行使刑罚权来对犯罪人进行矫正的刑事司法理论，主张对受害人权利的关注，它为刑事司法的理论研究和实践注入了一种全新的理念。通过主动与受害人进行沟通，加害人以向受害人赔礼道歉、赔偿损失等方式赢得受害人的谅解，而达成刑事和解协议，并予以认真履行。通过刑事和解，能较好地使国家、加害人、受害人的利益得以均衡。这种制度在西方国家的成功实践，极大地吸引了国内理论和实务界的关注，国内某些地区已经进行了多年的有益尝试。

其次是和解司法实践经验的总结。我国刑事和解的制度化是多年来在司法实践中发起的。参与的部门涉及法院、检察院和公安机关，检察院态度尤为积极。2002 年以来，各个地区的人民检察院相继出台了关于刑事和解的规范性文件，充分表明了各地检察院对刑事和解的认可和践行。2006 年 12 月，《最高人民检察院关于在检察工作中贯彻宽严相济刑事司法政策的若干意见》第 12 条规定：“对于轻微刑事案件中犯罪嫌疑人认罪悔过、赔礼道歉、积极赔偿损失并得到被害人谅解或者双方达成和解并切实履行，社会危害性不大的，可以依法不予逮捕或者不起诉。确需提起公诉的，可以依法向人民法院提出从宽处理的意见。”初步规定了刑事和解制度。2011 年 2 月，《最高人民检察院关于办理当事人达成和解的轻微刑事案件的若干意见》明确规定了刑事和解的指导思想和基本原则、适用范围和条件、当事人和解的内容、当事人和解的途径与检调对接等内容，对检察机关适用刑事和解制度进行了规范。2005 年公安部发布《公安机关办理伤害案件规定》明确规定，因民间纠纷引起的轻伤害案件可以调解处理。2007 年 4 月，最高人民法院出台了

《最高人民法院关于进一步发挥诉讼调解在构建社会主义和谐社会中积极作用的若干意见》,对诉讼调解的原则、范围以及诉讼调解能力建设进行了明确的规定。该《意见》要求各级人民法院要牢固树立和认真贯彻“能调则调,当判则判,调判结合,案结事了”的审判工作指导方针,不断扩大诉讼调解案件的范围,尝试对刑事自诉案件、轻微刑事案件和行政诉讼案件进行和解,积极探索建立和完善这三类案件的和解工作新机制。

最后是对域外刑事和解制度的借鉴。在域外刑事诉讼中,往往存在与刑事和解程序功能相似的制度。由于制度环境的差异,这些制度具有不同的名称。我国刑事和解制度起步较晚,其他国家的类似制度优势与缺陷对我国刑事和解制度的建设具有借鉴意义。例如英美法系国家的辩诉交易制度。美国《联邦刑事诉讼规则》在“答辩协议”条文中规定,检察官与辩护律师之间,或者与被告之间(当被告自行辩护时)可以进行讨论以达成协议,检察官可以撤销、降格指控或建议较轻刑罚。大陆法系国家也存在不同形式的刑事和解制度。日本2000年通过的《刑事程序中保护被害人等附带措施的法律案》规定了刑事诉讼程序中的民事和解制度。我国台湾地区的“刑事诉讼法”也正式确立了认罪协商制度,该法规定,对于地方法院管辖的判处3年以下有期徒刑的案件,检察官征求被害人的意见后与被告方达成合意且被告人认罪者,检察官向法院申请依协商程序进行判决。

(三)刑事和解程序的现实意义

首先,有助于快速、有效地解决纠纷。20世纪90年代以来,随着社会主义市场经济的建立,中国社会经济发展进入了一个快车道,在国内经济发达地区,案件数量的增加也使得法院诉讼活动的压力越来越大。法院受理案件的数量大幅上升与法院审判力量有限的矛盾日益突出,为加强人民调解适度介入刑事诉讼中的探索提供了客观必要性。在和解程序中,通过当事人双方的协商达成和解使得办案机关能够快速处理一些罪行较轻的案件,可以节约大量司法资源。而且当事人和解是由双方当事人自愿协商达成协议解决纠纷的,通常可以避免上访和缠讼的发生。

其次,有助于恢复、稳定社会秩序。犯罪破坏了原有的社会关系,刑罚适用的根本意义是恢复被犯罪破坏的社会关系,仅仅依靠惩罚被告人,难以达到恢复社会关系的目的。当事人和解作为一种新型的纠纷解决方式,具有传统刑事处罚方式所不具有的优点和功能。对被害人而言,刑事和解制度承认并尊重其主体地位,注重其权益保护的重要性,使经济利益和精神利益恢复平衡。对加害人而言,刑事和解制度给了其改过自新的机会,因和解协议的达成和履行,得以从轻或免予追究加害人的刑事责任,可以使其自然地回归社会。这种充分尊重双方当事人主体地位的案件处理方式,不仅能补偿被害人的物质损害和心理创伤,增加被害人的满意度,而且由于犯罪嫌疑人、被告人可能得到从宽处理,从而有利于其回归社会,进而恢复因犯罪而受到损害的社会关系,促进社会的和谐安定。

二、刑事和解的适用范围

我国《刑事诉讼法》第277条采取正面列举与反面排除的方式规定了公诉案件和解程序的适用范围。

(一)因民间纠纷引起,涉嫌《刑法》第四章、第五章规定的、可能判处三年有期徒刑以下刑罚的案件

此类案件适用刑事和解必须具备三个条件:一是案件起因条件,必须是因民间纠纷引起的刑事案件。民间纠纷一般是指公民之间有关人身、财产权益和其他日常生活中发生的纠纷。二是罪名条件,必须是属于《刑法》分则第四章、第五章规定的犯罪案件。《刑法》分则第四章规定的是“侵犯公民人身权利、民主权利罪”,第五章规定的是“侵犯财产罪”。但是这两章中的检察机关自侦案件除外。三是刑期条件,“可能判处三年有期徒刑以下刑罚”。主流刑法理论认为,3年有期徒刑以下刑罚属于轻罪。将当事人和解的适用限于轻罪是为了充分发挥其正面作用,尽可能规避其负面影响。以上三个条件必须同时具备,缺一不可。

(二)可能判处七年有期徒刑以下刑罚的过失犯罪案件(渎职犯罪案件除外)

这类案件也必须同时符合以下三个条件:一是主观条件,属于过失犯罪。所谓过失犯罪是指应当预见自己的行为可能发生危害社会的结果,因为疏忽大意而没有预见或者已经预见而轻信能够避免,以致发生这种结果的犯罪。《刑法》分则明确规定了过失犯罪的罪名。二是刑期条件,“可能判处七年有期徒刑以下刑罚”。7年有期徒刑是多数过失犯罪的最高刑罚。三是排除条件,渎职犯罪除外。渎职犯罪是指《刑法》分则第九章规定的犯罪类型。渎职犯罪违背了公务职责的公正性、廉洁性、勤勉性,危害国家机关正常的职能活动,是严重损害国家和人民利益的行为,因而不属于刑事和解的范围。

(三)犯罪嫌疑人、被告人在五年以内曾经故意犯罪的案件不得适用刑事和解程序

本款规定了公诉案件和解程序的排除。在下述两个条件下,不能适用刑事和解程序:一是时间条件,前罪与后罪的时间间隔是5年;二是前罪的主观条件,前罪必须是故意犯罪,过失犯罪仍然可以适用刑事和解。值得注意的是,如果该犯罪嫌疑人、被告人在5年内曾经故意犯罪,不论其是否被判处刑罚,禁止适用刑事和解。法律作出这样规定的原因,主要是考虑到故意犯罪犯罪嫌疑人、被告人的社会危害性、人身危险性以及主观恶性较大,属于从重处罚的情节。

三、刑事和解的适用条件

首先,犯罪嫌疑人、被告人自愿真诚悔罪,这是当事人和解的前提条件。悔罪

是指犯罪分子犯罪后,法院裁判前认罪并悔悟的情况。认罪是承认犯罪并如实交代犯罪事实,悔悟是指有悔悟之心、悔不当初,并有悔悟的实际表现。

其次,犯罪嫌疑人、被告人应当通过赔偿损失和赔礼道歉等方式取得被害人谅解。赔偿损失包括赔偿物质损失和精神损失,这与附带民事诉讼只赔偿物质损失有所不同,因为在有的案件中被害人往往物质损失不大而精神遭受严重打击。赔偿损失的方式主要是指经济赔偿。道歉既可以通过书面的方式,也可以通过口头的方式进行。这两种方式是司法实务中最常见的方式,但不限于这两种方式。

最后,被害人必须是自愿和解。这里强调了被害人对犯罪嫌疑人、被告人谅解的基础上自愿和解,防止出现强迫被害人和解的现象。即便犯罪嫌疑人、被告人愿意和解,如果被害人不愿意和解的,就不得和解。只有在双方当事人和解的前提下,公安司法机关才能介入对和解进行审查。

四、刑事和解适用的程序

我国《刑事诉讼法》第 277 至 279 条规定的公诉案件当事人和解诉讼程序的基本内容如下。

(一)和解协议的达成

按照我国《刑事诉讼法》的规定,刑事和解的主体是犯罪嫌疑人、被告人与被害人。被追诉人与被害人之间自行协商、达成和解,公安司法机关在协议达成阶段,不是程序的主体。这是我国刑事和解制度与国外辩诉交易、认罪协商制度之间的重要区别。刑事和解只适用于公诉案件的被追诉人与被害人,在我国刑事诉讼中的自诉人与被告人之间,附带民事诉讼的原告人和被告人之间的和解均不属于本条规定的公诉案件当事人和解程序之范围。

(二)和解协议的审查

当事人达成和解协议后,并不自然生效,还需要经过公安司法机关的审查,以确定其是否有效。如果和解发生在侦查阶段,由公安机关负责审查;如果发生在审查起诉阶段,由人民检察院负责审查;如果发生在审判阶段,则由人民法院负责审查。法律对于公安司法机关的审查程序作出了规定,要求必须"听取当事人和其他有关人员的意见"。这里的"当事人"是指刑事和解的主体,即犯罪嫌疑人、被告人与被害人;"其他有关人员",主要是指除当事人之外的其他诉讼参与人与非诉讼参与人,主要包括双方当事人的法定代理人、近亲属、辩护人、诉讼代理人等。听取意见是强制性规定,目的在于深入了解、正确判断协议达成是否真正符合双方当事人的意愿。

公安司法机关审查和解协议的标准有两个:一是和解的自愿性。自愿性是指当事人和解是双方当事人真实意愿的表示,如果协议的达成存在当事人或第三方强迫，则公安司法机关不予认定。二是和解的合法性。合法性是指和解必须符合法律规定，包括实体上的合法性和程序上的合法性。自愿性和合法性是当事人和解的核心要求和基本原则，一切违反自愿性或合法性的当事人和解都是无效的。公安司法机关审查后，认为和解符合自愿性和合法性的，就主持制作和解协议书。协议书的主要内容包括：犯罪嫌疑人、被告人认罪悔过表示，对被害人赔偿损失、赔礼道歉等方式的具体内容，被害人表示谅解及表示同意从宽处理等。和解协议书是具有法律效力的诉讼文书，对双方当事人均具有法律拘束力。

（三）和解协议的效力

如果当事人在侦查阶段达成和解协议，按照我国《刑事诉讼法》第 160 条、第 279 条规定，公安机关应当把和解协议书、从宽处理的意见、起诉意见书，连同案卷材料、证据一并移送同级人民检察院审查决定。据此，对于公诉案件，如果犯罪嫌疑人在事实和法律上构成犯罪应当追究刑事责任的，即使当事人达成和解协议，公安机关在侦查阶段无权作出撤销案件的决定，只能向人民检察院移送起诉，并在起诉意见书中提出从宽处理的建议。如果当事人在审查起诉阶段达成和解协议，人民检察院有两种方式来处理：一是在提起公诉时，在公诉书中载明当事人已达成和解，建议人民法院对被告人从宽处罚；二是如果当事人符合《刑事诉讼法》第 173 条第 2 款规定情节轻微，不需要判处刑罚的条件，可以作出不起诉决定。如果当事人在审判阶段达成和解协议，或者在侦查阶段、审查起诉阶段达成和解的，人民法院在作出判决时，可以对被告人从宽处罚。对我国《刑事诉讼法》第 279 条规定“可以”从宽的理解，原则上应当对已和解的被告人作出从宽处罚，只有在特殊情况下才可以例外地作出不从宽的处理。

第三节　违法所得刑事没收程序

一、违法所得刑事没收程序概述

（一）违法所得刑事没收程序的概念

违法所得刑事没收程序，是指在贪污贿赂犯罪、恐怖活动等重大的犯罪案件中，在犯罪嫌疑人逃匿或者死亡的情形下，公安司法机关对违法所得与其他涉案财物进行处理的特别诉讼程序。我国《刑事诉讼法》第五编“特殊程序”的第三章对此进行了规定。从法律规定来看，该制度具有以下特点。

首先，该程序只适用于犯罪嫌疑人、被告人逃匿、死亡的重大犯罪。刑事没收程序是在被告人缺席的情况下进行的，形式上不符合程序正义的要求，可能会给被告人的财产权带来损害。但是，面对贪污贿赂犯罪、恐怖活动等重大犯罪的巨大危害，如果在被告人缺席的情况下，被告人的违法所得不能得到处理，就会导致巨大经济损失难以弥补，也会带来极大不公。因此，严格限制刑事没收程序的适用范围，既发挥刑事没收程序打击重大犯罪的目的，又保持程序的谦抑，保障其他类型案件被告人的权利免受侵犯。

其次，违法所得的没收程序适用的对象仅针对财物。刑事程序主要解决被告人的刑事责任问题，包括人身责任与财产责任，其中人身责任是主要的刑事责任。在需要判处被告人双重责任时，一并处理最为恰当。但是，当犯罪嫌疑人、被告人逃匿或死亡，又有财产需要处理，固守不能缺席审判，终止诉讼程序的观点，实在难以适应现实需要。在被告人缺席情况下，对于被告人双重责任的处理，不同的国家有不同的选择。有的国家法院可以对被告人的人身责任与财产责任进行处理；有的国家法院在轻微刑事案件中，可以对被告人涉嫌的犯罪活动进行审判，其审理的对象不仅包括涉案财物，而且还包括对被告人的刑罚问题。我国目前缺席审判只能对被告人的违法所得的财产进行处理，不包括被告人的人身刑事处罚问题。

最后，由于在被告人缺席情况下，处理被告人的财产时，可能涉及利害关系人，让利害关系人知悉并发表自己的意见，不仅有利于利害关系人权利的保护，也有利于案件事实的查明。因此，按照我国《刑事诉讼法》规定了利害关系人的程序参与权、复议权等程序性权利。

(二)违法所得刑事没收程序的背景

在我国司法实践中，财产类犯罪大案要案频发，这类案件给国家与社会带来严重的影响。以贪污腐败案件为例，贪污腐败案件的特殊性决定了违法所得刑事没收程序适用的必要性。贪污腐败案件具有以下特点：第一，腐败犯罪发案范围广，涉及国计民生的各个行业。目前，腐败犯罪主要集中在党政机关、司法机关和经济管理部门，并逐步向其他行业领域蔓延，过去很少发案的宣传、教育、殡葬等部门，腐败犯罪也时有发生。腐败犯罪行为大有蔓延之势。第二，腐败大案、要案频发。腐败大案涉案金额高达百万、千万甚至上亿元，金额巨大，触目惊心；腐败要案经常涉及厅长、省长，甚至国家领导人。腐败大案、要案往往相互交织，形成部门性、行业性的窝案、串案。第三，腐败犯罪手段隐蔽、智能型犯罪突出。腐败犯罪分子大都受过良好的正规教育，具有长期从事行政、经济、人际活动的经验，甚至具有丰富的经济、法律等方面的知识。腐败犯罪人在实施犯罪前一般都经过深思熟虑，作案中有细密具体的行动步骤，作案后利用权力建立攻守同盟，这会给案件的侦破带来困难。第四，由于腐败案件发现的滞后性与隐蔽性，腐败官员往往利用权力与工作的便利，携款外逃，腐败犯罪的追逃障碍重重。在此类案件中，经常出现犯罪嫌疑人、被告人长期潜逃或者死亡，如果不能启动刑事审判程序，无法及时挽回国家、集体或者被害人的经济损失。在其他一些严重的犯罪案件中,也存在类似的问题。如在恐怖犯罪案件中,如果不及时没收与犯罪相关的财物,不仅不能惩治犯罪行为,而且由于不能采取有力措施切断其经济来源,也不能有效防止有关犯罪行为的继续发生。为了加大对贪污腐败犯罪行为和其他严重犯罪的打击力度,《联合国反腐败公约》第 54 条第 1 款第 3 项规定,各缔约国应根据本国法律,采取必要的措施,以便在因为犯罪人死亡、潜逃或者缺席而无法对其起诉的情形或其他有关情形下,能够不经过刑事定罪而没收因腐败犯罪所获得的财产。《联合国打击跨国有组织犯罪公约》第 12 条也规定,缔约国应在本国法律制度的范围内尽最大可能采取必要措施,以便能够没收:(a)本公约所涵盖的犯罪的犯罪所得或价值与其相当的财产;(b)用于或拟用于本公约所涵盖的犯罪的财产、设备或其他工具。我国已加入反腐败国际公约及有关反对恐怖主义的决议。与之相应,我国 2012 年修订的《刑事诉讼法》规定了"犯罪嫌疑人、被告人逃匿、死亡案件违法所得的没收程序"的特殊程序。

二、违法所得刑事没收程序的适用条件

按照我国《刑事诉讼法》的相关规定,此程序适用应具备三个方面的条件。

(一)适用的案件范围

按照我国《刑事诉讼法》第 280 条的规定,犯罪嫌疑人、被告人逃匿、死亡案件违法所得的没收程序适用的案件范围是"贪污贿赂犯罪、恐怖活动犯罪等重大犯罪案件"。对此法条,从以下几个方面进行理解:一是"贪污贿赂犯罪"的范围。对此我们应从广义上理解,即不仅包括贪污罪,还包括挪用公款罪、私分国有资产罪、私分罚没财物罪、巨额财产来源不明罪、隐瞒境外存款罪。"贿赂犯罪"包括受贿罪、行贿罪、介绍贿赂罪等。二是"恐怖活动犯罪"的范围。"恐怖活动犯罪"包括组织、领导、参加恐怖组织罪,资助恐怖活动罪,劫持航空器罪,劫持船只、汽车罪,暴力危及飞行安全罪。三是"等重大犯罪案件"的理解。依据法律解释原理,此类案件的性质要与贪污贿赂犯罪和恐怖活动犯罪严重程度相当,又不属于贪污贿赂犯罪和恐怖活动犯罪的案件,在犯罪嫌疑人、被告人逃匿、死亡的情形下,可以对其适用特别程序,没收非法所得或涉案财产。例如走私罪,金融诈骗罪,走私、贩卖、运输、制造毒品罪,等等。当然,如果此类犯罪案件不涉及财产内容,或者涉及财产极少,则没有使用违法所得刑事没收程序的必要。

(二)被追诉人不能到案

按照我国《刑事诉讼法》第 280 条规定,只有当贪污贿赂犯罪、恐怖活动犯罪等重大犯罪案件,犯罪嫌疑人、被告人潜逃,在通缉 1 年后不能到案,或者犯罪嫌疑人、被告人死亡的情形下才能适用违法所得刑事没收程序。这里分为两种情况:一

是被追诉人死亡时,此时虽没有追究被追诉人刑事责任的必要,被追诉人也没有到案的可能,但刑事没收程序即可进行,没有时间的期限限制;二是被追诉人潜逃或失踪时,必须履行通缉程序,在通缉1年后,才能启动刑事没收程序。如果在没收程序进行之中,被追诉人到案,刑事没收程序中止,案件按照普通刑事程序进行。

(三)有追缴财产的需要

在贪污贿赂犯罪、恐怖活动犯罪等重大案件中,当出现犯罪嫌疑人、被告人潜逃或者死亡时,还要依照《刑法》规定,判断是否应当追缴其违法所得及其他涉案财产。如果需要追缴贪污财产、没收涉及恐怖活动资金等,才能启动没收程序。如果案件并不涉及财物,就不需要启动没收程序。此外,即使涉及非法所得或相关财物,但如果金额并不大,检察机关从诉讼效益的角度考虑,也可以不启动没收程序。因为法律赋予了检察机关是否启动违法所得刑事没收程序的选择权。

三、违法所得刑事没收程序的启动与审理

首先,程序的启动。在公安机关侦查阶段,如果出现违法所得刑事没收程序适用的情况,应当提出没收财产意见书,移送人民检察院。经人民检察院审查后,认为有必要提起没收程序的,才决定由其向人民法院提出没收申请。人民检察院向人民法院提出没收违法所得的申请,还应当提供相关证据材料,并列明财产的种类、数量、所在地及查封、扣押、冻结的情况,并附有相关证据材料。那么,检察机关应当向哪个法院提出违法没收的申请呢?

按照我国《刑事诉讼法》第281条第1款规定,人民检察院应当向犯罪地或者犯罪嫌疑人、被告人居住地的中级人民法院提出没收违法所得的申请。

"犯罪地"一般理解为犯罪预备地、犯罪行为实施地、犯罪结果地等。以非法占有为目的的财产犯罪,犯罪地包括犯罪行为发生地和犯罪分子实际取得财产的犯罪结果发生地。按照该精神,《刑事诉讼法》第281条中的"犯罪地"包括犯罪行为发生地以及被告人实际取得财产的结果发生地。被告人的居住地是指被告人户籍所在地、居所地。两者如何选择往往取决于法院行使审判权是否方便,以及哪个法院审判更能起到教育意义等等。没收违法所得的案件必须由中级人民法院管辖。主要原因在于没收程序适用的案件范围是贪污贿赂犯罪以及恐怖活动犯罪等重大犯罪案件,往往案件性质严重,罪行重大,案件的涉及面或者社会影响也较为广泛,此类案件由中级人民法院审理是合理的。

其次,案件的审理。在审理之前,按照我国《刑事诉讼法》第281条第2款规定,人民法院应当发出期间为6个月的公告。在被追诉人缺席的情况下,其目的在于通知当事人或其他利害关系人,以便于其知晓案件并行使自己的相关权利。对于刑事没收案件的审判组织,按照我国《刑事诉讼法》第281条第1款规定,人民法院应当组成合议庭审理,不能采用独任制的审理方式。

在被追诉人缺席情况下,其诉讼权利如何保障呢?对此法律赋予了利害关系人参与的权利。按照我国《刑事诉讼法》第281条第2款规定,有两类主体可以参与到刑事没收程序之中。一是犯罪嫌疑人、被告人的近亲属;二是其他利害关系人。近亲属参与诉讼程序,主要目的是保护被追诉人以及本人的合法财产权利。其他利害关系人,如果认为没收程序可能危害到本人的财产权利,就可以申请参与到程序之中。在诉讼中,此两类参与人均可以根据需要,委托诉讼代理人,帮助自己参与诉讼,更好地保护自己的权利。接下来,法院采取什么方式审理刑事没收案件呢?按照我国《刑事诉讼法》第281条第3款规定,没收案件有两种审理方式。一种是开庭审理。其条件是,只要有被追诉人的近亲属或者利害关系人参与到诉讼程序中来,法院就应当开庭审理,此时诉讼结构存在检察院、法院与被追诉人的近亲属或者利害关系人三方。另一种是不开庭审理。在没有近亲属或其他利害关系人参与的情况下,即只有没收申请方检察机关和裁判方法院,此时不开庭审理。

法庭审理结束后,按照我国《刑事诉讼法》第282条第1款规定,有三种结果。第一种是,对于有充分证据证明涉案财产属于违法所得的财产,并且有充分证据证明该财产为被害人所有,法院应当裁定将其返还被害人。第二种是,如果不能认定是违法所得,法院应当裁定解除查封、扣押、冻结等措施,将财产返还原所有人或其他人。第三种是,如果有充分证据证明涉案财产属于违法所得,而且不属于其他人合法所有,法院应当作出没收的裁决。

在没收案件的审理过程中,会出现终止审理的情况。按照我国《刑事诉讼法》第283条第1款规定,在两种情况下,会出现没收程序的终止审理:一是在逃的犯罪嫌疑人、被告人自动投案的;二是在逃的犯罪嫌疑人、被告人被抓获的。在审判过程中,如果被追诉人到案,法庭应当对整个案件恢复审理,对被告人和相关财物一并作出相应的裁判,而没收案件审理程序终止。

四、违法所得刑事没收程序的救济

如对于一审法院没收裁决不服,按照我国《刑事诉讼法》第282条第2款规定,被追诉人的近亲属和其他利害关系人拥有上诉权,人民检察院拥有抗诉权。在犯罪嫌疑人、被告人不能到案的情况下,为了保护其合法权利,其近亲属也有上诉权。如果没收程序中有被害人,而且被害人认为涉案财产属于其合法所有,但是法院裁决予以没收,由于与案件有直接的利害关系,其也应当有上诉权。其他利害关系人参加诉讼并主张涉案财产为其合法所有,而法院裁决没收该财产,此利害关系人也应当有权上诉至上级人民法院,由法院再次审理该案件,并作出最终的裁定。在没收程序中,检察机关与普通程序中的地位相同,同样履行法律监督职能。如果检察机关认为法院作出的裁定确有错误,应当行使法律监督权,向上级人民法院提出抗诉。

如果没收程序出现错误,造成损失,利害关系人应当得到赔偿。

按照《中华人民共和国国家赔偿法》(以下简称《国家赔偿法》)第 18 条、第 36 条规定,国家机关和国家机关工作人员行使职权,有法律规定的侵犯公民、法人和其他组织合法权益的情形,造成损害的,受害人有取得国家赔偿的权利。因此,对于在没收案件中,行使侦查、检察、审判职能的机关及其工作人员在履行职权时,侵犯个人、法人和其他组织合法财产权益并造成损害的,国家应当为此承担责任并予以赔偿。由于没收案件程序属于刑事诉讼中的特别程序,因此,没收案件的国家赔偿属于刑事赔偿范畴。我国《刑事诉讼法》第 283 条第 2 款规定,没收犯罪嫌疑人、被告人财产确有错误的,应当予以返还、赔偿。这与我国《国家赔偿法》的上述规定基本一致。没收案件的具体赔偿程序也应当参照我国《国家赔偿法》相关的规定进行。

第四节　刑事强制医疗程序

一、刑事强制医疗程序概述

刑事强制医疗程序,是指对于依法不负刑事责任,且有社会危险性的精神病人,公安司法机关对其采取强制治疗措施的特别诉讼程序。由于失去辨别能力和控制能力,精神疾病患者在不具备刑事责任能力的情形下对其实施的危害行为并不负刑事责任。但是,为了维护社会秩序,防止其行为继续危害他人人身、财产安全,并从充分保障精神病患者的健康角度考虑,国家对其人身自由进行一定限制并对其采取强制医疗措施是必要的。因此,强制医疗的目的不是为了对行为人进行惩罚和教育,而是一种特殊的社会防卫措施。由此可知,对依法不负刑事责任的精神病人的强制医疗程序的目的也不是解决犯罪嫌疑人、被告人的刑事责任问题,而是为了审查决定是否对其采取强制医疗措施。作为一种保安处分措施,各国的强制医疗的实体问题一般由《刑法》加以规定,而强制医疗的程序问题一般规定于诉讼法之中。如德国《刑事诉讼法典》在“特别种类程序”中专章规定了“保安处分程序”;俄罗斯《联邦刑事诉讼法典》专章规定了“适用医疗性强制方法的诉讼程序”。我国《刑法》以及《中华人民共和国人民警察法》(以下简称《人民警察法》)对于强制医疗的问题作了一些相关规定。《刑法》第 18 条第 1 款规定:“精神病人在不能辨认或者不能控制自己行为的时候造成危害结果,经法定程序鉴定确认的,不负刑事责任,但是应当责令他的家属或者监护人严加看管和医疗;在必要的时候,由政府强制医疗。"《人民警察法》第 14 条规定："公安机关的人民警察对严重危害公共安全或者他人人身安全的精神病人，可以采取保护性约束措施。需要送往指定的单位、场所加以监护的，应当报请县级以上人民政府公安机关批准，并及时通知其监护人。"但是，总的看来，这些规定过于原则化，适用条件不明确、缺乏规范性导致可操作性并不强，实践中多依赖政策来运作。这种立法状况不仅不能有效维护社会秩序，也给公民人身自由带来很大的威胁，存在强制医疗适用任意化的危险。就此而言，需要相关的法律将强制医疗程序细化、规范化。另外，强制医疗行政性太强，司法化不足。在决定过程中，既没有一个中立的第三方对于强制医疗的申请合法性和合理性进行审查，相关当事人以及其他利害关系人（被强制医疗的人及其法定代理人或者监护人、被害人及其近亲属等）也缺乏有效的渠道参与到该程序以维护其合法利益。这就导致了司法实践中出现一些公安机关将上访者、轻微违法者但并不符合强制医疗条件的公民进行强制医疗的情况。这种"被精神病"现象凸显了公权力的滥用以及立法的缺陷。我国《刑事诉讼法》第五编"特别程序"第四章规定了"依法不负刑事责任的精神病人的强制医疗程序"，内容包括强制医疗程序的适用对象、审理程序、法律援助、救济程序以及法律监督等。

二、刑事强制医疗程序的适用条件

我国《刑事诉讼法》第 284 条规定："实施暴力行为，危害公共安全或者严重危害公民人身安全，经法定程序鉴定依法不负刑事责任的精神病人，有继续危害社会可能的，可以予以强制医疗。"按照此规定，在我国刑事强制医疗程序的适用应当同时具备事实条件、医学条件和社会危险性条件。

（一）事实条件

按照《刑事诉讼法》第 284 条规定，只有在已经发生"暴力行为，危害公共安全或者严重危害公民人身安全"的情况下，才能对行为人适用强制医疗程序。在事实条件中，包含两个要素：一是精神病人实施了暴力行为。在众多精神病类型的病人中，只有部分病人具有暴力倾向，只有当这种精神病人实施了暴力行为后，才能对其采取强制医疗，对于没有实施暴力行为的一般的精神病人，则不能适用；二是精神病人实施的暴力行为达到了"危害公共安全或者严重危害公民人身安全"的严重程度。如果精神病人实施了暴力行为，但是情节并没有达到危害公共安全或者严重危害公民人身安全的程度，也不能对其采取《刑事诉讼法》规定的强制医疗程序。但是，如何认定暴力行为达到了"危害公共安全或者严重危害公民人身安全"的程度呢？可以联系刑事实体法对于精神病人刑事责任的规定予以确认。《刑法》第 18 条第 1 款规定："精神病人在不能辨认或者不能控制自己行为的时候造成危害结果，经法定程序鉴定确认的，不负刑事责任。""危害公共安全或者严重危害公民人身安全”的严重程度应当理解为精神病人的行为在客观上达到了犯罪程度。对于没有实施危害公共安全或者严重危害公民人身安全的精神病人，应由其近亲属或者监护人妥善看管、照顾，防止其伤害自身、危害他人或者社会。

（二）医学条件

犯罪嫌疑人是否患有精神病、是否承担刑事责任是医学专业问题，必须经过专门的司法鉴定程序，才能决定是否适用强制医疗程序。按照《刑事诉讼法》的规定，对于行为人必须依法鉴定。如果鉴定的结论认定行为人是精神病人，且实施暴力行为时丧失辨认能力与控制能力，依法不负刑事责任，才可以适用强制医疗程序。我国《刑事诉讼法》规定，一旦确定犯罪嫌疑人、被告人系精神病人而且不负刑事责任，应当及时终止普通诉讼程序，并根据社会危险性的大小决定是否启动强制医疗程序。未经司法鉴定程序，仅凭日常经验判断行为人是精神病人，而适用强制医疗程序属于违反《刑事诉讼法》的行为。

（三）社会危险性条件

按照我国《刑事诉讼法》的规定，对行为人采取强制医疗，行为人除了满足事实条件和医学条件外，还应具有继续危害社会的可能性。继续危害社会的可能性是对精神病人未来行为的判断，那么由谁来判断，判断的标准是什么？在我国对于精神病人继续危害社会可能性的判断机构是人民法院。判断的标准是行为人实施犯罪行为的性质，本人的精神、生理状况，以此来评估法律保护的社会关系是否处于危险状态。判断的标准是多种因素的综合。如果行为人具有继续危害社会的可能性，则应对其采取强制医疗；否则，就没有必要采取此措施。值得关注的是，由于精神状态的不确定性，如果行为人在实施暴力行为时没有刑事责任能力，但诉讼时恢复正常，或者没有继续危害社会的可能性，则不需要对其进行强制医疗。

三、刑事强制医疗适用的程序

精神病人的强制医疗程序大致进程与普通程序基本一致，但是强制医疗程序可能开始于侦查阶段、公诉阶段或审判阶段，还具有其他的特殊性，决定了强制医疗程序与普通程序又有许多不同之处。

（一）强制医疗的启动与审理

由于强制医疗的对象是涉嫌暴力型犯罪的精神病人，一般最早接触行为人的是公安机关。在侦查阶段，如果公安机关认为精神病人符合强制医疗的条件，应当写出强制医疗意见书，移送人民检察院。对于公安机关移送的符合强制医疗条件的，人民检察院应当向人民法院提出强制医疗的申请。如果检察机关在审查起诉过程中发现的精神病人符合强制医疗条件，自然应当向人民法院提出强制医疗的申请。在检察机关没有提出适用强制医疗申请的情况下，法院在审判过程中，如果发现被告人可能是不负刑事责任的精神病人,经过司法鉴定程序,而且认为被告人“有继续危害社会可能的”,可以直接启动强制医疗程序。当然,像这种特殊案件,实践中比较少见。由此可见,强制医疗程序的启动权掌握在公安司法机关的手里,而是否适用强制措施则由法院进行判断。虽然强制医疗程序不是解决被告人刑事责任问题,但关乎被告人人身自由的限制和剥夺。将强制医疗程序纳入刑事诉讼程序,由法院作出决定,其目的是为了防止公民的人身自由不受非法侵犯,保障公民的基本人权。

法院对于是否适用强制医疗程序采取什么审判组织方式呢?按照我国《刑事诉讼法》的规定,独任制审判组织适用于事实清楚、证据充分,控辩双方争议不大的案件。强制医疗案件除了要查明行为人是否实施了暴力行为外,还要查明行为人实施暴力行为时是否患有精神病、是否因精神病而无刑事责任能力、是否现在仍因精神病而具有社会危险性必须予以强制医疗。这些情况的判断往往比较疑难、复杂,由法官一人独任审理显然不合适。因此,法律规定对于强制医疗案件,法院“应当”组成合议庭进行审理。

由于被追诉人可能是精神病人,不具有诉讼行为能力,自己不能有效行使有关的诉讼权利,因而《刑事诉讼法》第 286 条第 2 款规定,人民法院审理强制医疗案件,应当通知被申请人或者被告人的法定代理人到场。通知法定代理人到庭参加诉讼程序,是基于代理人和被代理人之间的保护和被保护的特殊关系,目的在于维护被代理人的合法权益。代理人的法律地位独立,具有全权代理被代理人的权限。即使有法定代理人到庭参加诉讼,由于行为人行为能力受限,案件又涉及法律和精神病学两方面的专业知识,在诉讼中他们更需要专业人士的帮助。为了保护特殊对象的合法权利,我国《刑事诉讼法》规定了强制医疗“强制代理”制度,即被追诉人没有委托诉讼代理人的,法院应当通知法律援助机构指派律师为其提供法律帮助。

(二)强制医疗的救济与监督

为了保障被追诉人的权利,法律赋予了利害关系人的申请复议权。对于人民法院强制医疗的决定不服,当事人及其法定代理人或者近亲属有权要求上一级人民法院对此决定进行再次审查。当事人包括被申请人、被害人。如果被申请人认为自己不符合强制医疗的条件,有权要求上一级人民法院复议。同样,被申请人的法定代理人或者近亲属从保护被申请人的角度考虑,认为强制医疗的决定错误,也有权申请复议。另外,由于受被申请人暴力行为的侵害,被害人及其法定代理人、近亲属认为强制医疗错误,而应当追究被申请人的刑事责任的,也有权申请上一级人民法院复议。

在强制医疗决定生效后，被追诉人被限制人身自由。在强制医疗期间，如果被强制医疗人精神已经恢复正常或者不具有社会危险性，就失去了强制医疗的前提和必要性。因此，为了保障公民人身自由不受非法侵犯，我国《刑事诉讼法》第 288 条规定了强制医疗审查制度，即要求强制医疗机构应当定期对被强制医疗的人进行诊断评估。如果发现强制医疗人员精神得到恢复，不具有社会危险性，就应当及时解除强制医疗措施，恢复其人身自由。被强制医疗人的近亲属如果认为被强制医疗人的精神已经恢复，不具有社会危险性，也可以向作出强制医疗决定的法院申请解除强制医疗措施。当然，在强制医疗适用与执行期间，按照我国《刑事诉讼法》第 289 条规定，检察机关有权进行监督。如果发现强制医疗有违反法律规定的情况，有权要求有关机关进行改正。

【问题与思考】

1. 未成年人刑事诉讼程序的原则是什么？
2. 未成年人刑事诉讼程序的立法目的是什么？
3. 公诉案件刑事和解的现实基础是什么？
4. 违法所得刑事没收程序的正当性是什么？
5. 强制医疗程序的性质是什么？

执行程序论

第二十二章

执行程序

【内容提要】

执行是刑事诉讼的最后一个程序，也是国家刑罚权得以实现的关键阶段。本章对执行的概念、意义，各种刑罚的执行主体、特点、方式，具体的执行程序以及执行的变更和人民检察院对执行的监督等进行了较为详细的论述。

第一节　执行程序概述

一、执行的概念和特征

（一）执行的概念

人民法院对刑事案件行使判决权，根据查明的事实和刑事法律的有关规定，对被告人作出是否有罪和应否予以刑事处罚的判决和裁定，在判决和裁定发生法律效力以后，就应当依照法定程序予以执行，以实现判决、裁定所确定的刑罚内容。对已经发生法律效力的判决、裁定，交由法定机关依照法律确定的权限、分工和程序，主动严格执行，此为裁判的强制执行性，也就是判决发生法律效力的具体体现。

执行，一般是指人民法院将已经发生法律效力的判决、裁定交付具有执行权的国家机关付诸实施的行为。但对刑事执行，我国学术界存在不同的观点。有学者认为刑事执行有广义和狭义之分。广义的刑事执行是指执行机关对人民法院所作出的一切刑事判决和裁定中所确定的内容的执行，不仅包括对包含刑罚内容的判决和裁定的执行，也包括对无罪判决和免于刑罚处罚等非刑罚内容的刑事判决和裁定的执行。狭义的刑事执行只是对具有刑罚内容的判决和裁定的执行。还有学者直接将刑事执行界定为刑罚执行，简称行刑，是指国家刑罚执行机关，根据人民法院发生法律效力的刑事判决或裁定，依照法律规定的程序，将已经确定的刑罚付诸实施的刑事司法活动,其对象既包括《刑法》第 33 条规定的管制、拘役、有期徒刑、无期徒刑、死刑五种主刑刑罚方法的执行,也包括《刑法》第 34 条规定的罚金、剥夺政治权利、没收财产以及第 35 条规定的只对犯罪的外国人适用的驱逐出境。[①]但实际上,在对刑事判决、裁定执行的过程中,不仅涉及对判决、裁定确定内容的执行,还会涉及在罪犯改造过程中,因出现法定情形而对原判决或裁定内容的变更,以及变更后的执行问题,如假释、减刑等。本书采纳狭义的观点。所谓刑事执行,是指人民法院将已经发生法律效力的刑事判决、裁定交付刑事执行机关,将所确定的内容依法付诸实施,以及解决实施过程中出现的变更执行等诉讼问题而进行的各种活动。

执行程序是刑事诉讼的最后一个程序,也是国家刑罚权得以实现的关键阶段,是刑事审判和刑事惩罚的最终体现。与一般诉讼执行程序相比较其具有以下特点。

第一,执行的主体只能是国家的刑罚执行机关,主要是监狱、人民法院、公安机关以及根据有关法律规定承担部分刑罚执行任务的其他机关。其他任何团体、国家机关、企事业单位以及组织和个人都无权实施刑罚。

第二,执行的依据只能是已经发生法律效力的判决和裁定,除此之外的任何文件都不能成为刑事执行的依据。《刑事诉讼法》第 248 条规定,判决和裁定在发生法律效力后执行。下列判决和裁定是发生法律效力的判决和裁定:(1)已过法定期限没有上诉、抗诉的判决和裁定;(2)终审的判决和裁定;(3)最高人民法院核准的死刑的判决和高级人民法院核准的死刑缓期二年执行的判决。该条规定对可交付执行的判决和裁定作出明确而具体的界定,而未发生法律效力的判决、裁定则不得交付执行。《刑事诉讼法》第 249 条规定:"第一审人民法院判决被告人无罪、免除刑事处罚的,如果被告人在押,在宣判后应当立即释放。"严格意义上说,这一规定是对《刑事诉讼法》的执行,而不是对未生效的第一审判决、裁定的执行,其实质是为了防止继续错押被告人所采取的一种措施,属于刑事强制措施的变更和撤销。

第三,执行的对象只能是依法被人民法院经审判确定有罪并被判处刑罚的犯罪人,即严重危害社会、触犯《刑法》而被人民法院依法判处刑罚并被交付执行机关将要或正在执行刑罚或接受矫治的人。无罪的人和未经审判被确定为有罪的人,不得作为执行对象。

第四,执行的内容主要包括两部分:其一,将已经发生法律效力的判决和裁定所确定的内容付诸实施而进行的活动;其二,处理执行过程中的刑罚变更等问题所

① 韩玉胜、张绍彦、王平等:《刑事执行法学研究》,中国人民大学出版社 2007 年版,第 4 页。

进行的活动。但并非整个刑罚执行过程及一切活动都属于刑事诉讼的范围,执行机关对罪犯的监管、教育、组织劳动等则不具有诉讼活动的性质,而属于司法行政活动。

第五,执行的实质是一种具有法律强制力的刑事制裁措施。执行主体通过对判决或裁定的执行,制裁犯罪行为,打击犯罪分子,剥夺罪大恶极者的生命,对罪不至死的罪犯,通过各种执行措施,“实行惩罚和改造相结合、教育和劳动相结合的原则,将罪犯改造成为守法公民”,以实现“正确执行刑罚,惩罚和改造罪犯,预防和减少犯罪”。

第六,执行的原则具有强制性和及时性。即刑事判决和裁定一经发生法律效力,便对任何单位和个人都有强制约束力,必须无条件地立即交付执行,不能有任何拖延。对不执行和阻碍执行的人,必须采取强制手段。任何抗拒执行的行为,都属违法,都应受法律制裁。

(二)执行的目的和原则

刑事执行的目的随着历史的发展有一个变迁的过程,从以恶报恶、镇压、威吓等目的,转变为近现代的教育和改造。这种变化的原因是执行的社会性意义被日益重视。当前刑事执行的目的是,通过刑罚执行教育改造罪犯,使其自食其力,不再危害社会,从而调和犯罪者个人与社会整体之间因犯罪而产生的冲突,增强社会的安全感和秩序。我国《监狱法》第 4 条规定:“监狱对罪犯应当依法监管,根据改造罪犯的需要,组织罪犯从事生产劳动,对罪犯进行思想教育、文化教育、技术教育。”第 7 条规定:“罪犯的人格不受侮辱,其人身安全、合法财产和辩护、申诉、控告、检举以及其他未被依法剥夺或者限制的权利不受侵犯。罪犯必须严格遵守法律、法规和监规纪律,服从管理,接受教育,参加劳动。”上述都是对刑事执行具有的教育和改造功能最具体的陈述。通过刑事执行措施,将罪犯改造成为守法公民。

在这种指导思想下,形成了现代刑事执行的两大原则。

1. 教育性原则

执行刑罚应从实现特殊预防及一般预防的目的出发,对罪犯进行积极教育,而非消极的惩罚与威慑。具体要求包括:一是依法执行刑罚原则。对罪犯只施以生效判决或裁定中明确的刑罚,不得剥夺其刑罚以外的权利。罪犯的其他权利依然受法律保护,当其合法权益受到侵害时,有权要求得到法律救济,执行机关应当尊重服刑者的主张权并应给予其陈述意见的机会。二是坚持惩罚与改造相结合、教育和劳动相结合的原则。对罪犯实行强制劳动,使其养成劳动习惯,学会谋生技能,做到自食其力以减轻社会负担,并减少其再犯罪的可能。三是区别对待原则。根据每个罪犯的个人性格、犯罪种类、人身危险程度等,采取不同的教育和改造方法,坚持以教育疏导为主,以强制性的执行措施为辅,逐步改造服刑人员的思想。四是重返社会原则。刑事执行不是要把罪犯永远关在监狱里,而是要经过教育改造,使其能够重返社会,因此,在执行中要启发和培养罪犯的自尊心、责任感,使其在思想上能逐步适应社会生活,复归社会,能重新被亲人家庭接纳,不再危害社会安全。

2. 人道主义原则

在执行中要尊重罪犯的人格,禁止使用残酷处罚手段,关心犯人的实际困难,保证其必要的物质生活条件,适当的劳动报酬和休息,注重犯人的政治思想和文化、技能教育,保护其身心健康,促使其成为自食其力的新人。具体要求包括:一是不歧视原则。罪犯受到刑事处罚,在心理上是脆弱的,自我认知是否定的和扭曲低下的,要从观念上尊重罪犯,在人格上不歧视罪犯,使其产生受到尊重的自豪感,树立起新生的信心。二是生活关心原则。在生活上关心罪犯,在思想上关怀罪犯,尤其对未成年犯,更应以不断的关心关怀,医治其心灵上的创伤,纠正其扭曲的心灵,使其成为一个心理和思想都正常的人。

(三)执行的特征

刑事执行是切实完成《刑事诉讼法》任务,为实现国家的刑罚权而实施的司法活动。它具有以下四个特点。

1. 合法性

刑事执行的合法性包括下列三个方面的含义:(1)执行的主体合法,非法定的执行机关不得实施执行活动。根据《刑事诉讼法》及其他与刑事执行相关的法律规定,人民法院负责死刑、没收财产和罚金以及无罪或免除刑罚的判决的执行;监狱负责被判处死刑缓期二年执行、无期徒刑和有期徒刑的执行;社区矫正机构负责管制、有期徒刑缓刑、暂予监外执行和假释的判决或裁定的执行;其他的刑罚如送交执行时余刑不足3个月的有期徒刑、拘役、剥夺政治权利以及驱逐出境等刑罚的执行由公安机关负责。(2)执行的依据是已经发生法律效力的判决和裁定。执行机关的执行必须严格依照生效裁判所确定的内容进行,不得任意变更。(3)执行机关的执行活动必须严格遵循法定程序进行,不得擅自改变或自定方式方法。

2. 强制性

执行以国家强制力为后盾,执行的强制性来源于生效判决的强制性,生效判决或裁定对被执行人和其他一切机关单位与个人都具有约束力,不管是否同意,都必须执行,如果抗拒或阻碍生效判决或裁定的执行,将受到法律的制裁。

3. 主动性

执行机关对生效判决或裁定的执行,应根据法律的规定主动进行。这一点区别于司法权的被动性。因为执行程序是诉讼的一部分,是诉讼程序最重要、最后的一个环节,是国家法律裁判力实现的关键,因此,国家司法机关对生效裁判的执行是依法主动进行的。

4. 及时性

判决、裁定一旦发生法律效力,就必须立即执行,任何人不得以任何理由拖延执行的时间,这是刑事诉讼效力原则的要求。

二、执行的意义

裁判的执行是刑事诉讼的最后阶段,在整个刑事诉讼中占有重要的地位。司法机关对刑事案件的立案、侦查、起诉和审判,就是为了惩罚犯罪分子,保护国家、公民和社会公共利益。只有通过执行才能最终达此目的,实现刑事诉讼的任务。因此,执行具有极其重要的意义。

(1)通过准确及时的执行,可以有效地惩罚和教育犯罪分子,使他们弃恶从善,改过自新,重新做人,实现刑罚特殊预防的目的。

(2)通过准确及时的执行,可以使无罪和被免除刑事处罚的在押被告人得到立即释放,最大限度地避免对公民合法权益的损害,特别是对依照法律被认定为无罪的被告人,可以使其名誉得到恢复,合法利益得到保护,切实保障人权。

(3)通过准确及时的执行,可以教育公民遵守法律,增强公民的法制观念,提高同违法犯罪行为作斗争的自觉性;同时对那些违法尚未构成犯罪或者对于那些有犯罪企图的社会不稳定分子,达到一种震慑效果,实现刑罚的一般预防作用,以有效地推动社会治安综合治理方针的贯彻落实,实现社会的长治久安。

(4)通过准确及时的执行,可以有效地维护社会主义法制的统一性、严肃性和权威性,提高司法机关的威信,以实现司法的公正。

第二节 各种判决、裁定的执行

一、死刑立即执行的判决和执行

死刑是最严厉的刑种,是依法剥夺犯罪分子生命的刑罚。为了严格防止错杀,避免造成无法弥补的错误,我国《刑事诉讼法》《人民法院组织法》和最高人民法院《刑事诉讼法解释》,对死刑的执行作了严格周密的程序规定。

(一)执行死刑命令的签发

执行死刑判决,必须有执行死刑命令才能进行。根据《刑事诉讼法》第250条之规定,最高人民法院判处和核准的死刑立即执行的判决,应当由最高人民法院院长签发执行死刑的命令。

（二）死刑执行的主体

人民法院在执行死刑的过程中，对具体的行刑人，我国《刑事诉讼法》未作明确规定。也就是说，我国没有设立专职的死刑执行官，因此行刑人员也是不特定的。人民法院有条件行刑的，由法院的司法警察执行；没有条件的，可由武装警察行刑。

（三）死刑的停止执行

1. 适用情形

根据《刑事诉讼法》第 251 条之规定，下级人民法院接到最高人民法院执行死刑的命令后，应当在 7 日以内交付执行。但是发现有下列情形之一的，应当停止执行，并且立即报告最高人民法院，由最高人民法院作出裁定：(1) 在执行前发现判决可能有错误的；(2) 在执行前罪犯揭发重大犯罪事实或者有其他重大立功表现，可能需要改判的；(3) 罪犯正在怀孕。上述第 1 项、第 2 项停止执行的原因消失后，必须报请最高人民法院院长再签发执行死刑的命令才能执行；由于上述第 3 项原因停止执行的，应当报请最高人民法院依法改判。对此规定，在执行过程中应当作如下理解。

第一，“在执行前发现判决可能有错误的”中的“有错误”是可能而不是确实，即发现判决在认定事实上或者适用法律上可能有错误，足以影响死刑判决的正确性。主要包括几种情形：①发现罪犯可能有其他犯罪的；②共同犯罪的其他犯罪嫌疑人到案，可能影响罪犯量刑的；③共同犯罪的其他罪犯被暂停或者停止执行死刑，可能影响罪犯量刑的；④判决可能有其他错误的。这一规定体现了法律对死刑执行的慎重要求。

第二，“在执行前罪犯揭发重大犯罪事实或者有其他重大立功表现，可能需要改判的”，应当停止执行死刑。这一规定体现了法律要求和鼓励罪犯揭发犯罪、立功赎罪的精神，有利于调动一切积极因素，最大限度地孤立和打击罪大恶极的罪犯。对于这类罪犯，经查证属实后，可以依法改判。

第三，“罪犯正在怀孕”，并非指行刑前才发现罪犯怀孕，而是自罪犯被采取强制措施时起直至死刑执行前任何时间发现其怀孕。即使在关押期间已对其作了人工流产的，仍应被视为是怀孕的妇女，不得适用死刑。《刑法》第 49 条规定：“犯罪的时候不满十八周岁的人和审判的时候怀孕的妇女，不适用死刑。”《刑事诉讼法》的此项规定与《刑法》的规定是相一致的，充分体现了人道主义的精神。

总之，即使是在验明正身到行刑前的这段时间，也应当充分审视死刑判决的正确性，如果发现有以上情形在内的一切可能的错误，都应当立即停止死刑的执行。

2. 处理程序

(1)下级人民法院在接到最高人民法院执行死刑命令后、执行前,发现有《刑事诉讼法》第251条第1款、第252条第4款规定的情形的,应当暂停执行死刑,并立即将请求停止执行死刑的报告及相关材料层报最高人民法院。最高人民法院经审查,认为不影响罪犯定罪量刑的,应当裁定下级人民法院继续执行死刑,由最高人民法院院长再签发死刑执行命令;认为可能影响罪犯定罪量刑的,应当裁定下级人民法院停止执行死刑。下级人民法院停止执行后,应当会同有关部门调查核实,并及时将调查结果和意见层报最高人民法院审核。

(2)最高人民法院在执行死刑命令签发后、执行前,发现有《刑事诉讼法》第251条第1款、第252条第4款规定的情形的,应当立即裁定下级人民法院停止执行死刑,并将有关材料移交下级人民法院。下级人民法院会同有关部门调查核实后,应当及时将调查结果和意见层报最高人民法院审核。前述《刑事诉讼法》第251条第1、2项规定停止执行的原因消失后,必须报请最高人民法院院长再签发执行死刑的命令才能执行;因第3项原因停止执行的,应当报请最高人民法院依法改判。需要改判的案件,应当由最高人民法院适用审判监督程序依法改判或者指令下级人民法院再审。

(3)临场监督执行死刑的检察人员在执行死刑前,发现有下列情形之一的,应当建议人民法院停止执行:①被执行人并非应当执行死刑的罪犯的;②罪犯犯罪时不满18周岁的,或者审判的时候已满75周岁,依法不应当适用死刑的;③判决可能有错误的;④在执行前罪犯有检举揭发他人重大犯罪行为等重大立功表现,可能需要改判的;⑤罪犯正在怀孕的。(最高人民检察院《刑事诉讼规则(试行)》第637条)

3. 审查合议庭

对于下级人民法院报送的请求停止执行死刑的报告及相关材料,由最高人民法院作出核准死刑裁判的原合议庭负责审查;必要时,依法另行组成合议庭进行审查。

4. 处理方式

最高人民法院对于依法已停止执行死刑的案件,依照下列情形分别处理:(1)确认罪犯正在怀孕的,应当依法改判;(2)确认原裁判有错误,或者罪犯有重大立功表现需要依法改判的,应当裁定不予核准死刑,撤销原判,发回重新审判;(3)确认原裁判没有错误,或者罪犯没有重大立功表现,或者重大立功表现不影响原裁判执行的,应当裁定继续执行原核准死刑的裁判,并由院长再签发执行死刑的命令。

(四)死刑的执行方式

《刑事诉讼法》第252条第2款规定:“死刑采用枪决或者注射等方法执行。”

自新中国成立以来至1996年，死刑的执行一直采用枪决的方式。相比之下，枪决的方式体现了更多的军事化色彩，给人以视觉上的残忍感，加之用枪决执行死刑，需要在刑场执行，需动用大量的人力物力。更重要的是，枪决在一枪没有毙命的情况下可能带来新的法律问题。所以，1996年我国修改《刑事诉讼法》时，增设了注射等执行方式。注射具有执行便利、死亡迅速、痛苦小等文明人道的特点，更符合现代社会的要求；而且，随着注射方式的普及，执行死刑的刑场会逐渐被专门的死刑执行室所代替。至于立法中的“等方法”，是指比枪决、注射更科学、更人道的方法。但如果采用枪决和注射以外的方法执行死刑的，应当事先报请最高人民法院批准。

（五）死刑的执行地点

对于死刑的执行地点，《刑事诉讼法》第252条第3款只是笼统规定：“死刑可以在刑场或者指定的羁押场所内执行。”所谓刑场，是指传统意义上的由执行机关设置的执行死刑的场所。死刑的执行场所不得设在繁华地区、交通要道和旅游区附近。由于没有法定的固定刑场，司法实践中都是预先确定数个地点，在执行死刑前临时选定其中的一个。执行死刑应严格控制刑场，除依法执行死刑的司法工作人员外，其他任何人不准进入刑场。相比之下，在羁押场所执行死刑比在刑场执行死刑，不仅可以节省大量的人力物力，还可以避免对死刑犯的示众，体现对死刑犯人权的尊重。《刑事诉讼法》第252条第5款规定：“执行死刑应当公布，不应示众。”所以，在专门的隐秘场所，用注射等文明的方式执行死刑，是死刑执行制度的发展趋势，它体现了法律对人的合法权利和对人格尊严的维护，是社会文明的标志。

（六）死刑执行的监督

人民法院将罪犯交付执行死刑前，应当将最高人民法院核准死刑的裁判文书和执行死刑的命令送同级人民检察院，并在交付执行3日以前通知同级人民检察院派员临场监督。

临场监督执行死刑的检察人员应当依法监督执行死刑的场所、方法和执行死刑的活动是否合法。在执行死刑前，发现有《刑事诉讼规则（试行）》第637条规定情形之一的，应当建议人民法院立即停止执行。

在执行死刑过程中，人民检察院临场监督人员根据需要可以进行拍照、录像；执行死刑后，人民检察院临场监督人员应当检查罪犯是否确已死亡，并填写死刑执行临场监督笔录，签名后入卷归档。

人民检察院发现人民法院在执行死刑活动中有侵犯被执行死刑罪犯的人身权、财产权或者其近亲属、继承人合法权利等违法情形的，应当依法向人民法院提出纠正意见。

(七)死刑执行的程序

死刑执行时,负责指挥执行的审判人员应当对罪犯验明正身,以确保执行无误,还应当询问罪犯有无遗言、信札,并制作笔录。对罪犯的遗言、信札,人民法院应当及时审查,分别不同情况处理,然后交付执行人员执行死刑。在执行前,如果发现可能有错误,应当暂停执行,报请最高人民法院裁定。

执行死刑应当公布,处决罪犯的布告要选择在适当范围内、在适当地点张贴,以使广大公民了解情况。死刑执行后,在场书记员应当写成笔录,记明执行的具体情况,包括执行死刑的时间、地点、方法、指挥执行的审判人员、临场监督的检察人员、负责执行人员的姓名、执行死刑的具体环节等等。交付执行的人民法院应将执行死刑的情况以及所附罪犯在执行死刑前后的照片,逐级报告最高人民法院。

(八)执行死刑后的处理

执行死刑后,负责执行的人民法院应当办理以下事项:(1)对于死刑罪犯的遗书、遗言笔录,应当及时审查;涉及财产继承、债务清偿、家事嘱托等内容的,将遗书、遗言笔录交给家属,同时复制附卷备查;涉及案件线索等问题的,应当抄送有关机关。(2)通知罪犯家属在限期内领取罪犯尸体;有火化条件的,通知领取骨灰。过期不领取的,由人民法院通知有关单位处理。对于死刑罪犯的尸体或者骨灰的处理情况应当记录在案。(3)对外国籍罪犯执行死刑后,通知外国使领馆的程序和时限依照有关规定办理。

二、死刑缓期二年执行、无期徒刑、有期徒刑和拘役判决的执行

(一)交付执行的期限和法律手续

根据《刑事诉讼法》第253条第1款之规定,在罪犯被交付执行刑罚的时候,应当由交付执行的人民法院在判决生效后10日以内将有关的法律文书送达公安机关、监狱或者其他执行机关。《监狱法》第16条规定:“罪犯被交付执行刑罚时,交付执行的人民法院应当将人民检察院的起诉书副本、人民法院的判决书、执行通知书、结案登记表同时送达监狱。监狱没有收到上述文件的,不得收监;上述文件不齐全或者记载有误的,作出生效判决的人民法院应当及时补充齐全或者作出更正;对其中可能导致错误收监的,不予收监。”以上四种法律文书必须齐备,缺一不可。

(二)执行机关

虽然死刑缓期二年执行、无期徒刑、有期徒刑和拘役都属于剥夺人身自由的刑罚,但由于犯罪性质不同、刑种不同、刑期不同、犯罪人是否成年等不同,所以刑罚在执行方式、执行场所等方面都有所不同。具体来讲,应分别按下列情形处理。

(1)对于被判处死刑缓期二年执行、无期徒刑、余刑超过3个月的有期徒刑的成年罪犯,应交付监狱执行。

(2)对于被判处有期徒刑的罪犯,在被交付执行刑罚前,剩余刑期在3个月以下的,由看守所代为执行。对于在看守所执行刑罚的罪犯,应当同未决的犯罪嫌疑人和被告人分管分押。

(3)对于被判处拘役的罪犯,由公安机关在拘役所执行,对于被判处拘役的服刑罪犯,每月可允许其回家1—2天;参加劳动的,可以酌量发给报酬。

(4)对未成年犯应当在未成年犯管教所执行刑罚。

执行机关在接收罪犯时,有收押审查权。收押审查的内容包括:①判决书、裁定书是否已发生法律效力。②法律文书是否齐全和是否有误。罪犯是否患有严重疾病需要保外就医,是否怀孕或者是否是正在哺乳自己婴儿的妇女等。对于符合收押条件的,执行机关应当将罪犯及时收押,并且通知罪犯家属,对于不符合收押条件的,执行机关有权拒绝收押。监狱不收监的,应当书面说明理由。由公安机关将执行通知书退回人民法院,人民法院经审查认为监狱不予收监的罪犯不符合《刑事诉讼法》第254条规定的暂予监外执行条件的,应当决定将罪犯交付监狱收监执行,并将收监执行决定书分别送达交付执行的公安机关和监狱。

三、有期徒刑缓刑、拘役缓刑的执行

(一)缓刑的概念

缓刑,是指在具备一定法定条件时,对被判处一定刑罚的罪犯、在一定期间内暂缓执行刑罚,缓刑考验期满,原判刑罚就不再执行的一种制度。缓刑不是刑种,而是刑罚具体运用的一种特殊执行方式。人民法院对被判处拘役3年以下有期徒刑的罪犯,根据其情节和悔罪表现,认为适用缓刑确实不致再危害社会的,可以宣告缓刑。缓刑必须有一定的缓刑考验期。拘役的缓刑考验期为原判刑期以上1年以下,但不得少于2个月。有期徒刑的缓刑考验期为原判刑期以上5年以下,但不得少于1年。如果被同时判处附加刑的,附加刑仍应执行。

(二)执行机关及交付执行

有期徒刑缓刑实行社区矫正,由社区矫正机构负责执行。

拘役缓刑的执行机关是公安机关。

第一审人民法院判处拘役或者有期徒刑宣告缓刑的犯罪分子,判决尚未发生法律效力的,不能立即交付执行。如果被宣告缓刑的罪犯在押,第一审人民法院应当先行作出变更强制措施的决定,改为监视居住或者取保候审,并立即通知有关社区矫正机构或公安机关。宣告缓刑的判决发生法律效力后,应当将法律文书送达

当地社区矫正机关或公安机关。

(三)对缓刑罪犯的考察与处理

1. 对缓刑罪犯的考察

根据《刑法》第 76 条之规定,对宣告缓刑的犯罪分子,在缓刑考验期限内,依法实行社区矫正,如果没有本法第 77 条规定的情形,缓刑考验期满,原判的刑罚就不再执行,并公开予以宣告。执行机关应当根据人民法院的判决、裁定,向罪犯原所在单位或者居住地的群众宣布其犯罪事实、监督考察期限以及监督考察期限内应当遵守的规定。

被宣告缓刑的罪犯,在监督考察期限内,应当遵守下列规定:(1)遵守法律、行政法规和公安部、司法部制定的有关规定,服从监督;(2)按照执行机关的规定,定期报告自己的活动情况;(3)遵守公安机关和县级司法行政机关关于会客的规定;(4)离开所居住的市、县或者迁居,应当报经县级公安机关批准;(5)附加剥夺政治权利的缓刑罪犯还必须遵守有关政治权利及社会活动等方面的限制规定;(6)遵守公安机关、县级司法行政机关制定的具体监督管理或矫正措施;(7)执行机关应当定期向罪犯所在单位或指定地居民委员会、村民委员会了解其表现情况,建立监督考察档案。

2. 对缓刑罪犯的处理

(1)被宣告缓刑的罪犯违反规定,尚未构成新的犯罪的,由公安机关依法给予治安管理处罚;如果构成犯罪的,由犯罪地公安机关立案侦查,并及时通知原判决的人民法院。

(2)被宣告缓刑的罪犯,在缓刑考验期内没有《刑法》第 77 条规定的又犯新罪或者发现漏罪的,缓刑考验期满,原判的刑罚就不再执行。期满后,执行机关应当向本人宣布并通报原判决的人民法院。

(3)执行机关在执行过程中,如果发现被宣告缓刑的罪犯在判决宣告前还有其他罪没有判决或者重新犯罪的,应当及时通知原判决的人民法院,人民法院应当撤销缓刑判决,在审判新罪、漏罪时,依数罪并罚的原则处理。审判新罪的人民法院在审判新罪时,应对原判决、裁定宣告的缓刑予以撤销;如果原来是上级人民法院判决、裁定宣告缓刑的,审判新罪的下级人民法院也可以撤销原判决、裁定宣告的缓刑。审判新罪的人民法院对原判决、裁定宣告的缓刑撤销后,应当通知原宣告缓刑的人民法院和执行机关。

(4)有期徒刑宣告缓刑的社区矫正人员,有下列情形之一的,由居住地同级司法行政机关向原裁判人民法院提出撤销缓刑、假释建议书并附相关证明材料,人民法院应当自收到之日起 1 个月内依法作出裁定:①违反人民法院禁止令,情节严重的;②未按规定时间报到或者接受社区矫正期间脱离监管,超过1个月的;③因违反监督管理规定受到治安管理处罚,仍不改正的;④受到司法行政机关3次警告仍不改正的;⑤其他违反有关法律、行政法规和监督管理规定,情节严重的。司法行政机关撤销缓刑、假释的建议书和人民法院的裁定书同时抄送社区矫正人员居住地同级人民检察院和公安机关。

(5)缓刑考验期从判决之日起计算。判决宣告前先行羁押的日期,不能折抵缓刑考验期。如果又犯新罪或者发现未被判处的漏罪,则撤销缓刑,判处实刑。已执行的缓刑考验期也不能折抵刑期,但是判决执行前先行羁押的日期,应予折抵刑期。

四、管制的执行

(一)管制的概念

管制是一个独立刑种,是适用于较轻的犯罪分子的刑罚。它是指对犯罪不予关押而在社区矫正机构的监督管理和教育帮助以及群众监督之下进行改造,并限制一定自由的刑罚方法。管制的期限为3个月以上2年以下。管制是我国独创的刑罚制度,它既可以减轻监狱的压力,又可以避免轻刑犯在监狱中受其他罪犯恶习的影响。

(二)管制的具体程序

根据《刑事诉讼法》第258条之规定,对被判处管制的罪犯,实行社区矫正,由社区矫正机构执行。具体程序如下:

(1)对于被判处管制的罪犯,在判决发生法律效力后,由看守所将罪犯押送至居住地,交由县级司法行政机关社区矫正机构执行。

(2)负责执行管制的社区矫正机构,接收社区矫正人员后,应当及时向社区矫正人员宣告判决书、裁定书、决定书、执行通知书等有关法律文书的主要内容,社区矫正期限,社区矫正人员应当遵守的规定、被禁止的事项以及违反规定的法律后果,社区矫正人员依法享有的权利和被限制行使的权利,矫正小组人员组成及职责等有关事项。

(3)执行机关应当向社区矫正人员宣布,在执行期间应当遵守的规定。

① 社区矫正人员应当定期向司法所报告遵纪守法、接受监督管理、参加教育学习、社区服务和社会活动的情况。发生居所变化、工作变动、家庭重大变故以及接触对其矫正产生不利影响情形的,社区矫正人员应当及时报告。保外就医的社区矫正人员还应当每个月向司法所报告本人身体情况,每3个月向司法所提交病情复查情况。

② 对于人民法院禁止令确定需经批准才能进入的特定区域或者场所,社区矫

正人员确需进入的,应当经县级司法行政机关批准,并告知人民检察院。

③ 社区矫正人员未经批准不得离开所居住的市、县(旗)。社区矫正人员因就医、家庭重大变故等原因,确需离开所居住的市、县(旗),在7日以内的,应当报经司法所批准;超过7日的,应当由司法所签署意见后报经县级司法行政机关批准。返回居住地时,应当立即向司法所报告。社区矫正人员离开所居住市、县(旗)不得超过1个月。

④ 社区矫正人员未经批准不得变更居住的县(市、区、旗)。社区矫正人员因居所变化确需变更居住地的,应当提前1个月提出书面申请,由司法所签署意见后报经县级司法行政机关审批。县级司法行政机关在征求社区矫正人员新居住地县级司法行政机关的意见后作出决定。经批准变更居住地的,县级司法行政机关应当自作出决定之日起3个工作日内,将有关法律文书和矫正档案移交新居住地县级司法行政机关。有关法律文书应当抄送现居住地及新居住地县级人民检察院和公安机关。社区矫正人员应当自收到决定之日起7日内到新居住地县级司法行政机关报到。

⑤ 社区矫正人员应当参加公共道德、法律常识、时事政策等教育学习活动,增强法制观念、道德素质和悔罪自新意识。社区矫正人员每月参加教育学习的时间不少于8小时。

⑥ 有劳动能力的社区矫正人员应当参加社区服务,修复社会关系,培养社会责任感、集体观念和纪律意识。社区矫正人员每月参加社区服务的时间不少于8小时。[①]

(4)社区矫正人员如果违反以上规定,视情节轻重,由县级司法行政机关给予警告、提请公安机关给予治安管理处罚或向批准、决定机关提出收监执行的建议。批准、决定机关应当自收到之日起15日内依法作出决定。

(5)社区矫正人员矫正期满,司法所应当组织解除社区矫正宣告。司法所应当针对社区矫正人员不同情况,通知有关部门、村(居)民委员会、群众代表、社区矫正人员所在单位、社区矫正人员的家庭成员或者监护人、保证人参加宣告。宣告事项应当包括:宣读对社区矫正人员的鉴定意见;宣布社区矫正期限届满,依法解除社区矫正;对判处管制的,宣布执行期满,解除管制;对宣告缓刑的,宣布缓刑考验期满,原判刑罚不再执行。县级司法行政机关应当向社区矫正人员发放解除社区矫正证明书,并书面通知决定机关,同时抄送县级人民检察院和公安机关。

(6)管制的刑期自判决执行之日起计算,判决执行前先行羁押的,羁押1日折

---

① 参见最高人民法院、最高人民检察院、公安部、司法部《社区矫正实施办法》第11—15条。

抵刑期2日。被判处管制的罪犯,在劳动中应当同工同酬。

五、罚金、没收财产判决的执行

(一)罚金和没收财产的概念

罚金,是指人民法院依法判决犯罪的公民或单位向国家缴纳一定数额金钱的刑罚方法。罚金虽然是一种附加刑,但对于罪该罚金的罪犯,不得以其他刑罚代替罚金。

没收财产,是指把罪犯个人财产的一部分或者全部依法无偿收归国家所有的一种刑罚。

(二)执行机关

罚金、没收财产刑可以附加适用,也可以独立适用。根据《刑事诉讼法》第260、261条之规定,罚金和没收财产的执行机关都是人民法院。必要的时候,可以会同公安机关执行。

(三)执行程序

1. 关于罚金的执行

罚金在判决规定的期限内一次或者分期缴纳。期满无故不缴纳的,人民法院应当强制缴纳。经强制缴纳仍不能全部缴纳的,人民法院在任何时候,包括在判处的主刑执行完毕后,发现被执行人有可以执行的财产的,应当追缴。

如果由于遭遇不能抗拒的灾祸,缴纳罚金确实有困难的,犯罪分子可以向人民法院申请减少或者免除。人民法院查证属实后,可以裁定对原判决确定的罚金数额予以减少或者免除。

行政机关对被告人就同一事实已经处以罚款的,人民法院判处罚金时应当予以折抵。

2. 关于没收财产刑的执行

没收财产是没收犯罪分子个人所有财产的一部分或者全部。没收全部财产的,应当对犯罪分子个人及其抚养的家属保留必需的生活费用。没收财产以前犯罪分子所负的正当债务,需要以没收的财产偿还的,经债权人请求,应当偿还。

对判处没收财产刑的犯罪分子,在本地无财产可供执行的,原判人民法院可以委托其财产所在地人民法院代为执行。代为执行的人民法院执行后或者无法执行的,应当将有关情况及时通知委托的人民法院。代为执行的人民法院可以将执行没收财产刑的财产直接上缴国库;需要退赔的财产,应当由执行的人民法院移交委托人民法院依法退赔。

六、剥夺政治权利和驱逐出境

(一)剥夺政治权利和驱逐出境的概念

剥夺政治权利是我国《刑法》规定的一种附加刑,但也可以独立适用。对于被判处死刑和无期徒刑的罪犯，应当剥夺政治权利终身；死刑和无期徒刑减为有期徒刑的，附加剥夺政治权利的期限应改为3年以上5年以下；其他被附加剥夺政治权利的，期限为1年以上5年以下。附加剥夺政治权利的刑期，从有期徒刑、拘役执行完毕之日或者从假释之日起计算；剥夺政治权利的效力当然地施行于主刑执行期间。判处管制附加剥夺政治权利的，剥夺政治权利的期限与管制的期限相等，同时执行。

驱逐出境是指强迫犯罪的外国人离开中国境内的特殊刑罚方法。根据《刑法》第35条之规定，对于犯罪的外国人，可以独立适用或者附加适用驱逐出境。驱逐出境只适用于外国人，对中国人不适用。我国是一个独立的主权国家，在我国境内的一切外国人都必须遵守我国的法律。如果犯罪的外国人继续居留在我国的境内有害于我们国家和人民的利益，人民法院可以对其单独判处或者附加判处驱逐出境，以消除其在我国境内继续犯罪的可能性。对于附加判处驱逐出境的，在主刑执行完毕之后执行。一般具体的执行方法是，在外籍犯罪分子服刑期满后，即被押送驱逐出境或押送该犯罪的外国公民所在国驻中华人民共和国大（领）事馆由其自行押送回国。

（二）执行机关

剥夺政治权利、驱逐出境的执行机关为公安机关。《刑事诉讼法》第259条规定，对被判处剥夺政治权利的罪犯，由公安机关执行。执行期满，应当由执行机关书面通知本人及其所在单位、居住地基层组织。公安机关在执行驱逐出境时，外事和武警边防部队等单位应给予配合。

（三）执行程序

（1）剥夺政治权利的刑期，从徒刑、拘役执行完毕之日或者从假释之日起计算；剥夺政治权利的效力当然适用于主刑执行期间。

（2）公安机关执行时应宣布剥夺政治权利的期限和内容，并组织罪犯所在单位或居住地群众对其实行监督。公安机关应当向被剥夺政治权利的罪犯宣布，在执行期间应当遵守下列规定：①遵守法律、行政法规和公安部制定的有关规定，服从监督；②不得享有选举权和被选举权；③不得组织或者参加集会、游行、示威、结社活动；④不得出版、制作、发行书籍、音像制品；⑤不得接受采访，发表演说；⑥不得在境外发表有损国家荣誉、利益或者其他具有社会危害性的言论；⑦不得担任国家机关职务；⑧不得担任国有公司、企业、事业单位和人民团体的领导职务；⑨遵守公安机关制定的具体监督管理措施。

（3）在执行剥夺政治权利的刑罚时，要注意政治权利的范围，不能把不属于政治权利的其他权利也作为政治权利一起剥夺。剥夺政治权利执行期满，应当由执行机关通知本人,并向有关群众公开宣布解除管制或者恢复政治权利。

(4)对外国人驱逐出境独立适用时或在主刑执行完毕后,由公安机关向外籍罪犯宣布并执行,在外事部门和武警边防部队等单位配合下,将外籍犯罪分子押送到中国边境驱逐出境或押送至该犯罪的外国公民所在国驻中华人民共和国大(领)事馆由其自行押送回国。

七、无罪判决和免除刑罚的执行

《刑事诉讼法》第249条规定:“第一审人民法院判决被告人无罪、免除刑事处罚的,如果被告人在押,在宣判后应当立即释放。”根据这一规定,无罪、免除刑事处罚的判决,由人民法院执行。为了保护不应受到刑罚处罚的被告人的合法权益,这类判决一经宣布,首先要将被关押的被告人立即释放。由人民法院将无罪或免除刑事处罚的判决书连同执行通知书送交看守所,看守所在接到上述法律文书后应当立即释放被关押的被告人。即使当事人及其法定代理人提出上诉或人民检察院提出抗诉,一审判决尚未生效,也不影响释放被告人的立即执行,不得等到判决生效后才予以执行。这是针对无罪判决和免除刑事处罚判决的执行问题所作出的特殊法律规定。

第三节　执行的变更与其他处理

一、死刑、死刑缓期二年执行的变更

(一)对死刑执行的变更

《刑事诉讼法》第251条和第252条规定了在执行死刑的程序中停止执行死刑和暂停执行死刑两种变更执行的情况。这些规定体现了我国在适用死刑上的审慎态度。关于停止执行死刑,前一节已有讲述。《刑事诉讼法》第252条规定了暂停执行死刑:在执行前,如果发现可能有错误,应当暂停执行,报请最高人民法院裁定。

(二)死刑缓期二年执行的变更

死刑缓期二年执行不是独立的刑罚种类,而是我国刑罚中死刑的一种特殊执行制度,是指对于罪该判处死刑的犯罪分子,如果不是必须立即执行,在判处死刑的同时宣告缓期二年执行,实行监管改造,以观后效的制度。根据《刑法》第50条之规定,判处死刑缓期执行的,在死刑缓期执行期间,如果没有故意犯罪,二年期满以后,减为无期徒刑;如果确有重大立功表现,二年期满以后,减为25年有期徒刑;如果故意犯罪,查证属实的,由最高人民法院核准,执行死刑。《刑事诉讼法》第250条规定:“被判处死刑缓期二年执行的罪犯,在死刑缓期执行期间,如果没有

故意犯罪，死刑缓期执行期满，应当予以减刑，由执行机关提出书面意见，报请高级人民法院裁定；如果故意犯罪，查证属实，应当执行死刑，由高级人民法院报请最高人民法院核准。”由此可知，被判处死刑缓期二年执行的罪犯，根据其在死刑缓期执行期间的表现，死缓判决可作两种变更：核准执行死刑和对死刑缓期执行罪犯减刑。

另需指出的是，被判处死刑缓期二年执行的罪犯，如果死刑缓期二年执行期满后尚未裁定减刑前又犯新罪的，应当依法减刑后，对其所犯新罪另行审判。

根据《刑事诉讼法》《监狱法》的有关规定，对死刑缓期执行罪犯减刑的管辖法院是服刑地高级人民法院。审理对死刑缓期二年执行罪犯减刑案件的程序：罪犯所在监狱在死刑缓期二年期满时提出减刑建议，报经省、自治区、直辖市监狱管理机关审核后，报请高级人民法院裁定。高级人民法院组成的合议庭对申报材料审查后，认为应当减刑的，裁定减刑，并将减刑裁定书副本同时抄送原判人民法院及人民检察院。死刑缓期二年执行期满减为有期徒刑的，刑期自死刑缓期执行期满之日起计算。

二、暂予监外执行

（一）暂予监外执行的概念

暂予监外执行，是指对于被判处有期徒刑或者拘役的罪犯，本应在监狱或其他执行场所服刑，由于符合法定情形，决定暂不收监或者收监以后又决定改为暂时监外服刑，由社区矫正机构执行并由有关部门、村（居）民委员会、社区矫正人员所在单位、就读学校、家庭成员或者监护人、保证人等协助社区矫正机构进行社区矫正工作的刑罚执行制度，是刑事执行过程中对罪犯暂时采取不予关押的一种变通执行方法。

（二）暂予监外执行的对象和条件

适用暂予监外执行的对象，只能是被判处有期徒刑或者拘役的罪犯。对被判处有期徒刑或者拘役的罪犯，有三种情形，可以暂予监外执行。

（1）有严重疾病需要保外就医的，这是监外执行的主要方式。必须符合四个条件：一是保外就医不会发生社会危险性；二是有重大疾病且不是自伤自残的；三是有省级人民政府指定的医院诊断并开具的证明文件；四是必须有保证人担保。

（2）怀孕或者正在哺乳自己婴儿的妇女。此种情况适用暂予监外执行，必须符合三个条件：一是怀孕或者是正在哺乳自己的不满1周岁的婴儿；二是有经过查实的怀孕或者正在哺乳自己婴儿的证明；三是适用暂予监外执行不致发生社会危险性。

（3）生活不能自理，适用暂予监外执行不致危害社会的。所谓生活不能自理，是指罪犯属于老、弱、病、残,需要他人照顾才能生活,而不包括自伤、自残致使生活不能自理的情形。对于生活不能自理的罪犯适用暂予监外执行必须具备三个条件:一是生活不能自理且不属于自伤、自残的;二是必须有经过查实的证明文件;三是适用暂予监外执行没有社会危险性的。

对被判处无期徒刑的罪犯,有前述第 2 项规定情形的,可以暂予监外执行。

(三)暂予监外执行的适用程序

在判决、裁定生效之后,在交付执行前,暂予监外执行由交付执行的人民法院决定;在交付执行后,暂予监外执行由监狱或者看守所提出书面意见,报省级以上监狱管理机关或者设区的市一级以上公安机关批准。

人民法院决定暂予监外执行的,应当制作暂予监外执行决定书,载明罪犯基本情况、判决确定的罪名和刑罚、决定暂予监外执行的原因和依据等内容,并抄送人民检察院,并通知罪犯居住地县级司法行政机关派员到庭办理交接手续。在判决、裁定执行过程中,对具备监外执行条件的罪犯,由监狱提出书面意见,报省级以上监狱管理机关批准;在看守所、拘役所服刑的罪犯需要暂予监外执行的,应由看守所或拘役所提出书面意见,报主管的设区的市一级公安机关批准。监狱、看守所提出暂予监外执行书面意见的,应当将书面意见的副本抄送人民检察院。人民检察院可以向决定或者批准机关提出书面意见。人民检察院认为暂予监外执行不当的,应当自接到通知之日起 1 个月以内将书面意见送交决定或者批准暂予监外执行的机关,决定或者批准暂予监外执行的机关接到人民检察院的书面意见后,应当立即对该决定进行重新核查。

对暂予监外执行的罪犯,有下列情形之一的,应当及时收监:(1)发现不符合暂予监外执行条件的;(2)严重违反有关暂予监外执行监督管理规定的;(3)暂予监外执行的情形消失后,罪犯刑期未满的。对于人民法院决定暂予监外执行的罪犯应当予以收监的,由人民法院作出决定,将有关的法律文书送达公安机关、监狱或者其他执行机关。不符合暂予监外执行条件的罪犯通过贿赂等非法手段被暂予监外执行的,在监外执行的期间不计入执行刑期。罪犯在暂予监外执行期间脱逃的,脱逃的期间不计入执行刑期。罪犯在暂予监外执行期间死亡的,执行机关应当及时通知监狱或者看守所。

对决定或批准暂予监外执行的罪犯,依法实行社区矫正,由社区矫正机构负责执行。关于社区矫正,上一节针对管制的执行程序中已有讲述。

三、减刑

(一)减刑的概念

减刑,是指被判处管制、拘役、有期徒刑或者无期徒刑的罪犯,在执行期间确有悔改或者立功表现,由人民法院依法适当减轻其原判刑罚的制度。减刑可以由较重的刑种减为较轻的刑种,也可以由较长的刑期减为较短的刑期,但是经过一次或几次减刑以后实际执行的刑期,判处管制、拘役、有期徒刑的,不能少于原判刑期的1/2;判处无期徒刑的,不能少于13年;限制减刑的死刑缓期执行的犯罪分子,缓期执行期满后依法减为无期徒刑的,不能少于25年,缓期执行期满后依法减为25年有期徒刑的,不能少于20年。

(二)减刑的对象

减刑的对象必须是被判处管制、拘役、有期徒刑、无期徒刑的犯罪分子。死刑缓期二年执行罪犯的减刑,是依照法律的特别规定进行的,是死刑缓期二年执行制度的组成部分,不属于减刑制度的适用范围。

(三)减刑的条件

根据《刑法》第78条之规定,被判处管制、拘役、有期徒刑、无期徒刑的犯罪分子,在执行期间,如果认真遵守监规,接受教育改造,确有悔改表现的,或者有立功表现的,可以减刑;有下列重大立功表现之一的,应当减刑:(1)阻止他人重大犯罪活动的;(2)检举监狱内外重大犯罪活动,经查证属实的;(3)有发明创造或者重大技术革新的;(4)在日常生产、生活中舍己救人的;(5)在抗御自然灾害或者排除重大事故中,有突出表现的;(6)对国家和社会有其他重大贡献的。

(四)减刑的报请审核程序

对于犯罪分子的减刑,由执行机关向中级以上人民法院提出减刑建议书。人民法院应当组成合议庭进行审理,对确有悔改或者立功事实的,裁定予以减刑。非经法定程序不得减刑。

无期徒刑减为有期徒刑的刑期,从裁定减刑之日起计算。

根据《监狱法》第30条、第31条之规定,对于被判处死刑缓期二年执行的罪犯,在死缓执行期间符合《刑事诉讼法》第250条第2款规定的,所在监狱应当及时提出减刑建议,报经省、自治区、直辖市监狱管理机关审核后,提请高级人民法院裁定。人民法院应当自收到减刑建议书之日起1个月内予以审核裁定;案情复杂或情况特殊的,可以延长1个月。减刑裁定的副本应当抄送人民检察院。

对于被判处无期徒刑的罪犯的减刑,由罪犯服刑地的高级人民法院根据省、自治区、直辖市监狱管理机关审核同意的监狱减刑建议书来裁定。

对于被判处有期徒刑(包括死缓和无期徒刑减为有期徒刑的)的罪犯的减刑,由罪犯服刑地中级人民法院根据当地执行机关提出的减刑建议书裁定,中级人民法院应当自收到减刑建议书之日起1个月内依法裁定;案情复杂或者情况特殊的,可以延长1个月。

对于被判处拘役的罪犯的减刑,由罪犯服刑地的中级人民法院根据当地同级执行机关即地、市级的公安机关提出的减刑建议书裁定。

对于被判处管制的罪犯的减刑，由罪犯服刑地的中级人民法院根据当地同级执行机关即地、市级的公安机关提出的减刑建议书裁定。

被宣告缓刑的罪犯，在缓刑考验期内确有重大立功表现，需要予以减刑，并相应缩短缓刑考验期限的，应当由居住地县级司法行政机关提出减刑建议书并附相关证明材料，经地（市）级司法行政机关审核同意后提请社区矫正人员居住地的中级人民法院裁定。人民法院应当自收到之日起1个月内依法裁定；暂予监外执行罪犯的减刑，案情复杂或者情况特殊的，可以延长1个月。司法行政机关减刑建议书和人民法院减刑裁定书副本，应当同时抄送社区矫正人员居住地同级人民检察院和公安机关。因为缓刑不能离开原判刑罚独立存在，所以对缓刑考验期限的缩减，应当以对刑罚的减刑为前提来相应缩短其缓刑考验期限。

（五）人民法院受理减刑案件的程序

人民法院受理减刑案件，应当审查执行机关移送的材料是否包括下列内容：（1）减刑建议书；（2）终审法院的判决书、裁定书、历次减刑裁定书的复制件；（3）罪犯确有悔改或者立功、重大立功表现的具体事实的书面证明材料；（4）罪犯评审鉴定表、奖惩审批表等。经审查，如果上述材料齐备的，应当收案；材料不齐备的，应当通知提请减刑的执行机关补送。

人民法院审理减刑案件，应当依法组成合议庭。人民法院应当自收到减刑建议书起1个月内审理完毕作出裁定；对于无期徒刑、有期徒刑（包括减为有期徒刑）的减刑案件，由于案件复杂或者情况特殊的，可以延长1个月。

减刑的裁定，应当及时送达执行机关、同级人民检察院以及罪犯本人。人民检察院认为人民法院的减刑裁定不当，应当在收到裁定书副本后20日内，向人民法院提出书面纠正意见。人民法院收到书面纠正意见后，应当重新组成合议庭进行审理，并在1个月内作出最终裁定。减刑裁定不得上诉。

四、假释

（一）假释的概念

假释，是指对于被判处有期徒刑、无期徒刑的犯罪分子经过一定期限的服刑改造，如果认真遵守监规，接受教育改造，确有悔改表现，没有再犯罪的危险，释放后不致再危害社会的，附条件地将其提前释放的一种制度。

（二）假释的对象

假释的对象必须是被判处有期徒刑、无期徒刑的犯罪分子，但对累犯以及因故意杀人、强奸、抢劫、绑架、放火、爆炸、投放危险物质或者有组织的暴力性犯罪被判处10年以上有期徒刑、无期徒刑的犯罪分子，不得假释。

（三）假释的条件

假释的条件有二：一是已实际执行一定的刑期，被判处有期徒刑的犯罪分子，执行原判刑期1/2以上，被判处无期徒刑的犯罪分子，实际执行13年以上；二是认真遵守监规，接受教育改造，确有悔改表现，没有再犯罪的危险。以上两个条件须同时具备。但根据《刑法》第81条规定，如果有特殊情况，经最高人民法院核准，可以不受上述执行刑期的限制。所谓特殊情况，一般是指涉及重大经济性、政治性、外交性的情况等。

（四）假释的程序

根据《刑法》第82条之规定，假释依照减刑程序进行。

此外，根据《刑法》第81条第1款之规定，报请最高人民法院核准因犯罪分子具有特殊情况，不受执行刑期限制的假释案件，按下列情况分别处理：中级人民法院依法作出假释裁定后，应即报请高级人民法院复核。高级人民法院同意假释的，应当报请最高人民法院核准；高级人民法院不同意假释的，应当裁定撤销中级人民法院的假释裁定，报请最高人民法院核准。因犯罪分子具有特殊情况，不受执行期限制的假释案件，应当报送报请核准假释案件的报告、罪犯具有特殊情况的报告、假释裁定各15份以及全案卷宗。最高人民法院核准犯罪分子具有特殊情况，不受执行期限制的假释案件，予以核准的，作出核准裁定书；不予核准的，应当作出撤销原裁定、不准假释的裁定书。

（五）对被假释罪犯的考察与处理

根据《刑事诉讼法》第258条规定，对被假释的罪犯，依法实行社区矫正，由社区矫正机构负责执行。被假释的犯罪分子，在假释考验期限内再犯新罪或者发现判决宣告以前还有其他罪没有判决，应当撤销假释，由审判新罪的人民法院在审判新罪时，对原判决、裁定的假释予以撤销；如果原来是上级人民法院判决、裁定假释的，审判新罪的人民法院也可以撤销原判决、裁定的假释。审判新罪的人民法院对原审判决、裁定的假释撤销后，应当通知原假释的人民法院和执行机关。

被假释的犯罪分子，在假释考验期限内违反法律、行政法规或者社区矫正机构有关假释的监督管理规定，应当依法撤销假释的，原作出假释的人民法院应当自收到同级司法行政机关提出的撤销假释建议书之日起1个月内依法作出裁定。人民法院撤销假释的裁定，一经作出，立即生效。

被假释的犯罪分子，在假释考验期限内，如果没有上述情形，假释考验期满，就认为原判刑罚执行完毕，并由社区矫正机构组织公开予以宣告。

五、对新罪、漏罪的追诉

新罪，是指罪犯在服刑期间又犯的新罪。漏罪，是指在执行过程中发现的罪犯在判决宣告以前所犯的尚未经审判的罪行。无论是又犯新罪还是发现漏罪，都应当予以追诉，所以必然会引起正在执行过程中的刑罚的变更。

根据《刑法》第 71 条之规定，判决宣告以后，刑罚执行完毕以前，被判刑的犯罪分子又犯罪的，应当对新犯的罪作出判决，把前罪没有执行的刑罚和后罪所判处的刑罚，依照本法第 69 条的规定，决定执行的刑罚。《刑事诉讼法》第 262 条第 1 款规定："罪犯在服刑期间又犯罪的，或者发现了判决的时候所没有发现的罪行，由执行机关移送人民检察院处理。"《监狱法》第 60 条规定："对罪犯在监狱内犯罪的案件，由监狱进行侦查。侦查终结后，写出起诉意见书，连同案卷材料、证据一并移送人民检察院。"在上述立法的基础上，《公安机关办理刑事案件程序规定》对服刑罪犯的新罪、漏罪情况，分别作如下处理：(1)对留看守所执行刑罚的罪犯，在暂予监外执行期间又犯新罪的，由犯罪地公安机关立案侦查，并通知批准机关。批准机关作出收监执行决定后，应当根据侦查、审判需要，由犯罪地看守所或者暂予监外执行地看守所收监执行。(2)被剥夺政治权利、管制、宣告缓刑和假释的罪犯在执行期间又犯新罪的，由犯罪地公安机关立案侦查。(3)对留看守所执行刑罚的罪犯，因犯新罪被撤销假释的，应当根据侦查、审判需要，由犯罪地看守所或者原执行看守所收监执行。

六、对错判和申诉的处理

《刑事诉讼法》第 264 条规定："监狱和其他执行机关在刑罚执行中，如果认为判决有错误或者罪犯提出申诉，应当转请人民检察院或者原判人民法院处理。"

罪犯的申诉是罪犯在判决生效后，仍然认为原判决有错误，在服刑中提出的撤销或者变更刑罚的请求。申诉不仅可以由正在服刑的罪犯提出，也可以由其法定代理人、近亲属以及被害人一方提出；申诉可以是在刑罚执行过程中提出(因为生效裁判的执行不因申诉而中止)，也可以在刑罚执行完毕后提出；申诉既可以向人民法院(包括原判法院及其上级法院)提出，也可以向人民检察院提出。

在监狱或者其他执行机关服刑的罪犯提出的申诉材料，或者监狱等执行机关认为判决可能有错误的，应当及时转送或者提请人民检察院或者人民法院处理，人民检察院或者人民法院应当自收到监狱等执行机关提请处理意见书之日起 6 个月内将处理结果通知监狱。

对于罪犯的申诉或者监狱等执行机关转送的认为判决可能有错误的材料，人民法院和人民检察院应当认真审查，符合法定情形的依照审判监督程序提起再审，对不符合法定情形的，按来信、来访处理，并通知监狱等执行机关。

第四节　人民检察院对执行的监督

《刑事诉讼法》第265条规定:“人民检察院对执行机关执行刑罚的活动是否合法实行监督。如果发现有违法的情况,应当通知执行机关纠正。”这是《刑事诉讼法》关于人民检察院对执行刑罚活动进行监督的原则性规定。

一、对执行死刑的监督

《刑事诉讼法》第252条第1款规定:“人民法院在交付执行死刑前,应当通知同级人民检察院派员临场监督。”根据最高人民法院《刑事诉讼法解释》和最高人民检察院《刑事诉讼规则(试行)》的规定,人民法院将罪犯交付执行死刑,应当在交付执行3日前通知同级人民检察院派员临场监督;人民检察院收到同级人民法院执行死刑临场监督通知后,应当查明同级人民法院是否收到最高人民法院核准死刑的裁定或者作出的死刑判决、裁定和执行死刑的命令。

临场监督执行死刑的检察人员应当依法监督执行死刑的场所、方法和执行死刑的活动是否合法。在执行死刑前,发现有下列情形之一的,应当建议人民法院停止执行:(1)被执行人并非应执行死刑的罪犯;(2)罪犯犯罪时不满18周岁,或者审判的时候已满75周岁,依法不应当适用死刑的;(3)判决可能有错误的;(4)在执行前罪犯有检举揭发他人重大犯罪事实或者有其他重大立功表现,可能需要改判的;(5)罪犯正在怀孕的。

在执行死刑过程中,人民检察院临场监督人员根据需要可以进行拍照、录像,执行死刑后,人民检察院临场监督人员应当检查罪犯是否确已死亡,并填写死刑临场监督笔录,签名后入卷归档。

二、对暂予监外执行的监督

《刑事诉讼法》第255条规定:“监狱、看守所提出暂予监外执行的书面意见的,应当将书面意见的副本抄送人民检察院。人民检察院可以向决定或者批准机关提出书面意见。”第256条规定:“决定或者批准暂予监外执行的机关应当将暂予监外执行决定抄送人民检察院。人民检察院认为暂予监外执行不当的,应当自接到通知之日起一个月以内将书面意见送交决定或者批准暂予监外执行的机关,决定或者批准暂予监外执行的机关接到人民检察院的书面意见后,应当立即对该决定进行重新核查。”

人民检察院向批准或者决定暂予监外执行的机关送交不同意暂予监外执行的书面意见后,应当监督其立即对批准或者决定暂予监外执行的结果进行重新核查,并监督重新核查的结果是否符合法律规定。对核查不符合法律规定的,应当依法提出纠正意见。对于暂予监外执行的罪犯,人民检察院发现暂予监外执行的情形消失,应当通知执行机关收监执行。

三、对减刑、假释的监督

《刑事诉讼法》第263条规定:"人民检察院认为人民法院减刑、假释的裁定不当,应当在收到裁定书副本后二十日以内,向人民法院提出书面纠正意见。人民法院应当在收到纠正意见后一个月以内重新组成合议庭进行审理,作出最终裁定。"

人民检察院对执行机关报请人民法院裁定减刑、假释的活动实行监督,发现有下列违法情况,应当提出纠正意见:(1)将不具备法定条件的罪犯报请人民法院裁定减刑、假释的;(2)对依法应当减刑、假释的罪犯不报请人民法院减刑、假释的,或者罪犯被裁定假释后,应当交付监外执行而不交付监外执行的;(3)报请人民法院裁定对罪犯减刑、假释没有完备的合法手续的。

人民检察院接到人民法院减刑、假释的裁定书副本后,应当进行审查。审查的内容包括:(1)被减刑、假释的罪犯是否符合法定条件;(2)执行机关呈报减刑、假释的程序是否合法;(3)人民法院裁定减刑、假释的程序是否合法。检察院人员可以向罪犯所在单位和有关人员调查,可以向有关机关调阅有关材料。经审查认为人民法院减刑、假释的裁定不当,应当提出纠正意见的,由检察长决定。

人民检察院认为人民法院减刑、假释的裁定不当,应当在接到裁定书副本后20日内,向作出减刑、假释裁定的人民法院提出书面纠正意见。对人民法院减刑、假释裁定的纠正意见,由作出减刑、假释裁定的人民法院的同级人民检察院书面提出。下级人民检察院发现人民法院减刑、假释裁定不当的,应当立即向作出减刑、假释裁定的人民法院的同级人民检察院报告。

人民检察院对人民法院减刑、假释的裁定提出纠正意见后,应当监督人民法院是否在收到纠正意见后1个月内重新组成合议庭进行审理,并监督重新作出的最终裁定是否符合法律规定。对最终裁定不符合法律规定的,应当向同级人民法院提出纠正意见。

四、对其他执行活动的监督

除上述刑事诉讼法已有专条规定的对执行刑罚活动的监督外,对执行机关执行刑罚活动的监督还包括:人民法院判决被告人无罪、免除刑事处罚的,在押被告人是否被立即释放;人民法院的交付执行活动是否合法;看守所的执行活动以及监狱、未成年犯管教所、拘役所的收押犯罪活动是否合法;执行机关的狱政管理教育改造等活动是否合法;对于死刑缓期二年执行的罪犯,死刑缓期执行期满,符合减刑条件的是否依法减刑;在缓期执行期间故意犯罪的,监狱是否依法侦查和移送起诉,人民法院是否依法核准或者裁定执行死刑;执行机关对服刑期满或依法应当予以释放的人员是否按期释放；对服刑未满又无合法释放根据的罪犯是否有予以释放的违法行为；对被判处管制、剥夺政治权利的罪犯，公安机关监督管理措施是否落实或者监督管理措施是否得当；对于罚金、没收财产判决的执行是否合法，罚没钱物是否依法处理；对于被判处拘役、有期徒刑适用缓刑的罪犯、被假释的罪犯和暂予监外执行的罪犯，有关单位对罪犯的监督管理和考察措施是否落实；等等。

人民检察院在对执行机关执行刑罚的活动进行监督的过程中，如果发现有违法的情况，应当通知执行机关纠正。对于情节较轻的违法行为，检察人员可以以口头方式向违法人员或者执行机关负责人提出纠正，并及时向监所检察部门的负责人汇报。必要时，由部门负责人提出。对于比较严重的违法行为，应报请检察长批准后，向监狱或公安机关发出纠正违法通知书。对于造成严重后果、构成犯罪的，应当依法追究责任人的刑事责任。人民检察院发出纠正违法通知书的，应当根据执行机关的回复监督落实情况；没有回复的，应当督促执行机关回复，纠正违法的情况，应当及时向上一级人民检察院报告，并抄报执行机关的上级主管机关。上级人民检察院认为下级人民检察院意见正确的，应与同级执行机关共同督促下级执行机关纠正；上级人民检察院认为下级人民检察院纠正违法的意见有错误，应当通知下级人民检察院撤销发出的纠正违法通知书，并通知同级执行机关。

【问题与思考】

1. 刑罚执行的根本目的是什么？
2. 我国死刑立即执行的程序有哪些？存在哪些缺陷？
3. 什么是社区矫正？它具有哪些意义？
4. 暂予监外执行制度的适用情形有哪些？这一制度的适用有何意义？
5. 辨析不同刑罚种类的不同执行主体。
6. 检察机关对刑事执行的监督体现在哪些方面？